Kurt Pärli
Alexandra Caplazi
Caroline Suter

**Recht gegen
HIV/Aids-Diskriminierung
im Arbeitsverhältnis**

Kurt Pärli
Alexandra Caplazi
Caroline Suter

Recht gegen HIV/Aids-Diskriminierung im Arbeitsverhältnis

Eine rechtsvergleichende Untersuchung
zur Situation in Kanada, Grossbritannien, Frankreich,
Deutschland und der Schweiz

Haupt Verlag
Bern · Stuttgart · Wien

Kurt Pärli, Dr. iur., Prof. FH. Seit 2001 Dozent und Forscher an der Fachhochschule Nordwestschweiz (ab 2007 an der Zürcher Hochschule Winterthur). Thematische Schwerpunkte im Arbeits- und Sozialrecht sowie Gleichstellungs- und Antidiskriminierungsrecht.

Alexandra Caplazi, lic. iur., LL. M., wissenschaftliche Mitarbeiterin an der Fachhochschule Nordwestschweiz, Hochschule für Soziale Arbeit, Institut für Integration und Partizipation. Thematische Schwerpunkte: Arbeitsrecht, Menschenrechte, Gleichstellung und Antidiskriminierung.

Caroline Suter, Dr. iur., LL. M., Studien an der Universität Basel mit Promotion im Bereich des Privatversicherungsrechts und an der University of Sheffield, GB, mit Schwerpunkt Europäisches Antidiskriminierungsrecht. Seit 2002 Rechtsberaterin und Projektleiterin bei der Aids-Hilfe Schweiz.

Publiziert mit Unterstützung des Schweizerischen Nationalfonds zur Förderung der wissenschaftlichen Forschung.

1. Auflage: 2007

Bibliografische Information der Deutschen Nationalbibliothek

Die Deutsche Nationalbibliothek verzeichnet diese Publikation in der Deutschen Nationalbibliografie; detaillierte bibliografische Daten sind im Internet über http://dnb.d-nb.de abrufbar.

ISBN 978-3-258-07230-2

Alle Rechte vorbehalten
Copyright © 2007 by Haupt Berne
Jede Art der Vervielfältigung ohne Genehmigung des Verlages ist unzulässig
Gestaltung Umschlag und Inhalt: René Tschirren
Printed in Switzerland

www.haupt.ch

Vorwort

«AIDS is no longer [just] a disease. It is a human rights issue.»
(Nelson Mandela)

Weltweit zeigt sich: Die Einhaltung der Menschenrechte ist für eine erfolgreiche Bekämpfung der HIV/Aids-Infektion zentral. Die Diskriminierung von Menschen mit HIV/Aids im Arbeitsbereich stellt dabei nur einen Ausschnitt aus der komplexen Problematik dar. Fragen des Zugangs zur antiretroviralen Therapie, der Einhaltung des Patientengeheimnisses, des Datenschutzes, die strafrechtliche Verfolgung der HIV/Aids-Übertragung sowie die Problematik der Rückschaffung von HIV-positiven Asylsuchenden sind nicht weniger bedeutsame Aspekte.

In der vorliegenden Studie beschäftigen wir uns mit der Diskriminierung im Arbeitsverhältnis. Wir bearbeiten nicht nur umfassend diejenigen schweizerischen Rechtsnormen, die Menschen mit HIV/Aids im Arbeitsverhältnis vor Diskriminierung schützen. Wir vergleichen zudem den schweizerischen Diskriminierungsschutz mit demjenigen von vier anderen Rechtsordnungen, Grossbritannien, Frankreich, Deutschland und Kanada. Darüber hinaus woll(t)en wir wissen, wie sich die geltende Rechtslage im Alltag auswirkt. Die Frage «Wie schützt Recht wirksam vor HIV/Aids-Diskriminierung?» bildete den Ausgangspunkt unseres Forschungsvorhabens. Bereits in der Projektphase war uns allerdings klar, dass sich eine umfassende Wirkungsanalyse des Diskriminierungsschutzrechts nicht realisieren lässt. Wir beschränkten uns deshalb darauf, mit den uns zur Verfügung stehenden finanziellen Mitteln gewisse Aspekte der Wirksamkeit anzudeuten.

Die Ergebnisse unserer achtzehnmonatigen Arbeit liegen nun in umfassender Form vor. Nicht unerwartet zeigt sich, dass der schweizerische Diskriminierungsschutz in einigen Punkten vom Schutzniveau der Vergleichsrechtsordnungen abweicht. Indes zeigt sich, dass auch mit den bestehenden schweizerischen Normen die HIV/Aids-Diskriminierung relativ wirksam bekämpft werden kann, sofern und soweit die offenen Normen des verfassungsrechtlichen Diskriminierungsschutzes und des arbeitsprivatrechtlichen Persönlichkeitsschutzes entsprechend ausgelegt werden. Dennoch bleiben Mängel, zu derer Behebung wir ein Gesetzgebungsprogramm – ein neues Gleichstellungsgesetz oder alternativ die Modifikation verschiedener Einzelbestimmungen – vorschlagen.

Über das Autorenteam hinaus haben unzählige Personen zum Gelingen der Studie beigetragen. Vorab haben wir dem Schweizerischen Nationalfonds zur Förderung der wissenschaftlichen Forschung und dort der Abteilung DoReseach Dore für die finanziellen Mitteln zu danken. Dank gebührt auch den Verantwortlichen der Fachhochschule Nordwestschweiz und denjenigen des Praxispartners des Projektes, der

Aids-Hilfe Schweiz, für die organisatorische und logistische Unterstützung. Zu danken haben wir allen Interviewpartnern unserer Erhebungen zur Evaluation des Projektes «IG-Benachteiligung» und *www.workpositive.ch*. Wir erlauben uns, den Dank in dieser Form für alle Beteiligten auszusprechen.

Im Weiteren danken wir den folgenden Personen für ihre wertvollen inhaltlichen Anregungen: Fabienne Jegu, Haute Autorité contre la discrimination Halde, Paris; Sophie La Traverse, Haute Autorité contre la discrimination Halde, Paris; Catherine Casserley, barrister in employment and discrimination law, senior legal advisor for the Disability Rights Commission, London; Mary Lima, Terrence Higgins Trust, London; Rowan Harvey, Terrence Higgins Trust, London; Christina Earl, UK Coalition for people living with HIV and AIDS, London; Daniel Moeckli, lecturer, School of Law, University of Nottingham; Peter Böhringer, Zentrum für Arbeits- und Sozialversicherungsrecht, Winterthur; Oliver Tolmein, Fachanwalt, Hamburg; Petra Senne, Fachhochschule Dortmund; Spiros Simitis, Johann Wolfgang Goethe-Universität, Frankfurt/Main; Manfred Bruns, Lesben- und Schwulenverband in Deutschland e.V., Köln; Helga Exner-Freisfeld, Universität Frankfurt; Michael Krone, Koordination EP Link-UP, Schwulenberatung, Berlin; die Mitarbeitenden der Deutschen Aids-Hilfe e.V., Berlin; Glenn Betteridge, Canadian HIV/AIDS Legal Network, Toronto; Richard Elliott, Canadian HIV/AIDS Legal Network, Toronto; Ruth Carey, HIV & AIDS Legal Clinic (Ontario), Toronto; Patricia Grenier, Ontario Human Rights Tribunal, Toronto; Andreas Rieder, Büro für die Gleichstellung von Menschen mit Behinderung, Bern; Hardy Landolt, Rechtsanwalt, Glarus; Caroline Klein, Egalité-Handicap, Bern; Benjamin Adler, Agile-Behinderten Selbsthilfe Schweiz, Bern; Olga Manfredi, Agile-Behinderten Selbsthilfe Bern.

Danken möchten wir auch Gordon Wiegand, FHNW, Hochschule für Wirtschaft, Olten, für die kompetente technische Durchführung der online-Befragungen und Alexandra Gick, Zürich, für die interessierte Schlusslektüre.

Stand der Lehre und Rechtsprechung: 31. Dezember 2006

Inhaltsübersicht

Vorwort 5
Inhaltsübersicht 7
Inhaltsverzeichnis 9
Abkürzungsverzeichnis 21
Literaturverzeichnis 31
Tabellenverzeichnis 49

Teil 1 Projektbeschreibung und Methodik 51
Teil 2 HIV/Aids-Diskriminierung im Arbeitsverhältnis
        und bisherige Gegenmassnahmen 57
Teil 3 Die geltende Rechtslage zu HIV/Aids-Diskriminierung
        im Arbeitsverhältnis 85
Teil 4 HIV/Aids-Diskriminierungsschutz im Rechtsvergleich 189
Teil 5 Synthese und Empfehlungen 363

Inhaltsverzeichnis

Vorwort 5
Inhaltsübersicht 7
Inhaltsverzeichnis. 9
Abkürzungsverzeichnis 21
Literaturverzeichnis 31
Tabellenverzeichnis 49

Teil 1
Projektbeschreibung und Methodik
1 Ziele des Projektes 53
2 Methodisches Vorgehen 54
   2.1 Vorbemerkungen 54
   2.2 Primär rechtswissenschaftliches Vorgehen 54
   2.3 Berücksichtigung von Rechtstatsachen 55
   2.4 Ausgewählte Aspekte der Wirksamkeit 55
   2.5 Beschränkung auf das Arbeitsverhältnis 56

Teil 2
HIV/Aids-Diskriminierung im Arbeitsverhältnis und bisherige Gegenmassnahmen
1 HIV/Aids-Diskriminierung – ein weltweites Phänomen 59
2 Daten zur HIV/Aids-Diskriminierung in der Schweiz 61
   2.1 Keine institutionelle Diskriminierung – Schwierigkeiten beim Zugang zur Arbeit 61
   2.2 Ergebnisse der umfassenden NF-Studie 61
      2.2.1 Die wirtschaftliche Lage von Menschen mit HIV/Aids 62
      2.2.2 Die wichtigsten rechtlichen Probleme im Bereich Arbeit und Versicherung 62
   2.3 Daten aus der Rechtsberatung der Aids-Hilfe Schweiz 63
3 Diskriminierungskonstellationen 64
   3.1 Vorbemerkungen. 64
   3.2 Die Phasen der Diskriminierung 64
      3.2.1 Diskriminierung im Bewerbungsverfahren 64
      3.2.2 Diskriminierung beim Vertragsabschluss 64
      3.2.3 Diskriminierung während der Anstellung 66
      3.2.4 Diskriminierung im Zusammenhang mit der Auflösung des Arbeitsverhältnisses 66

		3.2.5	Diskriminierung nach Beendigung des Arbeitsverhältnisses	67

        3.2.5   Diskriminierung nach Beendigung des Arbeitsverhältnisses 67
        3.2.6   Übersicht 67
4   Bisherige Gegenmassnahmen 69
   4.1   Kontext: Solidarität als Bestandteil der Aidspolitik 69
        4.1.1   Public-Health-Strategie der Aidsbekämpfung 69
        4.1.2   Die Akteure in der schweizerischen Aids-Politik 69
        4.1.3   Programmziele im Bereich Arbeit und Versicherung 69
   4.2   Diskriminierungsabbauprojekte 70
        4.2.1   Das Projekt Interessengemeinschaft «Benachteiligung» 70
        4.2.2   Das Programm zur Erhaltung der Erwerbsfähigkeit
                bei Menschen mit HIV/Aids 71
5   Interessengemeinschaft(IG)-Benachteiligung: Erfahrungen und Perspektiven 72
   5.1   Befragung der beteiligten Organisationen 72
   5.2   Ergebnisse 72
        5.2.1   Rücklauf 72
        5.2.2   Institutionelle Auswirkungen des Projektes 72
        5.2.3   Einschätzungen zur Zielerreichung 73
        5.2.4   Einschätzung über die heutige Situation 75
        5.2.5   Einschätzung bezüglich heutiger Ungleichbehandlungen
                in den verschiedenen Phasen des Erwerbslebens 75
        5.2.6   Durchsetzung des Anspruchs auf Gleichbehandlung 78
        5.2.7   Verstärkte Verankerung eines Diskriminierungsverbotes 79
   5.3   Zusammenfassung... 80
6   Arbeitgeber und die Internetjobbörse *www.workpositive.ch* 81
   6.1.   Arbeitgeberbefragung 81
   6.2.   Ergebnisse 81
        6.2.1   Rücklauf... 81
        6.2.2   Gründe für die (Nicht)Teilnahme am Projekt 82
        6.2.3   Akzeptanz von *www.workpositive.ch* 83

Teil 3
Die geltende Rechtslage zu HIV/Aids-Diskriminierung im Arbeitsverhältnis
1   Einleitung 87
2   Völker- und verfassungsrechtlicher Diskriminierungsschutz bei HIV/Aids .. 89
   2.1   Völkerrechtlicher Diskriminierungsschutz 89
        2.1.1   IPwskR und IPbpR 89
        2.1.2   UN-Konvention für die Rechte von Menschen mit Behinderung 92
        2.1.3   Die Bedeutung der ILO-Übereinkommen 94
        2.1.4   ILO-Übereinkommen Nr. 111 über die Diskriminierung
                in Beschäftigung und Beruf 94

        2.1.5   ILO-Übereinkommen Nr. 159 über die berufliche
Rehabilitation und die Beschäftigung der Behinderten 96
        2.1.6   ILO-Übereinkommen Nr. 158 über die Beendigung
des Arbeitsverhältnisses durch den Arbeitgeber............... 97
        2.1.7   Der «*ILO code of practice on HIV/AIDS and the world of work*» .. 98
        2.1.8   Diskriminierungsschutz in der EMRK 100
        2.1.9   Schutz durch die Europäische Sozialcharta 103
        2.1.10 Übersicht über die völkerrechtlichen Instrumente zur
Bekämpfung der HIV/Aids-Diskriminierung am Arbeitsplatz .. 106
        2.1.11 Würdigung des völkerrechtlichen Diskriminierungsschutzes
bei HIV/Aids 106
  2.2   Verfassungsrechtlicher Diskriminierungsschutz 107
        2.2.1   Garantie der Menschenwürde (Art. 7 BV) 107
        2.2.2   Bedeutung der Rechtsgleichheit (Art. 8 BV)................. 108
        2.2.3   Die Rechtsgleichheit (Art. 8 Abs. 1 BV)..................... 109
        2.2.4   Allgemeines Diskriminierungsverbot (Art. 8 Abs. 2 BV)....... 109
        2.2.5   Gleichstellung der Geschlechter (Art. 8 Abs. 3 BV) 112
        2.2.6   Gleichstellung von Menschen mit Behinderung
(Art. 8 Abs. 4 BV) 112
        2.2.7   Schutz der Privatsphäre (Art. 13 BV) 113
        2.2.8   Verwirklichung der Grundrechte (Art. 35 BV) 114
        2.2.9   Einschränkung von Grundrechten (Art. 36 BV) 115
        2.2.10 Grundrechtskollision 116
        2.2.11 Bilanz 117
3 Diskriminierungsschutz im Arbeitsrecht 118
  3.1   Vorbemerkungen zur Unterscheidung privatrechtlicher
und öffentlichrechtlicher Arbeitsverhältnisse 118
  3.2   Diskriminierungsschutz im öffentlichen Personalrecht auf Bundesebene 118
        3.2.1   Rechtsquellen 118
        3.2.2   Grundrechtsbindung öffentlichrechtlicher Arbeitgeber 119
        3.2.3   Kein spezifischer Diskriminierungsschutz im Bundespersonal-
gesetz 121
        3.2.4   Schutz vor Anstellungsdiskriminierung 123
        3.2.5   Schutz vor diskriminierender Beendigung des Arbeits-
verhältnisses 125
        3.2.6   Schutz vor unzulässiger Bearbeitung von Personendaten 128
  3.4   Diskriminierungsschutz in ausgewählten kantonalen Personalerlassen . 130
        3.4.1   Das Personalgesetz des Kantons Bern (BE PG) 130

   3.4.2 Das Gesetz über das Arbeitsverhältnis des Staatspersonals des
      Kantons Zürich (ZH PG) 131
   3.4.3 Das «Loi sur le personnel du canton de Vaud» (VD PG) 132
 3.5 Diskriminierungs- und Persönlichkeitsschutz im privatrechtlichen
   Arbeitsverhältnis 132
   3.5.1 Allgemeines 132
   3.5.2 Diskriminierungsschutz im Bewerbungsverfahren 134
   3.5.3 Diskriminierungsschutz bei Vertragsschluss. 142
   3.5.4 Diskriminierungsschutz während des Arbeitsverhältnisses 149
   3.5.5 Schutz bei der Auflösung des Arbeitsverhältnisses 152
 3.6 Schutz durch öffentliches Arbeitsrecht 155
   3.6.1 Funktion und Inhalt des öffentlichen Arbeitsrechts 155
   3.6.2 Völkerrechts- und Grundrechtsbindung 156
   3.6.3 Gesundheitsschutz im öffentlichrechtlichen Arbeitsschutz 156
   3.6.4 Diskriminierungsschutz im Sozialversicherungsrecht 158
   3.6.5 Diskriminierungsschutz im Beschaffungswesen 159
   3.6.6 Diskriminierungsschutz im Gleichstellungsgesetz für Menschen
      mit Behinderung 160
 3.7 Diskriminierungsschutz im kollektiven Arbeitsrecht 162
   3.7.1 Einleitung. 162
   3.7.2 Diskriminierungsschutz im GAV bei Post, Bahn und Swisscom . 163
   3.7.3 Diskriminierungsschutznormen in GAV der Privatwirtschaft ... 165
   3.7.4 Bedeutung der GAV-Diskriminierungsschutznormen bei
      HIV/Aids 166

4 Diskriminierungskonstellationen und ihre Rechtsfolgen 167
 4.1 Vorgehen 167
 4.2 Diskriminierung im Bewerbungsverfahren 167
   4.2.1 Information über den HIV-Status......................... 167
   4.2.2 HIV/Aids als Grund zur Nichtanstellung 168
   4.2.3 HIV/Aids bedingte Beeinträchtigung der Arbeitsfähigkeit
      als Grund für die Nichtanstellung......................... 170
   4.2.4 Geltendmachung von Kundenanliegen als Grund für die
      HIV/Aids bedingte Nichtanstellung 170
   4.2.5 Prozessuale Fragen 171
 4.3 Diskriminierung beim Vertragsabschluss 172
   4.3.1 Selektion wegen HIV/Aids bei der Kollektivkrankentaggeld-
      versicherung. 172
   4.3.2 Weitergehende berufliche Vorsorge........................ 173
   4.3.3 Arbeitsbedingungen 173
   4.3.4 Beweisfragen 174

	4.4	Diskriminierung während der Anstellung	174
		4.4.1 HIV/Aids-Datenschutzverletzungen	174
		4.4.2 HIV/Aids-Mobbing	176
		4.4.3 Diskriminierende Ausübung des Weisungsrechts des Arbeitgebers...	177
		4.4.4 Rücksichtnahme auf die Gesundheit des Arbeitnehmenden	177
		4.4.5 Beweisfragen	178
	4.5	Diskriminierung bei Beendigung des Arbeitsverhältnisses	178
		4.5.1 Kündigung wegen HIV/Aids	178
		4.5.2 Kündigung wegen HIV/Aids bedingter Arbeitsunfähigkeit resp. Abwesenheit...	179
		4.5.3 Kündigung wegen befürchteter zukünftiger Nachteile	180
		4.5.4 HIV/Aids bedingte Konflikte als Kündigungsgrund	180
		4.5.5 Prozessuales	181
	4.6	Diskriminierung in der nachvertraglichen Phase....................	181
		4.6.1 Informationen über den HIV/Aids-Status	181
5	Würdigung des Diskriminierungsschutzes		183
	5.1	Allgemeines	183
	5.2	Lücken im Diskriminierungsschutz	184
		5.2.1 Im Bewerbungsverfahren	184
		5.2.2 Während des Arbeitsverhältnisses.......................	185
		5.2.3 Kündigungsschutz	185
		5.2.4 Gesamtbilanz und Ausblick	186

Teil 4
HIV/Aids-Diskriminierungsschutz im Rechtsvergleich

1	Einleitung		191
	1.1	Ziele und Vorgehensweise	191
	1.2	Erkenntnisziel	193
	1.3	Vertiefte Analyse	194
2	Schutz vor HIV/Aids-Diskriminierung im Gemeinschaftsrecht		195
	2.1	Nichtdiskriminierung als Teil der HIV/Aids-Bekämpfungsstrategie der Europäischen Union	195
	2.2	Rechtsquellen des Diskriminierungsschutzes	196
		2.2.1 Allgemeines	196
		2.2.2 Die Kompetenznorm zum Erlass von Diskriminierungsrichtlinien..	197
	2.3	Die Richtlinie 2000/78/EG	197
		2.3.1 Ziel	197
		2.3.2 HIV/Aids als Diskriminierungskriterium	198

　　　　2.3.3　Anwendungsbereich 201
　　　　2.3.4　Diskriminierungsformen 201
　　　　2.3.5　Ausnahmen vom Diskriminierungsverbot 203
　　　　2.3.6　Rechtsschutz bei Diskriminierung..................... 204
　　　　2.3.7　Verpflichtungen der Mitgliedstaaten 205
　　　　2.3.8　Unmittelbare vertikale und horizontale Wirkung der
　　　　　　　　RL 2000/78/EG 206
　　　　2.3.9　Umsetzungsmassnahmen der EU 208
　　　　2.3.10 Auswirkungen auf die Schweiz 209
　　2.4　Die Datenschutzrichtlinie 209
　　　　2.4.1　Bedeutung für HIV/Aids 209
　　　　2.4.2　Datenschutz im Arbeitsverhältnis 209
3　Schutz vor HIV/Aids-Diskriminierung im Arbeitsverhältnis in
　　Grossbritannien 211
　　3.1　Ausgangslage 211
　　　　3.1.1　Epidemiologische Situation in Grossbritannien............ 211
　　　　3.1.2　Die Struktur der HIV/Aids-Bekämpfung in Grossbritannien ... 211
　　　　3.1.3　Daten zur HIV/Aids-Diskriminierung am Arbeitsplatz 213
　　3.2　Allgemeines zum Diskriminierungsschutz in Grossbritannien 215
　　　　3.2.1　Kurzüberblick zum englischen Rechtssystem 215
　　　　3.2.2　Das Gleichheitsprinzip im englischen Recht 216
　　　　3.2.3　Internationale Rahmenbedingungen....................... 216
　　3.3　Der gesetzliche Diskriminierungsschutz im Bereich Erwerbstätigkeit... 218
　　　　3.3.1　Diskriminierungsschutz im britischen Arbeitsrecht 218
　　　　3.3.2　Diskriminierungsschutz im Disability Discrimination Act...... 219
　　　　3.3.3　Verpflichtungen des Arbeitgebers 226
　　　　3.3.4　DDA-Gerichtspraxis zur HIV/Aids-Diskriminierung 226
　　3.4　Weitere Regelungen und Massnahmen zur Bekämpfung von
　　　　Diskriminierung 228
　　　　3.4.1　Die Disability Rights Commission....................... 228
　　　　3.4.2　Nicht juristische Mittel zur Diskriminierungsbekämpfung 229
　　3.5　Schutz vor HIV/Aids-Diskriminierung bei Bewerbung, Anstellung,
　　　　Beschäftigung und Entlassung 230
　　　　3.5.1　Schutz vor HIV/Aids-Diskriminierung im Bewerbungsverfahren 230
　　　　3.5.2　Schutz vor HIV/Aids-Diskriminierung während der Anstellung 232
　　　　3.5.3　Schutz vor HIV/Aids-bedingter Kündigung................. 233
　　3.6　Einschätzungen zur Wirkung des britischen Diskriminierungsschutzes 234
　　　　3.6.1　Modalitäten der Befragung und ergänzende Methoden 234
　　　　3.6.2　Bewertung der vorhandenen Diskriminierungsschutznormen .. 235

	3.6.3	Bewertung der praktischen Anwendung der Diskriminierungsschutznormen 236
3.7		Würdigung des britischen HIV/Aids-Diskriminierungsschutzes 237

4 Schutz vor HIV/Aids-Diskriminierung im Arbeitsverhältnis in Frankreich... 239
- 4.1 Ausgangslage 239
  - 4.1.1 HIV/Aids-Epidemiologie in Frankreich 239
  - 4.1.2 Struktur der HIV/Aids-Bekämpfung in Frankreich 239
  - 4.1.3 Daten zur HIV/Aids-Diskriminierung am Arbeitsplatz 241
- 4.2 Allgemeines zum Diskriminierungsschutz in Frankreich 242
  - 4.2.1 Das französische Rechtssystem 242
  - 4.2.2 Das Gleichheitsprinzip im französischen Recht 243
  - 4.2.3 Umsetzung des europarechtlichen Diskriminierungsschutzes im französischen Arbeitsrecht 243
  - 4.2.4 Umsetzung der Rahmenrichtlinie 2000/78/EG 244
- 4.3 Diskriminierungsschutz in Verfassung und Gesetz 245
  - 4.3.1 Gleichheitsgebot und Diskriminierungsverbot in der Verfassung 245
  - 4.3.2 Völkerrechtlicher Diskriminierungsschutz des französischen Rechts 245
  - 4.3.3 Diskriminierungsschutz im Code du travail 246
  - 4.3.4 Schutz kranker Arbeitnehmerinnen im Code du travail 253
  - 4.3.5 Schutz vor Diskriminierung durch Datenschutz 254
  - 4.3.6 Diskriminierungsschutz im öffentlichen Dienst 254
  - 4.3.7 Diskriminierungsschutz im französischen Code pénal 255
  - 4.3.8 Gesetzgebung zum Diskriminierungsverbot gegenüber Menschen mit Behinderung................................. 257
- 4.4 Weitere Regelungen und Massnahmen zur Bekämpfung von Diskriminierung 258
  - 4.4.1 Die Hohe Behörde zur Bekämpfung der Diskriminierung 258
  - 4.4.2 Empfehlungen von Halde betreffend HIV/Aids-Diskriminierung 259
  - 4.4.3 Nicht juristische Mittel zur Diskriminierungsbekämpfung 260
  - 4.4.4 Initiative von Chronischkranken 260
- 4.5 Diskriminierung und Versicherungsschutz 261
  - 4.5.1 Ausgangslage 261
  - 4.5.2 Privatversicherung.. 263
- 4.6 Einschätzungen zur Wirkung des französischen Diskriminierungsschutzes 264
  - 4.6.1 Modalitäten der Befragung und ergänzende Methoden 264
  - 4.6.2 Bewertung der vorhandenen Diskriminierungsschutznormen .. 266
  - 4.6.3 Bewertung der praktischen Anwendung der Diskriminierungsschutznormen 267

		4.7	Würdigung des französischen Diskriminierungsschutzes bei HIV/Aids	269
5	Schutz vor HIV/Aids-Diskriminierung im Arbeitsverhältnis in Deutschland			271
	5.1	Ausgangslage		271
		5.1.1	Epidemiologische Situation in Deutschland	271
		5.1.2	Die Struktur der HIV/Aids-Bekämpfung	271
		5.1.3	Daten zur Diskriminierung am Arbeitsplatz	273
	5.2	Allgemeines zum Diskriminierungsschutz in Deutschland		275
		5.2.1	Das deutsche Rechtssystem	275
		5.2.2	Internationale Rahmenbedingungen	276
	5.3	Diskriminierungsschutz im Grundgesetz		279
		5.3.1	Allgemeines Diskriminierungsverbot	279
		5.3.2	Benachteiligungsverbot aufgrund einer Behinderung	279
	5.4	Diskriminierungsschutz im deutschen Arbeitsrecht		280
		5.4.1	Vertragsfreiheit als Ausgangslage	280
		5.4.2	Diskriminierungsschutz im Allgemeinen Gleichbehandlungsgesetz	281
		5.4.3	Diskriminierungsverbote im Betriebsverfassungsgesetz	285
		5.4.4	Arbeitsrechtlicher Gleichbehandlungsgrundsatz und Persönlichkeitsschutz	286
		5.4.5	Verfahrensrechtliche Aspekte des Diskriminierungsschutzes	289
	5.5	Schutz vor HIV/Aids-Diskriminierung im Bewerbungsverfahren		290
		5.5.1	Fragerecht und Offenbarungspflicht	290
		5.5.2	Ärztliche Untersuchung	291
		5.5.3	Selektionsentscheid	292
	5.6	Schutz vor HIV/Aids-bedingter Kündigung		292
		5.6.1	Kündigungsschutzgesetz	292
		5.6.2	Druckkündigung	294
		5.6.3	Schutz vor HIV/Aids-bedingter Diskriminierung nach Beendigung des Arbeitsverhältnisses	295
	5.7	Schutz für HIV-positive Arbeitnehmende durch Gesetzgebung für Behinderte		295
		5.7.1	Behinderungsbegriff im Sozialgesetzbuch IX	295
		5.7.2	Arbeitsrechtlicher Schutz für Schwerbehinderte	296
		5.7.3	Verbandsklagerecht	298
		5.7.4	Schutz durch das Gesetz zur Gleichstellung behinderter Menschen	299
	5.8	Diskriminierungsschutz im Zusammenhang mit krankheitsbedingter Arbeits- und Erwerbsunfähigkeit		300
		5.8.1	Entgeltfortzahlung und gesetzliche Krankenversicherung	300
		5.8.2	Erwerbsminderungsrenten	301

	5.8.3 Privater Versicherungsschutz 302
5.9	Einschätzungen zur Wirkung des deutschen Diskriminierungsschutzes 303
	5.9.1 Modalitäten der Befragung und ergänzende Methoden 303
	5.9.2 Bewertung der vorhandenen Diskriminierungsschutznormen .. 305
	5.9.3 Bewertung der praktischen Anwendung der Diskriminierungsschutznormen 305
5.10	Würdigung des deutschen Diskriminierungsschutzes bei HIV/Aids.... 306

6 Schutz vor HIV/Aids-Diskriminierung im Arbeitsverhältnis in Kanada 308
  6.1 Ausgangslage 308
    6.1.1 Epidemiologische Situation in Kanada 308
    6.1.2 Die Struktur der HIV/Aids-Bekämpfung 308
    6.1.3 Daten zur HIV/Aids-Diskriminierung am Arbeitsplatz 309
  6.2 Allgemeines zum Diskriminierungsschutz in Kanada 310
    6.2.1 Das kanadische Rechtssystem. 310
    6.2.2 Grundrechtsgarantien 310
    6.2.3 Internationale Rahmenbedingungen. 312
  6.3 Antidiskriminierungsgesetze 313
    6.3.1 Diskriminierungsschutz auf Bundesebene:
        The Canadian Human Rights Act 315
    6.3.2 Diskriminierungsschutz in den Provinzen:
        The Ontario Human Rights Code, 1990 321
  6.4 Arbeitsrecht 326
    6.4.1 Canadian Labour Code. 326
  6.5 Arbeitnehmerversicherungsschutz 327
    6.5.1 Employment Insurance Act 328
    6.5.2 Private *«disability insurance»* 329
    6.5.3 Canada Pension Plan. 331
  6.6 Datenschutz 332
  6.7 Einschätzungen zur Wirkung des kanadischen Diskriminierungsschutzes 335
    6.7.1 Modalitäten der Befragung und ergänzende Methoden 335
    6.7.2 Bewertung der vorhandenen Diskriminierungsschutznormen .. 336
    6.7.3 Bewertung der praktischen Anwendung der Diskriminierungsschutznormen 337
  6.8 Würdigung des kanadischen Diskriminierungsschutzes bei HIV/Aids .. 338

7 Diskriminierung und Rechtsschutz im Vergleich 339
  7.1 HIV/Aids-Diskriminierung und Aidspolitik 339
    7.1.1 Epidemiologie 339
    7.1.2 HIV/Aids-Diskriminierung im Arbeitsverhältnis 341
    7.1.3 Strategie gegen HIV/Aids-Diskriminierung 342

7.2 Völker- und europarechtliche (HIV/Aids) Diskriminierungsschutz-
verpflichtungen 342
    7.2.1 Die völkerrechtlichen Verpflichtungen der Vergleichsstaaten ... 342
    7.2.2 Europarechtliche Verpflichtungen und Umsetzung 344
7.3 Rechtsschutz bei HIV/Aids-Diskriminierung 344
    7.3.1 Vorbemerkungen...................................... 344
    7.3.2 Bewerbungsverfahren 345
    7.3.3 Vertragsabschluss..................................... 352
    7.3.4 Während der Anstellung................................ 356
    7.3.5 Beendigung des Arbeitsverhältnisses...................... 359

Teil 5
Synthese und Empfehlungen

1 Einleitung 365
2 Synthese 367
  2.1 Die gemeinschaftsrechtlichen Regeln als Orientierung 367
  2.2 HIV/Aids als Diskriminierungskriterium......................... 368
  2.3 Diskriminierungsschutz im Bewerbungsverfahren 369
    2.3.1 Bedeutung des Schutzes 369
    2.3.2 Nützliche Instrumente 369
    2.3.3 Umsetzungsmassnahmen notwendig 370
  2.4 Diskriminierungsschutz im Arbeitsverhältnis 371
    2.4.1 Die Versicherungsproblematik........................... 371
    2.4.2 Schutz vor HIV/Aids-Mobbing, Gesundheits- und Datenschutz 371
  2.5 Schutz vor diskriminierender Kündigung bei HIV/Aids 373
  2.6 Wirksamkeit des Diskriminierungsschutzes bei HIV/Aids 373
3 Empfehlungen 375
  3.1 Ausgangslage: Die Lücken in der bestehenden Rechtslage 375
  3.2 Verfassungs- und völkerrechtrechtliche Verpflichtungen 376
  3.3 Reformvorschläge 377
  3.4 Vorschlag für ein Gesetz über die Gleichstellung von Arbeitnehmenden
     mit Behinderung/gesundheitlichen Einschränkungen 378
    3.4.1 Vorbemerkungen 378
    3.4.2 Der Vorschlag 378
    3.4.3 Integration der Vorschläge ins BehiG 386
    3.4.4 Schutz für Selbständigerwerbende 386
  3.5 Problemorientierte Verbesserungen der geltenden Rechtslage 387
    3.5.1 Verstärkung des arbeitsvertragsrechtlichen Persönlichkeits-
         schutzes 387

	3.5.2	Lösung von Ungleichheiten bei den Arbeitnehmerversicherungen.. 388

        3.5.2   Lösung von Ungleichheiten bei den Arbeitnehmer-
                versicherungen... 388
        3.5.3   Gesundheitsdatenaustausch Arbeitgeber – Versicherung 390
        3.5.4   Verbesserungen des Persönlichkeit- und Gesundheitsschutzes
                während des Arbeitsverhältnisses 392
        3.5.5   Verbesserungen Kündigungsschutz 392
  3.6   Empfehlungen an die Verwaltung 393
        3.6.1   Bundesamt für Gesundheit und Eidg. Kommission
                für Aidsfragen 393
        3.6.2   Empfehlung zum besseren Schutz der persönlichen Integrität
                der Arbeitnehmenden.................................... 394
        3.6.3   Entwickeln eines Labels «Positive Arbeitgeber» 394
        3.6.4   Unterstützung privater Initiativen.......................... 395
  3.7   Empfehlungen an die Sozialpartner 396
  3.8   Empfehlungen an Patientenorganisationen und Versicherer 396
4 Schlusswort 398

Abkürzungsverzeichnis

a.M.	anderer Meinung
Abs.	Absatz
ABl.	Amtsblatt der Europäischen Gemeinschaften
aBV	Bundesverfassung der Schweizerischen Eidgenossenschaft vom 29. Mai 1874
ACAS	Advisory, Conciliation and Arbitration Service
AEMR	Allgemeine Erklärung der Menschenrechte
AGB	Allgemeine Geschäftsbedingungen
AGG	Allgemeines Gleichbehandlungsgesetz
AGIRC	Association Générale des Institutions de Retraite des Cadres
AHP	Anhaltspunkt
AHS	Aids-Hilfe Schweiz
AHV	Alters- und Hinterlassenenversicherung
AHVG	Bundesgesetz vom 20. Dezember 1946 über die Alters- und Hinterlassenenversicherung (SR 831.10)
Aids	Aquired immune deficiency syndrom
AJP	Aktuelle Juristische Praxis (St. Gallen)
ALV	Arbeitslosenversicherung
Amtl. Bull.	Amtliches stenographisches Bulletin der Bundesversammlung
ArbGG	Arbeitsgerichtsgesetz
ArbR	Mitteilungen des Instituts für Schweizerisches Arbeitsrecht (Zürich)
ARC	AIDS-related complex
ArG	Bundesgesetz vom 13. März 1964 über die Arbeit in Industrie, Gewerbe und Handel (Arbeitsgesetz) (SR 822.11)
ArGV	Verordnung zum Arbeitsgesetz
ARRCO	Association des Régimes de Retraite Complémentaires
Art.	Artikel
ARV	Zeitschrift für Arbeitsrecht und Arbeitslosenversicherung (Zürich)
AS	Amtliche Sammlung des Bundesrechts
ASIP	Schweizerischer Pensionskassenverband
ATSG	Bundesgesetz über den Allgemeinen Teil des Sozialversicherungsrechts (SR 830.1)
Aufl.	Auflage
AVG	Arbeitsvermittlungsgesetz

AVIG	Bundesgesetz vom 25. Juni 1982 über die obligatorische Arbeitslosenversicherung und die Insolvenzentschädigung (SR 837.0)
AVIV	Verordnung über die obligatorische Arbeitslosenversicherung und die Insolvenzentschädigung vom 31. August 1983 (Arbeitslosenversicherungsverordnung) (SR 837.02)
BAG	Bundesamt für Gesundheit
BBl	Bundesblatt
Bd.	Band
BDSG	Bundesdatenschutzgesetz
BehiG	Bundesgesetz vom 13. Dezember 2002 über die Beseitigung von Benachteiligungen von Menschen mit Behinderungen (SR 151.3)
BehiV	Verordnung vom 19. November 2003 über die Beseitigung von Benachteiligungen von Menschen mit Behinderungen (SR 151.31)
BetrVG	Betriebsverfassungsgesetz
BE PG	Personalgesetz des Kantons Bern, in Kraft seit 1. Juli 2005
BG	Bundesgesetz
BGE	Entscheidungen des Schweizerischen Bundesgerichts
Bger	Bundesgericht
BGSA	Bundesgesetz vom 17. Juni 2005 über Massnahmen zur Bekämpfung der Schwarzarbeit (SR 822.41)
BJM	Basler Juristische Mitteilungen (Basel)
BMGS	Deutsches Bundesministerium für Gesundheit und Soziale Sicherung
BMBF	Bundesministerium für Bildung und Forschung
BPG	Bundespersonalgesetz
BoeB	Bundesgesetz vom 16. Dezember 1994 über das öffentliche Beschaffungswesen (SR 172.056.1)
BPV	Bundesamt für Privatversicherung
BRV	Verordnung des Bundesrates
Bst.	Buchstabe
BSV	Bundesamt für Sozialversicherung
Bspw.	Beispielsweise
BV	Bundesverfassung der Schweizerischen Eidgenossenschaft vom 18. April 1999 (SR 101)
BVG	Bundesgesetz vom 25. Juni 1982 über die berufliche Alters-, Hinterlassenen- und Invalidenvorsorge (SR 831.40)
BverfG	Bundesverfassungsgericht

BVV	Verordnung über die berufliche Alters-, Hinterlassenen- und Invalidenvorsorge vom 18. April 1984 (SR 831.441.1)
BzgA	Bundeszentrale für gesundheitliche Aufklärung (Köln, Deutschland)
Bzw.	beziehungsweise
CANFAR	Canadian Foundation for AIDS Research
CEDAW	Convention on the Elimination of All Forms of Discrimination against Women
CH	Schweiz
CHRA	Canadian Human Rights Act
CHSS	Soziale Sicherheit CHSS
CLC	Canadian Labor Code
CMA	Canadian Medical Association
CN	Canada
CPP	Canada Pension Plan
CSHA	Canadian Strategy on HIV/AIDS
CWGHR	Canadian Working Group on HIV and Rehabilitation
D	Deutschland
DAH	Deutsche Aids-Hilfe
DDA	Disability Discrimination Act 1995
Deza	Direktion für Entwicklungszusammenarbeit
DFG	Deutsche Forschungsgemeinschaft
DIGMA	Zeitschrift für Datenrecht und Informationssicherheit (Zürich)
Diss.	Dissertation
Doc.	Dokument
DRFT	Disability Rights Task Force
Dr.	Doktor
Dr. h.c.	Doktor honoris causae
DSG	Bundesgesetz vom 19. Juni 1992 über den Datenschutz (SR 235.1)
DuR	Demokratie und Recht (Hamburg)
EC	European Community
ECOSOC	Economic und Social Council
ECSR	European Committee of Social Rights
Ed.	Edition
EDMZ	Eidgenössische Drucksachen- und Materialzentrale
EDÖB	Eidgenössischer Datenschutz- und Öffentlichkeitsbeauftragter
EFZG	Entgeltfortzahlungsgesetz
EG	Europäische Gemeinschaft
EGMR	Europäischer Gerichtshof für Menschenrechte

EGV	Vertrag zur Gründung der Europäischen Gemeinschaft
EIA	Employment Insurance Act
eidg.	eidgenössisch
EI	Employment Insurance
EIR	Employment Insurance Regulations
EKAF	Eidgenössische Kommission für Aidsfragen
EL	Ergänzungsleistungen
ELG	Bundesgesetz vom 19. März 1965 über Ergänzungsleistungen zur AHV und IV (SR 831.30)
EMRK	Konvention vom 4. November 1950 zum Schutze der Menschenrechte und Grundfreiheiten (SR 0.101)
EpiG	Bundesgesetz vom 18. Dezember 1970 über die Bekämpfung übertragbarer Krankheiten des Menschen (SR 818.101)
Erw.	Erwägung
ESC	Europäische Sozial Charta
ETH-Rat	Rat der Eidgenössischen Technischen Hochschulen
EU	Europäische Union
EuGH	Europäischer Gerichtshof
EUGRZ	Europäische Grundrechte Zeitschrift (Kehl am Rhein)
EuZW	Europäische Zeitschrift für Wirtschaftsrecht
EVG	Eidgenössisches Versicherungsgericht, Luzern
Evtl.	Eventuell
EUV	Europäischer Vertrag (Vertrag von Maastricht)
f./ff.	folgende und fortfolgende (Seite/Seiten)
FDK	Internationales Übereinkommen zur Beseitigung jeder Form der Diskriminierung der Frau
Fn.	Fussnote
Fr.	(Schweizer) Franken
FRI	Feministisches Rechtsinstitut
FZG	Bundesgesetz vom 17. Dezember 1993 über die Freizügigkeit in der beruflichen Alters-, Hinterlassenen- und Invalidenvorsorge (SR 831.42)
FZR	Freiburger Zeitschrift für Rechtsprechung
FZV	Verordnung vom 3. Oktober 1994 über die Freizügigkeit in der beruflichen Alters-, Hinterlassenen- und Invalidenvorsorge (Freizügigkeitsverordnung) (SR 831.425)
GAV	Gesamtarbeitsvertrag
GdB	Grad der Behinderung
GewO	Gewerbeordnung (RGBl 1869, 245) vom 1.4.1983
GG	Grundgesetz für die Bundesrepublik Deutschland

GLG	Bundesgesetz vom 24. März 1995 über die Gleichstellung von Frau und Mann (Gleichstellungsgesetz) (SR 151.1)
GUMG	Bundesgesetz vom 8. Oktober 2004 über genetische Untersuchungen beim Menschen
h.L.	herrschende Lehre
HAART	Hochaktive antiretrovirale Therapie
Halbbd.	Halbband
HaVe	Zeitschrift für Haftpflicht und Versicherung
HCV	Hepatitis C Virus
HIV	Human immunodeficiency virus
HR-Strategie	Strategie zur Umsetzung der neuen Personalpolitik in der Bundesverwaltung (HR-Strategie Bund), verabschiedet 19.11.2003
HRQ	Human Rights Quarterly (Baltimore, U.S.A.)
Hrsg.	Herausgeber
IAA	Internationles Arbeitsamt
IAK	Internationale Arbeitskonferenz
IAO Ü	Übereinkommen der Internationalen Arbeitsorganisation
IAO	Internationale Arbeitsorganisation
ICCPR	International Convent on Civil and Political Rights
ICERD	International Convention on the Elimination of all Forms of Racial Discrimination
ICIDH	International Classification of Impairments, Disabilities and Handicaps
IDAGEN	Interdepartementale Arbeitsgruppe für Gentechnologie
IFC	International Classification of Functioning, Disabilities and Health
IG	Interessensgemeinschaft
IGH	Internationaler Gerichtshof
ILC	International Labour Conference
ILO	International Labour Organisation
IPbpR	Internationaler Pakt vom 16. Dezember 1966 über über bürgerliche und politische Rechte (SR 0.103.1)
IPwskR	Internationaler Pakt vom 19. Dezember 1966 über wirtschaftliche, soziale und kulturelle Rechte (SR 0.103.2)
i.S.v.	in Sachen von
IV	Invalidenversicherung
iv	intravenös
IVG	Bundesgesetz vom 19. Juni 1959 über die Invalidenversicherung (SR 831.20)
i.V.m.	in Verbindung mit

IVV	Verordnung vom 17. Januar 1961 über die Invalidenversicherung (SR 831.201)
JAR	Jahrbuch des schweizerischen Arbeitsrechts (Bern)
KRK	Übereinkommen vom 20. November 1989 über die Rechte des Kindes (SR 0.107)
KschG	Kündigungsschutzgesetz
KUVG	Bundesgesetz vom 13. Juni 1911 über die Kranken- und Unfallversicherung (SR 832.10, aufgehoben durch das KVG und das UVG)
KVG	Bundesgesetz vom 13. Juni 1911 über die Krankenversicherung (SR 832.10)
KVL	Verordnung vom 29. September 1995 über Leistungen in der obligatorischen Krankenpflegeversicherung (Krankenpflege-Leistungsverordnung) (SR 832.112.31)
KVV	Verordnung vom 27. Juni 1995 über die Krankenversicherung (SR 832.102)
LAS	Lymphadenopathie Syndrom
LGVE	Luzerner Gerichts- und Verwaltungsentscheide
lic. iur.	licentiatus iuris
lit.	Buchstabe
LPA	Les Petites Affiches
LSVD	Lesben- und Schwulenverband Deutschland
LTD	Long-term disability benefits
M&A	Merger and Acquisition
max.	maximal
m.E.	meines Erachtens
m.H.	mit Hinweise
MJ	Maastricht Journal of European and Comparative Law (Maastricht)
MSM	Männer, die Sex mit Männer haben
MVG	Bundesgesetz vom 19. Juni 1992 über die Militärversicherung (SR 833.1)
m.w.H.	mit weiteren Hinweisen
N	Note, Randnote
NAB	Nationaler Aidsbeirat
NAP	Nationale Aidsprogramme
NF	Nationalfond
NAV	Normalarbeitsvertrag
NGO	Non-Governmental Organisation
NJW	Neue Juristische Wochenschrift (München/Frankfurt a.M.)

no.	Nummer
Nr.	Nummer
NRO	Nichtregierungsorganisation
NZZ	Neue Zürcher Zeitung
o.ä.	oder ähnlich
OECD	Office of Community and Economic Development
öff.	öffentlich
OG	Bundesgesetz vom 16.12.1943 über die Organisation der Bundesrechtspflege (SR 173.110)
OIT	Organização Internacional do Trabalho / Organización Internacional del Trabajao, siehe ILO
OJ	Loi fédérale d'organisation judicaire du 16.12.1943 (RS 173.110), vgl. OG
OR	Bundesgesetz vom 30. März 1911 betreffend die Ergänzung des Schweizerischen Zivilgesetzbuches, Fünfter Teil: Obligationenrecht (SR 220)
P⁺IPS	Positives Integrationsprojekt Schweiz
PIPEDA	Personal Information Protection and Electronic Documents Act
PKB	Bundesgesetz vom 23. Juni 2000 über die Pensionskassen (SR 172.222.0)
PKBV	Verordnung über die Versicherung im Kernplan der Pensionskasse des Bundes (SR 172.222.034.1)
pp.	pages
Pra	Die Praxis des Bundesgerichts
RAV	Regionales Arbeitsvermittlungszentrum
RdA	Recht der Arbeit
RDK	Internationales Übereinkommen zur Beseitigung jeder Form von Rassismus
rev.	Revised
RGB1	Das Reichsgesetzblatt (= amtliche Verkündungsblatt des Deutschen Reiches von 1871 bis 1945)
RIW	Recht der Internationalen Wirtschaft (Frankfurt)
RKI	Robert Koch-Institut
RKUV	Revue der Kranken- und Unfallversicherung, Rechtsprechung und Verwaltungspraxis, hrsg. vom BSV (früher RSKV)
RL	Richtlinie
Rn.	Randnummer
RSKV	Krankenversicherung, Rechtsprechung und Verwaltungspraxis, hrsg. vom BSV (heute RKUV)

RVOG	Regierungs- und Verwaltungsorganisationsgesetz vom 21. März 1997 (SR 172.010)
Rz.	Randziffer
S.	Seite
SBB	Schweizer Bundesbahnen
Seco	Staatssekretariat für Wirtschaft
SGB	Sozialgesetzbuch
SJZ	Schweizerische Juristen-Zeitung (Zürich)
SKOS	Schweizerische Konferenz für Sozialhilfe
sog.	sogenannt
Soz. Vers.	Soziale Versicherung
SPR	Schweizerisches Privatrecht
SR	Systematische Rechtssammlung des Bundes
SRG	Schweizerische Radio- und Fernsehgesellschaft
St.	Sankt
StGB	Schweizerisches Strafgesetzbuch vom 21. Dezember 1937 (SR 311.0)
STI	Sexual Tansmitted Infections (sexuell übertragbare Infektionen)
SVA	Entscheidungen schweizerischer Gerichte in privaten Versicherungsstreitigkeiten, hrsg. vom BPV
SVV	Schweizerischer Versicherungsverband
SZS	Schweizerische Zeitschrift für Sozialversicherung und berufliche Vorsorge (Bern)
THT	Terrence Higgins Trust
Tlbd.	Teilband
Ü	Übereinkommen
u.a.	und andere, unter anderem (anderen)
UK	United Kingdom
UKC	UK Coalition for People living with HIV and Aids
UNALS	Union nationale des associations de lutte contre le sida
UN	United Nations
UNO	United Nations Organisation
UNO Pakt I	siehe IPwskR
UNO Pakt II	siehe IPbpR
URL	Uniform Resource Locator (world wide web address)
USA	Vereinigte Staaten von Amerika
usw.	und so weiter
UVG	Bundesgesetz vom 20. März 1981 über die Unfallversicherung (SR 832.20)

UVV	Verordnung vom 20. Dezember 1982 über die Unfallversicherung (SR 832.202)
v. / vs.	gegen
VAG	Bundesgesetz betreffend die Aufsicht über die privaten Versicherungseinrichtungen (SR 961.01)
VD PG	Loi sur le personnel du canton de Vaud / Personalgesetz des Kantons Waadt
VDSG	Verordnung vom 14. Juni 1993 zum Bundesgesetz über den Datenschutz (SR 235.11)
VerfR	Verfassungsrecht
VG	Bundesgesetz vom 14. März 1958 über die Verantwortlichkeit des Bundes sowie seiner Behördenmitglieder und Beamten (SR 170.32)
vgl.	vergleiche
VIH/SIDA	siehe HIV bzw. Aids
VO	Verordnung
Vol.	volume / Volumen
VPB	Verwaltungspraxis der Bundesbehörden (Bern)
VR	Völkerrecht
VUV	Verordnung vom 19. Dezember 1983 über die Verhütung von Berufsunfällen (SR 832.39)
VVG	Bundesgesetz vom 7. April 1908 über den Versicherungsvertrag (SR 221.229.1)
VwVG	Bundesgesetz vom 20.12.1968 über das Verwaltungsverfahren (SR 172.021)
WHO	Weltgesundheitsorganisation
WoZ	Die Wochenzeitung
WVK	Wiener Übereinkommen vom 23. Mai 1969 über das Recht der Verträge (SR 0.111)
www	World Wide Web
z.B.	zum Beispiel
ZAK	Zeitschrift für die Ausgleichskasse der AHV (1993 ersetzt durch CHSS)
ZBJV	Zeitschrift des bernischen Juristenvereins (Bern)
ZBl	Schweiz. Zentralblatt für Staats- und Verwaltungsrecht
ZESAR	Zeitschrift für europäisches Sozial- und Arbeitsrecht (Berlin)
ZcSo	Zeitschrift für Sozialhilfe (Monatsschrift für Sozialhilfe. Beiträge und Entscheide aus den Bereichen Fürsorge, Sozialversicherung, Jugendhilfe und Vormundschaft). Offizielles Organ der Schweizerischen Konferenz für Sozialhilfe.

ZH PG	Gesetz über das Arbeitsverhältnis des Staatspersonals des Kantons Zürich
ZeuP	Zeitschrift für Europäisches Privatrecht (Beck Verlag)
ZfSH/SGB	Sozialrecht in Deutschland und Europa
ZGB	Schweizerisches Zivilgesetzbuch vom 10. Dezember 1907 (SR 210)
zit.	zitiert
ZSR	Zeitschrift für Sozialreform (Kassel)
z.T.	zum Teil
zugl.	zugleich

Literaturverzeichnis

ACKERMANN/DONNOLI, HIV in der Arbeitswelt – Integrationsprobleme und Handlungsoptionen, Bern 2005.

ABEGG ANDREAS, Die zwingenden Inhaltsnormen des Schuldvertragsrechts, Zürich 2004.

AEBI MÜLLER REGINA E., Die «Persönlichkeit» im Sinne von Art. 28 ZGB, in: Festschrift Heinz Hausheer, Bern 2002, S. 99–116.

AMADIEU JEAN-FRANCOIS, Enquête «Testing» sur CV, Paris 2005.

AMON JOSEPH, Preventing the Further Spread of HIV/AIDS. The Essential Role of Human Rights, in: Human Rights Watch, Bericht 2006, Quelle: *http://hrw.org/wr2k6/hivaids/index.htm* (17.11.06).

ARIOLI/ FURRER, Die Anwendung des Gleichstellungsgesetzes auf öffentlichrechtliche Arbeitsverhältnisse, Helbing & Lichtenhahn 1999.

AHRENDT MARTINA, Der Kündigungsschutz bei Arbeitsverhältnissen in Frankreich, Baden-Baden 1995.

ASCHEID REINER, zu § 340 KSchG, in: Dietrich/Müller-Glöge/Preis/Schaub (Hrsg.), Erfurter Kommentar zum Arbeitsrecht, 4. Aufl., 2004 (zit. § 340 KSchG).

AUER/MALINVERNI/HOTTELIER, Droit constitutionel suisse, Volume 2, Les droits fondamentaux, Bern 2000.

BAER SUSANNE, Report on Measures To Combat Discrimination, Directives 2000/43/EC and 2000/78/EC, Country Report Germany, 21.02.2005.

BARON/OMARJEE, Droit du travail: L'influence du droit communautaire sur les divisions du droit travail francais, Les Petit Affiches (LPA), 2004, S. 171–174.

BARTH BEAT, Die Änderungskündigung im Arbeitsrecht, Diss. Basel 1990.

Bartolomei de la Cruz/von Potobsky/Swepston, The International Labor Organization, WestviewPress, 1996.

BELL MARK, Anti-Discrimination Law and the European Union, Oxford 2002.

Bericht der Bundesregierung über die Lage behinderter Menschen und die Entwicklung ihrer Teilhabe, Drucksache 15/4575, 2004 (zit. Bericht der Bundesregierung).

BERRIDGE VIRGINIA, Aids in the UK – the making of a policy, 1981–1994, Oxford 1996.

BERTHOU KATELL, The Issue of the Voile in the Workplace in France: Unveiling Discrimination, The International Journal of Comparative Labour and Industrial Relations, Volume 21/2, 2005, S. 281–320.

BERTSCHI MARTIN, Auf der Suche nach dem einschlägigen Recht im öffentlichen Personalrecht. Das Heranziehen ergänzend anwendbarer Normen, besonders des Obligationenrechts, ZBl 2004, S. 617–643.

BIEBER/EPINEY/HAAG, Die Europäische Union: Europarecht und Politik, 6. Aufl., Baden-Baden 2005.

BIESTER FRANZ JOSEF DÜWELL, Auswirkungen des Allgemeinen Gleichbehandlungsgesetzes auf die betriebliche Praxis, juris Praxis Report 28/2006, Sonderausgabe zum Allgemeinen Gleichbehandlungsgesetz.

BIGLER-EGGENBERGER MARGRITH, Art. 8 BV, in: Ehrenzeller/Mastronardi/Schweizer/Vallender (Hrsg.), Die schweizerische Bundesverfassung, Kommentar, Lachen 2002.

BIRENBAUM/PORTER, Right to Adjudication under the Canadian Human Rights Act and How to Remedy it, Department of Justice Canada, Quelle: *http://www.justice.gc.ca/chra/en/screen2.html* (13.02.06).

BLÜTHNER ANDREAS, Welthandel und Menschenrechte in der Arbeit, Studien zum internationalen, europäischen und öffentlichen Recht, Bd. 14, Frankfurt a.M., Bern 2004.

BÖHMERT SABINE, Das Recht der ILO und sein Einfluss auf das deutsche Arbeitsrecht im Zeichen der europäischen Integration, Nomos 2001.

BÖHRINGER PETER, Arbeitsrecht. Ein Lehrgang für die Praxis, 2. überarbeitete Aufl., Zürich 2001.

BRUDNER ALAN, The Domestic Enforcement of International Covenants on Human Rights: A Theoretical Framework, University of Toronto Law Journal, vol. 35, no. 3, 1985, S. 219–254.

BRÜHWILER JÜRG, Kommentar zum Einzelarbeitsvertrag, Zentralverband schweizerischer Arbeitgeber-Organisation (Hrsg.), 2. vollständig überarbeitete Aufl., Bern, Stuttgart, Wien 1996 (zit. Kommentar).

BRÜHWILER JÜRG, Obligatorische berufliche Vorsorge, in: Heinrich Koller et al., Schweizerisches Bundesverwaltungsrecht – Soziale Sicherheit (Meyer-Blaser Ulrich), Basel 1998, S. 1–81 (zit. Vorsorge).

BRUNNER/BÜHLER/WAEBER/BRUCHEZ, Commentaire du contrat de travail, 3. Aufl., Lausanne 2004.

BRUPBACHER STEFAN, Fundamentale Arbeitsnormen der Internationalen Arbeitsorganisation. Eine Grundlage der sozialen Dimension der Globalisierung, Bern 2002.

BUNDESAMT FÜR ARBEIT UND SOZIALES, Das Gesetz zur Gleichstellung behinderter Menschen – Ein Beitrag zur Umsetzung des Benachteiligungsverbotes im Grundgesetz, Januar 2006, Quelle: *http://www.bmas.bund.de/BMAS/Navigation/Service/publikationen,did=101242.html* (24.04.06) (zit. Gleichstellung).

BUNDESAMT FÜR ARBEIT UND SOZIALES, Entgeltfortzahlung bei Krankheit und an Feiertagen, 2006 (zit. Entgeltfortzahlung).

BUNDESMINISTERIUM FÜR ARBEIT UND SOZIALES, Anhaltspunkte für die ärztliche Gutachtertätigkeit, Juni 2005 (zit. Anhaltspunkte).

Bundesministerium für Arbeit und Soziales, SGB IX Rehabilitation und Teilhabe behinderter Menschen, Quelle: *http://www.bmas.bund.de/BMAS/Redaktion/Pdf/ SGB-IXRehabilitation-und-Teil-550* (05.07.06) (zit. Rehabilitation und Teilhabe).

Bundesministerium für Gesundheit und Soziale Sicherung, HIV/AIDS-Bekämpfungsstrategie der Bundesregierung, Juli 2005.

Camastral Claudia, Grundrechte im Arbeitsverhältnis, Chur/Zürich 1996.

Camprubi Madeleine, Kontrahierungszwang gemäss BGE 129 III 35: ein Verstoss gegen die Wirtschaftsfreiheit. Zugleich ein Beitrag zur Diskussion über die Grundrechtsbindung von öffentlichen Unternehmen, AJP/PJA 2004, S. 384–404.

Canadian HIV/AIDS Legal Network, Support for Survival: Barriers to Income Security for People Living with HIV/Aids and Directions for Reform, 2003–2005 (zit. Support for Survival).

Canadian HIV/AIDS Legal Network, Privacy Protection and the Disclosure of Health Information: Legal Issues for People Living with HIV/Aids in Canada, 2002–2004 (zit. Privacy).

Caplazi/Naguib, Schutz vor ethnisch-kultureller Diskriminierung in der Arbeitswelt trotz Vertragsfreiheit. Ein Diskussionsbeitrag zur Frage der Notwendigkeit, Nützlichkeit und der inhaltlichen Ausgestaltung eines verstärkten Schutzes vor und bei ethnisch-kultureller Diskriminierung in der Arbeitswelt, in: Jusletter vom 7. Februar 2005.

Chartier Marie-Claude, Legal initiatives to address HIV/Aids in the world of work, International Labour Organisation ILO, 2. Aufl., Genf 2005.

Cirkel Johannes, Gleichheitsrechte im Gemeinschaftsrecht, NJW 1998, S. 3332ff.

Cohen O.J. et al., CXCR4 and CCR5 Genetic Polymorphisms in Long-Term Nonprogressive Human Immunodeficiency Virus Infection: Lack of Association with Mutations other than CCR5-32, J Virol, Vol. 72, No. 7, Juli 1998, S. 6215–6217.

Coeuret/Fortis, Droit pénal du travail, 3ème édition, Lexis Nexis Litec 2004.

Colonna Joel, Le droit des relations de travail confronté au VIH/SIDA, Marseille 2002.

Cormack/Bell, Entwicklung des Antidiskriminierungsrecht in Europa – Ein Vergleich in den 25 EU-Mitgliedstaaten, Europäisches Netzwerk unabhängiger Sachverständiger im Bereich der Nichtdiskriminierung, 2005.

Coulibaly Alban Alexandre, Droit au travail et handicap: L'obligation d'emploie entre mythe et réalité, L'Harmattan 2004.

Deakin Simon F., Labour Law, 4th edition, Oxford 2005.

Dear/Gaber/Takahashi/Wilton, Seeing people differently: The sociospatial construction of disability, in: Environment and Planning D: society and space, 15, 1997, S. 455–480.

DE BRUYN THEODORE, A Plan of Action for Canada to Reduce HIV/Aids-related Stigma and Discrimination, Canadian HIV/Aids Legal Network 2004, Quelle: *http://www.aidslaw.ca/Maincontent/issues/discrimination.htm* (11.04.06).

DE BRUYN/GARMAISE, Survey reveals knowledge and attitudes of Canadians regarding HIV/AIDS, Canadian HIV/AIDS Policy & Law Review vol. 8 no. 3, 2003.

DE SCHUTTER OLIVER, Das Diskriminierungsverbot nach dem Europäischen Menschenrechtsgesetz. Seine Bedeutung für die «Rassengleichbehandlungsrichtlinie» und die Richtlinie zur Gleichbehandlung in der Beschäftigung, Brüssel 2005.

DEGENER THERESIA, Definition of Disabitlity, EU-Network of Disability Discrimination, Brüssel 2004 (zit. Definiton).

DEGENER THERESIA, Eine UN-Menschenrechtskonvention für Behinderte als Beitrag zur ethischen Globalisierung, Politik und Zeitgeschichte, B 08/2003 (zit. Menschenrechtskonvention).

DEPARTMENT FOR EDUCATION AND EMPLOYMENT, Towards Inclusion – civil rights for disabled people: Government response to the Disability Rights Task Force, London 2001, Quelle: *http://www.dfes.gov.uk/consultations/downloadableDocs/60_1.pdf* (zit. Towards Inclusion).

DEPARTMENT OF HEALTH, Better prevention, better services, better sexual health - The national strategy for sexual health and HIV, London 2001 (zit. 2001).

DEPARTMENT OF HEALTH, The national strategy for sexual health and HIV implementation action plan, London 2002 (zit. 2002).

DEPARTMENT OF HEALTH, HIV-related Stigma and Discrimination: Action plan, London 2005 (zit. 2005).

DEPARTMENT OF HEALTH, HIV-infected Health Care Workers – Guidance on Management and Patient Notification, London 2005 (zit. 2005 II).

DIETLEIN JOHANNES, Die Lehre von den grundrechtlichen Schutzpflichten, Berlin 2005.

DIETRICH THOMAS, zu Art. 2 GG, in: Dietrich/Müller-Glöge/Preis/Schaub (Hrsg.), Erfurter Kommentar zum Arbeitsrecht, 4. Aufl., 2004 (zit. Art. 2 GG).

DIETRICH THOMAS, zu Art. 3 GG, in: Dietrich/Müller-Glöge/Preis/Schaub (Hrsg.), Erfurter Kommentar zum Arbeitsrecht, 4. Aufl., 2004 (zit. Art. 3 GG).

DISABILITY RIGHTS COMMISSION, Disability Discrimination Act 1995, Code of Practice, Employment and Occupation, 2004, Quelle: *http://www.drc-gb.org/PDF/employment_occupation.pdf* (12.09.06) (zit. Code of Practice).

DISABILITY RIGHTS TASK FORCE, From Exclusion to Inclusion, Final Report of the Disability Rights Task Force, 1999, Quelle: *http://www.dft.gov.uk/stellent/groups/dft_mobility/documents/pdf/dft_mobility_pdf_611415.pdf* (13.09.06).

DOYLE BRIAN J., Disability Discrimination: Law and Practice, 4th edition, Bristol 2003.

DUBOIS-ARBER/HAOUR-KNIPE, Identifications des discriminations institutionnelles à l'encontre des personnes vivant avec le VIH en Suisse, Institut universitaire de médecine sociale et préventive, raison de santé 18, Lausanne 1998.

DÜTZ WILHELM, Arbeitsrecht, 3. Aufl., München 1997.

EGLI HANS-PETER, Lohnfortzahlung und Versicherungsschutz gemäss Artikel 324a OR, AJP/PJA 2001, S. 1064–1078.

EIDGENÖSSISCHER DATENSCHUTZBEAUFTRAGTER, 6. Tätigkeitsbericht 1998/1999, Bern 1995.

EKOS RESEARCH ASSOCIATES, HIV/AIDS – An Attitudinal Survey. Final Report 2003.

ELLIOTT/GOLD, Protection against discrimination based on HIV/AIDS status in Canada: the legal framework, Canadian HIV/Aids Policy & Law Review, vol. 10, no. 1, 2005.

EPINEY ASTRID, Kommentar zu Art. 13 EGV, in: Caliess/Ruffert (Hrsg.), Kommentar zu EU-Vertrag und EG-Vertrag, 2. Aufl., Neuwied/Kriftel 2002.

FANKHAUSER LILIAN, Verankerte Gleichstellung? Eine branchenübergreifende Gleichstellungsanalyse von Gesamtarbeitsverträgen, Studie im Auftrag des Schweizerischen Gewerkschaftsbundes, Dossier 15, 2002.

FANZUN JON, Ein politisches Trauerspiel. Fast 30 Jahre nach der Unterzeichnung hat die Schweiz die Europäische Sozialcharta noch immer nicht ratifiziert, in: St. Galler Tagblatt, 23. Dezember 2004.

FAVRE/MUNOZ/TOBLER, Le contrat de travail, Code annoté, Lausanne 2001.

FREIVOGEL ELISABETH, zu Art. 2 GlG, Kommentar zum Gleichstellungsgesetz, Basel 1997.

FORDHAM DEIRDE, Antidiskriminierungsgesetz, in: Beschäftigung und Integration von Menschen mit Behinderungen, Bericht über die Sondersitzung der Gruppe hochrangiger, für Behindertenfragen zuständige Vertreter, Brüssel 1997, S. 36–45, Quelle: http://ec.europa.eu/employment_social/disability/disable_de.pdf (25.09.06).

FUCHS MAXIMILIAN, Elemente der Antidiskriminierung im deutschen Arbeitsrecht, ZESAR 10/2006, S. 377ff.

FUHRER STEPHAN, Anzeigepflichtverletzung, Bibliothek zur Zeitschrift für Schweizerisches Recht, Beiheft 32, Basel 1999.

GÄCHTER THOMAS, Rechtsmissbrauch im öffentlichen Recht. Unter besonderer Berücksichtigung des Bundessozialversicherungsrechts, Zürich 2005.

GAUCH/SCHLUEP/SCHMID/REY, OR allgemeiner Teil, 8. Aufl., Bd. 1, 2003.

GAUCH/WERRO/ZUFFEREY (Hrsg.), La protection de la personalité. Bilan et perspectives d'un nouveau droit, Fribourg 1993.

GEISER THOMAS, Gibt es ein Gleichbehandlungsgebot im schweizerischen Arbeitsrecht?, in: Becker/Hilty/Stöckli/Würtenberger (Hrsg.), Recht im Wandel seines sozialen und technologischen Umfeldes, Festschrift Manfred Rehbinder, München/Bern 2002, S. 37ff. (zit. Gleichbehandlungsgebot).

GEISER THOMAS, Diskriminierung am Arbeitsplatz: Die Rechtslage in der Schweiz, TANGRAM Nr. 11, 2001, S. 13–21 (zit. Diskriminierung).

GEISER THOMAS, Die Änderungskündigung im schweizerischen Arbeitsrecht, AJP/PJA 1999, S. 60–70 (zit. Änderungskündigung).

GÖKSU TARKAN, Rassendiskriminierung beim Vertragsabschluss als Persönlichkeitsverletzung, Diss. Freiburg 2003.

GOLA/SCHOMERUS, zu § 28 BDSG, in: BDSG Bundesdatenschutzgesetz, Kommentar, 8. Aufl., München 2005.

Government of Canada, Strengthened Leadership: Taking Action, Canada's Report on HIV/AIDS 2005, Quelle: *http://www.phac-aspc.gc.ca/aids-sida/hiv_aids/report05/ index.html* (11.04.06) (zit. Strengthened Leadership).

Government of Canada, Privy Council Office, Guide to Making Federal Acts and Regulations, 2. Aufl., 2001 (zit. Guide).

GRABENWATER CHRISTOPH, Europäische Menschenrechtskonvention, C.H. Beck, 2003.

GRIFFEL ALAIN, Der Grundrechtsschutz in der Armee, Zürich 1991.

GROBYS MARCEL, Die Beweislast im Anti-Diskriminierungsprozess, NZA 2006, 898–904.

GUILLOD MARTIN J., Secret medical, in: Schweiz. Ärztezeitung 2000:81, Nr. 38, S. 2053–2059.

GULICK R.M. ET AL., Lopinavir/ritonavir (LPV/r)-based therapy in antiretroviral (ARV)-naïve, HIV-infected patients: 6-year follow-up of study 720. Abstract P28, 7th Int Congress Drug Ther HIV Inf 2004, Glasgow.

HAEFELIN/HALLER, Schweizerisches Bundesstaatsrecht, 5. Aufl., Zürich 2001.

HAEFELIN/MÜLLER, Allgemeines Verwaltungsrecht, 4. Aufl., Zürich,/Basel/Genf 2002.

HAEFLIGER/SCHÜRMANN, Die Europäische Menschenrechtskonvention und die Schweiz, Bern 1999.

HAFNER FELIX, Öffentlicher Dienst im Wandel. Stellung und Funktion des öffentlichen Dienstverhältnisses im demokratisch-pluralistischen Gemeinwesen, ZBl 1992, S. 481–503.

HALLER/KÖLZ, Allgemeines Staatsrecht, 3. Aufl., Basel, Frankfurt a.M. 2004.

HANAU/STEINMEYER/WANK, Handbuch des europäischen Arbeits- und Sozialrechts, München 2002.

HÄNER ISABELLE, Grundrechte im öffentlichen Personalrecht, in: Peter Helbing, Personalrecht des öffentlichen Dienstes, Bern 1999.

HÄNNI PETER, Das öffentliche Dienstrecht der Schweiz, dargestellt anhand der Gerichts- und Verwaltungspraxis in Bund und Kantonen: eine Fallsammlung, Zürich 2002.

HARTMANN STEPHAN, Die vorvertraglichen Informationspflichten und ihre Verletzung. Klassisches Vertragsrecht und modernes Konsumentenschutzrecht, Freiburg (Schweiz) 2001.

HÄSLER PHILIPPE, Geltung der Grundrechte für öffentliche Unternehmen, Bern 2005.

HAUSHEER/AEBI-MÜLLER, Das Personenrecht des Schweizerischen ZGB, Bern 1999.

HELBLING PETER, Die Beendigung des Arbeitsverhältnisses beim Bund: Ein Vergleich zwischen OR und BPG, FZR 2004, S. 168–200 (zit. Arbeitsverhältnis).

HELBLING PETER, Der öffentliche Dienst auf dem Weg in das OR, AJP/PJA 2004, S. 242–252 (zit. öffentlicher Dienst).

HELBLING PETER, Personalrecht des öffentlichen Dienstes, Bern 1999 (zit. Personalrecht).

HELBLING PETER, Entwicklung im Personalrecht des Bundes, in: Peter Helbing (Hrsg.) Personalrecht des öffentlichen Dienstes, Bern 1999 (zit. Entwicklung).

HERDEGEN MATTHIAS, Der neue Diskriminierungsschutz für Behinderte im Grundgesetz, Der Beauftragte der Bundesregierung für die Belange der Behinderten (Hrsg.), 1998, Quelle: *http://www.byrd.de/muskl/diskriminierungsschutz.html* (24.04.06).

HEUSSER PIERRE, Gesundheitsfragen in Versicherungsformularen anlässlich des Stellenantrittes – Rechtliche Probleme für Arbeitssuchende mit HIV und anderen vorbestehenden chronischen Krankheiten, AJP/PJA 2002, S. 1278–1286.

HENDRICKS FRANK, Employment Privacy Law in the European Union: Human Resources and Sensitive Data, Antwerpen, Oxford, New York 2003.

HERRMANN CHRISTOPH, Richtlinienumsetzung durch die Rechtsprechung, Berlin 2003, zugleich Diss. Bayreut 2002/2003.

HODGES JANE, Guidelines on Addressing HIV/AIDS in the Workplace Through Employment and Labour Law, International Labour Office, InFocus on Social Dialogue, Labour Law and Labour Administration, Paper 3, 2004.

HÖHN ERNST, Wie grau ist die Theorie? Gedanken zum Verhältnis von Doktrin und Praxis in der Jurisprudenz, AJP/PJA 1994, S. 411–424.

HOLOUBEK MICHAEL, Kommentar zu Art. 13 EGV, in: Jürgen Schwarze (Hrsg.), EU-Kommentar, Baden-Baden 2000.

HONSELL/VOGT/GEISER (Hrsg.), Basler Kommentar zum Schweizerischen Privatrecht, Zivilgesetzbuch I, Art. 1–456 ZGB, 2. Aufl., 2002.

HUMBERT DENIS G., Mobbing und dessen Bedeutung für die Arbeitnehmer und Arbeitgeber. Rechtliche Aspekte des Mobbings, TREX 2004, S. 80ff.

HUSMANN MANFRED, Die EG-Gleichbehandlungs-Richtlinien 2000/20002 und ihre Umsetzung in das deutsche, englische und französische Recht, Zeitschrift für Europäisches Sozial- und Arbeitsrecht 3/2006, S. 107–114.

INTERNATIONAL LABOUR OFFICE, An ILO code of practice on HIV/AIDS and the world of work, Genf 2001 (zit. ILO Code of Practice).

JAAG TOBIAS, Rechtsfragen der Volksschule, insbesondere im Kanton Zürich, ZBl 1997, S. 537–562.
JAAG TOBIAS, Das öffentlichrechtliche Dienstverhältnis im Bund und Kanton Zürich – Ausgewählte Fragen, ZBl 1994, S. 433–473.
JAAG/MÜLLER/TSCHANNEN/ZIMMERLI, Ausgewählte Gebiete des Bundesverwaltungsrechts, 2. überarbeitete Aufl., Basel 2006
JAGGY CHRISTIAN ET AL., Mortality in the Swiss HIV Cohort Study (SHCS) and the Swiss general population, Research Letters, Lancet, 2003, Quelle: *http://www.infekt. ch/updown/documents/publ/2003/jaggy_2003_lancet.pdf* (19.11.06).
JOST/COLOMBO/JOST/SPONAGEL/WÄGLI, HIV-Postexpositionsprophylaxe, Suva-Med. Mitteilungen Nr. 74, S. 119ff.
JÜRGENS GUNTHER, Die verfassungsrechtliche Stellung Behinderter nach Änderung des Grundgesetzes, Zeitschrift für Sozialhilfe und Sozialgesetz (ZfSH/SGB) 1995.
KÄGI-DIENER REGULA, Von Olympe de Gouges zum UNO-Übereinkommen gegen jede Form der Diskriminierung der Frau, in: Verein Pro FRI – Schweizerisches Feministisches Rechtsinstitut (Hrsg.), Recht Richtung Frauen, Lachen/St. Gallen 2001, S. 239–265 (zit. Frauenkonvention).
KÄGI-DIENER REGULA, Corporate Governance in Nonprofit-Organisationen – Eine verfassungsrechtliche Sichtung, in: Voggensperger/Bienek//Schneider/Thaler (Hrsg.), Gutes besser tun – Corporate Governance in Nonprofit-Organisationen, Bern 2005, S. 97ff. (zit. Corporate Governance).
KÄLIN/CARONI, Das verfassungsrechtliche Verbot der Diskriminierung wegen der ethnisch-kulturellen Herkunft, in: Walter Kälin (Hrsg.), Das Verbot ethnisch-kultureller Diskriminierung. Verfassungs- und menschenrechtliche Aspekte, ZSR/Beiblatt 29, 1999, S. 75ff.
KÄLIN WALTER (Hrsg.), Das Verbot ethnisch-kultureller Diskriminierung. Verfassungs- und menschenrechtliche Aspekte, ZSR/Beiblatt 29, 1999.
KENNER JEFF, EU-Employment Law – From Rome to Amsterdam and Beyond, Oxford/ Portland 2003.
KINDRED H.M., International Law Chiefly as Interpreted and Applied in Canada, Edmond Montgomery, 6. Aufl. 2000.
KLEIN CAROLINE, La discrimination des personnes handicapées, Diss. Bern 2002.
KOCH/PEDRAZZINI/STAEHELIN, HIV und Recht, Basel 1999.
KÖRNER-DAMMANN MARITA, Bedeutung und faktische Wirkung von ILO-Standards, Nomos 1991.
KRAMER ERNST, zu Art. 19–20, Berner Kommentar, Das Obligationenrecht, Bd. VI, 1. Abteilung, 2. Teilband, Kommentar zu Art. 19–22 OR, Bern 1991.
KRAMER ERNST, Juristische Methodenlehre, Bern 1998.

Kuhn Hanspeter, Datenschutz und KVG – Überlegungen zu Privatsphäre, Patientengeheimnis und Datenschutz in der Sozialversicherung am Beispiel des KVG, Schweizerische Ärztezeitung 2001:82, S. 1266–1275.

Landolt Hardy, Die Grundrechtshaftung für grundrechtswidriges Verhalten unter besonderer Berücksichtigung der Verletzung der Rechtsgleichheitsgarantie (Art. 8 BV), AJP/PJA 2005, S. 379–412.

Lang Anna-Naomi, Arbeitsrechtliche Kündigungsschutzsysteme und ihre Sanktionen. Ein Vergleich des englischen, deutschen und schweizerischen Rechts, Bern 2005.

Latraverse Sophie, Report on Measures to Combat Discrimination – Directives 20004/43/EC and 2000/78/EC, Country Report France, Utrecht, Bruessel, 2004 (zit. report).

Latraverse Sophie, Panorama de la jurisprudence en matière de discrimination, Paris 2005, Quelle: *www.halde.fr* (03.04.2006), (zit. Panorama).

Leech J., Survey reveals human rights abuses in Alberta, Canadian HIV/Aids Policy & Law Review vol. 8 no. 1, 2003.

Le Friant Martine, Rechtstechniken im Kampf gegen Diskriminierungen: Die Lage in Frankreich, Arbeit und Recht – Zeitschrift für Arbeitsrechtspraxis 2/2003, S. 51–56.

Lenz Carl Otto, Art. 13 EGV, in: Lenz/Borchard, EU- und EG-Vertrag, Kommentar, 3. Aufl., Köln et al. 2003.

Lepke Achim, AIDS als Grund für eine Kündigung des Arbeitgebers, RdA, Heft 2, 2000.

Levy/Chabas Batonnier, Expériences croisées de la pratique du droit de la discrimination, Paris 2005, Quelle: *www.halde.fr* (03.04.2006).

Martenet Vincent, La protection contre les discriminations émanant de particuliers, ZSR 125 (2005) I, Heft 4, S. 419ff.

Marti Arnold, Vorbemerkungen zu Art. 5 und 6 ZGB, in: Kommentar zum schweizerischen Zivilgesetzbuch, Einleitung, Personenrecht, Bd. I/1, 3. Aufl., Zürich 1998.

Martin Jacqueline, The English Legal System, 4. Aufl., London 2005.

Maurer-Lambrou/Vogt (Hrsg.), Datenschutzgesetz, Basler Kommentar, 2. Aufl., Basel 2006.

Means John E., Human Rights and Canadian Federalism, Phylon (1960-), Vol. 30, No. 4 (4th Qtr., 1969), S. 398–412.

Merz Hans, Berner Kommentar zum schweizerischen Zivilrecht, Bd. I, 1. Abteilung, Einleitung Art. 1-10 ZGB, Bern 1962.

Meyer Christoph, New Public Management als neues Verwaltungsmodell. Staatsrechtliche Schranken und Beurteilung neuer Steuerinstrumente, Basel/Genf/München 1998.

Michel Matthias, Beamtenstatus im Wandel. Vom Amtsdauersystem zum öffentlichrechtlichen Gesamtarbeitsvertrag, Zürich 1998.

MOSIMANN HANS-JAKOB, Arbeitsrechtliche Minimal Standards für die öffentliche Hand?, ZBl 1998, S. 449–473.

MOYSOULIVER/LEBLOND, Ces collèques qui font peu; la tolérance entre employés séronégatifs et séropositifs, in: Bulletin d'Information pour les Professionnels sanitaires et sociaux de l'entreprise, no. 18, 2005/04.

MÜLLER JÖRG PAUL, Allgemeine Bemerkungen zu den Grundrechten, in: Thürer/Aubert/Müller (Hrsg.), Verfassungsrecht der Schweiz, Zürich 2001 (zit. Bemerkungen).

MÜLLER JÖRG PAUL, Die Diskriminierungsverbote nach Art. 8 Abs. 2 der neuen Bundesverfassung, in: Ulrich Zimmerli (Hrsg.), Die neue Bundesverfassung, Bern 2000, S. 103–130 (zit. Diskriminierungsverbote).

MÜLLER JÖRG PAUL, Grundrechte in der Schweiz, Bern 1999 (zit. Grundrechte).

MÜLLER JÖRG PAUL, Elemente einer schweizerischen Grundrechtstheorie, Bern 1982 (zit. Grundrechtstheorie).

NABHOLZ/PARRY, Mobbing und Menschenwürde im Arbeitsverhältnis, in: Buser/Berger/Hafner/Mund/Speiser (Hrsg.), Menschenrechte konkret – Integration im Alltag, Schriftenreihe der Forschungsgemeinschaft Mensch im Recht, Basel/Genf/München 2005, S. 129–135.

NATIONAL AIDS TRUST, The Disability Discrimination Act 1995 and employment: what does it mean for people living with hiv?, Quelle: *www.nat.org.uk/document/65 http://www.nat.org.uk/document/129* (12.09.06), (zit. employment).

NATIONAL AIDS TRUST, HIV Work Resource Pack: Addressing stigma and discrimination, London 2005 (zit. Stigma).

NEAL ALAN C., The Evolution of Labour Law 1992–2002. Country Report: United Kingdom, 2003/2004, Quelle: *http://ec.europa.eu/employment_social/labour_law/docs/ell_uk.pdf* (12.09.06).

NEF URS CH., zu Art. 4 VVG, in: Honsell/Vogt/Schnyder (Hrsg.), Kommentar zum Schweizerischen Privatrecht – Bundesgesetz über den Versicherungsvertrag (VVG), Basel 2001.

NÖTZLI HARRY, Die Beendigung von Arbeitsverhältnissen im Bundespersonalrecht, Bern 2005.

OLIVIER C., HIV-related discrimination in New Brunswick increasing, Canadian HIV/Aids Policy & Law Newsletter 5 (2/3), 2000.

ONNO JÉROME, Le sida et le droit du travail, Les Petites Affiches (LPA), 29 juin 2000, no. 129, S. 22.

PAREDES ET AL., Predictors of virological success and ensuing failure in HIV-positive patients starting highly active antiretroviral therapy in Europe: Results from the EuroSIDA Study, in Archives of internal medicine, Vol. 160, No. 8, 2000, S. 1123–1133.

PÄRLI KURT, HIV/Aids: Analyse der wichtigsten Problembereiche – Verbesserungsvorschläge, Soziale Sicherheit 2/1998 (Schwerpunkt HIV/Aids und die Sozialversicherungen), S. 70–73 (zit. Analyse).
PÄRLI KURT, Datenaustausch zwischen Arbeitgeber und Versicherung, Bern 2003 (zit. Datenaustausch).
PÄRLI KURT, Datenaustausch zwischen Arbeitgeber und Versicherung, HAVE 1/2004, S. 32–37 (zit. HAVE).
PÄRLI KURT, Aids: Datenschutz und Diskriminierung, DIGMA 2003, S. 127ff. (zit. Datenschutz).
PÄRLI KURT, Dogmen und Entwicklungen bei HIV-Positivität und Lebensversicherung, HAVE 2/2005, S. 109–120 (zit. Dogmen).
Pärli Kurt, Rechtliche und ethische Integrität der Nonprofit-Organisationen am Beispiel der Ausgestaltung der Arbeitsverhältnisse, in: Voggensperger/Bienek/Schneider/Thaler (Hrsg.), Gutes besser tun – Corporate Governance in Nonprofit-Organisationen, Bern 2005, S. 203–218 (zit. Integrität).
PÄRLI KURT, Persönlichkeitsschutz im privatrechtlichen Arbeitsverhältnis, ARV/DTA 4/2005, S. 225–235 (zit. Persönlichkeitsschutz).
PÄRLI KURT, Urteilsbesprechung Anstellungsdiskriminierungen, Besprechung von Tribunal de Prud'Hommes de l'arrondissment de Lausanne, arrêt du 10 octobre 2005 (T304.021563) und Arbeitsgericht Zürich, 2. Abteilung, Geschäft Nr. AN050401/U1 vom 13. Januar 2006, ARV/DTA 1/2006, S. 23–26 (zit. Anstellungsdiskriminierung).
PÄRLI KURT, Urteilsbesprechung EuGH Mangold, AJP/PJA 7/2006, S. 888–891ff. (zit. Urteilsbesprechung).
PÄRLI KURT, Die Bedeutung der EuGH-Rechtsprechung für die arbeitsrechtlichen Gleichbehandlungsansprüche nach dem Personenfreizügigkeitsabkommen, in: Jusletter 14. August 2006 (zit. Gleichbehandlungsansprüche).
PÄRLI KURT, Behinderungsbegriff im Kontext der Richtlinien 2000/78/EG: Von der Notwendigkeit eines offenen und weiten Verständnisses, European Law Reporter, 9/2006, S. 383–390 (zit. Behinderungsbegriff).
PÄRLI KURT, Die arbeits- und versicherungsrechtlichen Bestimmungen des neuen Bundesgesetzes über genetische Untersuchungen, in: AJP/PJA 1/2007, S. 1ff. (zit. Bestimmungen).
PÄRLI/ MÜLLER/SPYCHER, Aids, Recht und Geld. Eine Untersuchung der rechtlichen und wirtschaftlichen Probleme von Menschen mit HIV/Aids, Zürich, Chur 2003.
PEDERGNANA RONALD, HIV-Infektion und Aids – Arbeitsrechtliche Probleme, Diss. St. Gallen, Schriftenreihe des Forschungsinstituts für Arbeit und Arbeitsrecht an der Hochschule St. Gallen, Bd. 5, Grüsch 1990.
PEDRAZZINI/OBERHOLZER, Grundriss des Personenrechts, Bern 1993.
PÉLISSIER/SUPIOT/JEAMMAUD, Droit du travail, 22ième édition, Paris 2004.

PETERMANN FRANK TH., Rechte und Pflichten des Arbeitgebers gegenüber psychisch labilen oder kranken Arbeitnehmern, ARV/DTA 2005, S. 1–2.

PEUKERT WOLFGANG, Art. 14 EMRK, in: Peukert/Frowein (Hrsg.), Europäische Menschenrechtskonvention, 1996, S. 435ff. (zit. Diskriminierungsverbot).

PEUKERT WOLFGANG, zu Art. 6 EMRK, in: Peukert/Frowein, Europäische Menschenrechtskonvention, EMRK Kommentar, Kehl 1996 (zit. Verfahrensgarantien).

PEUKERT/FROWEIN, Europäische Menschenrechtskonvention, 1996.

POLEDNA TOMAS, Arbeitszeugnis und Referenzauskünfte des Arbeitgebers im öffentlichen Dienst, ZBl 2003, S. 169–184 (zit. Arbeitszeugnis).

POLEDNA TOMAS, Annäherungen ans Obligationenrecht, in: Peter Helbling, Personalrecht des öffentlichen Dienstes, Bern 1999 (zit. Annäherung).

POLEDNA TOMAS, Disziplinarische und administrative Entlassung von Beamten – vom Sinn und Unsinn einer Unterscheidung, ZBl 1995, S. 49–65 (zit. Administrativmassnahmen).

PORTMANN WOLFGANG, Individualarbeitsrecht, Zürich 2000 (zit. Individualarbeitsrecht)

PORTMANN WOLFGANG, Überlegungen zum bundespersonalrechtlichen Kündigungsschutz – Erläuterungen und Hinweise auf Ungereimtheiten zu Art. 14 und 19 BPG, in: Jusletter vom 25.3.2002 (zit. Kündigungsschutz).

PORTMANN/STÖCKLI, Kollektives Arbeitsrecht, mit einem Anhang zum öffentlichen Arbeitsrecht, Zürich 2004.

PRÜTTING HANNS, Die Beweislast im Arbeitsrecht, RdA, Heft 1–2, 1999.

PUBLIC HEALTH AGENCY OF CANADA, HIV and AIDS in Canada. Surveillance Report to Juni 30, 2005/Le VIH et le sida au Canada. Rapport de surveillance en date du 30 juin 2005, November 2005.

QUÉTANT GUY-PATRICE, Répertoire du Notariat Defrénois, 30 mai 2004, no. 10, S. 714.

REHBINDER MANFRED, Art. 320 OR, Berner Kommentar zum schweizerischen Privatrecht, Bd. VI, 2. Abteilung, 2. Teilbd., 1. Abschnitt Art. 319–330a, Bern 1985 (zit. Art. 320 OR).

REHBINDER MANFRED, Art. 328 OR, Berner Kommentar zum schweizerischen Privatrecht, Bd. VI, 2. Abteilung, 2. Teilbd., 1. Abschnitt Art. 319–330a, Bern 1985 (zit. Art. 328 OR).

REHBINDER MANFRED, Art. 330a OR, Berner Kommentar zum schweizerischen Privatrecht, Bd. VI, 2. Abteilung, 2. Teilbd., 1. Abschnitt Art. 319–330a, Bern 1985 (zit. Art. 330a OR).

REHBINDER MANFRED, Art. 335 OR, Berner Kommentar zum schweizerischen Privatrecht, Bd. VI, 2. Abteilung, 2. Teilbd., 2. Abschnitt Art. 331–355, Bern 1992 (zit. Art. 335 OR).

REHBINDER MANFRED, Art. 336 OR, Berner Kommentar zum schweizerischen Privatrecht, Bd. VI, 2. Abteilung, 2. Teilbd., 2. Abschnitt Art. 331–355, Bern 1992 (zit. Art. 336 OR).
REHBINDER MANFRED, Art. 336c OR, Berner Kommentar zum schweizerischen Privatrecht, Bd. VI, 2. Abteilung, 2. Teilbd., 2. Abschnitt Art. 331–355, Bern 1992 (zit. Art. 336c OR).
REHBINDER MANFRED, Schweizerisches Arbeitsrecht, 15. Aufl., Bern 2002 (zit.: Arbeitsrecht).
REHBINDER/KRAUSZ, Psychoterror am Arbeitsplatz. Mobbing und Bossing und das Arbeitsrecht, ArbR 1996, S. 17–48.
REITER CATHRINE, Die Reformbedürftigkeit des Rechts der missbräuchlichen Kündigung im Lichte des Menschenrechtsschutzes, AJP/PJA 9/2006, S. 1087ff.
RENGELING/SZCZEKALLA, Grundrechte in der Europäischen Union: Charta der Grundrechte und allgemeine Rechtsgrundsätze, Köln 2004.
REY HEINZ, Rechtliche Sonderverbindungen und Rechtsfortbildung, in: Festschrift für Max Keller zum 65. Geburtstag, Zürich 1989.
RHINOW RENÉ A., Die Bundesverfassung 2000, Basel 2000 (zit.: Bundesverfassung).
RHINOW RENÉ A., Grundzüge des Schweizerischen Verfassungsrecht, Basel/Genf/München 2003 (zit. Grundzüge).
RHINOW/KRÄHENMANN, Schweizerische Verwaltungsrechtsprechung, Ergänzungsband, Basel/Frankfurt 1990.
RIEDER ANDREAS, Form oder Effekt? Art. 8 Abs. 2 BV und die ungleichen Auswirkungen staatlichen Handelns, Bern 2003.
RIEMER-KAFKA GABRIELA, Datenschutz und Versicherung, SJZ 96, 2000, S. 285–293.
ROBERT KOCH INSTITUT, Epidemiologisches Bulletin Nr. 47, November 2005.
ROUILLER NICOLAS, Culpa in contrahendo et liberté de rompre les négociations: existe-t-il des devoirs précontractuels hors de l'obligation d'information?, in: Jusletter vom 10. Juli 2006.
RUEDIN/CHRISTEN, Das Schweizerische Obligationenrecht, Beobachter, 2. Aufl., 2001.
RUDOLF ROGER, Stellenbewerbung und Datenschutz, Diss. Bern 1999.
RÜFNER, zu Art. 3 Abs. 2 und 3 GG, Bonner Kommentar zum Grundgesetz, Heidelberg 1996.
RÜTSCHE BERNHARD, Rechtsfolgen von Grundrechtsverletzungen, Diss. Basel 2002.
RUSCH ARNOLD, Methoden und Ziele der Rechtsvergleichung, in: Jusletter vom 13. Februar 2006.
SACCO RODOLFO, Einführung in die Rechtsvergleichung, Baden-Baden 2001.
SANDROCK OTTO, Praktische Rechtsvergleichung – Eine Skizze, verbunden mit dem Versuch einer Systematisierung, in: Sandroch/Grossfeld/Luttermann/Schulze/Saenger, Rechtsvergleichung als zukunftsträchtige Aufgabe, Münster 2004, S. 1–37.

SCHÄR ROLAND, «Das alte Leiden» und die «leidige» Rückwärtsversicherung – Ein kränkelndes Urteil des Bundesgerichts vom 19.10.2000 (BGE 127 III 21ff.), HAVE 2002, S. 295–301.

SCHEDLER/PROELLER, New Public Management, Bern/Stuttgart/Wien 2000.

SCHEFER MARKUS, Die Kerngehalte von Grundrechten, Bern 2001.

SCHEFER, MARKUS, Grundrechte in der Schweiz, Bern 2005.

SCHEIDEGGER/PITTELOUD, Art. 6 ArG, Handkommentar zum Arbeitsgesetz, Bern 2005.

SCHEUER, Art. 39 EGV, in: Lenz/Borchard, EU- und EG-Vertrag, Kommentar, 3. Aufl., Köln/Basel/Genf/München/Wien 2003.

SCHIEK DAGMAR, Differenzierte Gerechtigkeit. Diskriminierungsschutz und Vertragsrecht, Baden-Baden 2000.

SCHILLING THEODOR, Internationaler Menschenrechtsschutz, Tübingen 2004.

SCHMID ANGELIKA, Europäische Menschenrechtskonvention und Sozialrecht. Die Bedeutung der Strassburger Rechtsprechung für das europäische und deutsche Sozialrecht, Baden-Baden, 2003.

SCHÖNENBERGER CHRISTOPH, Das Erschleichen der Lohnfortzahlung unter Berufung auf Krankheit, Diss. Zürich 2000.

SCHÖNENBERGER/JÄGGI, zu Art. 1 OR, Kommentar zum Schweizerischen Zivilgesetzbuch, Obligationenrecht, Teilbd. V/1a, Zürich 1973, S. 224ff.

SCHREIBER HANS-LUDWIG, Jurisprudenz auf dem Wege zum Recht – Von den Möglichkeiten und Grenzen der Rechtswissenschaft, in: Mainusch/Toellner (Hrsg.), Einheit der Wissenschaft: wider die Trennung von Natur und Geist, Kunst und Wissenschaft, Opladen 1993.

SCHROFF/GERBER, Die Beendigung der Dienstverhältnisse im Bund und Kantonen, St. Gallen 1985.

SCHWEIZER RAINER J., Verfassungsrechtlicher Persönlichkeitsschutz (§ 43), in: Thürer/Aubert/Müller (Hrsg.), Verfassungsrecht der Schweiz, 2001, S. 691ff.

SCHWULENBERATUNG BERLIN, HIV/Aids und Erwerbstätigkeit. Eine Befragung für Menschen mit HIV und Aids. Ergebnisse der Umfrage, September 1998.

SEEMANN MATTHIAS, Datenschutz im privatrechtlichen Arbeitsverhältnis nach deutschem Recht, in: Manfred Rehbinder, Mitteilungen des Instituts für Schweizerisches Arbeitsrecht, Zürich 2001, S. 79ff.

SELWYN NORMAN. M., Selwyn's law of employment, 14th edition, Oxford 2006.

SENNE PETRA, Arbeitsrecht. Das Arbeitsverhältnis in der betrieblichen Praxis, 3. Aufl., München 2004.

SENTI MARTIN, Internationale Regime und nationale Politik. Die Effektivität der Internationalen Arbeitsorganisation (ILO) im Industrieländervergleich, Bern 2002.

SIMITIS SPIRO, zu § 4a Einwilligung, in: Kommentar zum Bundesdatenschutzgesetz, 6. Aufl., Nomos 2006 (zit. § 4a BDSG).

SIMITIS SPIRO, zu § 28 Datenerhebung, -verarbeitung und -nutzung für eigene Zwecke, in: Kommentar zum Bundesdatenschutzgesetz, 6. Aufl., 2006 (zit. § 28 BDSG).
SLAMA S., La discrimination indirecte: du droit communautaire au droit administrativ, Action Juridique Fonction Publique, no. Juillet/Aout 2003, S. 4.
STAATSSEKRETARIAT FÜR WIRTSCHAFT SECO, Mobbing und andere psychosoziale Spannungen am Arbeitsplatz in der Schweiz, Bern 2002.
STAEHELIN/VISCHER, zu Art. 321a OR, Kommentar zum Schweizerischen Zivilgesetzbuch, Teilbd. V/2c, Der Arbeitsvertrag Art. 319–362 OR, 3. Aufl., Zürich 1996 (zit. Art. 321a OR).
STAEHELIN/VISCHER, zu Art. 336 OR, Kommentar zum Schweizerischen Zivilgesetzbuch, Teilbd. V/2c, Der Arbeitsvertrag Art. 319–362 OR, 3. Aufl., Zürich 1996 (zit. Art. 336 OR).
STAEHELIN ADRIAN, zu Art. 336 OR, Kommentar zum Schweizerischen Zivilgesetzbuch, Teilbd. V/2c, Der Arbeitsvertrag Art. 319–362 OR, 3. Aufl., Zürich 1996.
STAEHELIN ADRIAN, Die Gleichbehandlung der Arbeitnehmer im schweizerischen Arbeitsrecht, BJM 1982, S. 68ff. (zit. Gleichbehandlung).
STAEHLIN ADRIAN, HIV-Infektion im Arbeitsrecht, Gutachten zu arbeitsrechtlichen Fragen im Zusammenhang mit der HIV-Infektion bzw. mit Aids, in: Aids-Aufklärung Schweiz, HIV und Recht, Zürich 1999 (zit. Gutachten).
STAMM MARIE-LOUISE, Das Weisungsrecht des Arbeitgebers und seine Schranken, Diss. Basel 1977.
STAUFFER HANS-ULRICH, Sind Gesundheitsvorbehalte in der beruflichen Vorsorge zulässig?, in: Schaffhauser/Stauffer (Hrsg.), Berufliche Vorsorge 2002. Probleme, Lösungen, Perspektiven, 2002, S. 53–81.
STEIMEN URS, Kündigung aus wirtschaftlichen oder betrieblichen Gründen bzw. wegen Stellenaufhebung durch öffentliche Arbeitgeber, ZBl 2004, S. 644–662.
STREIFF/VON KAENEL, Arbeitsvertrag, Praxiskommentar zu Art. 319–361 OR, 6. Aufl., Zürich/Basel/Genf 2006.
STREINZ RUDOLF, Art. 13 EGV, in: EUV/EGV, Beck'sche Kurz-Kommentar, Bd. 57, München 2003.
STUTZ/SCHÄR MOSER/FREIVOGEL, Evaluation der Wirksamkeit des Gleichstellungsgesetzes, Bern 2005.
TARNOPOLSKY/PENTNEY/GARDNER, Discrimination and the Law, Dezember 1997.
TERCIER PIERRE, Le nouveau droit de la personnalité, Zürich 1984.
TERRENCE HIGGINS TRUST, 20 Things the Government can do to help support people living with HIV and those most at risk of transmission, London 2005.
TEYSSIÉ BERNHARD, Code du travail, Paris 2005.
THOMAS/HAOUR-KNIPE/HUYNH/DUBOIS-ARBER, Les besoins des personnes vivant avec le VIH/sida en Suisse, Institut unversitaire de médecine sociale et préventive, raisons de santé 69, Lausanne 2000.

THOMAS/HORII, Non-discrimination and Equalitiy of Opportunity and Treatment in Employment and Occupation, in: International Labour Standards – a Global Approach, 75th Anniversary of the Committee of Experts on the Application of Conventions and Redommendations, Genf 2001, S. 77–102.

THOMAS/OELZ/BEAUDONNET, The Use of International Labour Law in Domestic Courts: Theory, Recent Jurisprudence, and Practical Implications, in: Javillier/Gernigon (Hrsg.), Les normes internationales du travail: un patrimoine pour l'avenir Mélanges en l'honneur de Nicolas Valticos, Genf 2004, S. 251–85.

THÜSING GREGOR, Following the US-Example: European Employment Discrimination Law and the Impact of Council Directives 2000/43/EC and 2000/78/EC, in: The International Journal of Comparative Labour and Industrial Relations, Volume 19/2, 2003, S. 187–218 (zit. US-Example).

THÜSING GREGOR, AGG – Korrigiert, aber nicht verbessert, Editorial, NJW 48/2006 (zit. AGG).

TRACHSLER HERBERT, Das privatrechtliche Gleichbehandlungsgebot: funktionaler Aspekt der Persönlichkeitsrechte gemäss Art. 28 ZGB, Diss. St. Gallen 1991 (zit. Gleichbehandlungsgebot).

TRACHSLER HERBERT, Welches Anti-Diskriminierungsgesetz braucht die Schweiz?, AJP/PJA 1992, S. 1473–1479 (zit. Antidiskriminierungsgesetz).

TRECHSEL STEFAN, zu Art. 321 StGB, Schweizerisches Strafgesetzbuch, Kurzkommentar, 2. Aufl., Zürich 1997.

TSCHANNEN/ZIMMERLI, Allgemeines Verwaltungsrecht, 2. Aufl., Bern 2005.

UHLMANN FELIX, Das Willkürverbot (Art. 9 BV), Bern 2006.

VALLANDER KLAUS A., Art. 28 BV, in: Ehrenzeller/Mastronardi/Schweizer/Vallender (Hrsg.), Die schweizerische Bundesverfassung, Kommentar, Lachen 2002.

VALTICOS/VON POTOBSKY, International Labour Law, 2nd rev. edition, Kluwer Law, Deventer 1995.

VIDAL F ET AL., Spanisch HIV-1-Infected Long-Term Nonprogressors of More Than 15 Years Have an Increased Frequency of the CX3CR1 249I Variant Allele. Journal of Acquired Immune Deficiency Syndromes 40(5), 2005, S. 527–531.

VIGNEAU CHRISTOPHE, France, in: Frank Hendricks (Hrsg.), Employment Privacy Law in the Europen Union: Human Resources and Sensitive Data, Antwerpen/Oxford/New York, 2003, S. 110–114.

VILLIGER MARK E., Handbuch der Europäischen Menschenrechtskonvention (EMRK), Zürich 1993.

VISCHER FRANK, Der Arbeitsvertrag, Basel 2005.

WAGNER KRISTINA, Schutz gegen Diskriminierung, in: Swiss Aids News – Medizin – Recht HIV/Aids, Nr. 1/2006, S. 10–13.

WALSER HERMANN, Weitergehende berufliche Vorsorge, in: Heinrich Koller et al., Schweizerisches Bundesverwaltungsrecht – Soziale Sicherheit (Meyer-Blaser Ulrich), Basel 1998.

WALTER GERHARD, Das Recht auf Beweis im Lichte der Europäischen Menschenrechtskonvention (EMRK) und der Schweizerischen Bundesverfassung, ZBJV 127, 1991.

WEATHERBURN/ANDERSON/REID/HENDERSON, What do you need? Findings from a national survey of people living with HIV, Stigma Research, London 2002, Quelle: *http://www.sigmaresearch.org.uk/downloads/report02c.pdf* (12.09.06).

WEBER-SCHERRER MARGRIT, Rechtliche Aspekte der Information zwischen den Arbeitsvertragsparteien, unter besonderer Berücksichtigung des Notwehrrechts der Lüge, Diss. Zürich 1999.

WETZEL KERSTIN, Die EG-Richtlinie zu Massenentlassungen RL 98/58/EG und ihre Umsetzung im französischen Recht, München 2004.

WORZOLLA MICHAEL, Das neue Allgemeine Gleichbehandlungsgesetz – Neue Vorschriften, Handlungsanweisungen, Muster, Freiburg, 2007.

WYSSKIRCHEN GERLINDE, AGG – Allgemeines Gleichbehandlungsgesetz – Auswirkungen auf die Praxis, 3. Aufl., Frechen 2007.

WÜST HENNING, Allgemeines Gleichbehandlungsgesetz, Münster 2006.

WYLER RÉMY, Droit du travail, Bern 2002.

YOUNG RAYMOND, Englisch, French & German Comparative Law, London/Sydney/Portland/Oregon 1997.

ZINSLI JÜRG MATHIAS, Krankheit im Arbeitsverhältnis, Diss. Zürich 1992.

ZULEEG MANFRED, Kommentar zu Art. 13 EGV, in: Von der Groeben/Schwarze, Kommentar zum Vertrag über die Europäische Union und zur Gründung der Europäischen Gemeinschaft, 6. Aufl., Baden-Baden 2003.

ZWEIGERT/KÖTZ, Einführung in die Rechtsvergleichung, 3. Aufl., Tübingen 1996.

Tabellenverzeichnis

Tabelle 1: Die Diskriminierungsphasen 67
Tabelle 2: Projekterfolg in ausgewählten Problemfeldern (n=10) 74
Tabelle 3: Intensität heutiger Problemfelder (n=9) 75
Tabelle 4: Diskriminierung im Bewerbungsverfahren 76
Tabelle 5: Diskriminierung bei Vertragsschluss 76
Tabelle 6: Diskriminierung während der Anstellung. 77
Tabelle 7: Diskriminierung bei Auflösung des Arbeitsverhältnisses 78
Tabelle 8: Ungerechtfertigte Weitergabe von Gesundheitsdaten
   durch den ehemaligen Arbeitgeber 78
Tabelle 9: Die Schwierigkeiten, den Anspruch auf Gleichbehandlung
   geltend zu machen. 79
Tabelle 10: Kenntnisse und Nutzung von *www.workpositive.ch* (n=47) 82
Tabelle 11: Akzeptanz von *www.workpositive.ch* (n=31) 83
Tabelle 12: Völkerrechtliche Instrumente 106
Tabelle 13: Umsetzung der RL 2000/78/EG ins nationale Recht 206
Tabelle 14: Völkerrechtlicher Diskriminierungsschutz in Grossbritannien 217
Tabelle 15: Völkerrechtlicher Diskriminierungsschutz in Frankreich 246
Tabelle 16: Lohnausfallentschädigungsregeln im französischen Recht 262
Tabelle 17: Ausgewählte Voten des Nationalen Aids-Beirates 272
Tabelle 18: Völkerrechtlicher Diskriminierungsschutz in Deutschland. 277
Tabelle 19: Zulässigkeit der Frage nach HIV/Aids 291
Tabelle 20: Grad der Behinderung (GdB) bei HIV/Aids 296
Tabelle 21: Völkerrechtlicher Diskriminierungsschutz in Kanada 312
Tabelle 22: Diskriminierungsschutz auf Bundesebene 314
Tabelle 23: Diskriminierungsschutz in den Provinzen 315
Tabelle 24: Epidemiologische Daten im Vergleich 339
Tabelle 25: Völkerrechtliche Verpflichtungen der Vergleichsstaaten 342

Teil 1
Projektbeschreibung und Methodik

1 Ziele des Projektes

Das Erkenntnisinteresse kommt im Projekttitel «Rechtliche Regelungen und Massnahmen gegen Diskriminierung von Menschen mit HIV/Aids im Arbeitsverhältnis und Aspekte ihrer Wirksamkeit» zum Ausdruck. Wir untersuchen, mit welchen rechtlichen Instrumenten HIV/Aids bedingte Diskriminierung im Arbeitsverhältnis wirksam bekämpft werden kann. Zu diesem Zweck fragen wir rechtlich-normativ nach Aufgabe und Funktion von Diskriminierungsverboten im nationalen und internationalen Kontext, loten das Diskriminierungsschutzpotenzial von Bestimmungen zum Persönlichkeits- und Datenschutz aus und ziehen vier ausländische Vergleichsrechtsordnungen in unsere Untersuchung ein.

Ergänzend zu diesen rechtsdogmatischen Untersuchungen werden zwei bisherige Massnahmen zur Diskriminierungsbekämpfung in der Schweiz auf ihre Wirksamkeit evaluiert. Einschätzungen zur Wirksamkeit der Diskriminierungsschutznormen in den untersuchten Vergleichsrechtsordnungen werden durch Interviews mit Schlüsselpersonen gewonnen.

Die Ergebnisse der einzelnen Forschungsbausteine werden in eine Synthese zur Rechtslage in der Schweiz verarbeitet. Gestützt darauf werden Empfehlungen an den Gesetzgeber sowie an Behörden und Gerichte formuliert.

Das Forschungsergebnis liefert in erster Linie der Aids-Hilfe Schweiz (AHS) als Praxispartner, aber auch Bundesstellen und dem Gesetzgeber eine Grundlage für politikrelevante Entscheidungen in Bezug auf das weitere Vorgehen im Kampf für den Abbau von HIV/Aids bedingter Diskriminierung im Arbeitsverhältnis. Schliesslich zeigt die Studie auf, ob ein verstärkter Diskriminierungsschutz spezifisch für von HIV/Aids betroffene Menschen oder allgemeiner für Menschen mit chronischen Krankheiten gefordert werden soll.

2 Methodisches Vorgehen

2.1 Vorbemerkungen

Ein Forschungsprojekt, das sich mit Rechtsnormen zum Diskriminierungsschutz und ihren Wirkungen befasst, wird an heute üblichen Methoden der Evaluationsforschung gemessen. Für diese bestehen wissenschaftliche Standards[1]. Voraussetzung für eine Evaluation ist, dass ein Gesetz oder auch mehrere Gesetze und ihre beabsichtigte Wirkung identifiziert werden können. Ein Gesetz stellt in der Sprache der Evaluationsforschung ein Programm dar und enthält eine eigentliche «Programmtheorie». Sie umfasst Aussagen bzw. Hypothesen über die beabsichtigte Wirkung. Gestützt auf die Programmtheorie lassen sich die Interventionen bestimmen, die Indikatoren bilden und das Interventionsergebnis mit «outcome» und «impact» messen[2]. Die geltende Rechtslage zeichnet sich dadurch aus, dass gerade kein HIV/Aids-spezifisches Antidiskriminierungsgesetz existiert. Es fehlt, so betrachtet, an einem klar identifizierbaren Programm und entsprechender «Programmtheorie». Bevor die Rechtsnormen zum Diskriminierungsschutz bei HIV/Aids auf ihre Wirksamkeit evaluiert werden können, muss erst das rechtliche Potenzial an möglichen Wirkungen verschiedener Normen auf verschiedenen Normstufen (Völkerrecht, Verfassung, Gesetz) für den Diskriminierungsschutz herausgearbeitet werden. Das bildet die eigentliche Hauptaufgabe in unserem Projekt.

2.2 Primär rechtswissenschaftliches Vorgehen

Wir arbeiten zwar nicht nur (siehe unten), aber vorwiegend rechtswissenschaftlich. Die Rechtswissenschaft ist eine normative Wissenschaft[3]. In unserer Studie messen wir nicht die tatsächliche Wirkung der relevanten Normen mit Diskriminierungsschutzpotenzial. Vielmehr erarbeiten wir mit den anerkannten Methoden der juristischen Methodenlehre, wie das in der Schweiz geltende Recht Arbeitnehmenden mit HIV/Aids im Arbeitsverhältnis vor Diskriminierung schützen soll.

Gegenstand der rechtlichen Analyse sind Rechtsnormen aller Stufen und Formen, die vor Diskriminierung von Arbeitnehmerinnen mit HIV/Aids im Arbeitsverhältnis schützen können. Die Auslegung der fraglichen Normen wird nach der allgemein anerkannten juristischen Methodenlehre vorgenommen (insbesondere sprachlich-gram-

---

[1] Siehe dazu die Standards der Schweizerischen Evaluationsgesellschaft SEVAL, Quelle: *http://www.seval.ch/de/standards/index.cfm* (17.11.06).
[2] STUTZ/SCHÄR MOSER/FREIVOGEL, S. 3.
[3] SCHREIBER, S. 97.

matikalisches, systematisches, historisches und teleologisches Element)[4]. Im rechtsvergleichenden Teil 4 verfolgen wir einen funktionalen Ansatz der Rechtsvergleichung[5].

Die juristische Methodenlehre richtet sich nicht nur an die rechtsanwendenden Behörden und an die Gerichte, sie bildet auch Grundlage für die rechtswissenschaftliche Arbeit[6]. Unterschiede zwischen der praktischen juristischen Methodenlehre und der theoretischen (dogmatischen) Auslegung betreffen Ziele und Aufgaben (Einzelfallentscheidung für die Rechtsanwendenden – Orientierungshilfe durch Systembildung für die Dogmatik), nicht aber die eigentliche Methode an sich[7].

2.3 Berücksichtigung von Rechtstatsachen

Für die rechtswissenschaftliche Bearbeitung stützen wir uns nicht auf Lehrbuchsachverhalte. Vielmehr orientieren wir uns an relevanten Rechtstatsachen. Zu diesem Zweck werten wir vorhandene Studien und Literatur zur HIV/Aids-Diskriminierung im Arbeitsverhältnis aus. Rechtstatsachen sind die tatsächlichen Diskriminierungen von Menschen mit HIV/Aids bei Arbeit und Erwerb. Die vorhandenen Daten werden mit einer Analyse der statistischen Auswertungen der Rechtsberatungen der Aids-Hilfe Schweiz der Jahre 2001–2005 ergänzt. Über die statistische Auswertung hinaus bilden wir anhand ausgewählter Beratungsdossiers idealtypische Diskriminierungen entlang des «Lebenszyklusses» eines Arbeitsverhältnisses (Bewerbung, Anstellung, Beschäftigung, Entlassung). Diese idealtypischen Diskriminierungskonstellationen sind Grundlage für die rechtswissenschaftliche Bearbeitung.

2.4 Ausgewählte Aspekte der Wirksamkeit

Auch wenn wir im Kern eine rechtswissenschaftliche Studie erarbeiten, beinhalten doch Teile unserer Forschung mindestens Elemente der «Wirksamkeitsforschung». Das trifft auch die Befragung der Akteure zweier bereits bestehender Projekte zum Diskriminierungsabbau: «IG-Benachteiligung»[8] und «*www.workpositive*»[9] zu. Hier lassen wir uns von den Methoden der Evaluationsforschung leiten. Weiter befragen wir im rechtsvergleichenden Teil über die Untersuchung der rechtlichen Verankerung des Diskriminierungsschutzes in den Vergleichsstaaten hinaus Schlüsselpersonen nach

---

4   KRAMER, S. 30ff.
5   Dazu siehe u.a. RUSCH, N 5. Details siehe in Teil 4, S. 191ff.
6   KRAMER, S. 25.
7   HÖHN, S. 419.
8   Siehe Teil 2, 5.
9   Siehe Teil 2, 6.

ihren Einschätzungen zur Wirksamkeit der jeweiligen Rechtslage bei tatsächlicher Diskriminierung von Menschen mit HIV/Aids bei Arbeit und Erwerb.

2.5 Beschränkung auf das Arbeitsverhältnis

Das Projekt ist auf das Thema Diskriminierung von Menschen mit HIV/Aids im Arbeitsverhältnis fokussiert. Gemeint sind damit Diskriminierungen von Menschen mit HIV/Aids bei der Anstellung, Beschäftigung und Entlassung, unabhängig davon, ob es sich um privatrechtliche oder öffentlichrechtliche Anstellungen handelt. Über die mögliche Diskriminierung von Arbeitgebern hinaus sind auch die potenziellen Diskriminierungen der mit dem Arbeitsverhältnis zusammenhängenden Sozial- und Privatversicherungen eingeschlossen. Bloss am Rande werden Diskriminierungen im Rahmen selbständiger Erwerbstätigkeit (z.B. Kundenboykotte aufgrund der HIV-Positivität oder eingeschränkter Versicherungsschutz) untersucht.

Teil 2

HIV/Aids-Diskriminierung im Arbeitsverhältnis und bisherige Gegenmassnahmen

1 HIV/Aids-Diskriminierung – ein weltweites Phänomen

90 Prozent der weltweit 40 Mio. Menschen mit HIV/Aids sind im Erwerbstätigenalter (15–49 Jahre). Bis im Jahre 2020 wird erwartet, dass in Ländern mit hoher HIV/Aids-Inzidenz die Arbeitswelt wegen HIV/Aids mit 10–30 Prozent weniger Arbeitskräften auskommen muss.

Für die Internationale Arbeitsorganisation (ILO) stellt die Verhinderung und der Abbau von Diskriminierung von Menschen mit HIV/Aids in der Arbeitswelt ein zentrales Schlüsselelement im Kampf gegen die Ausbreitung der Krankheit dar. Die ILO und ihre Sozialpartner arbeiteten den *ILO code of practice on HIV/AIDS and the world of work* aus. HIV/Aids am Arbeitsplatz soll als Thema relevant sein und wie jede andere Krankheit behandelt werden. Nichtdiskriminierung, Gleichstellung von Frau und Mann, Schutz der Privatsphäre (Auswahlverfahren, Datenschutz), sozialer Dialog, Prävention, Fürsorge und Unterstützung seien weitere Grundvoraussetzungen im Kampf gegen HIV/Aids. Eine Ungleichbehandlung wegen bestehender oder angenommener HIV/Aids-Erkrankung verhindert die Wirksamkeit jeder Anstrengung in der HIV/Aids-Prävention[10].

Auch UNAIDS, ein Programm der UNO im Kampf gegen HIV/Aids[11], setzt sich die Milderung der sozialen und wirtschaftlichen Auswirkungen der HIV/Aids Epidemie zum Ziel und fordert von den Mitgliedstaaten in ihrer *Declaration of Commitment on HIV/Aids* aus dem Jahr 2001, dass sie

> «develop a national legal und policy framework that protects in the workplace the rights and dignity of persons living with and affected by HIV/Aids and those at the greatest risk of HIV/Aids, in consultation with representatives of employers and workers, taking account of established international guidelines on HIV/Aids in the workplace»[12].

Für die Europäische Union hat Stigmatisierung und Diskriminierung einen negativen Einfluss auf die HIV/Aids-Prävention. Der Europäische Rat will deshalb gemeinsam mit den Mitgliedstaaten die soziale Integration und den Abbau von Ungleichheiten für Menschen mit HIV/Aids fördern[13].

---

10   International Labour Office, An ILO code of practice on HIV/AIDS and the world of work, 2001.
11   Das Programm UNAIDS wird gemeinsam unterstützt von UNHCR, UNICEF, WFP, UNDP, UNFPA, UNODC, ILO, UNESCO, WHO, World Bank.
12   United Nations, Declaration of Commitment on HIV/Aids, United Nations General Assembly, Special Session on HIV/Aids, 25–27 June 2001, Quelle: *http://www.unaids.org/en/Goals/default.asp* (23.06.06).
13   Kommission der Europäischen Gemeinschaften, Arbeitspapier «Ein koordinierender und integrierter Ansatz zur HIV/Aids-Bekämpfung in der Europäischen Union und ihren Nachbarländern», Kommission, C-2004,3414 (Kommissionsbericht HIV/Aids-Bekämpfung). Ausführlicher zur EU-Strategie siehe hinten, S. 195.

Im rechtsvergleichenden Teil unserer Studie werden wir auf die Situation bezüglich Diskriminierung von Menschen mit HIV/Aids im Arbeitsverhältnis in den Vergleichsstaaten Frankreich, Deutschland, Grossbritannien und Kanada näher eingehen[14].

---

14 Siehe Teil 4.

2 Daten zur HIV/Aids-Diskriminierung in der Schweiz

2.1 Keine institutionelle Diskriminierung – Schwierigkeiten beim Zugang zur Arbeit

Seit längerer Zeit belegen Studien, dass in der Schweiz Menschen mit HIV/Aids im Arbeitsverhältnis und allgemein beim Zugang zu Erwerbsersatzversicherungen diskriminiert werden. Eine Untersuchung der Universität Lausanne[15] zur Frage allfälliger institutioneller Diskriminierung von Menschen mit HIV/Aids zeigt, dass in der Schweiz keine diskriminierenden Gesetzesbestimmungen existieren. In der gleichen Studie wird jedoch deutlich, dass in der Praxis, also im Bereich der Rechtsanwendung, in Einzelfällen diskriminierende Situationen vorkommen[16]. Probleme bestehen im Umgang mit vertraulichen Gesundheitsdaten. Weiter wird in den Schlussfolgerungen festgestellt, dass diese Probleme nicht nur Menschen mit HIV/Aids, sondern auch Menschen mit anderen chronischen Krankheiten betreffen. Das gelte auch für die Lücken in der sozialen Sicherung bei Krankheit wie etwa die fehlende obligatorische Taggeldversicherung[17].

Im Rahmen der Umsetzung des Nationalen Aids-Programms 1999 bis 2003 wurde im Jahre 2000 eine Evaluationsstudie zu den Bedürfnissen von Menschen mit HIV/Aids durchgeführt. Gefragt wird nach den Bedürfnissen von Menschen mit HIV/Aids in Bezug auf Prävention, Behandlung und Alltagsleben. Weiter wird untersucht, welche Informationen zu den bestehenden Hilfs- und Unterstützungsangeboten bestehen und ob insgesamt mit den bestehenden Angeboten den Bedürfnissen Rechnung getragen werde[18]. Die Untersuchung bestätigt die institutionelle Nichtdiskriminierung bei gleichzeitiger vereinzelter Stigmatisierung und diskriminierenden Praktiken von Behörden, Versicherungen oder Arbeitgebern[19]. Die Studie zeigt weiter, dass Menschen mit HIV/Aids das System der Sozialversicherungen als lückenhaft und höchst kompliziert erfahren. Im Bereich Sozial- und Rechtshilfe wird ein grosser Bedarf an Information und Beratung festgestellt, der in der heutigen Praxis nicht genügend abgedeckt werde[20].

2.2 Ergebnisse der umfassenden NF-Studie

Eine vom schweizerischen Nationalfonds finanzierte empirische Studie untersuchte in den Jahren 2001–2002 die rechtlichen Aspekte von HIV/Aids und ihre ökonomischen Auswirkungen, die zum Teil ganz überraschende Ergebnisse brachte[21].

---

15   Dubois-Arber/Haour-Knipe, S. 2.
16   Dubois-Arber/Haour-Knipe, S. 89.
17   Dubois-Arber/Haour-Knipe, S. 90.
18   Thomas/Haour-Knipe/HuynhDo/Dubois-Arber, S. 2.
19   Thomas/Haour-Knipe/Huynh Do/Dubois-Arber, S. 4.
20   Thomas/Haour-Knipe/Huynh Do/Dubois-Arber, S. 7, siehe dazu auch Ackermann/Donnoli.
21   Die Ergebnisse wurden veröffentlicht, siehe Pärli/Müller/Spycher.

2.2.1 Die wirtschaftliche Lage von Menschen mit HIV/Aids

Die Erwerbsquote liegt rund 70 Prozent leicht über dem Durchschnitt der schweizerischen aktiven Bevölkerung (66 %). Doch nicht nur die Erwerbsquote ist hoch, sondern auch der Beschäftigungsgrad: 68 Prozent der Erwerbstätigen arbeiten Vollzeit. Dies entspricht dem Durchschnitt der aktiven Bevölkerung (71 %). Die durchschnittliche Armutsquote der Haushalte, in welchen Menschen mit HIV/Aids leben, beträgt 6.8 Prozent und liegt nur leicht über dem Durchschnitt der schweizerischen Bevölkerung (5.6 %). Die Armutsquote von Frauen mit HIV/Aids hingegen ist mit 11 Prozent ungefähr doppelt so hoch wie diejenige der weiblichen aktiven Bevölkerung. Eine detaillierte Untersuchung der Risikofaktoren, die zu Armut führen, zeigt, dass dafür folgende drei Faktoren verantwortlich sind: Das Vorhandensein von Kindern, das Nichtvorhandensein einer nachobligatorischen Ausbildung und das Fehlen einer eigenen Erwerbstätigkeit. Bei Frauen mit HIV/Aids kommen alle drei Risikofaktoren deutlich häufiger vor als bei Männern mit HIV/Aids.

2.2.2 Die wichtigsten rechtlichen Probleme im Bereich Arbeit und Versicherung

Ein Viertel der 783 Befragten gab an, dass sie im Verlaufe ihrer Berufsbiographie bereits mindestens einmal im Bewerbungsverfahren den HIV/Aids-Status hätten offenlegen müssen. Bei zwei Dritteln von ihnen hatte dies einen negativen Einfluss auf die Bewerbung[22]. Mehr als ein Viertel der Befragten gab an, wegen HIV/Aids bereits einmal eine Stelle verloren zu haben[23].

Daneben kommen insbesondere Verletzungen im Bereich des Datenschutzes häufig vor (z.B. rechtswidrige Weitergabe der Information über den HIV/Aids-Status durch den Arbeitgeber). Weiter wurden HIV/Aids-bedingte Ungleichbehandlungen im Versicherungsbereich (teilweiser Ausschluss von der kollektiven Taggeldversicherung; bis zu einem 5-jährigen Vorbehalt im überobligatorischen Bereich der Pensionskasse) erwähnt.

In der Studie wird festgestellt, dass viele der aufgeworfenen Probleme auch Menschen mit anderen Krankheiten betreffen[24]. So spielt für Versicherungsvorbehalte die Art der Diagnose keine Rolle. Hingegen ist die HIV/Aids-Infektion auch im 21. Jahrhundert noch geeignet, stigmatisierende Reaktionen des Umfeldes, auch am Arbeitsplatz hervorzurufen[25].

---

22 Pärli/Müller/Sypcher, S. 37.
23 Pärli/Müller/Spycher, S. 39.
24 Pärli/Müller/Sypcher, S. 242.
25 Pärli/Müller/Sypcher, S. 240.

Fehlender oder schlechter Versicherungsschutz wirkt sich im Krankheitsfall negativ auf den Einkommensschutz aus. Ein guter Versicherungsschutz dagegen kann sich als Fessel für die berufliche Mobilität entfachen. Die NF-Studie ergibt, dass 69 Personen (10,4 %) auf einen Stellenwechsel verzichtet hätten oder verzichten würden, weil sie eine Verschlechterung ihrer Taggeldversicherungssituation befürchten. Aus dem gleichen Grund verzichten 57 Personen (9 %) auf eine selbständige Erwerbstätigkeit. Nach der NF-Studie sind vergleichbare Werte bei der Risikoversicherung der Pensionskasse festzustellen: Wegen einer möglichen Verschlechterung der Versicherungssituation würden 73 Personen (11,5 %) die Stelle nicht wechseln und 58 Personen (9,4 %) auf die Aufnahme einer selbständigen Erwerbstätigkeit verzichten[26].

2.3 Daten aus der Rechtsberatung der Aids-Hilfe Schweiz

Das Angebot «Rechtsberatung für Menschen mit HIV/Aids» der AHS wird seit Beginn im Jahre 1997 rege nachgefragt. In den letzten vier Jahren hat sich die Zahl der jährlichen Beratungen zwischen 400 und 500 eingependelt. Verändert haben sich hingegen die Beratungsinhalte. Augenfällig ist der stetig steigende Anteil von Beratungen im Zusammenhang mit Fragen und Problemen rund um das Arbeitsverhältnis (Datenschutzverletzungen, missbräuchliche Kündigungen, Kündigungen während der Sperrfrist, weitergehende berufliche Vorsorge usw.): Der Anteil betrug im Jahre 2000 noch 9 Prozent, 2001 bereits 21 Prozent. Im Jahre 2005 beläuft sich der Anteil von Beratungen zum Themenkomplex «Arbeit» bereits auf 45 Prozent[27]. Auffallend ist, dass sich im gleichen Zeitraum der Anteil von Beratungen rund um Rechtsfragen im Zusammenhang mit der Krankheit (Krankenversicherung o.ä.) massiv reduziert hat. Diese Entwicklung basiert auf dem Hintergrund der zunehmend wirksameren antiretroviralen Kombinationstherapien. Das grössere Wohlbefinden erleichtert eine Wiederintegration in die Arbeitswelt oder verhindert den Ausschluss. Unproblematisch gestaltet sich das Arbeitsleben mit einer HIV-Infektion indes nicht.

---

26   Pärli/Müller/Spycher, S. 46ff.
27   Aids-Hilfe Schweiz, Beratungsstatistik, internes Dokument, 2005.

3 Diskriminierungskonstellationen

3.1 Vorbemerkungen

Die nachfolgenden Beschreibungen möglicher Diskriminierungen basieren auf Auswertungen der AHS-Beratungen sowie auf den Ergebnissen der Nationalfondsstudie. Entscheidend für die Darlegung als Diskriminierung bildet der Umstand, dass eine Person aufgrund ihres HIV/Aids-Status anders behandelt wird als eine HIV-negative Person. Ob eine Diskriminierung im rechtlichen Sinne vorliegt, wird an dieser Stelle nicht weiter untersucht. Diese erfolgt im rechtlichen Teil der vorliegenden Studie[28].

3.2 Die Phasen der Diskriminierung

3.2.1 Diskriminierung im Bewerbungsverfahren

Von einer Diskriminierung kann im Bewerbungsverfahren dann gesprochen werden, wenn sich die HIV-Infektion als solche negativ auf die Bewerbungschancen auswirkt.

In der Praxis zeigen sich verschiedene Formen. Es kommt vor, dass die Arbeitgeberin aus prinzipiellen Gründen keine Person mit einer HIV-Infektion anstellen will. Weitere Ablehnungsgründe sind Befürchtungen des Arbeitgebers, die HIV-Infektion würde die Leistungsfähigkeit beeinträchtigen. Die Erfahrungen der AHS-Beratungsstelle zeigen, dass sich Arbeitgebende häufig ein falsches Bild über die Auswirkungen der HIV-Infektion auf die Arbeitsfähigkeit machen.

Eine HIV/Aids bedingte Diskriminierung ist nur möglich, wenn der Arbeitgeber überhaupt Kenntnis von der HIV-Infektion der Stellenbewerberin hat. Wie in Teil 3[29] ausführlich dargestellt wird, hat die Arbeitgeberin in der Regel keinen Anspruch auf Kenntnis der HIV-Infektion von Stellenbewerbenden. Direkte oder indirekte Arbeitgeberfragen nach dem HIV/Aids-Status sind also unzulässig.

3.2.2 Diskriminierung beim Vertragsabschluss

Der Inhalt des Arbeitsverhältnisses wird in den Schranken gesetzlicher Vorschriften durch den Vertrag bestimmt und durch das Weisungsrecht des Arbeitgebers konkreti-

---

28 Siehe Teil 3.
29 Siehe Teil 3, 3.5.2.

siert. Hier sind verschiedenste Formen von Diskriminierungen denkbar wie ungleicher Lohn oder unsachgemässe Zuweisungen von Arbeitsort oder Arbeitsinhalt. Weder die erwähnte Nationalfondsstudie noch die Beratungen der AHS zeigen solche Diskriminierungsformen beim Vertragsabschluss. Relativ häufig sind indes Benachteiligungen beim Abschluss der mit dem Arbeitsvertrag zusammenhängenden Arbeitnehmerversicherungen.

Der Abschluss eines Arbeitsvertrages führt zu einer obligatorischen Umstellung bei der Unfallversicherung. Das im Rahmen eines Arbeitsverhältnisses erzielte Einkommen bildet das Beitragssubstrat für die obligatorische Alters-, Hinterlassenen- und Invalidenversicherung. Weiter führt ein Arbeitsverhältnis bei entsprechender Lohnhöhe zu einer obligatorischen Unterstellung unter die berufliche Vorsorge. Bei diesen obligatorischen Versicherungen ist jede Ungleichbehandlung aufgrund der HIV-Infektion ausgeschlossen.

Anders verhält es sich bei den freiwilligen Arbeitnehmerversicherungen. Viele Arbeitgeber schliessen für ihre Arbeitnehmer freiwillig oder aufgrund einer Vorschrift im Gesamtarbeitsvertrag eine Kollektivtaggeldversicherung ab, um damit das Arbeitgeberrisiko der Lohnfortzahlungspflicht zu versichern und den Arbeitnehmenden einen längeren Schutz vor Lohnausfall zu gewähren, als dies das Gesetz vorsieht. Diese Arbeitnehmerversicherungen können mit einer individuellen Risikoprüfung ausgestaltet sein. Handelt es sich um eine Versicherungslösung mit Risikoprüfung, stellt der HIV/Aids-Status für die Versicherer einen Risikoselektionsgrund dar. Menschen mit HIV/Aids werden hier im Vergleich zu HIV-negativen Personen bei im Übrigen gleichen Voraussetzungen ungleich behandelt. Aufgrund der HIV-Infektion erfolgt eine Aufnahme nur mit einem sogenannten Vorbehalt in die Krankenversicherung nach dem Krankenversicherungsgesetz (KVG-Taggeldversicherung) und in die weitergehende berufliche Vorsorge. Wird der Lohnausfall durch eine VVG-Taggeldversicherung versichert, ist auch eine vollständige Ablehnung von HIV-positiven Arbeitnehmerinnen zulässig.

Der Abschluss der Arbeitnehmerversicherungen birgt, sofern eine Risikoprüfung durchgeführt wird, die Gefahr eines problematischen Datenaustausches zwischen Arbeitgeberin und Versicherung. Bei der Risikoselektion erheben die grundsätzlich berechtigten freiwilligen Arbeitnehmerversicherungen sensible Gesundheitsdaten der Arbeitnehmenden. Aus diesen Daten lassen sich regelmässig Rückschlüsse auf eine HIV-Infektion ziehen. Der Datenaustausch zwischen Arbeitgeber und Versicherung kann folglich dazuführen, dass die Arbeitgeberin im Zusammenhang mit dem Abschluss der Arbeitnehmerversicherungen Kenntnis von der HIV/Aids-Diagnose des neu angestellten Arbeitnehmers erhält.

3.2.3 Diskriminierung während der Anstellung

Der bekannte HIV/Aids-Status kann zu Benachteiligungen der betroffenen Mitarbeitenden führen. Solche Benachteiligungen treten in verschiedensten Formen auf.

Aus der Beratungstätigkeit der AHS bekannt sind Benachteiligungen durch andere Mitarbeitende, sei es, dass Gerüchte verbreitet werden oder HIV-positive Personen richtiggehend ausgegrenzt werden. Es kommt vor, dass sich Arbeitgeber an solchen Verhalten beteiligen oder aber nichts oder zu wenig unternehmen, dem Geschehen Einhalt zu gebieten. Solches Geschehen kann als eigentliches HIV/Aids-Mobbing bezeichnet werden.

Menschen mit HIV/Aids erleben auch Benachteiligungen durch den Arbeitgeber selbst. Dies kann durch die HIV/Aids motivierte Zuweisung einer anderen Arbeit bspw. ohne Kundenkontakt geschehen. Aus der Nationalfondsstudie ist bekannt, dass sich die positive HIV/Aids-Diagnose negativ auf die Beförderungschancen auswirken kann.

Quelle vieler Probleme bilden dabei Datenschutzverletzungen. Ein bekanntes Muster besteht darin, dass HIV-positive Mitarbeitende die Infektion dem Arbeitskollegen oder dem Arbeitgeber anvertrauen und diese Information ohne Einwilligung der Betroffenen weiter verbreitet wird. Nach der Nationalfondsstudie geben 34,6 Prozent der Befragten an, im Verlaufe ihrer beruflichen Karriere mehrere Male einer Datenschutzverletzung durch einen Arbeitgeber ausgesetzt gewesen zu sein. Bei 29 Prozent der Befragten fand eine Datenschutzverletzung durch Mitarbeitende statt[30].

Eine etwas andere Form der Benachteiligung von Menschen mit HIV/Aids besteht in der mangelnden Rücksichtnahme auf den gesundheitlichen Zustand bei der Gestaltung der Arbeit und des Arbeitsplatzes. Auch wenn die HIV-Infektion nicht per se zu Arbeitsunfähigkeit führt, kann sie doch die Arbeitsfähigkeit zuweilen einschränken und sei dies auch bloss vorübergehend. Eine Benachteiligung aufgrund von HIV/Aids liegt dann vor, wenn die Arbeitgeberin nicht das ihr Zumutbare unternimmt, um auf die Gesundheit der HIV-positiven oder an Aids erkrankten Mitarbeiterin Rücksicht zu nehmen.

3.2.4 Diskriminierung im Zusammenhang mit der Auflösung des Arbeitsverhältnisses

Menschen mit HIV/Aids sind in besonderem Masse gefährdet, ihre Arbeitsstelle zu verlieren. Dies ist bereits aufgrund von Einzelfällen in den Beratungen der AHS bekannt. In der NF-Studie bestätigen sich diese Erkenntnisse. Drei Konstellationen sind zu unterscheiden:

---

30 Pärli/Müller/Spycher, S. 62.

- Kündigung von Menschen mit HIV/Aids aus eigener Initiative (aufgrund befürchteter Leistungseinbusse oder Angst vor Entdeckung der HIV-Infektion),
- Kündigung der Arbeitgeberin unter Bezugnahme auf die HIV-Infektion, ohne dass eine krankheitsbedingte Arbeitsunfähigkeit oder massive Leistungseinbusse vorliegt,
- Kündigung der Arbeitgeberin unter Bezugnahme auf die krankheitsbedingte Arbeitsunfähigkeit oder massive Leistungseinbusse.

Im Zusammenhang mit der Auflösung von Arbeitsverhältnissen entstehen nicht selten Konflikte oder bereits bestehende Konflikte verschärfen sich. Auch hier kann die (bekannte) HIV-Infektion eine ursächliche oder mindestens teilursächliche Rolle spielen.

3.2.5 Diskriminierung nach Beendigung des Arbeitsverhältnisses

Auch nach Beendigung des Arbeitsverhältnisses ist eine HIV/Aids bedingte Ungleichbehandlung möglich. Denkbar sind insbesondere die nicht autorisierte Bekanntgabe der HIV-Infektion der ehemaligen Mitarbeiterin im Rahmen von Referenzauskünften an potenzielle neue Arbeitgebende.

3.2.6 Übersicht

Die vorgängig beschriebenen Diskriminierungskonstellationen lassen sich auf einen Blick wie folgt darstellen:

Tabelle 1: Die Diskriminierungsphasen
Quelle: Eigene Darstellung HIV/Aids-Diskriminierungsstudie

	Art der Diskriminierung in Stichworten
Bewerbungsphase	Ungerechtfertigtes Erfragen des HIV/Aids-Status Nichtanstellung wegen der HIV-Infektion an sich Nichtanstellung wegen befürchteter oder tatsächlicher gesundheitlicher Nichteignung
Vertragsabschluss	Nichtaufnahme in die VVG-Taggeldversicherung wegen HIV/Aids Aufnahme mit Vorbehalt in die weitergehende berufliche Vorsorge wegen HIV/Aids Unzulässiger Datenaustausch Versicherung-Arbeitgeber Aufnahme mit Vorbehalt in die KVG-Taggeldversicherung wegen HIV/Aids Schlechtere Arbeitsbedingungen wegen HIV/Aids
Während der Anstellung	HIV/Aids-Mobbing durch Mitarbeitende HIV/Aids-Mobbing durch Arbeitgeber Datenschutzverletzungen Diskriminierende Arbeitszuteilung Fehlende Rücksichtnahme auf die Gesundheit der Arbeitnehmenden

	Art der Diskriminierung in Stichworten
Beendigung des Arbeitsverhältnisses	Kündigung durch den Arbeitgeber wegen HIV/Aids Kündigung durch den Arbeitgeber wegen HIV/Aids bedingter Arbeitsunfähigkeit bzw. eingeschränkter Arbeitsfähigkeit Kündigung der Arbeitnehmerin aufgrund befürchteter Nachteile HIV/Aids bedingte Konflikte im Zusammenhang mit der Auflösung des Arbeitsverhältnisses
Nachvertragliche Phase	Information über den HIV/Aids-Status an potenzielle Arbeitgeber

4 Bisherige Gegenmassnahmen

4.1 Kontext: Solidarität als Bestandteil der Aidspolitik

4.1.1 Public-Health-Strategie der Aidsbekämpfung

Die auf der Lernfähigkeit der Individuen basierende Public-Health-Strategie der Bekämpfung von Aids erwies sich auch deshalb als wirksam, weil sie die Förderung der Solidarität und Nichtausgrenzung mit von HIV/Aids Betroffenen und von HIV/Aids Gefährdeten beinhaltet(e)[31]. Die weltweite Erfahrung zeigt, dass die Einhaltung der Menschenrechte ein zentraler Erfolgsfaktor für eine wirksame Bekämpfung der HIV/Aids-Epidemie darstellt[32].

4.1.2 Die Akteure in der schweizerischen Aids-Politik

Wichtigste Akteure der schweizerischen Aids-Politik sind:
– das Bundesamt für Gesundheit (BAG);
– die Eidg. Kommission für Aidsfragen (EKAF);
– die Direktion für Entwicklungszusammenarbeit (Deza);
– die Kantone;
– die (vom BAG mitfinanzierte) Aids-Hilfe Schweiz (AHS) und ihre Antennen als wichtigste Nichtregierungsorganisation.

Die Akteure sind bei der Umsetzung der Aids-Strategie zur Zusammenarbeit angehalten. Orientierung und Handlungsanweisungen bieten die jeweils auf fünf Jahre angelegten Nationalen Aidsprogramme (NAP).

4.1.3 Programmziele im Bereich Arbeit und Versicherung

Im NAP 1999–2003 lautete das Ziel 1:
«Die staatlichen Stellen setzen sich in einer koordinierten Vorgehensweise dafür ein, dass bestehende Ungleichheiten im Zusammenhang mit Krankheit, Berufsausübung und Versicherungen in der Gesetzgebung systematisch abgebaut werden».

---

31 BAG, Nationales Aids-Programm 2004–2008, S.10.
32 Siehe AMON.

Dieses Ziel war darauf ausgerichtet, der Gesundheitsförderung generell und besonders der Gesundheitsförderung behinderter und chronischkranker Menschen mehr Gewicht zu geben und im praktischen Alltag vor allem im Zusammenhang mit Fragestellungen der Berufsausübung, Krankheit und Versicherungen vermehrt Rechnung zu tragen. Die Anliegen basieren auf der Erkenntnis, dass die Gesundheit von chronischkranken und behinderten Menschen nur gefördert werden kann, wenn das gesetzliche Umfeld und die Anwendung der bestehenden Gesetze dies auch erlauben.

Ziel Nr. 8 des NHAP 2004–2008 bildet die tatsächliche Gleichstellung von Menschen mit HIV/Aids in allen Lebensbereichen, insbesondere im Bereich Arbeit und Versicherung, wo gemäss Programm die häufigsten tatsächlichen Diskriminierungen vorkommen. Der Abbau von Ungleichheiten bildet bereits Ziel des Programmes 1999–2003.

Als Mittel zur Umsetzung der Gleichstellung werden im NHAP 2004–2008 die Sensibilisierung von Arbeitgebern und Versicherungen sowie die Überprüfung und Durchsetzung des Gleichbehandlungsgebotes aufgeführt[33].

4.2 Diskriminierungsabbauprojekte

4.2.1 Das Projekt Interessengemeinschaft «Benachteiligung»

Das Projekt «Abbau von Ungleichheiten in der Gesetzgebung und -anwendung für behinderte und chronischkranke Menschen» bildete eine konkrete Massnahme zur Umsetzung von Ziel Nr. 1 des Nationalen Programms 1999–2003 des Bundesamtes für Gesundheit (BAG) zu HIV und Aids. Vor diesem Hintergrund erarbeitete eine aus 17 Organisationen bestehende Trägerschaft[34] einen Katalog von bestehenden Ungleichheiten mit Vorschlägen für Massnahmen, die den Abbau von Ungleichheiten in Gesetzen und in der Anwendung von Gesetzen für Menschen mit chronischen Krankheiten und Behinderungen bewirken sollen.

---

33 BAG, Nationales Aids-Programm 2004–2008, S. 73.
34 Aids-Hilfe Schweiz, Cuore Matto, DOK, Epilepsieklinik, Fragile Suisse, Help C (Deutschschweiz), Knochenmarktransplantiertenvereinigung, Schweizerischer Verein der Herz- und Lungentransplantierten, ParEpi, Schweizerische Fachstelle für Alkohol- und andere Drogenprobleme, Schweizerische Interessengemeinschaft für Zöliakie, Krebsliga Schweiz, Schweizerische Liga gegen Epilepsie, Lungenliga Schweiz, Multiple Sklerose Gesellschaft (Schweiz), Schweizerische Patienten-Organisation, Stiftung Aids & Kind, Verband Nierenpatienten Schweiz.

4.2.2 Das Programm zur Erhaltung der Erwerbsfähigkeit bei Menschen mit HIV/Aids

Die AHS erarbeitete ein vom BAG finanziertes «Programm zur Erhaltung der Erwerbstätigkeit bei Menschen mit HIV/Aids»[35]. Im Programm wurden verschiedene Informationsmaterialien für Arbeitgebende und für HIV-positive Arbeitnehmende bzw. Stellensuchende entwickelt und verbreitet. Weiter wurde eine internetbasierende Jobbörse unter der URL-Adresse *www.workpositive.ch* errichtet. Menschen mit HIV/Aids soll dadurch der Zugang zu einer geeigneten Arbeitsstelle erleichtert werden. Die Börse hat den weitergehenden Zweck, Arbeitgeber «zu vermitteln», welche die HIV-Positivität einer Mitarbeiterin akzeptieren und dieser Person unterstützend zur Seite stehen. Arbeitnehmende haben so die Möglichkeit, sich im Bewerbungsverfahren und am Arbeitsplatz als HIV-positiv zu outen. Die Internetseite *www.workpositive.ch* bietet zudem Interessierten die Möglichkeit, sich über die Thematik «HIV und Arbeit» zu informieren.

---

35   Beginn des Projekts: 1. Januar 2003.

5 Interessengemeinschaft(IG)-Benachteiligung: Erfahrungen und Perspektiven

5.1 Befragung der beteiligten Organisationen

Das Projekt «Abbau von Ungleichheiten in der Gesetzgebung und -anwendung für behinderte und chronischkranke Menschen» (IG-Benachteiligung) wurde am 31.12.2002 abgeschlossen. Mit einer Befragung der 17 am Projekt beteiligten Organisationen wollten wir eine Einschätzung der Wirkung und insbesondere Nachhaltigkeit des Projektes aus der Perspektive der beteiligten Organisationen gewinnen. Darüber hinaus befragten wir die Organisationen nach heute vorkommenden Benachteiligungen ihrer Zielgruppe im Arbeitsverhältnis und nach ihrer Einschätzung der Notwendigkeit gesetzlicher Massnahmen zur Diskriminierungsbekämpfung.

5.2 Ergebnisse

5.2.1 Rücklauf

Zwölf der 17 angeschriebenen Organisationen erklärten sich bereit, den Fragebogen auszufüllen, was einem Rücklauf von 66.6 Prozent entspricht. Nicht alle Fragebogen waren jedoch vollständig ausgefüllt. Bei der Darstellung der Ergebnisse finden sich deshalb bei einzelnen Fragen weniger als zwölf Antworten.

5.2.2 Institutionelle Auswirkungen des Projektes

Motive für die Teilnahme am Projekt

Einleitend fragten wir nach dem Beweggrund, am Projekt «IG-Benachteiligung» mitzumachen.

Die meisten Organisationen nahmen am Projekt aus der Überzeugung teil, dass nur die solidarische und gegenseitige Unterstützung der verschiedenen Gesundheits- und Behindertenorganisationen den Abbau der bestehenden Ungleichheiten erfolgreich angehen können. Die Motivation wuchs aufgrund der Zielsetzung des Nationalen Programms 1999–2003 des Bundesamtes für Gesundheit zu HIV und Aids. Die gesetzten 14 Ziele beinhalteten u.a. den Auftrag, den Begriff der Solidarität zu aktualisieren und Diskriminierungstendenzen entgegenzuwirken.

Ein gemeinsamer Handlungsbedarf wurde darin gesehen, dass Menschen, die mit gesundheitlichen Einschränkungen leben – gleich, ob hirnverletzte Menschen oder solche mit Epilepsie, ob herzkranke Menschen oder Menschen mit einer Behinderung inkl. HIV/Aids, ob knochenmarkstransplantierte oder nierenkranke Menschen – in der Gesetzgebung und Gesetzesanwendung in verschiedenen Bereichen diskriminiert werden und der Abbau der Ungleichheiten nur gemeinsam verstärkt angegangen werden kann. Das Interesse, spezifische eigene Anliegen einzubringen, und die Möglichkeit, Erfahrungen mit anderen Gesundheits- und Patientenorganisationen auszutauschen, bildeten ebenfalls eine wichtige Motivation.

Nach den Ergebnissen unserer Befragung zu schliessen, war das Projekt in diesem Bereich nur zum Teil erfolgreich. Bei etwas weniger als der Hälfte der Organisationen hatte die Mitwirkung in der IG-Benachteiligung einen Einfluss auf die Policy. Die Beteiligung sensibilisierte zwar verstärkt für die ungleiche Situation von Menschen mit chronischer Krankheit oder Behinderung; sie zeigte auch gleichzeitig auf, wie spezifisch die Benachteiligungen der einzelnen Behinderten- und Patientenkategorien sein können. Als wertvoll für die Beratungstätigkeit einzelner Organisationen wird das gemeinsam ausgearbeitete Merkblatt «– Fatigue – Anregungen für Arbeitgeber/-innen zur Ausgestaltung des Arbeitsplatzes» erachtet. Jene Organisationen, die sich durch die Mitgliedschaft weniger beeinflusst sahen, geben an, dass sich der Schwerpunkt ihrer Tätigkeiten nicht mit dem Hauptanliegen der anderen Projektteilnehmenden deckte.

Auswirkungen auf die Zusammenarbeit

Uns interessierte, ob die Zusammenarbeit im Projekt «IG-Benachteiligung» zu einer Vernetzung oder substantiellen Zusammenarbeit mit anderen Organisationen führte. Bei 18 Prozent der Organisationen fand eine Vernetzung und bei etwas mehr als der Hälfte der Organisationen ein substantieller Austausch statt. Es handelte sich dabei um einen eher informellen Austausch, d.h. Austausch von Informationen über Aktivitäten. Gründe für fehlenden Austausch und Vernetzung bildeten unterschiedliche Zielsetzungen und fehlende gemeinsame Interessen.

5.2.3 Einschätzungen zur Zielerreichung

Die folgende Tabelle zeigt auf einen Blick die Einschätzungen der befragten Organisationen darüber, in welchen der im Projekt lokalisierten Problemfeldern gesetzliche Verbesserungen oder positive Veränderungen in der Rechtsanwendung erreicht werden konnten.

Tabelle 2: Projekterfolg in ausgewählten Problemfeldern (n=10)
Quelle: Online Befragung HIV/Aids-Diskriminierungsstudie 2005–2006

	Mindestens teilweise erreicht*		Nicht erreicht	
Gesetzliche Verbesserungen bzw. positive Veränderungen in der Rechtsanwendung (Zahlen in Klammern) wurden erreicht im Bereich ...	Häufigkeit	Prozent	Häufigkeit	Prozent
... Krankentaggeldversicherung	3 (4)	30% (40%)	7 (6)	70% (60%)
... Anti-Diskriminierungsklausel in Gesamtarbeitsverträgen	4 (9)	40% (100%)	6 (0)	60% (0%)
... Datenschutz im Bereich Versicherung/ Arbeitgeber	6 (9)	60% (100%)	4 (0)	40% (0%)
... Schnittstelle Ausbildung/Aufnahme der Erwerbstüchtigkeit	3 (3)	30% (30%)	7 (7)	70% (70%)
... Lebensversicherung	1 (2)	10% (20%)	9 (8)	90% (80%)

* Keine der Organisationen gab an, dass ein Ziel vollständig erreicht worden sei.

Kommentar

Die grössten Erfolge des Projektes liegen in der erhöhten Sensibilität gegenüber Anliegen gesundheitlich belasteter Arbeitnehmerinnen in Gesamtarbeitsverträgen. Vollständig erreicht wurden die Projektziele indes nicht. Auch in der Datenschutzproblematik konnten Teilerfolge realisiert werden. Die grössten Defizite liegen demgegenüber beim eingeschränkten Zugang zur Lebensversicherung und zur Krankentaggeldversicherung.

Aufschlussreich sind die Antworten der befragten Organisationen zur Nachhaltigkeit des Projektes. Acht von zehn Organisationen machten geltend, man hätte das Projekt über das Jahr 2002 hinaus weiterführen sollen. Nur so wäre es möglich gewesen, die punktuellen Verbesserungen, die man bereits «teilweise» in bestimmten Bereichen während der Projektphase erreichte, weiter zu verfolgen. Es wird befürchtet, dass die Nichtweiterführung des Projekts das Erreichte gefährdet. Bei einer Weiterführung des Projekts hätte man durch die Bildung von kleineren Arbeitsgruppen spezifischer mit der Sensibilisierungsarbeit in den einzelnen Problemfeldern fortfahren können. Diejenigen Organisationen, welche damals die Beendigung des Projekts als indiziert erachteten, sind der Auffassung, dass die Interessen z.T. so unterschiedlich gelagert waren, dass das Fehlen gemeinsamer Anliegen eine erfolgreiche Zusammenarbeit verhindert hätte.

5.2.4 Einschätzung über die heutige Situation

Wir befragten die an der IG-Benachteiligung beteiligten Organisationen über ihre Einschätzung zur heutigen Situation in den im Projekt lokalisierten Problemfeldern. Die Resultate sind der nachfolgenden Tabelle zu entnehmen:

Tabelle 3: Intensität heutiger Problemfelder (n=9)
Quelle: Online Befragung HIV/Aids-Diskriminierungsstudie 2005–2006

Arbeitnehmerinnen mit gesundheitlichen Belastungen werden ungleich behandelt ...	Grosse Ungleichbehandlungen		Höchstens kleine Ungleichbehandlungen	
	Häufigkeit	Prozent	Häufigkeit	Prozent
... in der Krankentaggeldversicherung	9	100%	0	0%
... bei Gesamtarbeitsverträgen (Fehlende Anti-Diskriminierungsklausel)	5	56%	4	44%
... bezüglich Datenschutz im Bereich Versicherung/Arbeitgeber	5	56%	4	44%
... in der Schnittstelle Ausbildung/Aufnahme der Erwerbstüchtigkeit	6	67%	3	33%
... in der Lebensversicherung	9	100%	0	0%

Kommentar

Drei Jahre nach Abschluss des Projekts «IG-Benachteiligung» stellen die Mehrheit der teilnehmenden Organisationen immer noch grosse Ungleichheiten in allen Problemfeldern fest. Der grösste Handlungsbedarf scheint bei der Krankentaggeldversicherung und der Lebensversicherung zu sein.

5.2.5 Einschätzung bezüglich heutiger Ungleichbehandlungen in den verschiedenen Phasen des Erwerbslebens

Wir befragten die Organisationen nach Diskriminierungserfahrungen ihrer Zielgruppen im Verlaufe eines Arbeitsverhältnisses.

Diskriminierung im Bewerbungsverfahren

Klar ersichtlich ist, dass Arbeitgeber häufig nicht wegen der Krankheit an sich, sondern vielmehr wegen ihrer möglichen negativen Auswirkung auf die Arbeitsfähigkeit von einer Anstellung absehen. Der Verlust der Kundschaft oder die Befindlichkeit der Mitarbeiter ist selten Grund für die ungleiche Behandlung. Die nachfolgende Tabelle gibt Auskunft, mit welcher Art von Diskriminierung nach Einschätzung der Organisationen ihre Klientinnen im Bewerbungsverfahren konfrontiert werden.

Tabelle 4: Diskriminierung im Bewerbungsverfahren
Quelle: Online Befragung HIV/Aids-Diskriminierungsstudie 2005–2006

	Kommt häufig vor		Kommt selten oder nie vor	
	Häufigkeit	Prozent	Häufigkeit	Prozent
Die Krankheit an und für sich	4	50%	4	50%
Befürchtungen, dass sich die Krankheit auf die Arbeitsfähigkeit auswirken könnte	8	100%	0	0%
Befürchtungen, dass sich die Krankheit zu einem späteren Zeitpunkt auf die Arbeitsfähigkeit auswirken könnte	8	100%	0	0%
Die bereits bestehenden krankheitsbedingten Einschränkungen der Arbeitsfähigkeit	3	60%	2	40%
Verlust der Kundschaft	1	14%	6	86%
Befindlichkeiten der Mitarbeitenden	2	29%	5	71%
Sonstiges	0	0%	0	0%

Diskriminierung bei Vertragsschluss

Mehr als zwei Drittel der befragten Organisationen geben an, dass ihre Klienten beim Vertragsschluss häufig diskriminiert werden. Es handelt sich dabei um Einschränkungen sowohl bei der Aufnahme in die Kollektivtaggeldversicherung als auch in die Pensionskasse.

Tabelle 5: Diskriminierung bei Vertragsschluss
Quelle: Online Befragung HIV/Aids-Diskriminierungsstudie 2005–2006

	Kommt häufig vor		Kommt selten oder nie vor	
	Häufigkeit	Prozent	Häufigkeit	Prozent
Einschränkung bei der Aufnahme in die Kollektivtaggeldversicherung	5	71%	2	29%
Einschränkung bei der Aufnahme in die Pensionskassen	5	71%	2	29%
Sonstige Arbeitsbedingungen (Antwort: «keine Anpassung an die konkreten Bedürfnisse, wie z.B. längere Pausen»)	1	100%	0	0%

Diskriminierung während der Anstellung

43 Prozent der Antworten bestätigen, dass Mobbing eine Form von Diskriminierung ist, die am Arbeitsplatz häufig vorkommt. Weit aus mehr verbreitet ist die Diskriminierung durch Datenschutzverletzungen. Etwas mehr als 70 Prozent der Organisationen beklagen Datenschutzverletzungen als häufiges Phänomen im Arbeitsverhältnis. Ein auf chronischkranke Personen angepasstes Arbeitsumfeld ist an den Arbeitsplätzen selten oder nie vorhanden (75%).

Tabelle 6: Diskriminierung während der Anstellung
Quelle: Online Befragung HIV/Aids-Diskriminierungsstudie 2005–2006

	Kommt häufig vor		Kommt selten oder nie vor	
	Häufigkeit	Prozent	Häufigkeit	Prozent
Mobbing	3	43 %	4	57 %
Datenschutzverletzungen	5	71 %	2	29 %
Kein auf chronischkranke Personen angepasstes Arbeitsumfeld	6	75 %	2	25 %
Sonstiges (keine Spezifizierung)	2	40 %	3	60 %

Diskriminierung bei Auflösung des Arbeitsverhältnisses

Nach Angaben der Organisationen sind die Krankheit an sich und Befürchtungen krankheitsbedingter Leistungseinbussen nur selten oder gar nie Gründe für eine Kündigung. Hingegen kommen Kündigungen aufgrund von krankheitsbedingter Leistungseinbussen häufig vor. Obwohl eine Kündigung während der Sperrfrist missbräuchlich ist, geben ein Drittel der Organisationen an, dass im Fall ihrer Klienten häufig während Unzeiten gekündigt wird. Bei einer Kündigung gerade nach Ablauf der Sperrfrist ist anzunehmen, dass sie aufgrund der Krankheit erfolgt und deshalb missbräuchlich ist. Hierzu geben die Hälfte der Organisationen an, dass Kündigungen nach Ablauf der Sperrfrist häufig vorkommen.

Tabelle 7: Diskriminierung bei Auflösung des Arbeitsverhältnisses
Quelle: Online Befragung HIV/Aids-Diskriminierungsstudie 2005–2006

	Kommt häufig vor		Kommt selten oder nie vor	
Kündigung aufgrund...	Häufigkeit	Prozent	Häufigkeit	Prozent
... der Krankheit an und für sich	2	33%	4	67%
... von Befürchtungen krankheitsbedingter Leistungseinbussen	1	17%	5	83%
... krankheitsbedingter Leistungseinbussen	6	85%	1	15%
... während der Sperrfrist	2	33%	4	66%
... nach Ablauf der Sperrfrist	3	50%	3	50%
... der Geltendmachung eines Rechtsanspruchs im Zusammenhang mit der Krankheit	6	100%	0	0%
... befürchteter negativer Reaktionen der Kundschaft	2	33%	4	67%
... tatsächlicher negativer Reaktionen der Kundschaft	6	100%	0	0%
... befürchteter negativer Reaktionen der Mitarbeitenden	1	14%	6	86%
... tatsächlicher negativer Reaktionen der Mitarbeitenden	1	17%	5	83%
Sonstiges	0	0%	0	0%

Diskriminierung nach Beendigung des Arbeitsverhältnisses

Die Befragung ergibt und bestätigt die Erfahrungen der Beratungsstellen sowie die Erkenntnisse empirischer Studien, dass sich Arbeitgeber ihrer datenschutzrechtlichen Pflichten gegenüber ihren Arbeitnehmern nicht immer bewusst sind. Obwohl Daten über die Gesundheit besonders schützenswerte Personendaten sind und nur mit Einwilligung der betroffenen Personen bearbeitet werden dürfen, werden von den Arbeitgebern sowohl im Kündigungsschreiben, bei schriftlichen Referenzauskünften als auch bei schriftlicher Auskunftserteilung an Sozial- und Privatversicherungen häufig Angaben über die Gesundheit gemacht.

Tabelle 8: Ungerechtfertigte Weitergabe von Gesundheitsdaten durch den ehemaligen Arbeitgeber
Quelle: Online Befragung HIV/Aids-Diskriminierungsstudie 2005–2006

Erwähnen der Krankheit...	Kommt häufig vor		Kommt selten oder nie vor	
	Häufigkeit	Prozent	Häufigkeit	Prozent
... im Kündigungsschreiben	5	100%	0	0%
... bei mündlichen Referenzauskünften an den potenziellen neuen Arbeitgeber	1	25%	3	75%
... bei schriftlichen Referenzauskünften an potenziellen Arbeitgeber	4	100%	0	0%
... bei schriftlicher Auskunftserteilung an Durchführungsstellen der Sozial- und Privatversicherung	5	100%	0	0%
... bei mündlicher Auskunftserteilung an Durchführungsstellen der Sozial- und Privatversicherung	1	20%	4	80%

5.2.6 Durchsetzung des Anspruchs auf Gleichbehandlung

Wir wollten in Erfahrung bringen, was die Gründe sind, dass Menschen mit HIV/Aids und chronischer Krankheiten ihren Anspruch auf Gleichbehandlung lange Zeit nicht oder überhaupt nicht gegenüber den Arbeitgebern oder auch Mitarbeiterinnen, Kunden usw. geltend machen.

Tabelle 9: Die Schwierigkeiten, den Anspruch auf Gleichbehandlung geltend zu machen
Quelle: Online Befragung HIV/Aids-Diskriminierungsstudie 2005–2006

	Kommt häufig vor		Kommt selten oder nie vor	
	Häufigkeit	Prozent	Häufigkeit	Prozent
Das Erbringen des Beweises der stattgefundenen Diskriminierung/ Ungleichbehandlung	9	100%	0	0%
Der Nachweis eines wirtschaftlichen Schadens als Folge der Diskriminierung/ Ungleichbehandlung	7	88%	1	12%
Der Nachweis des Zusammenhangs zwischen der Diskriminierung/ Ungleichbehandlung und dem wirtschaftlichen Schaden	6	75%	2	25%
Die zu erwartenden Verfahrenskosten	7	78%	2	22%
Die zu erwartende Dauer des Verfahrens	7	87%	1	13%
Angst vor negativen Auswirkungen auf das bestehende Arbeitsverhältnis	8	89%	1	11%
Angst vor negativen Auswirkungen auf potenzielle neue Arbeitsverhältnisse	8	100%	0	0%

Kommentar

Das Befragungsergebnis zeigt, dass zu den häufigsten Schwierigkeiten den Anspruch auf Gleichbehandlung geltend zu machen, die Beweiserbringung und die Angst vor negativen Auswirkungen auf das Erwerbsleben gehören. Nach Angaben der meisten Organisationen gestaltet sich auch der Nachweis eines wirtschaftlichen Schadens als schwierig. Schliesslich sind die Verfahrenskosten wie auch die Verfahrensdauer Gründe, warum es Betroffene ablehnen, ihren Anspruch auf Gleichbehandlung geltend zu machen.

5.2.7 Verstärkte Verankerung eines Diskriminierungsverbotes

Uns interessierte die Einschätzung der Organisationen zur heutigen Ausgestaltung der Rechtslage in Bezug auf den Diskriminierungsschutz. Alle Organisationen sind der Meinung, dass der Schutz vor Diskriminierung im Arbeitsverhältnis für Menschen mit gesundheitlicher Beeinträchtigung nicht ausreichend ist und dass eine verstärkte Verankerung eines Diskriminierungsverbots wirksam wäre. Fast zwei Drittel der Organisationen (63 %) finden, dass ein verbesserter Schutz nur durch die Verankerung einschlägiger Schutznormen in bereits bestehenden Gesetzen erreicht werden könne. Drei der acht befragten Organisationen erachten ein spezifisches Anti-Diskriminierungsgesetz zum Schutz vor Diskriminierungen von Menschen mit chronischer Krankheit als wirksamer. Ein allgemeines Anti-Diskriminierungsgesetz für einen verbesserten

Schutz vor Diskriminierung wird von keiner Organisation in Erwägung gezogen. Dahingegen finden alle befragten Organisationen, dass die Verankerung von Diskriminierungsschutzmassnahmen in Gesamtarbeitsverträgen wirksamer wäre. Bei der Frage nach der Wirksamkeit (freiwilliger) betrieblicher Konzepte zur Vermeidung von Diskriminierung von Betroffenen haben 78 Prozent der Organisationen eine positive Einstellung.

5.3 Zusammenfassung

Die Befragung der 17 Patientenorganisationen ergibt, dass das Projekt «IG-Benachteiligung» teilweise Wirkung erzielte. Der nur teilweise Erfolg und die geringe Nachhaltigkeit sind darauf zurückzuführen, dass einerseits das Projekt nach einjähriger Laufdauer aus finanziellen Gründen abgebrochen werden musste und dass sich andererseits doch krankheitsspezifische Benachteiligungen feststellen liessen, die unterschiedliche Massnahmen bedingen.

Der Teilerfolg des Projekts stellte sich sowohl in Gesetzen als auch in der Gesetzesanwendung in Bezug auf den Datenschutz, insbesondere den Datenaustausch zwischen Versicherung und Arbeitgeber ein. Demgegenüber konnte ein Abbau von Ungleichheiten bei den Krankentaggeld- und Lebensversicherungen nicht erreicht werden.

Die befragten Organisationen sind überwiegend der Meinung, dass der Diskriminierungsschutz im Arbeitsverhältnis für Menschen mit gesundheitlichen Einschränkungen nicht ausreichend ist. Eine Verankerung einschlägiger Schutznormen in bereits bestehenden Gesetzen oder in Gesamtarbeitsverträgen wird einem spezifischen wie auch allgemeinen Anti-Diskriminierungsgesetz vorgezogen.

6 Arbeitgeber und die Internetjobbörse *www.workpositive.ch*

6.1. Arbeitgeberbefragung

Die Internetjobbörse *www.workpositive.ch* bildet einen Bestandteil des laufenden Programms zur Erhaltung der Erwerbstätigkeit bei Menschen mit HIV/Aids. Zum Start der Internetjobbörse hatte die AHS über 700 Arbeitgeber kontaktiert. Im Rahmen der vorliegenden Studie wollten wir durch eine Befragung dieser Arbeitgeber Erkenntnisse über die Wirkung und Nachhaltigkeit der Jobbörse gewinnen.

Wir fragten die Arbeitgeber nach Beweggründen, am Projekt mitzumachen oder nicht mitzumachen. Denjenigen Arbeitgebern, welche angaben, keine Kenntnisse vom Projekt zu haben, wurde eine Projektbeschreibung vorgelegt und wir fragten diese Gruppe nach ihrer Bereitschaft, Arbeitnehmende mit positiver HIV-Diagnose zu beschäftigen. Arbeitgeberinnen, die bereits auf *www.workpositive.ch* Stellen inserierten oder das Projekt finanziell unterstützten, wurden zu ihren Erfahrungen in der Benutzung der Webpage und im Umgang mit Arbeitnehmenden mit HIV/Aids befragt.

6.2. Ergebnisse

6.2.1 Rücklauf

Es werden 724 Unternehmen aus der deutsch- und französischsprachigen Schweiz angeschrieben. Es handelt sich dabei um dieselben Arbeitgeber, die man im Jahre 2003 zu Beginn des Projekts für eine Teilnahme an der Jobbörse kontaktierte. Von den 724 angeschriebenen Unternehmen wurden 561 Unternehmen erreicht und davon füllten 47 Unternehmen den Fragebogen aus. Der Rücklauf beträgt somit 8.4 Prozent. Verschiedene Unternehmen lehnten die Teilnahme an der Befragung mit der Begründung ab, sie könnten keine verbindlichen Angaben machen, da sie keine Daten über HIV/Aids erheben würden oder eine Teilnahme an der Befragung sei ausgeschlossen, da der Schutz der Privatsphäre ihrer Arbeitnehmer vorgehen würde. Andere sehen sich ausser Stande, die Fragen zu beantworten, weil sie keine Erfahrung mit HIV-positiven Arbeitnehmenden hätten.

Die folgende Tabelle zeigt den Bekanntheitsgrad und die Nutzung der Internetjobbörse:

Tabelle 10: Kenntnisse und Nutzung von *www.workpositive.ch* (n=47)
Quelle: Online Befragung HIV/Aids-Diskriminierungsstudie 2005–2006

Die Internetplattform *www.workpositive.ch*	Häufigkeit	Prozent
… ist bekannt, wir haben Stelleninserate geschaltet	2	4%
… ist bekannt, wir unterstützen das Projekt finanziell	2	4%
… ist bekannt, wir haben keine Stelleninserate geschaltet und unterstützen das Projekt finanziell nicht	12	25%
Total der Unternehmen, die *www.workpositive.ch* kennen	16	34%
… ist uns nicht bekannt	31	66%
Total Unternehmen	47	100%

Kommentar

Obwohl alle von uns befragten Unternehmen beim Projektstart von der AHS kontaktiert wurden, kennt nur ein Drittel der Unternehmen, die an unserer Befragung teilnahmen, *www.workpositive.ch* und lediglich zwei befragte Unternehmen benutzten bisher die Internetjobbörse. Das Bild täuscht insofern, als wir mit der Befragung nur einen sehr bescheidenen Rücklauf erreichten. So gelang es insbesondere nicht die über 30 Unternehmen, die regelmässig ihre Stellen auf *www.workpositive.ch* aufschalten, zur Teilnahme an der Befragung zu gewinnen.

6.2.2 Gründe für die (Nicht)Teilnahme am Projekt

Die 16 Unternehmen, die *www.workpositive.ch* kennen, befragten wir nach den Gründen, warum sie entweder eine offene Stelle auf *www.workpositive.ch* ausschreiben, das Projekt «HIV und Erwerbstätigkeit» finanziell unterstützen oder auf eine Teilnahme ganz verzichten. Die zwei Unternehmen, die ihre offenen Stellen auf *www.workpositive.ch* ausschreiben, nennen einen persönlichen Bezug der Verantwortlichen im Unternehmen oder die gute Erfahrung mit im Unternehmen beschäftigten HIV-positiven Menschen. Weitere Gründe zur Teilnahme waren die Unterstützung des Projekts als Bestandteil der *Corporate Social Responsibility* oder des *Diversity Managements* im Unternehmen. Die finanzielle Unterstützung des Projekts (zwei Unternehmen) wird ebenfalls mit einem persönlichen Bezug zur Thematik, Bestandteil der *Corporate Social Responsibility* und des *Diversity Managements* begründet.

Die meisten der Unternehmen, die ihre Stellen nicht auf *www.workpositive.ch* inserieren, begründen dies damit, dass sie keine oder zu wenig offene Stellen anzubieten hätten. Auch zu hoher administrativer Aufwand wird als Begründung für die fehlende Unterstützung angegeben. Kein Unternehmen gibt an, die Stellen würden nicht auf *www.workpositive.ch* ausgeschrieben, weil man keine HIV-positiven Mitarbeitenden wolle.

6.2.3 Akzeptanz von *www.workpositive.ch*

Wir fragten die 31 Unternehmen, die bisher *www.workpositive.ch* nicht kannten, ob sie bereit wären, eine offene Stelle auf *www.workpositive.ch* anzubieten und/oder das Projekt finanziell zu unterstützen. Die Ergebnisse sind der folgenden Tabelle zu entnehmen:

Tabelle 11: Akzeptanz von w*ww.workpositive.ch* (n=31)
Quelle: Online Befragung HIV/Aids-Diskriminierungsstudie 2005–2006

Nachdem wir die Internetplattform *www.workpositive.ch* kennengelernt haben, sind wir …	Häufigkeit	Prozent
… bereit, Stelleninserate zu schalten	5	16.1%
… bereit, das Projekt finanziell zu unterstützen	3	9.7%
… nicht bereit, Stelleninserate zu schalten	20	64.5%
Keine Antwort	3	9.7%
Total	31	100%

Gründe für ein Mitmachen bei der Internetjobbörse sind entweder ein persönlicher Bezug der Verantwortlichen im Unternehmen (4), gute Erfahrungen mit HIV-positiven Menschen (2), die Unterstützung des Projekts als Bestandteil der *Corporate Social Responsibility* (5) oder des *Diversity Managements* (2). Eine Unternehmung gibt an, dass sie eine mögliche Unterstützung des Projekts als Marketingmassnahme betrachte.

Wir fragten die 64.5 Prozent der Unternehmen, die eine Teilnahme am Projekt «HIV und Erwerbstätigkeit» ablehnten, ob sie einer auf *www.workpositive.ch* inserierenden Person mit ausgewiesener Qualifikation und entsprechender Eignung ein Stellenangebot machen würden. Nur vier Unternehmen verneinten diese Frage und begründeten dies u.a. wie folgt (mehrere Grundangaben pro Betrieb möglich):

- «Im Gastgewerbe ist die Verletzungsgefahr speziell in der Küche zu gross. Auch im Servicebereich sehe ich es als problematisch an. Wir haben kaum ‹Bürojobs›…»
- «keine offenen Stellen in absehbarer Zeit…»
- «Unsere Gewinn- bzw. Verdienstspanne ist dermassen gering, dass wir selbst gesunde Mitarbeiter über 50 Jahren kaum halten können. Wie dann einen gesundheitlich massiv angeschlagenen Mitarbeiter?»
- «Vermutlich würde ich eine auf dieser Seite inserierende Person nicht anstellen, weil wir ein ganz kleines Team mit einer relativ grossen Präsenzzeit sind und ich Befürchtungen hätte, dass sie wegen Krankheit öfters nicht arbeiten könnte.»
- «Wir haben eigene Jobportale und eigene Bewerbungsquellen.»

Kommentar

Durch den geringen Rücklauf lassen sich keine sicheren Aussagen über den Nutzen der Internetplattform *www.workpositive.ch* für die (bessere) Intergration von Menschen mit HIV/Aids in die Arbeitswelt gewinnen. Die Datenlage lässt weiter keine zuverlässigen Schlüsse über Einstellungen von Arbeitgebern zu HIV/Aids zu.

Die Befragungsergebnisse zeigen aber, dass sich Arbeitgeber durch entsprechende Information für einen vorurteilsfreien Umgang mit HIV-positiven Arbeitnehmern motivieren lassen. Immerhin fünf Unternehmen, die angaben, keine Kenntnisse der Internetjobbörse *www.workpositive.ch* zu haben, erklärten sich in unserer Befragung bereit, ihre Stellen auf einer solchen Plattform anzubieten und dadurch ihrer Bereitschaft zur Anstellung von HIV-positiven Arbeitnehmerinnen Ausdruck zu verleihen. Diesen fünf Arbeitgebern stehen jedoch 20 gegenüber, die von einem solchen Schritt absehen. Die meisten dieser Unternehmen geben zwar an, sie würden eine HIV-positive Person anstellen. Sie wünschen jedoch durch einen Auftritt auf *www.workpositive.ch* keine «Publizität» als «Positive Arbeitgeber». Vereinzelt kamen in den Befragungsantworten Vorurteile gegenüber HIV-positiven Arbeitnehmern zum Ausdruck (Verletzungsgefahr, Befürchtungen über Krankheitsausfälle).

Teil 3

Die geltende Rechtslage zu HIV/Aids-Diskriminierung im Arbeitsverhältnis

1 Einleitung

In diesem Teil wird die Rechtslage zum Schutz vor HIV/Aids bedingter Diskriminierung in der Arbeitswelt dargestellt. In tatsächlicher Hinsicht bilden die in Teil 2 festgestellten Problemlagen im «Lebenszyklus eines Arbeitsverhältnisses» den Ausgangspunkt. Wir würdigen diese Problemlagen mit einem umfassenden rechtlichen Blick.

Ausgangslage dazu bildet der völkerrechtliche Diskriminierungsschutz, wie er sich seit Ende des zweiten Weltkrieges herausgebildet und entwickelt hat. Bearbeitet werden mit Blick auf die Auswirkungen auf unsere Thematik die beiden wichtigsten internationalen Menschenrechtsverträge, der Internationale Pakt über wirtschaftliche, soziale und kulturelle Rechte (IPwskR) und der Internationale Pakt über bürgerliche und politische Rechte (IPbpR)[36]. Im Bereich der Arbeitswelt spielt die Internationale Arbeitsorganisation IAO/ILO und ihr eindrückliches Vertragswerk eine zentrale Rolle. Die für den Diskriminierungsschutz wichtigen Übereinkommen werden ebenfalls auf ihre Wirkung für den HIV/Aids-Diskriminierungsschutz untersucht. Die Europäische Menschenrechtskonvention mit ihrem einzigartigen Individualrechtsschutzverfahren stellt das wichtigste Menschenrechtsinstrument in Europa dar. Auch die EMRK wird auf ihre Wirkung für den HIV/Aids-Diskriminierungsschutz im Arbeitsleben analysiert. Der völkerrechtliche Diskriminierungsschutz bildet nicht nur den Rahmen für die Rechtslage in der Schweiz. Er stellt auch die gemeinsame Basis für den Rechtsvergleich mit dem Diskriminierungsschutz in Frankreich, Grossbritannien, Deutschland und Kanada dar[37].

Der in internationalen Konventionen verankerte menschenrechtliche Diskriminierungsschutz findet mit der Nachführung der Bundesverfassung von 1999 in Art. 8 Abs. 2 auch Eingang in die Bundesverfassung. Die Bedeutung dieser Bestimmung wird zusammen mit anderen relevanten Grundrechten auf ihre Wirkung für einen effektiven Schutz vor HIV/Aids-Diskriminierung im Arbeitsleben geprüft.

Aufbauend auf die völkerrechtliche und verfassungsrechtliche Lage bearbeiten wir die arbeitsrechtliche Situation hinsichtlich Schutz vor HIV/Aids-Diskriminierung sowohl in privat- wie in öffentlichrechtlichen Arbeitsverhältnissen. Wir gehen dabei besonders auf den Diskriminierungsschutz im öffentlichen Personalrecht auf Bundesebene ein und thematisieren nur ausgewählte kantonale Personalerlasse. Umfassend ist unsere Bearbeitung des Diskriminierungs- und Persönlichkeitsschutzes im privat-

---

36 Nicht behandelt werden völkerrechtliche Diskriminierungsschutzkonventionen mit einem Schutzziel, dass nicht auf die HIV/Aids-Diskriminierung ausgerichtet ist wie das Internationale Übereinkommen zur Beseitigung jeder Form von Rassendiskriminierung (21. Dezember 1965; Anti-Rassismuskonvention/ RDK) und das Übereinkommen zur Beseitigung jeder Form von Diskriminierung der Frau (18. Dezember 1979; Frauenrechtskonvention/CEDAW).
37 Siehe Teil 4.

rechtlichen Arbeitsverhältnis und diejenige der Schutzbestimmungen im öffentlichen Arbeitsrecht. Nur exemplarisch gehen wir auf den Diskriminierungsschutz im kollektiven Arbeitsrecht ein. Wir behandeln die Gesamtarbeitsverträge der teilprivatisierten Betriebe Post, Bahn und Swisscom.

Anschliessend wenden wir die zuvor lokalisierten rechtlichen Bestimmungen auf die Diskriminierungskonstellationen entlang des Lebenszykluses eines Arbeitsverhältnisses an, stellen auch die Rechtsfolgen dar und bearbeiten punktuell wichtige prozessuale Fragen.

Der vorliegende dritte Teil der Studie wird mit einer Würdigung des Diskriminierungsschutzes abgeschlossen.

2 Völker- und verfassungsrechtlicher Diskriminierungsschutz bei HIV/Aids

2.1 Völkerrechtlicher Diskriminierungsschutz

2.1.1 IPwskR und IPbpR

Die Allgemeine Erklärung der Menschenrechte (AEMR) enthält den allgemeinen Grundsatz der natürlichen Freiheit, Gleichheit und Menschenwürde. Art. 1 AEMR enthält die Rechtsgleichheit und legt fest, dass alle Menschen «gleich an Würde und Rechten geboren» sind. Art. 2 AEMR umfasst das Verbot der Diskriminierung und untersagt jede Unterscheidung aufgrund der Rasse, Hautfarbe, Geschlecht, Sprache, Religion, nationaler und sozialer Herkunft. Konkretisiert wurden die Rechte der Allgemeinen Erklärung der Menschenrechte mit dem Inkrafttreten des Internationalen Pakts über wirtschaftliche, soziale und kulturelle Rechte (IPwskR) und des Internationalen Pakts über bürgerliche und politische Rechte (IPbpR), die einen verbindlichen Charakter haben. Die Pakte anerkennen, dass allen Menschen die in den Pakten festgelegten Rechte ohne Diskriminierung hinsichtlich der Rasse, der Hautfarbe, des Geschlechts, der Sprache, der Religion, der politischen oder sonstigen Anschauung, der nationalen oder sozialen Herkunft, des Vermögens oder des sonstigen Status garantiert sind.

Der IPwskR verankert grundlegende wirtschaftliche, soziale und kulturelle Rechte. Er enthält das Recht auf Arbeit (Art. 6) und das Recht jedes Menschen auf gerechte und günstige Arbeitsbedingungen (Art. 7). Insbesondere sollen sichere und gesunde Arbeitsbedingungen und gleichwertige Möglichkeiten für jedermann gewährleistet werden, in seiner beruflichen Tätigkeit entsprechend aufzusteigen, wobei keine anderen Gesichtspunkte als Beschäftigungsdauer und Befähigung ausschlaggebend sein dürfen. Das Diskriminierungsverbot in Art. 2 Abs. 2 IPwskR beruht auf dem Grundgedanken, dass eine Ungleichbehandlung rechtmässig ist, solange sie sich nicht auf unzulässige Anknüpfungspunkte wie Rasse, Hautfarbe, Geschlecht, Sprache, Religion, politische oder sonstige Anschauung, nationale oder soziale Herkunft, Vermögen, Geburt oder sonstigen Status stützt. Das Diskriminierungsverbot besitzt akzessorischen, d.h. unselbständigen Charakter und kann nur in Verbindung mit einem in IPwskR verkündeten Recht angerufen werden.

Der IPbpR verankert die bürgerlichen und politischen Rechte. Im Gegensatz zu den progressiven Implementierungspflichten aus dem IPwskR müssen die Vertragsstaaten den Rechtsunterworfenen die effektive Durchsetzbarkeit der Rechte sicherstellen. Den Charakter eines selbständig einklagbaren Rechts hat auch das umfassende Diskriminierungsverbot von Art. 26 IPbpR. Die Vertragsstaaten sind verpflichtet, allen Menschen ohne Diskriminierung den gleichen Schutz durch das Gesetz zu gewährleisten. Im

Gegensatz zu Art. 2 Abs. 1 IPbpR, dessen Schutz sich nur auf die im IPbpR anerkannten Rechte bezieht, verbietet Art. 26 IPbpR jede rechtliche und faktische Diskriminierung in jedem vom Staat geregelten und geschützten Bereich. Die Vertragsstaaten müssen allen Menschen gleichen und wirksamen Schutz gegen jede Diskriminierung, insbesondere wegen der Rasse, der Hautfarbe, des Geschlechts, der Sprache, der Religion, der politischen oder sonstigen Anschauung, der nationalen oder sozialen Herkunft, des Vermögens, der Geburt oder des sonstigen Status garantieren.

Für eine Definition des Begriffs «Diskriminierung» verweist der Ausschuss auf den *General Comment* Nr. 18 zu Art. 26 IPbpR auf die Bestimmungen in den Übereinkommen zur Beseitigung jeder Form der Rassendiskriminierung und zur Beseitigung jeder Form von Diskriminierung der Frau und kommt zur Auffassung, dass der Begriff «Diskriminierung» so verstanden werden muss, dass er sich auf «jede Unterscheidung, Ausschliessung, Beschränkung oder Bevorzugung» aufgrund der verpönten Merkmale in Art. 26 IPbpR erstreckt, welche «die Beeinträchtigung oder Vereitelung der Anerkennung, der Inanspruchnahme oder der Ausübung der Gesamtheit der Menschenrechte und Grundfreiheiten durch alle unter gleichen Bedingungen zur Folge oder zum Ziel haben.» Dabei stellt nicht jede Ungleichbehandlung eine Diskriminierung dar. Es ist zu prüfen, ob die Ungleichbehandlung einen rechtlich zulässigen Zweck verfolgt und sich auf objektive und sinnvolle Kriterien stützt[38].

Da die Wirkung des IPbpR teilweise über die Rechte der Europäischen Menschenrechtskonvention EMRK hinausgeht, bringt die Schweiz verschiedene Vorbehalte bei dessen Ratifizierung an. Das Diskriminierungsverbot von Art. 26 IPbpR wird in seiner Geltung durch den angebrachten Vorbehalt beschränkt und kann nur in Verbindung mit anderen im IPbpR enthaltenen Rechten angerufen werden. Findet eine diskriminierende Ungleichbehandlung im Bereich der wirtschaftlichen, sozialen und kulturellen Rechte statt, so verunmöglicht der nun mehr akzessorische Charakter eine selbständige Anrufung des Diskriminierungsverbots von Art. 26 IPbpR. Der Grund des Vorbehalts zu Art. 26 IPbpR ist, dass in der Schweiz verschiedene Gesetze, z.B. die Sozialversicherungsgesetzgebung in Kraft sind, die rechtsungleiche resp. implizit diskriminierende Behandlungen zulassen.

Behinderung als Diskriminierungskriterium

Weder die Kriterien HIV/Aids noch Behinderung und auch nicht Gesundheit sind in den beiden Pakten als verpönte Diskriminierungskriterien aufgeführt. Die Liste der möglichen Diskriminierungsgründe ist jedoch durch das Kriterium «sonstiger Status» offen und lässt eine Erweiterung der Diskriminierungsgründe zu.

---

38   General Comment Nr. 18/1989 zu Art. 26 IPbpR.

Die Überwachungsorgane der beiden UN-Pakte haben sich verschiedentlich mit der Frage der Diskriminierung aufgrund einer Behinderung, des Gesundheitszustandes und HIV/Aids auseinandergesetzt.

General Comment Nr. 5 zum IPwskR setzt sich mit dem Diskriminierungsverbot aufgrund einer Behinderung auseinander, das Diskriminierungskriterium «Behinderung» falle unter Diskriminierung aufgrund «sonstigem Status»[39]. Der *General Comment* streicht insbesondere auch die Rechte auf Gleichbehandlung behinderter Arbeitnehmer hervor[40]. Für das privatrechtliche Arbeitsverhältnis erwähnt der Ausschuss, dass die Vertragsstaaten darauf zu achten hätten, dass Arbeitgeber invalide Arbeitnehmende nicht ungerechtfertigt geringer bezahlen würden[41].

General Comment Nr. 18 zu Art. 6 des IPwskR (Recht auf Arbeit) erwähnt Behinderung als verpöntes Diskriminierungskriterium beim Zugang zur Arbeit und bestätigt die Subsumierung des Diskriminierungskriteriums «Behinderung» unter «sonstigem Status»[42].

HIV/Aids als Diskriminierungskriterium

In der Resolution 1996/43 hält der UN-Menschenrechtsausschuss fest, dass HIV/Aids-Diskriminierung gegen internationale Menschenrechtsstandards verstösst. Der offene Diskriminierungsgrund «sonstiger Status» im IPbpR und IPwskR solle so ausgelegt werden, dass auch der Gesundheitszustand einschliesslich HIV/Aids erfasst sei[43].

General Comment Nr. 18 zu Art. 6 des IPwskR hält unter dem Stichwort «Zugang zum Arbeitsmarkt» fest, jede Diskriminierung aufgrund u.a. einer Behinderung oder des Gesundheitszustandes einschliesslich HIV/Aids unzulässig sei[44].

HIV/Aids fällt somit unter den Schutz der beiden UN-Pakte, einerseits unter das Kriterium «sonstiger Status» und als Teil des anerkannten Kriteriums «Gesundheitszustand» (im Zusammenhang mit Art. 6 IPwskR) und andererseits als «Behinderung» im Sinne eines weiten und offenen Verständnisses des Begriffs.

---

39 Committee on Economic, Social and Cultural Rights, General Comment Nr. 5, Persons with disabilities (Eleventh session, 1994), U.N.Doc E/1995/22 at 19 (1995), Ziff. 5.
40 Committee on Economic, Social and Cultural Rights, General Comment Nr. 5, Persons with disabilities (Eleventh session, 1994), U.N.Doc E/1995/22 at 19 (1995), Ziff. 20–27.
41 Committee on Economic, Social and Cultural Rights, General Comment Nr. 5, Persons with disabilities (Eleventh session, 1994), U.N.Doc E/1995/22 at 19 (1995), Ziff. 11 i.V.m. Ziffer 22. Siehe auch KÄLIN/MALINVERNI/NOWAK, S. 323.
42 Committee on Economic, Social and Cultural Rights, General Comment Nr. 18, The right to work, (Thirty-fifth session, 2005), U.N.Doc E/C.12/GC/18 (2006), Ziff. 12 b.
43 Resolution 1996/43, The protection of human rights in the context of human immunodeficiency virus (HIV) and acquired immune deficiency syndrome (AIDS), C.H.R.res. 1996/43, ESCOR Supp. (Nr. 3) at 147, U.N.Doc E/CN.4/1996/43 (1996), Ziff. 1.
44 Committee on Economic, Social and Cultural Rights, General Comment Nr. 18, The right to work, (Thirty-fifth session, 2005), U.N.Doc E/C.12/GC/18 (2006), Ziff. 12 b.

2.1.2 UN-Konvention für die Rechte von Menschen mit Behinderung

Die wichtigsten Inhalte im Bereich Arbeit

Am 13. Dezember 2006 verabschiedete die UN-Generalversammlung eine Konvention für die Rechte von Menschen mit Behinderung[45]. Die Konvention wurde in enger Zusammenarbeit mit Nichtregierungsorganisationen und Selbsthilfeorganisationen von Menschen mit Behinderung erarbeitet.

Die Konvention enthält ein umfassendes Diskriminierungsverbot aufgrund einer Behinderung. Art. 2 der Konvention definiert den Begriff «*Discrimination on the basis of disability*». Darunter sind jede Unterscheidung, jeder Ausschluss oder jede Einschränkung wegen einer Behinderung zu verstehen, die den Zweck oder den Effekt haben, die Anerkennung, Ausübung oder den Genuss aller Menschenrechte und Grundrechte im politischen, wirtschaftlichen, kulturellen, zivilen oder anderen Bereichen zu verhindern. Erfasst ist jede Form von Diskriminierung einschliesslich nicht gewährten angemessenen Vorkehrungen. Unter angemessenen Vorkehrungen sind nötige, angemessene und verhältnismässige Vorkehrungen zu verstehen, die einer Person mit Behinderung die gleiche Ausübung aller fundamentaler Rechte ermöglichen wie einer Person ohne Behinderung.

Art. 27 der Konvention präzisiert die Rechte von Menschen mit Behinderung im Bereich Arbeit und Beschäftigung. Die Staaten anerkennen das Recht von Menschen mit Behinderung auf Gleichberechtigung in der Arbeitswelt an. Zur Verwirklichung dieses Rechts verpflichten sich die Staaten in einer nicht abschliessenden Liste zu verschiedenen Massnahmen inklusive gesetzgeberischen Lösungen. In Art. 27 lit. a bis k der Konvention sind verschiedene konkrete Massnahmen vorgesehen, u.a.:

– lit. a: Diskriminierungsverbot wegen einer Behinderung bei allen Formen der Beschäftigung einschliesslich Einstellungsbedingungen, Anstellung und Entlassung, Beförderung sowie Gesundheitsvorschriften.
– lit. b.: Gleicher Schutz der Rechte behinderter Arbeitnehmer auf gerechte Arbeitsbedingungen einschliesslich Anspruch auf gleiche Entschädigung, sichere und gesunde Arbeitsbedingungen einschliesslich Schutz vor Belästigung.
– lit. g.: Anstellung von Personen mit Behinderung im öffentlichen Sektor.
– lit. h.: Förderung der Anstellung von Personen mit Behinderung im privaten Sektor durch angemessene Massnahmen, die auch spezielle Förderung (*affirmative action programmes, incentives and other measures*) vorsehen können.

Die Konvention sieht neben den zahlreichen inhaltlichen Bestimmungen als Umsetzungsinstrumente einen verbindlichen Staatenbericht und ein ständiges Komitee mit

---

45 International Convention on the Protection and Promotion of the Rights and Dignity of Persons with Disabilities vom 6. Dezember 2006, UN, A/61/611.

Sitz in Genf vor. Ein Fakultativprotokoll sieht die Möglichkeit einer Individualbeschwerde von Menschen mit Behinderungen vor dem Genfer Komitee bei Konventionsverletzungen vor.

Behinderungsbegriff der Konvention

Der Begriff «Behinderung» umfasst nach Art. 1 Abs. 2 der Konvention «Menschen mit langfristigen körperlichen, seelischen, geistigen oder Sinnesschädigungen, die sie im Zusammenwirken mit verschiedenen Barrieren daran hindern können, gleichberechtigt mit anderen uneingeschränkt und wirksam an der Gesellschaft teilzunehmen»[46]. In den Vorarbeiten schlug das «Ad Hoc Committee on a Comprehensive and Integral International Convention on Protection and Promotion of the Rights and Dignity of Persons with Disabilities» die folgende breitere Definition von Behinderung vor: «*Disability* is the loss or limitation of opportunities to take part in the life of the community on an equal level with others due to physical, social, attitudinal and cultural barriers encountered by persons having physical, sensory, psychological, developmental, learning, neurological or other impairments (including the presence in the body of an organism or agent causing malfunction or disease), which may be permanent, temporary, episodic or transitory in nature»[47].

In diesem Definitionsvorschlag zeigt sich die Veränderung des Diskriminierungsbegriffs von einem stark medizinisch geprägten, engen Behinderungsbegriff, der Behinderung als Schädigung einer Person begreift, hin zu einem umfassenden Behinderungsbegriff. Dieser Begriff sieht Behinderung als Beeinträchtigung der Funktionsfähigkeit, der üblichen Aktivitäten, der gesellschaftlichen Teilhabe einer Person und zieht dabei explizit Umweltfaktoren und personenbezogene Faktoren mit ein. Behinderung ist demnach keine Eigenschaft einer Person, sondern beschreibt die Situation einer Person mit einer Schädigung in ihrer Umwelt[48]. Die neue Definition der Weltgesundheitsorganisation (WHO), die *International Classification of Functioning, Disabilities and Health (ICF)* vom Mai 2001 berücksichtigt dieses erweiterte Verständnis und schafft einen fortschrittlichen Rahmen mit einem umfassenden Verständnis von Behinderung und Funktionsfähigkeit. Sie löst die alte *International Classification of Impairments, Disabilities and Handicaps (ICIDH)* aus dem Jahre 1980 ab, die in einem dreistufigen bio-psychosozialen Modell zwischen Schädigung, Funktionsbeeinträchtigung und Behinderung unterschied und noch sehr stark defizitorientiert und personenbezogen war.

Der neuere Behinderungsbegriff der WHO mit seinem Fokus auf Beeinträchtigung der Teilhabe unter Berücksichtigung von Umweltfaktoren lässt Menschen mit positiver HIV/Aids-Diagnose selbst dann in den Genuss des Diskriminierungsschutzes aufgrund

---

46 Siehe Quelle: *http://un.org/esa/socdev/enable/rights/ahcfinalrepe.htm* (30.12.06)
47 Siehe Quelle: *http://www.un.org/esa/socdev/enable/rights/wgcontrib-chair1.htm#2* (30.07.07).
48 DEGENER (Menschenrechtskonvention).

einer Behinderung kommen, wenn die körperlichen und psychischen Funktionen nicht eingeschränkt sind. Die Beeinträchtigung für Menschen mit HIV/Aids kann auch in den durch die Umwelt hervorgerufenen Stigmatisierungen bestehen[49].

2.1.3 Die Bedeutung der ILO-Übereinkommen

Die ILO macht die Schaffung sozialer Gerechtigkeit zu ihrem wichtigsten Ziel[50] und setzt damit Absatz 1 der Präambel zur ILO-Verfassung um, der besagt: «Der Weltfriede kann auf die Dauer nur auf sozialer Gerechtigkeit aufgebaut werden.» Die soziale Gerechtigkeit ist als dynamisches Konzept in die tatsächlichen wirtschaftlichen und sozialen Gegebenheiten eingebettet und soll zu einem Ausgleich der Machtverhältnisse zwischen Arbeitgeber und Arbeitnehmenden beitragen[51]. Die Schweiz ist durch ihre ILO-Mitgliedschaft verpflichtet, sich in ihrer Politik vom «ILO-Standard» leiten zu lassen. Der «ILO-Standard» ist ein rechtlich nicht verbindlicher Verhaltensmassstab, der Ziele resp. Programme formuliert, die entsprechend im nationalen Recht umgesetzt werden sollen[52].

Die in der ILO-Verfassung enthaltene Erklärung von Philadelphia (1944) bestätigt, dass alle Menschen, ohne Ansehen ihrer Rasse, ihres Glaubens oder ihres Geschlechts, das Recht haben, an ihrem materiellen Fortschritt und ihrer geistigen Entwicklung in Freiheit und Würde, wirtschaftlich gesichert und unter gleichen Erfolgsmöglichkeiten zu arbeiten. Die Schweiz hat sich auch zur Einhaltung der ILO-Erklärung der grundlegenden Prinzipien und Rechte am Arbeitsplatz (1998) verpflichtet, wobei die Beseitigung von Diskriminierung in der Arbeitswelt eines der vier Hauptziele ist.

2.1.4 ILO-Übereinkommen Nr. 111 über die Diskriminierung in Beschäftigung und Beruf

Der Grundsatz der Nichtdiskriminierung und Chancengleichheit liegt vielen ILO-Übereinkommen und Deklarationen zugrunde[53] und kann als Querschnitts-Prinzip der ILO verstanden werden[54]. Das umfassende Gebot der Nichtdiskriminierung im Arbeitsleben ist jedoch im ILO-Übereinkommen Nr. 111 über die Diskriminierung in Beschäftigung und Beruf enthalten, welches von der Schweiz sowohl unterzeichnet als auch ratifiziert wurde. Art. 1 definiert Diskriminierung als

---

49 Dear/Gaber/Takahashi/Wilton, S. 455ff.
50 Böhmert, S. 35; Brupbacher, S. 48.
51 Böhmert, S. 35.
52 Körner-Dammann, S. 42ff.
53 Böhmert, S. 119; Blüthner, S. 186; Valticos/von Potobsky, S. 118. «until it was dealt with as an overall problem», so z.B. die ILO Übereinkommen Nr. 19, 82, 87, 100, 105, 111.
54 Blüthner, S. 188.

- «jede Unterscheidung, Ausschliessung oder Bevorzugung, die auf Grund der Rasse, der Hautfarbe, des Geschlechts, des Glaubensbekenntnisses, der politischen Meinung, der nationalen Abstammung oder der sozialen Herkunft vorgenommen wird und die dazu führt, die Gleichheit der Gelegenheiten oder der Behandlung in Beschäftigung oder Beruf aufzuheben oder zu beeinträchtigen.»
- «jede andere Unterscheidung, Ausschliessung oder Bevorzugung, die dazu führt, die Gleichheit der Gelegenheiten oder der Behandlung in Beschäftigung oder Beruf aufzuheben oder zu beeinträchtigen, und die von dem betreffenden Mitglied nach Anhörung der massgebenden Arbeitgeber- und Arbeitnehmerverbände, soweit solche bestehen, und anderer geeigneter Stellen bestimmt wird.»

Es liegt keine diskriminierende Ungleichbehandlung vor, wenn aufgrund einer ganz bestimmten Beschäftigung eine Ungleichbehandlung erforderlich ist[55]. Nach Art. 2 des ILO-Übereinkommens Nr. 111 sind die unterzeichnenden Staaten verpflichtet, eine innerstaatliche Politik festzulegen, die mit geeigneten Massnahmen die «Gleichheit der Gelegenheiten und der Behandlung» hinsichtlich Beschäftigung und Beruf fördert und jegliche Diskriminierung verhindert. Das Übereinkommen enthält in Art. 3 eine Auflistung geeigneter Massnahmen zur Förderung einer Politik der Gleichbehandlung. Insbesondere ist die Zusammenarbeit mit den Arbeitgeber- und Arbeitnehmerverbänden anzustreben.

HIV/Aids als Diskriminierungskriterium im ILO-Übereinkommen Nr. 111

Das ILO-Übereinkommen Nr. 111 nennt «nur» sieben Diskriminierungsgründe (Rasse, Hautfarbe, Geschlecht, Glaubensbekenntnis, politische Meinung, nationale Abstammung und soziale Herkunft). Die ILO stellt jedoch fest, dass heute neue Diskriminierungsfaktoren wie Alter, Behinderung, Langzeitarbeitslosigkeit, HIV/Aids, sexuelle Belästigung oder Mobbing auftreten würden und ebenfalls schutzwürdig wären[56].

Eine Rolle für die Aufnahme in den Katalog der Diskriminierungsgründe spielt für den Sachverständigenausschuss bei HIV/Aids auch das an sich rechtlich nicht bindende Instrument des *ILO code of practice on HIV/AIDS in the world of work*[57]. Dieser Code enthält die folgende Definition:

«Discrimination is used in this code in accordance with the definition given in the Discrimination (Employment and Occupation) Convention, 1958 (No. 111), to include HIV status. It also includes discrimination on the basis of a worker's perceived HIV status, including discrimination on the ground of sexual orientation.

---

55   Art. 1 Ziff. 2 des Übereinkommens Nr. 111. Diese Regelung widerspiegelt sich in Art. 336 OR, siehe dazu Teil 3, 3.5.5, S. 152ff.
56   THOMAS/HORII, S. 93, UNAIDS, 2004 Report on the Global AIDS Epidemic, 4th global report, S. 33ff.
57   THOMAS/OELZ/BAUDONNET, S. 254; ILO Code of Practice, S. 1ff.

Persons with disabilities is used in this code in accordance with the definition given in the Vocational Rehabilitation and Employment (Disabled Persons) Convention, 1983 (No. 159), namely individuals whose prospects of securing, retaining and advancing in suitable employment are substantially reduced as a result of a duly recognized physical or mental impairment.»

Der *ILO Code of Practice* stellt kein rechtlich verbindliches Instrument dar. Seine Inhalte und Einsatzmöglichkeiten werden unter Teil 3, 2.1.7 näher erläutert. Zur Bestimmung der Frage, wieweit HIV/Aids als Diskriminierungskriterium im Sinne des ILO-Übereinkommens Nr. 111 zu zählen ist, kann der *ILO Code of Practice* jedoch durchaus als Auslegungshilfe beigezogen werden. Angesichts des Stigmatisierungspotenzials der Krankheit HIV/Aids ist es einleuchtend, HIV/Aids als schutzwürdiges Diskriminierungsmerkmal im Sinne des ILO-Übereinkommens Nr. 111 zu bezeichnen[58].

2.1.5 ILO-Übereinkommen Nr. 159 über die berufliche Rehabilitation und die Beschäftigung der Behinderten

Das ILO-Übereinkommen Nr. 159 mit der dazugehörigen ILO-Empfehlung Nr. 168 basiert wie das ILO-Übereinkommen Nr. 111 auf dem Prinzip der Chancengleichheit und Gleichbehandlung in Beruf. Das Abkommen verpflichtet die unterzeichnenden Staaten zur einer innerstaatlichen Politik, die das Ziel verfolgt, geeignete Massnahmen der beruflichen Rehabilitation festzulegen (Art. 3 ILO-Übereinkommen Nr. 159). Diese Massnahmen müssen allen Gruppen von Behinderten offen stehen. Art. 4 des Abkommens verpflichtet zum Grundsatz der Chancengleichheit zwischen behinderten Arbeitnehmern und anderen Arbeitnehmern. Positive Massnahmen, die auf die tatsächliche Chancengleichheit und Gleichbehandlung von behinderten und anderen Arbeitnehmerinnen abzielen, gelten nicht als Diskriminierung gegenüber nicht behinderten Arbeitnehmern.

Als behindert im Sinne dieses ILO-Übereinkommens gilt nach Art. 1 «eine Person, deren Aussichten, eine geeignete Beschäftigung zu finden und beizubehalten sowie berufliche aufzusteigen, infolge einer ordnungsgemäss anerkannten körperlichen oder geistigen Behinderung wesentlich gemindert sind». Das ILO-Gutachten («*general survey*») zum ILO-Übereinkommen Nr. 159 stützt sich dabei auf das Behindertenkonzept der WHO, das eine Aufteilung in die drei Kategorien «*impairment*», «*disability*» und «*handicap*» vornimmt:

»*impairment:* any loss or abnormality of psychological, physiological or anatomical structure or function;

---

58 Siehe auch Hodges, S. 5.

disability: any restriction or lack (resulting from an impairment) of ability to perform an activity in the manner or within the range considered normal for a human being;
handicap: a social disadvantage for a given individual, resulting from an impairment or disability, that limits or prevents the fulfilment of a normal role (depending on age, sex, and social and cultural factors)»[59].

Danach wird die Behinderung nicht mehr nur als Beeinträchtigung der Gesundheit und psychische oder physische Abnormalität im medizinischen Sinn verstanden, sondern auch kulturelle, soziale, physikalische wie wirtschaftliche Hindernisse können sich als Behinderung eines Menschen auswirken[60].

Aufgrund der Unmöglichkeit, den Begriff der Behinderung abschliessend zu definieren, empfiehlt die ILO im Gutachten zum ILO-Übereinkommen Nr. 159, den Behindertenstatus einer Beeinträchtigung in Beschäftigung und Beruf in einem «fairen» Verfahren durch Spezialisten anerkennen zu lassen[61]. Diese Methode zur Festlegung des Behindertenstatus ist auch in Art. 1 Abs. 1 des Übereinkommens (Definition) festgehalten, wenn er bestimmt, dass eine Person als «Behinderter» gilt, wenn die Aussichten auf eine geeignete Beschäftigung und beruflichen Ausstieg «infolge einer ordnungsgemäss anerkannten körperlichen oder geistigen Behinderung wesentlich gemindert sind»[62]. Gemäss Gutachten zum ILO-Übereinkommen Nr. 159 liegt die Verantwortung für die Anerkennung des Behindertenstatus bei den verantwortlichen staatlichen Stellen in den Bereichen Gesundheit, Arbeit, Sozialversicherung usw.[63].

2.1.6 ILO-Übereinkommen Nr. 158 über die Beendigung des Arbeitsverhältnisses durch den Arbeitgeber

Der Grundsatz der Nichtdiskriminierung und Chancengleichheit findet seinen Ausdruck auch im ILO-Übereinkommen Nr. 158 über die Beendigung des Arbeitsverhältnisses durch den Arbeitgeber. Es regelt sowohl die Beendigung des öffentlich- wie auch privatrechtlichen Arbeitsverhältnisses durch den Arbeitgeber und gilt für alle Wirtschaftszweige (Art. 2 Ziff. 1). Das Übereinkommen sorgt für einen effektiven Schutz der Arbeitnehmerin gegen missbräuchliche Kündigungen.

---

59 ILO-Gutachten zum Abkommen Nr. 159 über die berufliche Rehabilitation und die Beschäftigung der Behinderten, Einführung, 1998, N 58, Quelle: *http://www.ilo.org/ilolex/english/surveyq.htm* (26.01.06).
60 ILO-Gutachten zum Abkommen Nr. 159, N 55.
61 ILO-Gutachten zum Abkommen Nr. 159, N 71.
62 Die Hervorhebung erfolgte durch die Autorinnen.
63 ILO-Gutachten zum Abkommen Nr. 159, N 72.

Nach Art. 4 des ILO-Übereinkommens Nr. 158 darf ein Arbeitsverhältnis nur dann beendigt werden, wenn ein triftiger Grund vorliegt, der im Zusammenhang mit der Fähigkeit oder dem Verhalten des Arbeitnehmers steht oder sich auf die Erfordernisse der Tätigkeit im Betrieb stützt. Als triftige Gründe ausgeschlossen sind Rasse, Hautfarbe, Geschlecht, Familienstand, Familienpflichten, Schwangerschaft, Glaubensbekenntnis, politische Meinung, nationale Abstammung, soziale Herkunft (Art. 5 lit. d) und die vorübergehende Abwesenheit von der Arbeit wegen Krankheit oder Unfall (Art. 6 Ziff. 1). Insbesondere darf dem Arbeitnehmenden nicht aus Gründen, die mit seinem Verhalten oder seinen Leistungen zusammenhängen, gekündigt werden, ohne ihm vorher Gelegenheit gegeben zu haben, sich zur Wehr zu setzen (Art. 7). Im Unterschied zur schweizerischen Gesetzgebung ist nach Art. 9 Ziff. 2 die Beweislast, dass die Beendigung des Arbeitsverhältnisses gerechtfertigt ist, dem Arbeitgeber zu übertragen (lit. a), oder die zuständigen Behörden können die von beiden Parteien vorgebrachten Beweise berücksichtigen und entsprechend über den Kündigungsgrund entscheiden (lit. b). Schliesslich sieht Art. 10 vor, dass das Gericht bei missbräuchlicher Kündigung die Beendigung des Arbeitsverhältnisses für unwirksam erklären, die Wiedereinstellung der Arbeitnehmerin anordnen oder vorschlagen oder eine angemessene Entschädigung festlegen kann.

Die Schweiz hat das ILO-Übereinkommen Nr. 158 nicht ratifiziert. Der bestehende gesetzliche Kündigungsschutz würde eine Ratifikation auch nicht zulassen.

HIV/Aids als ein Kriterium im Sinne des ILO-Übereinkommens Nr. 158?

HIV/Aids ist nicht gesondert als missbräuchlicher Kündigungsgrund aufgeführt. Eine Kündigung wegen HIV/Aids berührt jedoch das ILO-Übereinkommen Nr. 111. Im Zusammenhang mit ILO-Übereinkommen Nr. 158 ist allenfalls die Bestimmung über den Schutz vor Kündigung bei vorübergehender Abwesenheit von der Arbeit wegen Krankheit oder Unfall relevant. Die Entlassung eines Mitarbeitenden wegen HIV/Aids bedingter bloss vorübergehender Arbeitsunfähigkeit wäre mit diesem Abkommen nicht konform, da es für den Schutz auf die der Arbeitsunfähigkeit zugrunde liegende Diagnose nicht ankommt.

2.1.7 Der «*ILO code of practice on HIV/AIDS and the world of work*»

Das rechtlich unverbindliche Instrument *ILO code of practice on HIV/AIDS and the world of work*[64] ist das Resultat der Zusammenarbeit zwischen der ILO, der ILO typischen tripartiten Vereinigung der Sozialpartnern (nationale Gesetzgeber, Vertreter der

---

64 ILO Code of Practice.

Arbeitgeber und -nehmerverbände) und weiterer internationalen Organisationen. Der Leitfaden hat zum Ziel, den internationalen wie nationalen Unterfangen im Kampf gegen die Ausbreitung des HI-Virus zu unterstützen und die Rechte wie die Würde des Arbeitnehmers mit HIV/Aids in der Arbeitswelt zu schützen. Es geht dabei insbesondere um die Prävention von HIV/Aids und dessen Handhabung in der Arbeitswelt. Im Vordergrund stehen der Schutz und die Unterstützung von mit HIV/Aids infizierten und betroffenen Arbeitnehmenden. Der Leitfaden basiert auf dem Grundsatz: «[T]here should be no discrimination against workers on the basis of real or perceived HIV status. Discrimination and stigmatization of people living with HIV/Aids inhibits efforts aimed at promoting HIV/Aids prevention.» Der Leitfaden richtet sich sowohl an den öffentlichen wie auch privaten Arbeitgeber. Der Begriff der Diskriminierung wird in Übereinstimmung mit dem ILO-Übereinkommen Nr. 111 (Diskriminierung in Beschäftigung und Arbeit) und Nr. 159 (berufliche Rehabilitation und die Beschäftigung von Behinderten) definiert.

Im Leitfaden kommt zum Ausdruck, dass HIV/Aids in der Arbeitswelt wie jeder anderen ernsthaften Krankheit begegnet werden soll. Fragen nach der Krankheit während des Bewerbungsverfahrens sowie während des Arbeitsverhältnisses sind nicht gerechtfertigt. Der Leitfaden verbietet die Durchführung von HIV-Tests, ob bei Vertragsabschluss oder während des Arbeitsverhältnisses. Ein HIV-Test berge immer die Gefahr, dass die Gesundheitsdaten unberechtigterweise bearbeitet werden oder dass die Einwilligung des betroffenen Arbeitnehmers bei fehlenden Kenntnissen der Sachlage oder nicht aus freiem Willen erfolgt. Der HIV-Test resp. dessen Ergebnis soll auch nicht Voraussetzung resp. entscheidend für die Aufnahme in eine Sozialversicherung und Krankenkassen sein. Versicherungsgesellschaften dürfen erst einen HIV-Test verlangen, wenn die betroffene Person bereits in die Versicherung aufgenommen wurde. Die Versicherungsgesellschaften «may base their cost and revenue estimates and their actuarial calculations on available epidemiological data for the general population»[65]. Schliesslich sind Behörden, private Versicherungsgesellschaften und Arbeitgeber verpflichtet, HIV/Aids relevante Daten, die sie im Rahmen von Beratungen, Fürsorge, Behandlung und im Zusammenhang mit Leistungsbezügen erfahren haben, wie Personen- resp. Gesundheitsdaten vertraulich zu behandeln.

Gemäss Leitfaden ist HIV/Aids kein Grund, aufgrund dessen ein Arbeitsverhältnis durch den Arbeitgeber beendet werden darf. Menschen mit HIV/Aids soll das Arbeiten solange möglich sein wie sie aus medizinischer Sicht zur Erledigung der arbeitsvertraglich vereinbarten oder einer ebenbürtigen Tätigkeit tauglich sind. Nicht nur soll HIV/Aids gleich begegnet werden wie anderen ernsthaften Krankheiten, sondern Arbeitnehmerinnen mit HIV/Aids sollen auch gleich behandelt werden wie diejenigen mit anderen ernsthaften Krankheiten, sowohl in Bezug auf Leistungen, Entschädigungen

---

65 ILO Code of Practice, N 8.2.(b).

und Zuschüsse. Arbeitgeber werden aufgefordert, Menschen mit HIV/Aids das Aufsuchen von Beratungen und Arztbesuche während der Arbeitszeit zu ermöglichen.

Regierungen sollen in Zusammenarbeit mit den Sozialpartnern Sensibilisierungsmassnahmen am Arbeitsplatz formulieren. Sie sollen sicher stellen, dass dem Arbeitnehmer mit HIV/Aids und seiner Familie der gleiche Anspruch auf gesetzliche Leistungen («*social security coverage*») wie einer Person mit einer anderen ernsthaften Krankheit zusteht. Um allfällige Diskriminierung aufgrund von HIV/Aids effektiv verhindern oder beseitigen zu können, sollen bestehende nationale (Arbeits-)Gesetze anhand der Bedürfnisse dieser sozialen, bisher benachteiligten Gruppe angepasst werden. Die Sozialpartner und Behörden sind aufgefordert, eine Kosten-Nutzen-Analyse für die Arbeitswelt, die Sozialversicherungen und Wirtschaft unter besonderer Berücksichtigung der demographischen Auswirkungen aufzustellen.

2.1.8 Diskriminierungsschutz in der EMRK

Schutz durch Art. 14 EMRK

Die Konvention zum Schutz der Menschenrechte und Grundfreiheiten (EMRK) verpflichtet die Mitgliedstaaten, alles dafür einzusetzen, dass alle in ihrem Hoheitsgebiet lebenden Personen in den Genuss der Menschenrechte und Grundfreiheiten kommen, wie sie die EMRK garantiert. Die EMRK ist die primäre internationale Rechtsquelle für den Menschenrechtsschutz in der Schweiz. Sie unterstellt die schweizerischen Behörden einer supranationalen Gerichtsbarkeit, die privaten Personen das Recht gibt, Beschwerde gegen den Staat wegen Verletzung der Menschenrechte einzulegen[66].

Art. 14 EMRK verbietet die Diskriminierung aufgrund des Geschlechts, der Rasse, der Hautfarbe, der Sprache, der Religion, der politischen oder sonstigen Anschauung, der nationalen oder sozialen Herkunft, der Zugehörigkeit zu einer nationalen Minderheit, des Vermögens, der Geburt oder eines sonstigen Status. Im Unterschied zum umfassenden Diskriminierungsverbot nach Art. 26 IPbpR, das ein selbständig einklagbares Recht ist, hat das Diskriminierungsverbot nach Art. 14 EMRK bloss akzessorischen Charakter, d.h., das Diskriminierungsverbot kann nicht selbständig angerufen werden[67] und findet nur im Zusammenhang mit den in der EMRK festgelegten Rechten und Freiheiten und den in den Zusatzprotokollen garantierten Rechten Anwendung. Eine Diskriminierung nach Art. 14 EMRK setzt voraus, dass sachlich vergleichbare oder ähnliche Sachverhalte[68] ungleich resp. (tatsächlich) Ungleiches gleich behan-

---

66 HAEFLIGER/SCHÜRMANN, S. 17ff.
67 VILLIGER, S. 377ff.
68 Siehe Belgischen Sprachenfall, Nr. 6 II § 7; Handyside c. Grossbritannien, Nr. 24 § 66; Fredin c. Schweden, Nr. 192 § 60; Nrn 7730/76, X c. Grossbritannien, DR 15 S. 137; 7721/76, X. c. Niederlande, DR 11 S. 209.

delt werden[69]. Eine Ungleichbehandlung ist nicht diskriminierend, wenn sie sachlich («*objective*») und vernünftig («*reasonable*») begründet werden kann, verhältnismässig («*reasonable proportionality*») ist und ein legitimes Ziel verfolgt[70]. Die Rechtfertigung muss im Lichte gemeinsamer europäischer Anschauungen überprüft werden und muss im öffentlichen Interesse sein[71].

Die EMRK verpflichtet grundsätzlich die Vertragsstaaten. Sie ist jedoch nicht so auszulegen, «als begründe sie für einen Staat, eine Gruppe oder eine Person das Recht, eine Tätigkeit auszuüben oder eine Handlung vorzunehmen, die darauf abzielt, die in der Konvention festgelegten Rechte und Freiheiten abzuschaffen oder sie stärker einzuschränken, als es in der Konvention vorgesehen ist» (Art. 17 EMRK). Die Vertragsstaaten sind somit angehalten, diskriminierende Handlungen unter Privaten, die den Genuss der Konventionsrechte beeinträchtigen, zu verhindern[72].

Das Zusatzprotokoll Nr. 12 ergänzt die EMRK und statuiert ein selbständiges Diskriminierungsverbot, das unabhängig von den in der EMRK statuierten Grundrechten und -freiheiten Anwendung findet. Es bestimmt umfassend, dass «[t]he enjoyment of any right set forth by law shall be secured without discrimination on any ground …». Das Zusatzprotokoll Nr. 12 wurde vom Europarat im Jahre 2000 verabschiedet und ist noch nicht in Kraft getreten. Die Schweiz gehört zu den Staaten, die das Zusatzprotokoll Nr. 12 nicht unterzeichnet haben. Diskriminierende Ungleichbehandlung in sozialen, wirtschaftlichen und kulturellen Belangen können damit nur dann vom Europäischen Gerichtshof für Menschenrechte überprüft werden, wenn die entsprechenden sozialrechtlichen Ansprüche gleichzeitig in den Schutzbereich eines EMRK-Rechts fallen[73].

HIV/Aids als Diskiminierungskriterium im Sinne von Art. 14 EMRK

In der Liste der Diskriminierungsgründe von Art. 14 EMRK ist HIV/Aids nicht aufgeführt. Auch Behinderung oder Krankheit findet sich nicht als namentlich aufgeführtes Diskriminierungskriterium. Die Liste der Diskriminierungsgründe ist nicht abschliessend. Im Lichte der übrigen völkerrechtlichen Wertung ist HIV/Aids unter dem Kriterium «sonstiger Status» als schutzwürdiges Diskriminierungskriterium anzuerkennen.

---

69 EGMR, Urteil vom 6.4.2000, Thlimmenos, Nr. 38361/97, Z. 44; EGMR, Urteil vom 29.4.2002, Pretty, Nr. 2346/02, Z. 88ff.
70 GRABENWATER, S. 426ff. VILLIGER, S. 382; HAEFLIGER/SCHÜRMANN, S. 323; siehe auch Belgischen Sprachenfall, Nr. 6 I § 10; Nationale Belgische Polizeigewerkschaft c. Belgien, Nr. 19 § 49; Nr. 6094/82, X. Gewerkschaft c. Bundesrepublik Deutschland, DR 34 S. 173.
71 Siehe u.a. 11850/85, X. c. Niederlande, DR 51 S. 182; 10389/83, Johnson c. Grossbritannien, DR 47 S. 72; 8500/78, X. u.a. c. Schweiz, DR 18 S. 238,; 8166/78, X u.a. c. Schweiz, DR 13 S. 241.
72 PEUKERT (Diskriminierungsverbot), S. 448.
73 Insbesondere Art. 6 EMRK hat eine grosse Bedeutung für sozialrechtliche Ansprüche. Siehe dazu ausführlich die Arbeit von SCHMIDT über die Bedeutung der Strassburger Rechtsprechung für das europäische und deutsche Sozialrecht.

Schutz durch Art. 6 EMRK (Fairness des Verfahrens)

Eine wichtige Rolle im Diskriminierungsschutz spielt Art. 6 EMRK. Diese Bestimmung garantiert das Recht auf ein faires Gerichtsverfahren sowohl für zivil- als auch für strafrechtliche Ansprüche[74]. Vorliegend interessieren insbesondere arbeitsrechtliche Verfahren im Zusammenhang mit ungerechtfertigten (HIV/Aids bedingten) Entlassungen oder Klagen wegen Verletzung von Persönlichkeitsrechten oder Diskriminierungsschutzvorschriften.

Das Prinzip der Waffen- und Chancengleichheit als Teilgehalt von Art. 6 Abs. 1 EMRK[75] ist mit dem Diskriminierungsverbot zu vergleichen[76] und soll eine verfahrensrechtliche Gleichstellung von Kläger und Beklagten gewährleisten, d.h., eine Partei darf gegenüber der anderen Partei nicht benachteiligt werden[77]. Dabei kommt es nicht nur darauf an, ob die Gegenpartei tatsächlich einen Vorteil ausnützt, sondern auch, ob sie nur den Anschein vermittelt, einen solchen Vorteil ausnützen zu können.[78] Damit die Waffengleichheit gewahrt ist, müssen die tatsächlichen Verhältnisse berücksichtigt werden.

Im Verfahren überträgt das schweizerische Privatrecht die Beweislast derjenigen Partei, die sich aus der behaupteten Tatsache Rechte ableitet (Art. 8 ZGB). Das Gleichstellungsgesetz bildet hier eine Ausnahme und lässt die Glaubhaftmachung von behaupteten Tatsachen als Beweis genügen. Für arbeitsrechtliche Streitigkeiten, die nicht in den Geltungsbereich des Gleichstellungsgesetzes fallen, gilt keine Beweislasterleichterung trotz erwiesenem Beweisnotstand seitens des Arbeitnehmers. Das Machtungleichgewicht zwischen Arbeitgeber und Arbeitnehmer sowohl im Arbeitsverhältnis als auch im Verfahren über arbeitsrechtliche Streitigkeiten wirken sich negativ auf die Beweisführung des betroffenen Arbeitnehmers aus, der eine diskriminierende Ungleichbehandlung rügt. Oft sind es innere Vorgänge, die schwierig nachzuweisen sind; oft fehlen ihm die Angaben über Arbeitsbedingungen, die Anstellung oder Kündigung der übrigen Angestellten, über die nur der Arbeitgeber verfügt. Diese faktisch ungleiche Machtverteilung und die einzig beim Arbeitnehmenden liegende Beweislast schafft einen verfahrensrechtlichen Vorteil für den Arbeitgeber, der das Recht des Arbeitnehmenden auf Waffengleichheit nach Art. 6 Abs. 1 EMRK verletzen kann.

Die Bedeutung von Art. 6 Abs. 1 EMRK hat das Landesarbeitsgericht Thüringen in einem so genannten «Mobbingfall» modellhaft erkannt[79]. Das Gericht erkennt die

---

74 Dahingegen sind die Verfahrensrechte von Art. 6 Abs. 2 und 3 EMRK auf das Strafverfahren beschränkt; siehe WALTER, S. 317.
75 Weitere Teilgehalte von Art. 6 Abs. 1 EMRK sind die Verfahrensgarantien der persönlichen Teilnahme am Verfahren, Beweislast und des rechtlichen Gehörs.
76 PEUKERT (Verfahrensgarantien), S. 220ff.
77 WALTER, S. 317ff.
78 VILLIGER, N 474; siehe Neumeister c. Österreich, Nr. 8 § 22; Borgers c. Belgien, Nr. 214-A, § 28.
79 LAG Thüringen 5. Kammer Aktenzeichen: 5 Sa 403/00, Entscheidung vom 10.04.2001, Quelle: *http://landesarbeitsgericht.thueringen.de/urteile/u5_40300.htm* (25.06.06).

vielfach entstehende Beweisnot des Betroffenen, wenn dieser allein und ohne Zeugen Verhaltensweisen ausgesetzt ist, die in die Kategorie Mobbing einzustufen seien. Aufgrund von Art 6 Abs. 1 EMRK und damit den Grundsätzen eines fairen und auf Waffengleichheit achtenden Verfahrens sei deshalb eine amtliche Anhörung der sich in Beweisnot befindenden Partei angebracht[80].

Die Berufung auf Art. 6 EMRK bildet eine Möglichkeit, den Beweisschwierigkeiten der Opfer von HIV/Aids-Diskriminierung wirksam zu begegnen.

Schutz durch Art. 8 EMRK

Nach Art. 8 EMRK hat jede Person das Recht auf Achtung ihres Privat- und Familienlebens. Die Anordnung eines HIV-Tests durch einen Arbeitgeber oder die Weiterverbreitung der HIV/Aids-Diagnose einer Arbeitnehmerin ohne Einwilligung stellt eine Verletzung des Rechts auf Privatsphäre dar. Das Recht auf Privatsphäre kann aber eingeschränkt werden. Eine Beschränkung dieses Rechts ist nach Art. 8 Abs. 2 EMRK nur zulässig, wenn die Beschränkung in einem Gesetz vorgesehen ist und in einer demokratischen Gesellschaft aus bestimmten Gründen notwendig ist. Als einer dieser Gründe ist der Schutz der Gesundheit erwähnt.

Nach einem Entscheid des Europäischen Gerichtshofes (EuGH) stellt das in Art. 8 EMRK verankerte Recht auf Achtung des Privatlebens auch für die Gemeinschaftsrechtsordnung der Europäischen Gemeinschaften ein geschütztes Grundrecht dar und umfasst insbesondere das Recht einer Person auf Geheimhaltung ihres Gesundheitszustandes. Das legitime Interesse der Gemeinschaftsorgane an einer Einstellungsuntersuchung rechtfertigt keine Beschränkung des Grundrechts dahingehend, dass eine Untersuchung gegen den Willen des Betroffenen vorgenommen wird. Der EuGH bejahte in diesem Fall angesichts der rechtswidrig erlangten Informationen einen Anspruch auf Anstellung[81].

2.1.9 Schutz durch die Europäische Sozialcharta

Inhalt und Durchsetzung

Die Europäische Sozialcharta vom 18. Oktober 1961 (ESC) bildet eine Ergänzung zur Europäischen Menschenrechtskonvention im Bereich der wirtschaftlichen und sozialen Rechte. Sie umfasst auch soziale Grundrechte der Arbeitnehmerinnen wie das Recht auf Arbeit und das Recht auf gerechte, sichere und gesunde Arbeitsbedingungen. Eine ausdrückliche Bestimmung über Gleichberechtigung und Diskriminierung fehlt,

---

80   LAG Thüringen, Ls 6, Fn. 81.
81   EuGH, Rs. C-404/92 P, X v. Kommission der Europäischen Gemeinschaften, Slg. 1994 I-S. 4737.

lediglich in der Präambel wird darauf hingewiesen, dass «die Ausübung sozialer Rechte sichergestellt sein muss, und zwar ohne Diskriminierung aus Gründen der Rasse, der Hautfarbe, des Geschlechts, der Religion, der politischen Meinung, der nationalen Abstammung oder der sozialen Herkunft. Der Ausschuss für Soziale Rechte sieht die Bedeutung der Präambel zusammen mit den Arbeitsrechten darin, dass die Charta von den Staaten verlange, jede direkte und indirekte Diskriminierung im Bereich Beschäftigung gesetzlich zu verbieten[82].

Im Gegensatz zur Europäischen Menschenrechtskonvention sieht die ESC kein Individualbeschwerdeverfahren, sondern lediglich ein Staatenberichtsverfahren vor. Die periodisch abzuliefernden Staatenberichte werden vom Europäischen Ausschuss für Sozialrechte geprüft. Der Ausschuss entscheidet, ob die rechtliche und tatsächliche Situation in den Vertragsstaaten mit der Europäischen Sozialcharta übereinstimmt. Ein weiteres, 1998 in Kraft getretenes Zusatzprotokoll zur Sozialcharta hat ein sogenanntes kollektives Beschwerdeverfahren geschaffen. Dieses sieht vor, dass internationale Gewerkschaften und internationale Nichtregierungsorganisationen mit Konsultativstatus beim Europarat sowie nationale Gewerkschaften und Nichtregierungsorganisationen aus denjenigen Staaten, die dieses Verfahren anerkennen, Beschwerde führen können, die vom Europäischen Ausschuss für Sozialrechte auf ihre Zulässigkeit und materiell überprüft werden. Stellt der Ausschuss eine Verletzung der Sozialcharta fest, wird der Staat vom Ministerkomitee mittels einer Resolution aufgefordert, für einen rechtmässigen Zustand zu sorgen[83].

1996 wurde eine umfassende Revision der Europäischen Sozialcharta beschlossen. In Art. E in Teil V der revidierten Charta ist «der Genuss der in dieser Charta anerkannten Rechte ohne Diskriminierung, insbesondere wegen des Geschlechts, der Rasse, der Hautfarbe, der Sprache, der Religion, der politischen oder sonstigen Anschauung, der nationalen oder sozialen Herkunft, der Gesundheit, der Zugehörigkeit zu einer nationalen Minderheit, der Geburt oder eines sonstigen Status» zu gewährleisten.

Die Schweiz hat die ESC nicht ratifiziert. Das Parlament hat die Ratifikation mehrfach abgelehnt[84]. Die ESC bildet also nicht Teil des schweizerischen Rechts. Die Schweiz ist eines der wenigen Europaratsmitglieder, das der ESC nicht beigetreten ist.

Diskriminierungsschutz im Arbeitsverhältnis

Die Verpflichtung der Staaten zum Verbot der Diskriminierung bei der Beschäftigung beinhaltet nach Ansicht des Ausschusses für Soziale Rechte die folgenden vier Aspekte:

---

82 DE SCHUTTER, S. 29.
83 Zum Ausschuss siehe Quelle: *http://www.coe.int/T/E/Human%5FRights/Esc/ 2%5FECSR%5FEuropean%5FCommittee%5Fof%5FSocial%5FRights/* (31.12.06).
84 Siehe dazu FANZUN.

- Zunächst muss er garantieren, dass alle rechtlichen Hindernisse beim Zugang zu Beschäftigung von geschützten Arbeitnehmern beseitigt werden[85]. Eine allgemeine Nichtdiskriminierungsklausel in der nationalen Verfassung erscheint ebenfalls nicht ausreichend, vielmehr müssten spezifische Rechtsvorschriften zur Diskriminierung im Bereich Beschäftigung geschaffen werden, die ausführlich genug sind, um Arbeitnehmenden in allen Aspekten ihres Berufsleben zu schützen[86].
- Weiter müssen im Falle eines Diskriminierungsvorwurfs geeignete und wirksame Rechtsmittel verfügbar sein. In seinen Schlussfolgerungen zu Rumänien drückte der ECSR daher sein Bedauern bei folgender Feststellung aus: «Zur Erleichterung der Beweislast im Falle eines Diskriminierungsvorwurfs sind keine Vorkehrungen getroffen worden. Das vermutliche Diskriminierungsopfer trägt die gesamte Beweislast im Zusammenhang mit einem Verstoß gegen die Anti-Diskriminierungsbestimmungen alleine. Der Ausschuss ist der Ansicht, dass diese Situation die Wirksamkeit des Verbots der Diskriminierung in der Beschäftigung beeinträchtigen kann. Er erinnert daran, dass die Charta jede Form von Diskriminierung verbietet, unabhängig davon, ob diese offensichtlich in einer eindeutig ausgedrückten Vorschrift erfolgt oder in der Praxis vorkommt, und betont, dass es im Falle von tatsächlicher Diskriminierung für den Beschwerdeführer häufig schwiwig, wenn nicht sogar unmöglich ist, eine vorkommende Ungleichbehandlung zu belegen»[87].
- Drittens muss der gesetzliche Rahmen «Schutz gewährleisten gegen Entlassung oder andere Vergeltungsmaßnahmen durch den Arbeitgeber gegen einen Arbeitnehmer, der eine Beschwerde eingereicht oder ein Gerichtsverfahren angestrengt hat»[88].
- Viertens muss das Gesetz im Falle einer Verletzung des Diskriminierungsverbots wirksame und abschreckende Sanktionen vorsehen[89].

Über gesetzliche Maßnahmen zum Diskriminierungsschutz hinaus braucht es nach der Meinung des Ausschusses weitere konkrete Massnahmen zur Förderung der vollständigen Gleichstellung bei der Beschäftigung. Gefordert wird eine aktive Arbeitsmarktpolitik zur Förderung von Minderheiten[90].

Diskriminierungsschutz wegen HIV/Aids in der ESC

Die Diskriminierungsverbotsnorm in der revidierten ESC enthält eine nicht abschliessende Liste von verbotenen Kriterien. Auffallend ist die Erwähnung des Kriteriums «Gesundheit», während der Begriff «Behinderung» fehlt. Es ist davon auszugehen, dass

---

85   DE SCHUTTER, S. 30.
86   Ausschuss für Soziale Rechte, Schlussfolgerungen XVI-1, Bs. 2, Türkei, S. 637–640.
87   Ausschuss für Soziale Rechte, Schlussfolgerungen XVI-1, Bs. 2, Malta, S. 408–411.
88   DE SCHUTTER, S. 31.
89   Ausschuss für Soziale Rechte, Schlussfolgerungen XVI-1, bd. 1, Tschechische Republik, S. 125–129.
90   Ausschuss für Soziale Rechte, Schlussfolgerungen XVI-Bd. 2, Norwegen.

eine Behinderung vom Begriff «Gesundheit» miterfasst ist. Mit der Erwähnung des Diskriminierungskriteriums «Gesundheit» steht ausser Zweifel, dass die Mitgliedstaaten die in der ESC garantierten Rechte, namentlich auch die Arbeitsrechte, Menschen mit HIV/Aids diskriminierungsfrei zu gewähren haben. Insbesondere bedeutet dies auch die Verpflichtung zu positiven Massnahmen zu Gunsten der Integration von Menschen mit HIV/Aids in den Arbeitsmarkt.

2.1.10 Übersicht über die völkerrechtlichen Instrumente zur Bekämpfung der HIV/Aids-Diskriminierung am Arbeitsplatz

Tabelle 12: Völkerrechtliche Instrumente
Quelle: Eigene Darstellung HIV/Aids-Diskriminierungsstudie

Instrument	Diskriminierungsverbot / relevante Diskriminierungskriterien	Individualbeschwerdeverfahren
IPwskR	Art. 2, «sonstiger Status»	Nein
IPbpR	Art. 2 und Art. 26 «sonstiger Status»	Falls Fakultativprotokoll IPbpR ratifiziert
ILO 111	Art. 1 (Behinderung, HIV/Aids)	Nein
UN-Konvention Rechte von Menschen mit Behinderung	Art. 2 «wegen einer Behinderung»	Ja, im Zusatzprotokoll
ILO 158	Krankheit (bei Kündigung)	Nein
ILO 159	Behinderung (HIV/Aids)	Nein
EMRK	Art. 14, «sonstiger Status» (HIV/Aids)	Ja
ESC	Gesundheitszustand	Nein

2.1.11 Würdigung des völkerrechtlichen Diskriminierungsschutzes bei HIV/Aids

HIV/Aids ist in keinem der völkerrechtlichen Anti-Diskriminierungsübereinkommen als besonders vor Diskriminierung zu schützendes Kriterium aufgeführt. Die Europäische Sozialcharta führt jedoch ausdrücklich den Begriff «Gesundheit» in der Liste der verbotenen Diskriminierungsgründe auf, womit die HIV-Infektion als solche zweifellos miterfasst ist. Die Liste mit den Diskriminierungskriterien ist in allen Übereinkommen nicht abschliessend formuliert. In verschiedenen Berichten der Überwachungsorgane wird HIV/Aids als verbotener Diskriminierungsgrund genannt.

Die neue UN-Konvention für die Rechte von Menschen mit Behinderung enthält ein Diskriminierungsverbot «wegen einer Behinderung». Aufgrund der Vorarbeiten zur Konvention ist von einem weiten und offenen Behinderungsbegriff auszugehen, der auch die HIV-Infektion miterfasst.

Aus den völkerrechtlich verankerten menschenrechtlichen Diskriminierungsverboten erwachsen den Staaten Handlungspflichten. Sie dürfen einerseits in der Ausgestaltung des Rechtssystems und im übrigen staatlichen Handeln keine diskriminierenden Ungleichbehandlungen vornehmen. Sie haben weiter dafür zu sorgen, dass Menschen auch im Privatrechtsbereich vor Diskriminierung geschützt sind. Schliesslich müssen die Staaten mit geeigneten Massnahmen zum Abbau struktureller Diskriminierung beitragen.

Das Rechtsschutzniveau der verschiedenen völkerrechtlichen Instrumente ist sehr unterschiedlich ausgestaltet. Sehr wirksam ist der Individualrechtsschutz in der EMRK, während die ILO-Normen zwar teils rechtsverbindliche Aufträge an die Staaten beinhalten, jedoch vergleichsweise schwache Durchsetzungsmechanismen kennen.

Insgesamt ist jedoch festzuhalten, dass die völkerrechtlichen Diskriminierungsverbote von der Schweiz eine Antidiskriminierungsgesetzgebung fordern. Eine solche Verpflichtung würde durch eine Ratifikation der UN-Konvention für die Rechte von Menschen mit einer Behinderung noch verstärkt.

2.2 Verfassungsrechtlicher Diskriminierungsschutz

2.2.1 Garantie der Menschenwürde (Art. 7 BV)

Ausgangspunkt der Diskussion um den verfassungsrechtlichen Diskriminierungsschutz ist die Garantie der Menschenwürde in Art. 7 BV:

«*Die Würde des Menschen ist zu achten und zu schützen*».

Die Garantie der Menschenwürde schützt den Menschen in den fundamentalsten und unaufgebbaren Aspekten seiner Existenz[91]. Sie gebietet besondere Verbindlichkeit sowohl durch ihre Funktion als selbständiges Grundrecht als auch durch ihre Funktion als materielle Grundlage aller übrigen grundrechtlichen Kerngehalte. Die Garantie der Menschenwürde als «innerster Kern» der Grundrechte kommt in der zweiten Funktion immer dann zur Anwendung, wenn die Kerngehalte der spezifischen Grundrechte den fundamentalsten Aspekt der menschlichen Existenz nicht mehr erfasst[92]. Schliesslich kommt der Garantie der Menschenwürde ein nicht direkt durchsetzbarer programmatischer Charakter zu, an dem sich die Gesetzgebung und die staatlichen Organe in ihrem Handeln messen lassen müssen.

Die Menschenwürde kann nicht definiert werden. Ein im Wesen des Menschen begründetes Menschenbild existiert nicht und soll auch nicht existieren. Ein bestimmtes Menschenbild würde eine Mehrheit entstehen lassen, die den Einzelnen an ihrer

---

91 SCHEFER (Kerngehalte), S. 16ff.
92 SCHEFER (Kerngehalte), S. 20ff.

Normvorstellung messen würde. Die Verletzlichkeit und das Schutzbedürfnis des einzelnen Menschen würden als zentrales Anliegen der Garantie der Menschenwürde an Bedeutung verlieren[93]. Die Menschenwürde gewinnt jedoch an Konturen, wenn einerseits im positiven Sinn die Besonderheiten menschlicher Existenz als gleichwertig anerkannt und geachtet werden[94] und andererseits in Form der Negation ausgelegt wird, wann die psychische und auch physische Integrität des Menschen verletzt ist.

So ist die Menschenwürde als «innerster Kern» des Diskriminierungsverbots nach Art. 8 Abs. 2 BV verletzt, wenn der Mensch allein aufgrund seiner Gruppenzugehörigkeit festgelegt wird. Die Verletzung der Menschenwürde liegt in der Reduzierung des Menschen auf ein einziges Merkmal, obwohl dieses Merkmal nur Teilgehalt der individuellen Persönlichkeit ist. Jeder Versuch einen Menschen auf eine einzige Identität festzulegen, widerspricht der menschlichen Natur und ihrer Vielfalt, die sich einem verbindlichen Menschenbild entziehen[95].

Die Garantie der Menschenwürde ist sowohl Grundrecht wie zwingendes Verfassungsrecht[96]. Nach Art. 189 Abs. 1 lit. a BV kann die Verletzung der Menschenwürde (Art. 7 BV) vor dem Bundesgericht gerügt werden.

Für einen wirksamen Schutz vor HIV/Aids-Diskriminierung genügt die verfassungsrechtliche Garantie der Menschenwürde nicht. Die Garantie der Menschenwürde stellt jedoch einen wichtigen Bezugspunkt dar, um eine Diskriminierung im Sinne von Art. 8 Abs. 2 BV aufgrund einer HIV-Infektion fassbar zu machen. Eine einzig auf die HIV-Infektion beruhende und nicht sachlich besonders gerechtfertigte unterschiedliche Behandlung stellt deshalb eine Diskriminierung dar, weil die HIV-Infektion einen unveränderbaren Teil der Identität des betreffenden Menschen darstellt.

2.2.2 Bedeutung der Rechtsgleichheit (Art. 8 BV)

Art. 8 BV umfasst unter dem Titel «Rechtsgleichheit» sowohl das Gleichheitsgebot (Abs. 1) also auch das allgemeine Diskriminierungsverbot (Abs. 2). Die Rechtsgleichheit ist Voraussetzung für eine gerechte Ordnung. «Gerechtigkeit» kann nur erreicht werden, wenn alle Menschen gleich behandelt werden[97]. Eine rechtsungleiche Behandlung würde gegen die fundamentalsten Aspekte menschlicher Existenz verstossen[98]. Denn Kerngehalt der Rechtsgleichheit ist die jedem Menschen innewohnende einzigartige und unantastbare Würde (Art. 7 BV).

---

93 Schefer (Kerngehalte), S. 37ff.
94 Müller (Grundrechte), S. 4.
95 Schefer (Kerngehalte), S. 30, 41.
96 Schefer (Kerngehalte), S. 34ff.
97 Schweizer, Rn. 14.
98 Siehe Schefer (Kerngehalte), S. 16ff.

Das Rechtsgleichheitsgebot und das Diskriminierungsverbot beschränken sich nicht auf einen bestimmten Lebensbereich, sondern sind selbständige verfassungsmässige Rechte mit Querschnittsfunktion, d.h., dass alle Menschen in sämtlichen Lebens- und Tätigkeitsbereichen einen Anspruch auf rechtsgleiche Behandlung haben[99].

2.2.3 Die Rechtsgleichheit (Art. 8 Abs. 1 BV)

«Alle Menschen sind vor dem Gesetz gleich» (Art. 8 Abs. 1 BV). Die Rechtsgleichheit ist jedoch nicht absolut zu verstehen, sondern verlangt eine sachliche Differenzierung. Nach ständiger Rechtsprechung des Bundesgerichts wird das Rechtsgleichheitsgebot verletzt, wenn Unterscheidungen getroffen werden, für die kein vernünftiger Grund ersichtlich ist, oder Unterscheidung unterlassen werden, die sich aufgrund der Situation aufdrängen würden. Das Bundesgericht übernimmt hier die von Aristoteles geprägte Formel, die besagt, dass Gleiches nach Massgabe seiner Gleichheit gleich und Ungleiches nach Massgabe seiner Ungleichheit ungleich behandelt werden soll[100]. Eine Differenzierung in vergleichbaren oder eine Gleichbehandlung in unterschiedlichen Situationen muss sich auf eine wesentliche Tatsache beziehen und sachlich begründet werden[101]. Bei der Frage, was ein sachlicher Grund ist, stellt das Bundesgericht auf die «anerkannten Grundsätze der geltenden Rechts- und Staatsordnung»[102] oder auf die «herrschenden Anschauungen und Zeitverhältnisse» ab[103]. Die Kriterien der gebotenen Gleichbehandlung sind somit nicht für alle Zeiten festgelegt, sondern unterliegen der sich wandelnden Wahrnehmung der gesellschaftlichen Wirklichkeit[104].

2.2.4 Allgemeines Diskriminierungsverbot (Art. 8 Abs. 2 BV)

Diskriminierungsgründe und Bedeutung

Art. 8 Abs. 2 BV lautet: «Niemand darf diskriminiert werden, namentlich nicht wegen der Herkunft, der Rasse, des Geschlechts, des Alters, der Sprache, der sozialen Stellung, der Lebensform, der religiösen, weltanschaulichen oder politischen Überzeugung oder wegen einer körperlichen, geistigen oder psychischen Behinderung.» Das Diskriminierungsverbot in Art. 8 Abs. 2 BV hat im Verhältnis zur Rechtsgleichheit nach Abs. 1 einen unabhängigen normativen Gehalt. Bei den spezifischen Tatbeständen,

---

99 MÜLLER, S. 396; TSCHANNEN/ZIMMERLI, S. 159f.
100 BGE 125 II 345.
101 BGE 124 II 193; BGE 122 I 349. Siehe MÜLLER, S. 400ff.
102 Siehe MÜLLER, S. 401.
103 BGE 122 I 349, insb. 114 Ia 1.
104 BGE 125 II 345; SCHWEIZER, Rn. 22.

aufgrund derer eine Person nicht diskriminiert werden darf, ist die Gefahr der Verletzung der Menschenwürde besonders gross[105]. Die Diskriminierungskriterien sind nicht abschliessend aufgeführt, worauf «namentlich» hindeutet. Der Verfassungstext lässt somit Raum, der gesellschaftlichen Entwicklung durch richterliche Konkretisierung neuer Diskriminierungstatbestände Rechnung zu tragen.

Das Bundesgericht hat die Diskriminierung als eine qualifizierte Art einer Ungleichbehandlung in vergleichbaren Situationen bezeichnet, die zu einer herabwürdigenden oder ausgrenzenden Benachteiligung eines Menschen führt, weil sie an ein Unterscheidungsmerkmal anknüpft, «das einen wesentlichen oder nur schwer aufgebbaren Bestandteil der Identität einer Person ausmacht»[106]. Bei der direkten Diskriminierung wird eine Person direkt wegen eines Diskriminierungsmerkmals ohne ausreichende sachliche Rechtfertigung benachteiligt. Eine indirekte Diskriminierung ist dann gegeben, wenn eine Regelung, die keine offensichtliche Benachteiligung von spezifisch gegen Diskriminierung geschützten Gruppen enthält, in ihren tatsächlichen Auswirkungen Angehörige einer solchen Gruppe besonders stark benachteiligt, ohne dass dies sachlich begründet wäre[107].

In der Lehre ist streitig, ob das Diskriminierungsverbot einen spezifischen Schutz von gesellschaftlich benachteiligten Gruppen bezweckt (asymmetrisches Diskriminierungsverständnis) oder ob jede Anknüpfung für eine Ungleichbehandlung an die verbotenen Unterscheidungsmerkmale des Art. 8 Abs. 2 BV eine Diskriminierung darstellt (symmetrisches Diskriminierungsverständnis)[108].

Unbestritten ist, dass nicht jede Ungleichbehandlung in einer vergleichbaren Situation aufgrund eines sensiblen Kriteriums eine Diskriminierung darstellt. Die Anknüpfung an eines der in Art. 8 Abs. 2 BV aufgezählten Unterscheidungsmerkmale begründet lediglich einen Verdacht einer unzulässigen Ungleichbehandlung[109], die qualifiziert zu rechtfertigen ist[110].

HIV/Aids als Diskriminierungskriterium

Der Status «HIV-positiv» oder «Aids» gehört nicht zu den explizit aufgeführten verbotenen Unterscheidungsmerkmalen in Art. 8 Abs. 2 BV. Es findet sich allgemein keine HIV/Aids-Sonderregelung auf Verfassungsstufe[111].

---

105   SCHEFER, S. 476; siehe auch RIEDER, S. 54ff., 89ff.
106   BGE 126 II 377, E. 6a.
107   BGE 126 II 377, E. 6c, BGE 129 I 392, siehe auch LANDOLT, Rn. 191 sowie ausführlich RIEDER.
108   Siehe zur Kontroverse RHINOW (Grundzüge), N 1700–1711.
109   KÄLIN/CARONI, S. 78.
110   BGE 126 II, 377, E. 6a, BGE 129 I 397ff.
111   PÄRLI/MÜLLER/SPYCHER, S. 99.

Der Status HIV/Aids erfüllt jedoch die Kriterien, die ihn als eigenständiges Unterscheidungsmerkmal unter die Tatbestände von Art. 8 Abs. 2 BV subsumieren liessen[112]: Einerseits belegen Studien die Schwierigkeiten, Ausgrenzungen und Herabwürdigungen von Personen mit positiver HIV/Aids-Diagnose im Arbeits- und Sozialleben[113]. Andererseits ist der Status HIV/Aids eine erworbene und dauerhafte Eigenschaft, die ein unveränderbares und angesichts der massiven Auswirkungen auf das Leben der betroffenen Personen identitätsstiftendes Merkmal darstellt[114].

Der Status HIV/Aids kann ebenfalls über das Merkmal der «Behinderung» vom Diskriminierungsverbot nach Art. 8 Abs. 2 BV erfasst werden. Dazu sind Ausführungen zum Krankheits- und Behinderungsbegriff notwendig. Art. 3 Abs. 1 ATSG definiert Krankheit als «jede Beeinträchtigung der körperlichen oder geistigen Gesundheit, die nicht auf einen Unfall zurückzuführen ist und die eine medizinische Behandlung oder Untersuchung erfordert oder eine Arbeitsunfähigkeit zur Folge hat». Nach der Rechtsprechung des Bundesgerichts erfüllt auch die symptomlose HIV-Infektion den Krankheitsbegriff[115]. Die Grenze zwischen Krankheit und Behinderung ist fliessend. Welche Beeinträchtigung der körperlichen Gesundheit resp. biologische Eigenschaft als Behinderung gilt, hängt nach WALDMANN von dem ab, was die Gesellschaft als Abweichung von einem von ihr selbst definierten Normalzustand empfindet. Es ist somit die tatsächliche und/oder soziale Behandlung als Abweichung von einem gesellschaftlich definierten Normalzustand, die eine Krankheit als Behinderung entstehen lässt[116]. KLEIN spricht von einer konstruierten Behinderung («*le handicap construit*»), die oft aufgrund von Angst, falschen Annahmen oder Stereotypen entsteht. In der Unterscheidung von tatsächlicher und konstruierter Behinderung verweist KLEIN auf Parallelen in der feministischen Diskussion, die ebenfalls zwischen «*le sexe biologique*» und «*le sexe social*» («*construction social*») unterscheiden[117]. Massgebliche Kriterien für die Subsumtion unter das Diskriminierungsverbot sind die Gefahren der Stigmatisierung und des gesellschaftlichen Ausschlusses[118].

Im diesem Sinne ist auf die Behindertenschutzgesetzgebungen in verschiedenen europäischen Staaten hinzuweisen, die «HIV und Aids» ausdrücklich mitfassen[119].

---

112 Zu den Diskriminierungsverbote als Anknüpfungsverbote siehe KÄLIN (Kulturkonflikt), S. 107, KÄLIN/CARONI, S. 75; zu den Diskriminierungsverbote als spezifischer Schutz historisch/gesellschaftlich herabgesetzter Gruppen siehe MÜLLER (Grundrechte), S. 414ff.
113 DUBOIS-ARBER/HAOUR-KNIPE; THOMAS/HAOUR-KNIPE/HUYNH; PÄRLI/MÜLLER/SPYCHER.
114 Siehe dazu WALDMANN, S. 711.
115 BGE 116 V 239, BGE 124 V 118; zur Kritik dieser Entscheide vgl. PÄRLI/MÜLLER/SPYCHER; HEUSSER.
116 WALDMANN, S. 712ff.
117 KLEIN, S. 12ff.
118 PÄRLI (Dogmen), S. 117.
119 Frankreich, Grossbritannien, Irland, Portugal, Griechenland, siehe dazu Bericht «Definition of Disability in Europe – A comparative analysis, Hrsg. von European Commission, Employment & Social Affairs. Siehe auch DOYLE. Für Grossbritannien resp. Frankreich siehe auch Teil 4, 3. resp. 4.

2.2.5 Gleichstellung der Geschlechter (Art. 8 Abs. 3 BV)

Mit der Bundesverfassung von 1999 erhielt der Gesetzgeber in Art. 8 Abs. 3 BV den umfassenden Auftrag, für die rechtliche und tatsächliche Gleichstellung von Frau und Mann, vor allem in Familie, Ausbildung und Arbeit zu sorgen. Das geforderte Ziel der tatsächlichen Gleichstellung soll nicht nur die Gleichberechtigung, sondern die rechtliche und faktische Gleichstellung der Frau umfassen[120]. Es zeigte sich nämlich, dass sich die Stellung der Frau im Erwerbsleben trotz Verfassungsgebot «Gleiche Rechte für Mann und Frau» in den vorangegangenen Jahren nicht wesentlich verändert hatte[121]. Das Ziel der faktischen Gleichstellung der Frau wollte man deshalb mit einem Gesetz erreichen, das die erforderlichen Instrumente schaffen würde, um Frau und Mann die Durchsetzung des verfassungsmässigen Anspruchs auf Gleichbehandlung durchzusetzen[122]. Der Gesetzesauftrag wird im Bundesgesetz über die Gleichstellung von Frau und Mann (Gleichstellungsgesetz, GlG) von 1996 konkretisiert. Das Gleichstellungsgesetz bezweckt die tatsächliche Gleichstellung von Frau und Mann im privat- und öffentlichrechtlichen Arbeitsverhältnis.

Art. 8 Abs. 3 BV enthält überdies einen unmittelbar anwendbaren Anspruch auf gleichen Lohn für gleichwertige Arbeit auch im privatrechtlichen Arbeitsverhältnis.

Mit Art. 8 Abs. 3 BV drückt der Verfassungsgeber die grosse Bedeutung der Gleichbehandlung der Geschlechter aus. Der Diskriminierungsschutz aufgrund des Geschlechts geht über den Diskriminierungsschutz aufgrund der anderen in Art. 8 Abs. 2 BV aufgeführten Kriterien hinaus. Bezüglich HIV/Aids kann Art. 8 Abs. 3 BV insofern eine Rolle spielen, als durch positive Massnahmen die besondere Lage von HIV/Aids betroffenen Frauen berücksichtigt werden muss.

2.2.6 Gleichstellung von Menschen mit Behinderung (Art. 8 Abs. 4 BV)

Art. 8 Abs. 2 BV verbietet jede Diskriminierung wegen einer körperlichen, geistigen oder psychischen Behinderung. Mit Art. 8 Abs. 4 BV wird der Gesetzgeber beauftragt, Massnahmen zur Beseitigung von Benachteiligungen der Behinderten vorzusehen. Art. 8 Abs. 4 beinhaltet kein individuell anrufbares Grundrecht, das vor Gericht geltend gemacht werden kann[123].

Der Gesetzesauftrag an Bund und Kanton wird mit dem Erlass des Bundesgesetzes über die Beseitigung von Benachteiligungen von Menschen mit Behinderungen (Behindertengleichstellungsgesetz, BehiG) von 2002 konkretisiert[124]. Der Gesetzge-

---

120 FREIVOGEL, S. 43.
121 KAUFMANN, S. 32.
122 KAUFMANN, S. 36.
123 BIGLER-EGGENBERGER, N 102 zu Art. 8 BV.
124 Siehe dazu Teil 3, 3.6.6.

bungsauftrag bedeutet, dass formelle wie materielle Gesetze stets den Gehalt des Diskriminierungsverbotes nach Art. 8 Abs. 2 BV und den Erlass benachteiligungsverhindernden Massnahmen im Sinne von Art. 8 Abs. 4 BV zu beachten haben[125].

2.2.7 Schutz der Privatsphäre (Art. 13 BV)

Art. 13 Abs. 1 BV garantiert den Schutz des Privat- und Familienlebens. Jede Person hat gegenüber dem Staat den Anspruch, nicht an der freien Gestaltung ihres Lebens und ihres Verkehrs mit anderen Personen gehindert zu werden.

Der persönliche Geheimbereich ist ebenfalls zu respektieren[126]. Art. 13 Abs. 2 BV gewährleistet jeder Person den «Anspruch auf Schutz vor Missbrauch ihrer persönlichen Daten», womit der Geltungsbereich von Art. 13 BV weit über die Privatsphäre hinausgeht. Er schützt betroffene Personen vor Benachteiligungen, die durch eine ungerechtfertigte Bearbeitung von Personendaten bewirkt wird. Er schützt ebenfalls die individuelle Kommunikationsbeziehung, die verlangt, Daten zu offenbaren, die normalerweise in die Privatsphäre der betroffenen Personen gehören[127].

Kommunikationsbeziehungen, wo besondere Geheimhaltungsbedürfnisse (z.B. Krankheit) bestehen[128], werden immer dann begründet, wenn von einer «Sonderbeziehung» oder Vertrauensverhältnis gesprochen werden kann. Eine Sonderbeziehung entsteht beispielsweise in einem Anstellungsverfahren zwischen Arbeitnehmerin und Arbeitgeber. Das Interesse auf beiden Seiten an einem optimalen Arbeitsverhältnis zwingt insbesondere den Arbeitnehmenden Personendaten zu offenbaren, die normalerweise von der Öffentlichkeit abgeschirmt sind. Der Datenschutz sorgt hier für den Schutz vor missbräuchlicher Datenbearbeitung und somit für die informationelle Selbstbestimmung jedes Einzelnen, die zur persönlichen Entfaltung und Lebensgestaltung notwendig ist. Datenschutz ist somit auch zentraler Bestandteil des verfassungsrechtlichen Persönlichkeitsschutzes (Art. 10 BV)[129].

Die informationelle Selbstbestimmung als Teilaspekt des Persönlichkeitsschutzes hängt eng mit dem Diskriminierungsverbot von Art. 8 Abs. 2 BV zusammen[130]. Werden nämlich Daten über die Gesundheit einer Person, über die soziale Stellung oder die politische Einstellung ohne Wissen und womöglich gegen den ausdrücklichen Willen bearbeitet, wird das Diskriminierungspotenzial erhöht bzw. erst recht geschaffen[131]. An die Zulässigkeit einer Weitergabe von Informationen über die HIV-Positivität einer

---

125 BIGLER-EGGENBERGER, N 102 zu Art. 8 BV.
126 Botschaft, BBl 1997 I 152.
127 SCHWEIZER, Rn. 29–31.
128 SCHWEIZER, Rn. 29.
129 HÄFELIN/HALLER, S. 118.
130 PÄRLI (Datenaustausch), S. 129ff.
131 SEEMANN, S. 80ff, insbesondere Fn. 7, 8, 54 und 59.

Person oder eine Bearbeitung von sonstigen Personendaten, die das Potenzial einer Persönlichkeitsverletzung birgt, sind deshalb besonders hohe Hürden zu stellen[132].

2.2.8 Verwirklichung der Grundrechte (Art. 35 BV)

Die Wirkung der Grundrechte entfaltet sich grundsätzlich im Verhältnis zwischen Staat und Bürger. Die Notwendigkeit, das Individuum in seinen Grundrechtspositionen vor staatlichen Eingriffen zu schützen, beruht auf der Erkenntnis, dass die staatliche Machtkonzentration und das daraus folgende Subordinationsverhältnis des Einzelnen zum Staat die ständige Gefahr der staatlichen Machtausübung birgt. Die Grundrechte haben jedoch nicht nur defensiven, sondern auch konstitutiven Charakter, d.h., der Staat hat den Auftrag, für die Grundrechtsverwirklichung in der Rechtsordnung sowie in der weiteren Gesellschaft zu sorgen[133].

Nach Art. 35 Abs. 2 BV ist grundrechtsgebunden, wer staatliche Aufgaben wahrnimmt. Dies betrifft unbestritten die Zentralverwaltung des Staates, wobei alle staatlichen Ebenen (Bund, Kantone, Gemeinden) miterfasst sind. Staatliche Aufgaben werden heute aber immer mehr auch ausgelagert, sei es an öffentlichrechtliche Institutionen oder auch an Private. Soweit diese staatliche Aufgaben wahrnehmen, gilt die gleiche Grundrechtsbindung wie für den Staat[134]. Wie weit die Grundrechtsbindung privater Organisationen, die mit staatlichen Aufgaben betraut sind, auch die Regelung der Arbeitsverhältnisse umfasst, ist umstritten[135].

Ähnlich der staatlichen Machtkonzentration kann eine solche auch in Verhältnissen unter Privaten ausgemacht werden, z.B. im privatrechtlichen Arbeitsverhältnis zwischen Arbeitnehmer und -geber. Im Arbeitsverhältnis befindet sich die Arbeitnehmerin in der Position der Unterworfenen gegenüber dem sozial mächtigeren Arbeitgeber und ihre Stellung ist vergleichbar mit dem staatlichen Subordinationsverhältnis[136].

Art. 35 Abs. 1 BV erklärt die Geltung der Grundrechte für die ganze Rechtsordnung. Nach Abs. 2 sind alle staatlichen Organe, ob rechtsetzend oder rechtsanwendend, an die Grundrechte gebunden. Sie sind verpflichtet, wo das Grundrecht nicht direkt angesprochen wird, mittels grundrechtskonformer Auslegung zur Verwirklichung der Grundrechte beizutragen. Die Gerichte müssen auch privatrechtliche Normen grundrechtskonform auslegen[137], was bewirkt, dass Private indirekt (mittelbar) durch die Grundrechte gebunden sind. Abs. 3 greift dann spezifisch die Verwirklichung der

---

132 PÄRLI/MÜLLER/SPYCHER, S. 96.
133 MÜLLER (Grundrechtstheorie), S. 8ff.
134 KÄGI-DIENER (Corporate Governance), S. 103, HÄSLER, S. 71.
135 Siehe dazu PÄRLI (Integrität), S. 212.
136 MÜLLER (Grundrechtstheorie), S. 80ff.
137 SCHEFER, S. 299f.

Grundrechte unter Privaten auf und lautet: «Die Behörden sorgen dafür, dass die Grundrechte, soweit sie sich dazu eignen, auch unter Privaten wirksam werden.» Abs. 3 verlangt nicht, dass Grundrechte direkt auf die Verhältnisse unter Privaten angewandt werden. Abs. 3 enthält jedoch einen expliziten Auftrag an den Gesetzgeber als Teil der Behörde, für die Wirksamkeit der Grundrechte unter Privaten besorgt zu sein[138]. Das positive Recht verlangt, dass die Behörden für die Wirkung der in den Grundrechten widerspiegelten fundamentalen Wertentscheidungen auch zwischen Privaten sorgen müssen[139]. Insbesondere dort, wo die Würde des einzelnen Menschen und damit der Kerngehalt der Grundrechte auf dem Spiel steht, ist die Pflicht des Staates klar gegeben, möglichst umfassenden Schutz zu gewährleisten[140]. Der Schutz der Kerngehalte ist von fundamentaler Bedeutung, so dass es dem Staat nicht darauf ankommen darf, ob die Verletzung vom Staat und von Dritten (Privaten) ausgeht. Die Legitimität eines Rechtsstaates liegt u.a. darin, dass er dafür sorgt, dass die auf seinem Gebiet befindlichen Menschen nicht im Kerngehalt der Grundrechte verletzt werden[141]. Insbesondere bei einem Mächteungleichgewicht unter Privaten, muss es dem Staat ein Anliegen sein, die sozial schwächere Person in den zentralen Aspekten ihrer Existenz zu schützen.

2.2.9   Einschränkung von Grundrechten (Art. 36 BV)

Art. 36 BV verlangt für jede Grundrechtseinschränkung eine gesetzliche Grundlage (Abs. 1), den Nachweis eines überwiegenden öffentlichen Interesses oder eines gerechtfertigten Schutzinteresses von Grundrechten Dritter (Abs. 2); der Eingriff in ein Grundrecht muss verhältnismässig sein (Abs. 3)[142]. Der Kerngehalt der Grundrechte[143], d.h. der Teilaspekt der Grundrechte, der durch den Schutz der Menschenwürde konkretisiert wird, ist unantastbar und verbietet jegliche Einschränkung (Abs. 4)[144].

Wie weit sich das «Eingriffsschema» auch für die Rechtsgleichheit oder das Grundrecht auf Hilfe in Notlagen (Art. 12 BV) eignet, ist in der Lehre umstritten. Nach der

---

138   Dieser Auftrag wird in der Literatur unter dem Terminus «staatliche Schutzpflichten» diskutiert. Das Verhältnis «staatliche Schutzpflichten» zur «mittelbaren bzw. indirekten Drittwirkung» ist nicht geklärt bzw. befindet sich im Fluss. Siehe dazu RHINOW (Grundzüge), Rn. 1085-1093, insbes. Rn. 1093.
139   RHINOW (Bundesverfassung), S. 152ff.
140   SCHEFER (Kerngehalte), S. 310.
141   SCHEFER (Kerngehalte), S. 322. Die Auffassung, dass grundrechtliche Kerngehalte vor Eingriffen Privater geschützt werden müssen, findet auch Ausdruck in verschiedenen völkerrechtlichen Erlassen, siehe dazu SCHEFER (Kerngehalte), S. 313ff.
142   Eine Einschränkung ist verhältnismässig, wenn sie zur Erreichung des angestrebten und im öffentlichen Interesse liegenden Zwecks geeignet und erforderlich ist; es muss zwischen den Auswirkungen der Grundrechtseinschränkung und dem Interesse der Öffentlichkeit abgewogen werden: je stärker der Grundrechtseingriff, desto grösser muss das öffentliche Interesse sein; siehe dazu AUER/MALINVERNI/HOTTELIER, S. 108-115; HÄFELIN/HALLER, Rn. 320-323, MÜLLER (Bemerkungen), Rn. 55-56.
143   Zum Kerngehalt der Grundrechte siehe SCHEFER (Kerngehalte).
144   HÄFELIN/HALLER, Rn. 325, SCHEFER (Kerngehalte), S. 72ff.

wohl herrschenden Meinung eignet sich das Prüfprogramm von Art. 36 BV nur für Eingriffe in traditionelle Freiheitsrechte[145]. Nach der neueren Lehre gilt das Eingriffschema grundsätzlich auch für die Rechtsgleichheit, die einzelnen Eingriffsschranken verlangen jedoch nach einer spezifischen Bearbeitung. Namentlich muss jede Ungleichbehandlung durch ein legitimes Interesse gerechtfertigt sein (Art. 36 Abs. 2 BV) und das Gebot der Verhältnismässigkeit (Art. 36 Abs. 3 BV) verlangt, dass sich eine Ungleichbehandlung für die Betroffenen als zumutbar erweisen muss[146].

2.2.10 Grundrechtskollision

Eine Grundrechtskollision liegt vor, wenn gleichzeitig verschiedene Grundrechtsinteressen mehrerer Grundrechtsträger aufeinander stossen[147]. Welches Grundrechtsschutzbedürfnis in einer Situation der Grundrechtskollision berücksichtigt werden soll, muss sowohl bei Kollisionen zwischen verschiedenen öffentlichen oder zwischen öffentlichen und privaten Interessen «durch wertende Gegenüberstellung und Interessenabwägung» bestimmt werden[148]. Sämtliche grundrechtsrelevanten Aspekte eines Sachverhaltes müssen mit den entgegenstehenden Interessen überprüft werden; ein mögliches Spannungsverhältnis der betroffenen Grundrechte soll in der Auslegung und Anwendung berücksichtigt werden[149]. Es darf kein Grundrecht aufgrund der blossen Dominanz eines anderen Grundrechts eingeschränkt werden[150].

Nach der «*preferred position*» Doktrin werden die Grundrechte, die der Persönlichkeitsentfaltung und dem Schutze der Menschenwürde dienen, gegenüber wirtschaftlichen Grundrechten (Wirtschaftsfreiheit, Eigentumsgarantie) höher gewichtet[151]. Eine unterschiedliche normative Bewertung der Grundrechte nimmt auch das Bundesgericht vor, wenn es in Bezug auf die Meinungsfreiheit, die ebenfalls die Persönlichkeitsentfaltung gewährleistet, festhält, dass «elle mérite dès lors une place à part dans le catalogue des droits individuels garantis par la constitution et un traitement privilégié de la part des autorités»[152]. MÜLLER rechtfertigt die unterschiedliche normative Bewertung von Grundrechten damit, dass wesentliche Aspekte des menschlichen Daseins wie die Garantie der Menschenwürde, Gleichheit und Fairness im Gerichtsverfahren zu den «Essentialien» eines demokratischen Rechtsstaates gehören. Dahingegen sieht er in den Grundrechten wie die Wirtschaftsfreiheit oder Eigentumsfreiheit Leitplanken,

---

145 RHINOW (Grundzüge), Rn. 1102, SCHWEIZER, Rn. 7 zu Art. 36 BV.
146 SCHEFER (Kerngehalte), S. 66ff.
147 MÜLLER (Bemerkungen), Rn. 25.
148 BGE 104 Ia 88 E. 8.
149 BGE 131 III 490 E. 3.1.
150 Siehe MÜLLER (Grundrechtstheorie), S. 157ff., der dies in der Diskussion zur Grundrechtskonkurrenz festhält; soll hier jedoch nicht minder gelten.
151 MÜLLER (Bemerkungen), Rn. 26.
152 BGE 96 I 592 E. 6.

die zur Erreichung und Sicherung einer auf Verfassungsentscheid begründeten freien Marktwirtschaft notwendig sind[153].

2.2.11 Bilanz

HIV/Aids bildet ein besonders schützenswertes sensibles Kriterium im Sinne von Art. 8 Abs. 2 BV und ist im Diskriminierungskriterium «Behinderung» enthalten. Darüber hinaus ergänzen die Grundrechte generell und insbesondere Art. 13 Abs. 1 BV (Schutz der Privatsphäre) das Diskriminierungsverbot und tragen zur Stärkung der Rechtsposition der HIV-positiven Individuen bei. Unmittelbar an das Diskriminierungsverbot und die übrigen Grundrechte gebunden sind allerdings nur der Staat und Institutionen, die staatliche Aufgaben wahrnehmen. Schutz vor HIV/Aids-Diskriminierung im privaten Arbeitsverhältnis wird durch die mittelbare (indirekte) Drittwirkung im Sinne des Grundrechtsverwirklichungskonzepts von Art. 35 BV gewährt.

---

[153] MÜLLER (Bemerkungen), Rn. 6ff.

3 Diskriminierungsschutz im Arbeitsrecht

3.1 Vorbemerkungen zur Unterscheidung privatrechtlicher und öffentlichrechtlicher Arbeitsverhältnisse

Die allgemein verbreitete Aufteilung des Arbeitsrechts in Privatrecht und öffentliches Recht ist zu ungenau[154]. Wesentlich sinnvoller ist, zwischen öffentlichrechtlichen und privatrechtlichen Anstellungen zu unterscheiden. Diese Differenzierung klärt, ob wir es mit einer grundsätzlich öffentlichrechtlichen oder privatrechtlichen Anstellung zu tun haben. Ausgehend von dieser wichtigen Unterscheidung lässt sich danach aufzeigen, wie teilweise gleiche und teilweise andere Rechtsquellen das jeweilige Arbeitsverhältnis näher bestimmen.

Für die Ausgestaltung privatrechtlicher Arbeitsverhältnisse sind nicht nur das Obligationenrecht, sondern zahlreiche öffentlichrechtliche Bestimmungen wie das Arbeitsgesetz oder die relevanten Sozialversicherungsbestimmungen sowie das Datenschutz- und das Gleichstellungsgesetz massgebend. Im Bereich öffentlichrechtlicher Arbeitsverhältnisse finden sich im dafür massgebenden öffentlichrechtlichen Personalrecht immer mehr Verweise auf das privatrechtliche Obligationenrecht. Zudem kommen die Bestimmungen zum (privatrechtlichen) Arbeitsvertrag in den Art. 319ff. OR und die Allgemeinen Bestimmungen des OR im öffentlichen Personalrecht lückenfüllend zur Anwendung.

Im Folgenden wird auf den Diskriminierungsschutz sowohl im privat- wie auch im öffentlichrechtlichen Arbeitsverhältnis und dessen Besonderheiten separat eingegangen. Fokus bildet dabei entsprechend dem Gegenstand der Studie die HIV/Aids-Diskriminierung.

3.2 Diskriminierungsschutz im öffentlichen Personalrecht auf Bundesebene

3.2.1 Rechtsquellen

Für das Arbeitsverhältnis im öffentlichen Dienst hält Art. 342 Abs. 1 lit. a OR fest, dass Vorschriften des Bundes, der Kantone und der Gemeinden vorbehalten sind.

Die Arbeitsverhältnisse im öffentlichen Dienst sind in der Regel öffentlichrechtlicher Natur, in besonderen Fällen unterliegen sie dem Privatrecht[155]. Das öffentlich-

---

154 Für eine kritische Auffassung gegenüber der Aufrechterhaltung der Dualität von öffentlichem und privatem Arbeitsrecht vgl. MICHEL, S. 219.
155 Zu den privatrechtlichen Arbeitsverhältnissen mit dem Bund werden diejenigen gezählt, welche zwischen privaten Organisationen, die mit öffentlichen Aufgaben betraut sind, und ihren Angestellten bestehen, siehe JAAG/MÜLLER/TSCHANNEN/ZIMMERLI, S. 1ff.

rechtliche Arbeitsverhältnis wird heute mit dem Abschluss eines schriftlichen Arbeitsvertrages begründet. Es handelt sich dabei um einen verwaltungsrechtlichen Vertrag[156], welcher im Gegensatz zur Verfügung den Parteien mehr Gestaltungsspielraum lässt und auf einer übereinstimmenden Willenserklärung beruht[157]. Auf die Dienstverhältnisse öffentlichrechtlicher Natur finden insbesondere das Bundespersonalgesetz (BPG)[158], die Rahmenverordnung zum Bundespersonalgesetz (BPV)[159], die Verordnung über den Schutz von Personendaten in der Bundesverwaltung[160] sowie das BG über die Pensionskasse des Bundes[161] Anwendung. Art. 6 Abs. 2 BPG verweist darauf, dass subsidiär, d.h., soweit das BPG und andere Bundesgesetze «nichts Abweichendes bestimmen», die einschlägigen Bestimmungen des Obligationenrechts (OR) gelten.

Bevor auf den Diskriminierungsschutz in der Spezialgesetzgebung eingegangen wird, ist die Grundrechtsbindung des öffentlichen Arbeitgebers als Teilgehalt des Grundsatzes der Gesetzmässigkeit der Verwaltung näher darzustellen.

3.2.2 Grundrechtsbindung öffentlichrechtlicher Arbeitgeber

Begründung

Der öffentlichrechtliche Arbeitgeber ist sowohl aufgrund des für die Verwaltungstätigkeit geltenden Legalitätsprinzips[162] als auch aufgrund der funktionalen Bedeutung der Grundrechte (Schutz vor staatlichen Eingriffen in die Freiheitsrechte des Einzelnen) zur Einhaltung der Grundrechte gegenüber seinen Arbeitnehmenden verpflichtet. Die Bindung an das Gesetz gewährleistet, wie bereits oben erwähnt, dass das Verwaltungshandeln voraussehbar ist (Rechtssicherheit) und dass in ähnlich gelagerten Fällen gleich entschieden wird (Rechtsgleichheit).

Die Grundrechte binden dabei nicht nur den öffentlichrechtlichen Arbeitgeber, sondern auch alle privatrechtlichen Organisationen, denen der Staat staatliche Aufgaben zur Wahrnehmung übertragen hat. Das Bundesgericht geht noch einen Schritt weiter und verpflichtet diese privatrechtlichen Organisationen, die Grundrechte auch in ihren privatrechtlichen Aktivitäten zu beachten[163]. In einem späteren Urteil hält

---

156 Art. 8 Abs. 1 BPG. Siehe Jaag/Müller/Tschannen/Zimmerli, S. 6.
157 Häfelin/Müller, Rn. 1052ff.
158 Bundespersonalgesetz vom 24. März 2000 (BRG), SR 172.220.1.
159 Rahmenverordnung vom 20. Dezember 2000 zum Bundespersonalgesetz (Rahmenverordnung BPG), SR 172.220.11.
160 Verordnung über den Schutz von Personendaten in der Bundesverwaltung vom 3. Juli 2001, SR 172.220.111.4.
161 Bundesgesetz über die Pensionskasse des Bundes (PKB-Gesetz) vom 23. Juni 2000, SR 172.222.0.
162 Der Grundsatz der Gesetzmässigkeit resp. Legalitätsprinzip gehört zu den von der Lehre und Rechtsprechung entwickelten Grundprinzipien des Verwaltungsrechts, die als positives Recht anerkannt werden; dazu gehören auch der Grundsatz des öffentlichen Interesses, Verhältnismässigkeit und derjenige von Treu und Glauben nach Art. 2 ZGB.
163 BGE 109 Ib 146 E. 4.

es fest, dass einer privatrechtlichen Organisation in der Wahrnehmung öffentlicher Aufgaben keine Privatautonomie zukommt, sondern sie hat ihr Handeln gleich dem Staat am öffentlichen Interesse zu orientieren und verfassungsbezogen zu sein[164]. Art. 35 Abs. 2 BV greift die Rechtsprechung auf und bestimmt, dass «[w]er staatliche Aufgaben wahrnimmt, ist an die Grundrechte gebunden und verpflichtet, zu ihrer Verwirklichung beizutragen».

Die Grundrechtsbindung wirkt sich über die unmittelbar justiziable Wirkung hinaus auf das Gebot der verfassungskonformen Auslegung einfachen Gesetzesrechts aus. Das bedeutet, Normen des öffentlichrechtlichen Personalrechts sind im Lichte der Verfassung (und des Völkerrechts) auszulegen[165].

Wirkung der Grundrechtsbindung im Allgemeinen

Die Arbeitnehmenden im öffentlichen Dienst stehen in einer besonders engen Beziehung zum Staat und befinden sich deshalb im Gegensatz zur übrigen Bevölkerung in einem Sonderstatusverhältnis zum Staat, woraus sich Beschränkungen der Grundrechte ergeben können[166]. Dies betrifft die Niederlassungsfreiheit, Wirtschaftsfreiheit (Art. 24 Abs. 2 lit. a BPG) und für bestimmte Kategorien von Personal das Streikrecht (Abs. 1). Nach wohl überwiegender Auffassung gewährleisten allerdings das Arbeitsvölkerrecht und Art. 28 BV das Streikrecht grundsätzlich auch Beschäftigten im öffentlichen Dienst[167]. Gemäss Art. 24 Abs. 2 lit. b BPG können dem Personal über den Arbeitsvertrag hinaus Pflichten auferlegt werden. Aus der Treuepflicht des Bundespersonals kann sich beispielsweise eine Einschränkung der persönlichen Freiheit[168], Meinungsäusserungsfreiheit[169] und Vereinsfreiheit[170] ergeben. Die allgemeinen Grundsätze des Staatshandelns wie die gesetzliche Grundlage[171], das öffentliche Interesse und das Prinzip der Verhältnismässigkeit müssen jedoch auch bei einer Grundrechtseinschränkung im Sonderstatusverhältnis beachtet werden[172]. So hält das Bundesgericht fest, dass nur dienstlich relevantes Verhalten geregelt werden darf[173] und «die Grundrechte prinzipiell auch im Rahmen von sogenannten besonderen Rechtsverhältnissen»[174] gelten müssen.

---

164   ZBl 1987, S. 208.
165   Das ergibt sich bereits aus Art. 35 Abs. 1 BV.
166   HÄFELIN/HALLER, Rn. 328ff., JAAG/MÜLLER/TSCHANNEN/ZIMMERLI, S. 6.
167   VALLANDER, N 32 zu Art. 28 BV.
168   MOSIMANN, S. 465 mit Verweis auf RHINOW/KRÄHENMANN, Nr. 148 B II, S. 470ff.
169   HÄFELIN/HALLER, Rn. 329.
170   JAAG/MÜLLER/TSCHANNEN/ZIMMERLI, S. 6.
171   Der Grundsatz der Gesetzmässigkeit resp. Legalitätsprinzip erfüllt rechtsstaatliche Funktionen und ist in Art. 5 Abs. 1 BV verankert, siehe HÄFELIN/MÜLLER, Rn. 368ff.
172   HÄFELIN/HALLER, Rn. 333. Zur Entbehrlichkeit des Instituts des Sonderstatusverhältnisses vgl. GRIFFEL, S. 26.
173   BGE 120 Ia 205 E. 3b. Es ist eine Güterabwägung zwischen dem öffentlichen Interesse an der Einheit, Effektivität und Vertrauenswürdigkeit der Verwaltung und den Grundrechtsinteressen des Personals vorzunehmen, siehe dazu HAFNER, S. 493.
174   BGE 121 I 329 E. 2a.

Bedeutung der Grundrechtsbindung bei HIV/Aids

Die Grundrechtsbindung öffentlichrechtlicher Arbeitgeber hat vorliegend zur Konsequenz, dass jede Diskriminierung aufgrund von HIV/Aids bei der Anstellung, Beschäftigung oder im Zusammenhang mit der Auflösung von Arbeitsverhältnissen unzulässig ist.

Die Verweigerung einer Anstellung unter Bezugnahme auf die HIV-Infektion ist im Lichte der Diskriminierungsverbote erhöht begründungsbedürftig; ohne besondere sachliche Gründe etwa im Sinne einer völligen gesundheitlichen Nichteignung (als Folge der HIV-Infektion) liegt eine Diskriminierung vor. Unzulässig ist weiter die Anordnung eines HIV-Testes im Zusammenhang mit einer Anstellung (Verstoss gegen Art. 8 EMRK und Art. 13 BV)[175].

Eine unsachgemässe Ungleichbehandlung unter Bezugnahme auf das Kriterium HIV/Aids im Rahmen des Beschäftigungsverhältnisses oder bei der Auflösung ist ebenfalls erhöht begründungspflichtig. Ohne besondere sachliche Gründe für die Ungleichbehandlung liegt eine diskriminierende Ungleichbehandlung vor.

Aus dem Diskriminierungsverbot lässt sich auch eine erhöhte Schutzpflicht für HIV-positive und an Aids erkrankte Mitarbeitende ableiten. Das ergibt sich aus der im Zusammenhang mit dem Rechtsgleichheitsgebot bekannten Formel, wonach Gleiches nach Massgabe der Gleichheit gleich und Ungleiches nach Massgabe der Ungleichheit ungleich behandelt werden muss. Die Übertragung dieser Formel auf das Diskriminierungsverbot führt zum Ergebnis, dass Arbeitnehmende mit HIV/Aids allein schon aufgrund der Verfassung einen besonderen, ihrer Gesundheit angepassten Schutz verlangen dürfen.

3.2.3 Kein spezifischer Diskriminierungsschutz im Bundespersonalgesetz

Rechtsmissbrauchsverbot und fehlende Privatautonomie

Im öffentlichen (wie im privaten) Recht gilt das Verbot des Rechtsmissbrauchs. Es verbietet die zweckwidrige Verwendung eines Rechts zur Verwirklichung von Interessen[176].

Der Bund als Arbeitgeber kann sich nicht auf die Privatautonomie berufen und ist an weitergehende Verpflichtungen als der private Arbeitgeber gebunden. Die Einschränkungen der Handlungsfreiheit gelten auch dann, wenn der Staat privatrechtliche Arbeitsverhältnisse begründet[177].

---

175   Siehe den Entscheid des EuGH bezüglich des Erfordernisses eines HIV-Tests für eine Stelle bei der Kommission, referenziert in Fn. 82 dieser Arbeit.
176   BGE 110 Ib 336 E. 3a; BGE 108 Ia 210 E. 2b; BGE 110 Ib 332ff.
177   MICHEL, S. 198.

Personalpolitische Leitideen

Das BPG enthält kein explizites Diskriminierungsverbot. Die von der Bundesverfassung und von der Gesetzgebung geregelten Rechte und Pflichten werden zwar gemäss Art. 6 BPG als anwendbares Recht erklärt, aber es ist in der Botschaft zum Bundespersonalgesetz nachzulesen, dass Art. 6 BPG keine Rechte einzuräumen und Pflichten aufzuerlegen vermag, die nach der Verfassung einer expliziten gesetzlichen Grundlage bedürfen. Mit anderen Worten kommt Art. 6 BPG bloss deklaratorischen Charakter zu[178].

Das BPG enthält indes personalpolitische Leitlinien. Der Massnahmenkatalog von Art. 4 Abs. 2 BPG ist abschliessend und fordert von den staatlichen Arbeitgebern, dass sie geeignete Massnahmen u.a. für die Chancengleichheit der Behinderten sowie zu deren Beschäftigung und Eingliederung (lit. f) als auch zum Schutz der Persönlichkeit und der Gesundheit sowie zur Arbeitssicherheit ihres Personals (lit. g) treffen[179]. In Art. 4 Abs. 3 BPG setzt sich der Bund als Arbeitgeber zum Ziel, jegliche Willkür im Arbeitsverhältnis zu verhindern. Er ist verpflichtet, sein Handeln auf gesetzliche Ziele auszurichten[180]. Gemäss Botschaft zum Bundespersonalgesetz soll die Bundesverwaltung dabei eine gewisse gesellschaftspolitische Vorbildfunktion wahrnehmen[181].

Die Forderung in Art. 4 Abs. 3 BPG ist grundsätzlich eine Wiederholung des verfassungsrechtlich verankerten Willkürverbots in Art. 9 BV. Art. 9 BV besagt, dass jede Person Anspruch darauf hat, «von den staatlichen Organen ohne Willkür ...behandelt zu werden». Das Willkürverbot ist ein Grundrecht, das den Einzelnen vor willkürlichem Handeln aller staatlichen Organe, auch in der Rolle als Arbeitgeber schützt[182]. Nach der Definition des Bundesgerichts liegt Willkür dann vor, wenn staatliches Handeln resp. Entscheide der tatsächlichen Situation widersprechen, eine Norm oder einen unumstrittenen Rechtsgrundsatz krass verletzen oder in stossender Weise dem Gerechtigkeitsgedanken zuwiderläuft[183]. Eine unhaltbare Begründung alleine ist noch nicht willkürlich; es ist der Entscheid in seinem Ergebnis, der das Willkürverbot verletzen kann[184]. Willkür liegt dann vor, wenn normative Erwartungen in einer Art und Weise enttäuscht werden, die Gerechtigkeit, Recht und Rationalität negiert[185].

---

178 Botschaft zum BPG vom 14. Dezember 1998 98.076, Erläuterungen zu Art. 6, S. 13.
179 Der Massnahmenkatalog von Art. 4 Abs. 2 BPG fordert des Weiteren geeignete Massnahmen zur Gewinnung und Erhaltung von geeignetem Personal – zur persönlichen und beruflichen Entwicklung, zur Weiterbildung und Motivierung ihres Personals sowie zu dessen vielseitiger Einsetzbarkeit – für die Chancengleichheit von Frau und Mann und zu deren Gleichstellung – zur Förderung eines umweltbewussten Verhaltens am Arbeitsplatz – zur Schaffung von Arbeitsbedingungen, die dem Personal erlauben, seine Verantwortung in Familie und Gesellschaft wahrzunehmen – zur Schaffung von Lehrstellen und Ausbildungsplätzen – zu einer umfassenden Information ihres Personals.
180 HELBLING (Entwicklung), S. 25.
181 Botschaft zum BPG vom 14. Dezember 1998 98.076, Erläuterungen zu Art. 4, S. 11.
182 MÜLLER, S. 478ff. Zum Willkürverbot siehe umfassend UHLMANN.
183 Statt vieler siehe BGE 122 III 130 E. 2a; BGE 122 I 61 E. 3a. MÜLLER (Grundrechte), S. 472.
184 Statt vieler siehe BGE 122 III 130 E. 2a; BGE 122 I 61 E. 3a; siehe auch MÜLLER (Grundrechte), S. 475.
185 UHLMANN, N 624.

HR-Strategy und Diversity Management

Damit die sozialpolitischen Ziele des Bundes im Sinne von Art. 4 BPG nicht leerer Buchstabe bleiben, verpflichtet Art. 5 BPG den Bundesrat, die Umsetzung der Personalpolitik zu koordinieren und zu steuern. Er hat dafür zu sorgen, dass die Arbeitgeber ein geeignetes *Controlling*-System anwenden. Da die Rechtsgrundlagen nur Ziele angeben und alleine nicht ausreichen, um einen nachhaltigen Kulturwandel zu bewirken, verabschiedete der Bundesrat 2003 eine «Strategie zur Umsetzung der neuen Personalpolitik in der Bundesverwaltung» («HR-Strategie Bund»)[186]. Das Dokument legt die Schwerpunkte für die Personalpolitik in der gesamten Bundesverwaltung fest[187].

Die «HR-Strategie Bund» anerkennt, dass das Bundespersonalgesetz den Rahmen für eine differenzierte Personalpolitik im Sinne des *Diversity Managements* setzt. *Diversity Management* wird verstanden als Personalmanagement und Personalpraxis, die die Bedürfnisse der Zielgruppen im Sinne von Art. 4 BPG integriert. Die unterschiedlichen Kernkompetenzen und Perspektiven werden dabei genutzt, um an Human- und Wissenspotenzial zu gewinnen und die Arbeitszufriedenheit und Stabilität im Arbeitsteam zu steigern[188]. Um dieses Ziel zu erreichen, strebt die Bundesverwaltung einerseits eine ausgewogene Verteilung des Personals nach Alter, Sprache und Geschlecht und andererseits die Eingliederung und Beschäftigung von Personen mit eingeschränkter Leistungsfähigkeit an[189]. Die Zusammensetzung des Personals und Veränderungen der Personalstruktur unterstehen einem Personal*controlling*system, wobei *Monitoring* und *Reporting* wichtige Bestandteile sind[190].

3.2.4 Schutz vor Anstellungsdiskriminierung

Rechtsschutz bei diskrimierender Nichtanstellung

Das Arbeitsverhältnis beim Bund ist öffentlichrechtlicher Natur und wird mit dem Abschluss eines schriftlichen Arbeitsvertrages (verwaltungsrechtlicher Vertrag)

---

186 Strategie zur Umsetzung der neuen Personalpolitik in der Bundesverwaltung (HR-Strategie Bund), verabschiedet 19.11.2003, Quelle: *http://www.personal.admin.ch/themen/ppolitik/d/hrstrategie.pdf* (16.11.05) (zit. HR-Strategie)
187 Eidgenössisches Personalamt, Die wichtigsten personalpolitischen Instrumente im Überblick, Quelle: *http://www.personal.admin.ch/themen/ppolitik/d/instrumente/index.htm#instrumente* (16.11.05)
188 Eidgenössisches Personalamt, Die wichtigsten personalpolitischen Instrumente im Überblick, Quelle: *http://www.personal.admin.ch/themen/ppolitik/d/instrumente/index.htm#diversity* (16.11.05).
189 HR-Strategie, Fn. 188.
190 HR-Strategie, Fn. 188. Das Eidgenössische Personalamt verwendet das zentralisierte Datenverarbeitungssystem «BV PLUS», das im Einvernehmen mit den Angestellten Daten verwaltet, die für die Managemententwicklung relevant sind. Es bearbeitet besonders schützenswerte persönliche Daten wie Staatsangehörigkeit, medizinisch bedingte Pensionierung; Mutterschaftsurlaub; Leistungsbeurteilungsstufe und die Staatsangehörigkeit der nächsten Angehörigen (Art. 27 der VO über den Schutz von Personaldaten in der Bundesverwaltung). Gesundheitsrelevante Daten und andere wohl für ein Diversity Management relevante Personendaten werden vom Datenverarbeitungssystem nicht erfasst.

begründet (Art. 8 Abs. 1 BPG). Es fragt sich, ob ein Bewerber oder eine Bewerberin gegen eine diskriminierende Nichtberücksichtigung im Bewerbungsverfahren vorgehen kann.

Die Bewerbung für die erstmalige Begründung eines öffentlichen Arbeitsverhältnisses ist als Begehren auf Begründung von Rechten und Pflichten zu verstehen[191]. Die Ablehnung der Bewerbung ist demnach eine «Abweisung von Begehren auf Begründung von Rechten und Pflichten» nach Art. 5 Abs. 1 lit. c VwVG und stellt eine einseitige Anordnung der Behörden im Einzelfall dar, die sich auf öffentliches Recht des Bundes stützt. Bei der Ablehnung der Bewerbung ist von einer Verfügung im Sinne von Art. 5 VwVG auszugehen.

Problematisch ist die Beschwerdelegitimation. Nach Art. 48 lit. a VvWG ist zur Beschwerde legitimiert, «wer durch die angefochtene Verfügung berührt ist und ein schutzwürdiges Interesse an deren Aufhebung oder Änderung hat.»

Nach der bundesgerichtlichen Rechtsprechung besteht das schutzwürdige Interesse «im praktischen Nutzen, den die Gutheissung der Beschwerde dem Betroffenen verschaffen würde» oder «im Umstand, einen Nachteil wirtschaftlicher, ideeller, materieller oder anderweitiger Natur zu vermeiden, welcher der angefochtene Entscheid mit sich bringen würde.» Mit anderen Worten gilt jedes tatsächliche («praktische») oder rechtliche Interesse der betroffenen Person als schützenswert, das durch den Ausgang des Beschwerdeverfahrens unmittelbar beeinflusst werden kann[192]. Der Beschwerdeführer muss zudem stärker als jedermann durch die angefochtene Verfügung betroffen sein und «in einer besonderen, beachtenswerten, nahen Beziehung zur Streitsache» stehen[193].

Im Anwendungsbereich des Gleichstellungsgesetzes (GlG) ist die Beschwerdelegitimation gestützt auf Art. 13 Abs. 2 in Verbindung mit Art. 5 Abs. 2 gegeben. Ausserhalb des GlG haben die Bundesbehörden bis jetzt ein schutzwürdiges Interesse bei einer Ablehnung der Anstellung verneint und somit die Beschwerdelegitimation für den verwaltungsinternen Beschwerdeweg ausgeschlossen[194].

An dieser Rechtslage kann nicht festgehalten werden. Eine Nichtanstellung unter Bezugnahme auf ein nach Art. 8 Abs. 2 BV verbotenes Diskriminierungskriterium stellt ohne besondere sachliche Rechtfertigung eine Grundrechtsverletzung dar[195]. Zur Geltendmachung einer Diskriminierung sieht Art. 14 der Verordnung zum Gleichstellungsgesetz für Menschen mit Behinderung (BehiG) eine schriftliche Begründungspflicht für Arbeitgebende vor, wenn eine behinderte Person den begründeten Verdacht hat, sie sei wegen ihrer Behinderung nicht angestellt worden. Diese Begründungspflicht

---

191   Siehe ARIOLI/FURRER, Rn. 61, jedoch zum öffentlichrechtlichen Anstellungsverfahren im Zusammenhang mit Art. 13 Abs. 2 i.V.m. Art. 5 Abs. 2 GlG.
192   VPB 38 (1974) N 68.
193   BGE 127 V 82.
194   VPB 38 (1974) N 68.
195   RÜTSCHE, S. 375, LANDOLT, S. 402.

ist dem GlG nachgebildet. Im Gegensatz zum GlG fehlt im BehiG die Gewährung eines Rechtsanspruches bei diskriminierender Nichtanstellung.

Eine Nichtanstellung aufgrund einer Behinderung oder aufgrund eines anderen in Art. 8 Abs. 2 BV geschützten Merkmals stellt die Verletzung eines absolut geschützten Rechtsguts dar. Demnach liegt Widerrechtlichkeit im Sinne der Staatshaftung vor, was bei im Übrigen erfüllten Voraussetzungen (wirtschaftlicher Schaden bzw. schwere Persönlichkeitsverletzung) einen Entschädigungsanspruch auslöst. Damit steht fest, dass von einer Anstellungsdiskriminierung betroffene Personen ein schutzwürdiges Interesse haben und infolgedessen zur Beschwerde gegen einen negativen Anstellungsentscheid legitimiert sind.

3.2.5 Schutz vor diskriminierender Beendigung des Arbeitsverhältnisses

Eine wesentliche Neuerung des Bundespersonalgesetzes ist die Ersetzung der Wahl auf Amtsdauer durch ein unbefristetes, kündbares Arbeitsverhältnis. Es wurde jedoch ein im Vergleich zum privatrechtlichen Arbeitsverhältnis stärkerer Kündigungsschutz verankert.

Die Kündigungsschutzregelungen nach BPG

Das Arbeitsverhältnis kann von beiden Parteien im gegenseitigen Einvernehmen auf jeden beliebigen Zeitpunkt gekündigt werden (Art. 10 Abs. 1 BPG). Die Kündigung des Arbeitsverhältnisses bildet die Ausnahme und wird ausgesprochen, wenn keine einvernehmliche Lösung von den Parteien getroffen werden kann (Art. 13 Abs. 3 BPG)[196]. Aus der Rechtsprechung vor dem Inkrafttreten des BPG ergibt sich, dass eine Kündigung einen triftigen Grund haben muss, der objektiv begründet und sachlich haltbar sein muss[197]. Die zulässigen Kündigungsgründe sind in Art. 12 Abs. 6 BPG abschliessend aufgelistet. Im vorliegenden Zusammenhang relevant ist die mangelnde Eignung oder Tauglichkeit, die im Arbeitsvertrag vereinbarte Arbeit zu verrichten (lit. c). Darunter ist auch eine medizinische Nichteignung zu verstehen.

Kann die Fortsetzung des Arbeitsverhältnisses der kündigenden Partei nach Treu und Glauben nicht mehr zugemutet werden, kann fristlos gekündigt werden (Art. 12 Abs. 7 BPG).

Als Formvorschrift schreibt Art. 13 Abs. 3 BPG vor, dass eine Kündigung durch den Arbeitgeber in Form der Verfügung nach Art. 5 VwVG zu erfolgen hat. Verfügungen sind zu begründen.

---

196   HELBLING (Arbeitsverhältnis), S. 173.
197   BGE 108 Ib 210ff; VPB 64 (2000) N 64; VPB 65 (2001) N 14; siehe JAAG, S. 463.

Die Kündigung ist nichtig, wenn sie nicht nach Art. 12 Abs. 6 und 7 begründet ist. Kann der Nichtigkeitsgrund glaubhaft gemacht werden, muss der öffentliche Arbeitgeber der betroffenen Person die bisherige oder eine zumutbare andere Arbeit anbieten (Art. 14 Abs. 1 BPG).

Unzulässigkeit der Kündigung zur Unzeit

Nach Art. 14 Abs. 1 lit. c BPG ist die Kündigung des Arbeitgebers ebenfalls nichtig, wenn sie zu Unzeiten nach Art. 336c OR ausgesprochen wird. Demnach darf das Arbeitsverhältnis vom Arbeitgeber nicht während einer unverschuldeten Krankheit oder Unfall, die/der ganz oder teilweise die Erbringung der Arbeitsleistung verhindert, gekündigt werden. Der zeitliche Kündigungsschutz greift erst nach Ablauf der Probezeit (Art. 336c Abs. 1 OR) und richtet sich im Verhältnis nach der Dauer der Anstellung[198]. Setzt die Krankheit oder der Unfall vor Ablauf der Kündigungsfrist ein, so ist die Kündigung zwar gültig, die Kündigungsfrist steht jedoch während der Dauer der Sperrfrist still und wird erst nach deren Ablauf fortgesetzt[199]. Nach Ablauf der Sperrfrist resp. für die Dauer der Verlängerung des Arbeitsverhältnisses nach Art. 336c Abs. 2 OR muss der Arbeitnehmer nach wiedererlangter Arbeitsfähigkeit seine Arbeitskraft unverzüglich anbieten, zumindest formell[200]. Kommt die Arbeitnehmerin ihrer Arbeitspflicht nicht nach, kann der Arbeitgeber für die Dauer der fehlenden Arbeitsleistung den Lohn verweigern (Art. 82 OR)[201]. Kündigt der Arbeitnehmer, kann er sich nicht auf den zeitlichen Kündigungsschutz berufen, es sei denn, der Arbeitgeber hätte ihn/sie zur Kündigung gedrängt[202].

Missbräuchliche Kündigung

Im Falle einer missbräuchlichen Kündigung verweist Art. 14 Abs. 3 lit. a BPG auf die privatrechtliche Regelung von Art. 336 OR[203]. Im Gegensatz zur Kündigung zur Unzeit (Art. 14 Abs. 1 lit c BPG) greift der sachliche Kündigungsschutz auch während der Probezeit[204].

Nach Art. 336 OR liegt eine missbräuchliche Kündigung vor, wenn diese u.a. ausgesprochen wird

---

198 Art. 336c Abs. 1 lit. b OR: Im ersten Dienstjahr während 30 Tage; ab zweitem bis und mit fünftem Dienstjahr während 90 Tagen und ab sechstem Dienstjahr während 180 Tagen.
199 REHBINDER (Art. 336c OR), N 7.
200 RUEDIN/CHRISTEN, S. 424ff.
201 BGE 115 V 437.
202 JAR 2001, S. 279ff; HÄNNI, S. 521, mit Verweis auf ZBl 2000 148 = RB 1998 170 (VerwGer).
203 An massgebenden Entscheiden des Eidg. Rekurskommission zur Anwendung der Bestimmungen zur missbräuchlichen Kündigung im Rahmen des neuen Bundespersonalgesetzes fehlt es bis heute. Siehe lediglich den Entscheid vom 3. Februar 2004, publiziert in der VPB 68.90, E. 8c, *in casu* war Art. 14 Abs. 3 lit. b in Verbindung mit Art. 336 OR nicht anwendbar.
204 PORTMANN (Individualarbeitsrecht), Rn. 1056ff; NÖTZLI, Rn. 238.

- wegen einer Eigenschaft, die der anderen Partei kraft ihrer Persönlichkeit zusteht (lit. a);
- um die Entstehung von Ansprüchen der anderen Partei aus dem Arbeitsverhältnis zu vereiteln (lit. c);
- weil die andere Partei nach Treu und Glauben Ansprüche aus dem Arbeitsverhältnis geltend macht (lit. d)[205].

Eine missbräuchliche Kündigung ist nicht nichtig, sondern anfechtbar. Die betroffene Person kann die Kündigungsverfügung des Arbeitgebers nach Art. 13 Abs. 3 i.V.m. Art. 35f. BPG anfechten. Wird die Kündigung vom Arbeitgeber oder von der Beschwerdeinstanz aufgehoben, hat der Arbeitgeber der Arbeitnehmerin die bisherige oder falls dies nicht möglich ist, eine andere zumutbare Arbeit anzubieten (Art. 14 Abs. 3 lit. a BPG). Der Arbeitgeber ist verpflichtet, alle sinnvollen Möglichkeiten einer zumutbaren Weiterbeschäftigung auszuschöpfen (Art. 19 Abs. 1 BPG). Kann er die nach Art. 14 Abs. 1 und 3 BPG ungerechtfertigt resp. missbräuchlich gekündigten Person nicht weiterbeschäftigen, so ist ihr eine Entschädigung auszurichten (Art. 19 Abs. 3 BPG). Die Höhe der Entschädigung beträgt nach Art. 79 Abs. 6 lit. b der Verordnung zum Bundespersonalgesetz mindestens drei Monatslöhne und maximal zwei Jahreslöhne. Die Entschädigung soll das Fehlverhalten des Arbeitsgebers sanktionieren und den Schaden der Arbeitnehmerin ersetzen[206].

Schutz vor HIV/Aids bedingter Kündigung

Das Bundespersonalgesetz gewährt bei krankheitsbedingter (und somit auch bei HIV/Aids) Arbeitsunfähigkeit einen zeitlich befristeten Kündigungsschutz analog zu demjenigen nach OR.

Anerkannt ist eine Kündigung an eine HIV-positive Arbeitnehmerin dann, wenn eine medizinische Nichteignung für die fragliche Tätigkeit vorliegt.

Eine Kündigung unter Berufung auf die HIV-Infektion an sich, also ohne dass eine krankheitsbedingte Arbeitsunfähigkeit vorliegt, ist in aller Regel missbräuchlich, da an eine persönlichkeitsrelevante Eigenschaft angeknüpft wird. Im Unterschied zur Regelung im privatrechtlichen Arbeitsverhältnis ist der Arbeitgeber gestützt auf das Bundespersonalgesetz verpflichtet, dem missbräuchlich gekündigten Arbeitnehmer eine Weiterbeschäftigung anzubieten. Auch der gesetzliche Rahmen zur Höhe der Entschädigung in Fällen, in denen eine Weiterbeschäftigung nicht möglich ist, fällt deutlich höher aus als derjenige des OR.

---

205 Siehe Teil 3, 3.5.2.
206 NÖTZLI, Rn. 389.

Der öffentlichrechtliche Schutz vor missbräuchlicher Kündigung ist im Ergebnis stärker ausgebaut als der privatrechtliche[207].

3.2.6 Schutz vor unzulässiger Bearbeitung von Personendaten

Die Anforderungen des Datenschutzgesetzes

Das Datenschutzgesetz (DSG) gilt sowohl für Private wie für den Arbeitgeber des öffentlichen Dienstes und bezweckt den Schutz der Persönlichkeit vor ungerechtfertigter Bearbeitung von Personendaten (Art. 1 DSG). Bearbeitung im datenschutzrechtlichen Sinn bedeutet jeden Umgang mit Personendaten, insbesondere das Beschaffen, Aufbewahren, Verwenden, Umarbeiten, Bekanntgeben, Archivieren oder Vernichten von Daten (Art. 3 lit. e DSG). Die Bearbeitung von Personendaten muss vom Gesetz vorgesehen sein (Art. 17 Abs. 1 DSG). Besonders schützenswerte Personendaten dürfen nur bearbeitet werden, wenn von einem Gesetz im formellen Sinn vorgesehen, es für eine im formellen Gesetz klar umschriebene Aufgabe unentbehrlich ist, der Bundesrat es unter Einschätzung der Nachteile für die betroffene Person bewilligt, die betroffene Person im Einzelfall einwilligt oder ihre Daten bereits allgemein zugänglich gemacht hat (Art. 17 Abs. 2 DSG). Bei besonders schützenswerten Personendaten handelt es sich u.a. um Daten über die Gesundheit, Intimsphäre und über Massnahmen der sozialen Hilfe (Art. 3 lit. c DSG).

Informationen über die HIV-Infektion gehören zu den besonders schützenswerten Daten.

Die systematische Erhebung, z.B. mittels Fragebogen, ist in Art. 18 DSG speziell geregelt. Der öffentliche Arbeitgeber muss bei der Erhebung von Personendaten mittels Fragebogen den Zweck und die Rechtsgrundlagen des Bearbeitens sowie die Kategorien der an der Datensammlung Beteiligten und den Datenempfänger bekannt geben (Abs. 1). Die Beschaffung von besonders schützenswerten Personendaten muss für die betroffene Person erkennbar sein (Abs. 2). Die Bearbeitung der Personendaten muss verhältnismässig sein (Art. 4 Abs. 2 DSG).

Ein systematisches Erheben der Information über den HIV/Aids-Status ist im Bewerbungsverfahren unzulässig, da es dem Grundsatz der Verhältnismässigkeit der Datenbearbeitung (Art. 4 Abs. 2 DSG) widerspricht.

Nach Art. 25 DSG kann die betroffene Person auf Unterlassen oder Beseitigung der widerrechtlichen Bearbeitung oder auf Feststellung der Widerrechtlichkeit der Bearbeitung klagen. Die Unterlassungs-, Beseitigung- oder Feststellungsklage kann nur bei Vorliegen eines schutzwürdigen Interesses von der betroffenen Person geltend

---

207 PORTMANN (Kündigungsschutz), S. 51ff.

gemacht werden. Die streitigen Verfügungen betreffend Datenschutzfragen können vor der eidgenössischen Datenschutzkommission, die eine Schieds- und Rekurskommission im Sinne des Verwaltungsverfahrensgesetzes ist, angefochten werden (Art. 33 Abs. 1 lit. b DSG). Der Entscheid der eidg. Datenschutzkommission unterliegt der Verwaltungsgerichtsbeschwerde an das Bundesgericht (Art. 25 Abs. 5 DSG).

Ärztliche Schweigepflicht

Auch die ärztliche Schweigepflicht dient dem Datenschutz der Arbeitnehmenden im öffentlichen Dienst. Gemäss Art. 28 BPG muss der ärztliche Dienst die Personendaten über die Gesundheit vertraulich behandeln. Er darf über Gesundheitsdaten nur soweit Auskunft erteilen, als für die Beurteilung der Anstellungs-, Versicherungs- oder Arbeitstauglichkeit der betroffenen Personen sowie für die Feststellung ihrer Ansprüche aus dem Arbeitsverhältnis erforderlich ist (Art. 28 Abs. 2 BPG) und nur mit schriftlicher Zustimmung der betroffenen Person (Abs. 3). Verweigert die betroffene Person die Zustimmung, besteht die Möglichkeit, eine Ermächtigung zur Weitergabe bei der in den Ausführungsbestimmungen bezeichneten Stelle einzuholen. Gemäss Art. 28 Abs. 4 BPG wird jedoch keine Ermächtigung erteilt, wenn die betroffene Person ein überwiegendes Interesse an der Geheimhaltung hat (lit. a) oder die Bekanntgabe den Arbeitgeber in der Durchführung seiner Aufgabe wesentlich beeinträchtigen würde (lit. b).

Bei der Information über den HIV/Aids-Status handelt es sich um Informationen über die Gesundheit im Sinne von Art. 28 BPG. Diese Information ist auch durch das Arzt- bzw. Patientengeheimnis im Sinne von Art. 321 StGB und durch die berufliche Schweigepflicht für alle Personen, die bei der Ausübung ihres Berufes oder ihrer Tätigkeit besonders schützenswerte Personendaten erfahren (Art. 35 DSG), geschützt.

Arbeitszeugnis

Das Arbeitszeugnis ist ein Beschäftigungs- und Befähigungsnachweis[208], der konklusiv Angaben über die Persönlichkeit einer Person macht. Der vermögenswerte Charakter eines Arbeitszeugnisses zeigt sich in der Bedeutung für das wirtschaftliche Fortkommen des Arbeitnehmers. Das Arbeitszeugnis trägt entscheidend dazu bei, ob ein Bewerber oder eine Bewerberin zum persönlichen Vorstellungsgespräch eingeladen wird[209].

Ein Arbeitszeugnis kann sensible Informationen enthalten. Es ist deshalb wichtig, nur objektiv arbeitsplatzrelevante Angaben, d.h., Daten, die die Eignung für das Arbeitsverhältnis betreffen oder zur Durchführung des Arbeitsvertrages erforderlich

---

208   REHBINDER (Art. 330a OR), N 1.
209   POLEDNA (Arbeitszeugnis), S. 169ff.

sind[210], mittels Arbeitszeugnis kommuniziert werden. Die Information über den HIV/Aids-Status stellt in aller Regel keine arbeitsplatzrelevante Information dar.

Massgebend für die Datenbearbeitung ist Art. 27 BPG in Verbindung mit den Bestimmungen des Datenschutzgesetzes. Art. 27 Abs. 2 lit. b BPG i.V.m. Art. 12 Abs. 2 lit. c und Art. 13 Abs. 1 DSG schreiben vor, dass die Datenbearbeitung von besonders schützenswerten Daten (Gesundheit) zu ihrer Rechtfertigung die schriftliche Einwilligung der betroffenen Person notwendig macht. Die zuständigen Stellen dürfen die Personendaten zudem nur gestützt auf eine gesetzliche Grundlage an Dritte weitergeben (Art. 17 Abs. 1 DSG i.V.m. Art. 27 Abs. 3 BPG).

3.4 Diskriminierungsschutz in ausgewählten kantonalen Personalerlassen

Nach einer eingehenden Darstellung des Diskriminierungsschutzes im Dienstverhältnis des Bundes soll nun kurz auf die Spezialitäten ausgewählter kantonaler Personalerlasse hingewiesen werden. Es handelt sich dabei um die Personalerlasse des Kantons Bern, Zürich und Waadt. Keiner der kantonalen Erlasse enthält ein allgemeines Diskriminierungsverbot.

3.4.1 Das Personalgesetz des Kantons Bern (BE PG)

Das Berner Personal soll mittels personalpolitischen Vorkehrungen in ihrer persönlichen Integrität geschützt werden. Der kantonale Arbeitgeber wird verpflichtet, die Beschäftigung und Integration von Behinderten in der Kantonsverwaltung zu fördern (Art. 4 BE PG).

Nach Art. 25 Abs. 2 BE PG sind triftige Gründe für die Aufhebung des Arbeitsverhältnisses anzugeben. Diese sind gegeben, wenn von einer Mitarbeiterin ungenügende Leistungen erbracht, Weisungen der Vorgesetzten wiederholt missachtet werden und das Verhalten zu nachhaltigen Störungen des Arbeitsklimas führt (Art. 25 Abs. 2 BE PG). Die Liste der Kündigungsgründe ist nicht abschliessend.

Einer Person kann fristlos gekündigt werden, wenn wichtige Gründe vorliegen. Wichtige Gründe sind diejenigen Umstände, die ein Fortsetzen des Arbeitsverhältnisses für beide Parteien nach Treu und Glauben als nicht zumutbar erachten lassen (Art. 26 BE PG). Dem BE PG ist nicht zu entnehmen, welche namentlich die wichtigen Gründe sind.

---

210   Botschaft zum Bundespersonalgesetz vom 14. Dezember 1998 98.076, Erläuterungen zu Art. 24 (Datenbearbeitung), S. 26.

Die missbräuchliche Kündigung im Sinne von Art. 336 OR ist vom BE PG weder selbständig noch mittels Verweis auf die privatrechtlichen Arbeitsbestimmungen geregelt.

Ist die Kündigung unbegründet, hat die betroffene Person einen Anspruch auf Weiterbeschäftigung (Art. 29 Abs. 2 BE PG). Ist eine Weiterbeschäftigung ohne Verschulden der betroffenen Person unmöglich, wird ihr nach Art. 29 Abs. 2 i.V.m. Art. 32 BE PG eine Abgangsentschädigung im Verhältnis zum Dienst- und Lebensalter ausgerichtet. Der Betrag darf nicht höher sein, als das Gehalt von insgesamt 18 Monaten.

Die Kündigung zu Unzeiten ist nach Art. 28 Abs. 2 BE PG nichtig. Das BE PG regelt die Sperrfristen ab dem zweiten Dienstjahr, d.h., während des ersten Dienstjahres kennt das Gesetz keine Sperrfrist für Kündigungen während einer Krankheit und Unfall.

Bei unverschuldeter Verhinderung an der Arbeitsleistung soll das Gehalt auf jeden Fall im Verhältnis zur Dauer des Arbeitsverhältnisses ganz oder teilweise weiter entrichtet werden, jedoch nicht länger als zwei Jahre (Art. 65 BE PG).

3.4.2 Das Gesetz über das Arbeitsverhältnis des Staatspersonals des Kantons Zürich (ZH PG)

Der Schutz der persönlichen Integrität ist hier nicht personalpolitisches Ziel, sondern wird als einklagbares Recht der Angestellten gewährleistet. Nach § 39 ZH PG ist der Staat verpflichtet, die Persönlichkeit der Angestellten zu achten und zu schützen. Dafür trifft er die erforderlichen Massnahmen, um das Leben, die Gesundheit und die persönliche Integrität seiner Angestellten zu schützen.

Die Regelung der Sperrfristen (§ 20 ZH PG) entspricht weitgehend der privatrechtlichen Regelung von Art. 336c OR. Die Sperrfrist wird jedoch bereits während der Probezeit eingeräumt. § 14 ZH PG bestimmt nämlich, dass die Probezeit verlängert wird, wenn die Dauer der Krankheit oder des Unfalls dazu führt, dass die Probezeit effektiv verkürzt wird.

Für die missbräuchliche Kündigung verweist § 18 ZH PG auf die Bestimmungen des Obligationenrechts. Bei Aufhebung des Arbeitsverhältnisses ist der staatliche Arbeitgeber verpflichtet, die Kündigung zu begründen, wenn die betroffene Person eine solche verlangt (§ 18 ZH PG). Die Kündigung unterliegt einem Formfehler, wenn im Schreiben nicht auf den Anspruch auf eine Begründung und dessen Verwirkungsfolgen hingewiesen wird.

In § 34 ZH PG wird ausdrücklich die Beschaffung von Personendaten im Hinblick auf eine Anstellung geregelt. Im Sinne von Art. 328b OR dürfen nur Daten beschafft werden, die für die Beurteilung der Eignung, der Leistung und des Verhaltens für das Arbeitsverhältnis notwendig und geeignet sind. Je nach Begründung kann vom Angestellten verlangt werden, sich einer vertrauensärztlichen Untersuchung zu unterziehen (§ 55 ZH PG).

3.4.3 Das «Loi sur le personnel du canton de Vaud» (VD PG)

Zu den personalpolitischen Zielen gehören nicht nur die erforderlichen Massnahmen zum Schutz der Gesundheit und der Persönlichkeit der Angestellten, sondern insbesondere auch Regelungen zur Bekämpfung von Belästigungen und Mobbing (Art. 6 VD PG). Art. 8 VD PG verpflichtet den Personaldienst, Begleitmassnahmen für Angestellte vorzusehen, die vorübergehend professionelle Schwierigkeiten haben.

Art. 60 VD PG regelt die missbräuchliche und unbegründete Kündigung. Wird festgestellt, dass die Kündigung im Sinne von Art. 59 VD PG missbräuchlich oder unbegründet ist, so muss der betroffenen Person eine gleichwertige Stelle im Staatsdienst angeboten werden. Die betroffene Person erhält zusätzlich zur Wiedereinstellung eine Entschädigung für den entgangenen Gewinn.

3.5 Diskriminierungs- und Persönlichkeitsschutz im privatrechtlichen Arbeitsverhältnis

3.5.1 Allgemeines

Im privatrechtlichen Arbeitsverhältnis gilt der Grundsatz der Vertragsfreiheit nach Art. 19 OR, dem als Element der Privatautonomie ein ausserordentlich hoher Stellenwert zukommt[211]. Die Privatautonomie umfasst allgemein die Freiheit der Rechtssubjekte, ihre privaten Rechtsverhältnisse nach eigenem Willen zu gestalten[212]. Die Wirtschaftsfreiheit nach Art. 27 BV schützt das Recht des Einzelnen auf freie Wahl des Berufes sowie den freien Zugang zu einer privatwirtschaftlichen Erwerbstätigkeit. Die Privatautonomie und Wirtschaftsfreiheit sind somit eng miteinander verbunden: einerseits bedingen sie sich gegenseitig, andererseits wird die Privatautonomie von der Wirtschaftsfreiheit und umgekehrt – sollen beide gewährt bleiben - in ihrer Ausübung begrenzt[213].

Der Schutz der Persönlichkeit nach Art. 28 ZGB setzt der Privatautonomie ebenfalls Grenzen[214]. Der Schutz der Persönlichkeit ist gleich wie die Vertragsfreiheit «ein Grundpfeiler der schweizerischen Rechtsordnung»[215]. Er definiert die Grenzen des zulässigen freien Handelns und somit der Persönlichkeitsentfaltung resp. wirtschaftlichen Entfaltung des Verletzers[216]. Die Privatautonomie ist als bedingte Freiheit in dem Sinne zu betrachten, dass Privatautonomie nur in den Schranken der gesellschaftlichen Konventionen, die ein Zusammenleben ermöglichen/regulieren, zulässig ist. Art. 28

---

211 Siehe jüngst BGE 129 III 35 E. 6.3.
212 GAUCH/SCHLUEP/SCHMID/REY, N 314 und 613ff.; GEISER (Gleichbehandlungsgebot), S. 38f.
213 Siehe auch CAMPRUBI, S. 389f.
214 BGE 113 II 37, BGE 123 III 193, BGE 129 III 35.
215 PEDRAZZINI/OBERHOLZER, S. 111 und 113.
216 AEBI-MÜLLER, S. 100.

ZGB hält fest, dass «[w]er in seiner Persönlichkeit widerrechtlich verletzt wird, kann zu seinem Schutz gegen jeden, der an der Verletzung mitwirkt, den Richter anrufen». Die Persönlichkeitsverletzung ist widerrechtlich, wenn sie nicht durch ein Gesetz, durch ein überwiegendes privates oder öffentliches Interesse oder durch Einwilligung des Verletzten gerechtfertigt werden kann (Art. 28 Abs. 2 ZGB).

Der Gesetzgeber verzichtete darauf, die geschützten Rechtsgüter der Persönlichkeit namentlich zu erwähnen, und hat es der Lehre und Rechtsprechung überlassen, diese zu konkretisieren[217]. Der Inhalt der Persönlichkeit ist so einem zeitlichen Wandel unterworfen[218] und bleibt für Rechtsgüter offen, die untrennbar mit einer Person verbunden sind[219]. Dabei ist die Persönlichkeit als eine «Gesamtheit der individuellen Grundwerte einer Person, also das, was eine Person ausmacht und sie von anderen Personen unterscheidet» zu verstehen[220]. Nach der Rechtsprechung des Bundesgerichts umfasst der Begriff der Persönlichkeit «alles, was zur Individualisierung einer Person dient und im Hinblick auf die Beziehung zwischen den einzelnen Individuen und im Rahmen der guten Sitten als schutzwürdig erscheint»[221]. In einem anderen Entscheid definiert das Bundesgericht die Persönlichkeit als «Inbegriff der Rechte, die untrennbar mit der Person verknüpft sind»[222]. Göksu sieht die Persönlichkeit als Gesamtheit derjenigen Werte, die dem Menschen inhärent sind, als schutzwürdig erscheinen und Gegenstand einer Verletzung bilden können[223].

Worin besteht der Zusammenhang zwischen Persönlichkeitsschutz und (privatrechtlichem) Diskriminierungsschutz? Das Recht auf diskriminierungsfreie Behandlung ist ein der Persönlichkeit immanenter Wert[224]. Die verfassungsrechtlichen Diskriminierungstatbestände (Rasse, Geschlecht, Alter, soziale Stellung, Behinderung usw.) sind besonders geeignet, die Persönlichkeit des Menschen zu verletzen[225]. Diskriminierungen sind somit immer Verletzungen der Persönlichkeit[226].

Die verfassungsrechtlichen Diskriminierungsverbote haben dabei nicht nur Geltung im Verhältnis Staat-Bürger, sondern wirken auch im Verhältnis unter Privaten durch verfassungskonforme Auslegung allgemeiner zivilrechtlicher Normen, insbesondere von Art. 2, Art. 27 und 28 ZGB[227].

---

217 Tuor/Schnyder/Schmid, S. 102 mit Verweis auf die Botschaft vom 20. November 1996, BBl 1997 I 137ff.; Göksu, S. 27.
218 Pedrazzini/Oberholzer, S. 112; Riemer, N 294; Tercier, Rn. 318; Göksu, S. 27ff.
219 Pedrazzini/Oberholzer, S. 112.
220 Hausheer/Aebi-Müller, Rz. 10.02.
221 BGE 45 II 625; BGE 70 II 130; BGE 95 II 491ff.
222 BGE 84 II 573.
223 Göksu, Rn. 236.
224 Göksu, Rn. 219.
225 Pärli (Datenschutz), S. 129.
226 So auch Geiser (Gleichbehandlungsgebot), S. 45, der jedoch die Existenz eines allgemeinen Gleichbehandlungsgrundsatzes im Privatrecht verneint, S. 48.; Gauch/Schluep/Schmid/Rey, N 1111.
227 Geiser, S. 37ff.; Pärli (Dogmen), S. 118.

3.5.2 Diskriminierungsschutz im Bewerbungsverfahren

Die Ausgangslage

Das schweizerische Arbeitsrecht kennt kein Recht auf Anstellung. Aus der Partnerwahlfreiheit als Teilgehalt der Vertragsfreiheit ist der Arbeitgeber frei, nach welchen Kriterien und Wertungen er sich für eine Anstellung entscheidet. Nach herrschender Lehre darf der Arbeitgeber bei der Anstellung nach Belieben diskriminieren[228].

Der «Diskriminierungsfreiheit» bei der Anstellung sind indes verschiedene Grenzen gesetzt. Zu beachten sind gesetzliche Diskriminierungsverbote. So verbietet das Gleichstellungsgesetz ausdrücklich die diskriminierende Nichtanstellung aufgrund des Geschlechts. Der Arbeitgeber muss eine Entschädigung ausrichten, wenn er die mit dem Geschlecht begründete Nichtanstellung nicht objektiv zu begründen vermag (Art. 3 GlG). Weiter findet der europäische Wanderarbeitnehmer gestützt auf das Personenfreizügigkeitsabkommen der Schweiz mit der Europäischen Gemeinschaft Schutz vor einer diskriminierenden Nichtanstellung[229].

Lehre und Praxis haben zudem ausgehend vom Gebot des Handelns nach Treu und Glauben in Art. 2 ZGB und vom privatrechtlichen Persönlichkeitsschutz nach Art. 28 ZGB sowie unter Bezugnahme auf die Vorwirkung von Art. 328 und Art. 328b OR Konzepte entwickelt, die unter dem Terminus «Persönlichkeitsschutz der Stellenbewerbenden»[230] zusammengefasst werden können.

Pflicht zum Schutz der Persönlichkeit von Stellenbewerberinnen

Das Bewerbungsverfahren ist die Phase der Vertragsanbahnung, die mit der Bewerbung des Stellensuchenden beginnt[231]. Es entsteht eine vorvertragliche Rechtsbeziehung[232]. Das Verhalten der Parteien ist als rechtlich relevant zu betrachten[233] und begründet erhöhte Sorgfalts- und Rücksichtspflichten[234].

Für einen Teil der Lehre und der Praxis findet der arbeitsvertragliche Persönlichkeitsschutz bereits im Bewerbungsverfahren Anwendung[235]. Gleiches gilt für Art. 328b OR, der die Bearbeitung von Stellenbewerberdaten beschränkt[236].

---

228 REHBINDER (Art. 328 OR), N 9; GEISER (Gleichbehandlungsgebot), S. 38; STAEHELIN, S. 68ff.
229 Siehe dazu ausführlich PÄRLI (Gleichbehandlungsansprüche), Rn. 74–75.
230 Zum Begriff siehe PÄRLI (Persönlichkeitsschutz), S. 227.
231 Urteil des Arbeitsgerichts Zürich, 2. Abteilung, Geschäft Nr. AN050401/U1 vom 13. Januar 2006, E. 5.2/a. (Urteil des Arbeitsgerichts Zürich). Siehe dazu PÄRLI (Anstellungsdiskriminierung), S. 24.
232 REHBINDER (Art. 320 OR), N 2.
233 BGE 108 II 311.
234 Urteil des Arbeitsgerichts Zürich, E. 5.2/a.
235 FAVRE/MUNOZ/TOBLER, N 1.17 zu Art. 328 OR mit Verweis auf die Rechtsprechung; BRUNNER/BÜHLER/WAEBER/BRUCHEZ, N 1 zu Art. 328 und N 1 zu Art. 320 OR; WYLER, S. 228–229. Siehe auch das Urteil Tribunal de prud'hommes de l'arrondissement de Lausanne, Urteil vom 10. Oktober 2005 (T 304.021563) und die Besprechung des Urteil bei PÄRLI (Anstellungsdiskriminierung), S. 23ff.
236 PÄRLI (Datenaustausch), S. 160.

Der Schutz im Bewerbungsverfahren kann auch auf den Persönlichkeitsschutz der Art. 27/28 ZGB gestützt werden. Mit dem Eintreten in Vertragsverhandlungen erwachsen den Parteien erhöhte Pflichten hinsichtlich des Schutzes der Persönlichkeit.

Der Schutz für Bewerbende kann weiter aus der anerkannten Rechtsfigur der *culpa in contrahendo* abgeleitet werden. Diese besagt, dass für den Schaden einzustehen ist, wer schuldhaft gegen die vorvertragliche Pflicht zu einem Verhalten nach Treu und Glauben (Art. 2 ZGB) verstösst[237]. Das Bewerbungsverfahren ist die Phase der Vertragsanbahnung, die mit der Bewerbung des Stellensuchenden beginnt[238]. Es entsteht eine vorvertragliche Rechtsbeziehung[239], das Verhalten der Parteien ist als rechtlich relevant zu betrachten[240] und begründet erhöhte Sorgfalts- und Rücksichtspflichten[241].

Nach der Rechtsprechung des Bundesgerichts zu Art. 2 ZGB dürfen die verhandelnden Parteien annehmen, dass sie es mit einem «redlich denkenden, sich loyal verhaltenden Partner zu tun» haben[242]. Sie haben die Pflicht zu ernsthaftem Verhandeln, zur Rücksichtnahme, sowie die Pflicht, den Verhandlungspartner nicht zu täuschen[243]. Ausdruck dieser Pflicht ist auch, dass Stellenbewerbende auf berechtigte Fragen des Arbeitgebers wahrheitsgemäss Auskunft zu geben haben und dass bei für das Arbeitsverhältnis relevanten Tatbeständen unter Umständen eine Offenbarungspflicht besteht[244].

Art. 2 ZGB kann auch entsprechend der bundesgerichtlichen Rechtsprechung im Fall *Swissair*[245] verstanden werden. Es handelt sich dabei um die Vertrauenshaftung (Haftung aus «erwecktem und enttäuschtem Vertrauen»). Damit die Vertrauenshaftung greift, wird eine «Sonderbeziehung» vorausgesetzt, die in ihrer Beziehungsnähe vertragsähnlichen Charakter hat[246]. Eine solche Sonderbeziehung besteht zwischen Stellenbewerberin und Arbeitgeberin, die sich folgendermassen begründen lässt: Durch den Austausch personenbezogener Daten mittels Bewerbungsunterlagen und in einem weiteren Schritt anhand der geführten Bewerbungsgespräche entsteht eine Beziehungsnähe, die einer «Sonderbeziehung» im obigen Sinne nahe kommt.

Nicht unmittelbare Wirkung entfalten die verfassungsrechtlichen besonderen Diskriminierungsverbote nach Art. 8 Abs. 2 BV. Die Konzeption der mittelbaren Drittwirkung der Grundrechte (Art. 35 Abs. 1 und 3 BV) verlangt jedoch, dass die verfas-

---

237 GAUCH/SCHLUEP/SCHMID/REY, N 10ff.
238 Urteil des Arbeitsgerichts Zürich, 2. Abteilung, Geschäft Nr. AN050401/U1 vom 13. Januar 2006, E. 5.2/a. (Urteil des Arbeitsgerichts Zürich). Siehe dazu PÄRLI (Anstellungsdiskriminierung), S. 24.
239 REHBINDER (Art. 320 OR), N 2.
240 BGE 108 II 311.
241 Urteil des Arbeitsgerichts Zürich, E. 5.2/a.
242 BGE 116 Ia 169; GAUCH/SCHLUEP/SCHMID/REY, N 947.
243 Siehe dazu im Zusammenhang mit dem plötzlichen Abbruch von Vertragsverhandlungen in einem arbeitsvertraglichen Stellenbewerbungsverfahren den Entscheid des Bundesgerichts vom 17. November 2005 (4C.247/2005) und die Besprechung dazu von ROUILLER.
244 Siehe dazu unten S. 88.
245 BGE 120 II 331.
246 REY, S. 231ff., 234ff, der die «Sonderbeziehung» durch eine «besondere Beziehungsnähe zwischen den Parteien» entstehen lässt. Siehe dazu auch HARTMANN, Rn. 256; GAUCH/SCHLUEP/SCHMID/REY, N 982eff.

sungsrechtlichen Diskriminierungsverbote wie auch die völkerrechtlichen Diskriminierungsverbote bei der Auslegung des Begriffs der Persönlichkeit im Sinne von Art. 27/28 ZGB und Art. 328 OR berücksichtigt werden. Auch die Diskriminierungsdogmatik - insbesondere die Figur der indirekten Diskriminierung sowie die Konzeption zulässiger sachlicher Rechtfertigungsgründe bei an sensible Kriterien anknüpfende Ungleichbehandlungen – ist grundsätzlich auf den privatrechtlichen Persönlichkeitsschutz übertragbar.

Rechtfertigungsgründe für eine Nichtanstellung aufgrund HIV/Aids

Den Interessen der Stellenbewerbenden auf Persönlichkeitsschutz stehen Arbeitgeberinteressen gegenüber. Vorab ist festzuhalten, dass der private Arbeitgeber nicht gehalten ist, seinen Selektionsentscheid nach objektiven Kriterien zu fällen. Sein privatautonomer Entscheid kann subjektiven Vorlieben folgen, auch die willkürliche Berücksichtigung eines im Vergleich zu anderen schlechter qualifizierten Kandidaten findet grundsätzlich Platz unter dem Schutz der Privatautonomie bzw. der Abschlussfreiheit als Teil der Vertragsfreiheit.

Grenze des privatautonomen Selektionsentscheides bilden indes die rechtlichen Schranken bezüglich sensibler Unterscheidungskriterien, die in Verfassung und Gesetz spezifisch geschützt sind[247]. Beruht der Arbeitgeberentscheid über die Anstellung auf solch sensiblen Kriterien, ist der Entscheid nur dann nicht widerrechtlich, wenn dafür Rechtfertigungsgründe geltend gemacht werden können.

Die anerkannten Rechtfertigungsgründe sind:
- Gerechtfertigt ist die Berufung auf die HIV-Infektion für den negativen Anstellungsentscheid durch den Arbeitgeber dann, wenn eine HIV/Aids-bedingte gesundheitliche Nichteignung für die konkret zu besetzende Stelle geltend gemacht werden kann. Die medizinischen Gründe für die Nichteignung müssen objektiv vorhanden sein, das subjektive Empfinden des Arbeitgebers über die gesundheitliche Nichteignung genügt nicht[248]. Liegt objektiv eine gesundheitliche Nichteignung für die Tätigkeit vor, bildet im Ergebnis nicht mehr die HIV-Infektion Anknüpfungspunkt für den negativen Selektionsentscheid, sondern die Auswirkung der HIV-Infektion auf die Arbeitsfähigkeit.
- Gewisse Staaten verlangen zur Einreise oder bei längerem Aufenthalt den Nachweis eines negativen HIV/Aids-Tests[249]. Will ein Arbeitgeber eine Stelle besetzen,

---

247   Siehe dazu die Ausführungen im völker- und verfassungsrechtlichen Teil dieser Studie.
248   So im Zusammenhang mit nach Art. 328b berechtigten Arbeitgeberfragen auch VON KAENEL, N 4 zu Art. 328b OR.
249   Folgende Länder sanktionieren den Zugang für Menschen mit HIV/Aids auch für kurzfristige Aufenthalte: Armenien, Brunei, China, Fidschi, Irak, Katar, Korea (Republik), Lybien, Moldau, Oman, Russische Föderation, Saudi-Arabien, Sudan und die USA. Für weitere Einreise- und Aufenthaltsbestimmungen für Menschen mit HIV/Aids siehe Deutsche AIDS-Hilfe e.V., Schnellfinder. Einreise- und Aufenthaltsbestimmun-

die eine Tätigkeit in einem solchen Staat mit sich bringt, darf er einen HIV-positiven Kandidaten mit Berufung auf dessen HIV-Positivität ablehnen. Da es an einer Grundvoraussetzung für die Ausübung der Tätigkeit fehlt, überwiegen die Arbeitgeberinteressen. Konsequenterweise darf sich der Arbeitgeber für die Besetzung einer solchen Stelle auch nach dem HIV/Aids-Status erkunden.

Grundsätzlich kein anerkannter Rechtfertigungsgrund stellt die Berufung auf eine angebliche Übertragungsgefahr in medizinischen Berufen dar[250]. Der Rechtsdienst des Departements Bildung, Kultur und Sport des Kantons Aargau hat in einem Beschwerdefall eines HIV-positiven angehenden technischen Operationsassistenten gestützt auf ein medizinisches Gutachten wegweisend entschieden, das Übertragungsrisiko von HI-Viren bei der Ausübung seines Berufes sei bei Einhalten der einschlägigen Sicherheitsvorschriften praktisch Null[251].

Als Ergebnis bleibt festzuhalten: Ein Arbeitgeber verletzt seine Pflicht zu redlichem und loyalem Verhalten während der Vertragsverhandlung (*culpa in contrahendo*) bzw. seine Pflicht zum Persönlichkeitsschutz der Stellenbewerbenden dann, wenn er die Anstellung eines Bewerbers einzig aufgrund eines ihm anhaftenden und unveränderlichen Merkmals (HIV/Aids) verweigert und dafür keinen objektiven Rechtfertigungsgrund geltend machen kann.

Rechtsfolgen der Anstellungsdiskriminierung

Art. 28a ZGB gewährt dem Kläger bei widerrechtlicher Persönlichkeitsverletzung die Unterlassungs-, Beseitigungs- und Feststellungsklage (letztere soweit sich die Persönlichkeitsverletzung weiterhin störend auswirkt). Darüber hinaus kann nach Art. 28a Abs. 3 ZGB Schadenersatz und Genugtuung gefordert werden. Nicht Gegenstand der schweizerischen Diskussion sind abschreckende Sanktionen (auch) bei Anstellungsdiskriminierungen, wie sie in Art. 17 der Richtlinie 2000/78 EG des Rates vom 27. November 2000 zur Festlegung eines allgemeinen Rahmens für die Verwirklichung der Gleichbehandlung in Beschäftigung und Beruf vorgesehen sind[252].

Die Verletzung des Treueverhältnisses resp. des erweckten Vertrauens zieht für den entstandenen Schaden die Haftung aus *culpa in contrahendo* («Verschulden bei Vertragsverhandlungen») nach sich[253]. Die beschriebene Persönlichkeitsverletzung durch eine diskriminierende Nichtberücksichtigung eines Menschen mit HIV/Aids für eine Anstellung eignet sich sowohl für eine Deliktshaftung nach Art. 41ff. OR[254], für eine

---

gen für Menschen mit HIV und Aids, 2005, Quelle: *http://www.aidshilfe.de/media/de/Einreise_5_deutsch. pdf* (02.07.06).
250 PÄRLI (Datenaustausch), S. 166.
251 Entscheid des Departements Bildung, Kultur und Sport des Kantons Aargau vom 3. November 2005. Siehe dazu auch WAGNER, S. 10ff.
252 Siehe dazu Teil 4, 2.3.6.
253 GAUCH/SCHLUEP/SCHMID/REY, N 963ff.
254 GAUCH/SCHLUEP/SCHMID/REY, N 976ff.

vertragsähnliche Haftung[255] wie auch eine Haftung eigener Art, die sich auf Art. 2 ZGB stützt[256].

Besondere Bedeutung kommt bei Persönlichkeitsverletzungen dem Schadenausgleichsinstitut der Genugtuung zu. Die bisher bekannten kantonalen Entscheide zu Anstellungsdiskriminierungen aus rassistischen Gründen haben den Opfern der Anstellungsdiskriminierung je 5000 Franken Genugtuung zugesprochen[257]. Eine Genugtuung wird nach bundesgerichtlicher Rechtsprechung nur dann in Betracht gezogen, wenn die objektiv schwere Persönlichkeitsverletzung von der betroffenen Person als seelischer Schmerz empfunden wird, was einer ausserordentlichen Kränkung bedarf. Eine Nichtanstellung mit der Begründung der HIV-Positivität ohne anerkannte Rechtfertigungsgründe stellt eine solche schwere Persönlichkeitsverletzung dar.

Eine Persönlichkeitsverletzung als Folge einer unzulässigerweise mit dem Motiv «HIV-positiv» erfolgte Nichtanstellung lässt sich mit einem Vertragsabschluss mit eben dieser Person wirksam beseitigen[258]. Fraglich ist, ob sich ein solcher Vertragsabschluss rechtlich erzwingen lässt. Ein Kontrahierungszwang kann durch Art. 28a Abs. 1 Ziff. 2 ZGB (Beseitigungsklage) durchgesetzt werden und ist auf die Abgabe einer Willenserklärung zum Vertragsabschluss gerichtet. Mit dem rechtskräftigen Urteil kommt dann ein Vertrag nach Art. 1 OR zustande[259].

Eine solche Rechtsfolge bringt einen erheblichen Eingriff in die Vertragsfreiheit des Arbeitgebers mit sich und muss dem Gebot der Verhältnismässigkeit entsprechen. Auf den ersten Blick ist die Eignung des erzwungenen Vertrages gegeben. Die Persönlichkeitsverletzung ist beseitigt, der zu unrecht diskriminierte Arbeitnehmer ist angestellt. Fraglich ist, ob der erzwungene Vertrag den Aspekten gegenseitigen Vertrauens in einem Arbeitsverhältnis Rechnung trägt. Zudem ist angesichts der weitgehenden Kündigungsfreiheit im Arbeitsverhältnis fraglich, ob der erzwungene Vertrag lange Bestand hält. Eine arbeitgeberseitig sofort erfolgte Kündigung des erzwungenen Vertrages verstösst zwar gegen die Missbrauchsbestimmungen in Art. 336 OR. Eine Kündigung aus missbräuchlichen Motiven ist indes rechtsgültig, sie hat lediglich zur Folge, dass der Arbeitgeber der missbräuchlich gekündigten Arbeitnehmerin eine Entschädigung ausrichten muss[260]. Der zwangskontrahierte Arbeitsvertrag führt damit für das Diskriminierungsopfer schliesslich zum gleichen Ergebnis wie der Anspruch

---

255 BGE 58 II 429; BGE 68 II 303.
256 BGE 120 II 336. Da kein Arbeitsvertrag vorliegt, kommt die Vertragshaftung nicht in Betracht.
257 Pärli (Anstellungsdiskriminierung), S. 23ff.
258 Göksu, S. 197ff.; Gauch/Schluep/Schmid/Rey, N 1111.
259 Die Konzeption wurde namentlich von Göksu entwickelt. Seine Studie bearbeitet in erster Linie die rassendiskriminierende Vertragsverweigerung und ist nicht auf das Arbeitsverhältnis beschränkt.
260 Die Ausführungen von Göksu in Rn. 735 zur Möglichkeit der Sicherung des zwangskontrahierten Arbeitsverhältnisses sind hier nicht überzeugend. Die grundsätzliche Kündigungsfreiheit des schweizerischen Arbeitsvertragsrechts kann nicht durch ein richterliches Urteil über einen Vertrag mit einem bestimmten Vertragsinhalt (das Arbeitsverhältnis nicht zu künden) umgangen werden. Damit würden die Grenzen richterlicher Gestaltungsmacht überschritten.

auf Schadenersatz und Genugtuung als Folge widerrechtlicher Verletzung der Stellenbewerberpersönlichkeit. Ein Kontrahierungszwang ist deshalb wenig geeignet, die Persönlichkeitsverletzung wirksam zu beseitigen. Die Prüfung der weiteren Stufen der Verhältnismässigkeitsprüfung (Erforderlichkeit und Verhältnismässigkeit i.e.S.) erübrigt sich damit.

Das Bundesgericht stellt im Entscheid BGE 129 III 35 eine Tendenz zur Ausweitung der Kontrahierungspflicht fest. Es dürfe heute allgemein als anerkannt gelten, dass eine Kontrahierungspflicht nicht auf die Fälle beschränkt sei, in denen eine ausdrückliche gesetzliche Grundlage vorliege. Vielmehr könne sich eine Kontrahierungspflicht auch aus allgemeinen Prinzipien des Privatrechtes wie dem Verbot sittenwidrigen Verhaltens ergeben[261]. Eine Kontrahierungspflicht hat folgende vier Voraussetzungen, welche kumulativ erfüllt werden müssen[262]:

1. Die fragliche Dienstleistung muss allgemein und öffentlich angeboten sein.
2. Es muss sich um Güter des Normalbedarfs handeln.
3. Der Anbieter muss eine Monopolstellung innehaben oder alle Anbieter müssen sich gegenüber dem Nachfrager gleich ablehnend verhalten.
4. Für die Verweigerung des Vertragsabschlusses können keine sachlichen Gründe geltend gemacht werden.

Ein Stellenangebot kann allenfalls noch unter die ersten beiden Voraussetzungen (allgemeines und öffentliches Anbieten bzw. Güter des Normalbedarfs) subsumiert werden. Das Fehlen sachlicher Gründe liegt dann vor, wenn die Vertragsverweigerung einzig mit der HIV/Aids-Diagnose begründet wird und Rechtfertigungsgründe im oben beschriebenen Sinne nicht vorliegen[263]. Eine Kontrahierungspflicht ist aber in der Regel deshalb zu verneinen, weil im Arbeitsmarkt nur bei ganz wenigen Berufen ein einziger Arbeitgeber das Angebotsmonopol innehat. Wo dies aber der Fall ist, man denke bspw. an hochspezialisiertes Personal bei einer Firma wie der für die Luftraumüberwachung zuständigen Sky Guide, kann eine Kontrahierungspflicht im Lichte dieser Rechtsprechung in Frage kommen.

Bemerkenswert ist im vorliegenden Zusammenhang der Entscheid der zuständigen verwaltungsinternen Beschwerdeinstanz im Fall des HIV-positiven technischen Operationsassistenten, dessen Lehrvertrag unter Berufung auf die HIV-Infektion aufgelöst wurde[264]. Zu prüfen war, ob der rechtsgültig zustande gekommene Ausbildungsvertrag unter Berufung auf «wichtige Gründe» wieder aufgelöst werden könne. Die Beschwerdeinstanz entschied, der Ausbildungsvertrag könne nicht aufgelöst werden. Damit liegt im Ergebnis ein Kontrahierungszwang vor. Die Ausbildungsstätte wollte den Vertrag

---

261 BGE 129 III 35 E. 6.2.
262 BGE 129 III 35 E. 6.3.
263 Siehe Teil 3, 3.5.2.
264 Siehe Teil 3, 3.5.2.

nicht, musste ihn aber aufgrund des Entscheides der Beschwerdeinstanz aufrechterhalten. Dieser Sachverhalt spielte sich indes im öffentlichrechtlichen Kontext ab und ist nicht ohne weiteres auf privatrechtliche Arbeitsverhältnisse übertragbar.

Diskriminierungsschutz durch eingeschränktes Fragerecht des Arbeitgebers

Art. 328b OR beschränkt die zulässige Datenbearbeitung des Arbeitgebers im Arbeitsverhältnis. Diese Bestimmung findet keine unmittelbare Anwendung im Bewerbungsverfahren. Aus dem allgemeinen Persönlichkeitsschutz und aus den Materialien zu Art. 328b OR lässt sich aber eine Vorwirkung auf das Stellenbewerbungsverfahren ableiten[265]. Das Fragerecht des Arbeitgebers während der Vertragsverhandlungen ist demnach auf die Aspekte beschränkt, die objektiv mit dem in Frage kommenden Arbeitsverhältnis zusammenhängen und sich zur Durchführung des Arbeitsvertrages eignen. Fragen zum Gesundheitszustand sind zulässig, solange ein unmittelbarer Arbeitsplatzbezug objektiv feststellbar ist.

Ist die Frage des Arbeitgebers nach der HIV-Infektion zulässig? Die Antwort fällt differenziert aus. Bei einer symptomlosen HIV-Infektion überwiegt nach h.L. das Interesse des Arbeitnehmenden an der Geheimhaltung des Gesundheitszustandes gegenüber dem Arbeitgeberinteresse an der Information. Für medizinische Berufe wird die Frage nach einem positiven HIV-Test von der Mehrheit der Lehre als zulässig erachtet. Begründet wird diese Unterscheidung mit dem möglichen Übertragungsrisiko auf Patienten. Diese Lehrmeinung geht unseres Erachtens fehl. Weshalb?

Die Informationspflicht über das Vorliegen einer HIV-Infektion für medizinisches Personal basiert auf der Überlegung, dass spezifische Vorsichtsmassnahmen getroffen werden müssen. Betriebsabläufe in etwelchen Betrieben müssen jedoch ohnehin so gestaltet sein, dass eine HIV/Aids-Übertragung ausgeschlossen werden kann. Es besteht faktisch gar keine Möglichkeit, den HIV/Aids-Status sämtlicher Mitarbeitenden zu kennen. Dies würde voraussetzen, alle Mitarbeitende bei der Einstellung auf HIV/Aids zu testen und diesen Test in regelmässigen Abständen zu wiederholen. Auch diese an sich schon unverhältnismässige Massnahme würde nicht zu einer absoluten Sicherheit über die HIV/Aids-Risiken führen. Die HIV-Infektion lässt sich in vielen Fällen erst drei Monate nach der Übertragung des HI-Virus durch den HIV-Test nachweisen.

Das Risiko einer beruflichen HIV/Aids-Übertragung im medizinischen Bereich, sei es von HIV-positiven Patientinnen auf das medizinische Personal oder sei es vom HIV-positiven Personal auf Patienten, ist bei konsequenter Beachtung technischer, organisatorischer und personenbezogener Schutzmassnahmen äusserst gering. In der Schweiz sind seit Beginn der HIV-Infektion gerade zwei gesicherte und eine wahrscheinlich beruflich bedingte HIV-Infektionen beobachtet worden[266].

---

265 PÄRLI (Persönlichkeitsschutz), S. 229.
266 JOST/COLOMBO/SPONAGEL/WÄGLI, S. 119.

Das Interesse der Arbeitnehmerin an der Geheimhaltung der HIV/Aids-Diagnose an sich ist selbst dann höher zu werten, wenn der Arbeitnehmer zu Beginn des Stellenantritts eine lang dauernde und kostspielige Ausbildung erhält[267]. In einem solchen Fall wird ohnehin eine ärztliche Untersuchung angeordnet, welche Auskunft zur Tauglichkeit, aber nicht über die HIV-Infektion selber (Diagnose) erteilt[268]. Dem Arbeitgeber steht es dann frei, den Kandidaten aufgrund der eingeschränkten medizinischen Tauglichkeit nicht anzustellen.

Das Fragerecht des Arbeitgebers ist im symptomatischen Stadium der HIV-Infektion (Stadium Aids) differenzierter zu diskutieren. Der Persönlichkeitsschutz im Allgemeinen und nach Art. 328b OR im Speziellen beschränken das Informationsrecht des Arbeitgebers im Anstellungsverfahren auf Informationen, die für die Eignung des Arbeitsplatzes relevant sind. Die HIV-Infektion wird ausnahmsweise dann arbeitsplatzrelevant, wenn längere und wiederholte Absenzen resp. die gesundheitliche Tauglichkeit die Ausübung der vertraglich vereinbarten Tätigkeit verhindert. Umgekehrt bedeutet dies, dass jemand, der an einer fortgeschrittenen HIV-Infektion im Aids-Stadium leidet, aber medizinisch gut behandelt ist und aus medizinischer Sicht keine Befürchtungen unmittelbar bevorstehender Arbeitsunfähigkeit bestehen, Fragen nach dem HIV-Status verneinen darf[269]. Festzuhalten bleibt, dass auch bei fortgeschrittenem Verlauf der Krankheit nicht die Frage nach der Diagnose berechtigt ist, sondern nur - aber immerhin - die Frage nach gesundheitlichen Problemen, die sich mit einer gewissen Wahrscheinlichkeit in absehbarer Zeit auf die Ausübung der beruflichen Tätigkeit auswirken werden.

Überschreitet der Arbeitgeber sein Fragerecht gemäss Art. 328b OR, muss die entsprechende Frage im Prinzip nicht beantwortet werden. Im Kontext des Bewerbungsverfahrens wird dies regelmässig dazu führen, dass die Stellenbewerberin die fragliche Stelle gerade nicht erhält. Lehre und Rechtsprechung anerkennen deshalb in diesen Konstellationen das sogenannte Notwehrrecht der Lüge[270].

---

267 Pärli/Müller/Spycher, S. 149, abweichende Meinungen vgl. Zinsli, S. 275; Weber-Scherrer, S. 231; Pedergnana, S. 55.
268 Rudolph, S. 64.
269 Pärli/Müller/Spycher, S. 150.
270 Siehe dazu Pärli (Datenaustausch), S. 118ff., mit Hinweisen auf die Positionen in der Lehre (Fn. 490) und auf die Rechtsprechung (Fn. 493).

3.5.3 Diskriminierungsschutz bei Vertragsschluss

Vorbemerkungen

Die wichtigste Form der Ungleichbehandlung bei den vertraglich vereinbarten Arbeitsbedingungen betreffen die Taggeldversicherung und die weitergehende berufliche Vorsorge.

Der Arbeitgeber hat bei unverschuldeter[271] krankheitsbedingter Arbeitsunfähigkeit der Arbeitnehmerin oder des Arbeitnehmers trotz ausfallender Arbeitsleistung für eine beschränkte Zeit den Lohn weiter auszurichten (Art. 324a OR). Diese Lohnfortzahlungspflicht beträgt im ersten Dienstjahr drei Wochen. Anschliessend besteht die Lohnfortzahlungspflicht für einen angemessenen Zeitraum. Während der ersten drei Monate, üblicherweise also während der Probezeit, besteht kein Lohnfortzahlungsanspruch[272]. Was einen angemessenen Zeitraum darstellt, wird in der Praxis durch die sogenannten Berner-, Basler- und Zürcherskala konkretisiert. Diese gehen vom Grundsatz aus, «je länger das Dienstverhältnis gedauert hat, desto länger besteht ein Anspruch auf Lohnfortzahlung». Bei allen drei Skalen besteht erst nach mehr als 20 Dienstjahren ein sechsmonatiger Lohnfortzahlungsanspruch.

Ohne Taggeldversicherung entsteht bei langdauernder Arbeitsunfähigkeit, die in eine Erwerbsunfähigkeit und Invalidität übergeht, bis zu einem allfälligen Anspruch auf eine Rente der Invalidenversicherung eine Einkommenslücke[273].

Nach Art. 324a Abs. 4 OR kann durch schriftliche Abrede, Normalarbeitsvertrag oder Gesamtarbeitsvertrag von der Lohnfortzahlungsregelung im Sinne von Art. 324a Abs. 1 bis 3 OR abgewichen werden, wenn eine für die Arbeitnehmenden mindestens gleichwertige Lösung getroffen wird. In der Praxis geschieht dies durch Abschluss einer Kollektivkrankentaggeldversicherung, die zwischen einem Arbeitgeber und einer Versicherung abgeschlossen wird und die ganze Belegschaft versichert. Üblicherweise garantieren die Kollektivkrankentaggeldversicherungen den versicherten Lohn während 720 Tagen zu 80 Prozent oder auch 100 Prozent.

Ungleichbehandlung in der Kollektivkrankentaggeldversicherung nach KVG

Der Abschluss einer Krankentaggeldversicherung ist nicht obligatorisch. Handelt es sich um eine Krankentaggeldversicherung nach Krankenversicherungsgesetz (KVG), haben die Versicherer die Möglichkeit, für vorbestehende Krankheiten einen maximal fünf Jahre dauernden Vorbehalt anzubringen (Art. 69 KVG). Nach der Rechtsprechung

---

271 Das Erfordernis der unverschuldeten krankheitsbedingten Verhinderung ergibt sich aus dem Wortlaut von Art. 324a OR: «Wird der Arbeitnehmer aus Gründen, die in seiner Person liegen, wie Krankheit (…) ohne sein Verschulden an der Arbeitsleistung verhindert …»
272 Egli, S. 1064–1078.
273 Pärli (Praxis), S. 62ff.

handelt es sich bei der HIV-Infektion um eine vorbehaltsfähige Krankheit[274], was auch nach Inkrafttreten des Bundesgesetzes über den Allgemeinen Teil des Sozialversicherungsrechts (ATSG) Gültigkeit hat. Diese Rechtsprechung ist jedoch unseres Erachtens nicht auf die Frage der Vorbehaltsfähigkeit einer Krankheit im Sinne von Art. 69 KVG anwendbar. Der Begriff der vorbehaltsfähigen Krankheit nach Art. 69 KVG ist vielmehr vom Begriff der Arbeitsunfähigkeit und jenem der Krankheit nach Art. 3 ATSG zu unterscheiden[275].

Der Begriff der Krankheit und jener der Arbeitsfähigkeit sind massgebend für den Bezug von Leistungen nach KVG. Der Begriff der vorbehaltsfähigen Krankheit hingegen dient einem anderen Zweck (aufgeschobener Leistungsbezug). Voraussetzung für einen Gesundheitsvorbehalt nach Art. 69 KVG ist, dass gesundheitliche Beeinträchtigungen vorliegen, die im Zeitpunkt der Versicherungsaufnahme bestehen und mit dem Risiko der Arbeitunfähigkeit behaftet sind. Für die Bestimmung des Risikos ist dabei ein objektiver Massstab anzulegen[276].

Soweit die von den Arbeitgebern mit ihrer Versicherung getroffene KVG-Versicherungslösung die Möglichkeit von Arbeitnehmenden mit vorbestehenden Krankheiten zulässt[277], werden Arbeitnehmende mit positiver HIV/Aids-Diagnose regelmässig in ihrem Versicherungsschutz eingeschränkt oder ganz davon ausgeschlossen. Im Vergleich zu Personen mit einer negativen HIV/Aids-Diagnose werden sie ungleich behandelt. Diese Ungleichbehandlung ist dann diskriminierend, wenn sie sich nicht auf sachliche Gründe abstützen lässt.

Wie weit sich der positive HIV/Aids-Status alleine als Anknüpfungskriterium eignet, um das Risiko der Versicherung, Versicherungsleistungen wegen Arbeitsunfähigkeit einzuschätzen, muss im Kontext der therapeutischen Fortschritte und im Lichte differenzierter HIV/Aids-Diagnostik beurteilt werden. Nur auf der Grundlage gesicherter medizinischen Erkenntnissen kann entschieden werden, ob die positive HIV/Aids-Diagnose alleine eine vorbehaltsfähige Krankheit im Sinne von Art. 69 KVG darstellt. Falls und soweit die positive HIV/Aids-Diagnose allein kein verlässliches Kriterium zur Beurteilung der Vorbehaltsfähigkeit darstellt, ist auf differenziertere Kriterien abzustützen.

Nach heutigen medizinischen Erkenntnissen bedeutet der Befund eines positiven HIV-Antikörpertests alleine noch keine behandlungsbedürftige Erkrankung. In fast allen untersuchten grösseren Patientenkollektiven gibt es Individuen, welche die Virusinfektion ohne Behandlung unter Kontrolle halten und auch über sehr lange

---

274 BGE 116 V 239; BGE 124 V 118.
275 Pärli (Datenaustausch), S. 44.
276 Pärli (Datenaustausch), S. 47 und 123ff.; abweichende Meinung vgl. Eugster, Rn. 364 mit Verweis auf BGE 114 V 280, E. 4 b.
277 Besonders in grossen und grösseren Betrieben ist es nicht unüblich, das ganze Personal ungeachtet allfälliger vorbestehender Leiden zu versichern. Bei solchen Versicherungslösungen ergeben sich für Arbeitnehmende mit HIV/Aids keine Nachteile.

Zeit (bis 20 Jahre dokumentiert) keinerlei Krankheitszeichen oder Schädigung des Immunsystems aufweisen. Dies betrifft 1–4 Prozent aller HIV-infizierten Menschen[278]. Viel bedeutsamer ist jedoch neben der individuell unterschiedlichen Antwort auf die HIV-Infektion die fast universell gute Wirksamkeit der heute zur Verfügung stehenden HIV-Therapien. Heute gelingt es bei 70–80 Prozent aller behandelten Personen, durch die regelmässige Tabletteneinnahme die HIV-Vermehrung vollständig zu unterdrücken. Damit erholt sich das Immunsystem, ohne dass für das Individuum relevante Nebenwirkungen auftreten[279]. Die guten Erfolge der antiretroviralen Therapie haben auch Auswirkungen auf die Mortalität. Eine Untersuchung der Schweizerischen HIV-Kohortenstudie in Zusammenarbeit mit der Rückversicherungsgesellschaft Swiss Re zeigte, dass die Excess-Mortalität einer HCV-negativen, HIV-positiven, nicht Drogen konsumierenden Person nur sehr geringgradig über dem Durchschnitt der HIV-negativen Schweizer Bevölkerung liegt. Sie ist vergleichbar mit der Excess-Mortalität einer an Krebs erkrankten und als geheilt geltenden Person[280].

Diese Differenzierung zeigt, dass der HIV-Antikörper-Test alleine nicht zur Beurteilung des Invaliditätsrisikos herangezogen werden kann. Letzteres kann nur im Kontext mit der Viruskonzentration, das Ansprechen auf Therapien und anderer Erkrankungen (HCV, Suchtkrankheiten) beurteilt werden.

Ungleichbehandlung in der Kollektivkrankentaggeldversicherung nach VVG

Bei Taggeldversicherungen nach dem privatrechtlichen Versicherungsvertragsgesetz (VVG) haben die Versicherer das Recht, vertraglich die Aufnahmebedingungen so zu gestalten, dass Personen mit ungünstiger Gesundheit überhaupt nicht oder nur zu erhöhten Prämien in die Versicherung aufgenommen werden. Während in der Taggeldversicherung nach KVG eine Leistungseinschränkung nur für vorbestehende Krankheiten Möglichkeit ist, finden sich im VVG keine vergleichbaren Bestimmungen. Für die Versicherbarkeit von vorbestehenden Leiden bietet Art. 9 VVG eine Orientierung. Nach Art. 9 VVG ist der Versicherungsvertrag nichtig, wenn im Zeitpunkt des Abschlusses das versicherte Ereignis (*in casu* die gesundheitlich bedingte Arbeitsunfähigkeit) bereits eingetreten ist[281]. Bereits bei Vertragsbeginn bestehende Arbeitsunfähigkeit wird deshalb in den Allgemeinen Vertragsbedingungen der Kollektivkrankentaggeldversicherungen regelmässig vom Versicherungsschutz ausgenommen. Die bereits bei Arbeitsbeginn bestehende gesundheitlich bedingte Arbeitsunfähigkeit ist deutlich vom Risiko künftiger gesundheitlich bedingter Arbeitsunfähigkeit zu trennen. Für die Bestimmung dieses Risikos sieht Art. 4 VVG vor, dass der Antragssteller (*in casu* der Arbeitnehmer

---

278 VIDAL; COHEN.
279 PAREDES; GULICK.
280 JAGGI.
281 So genanntes Verbot der Rückwärtsversicherung, siehe BGE 127 III 23.

als Versicherter in der Kollektivkrankentaggeldversicherung) dem Versicherer anhand eines Fragebogens oder aus sonstigem schriftlichen Befragen alle für die Beurteilung der Gefahr erheblichen Tatsachen, soweit sie ihm beim Vertragsabschluss bekannt sind oder bekannt sein müssen, schriftlich mitzuteilen hat.

Relevantes Anknüpfungskriterium für eine Nichtaufnahme oder die Aufnahme zu schlechteren Bedingungen in die Taggeldversicherung nach VVG bildet die Formulierung «für die Beurteilung der Gefahr erheblichen Tatsachen». Die Erheblichkeit einer Gefahrentatsache ist nach einem objektiven Massstab zu beurteilen[282]. Das ergibt sich auch aus dem privatrechtlichen Persönlichkeitsschutz sowie insbesondere aus dem Gebot der verhältnismässigen Datenbearbeitung nach Art. 4 Abs. 2 DSG[283]. In dieser Bestimmung wird das Verhältnismässigkeitsprinzip, das ansonsten für das staatliche Handeln massgeblich ist, auch für das Privatrecht im Anwendungsbereich des Datenschutzgesetzes rezipiert[284].

Aus dieser Rechtslage folgt, dass die Versicherer, wenn sie die Taggeldversicherung nach VVG durchführen, den Status HIV-Positiv nur dann als Selektionskriterium verwenden dürfen, wenn dafür objektive medizinische Gründe geltend gemacht werden können. Was dies bezüglich HIV-Infektion bedeutet, wird bei den obigen Ausführungen zur KVG-Taggeldversicherung festgehalten.

Ungleichbehandlungen im Bereich der weitergehenden beruflichen Vorsorge

Gesundheitliche Vorbehalte sind in der obligatorischen beruflichen Vorsorge nicht zulässig. Es fehlt zwar an einer entsprechenden Bestimmung im BVG. Das ergibt sich jedoch als Umkehrschluss aus Art. 45 BVG, welcher einen Vorbehalt für die freiwillige Versicherung statuiert. Die Befugnis zur Beschaffung von Gesundheitsangaben der zu versichernden Arbeitnehmer besteht im Bereich der obligatorischen beruflichen Vorsorge bis auf wenige Ausnahmen nicht.

Ein Versicherungsvorbehalt ist in der weitergehenden beruflichen Vorsorge für die Risiken Tod und Invalidität zulässig (Art. 331c OR, Art. 14 FZG). Vorbehalte dürfen[285] entweder beim erstmaligen Eintritt in eine Vorsorgeeinrichtung oder bei einem Stellenwechsel angebracht werden. Der gesundheitliche Vorbehalt ist nach Art. 331c OR auf maximal fünf Jahre beschränkt und muss sich inhaltlich auf ein bestimmtes oder bestimmbares gesundheitliches Problem beziehen, das innerhalb der gesetzlichen oder vertraglichen Vorbehaltsdauer ein relevantes Invaliditätsrisiko in sich birgt. Bezieht sich die Vorsorgeeinrichtung in der weitergehenden beruflichen Vorsorge reglementarisch

---

282 Fuhrer, S. 18.
283 Zum Ganzen mit weiteren Literaturhinweisen Pärli (Dogmen), S. 113.
284 Maurer-Lambrou, N 10 zu Art. 4 DSG.
285 Das Gesetz lässt zu, dass der Arbeitgeber mit seiner Vorsorgeeinrichtung bzw. der das Risiko Invalidität und Tod versichernden Versicherungsgesellschaft einen Lösung trifft, die auch in der weitergehenden beruflichen Vorsorge keine gesundheitlichen Vorbehalte kennt.

oder statuarisch auf den Invaliditätsbegriff nach Art. 23 BVG, ist nur ein Vorbehalt für diejenigen Krankheiten bzw. Krankheitsdispositionen möglich, die während der maximalen Vorbehaltsdauer von fünf Jahren zu einer Arbeitsunfähigkeit und später allenfalls zu einer Invalidität führen können. Wird aber ein weitgehender oder auch ein enger gefasster Invaliditätsbegriff verwendet, hat sich das Anbringen des Vorbehaltes an diesem zu orientieren. Immer sind aber nur die risikorelevanten Krankheiten bzw. Krankheitsdispositionen vom Vorbehalt erfasst[286].

Arbeitnehmerinnen mit positiver HIV/Aids-Diagnose werden bei den Vorsorgeeinrichtungen, die einen Gesundheitsvorbehalt in der weitergehenden beruflichen Vorsorge kennen, regelmässig nur mit Vorbehalt aufgenommen. Tritt eine allfällige Invalidität erst nach Ablauf des fünfjährigen Vorbehaltes auf, stehen einer versicherten Arbeitnehmerin mit HIV/Aids die vollen Invaliditätsleistungen zu. Wie weit die positive HIV/Aids-Diagnose geeignet ist, das Invaliditätsrisiko versicherungstechnisch richtig einzuschätzen, muss aus den gleichen Gründen, wie sie im oberen Absatz über die Taggeldversicherung dargelegt sind, bezweifelt werden. Immerhin ist auf den Unterschied hinzuweisen, der zwischen dem versicherten Risiko «Arbeitsunfähigkeit» und «Invalidität» besteht. Für die Einschätzung des Risikos, aufgrund einer HIV-Infektion invalid (erwerbsunfähig) zu werden, sind andere medizinische Angaben notwendig als für die Risikobeurteilung hinsichtlich Arbeitsunfähigkeit. Zu beachten sind auch die unterschiedlichen Leistungen (Ausrichtung von maximal 720 Tage Krankentaggeld bei Arbeitsunfähigkeit oder Ausrichtung einer Invalidenrente bis zum Pensionierungsalter bei Erwerbsunfähigkeit). Festzuhalten bleibt: Hier wie dort führen nur differenziertere diagnostische Angaben als der blosse Status «HIV-Positiv» zu einer objektiven und damit zulässigen Einschätzung des Risikos.

Das Problem des Datenflusses zwischen Arbeitgeber und Versicherung

Das rechtlich geschützte Informationsinteresse des Versicherers an Gesundheitsdaten der zu versichernden Arbeitnehmenden geht weiter als dasjenige des Arbeitgebers. Dahingegen ist die Erhebung von Gesundheitsdaten durch den Arbeitgeber auf die Frage der medizinischen Tauglichkeit für die konkret zu besetzende Stelle beschränkt[287]. In der Praxis stellt sich das Problem, dass Informationen über die Gesundheit der Arbeitnehmenden, die nur für die genannten Versicherungen bestimmt sind, oft in die Hände der Arbeitgeber geraten können. Der Arbeitgeber verstösst damit gegen das Gebot der rechtmässigen Datenbeschaffung und die Versicherung wiederum gegen das Prinzip der Datensicherheit[288].

---

286 PÄRLI (Datenaustausch), S. 95.
287 PÄRLI (Datenaustausch), S. 179.
288 Zur ganzen Problematik ausführlich PÄRLI (Datenaustausch), siehe auch die Zusammenfassung der Ergebnisse im Beitrag von PÄRLI (HAVE), S. 32–37.

Arbeitgeber und Versicherer müssen faktisch nie mit einer Schadenersatzklage des Arbeitnehmers rechnen. Der Arbeitnehmerin wird es in der Regel nicht gelingen, den Schaden und insbesondere den Kausalzusammenhang zwischen der Datenschutzverletzung und dem Schaden zu beweisen. Eine Kündigung oder anderweitige Benachteiligung des Arbeitnehmers als Folge des unzulässigen Bekanntwerdens von Gesundheitsdaten ist schwierig nachzuweisen. Dazu kommt eine grundsätzliche Problematik des Datenschutzes: Der betroffene Arbeitnehmer hat in der Regel keinerlei Interesse daran, dass die Information, die er hätte geheim halten wollen (z.B. die HIV-Infektion oder eine psychiatrische Diagnose) durch einen allfälligen Prozess einem weiteren Kreis von Personen bekannt wird[289].

Angesichts dieser Umstände ist unseres Erachtens den Arbeitnehmenden (Taggeldversicherung und weitergehende berufliche Vorsorge) ein verhältnismässig auszuübendes Notwehrrecht der Lüge gegenüber der Versicherung dann zuzustehen, wenn das Aufnahmeprozedere in die Versicherung zwangsläufig die Information über den HIV/Aids-Status mit sich bringt. Das Gebot der «verhältnismässigen Lüge» gebietet aber, dass die Arbeitnehmerin die Versicherung «nachinformiert», sobald keine Gefahr mehr für die Übermittlung der Gesundheitsdaten an den Arbeitgeber besteht[290].

Die Unzulässigkeit der Beschaffung von Arbeitnehmergesundheitsdaten durch den Arbeitgeber für die Taggeldversicherung oder die Vorsorgeeinrichtung bzw. Versicherung ist organisatorisch bedingt. Insofern stellt dieser Sachverhalt einen möglichen Interventionstatbestand für den Eidgenössischen Datenschutz- und Öffentlichkeitsbeauftragten (EDÖB) dar. Nach Art. 29 DSG kann der EDÖB bei so genannten Systemfehlern den Sachverhalt näher abklären und Empfehlungen über eine zulässige Datenbearbeitung erlassen.

Andere HIV/Aids-diskriminierende Vertragsbestimmungen

Die in Art. 19 OR verankerte Inhaltsfreiheit erlaubt grundsätzlich den Arbeitgebenden, den Lohn und andere Arbeitsbedingungen frei mit dem künftigen Arbeitnehmenden auszuhandeln und zu vereinbaren. Auch nachträgliche Änderungen sind im Einverständnis des Arbeitnehmenden möglich.

Die vertragliche Inhaltsfreiheit besteht nach Art. 19 Abs. 1 OR innerhalb der Schranken des Gesetzes. Von den gesetzlichen Vorschriften abweichende Vereinbarungen sind nur zulässig, wo das Gesetz nicht eine unabänderliche Vorschrift aufstellt oder die Abweichung einen Verstoss gegen die öffentliche Ordnung, gegen die guten Sitten oder gegen das Recht der Persönlichkeit in sich schliesst. Der arbeitsvertragliche Gleichbehandlungsgrundsatz gilt nach h.L. nicht für vertraglich vereinbarten Arbeitsbedingungen[291].

---

289 Pärli (HAVE), S. 35.
290 Pärli (Datenaustausch), S. 34.
291 Geiser (Gleichbehandlungsgebot), S. 48.

Die in Art. 19 OR verankerte Inhaltsfreiheit erlaubt grundsätzlich den Arbeitgebenden, den Lohn und andere Arbeitsbedingungen frei mit dem künftigen Arbeitnehmenden auszuhandeln und zu vereinbaren. Auch nachträgliche Änderungen sind im Einverständnis des Arbeitnehmenden möglich. Die vertragliche Inhaltsfreiheit besteht nach Art. 19 Abs. 1 OR innerhalb der Schranken des Gesetzes. Von den gesetzlichen Vorschriften abweichende Vereinbarungen sind nur zulässig, wo das Gesetz nicht eine unabänderliche Vorschrift aufstellt oder die Abweichung einen Verstoss gegen die öffentliche Ordnung, gegen die guten Sitten oder gegen das Recht der Persönlichkeit in sich schliesst. Daraus folgt, dass im schweizerischen Arbeitsvertragsrecht die Vereinbarung ungleicher Arbeitsbedingungen für vergleichbare Tätigkeit grundsätzlich zulässig ist. Der arbeitsvertragliche Gleichbehandlungsgrundsatz gilt nach h.L. nicht für die vertraglich vereinbarten Arbeitsbedingungen[292].

Eine Ungleichbehandlung hinsichtlich der vertraglichen Arbeitsbedingungen ist jedoch im Lichte von Art. 19 Abs. 2 OR dann nicht zulässig, wenn die Ungleichbehandlung gegen eine unabänderliche Vorschrift verstösst oder in einem die guten Sitten oder das Recht der Persönlichkeit verletzenden Ausmasse erfolgt. Eine einzig aufgrund des HIV/Aids-Status (also ohne sachlichen Grund wie etwa einer eingeschränkten Leistungsfähigkeit) erfolgte vertragliche Schlechterstellung ist sittenwidrig. Auch stellt die ausdrücklich an die HIV/Aids-Diagnose anknüpfende vertragliche Ungleichbehandlung eine Persönlichkeitsverletzung im Sinne von Art. 28 ZGB dar, die durch den Vertrag nur soweit gerechtfertigt ist, als die Einwilligung im Lichte von Art. 27 Abs. 2 ZGB überhaupt möglich ist. Vertragliche Bindungen, die das Recht oder die Sittlichkeit verletzen, sind unbeachtlich. Im Ergebnis sind zumindest krasse an den HIV/Aids-Status anknüpfende diskriminierende Vertragsbestimmungen unzulässig[293]. Die Beseitigung der persönlichkeitsverletzenden Vertragsbestimmungen erfolgt durch den Beseitigungsanspruch nach Art. 28a Abs. 1 Ziff. 2 ZGB. Der Richter wird die nichtige Vertragsbestimmung nach Art. 19 Abs. 2 OR anpassen, d.h. durch eine zwingende Bestimmung oder, wo eine solche fehlt, durch eine dispositive Norm von Anfang an auf den Vertrag anwenden[294]. Soweit weder eine zwingende noch eine dispositive Norm eine Anpassung des Vertrages zulassen, wird der Richter unter Berufung auf Art. 20 Abs. 2 OR auf Teilnichtigkeit des Vertrages entscheiden und den Vertrag unter Anwendung vertrauenstheoretischer Konzeptionen ergänzen.

---

292 GEISER (Gleichbehandlungsgebot), S. 48.
293 Im Zusammenhang mit rassendiskriminierenden Vertragsbestimmungen siehe GÖKSU, Rn. 285ff.
294 ABEGG, S. 207.

3.5.4 Diskriminierungsschutz während des Arbeitsverhältnisses

Persönlichkeitsschutz nach Art. 328 OR

Die Verpflichtung zum Persönlichkeitsschutz der Arbeitnehmenden gehört zu den arbeitsvertraglichen Arbeitgeberpflichten im Arbeitsverhältnis. Nach Art. 328 Abs. 1 OR hat der Arbeitgeber «im Arbeitsverhältnis die Persönlichkeit des Arbeitnehmers zu schützen, auf dessen Gesundheit gebührend Rücksicht zu nehmen und für die Wahrung der Sittlichkeit zu sorgen». Art. 328 Abs. 2 OR verpflichtet die Arbeitgeberin darüber hinaus zum Schutz von Leben und Gesundheit der Arbeitnehmenden die erforderlichen und geeigneten Massnahmen zu treffen. Noch immer unter dem Randtitel «Schutz der Persönlichkeit» hält Art. 328b OR fest, dass der Arbeitgeber Personendaten der Arbeitnehmenden nur bearbeiten darf, soweit sie die Eignung für das Arbeitsverhältnis betreffen oder die Datenbearbeitung zur Durchführung des Arbeitsverhältnisses unentbehrlich ist.

Der Persönlichkeitsschutz nach Art. 328 OR bildet eine Konkretisierung des allgemeinen privatrechtlichen Persönlichkeitsschutzes nach Art. 28 ZGB. Der Arbeitgeber hat alles zu unterlassen, was der Persönlichkeit der Arbeitnehmenden schädigen könnte. Er hat nicht nur Eingriffe in die Persönlichkeit des Arbeitnehmenden zu unterlassen, die nicht durch den Arbeitsvertrag gerechtfertigt sind, sondern er hat den Arbeitnehmenden auch vor Persönlichkeitsverletzungen seitens der Vorgesetzten, Mitarbeitern oder Dritten zu schützen[295]. Der Arbeitgeber hat dabei «Massnahmen zu treffen, die nach der Erfahrung notwendig, ... und den Verhältnissen des Betriebes oder Haushaltes angemessen sind, soweit es ihm mit Rücksicht auf das einzelne Arbeitsverhältnis und die Natur der Arbeitsleistung billigerweise zugemutet werden kann» (Art. 328 Abs. 2 OR).

Bestandteil des Persönlichkeitsschutzes bildet auch der Schutz der Gesundheit. Dazu gehört auch die Pflicht zur Rücksichtnahme der Arbeitgeberin auf den gesundheitlich angeschlagenen Arbeitnehmenden[296].

Persönlichkeitsschutz bei HIV/Aids-Mobbing[297]

Mangelnde Kenntnisse über die Krankheit und die daraus resultierende Angst vor Übertragung können dazu führen, dass Menschen mit HIV/Aids von Arbeitskollegen

---

295 REHBINDER (Art. 328 OR), N 4.
296 Zu besonderen Schutzpflichten gegenüber psychisch angeschlagenen Arbeitnehmenden siehe PETERMANN, S. 1ff.
297 Mit einer Parlamentarischen Initiative zur Änderung des Arbeitsvertragsrechts zum Schutz der Arbeitnehmer gegen Mobbing wurde beantragt, den rechtlichen Schutz von Mobbingopfer auszubauen. Die Parlamentarische Initiative verlangte einen Kündigungsschutz im Verfahren, ein Kündigungswiderrufsrecht und die Beweislasterleichterung für Opfer von Mobbing. Die Initiative wurde abgelehnt. Amtl. Bulletin 02.416, Thanei, Anita, eingereicht 21.03.02, Quelle: http://www.bundesversammlung.ch/afs/data/d/gesch/2002/d_gesch_20020416.htm (02.08.06); Hinweis dazu auch bei NABHOLZ/PARRY, S. 129ff.

aus der Arbeitsgemeinschaft abgewertet, ausgegrenzt und gemieden werden. Findet solches Verhalten über längere Zeit und systematisch statt, spricht man von Mobbing. Mobbing kann zu psychischen und physischen Beeinträchtigungen führen. Der Arbeitgeber hat durch ein taugliches Konfliktmanagement[298] dafür zu sorgen, dass Mobbing gar nicht erst eintritt bzw. Mobbing beendet wird. Der Arbeitgeber, der keine ihm zumutbaren Massnahmen zur Verhinderung von Mobbing ergreift, verletzt seine Fürsorgepflicht gegenüber der gemobbten Arbeitnehmerin gemäss Art. 328 OR[299].

Schutz vor Diskriminierung durch den arbeitsrechtlichen Gleichbehandlungsgrundsatz

Aus der arbeitsvertraglichen Pflicht des Arbeitgebers zum Persönlichkeitsschutz wird in der Lehre und zum Teil auch durch die Praxis auf einen allgemeinen arbeitsrechtlichen Gleichbehandlungsgrundsatz geschlossen[300]. Dieser Gleichbehandlungsgrundsatz betrifft nicht die vertragliche Gestaltung der Arbeitsbedingungen (siehe dazu oben). Der Gleichbehandlungsgrundsatz umfasst jedoch freiwillige Sozialleistungen und Zulagen und auch die Ausübung des Weisungsrechts[301]. Nach Bundesgericht und Lehre verstösst eine Entscheidung des Arbeitgebers nur dann gegen den Gleichbehandlungsgrundsatz, wenn durch die Ungleichbehandlung eine den Arbeitnehmer verletzende Geringschätzung seiner Persönlichkeit zum Ausdruck kommt[302].

Werden Arbeitnehmende mit HIV/Aids ohne sachlichen Grund im Rahmen von Arbeitgeberentscheidungen bezüglich Zulagen und freiwilligen Sozialleistungen oder bei der Zuweisung von Aufgaben im Vergleich zu den übrigen Arbeitnehmenden schlechter behandelt, stellt dies eine Verletzung des Gleichbehandlungsgrundsatzes dar. Es entsteht damit ein Anspruch der Arbeitnehmerin auf Ausrichtung der unberechtigterweise nicht oder zu wenig ausgerichteten Zulagen.

Schutz vor Überschreitung des Weisungsrechts

Das Weisungsrecht des Arbeitgebers (Art. 321d OR) konkretisiert die im Arbeitsvertrag in Grundzügen umschriebenen Pflichten und hat gegenüber dem Arbeitsvertrag subsidiäre Geltung[303]. Die Grenzen des Weisungsrechts finden sich im öffentlichrechtlichen Arbeitnehmerschutz und im Persönlichkeitsrecht der Arbeitnehmerin[304].

Die Zuweisung einer vom Arbeitsvertrag nicht vorgesehenen Tätigkeit geht über das Mass an gestalterischem Spielraum und Konkretisierung des Arbeitsverhältnisses nach Art. 321d OR hinaus. Die Ausübung einer anderen, nicht gleich spezialisierten

---

298 BE JAR 2001, S. 191ff.
299 Humbert, S. 80ff.
300 BGE 129 III 276 E. 3.1. m.H.
301 Von Kaenel/Streiff, N 12 zu Art. 328 OR und N 3 zu Art. 321d OR.
302 Geiser (Gleichbehandlungsgebot), S. 45.
303 Portmann, Rn. 783.
304 Von Kaenel/Streiff, N 3 zu Art. 321d OR.

Tätigkeit auf (unbestimmte) Dauer kann nicht gefordert werden[305]. Diese Rechtslage ist bei HIV/Aids aus folgenden Gründen bedeutsam: Eine Weisung an eine Mitarbeiterin, wegen angeblicher Übertragungsgefahr der HIV-Infektion nicht mehr im Kundendienst tätig sein zu dürfen, würde einen Verstoss gegen das Gebot der schonenden Rechtsausübung im Sinne von Art. 2 i.V.m. Art. 27 ZGB darstellen[306]. Der Arbeitgeber kann allgemein gültige Hygiene- und Vorsichtsmassnahmen treffen, die für die betroffene Person weniger belastend sind als ein Ausschluss aus dem vertraglich vorgesehenen Arbeitsprozess. Die Ausgrenzung von Menschen mit HIV/Aids im beruflichen Alltag kann sich negativ auf ihren psychischen wie physischen Gesundheitszustand auswirken. Eine Versetzung aufgrund HIV/Aids wäre somit sachlich nicht gerechtfertigt. Mit der ungerechtfertigten Versetzung würde der Arbeitgeber die Fürsorgepflicht nach Art. 328 OR verletzen.

Rechtsfolgen der Persönlichkeitsverletzung

Die Missachtung der Pflicht zum Persönlichkeitsschutz stellt eine Vertragsverletzung dar. Eine Haftung des Arbeitgebers tritt dann ein, wenn dieser die Pflicht zum Persönlichkeitsschutz schuldhaft verletzt und der Arbeitnehmer einen dadurch kausal verursachten Schaden erlitten hat. Der Schaden und dessen Höhe, die Verletzung der Schutzpflichten sowie der Kausalzusammenhang zwischen der Vertragsverletzung und dem Schaden müssen von der Arbeitnehmerin bewiesen werden. Das Verschulden des Arbeitgebers wird gemäss Art. 97 OR vermutet.

Das Mass der Haftung und der Umfang des Schadenersatzes richten sich nach Art. 42ff. OR und Art. 99ff. OR. Gemäss Art. 49 OR hat die verletzte Person Anspruch auf Genugtuung, sofern «die Schwere der Verletzung es rechtfertigt und dies nicht anders wiedergutgemacht worden ist.» Eine Genugtuung fällt nach bundesgerichtlicher Rechtsprechung nur dann in Betracht, wenn die objektiv schwere Persönlichkeitsverletzung von der betroffenen Person als seelischer Schmerz empfunden wird; es muss sich dabei um eine ausserordentliche Kränkung handeln[307]. Die Anforderungen an die Schwere der Persönlichkeitsverletzung führen dazu, dass Genugtuungen eher selten ausgesprochen werden.

---

305 Stamm, S. 67; Von Kaenel/Streiff, N 14 zu Art. 328 OR; BGE 110 II 72.
306 Stamm, S. 54.
307 BGE 125 III 70. Vorliegend verneinte das Bundesgericht eine schwere Persönlichkeitsverletzung aufgrund der Aufforderung des Arbeitgebers an die Arbeitnehmerin, sich psychiatrisch begutachten zu lassen. Eine nur leichte Beeinträchtigung des beruflichen, wirtschaftlichen oder gesellschaftlichen Ansehens einer Person genügt nicht. Eine schwere Persönlichkeitsverletzung bejahte das Bundesgericht hingegen im Entscheid vom 4. April 2003 (2C.2/2000), angesichts der Intensität der immateriellen Unbill, die die Arbeitnehmerin erleiden musste. Die Arbeitnehmerin erfuhr Mobbing durch die ihr vorgesetzte Person während über zwei Jahren; sie war während vier Monaten arbeitsunfähig. Die Genugtuung wurde auf CHF 12 000.– festgesetzt.

Ausserhalb der Schadenersatz- und Genugtuungsansprüche haben die betroffenen Arbeitnehmenden die Möglichkeit, den Persönlichkeitsschutz des Arbeitgebers über das Mittel der Leistungsklage (bei unterlassenem Persönlichkeitsschutz) oder Unterlassungsklage (bei einhergehender oder bereits stattgefundener Persönlichkeitsverletzung) einzuklagen. Alternativ zu den praktisch ohnehin kaum wirksamen Erfüllungs- bzw. Unterlassungsklagen kann die Arbeitnehmerin bei entsprechenden Verletzungen die Arbeit einstellen bis die Gefährdung behoben ist, und zwar ohne Verlust des Lohnanspruchs und unabhängig davon, ob der Arbeitgeber die Persönlichkeitsverletzung verschuldet hat[308].

3.5.5 Schutz bei der Auflösung des Arbeitsverhältnisses

Schutz vor missbräuchlicher Kündigung

In Art. 336 Abs. 1 und 2 OR sind Gründe aufgeführt, aufgrund derer eine Kündigung missbräuchlich ist. Art. 336 OR ist nicht abschliessend; weitere Eigenschaften, die eine Kündigung missbräuchlich werden lassen, können von der Rechtsprechung aufgrund des allgemeinen Verbots des Rechtsmissbrauchs gemäss Art. 2 Abs. 2 ZGB bestimmt werden; der Missbrauch muss jedoch offensichtlich sein[309]. Eine Kündigung ist namentlich auch dann missbräuchlich, wenn sie unter Missachtung der Pflicht zum Persönlichkeitsschutz nach Art. 328 OR ausgesprochen wird[310].

Nach Art. 336 Abs. 1 lit. a OR ist die Kündigung missbräuchlich, wenn das Arbeitsverhältnis wegen einer Eigenschaft, die der anderen Partei kraft ihrer Persönlichkeit zusteht, aufgelöst wird. Zu den persönlichen Eigenschaften im Sinne von Art. 336 Abs. 1 lit. a OR gehören das Geschlecht, der Familienstand, Herkunft, Rasse, Nationalität, Religion, sexuelle Ausrichtung, Alter, Krankheiten, andere körperliche Merkmale wie Kleinwuchs, individuelle Verhaltensmuster oder Charakterzüge[311]. Die HIV-Infektion zählt zu den persönlichkeitsrelevanten Eigenschaften[312], unabhängig davon, ob ihr ein Krankheitswert zugeschrieben wird[313]. Der Arbeitgeber kann eine Kündigung nur dann mit der HIV-Infektion begründen, wenn die betroffene Person wegen der Krankheit an der Erbringung der Arbeitsleistung gehindert wird, d.h., wenn sie einen unmittelbaren Bezug zum Arbeitsverhältnis hat oder den Betrieb wesentlich beeinträchtigt[314].

---

308 REHBINDER (Art. 328 OR), N 24.
309 BÖHRINGER, S. 318.
310 BRUNNER/BÜHLER/WAEBER/BRUCHEZ, N 3 zu Art. 336 OR.
311 STAEHLIN, S. 166.
312 BRUNNER/BÜHLER/WAEBER/BRUCHEZ, N 4 zu Art. 336 OR.
313 Nach der Praxis des Bundesgerichts ist dem Status HIV-positiv Krankheitswert zuzumessen und wird so zu den persönlichen Eigenschaften gezählt. BGE 116 V 239; BGE 124 V 118.
314 REHBINDER (Art. 336 OR), S. 85ff.

Selbst in Berufen mit Übertragungsrisiko (Medizin usw.) ist die HIV-Infektion an sich kein Grund, der eine Kündigung rechtfertigt. In diesen Berufen kann eine Infektion durch Vorsichtsmassnahmen (Einweghandschuhe und -instrumente) und verantwortungsvolles Verhalten der betroffenen Person praktisch ausgeschlossen werden[315]. Eine Kündigung ist deshalb nur dann zulässig, wenn Gefahr droht, dass die betroffene Person die Verantwortung nicht wahrnimmt, Gesundheitsrisiken für andere zu vermeiden.

Verursacht die HIV-Infektion einer Person eine wesentliche Betriebsstörung, so hat der Arbeitgeber, bevor er die Kündigung ausspricht, alle die ihm zumutbaren, weniger einschneidenden Massnahmen zu treffen, damit das Betriebsklima wieder hergestellt werden kann (Aufklärung der Mitarbeiter, Weisungen, Versetzungen usw.)[316].

Eine wesentliche Betriebsstörung ist z.B. dann anzunehmen, wenn die HIV-Infektion einer Mitarbeiterin bekannt ist und deshalb eine beträchtliche Anzahl der Kunden fern bleibt. Mittels Güterabwägung ist festzustellen, welche Interessen – Arbeitnehmer oder Arbeitgeber – dabei überwiegen. Blosse Befürchtungen seitens des Arbeitgebers, dass die Kundschaft fern bleiben könnte, reichen nicht aus, um den Arbeitsstellenverlust und die damit zusammenhängenden finanziellen und sozialen Konsequenzen für den betroffenen Arbeitnehmer zu gerechtfertigen. Die Anforderungen an den Nachweis des Ausbleibens der Kundschaft wegen HIV/Aids-Übertragungsängsten müssen hoch angesetzt werden[317]. Ist ein tatsächlicher Verlust an Kunden festzustellen, hat der Arbeitgeber, bevor er die Kündigung ausspricht *(ultima ratio)*, alle die ihm zumutbaren, weniger einschneidenden Massnahmen zu treffen, um die bisherige oder neue Kundschaft zu erhalten resp. gewinnen. Dies kann durch Aufklärung der Kundschaft über das Übertragungsrisiko bei HIV/Aids usw. geschehen. Solange jedoch kein spürbarer Rückgang in der Anzahl der Kunden nachgewiesen ist, ist eine Kündigung wegen HIV/Aids missbräuchlich.

Die von der missbräuchlichen Kündigung betroffene Person kann gemäss Art. 335 Abs. 2 OR die schriftliche Begründung der Kündigung verlangen. Wird ein unwahrer Grund vorgeschoben oder eine Begründung verweigert, so ist die Kausalität des Missbrauchstatbestandes zu vermuten[318]. Trotz fehlender oder unwahrer Begründung bleibt die Kündigung rechtswirksam, der Arbeitgebende erleidet lediglich einen Rechtsnachteil[319].

Gemäss Art. 336b Abs. 1 OR muss die betroffene Person gegen die Kündigung Einsprache in schriftlicher Form innerhalb der vom Gesetz vorgesehenen Frist erheben. Kommt es zu keiner Einigung zwischen den Parteien, ist von der betroffenen Person das Gericht anzurufen (Art. 336b Abs. 2 OR).

---

315 Siehe dazu den von WAGNER in Fn. 253 erwähnten Beschwerdeentscheid.
316 HUMBERT, S. 75ff.
317 PÄRLI/MÜLLER/SPYCHER, S. 140.
318 JAR 1994, S. 308.
319 REHBINDER (Art. 335), S. 56.

Der Beweis der missbräuchlichen Kündigung ist von der gekündigten Person zu erbringen (Art. 8 ZGB). Sie muss nicht nur die Missbräuchlichkeit der Kündigung, sondern auch die Kausalität zwischen dem Missbrauchstatbestand und der Kündigung beweisen, d.h., sie muss beweisen, dass ihr tatsächlich aus dem missbräuchlichen Grund gekündigt worden ist. Es genügt eine hohe Wahrscheinlichkeit[320]. Der Arbeitgeberin ihrerseits obliegt der Beweis der Rechtfertigungsgründe für eine Kündigung mit Anknüpfung an eine persönliche Eigenschaft.

Eine rechtsmissbräuchliche Kündigung ist unwiderruflich und bleibt rechtswirksam (Art. 336a Abs. 1 OR). Die betroffene Person hat lediglich einen Anspruch auf eine Entschädigung. Die Höhe der Entschädigung liegt im Ermessen des Richters unter Berücksichtigung aller Umstände; sie darf die Gesamtsumme von max. sechs Monatslöhne nicht übersteigen (Art. 336a Abs. 2 OR). Die Entschädigung ist unabhängig von einem allfälligen Schaden, ausschlaggebend ist die Missbräuchlichkeit[321]. In der Praxis wird selten die maximale Entschädigung ausgerichtet[322].

Kündigungsschutz bei krankheitsbedingter Arbeitsunfähigkeit

Art. 336c OR regelt den zeitlichen Kündigungsschutz (Kündigung zur Unzeit). Die sogenannte Sperrfrist schützt den Arbeitnehmer nach Ablauf der Probezeit bei krankheitsbedingter Arbeitsunfähigkeit vor einer Auflösung des Arbeitsverhältnisses während 30 Tagen im ersten, 90 Tagen im zweiten bis fünften und 180 Tagen ab sechstem Dienstjahr. Eine während der Sperrfrist ausgesprochene Kündigung ist nichtig.

Nach Ablauf der Sperrfrist ist eine Kündigung als Folge einer HIV/Aids bedingten Arbeitsunfähigkeit gültig. Anders verhält es sich, wenn die Arbeitsunfähigkeit durch die Arbeitgeberin zu verantworten ist, bspw. durch unterlassene im Sinne von Art. 328 OR erforderliche Rücksichtnahme auf den Gesundheitszustand der Arbeitnehmerin. Wird ein Arbeitsverhältnis aufgrund von durch die Arbeitgeberin zu verantwortender krankheitsbedingter Arbeitsunfähigkeit nach Ablauf der Sperrfrist gekündigt, liegt eine Ausnutzung eigenen rechtswidrigen Verhaltens und somit ein typischer Anwendungsfall von Rechtsmissbrauch vor[323]. Eine solche Kündigung ist missbräuchlich.

---

320 REHBINDER (Art. 336 OR), S. 93; BGE 125 II 285, JAR 1991, S. 231, JAR 1993, S. 269, JAR 1994, S. 205, JAR 1995, S. 163, JAR 2001, S. 283.
321 BGE 123 III 391 E 3.
322 Siehe BGE 4C.86/2001 vom 28. März 2002.
323 BGE 125 II 70ff. spricht vom Gebot schonender Rechtsausübung, insbesondere darf «kein falsches und verdecktes Spiel» betrieben werden, «das Treu und Glauben krass widerspricht.» Siehe MERZ, Rn. 540ff.

3.6 Schutz durch öffentliches Arbeitsrecht

3.6.1 Funktion und Inhalt des öffentlichen Arbeitsrechts

Das «öffentliche Arbeitsrecht» beinhaltet zwingende Rechtsnormen zum Arbeitsverhältnis. Das öffentliche Arbeitsrecht lässt sich in «Arbeitsschutzrecht», «gestaltendes Arbeitsrecht» und «Sozialversicherungsrecht» unterteilen[324]. Allen drei Normenbereichen ist der öffentlichrechtliche zwingende Charakter gemeinsam. Im Bereich des öffentlichen Arbeitsrechts bleibt kein Raum für privatautonome Regelungen.

Wichtigste Rechtsquellen des Arbeitsschutzrechts bilden das Arbeitsgesetz[325] (ArG) mit den dazu gehörenden Verordnungen sowie das Unfallversicherungsgesetz[326] (UVG). Darüber hinaus bestehenden zahlreiche Sondervorschriften für bestimmte Berufe[327].

Ziel des gestaltenden Arbeitsrechts ist eine staatliche Lenkung und Überwachung der Arbeitswelt[328]. Dazu gehören Vorschriften über die Berufsbildung[329], über die Arbeitsvermittlung[330], zum Datenschutz[331], zur Gleichstellung von Frau und Mann im Erwerbsleben[332] sowie das nationale[333] und internationale[334] Submissionsrecht. Auch das Gleichstellungsgesetz für Menschen mit Behinderung[335] ist, soweit es direkt oder indirekt Vorschriften über Arbeitsverhältnisse enthält, zum gestaltenden Arbeitsrecht zu zählen. Gleiches gilt für das Personenfreizügigkeitsabkommen der Schweiz mit der EU[336].

Beim Sozialversicherungsrecht handelt es sich zwar um ein eigenständiges Rechtsgebiet. Zahlreiche Sozialversicherungen sind jedoch eng mit dem Arbeitsverhältnis verknüpft. Die diesbezüglich zwingenden sozialversicherungsrechtlichen Bestimmungen überlagern die privatautonome Vertragsgestaltungsfreiheit der Arbeitsvertragsparteien und bilden deshalb Bestandteil des öffentlichen Arbeitsrechts. Zu erwähnen sind die obligatorische Unfallversicherung oder die obligatorische berufliche Vorsorge.

---

324 Zur Unterteilung siehe REHBINDER (Arbeitsrecht), S. 201ff.
325 Bundesgesetz über die Arbeit in Industrie, Gewerbe und Handel (ArG), vom 13. März 1964, SR 822.11.
326 Bundesgesetz vom 20. März 1981 über die Unfallversicherung (UVG), SR 832.20.
327 Für eine Übersicht siehe PORTMANN/STÖCKLI, S. 103ff.
328 REHBINDER (Arbeitsrecht), S. 213.
329 Bundesgesetz vom 13. Dezember 2002 über die Berufsbildung (Berufsbildungsgesetz, BBG), SR 421.10.
330 Bundesgesetz vom 6. Oktober 1989 über die Arbeitsvermittlung und den Personalverleih (Arbeitsvermittlungsgesetz, AVG), SR 823.11.
331 Bundesgesetz vom 19. Juni 1992 über den Datenschutz (DSG), SR 235.1.
332 Bundesgesetz über die Gleichstellung von Frau und Mann vom 24. März 1995 (Gleichstellungsgesetz, GlG), SR 151.1.
333 Bundesgesetz vom 16. Dezember 1994 über das öffentliche Beschaffungswesen, SR 172.056.1.
334 Übereinkommen vom 15. April 1994 über das öffentliche Beschaffungswesen, SR 0.632.231.422.
335 Bundesgesetz über die Beseitigung von Benachteiligungen von Menschen mit Behinderungen vom 13. Dezember 2002 (Behindertengleichstellungsgesetz, BehiG), SR 151.3.
336 Siehe Rechtsvergleich in Teil 4.

Leitmotiv für die Auseinandersetzung mit dem öffentlichen Arbeitsrecht bildet die Frage, ob, inwiefern und wieweit das öffentliche Arbeitsrecht Normen enthält, die für die in der Praxis vorkommenden Diskriminierungen von Menschen mit HIV/Aids eine Relevanz enthalten.

3.6.2 Völkerrechts- und Grundrechtsbindung

Wie im Teil 3[337] erörtert wurde, bilden das Diskriminierungsverbot und weitere Grundrechte eine Leitplanke und Orientierung im Umgang mit HIV/Aids für den Staat und die Institutionen, die staatliche Aufgaben wahrnehmen.

Für den Bereich des öffentlichen Arbeitsrechts bedeutet dies, dass sowohl der Gesetz- wie der Verordnungsgeber bei der Rechtssetzung Menschen mit HIV/Aids weder direkt noch indirekt diskriminieren dürfen. Dem Gesetzgeber erwachsen zudem aus dem Völkerrecht und aus der programmatischen Schicht der Grundrechte Schutzverpflichtungen zu Gunsten besonders vor Grundrechtsbeeinträchtigung und Diskriminierung bedrohter bzw. betroffener Gruppen. Dazu zählen auch der Menschen mit HIV/Aids.

Die Grundrechtsbindung betrifft nicht nur den Gesetzgeber, sondern Verwaltungsbehörden aller Stufen. Alle am Vollzug des öffentlichen Arbeitsrechts beteiligten Institutionen haben sich bei ihren Handlungen ebenfalls nach den Wertungen des Diskriminierungsverbotes und der übrigen relevanten Grundrechte zu orientieren.

Die Pflicht zur völkerrechtskonformen und verfassungskonformen Auslegung betrifft besonders die Gerichte. Sie haben diese Gebote auch bei der Auslegung des öffentlichen Arbeitsrechts in HIV/Aids relevanten Entscheiden zu berücksichtigen.

3.6.3 Gesundheitsschutz im öffentlichrechtlichen Arbeitsschutz

Die Grundnorm im Arbeitsgesetz

Art. 6 ArG bildet das öffentlichrechtliche Gegenstück zur in Art. 328 OR verankerten Arbeitgeberinnenpflicht, das Leben, die Gesundheit und die persönliche Integrität der Arbeitnehmenden zu schützen. Der Gesundheitsschutz bezweckt die Vermeidung jeder arbeitsbedingten Schädigung der Gesundheit. Seit der Gesetzesrevision von 1998 wird auch der Schutz der persönlichen Integrität vom Gesundheitsschutz erfasst, was einen Schutz vor Diskriminierung aus verfassungsrechtlich verpönten Kriterien beinhaltet[338].

---

337 Siehe Teil 3, 3.2.
338 SCHEIDEGGER/PITTELOUD, Rn. 14.

Die Verpflichtung zum Schutz der persönlichen Integrität ist wenig aussagekräftig. Während die Verordnung 3[339] zum ArG recht präzise Angaben über die vom Arbeitgeber zu ergreifenden Massnahmen zum Schutz vor physischen Beeinträchtigungen enthält, fehlen weitgehend konkretisierende Verhaltenspflichten zum Schutz der persönlichen Integrität.

Wenig präzise geregelt sind auch die konkreten von der Arbeitgeberin zu ergreifenden Massnahmen zum Schutze der psychischen Gesundheit. Zur Schutzverpflichtung gehören jedoch die Vermeidung von Stress, soweit er die Gesundheit der Arbeitnehmenden beeinträchtigt und die Verhinderung von Mobbing im Betrieb.

Rechtsfolgen verletzter Schutzpflichten

Bei den Rechtsfolgen müssen zwei Ebenen auseinander gehalten werden. Die öffentlichrechtlichen Normen zum Persönlichkeitsschutz der Arbeitnehmenden haben durch die Rezeptionsklausel in Art. 342 Abs. 2 OR eine zivilrechtliche Wirkung. Sofern die Vorschriften Inhalt des Einzelarbeitsvertrages sein können, steht der Klageweg an das Arbeitsgericht offen[340]. Davon zu trennen ist das öffentlichrechtliche Verhältnis des Betriebes zum Staat. Hier sind die kantonalen Behörden für den Vollzug des ArG zuständig (Art. 41 ArG). Die Durchsetzung erfolgt durch Verfügung und Verwaltungszwang sowie verwaltungsstrafrechtliche Normen[341].

Hält der Arbeitgeber die Gesundheitsvorschriften nicht ein, haben Arbeitnehmende die Möglichkeit zur Meldung an die Vollzugsbehörden. Art. 54 ArG verpflichtet die Behörden, entsprechende Anzeigen entgegen zu nehmen und zu prüfen, ob ein Verstoss gegen das ArG vorliegt. Die anzeigenden Arbeitnehmenden können jedoch gegenüber dem Arbeitgeber keine auf Art. 6 ArG beruhende Schadenersatzforderung bei den Vollzugsbehörden geltend machen. Hierzu müssen sie den Zivilprozessweg bestreiten.

Bedeutung bei HIV/Aids-Diskriminierung

Die Bestimmungen zum Gesundheitsschutz im Arbeitsgesetz ergänzen den privatrechtlichen Persönlichkeitsschutz.

Die öffentlichrechtlichen Verpflichtungen zum Schutz der psychischen Gesundheit und zum Schutz der persönlichen Integrität haben für die in der Praxis festgestellten Probleme eine besonders hohe Bedeutung. Die Vermeidung von HIV/Aids-Mobbing sowie die Verpflichtung zur angemessenen Rücksichtnahme auf die gesundheitliche Situation von Menschen mit HIV/Aids bei der Arbeit bilden nicht nur vertragliche, sondern auch öffentlichrechtliche Verpflichtungen.

---

339 Verordnung 3 vom 18. August 1993 zum Arbeitsgesetz (Gesundheitsvorsorge, ArGV 3), SR 822.113.
340 BRÜHWILER, N 5 zu Art. 342 OR.
341 Siehe die Art. 50ff. ArG und SCHEIDEGGER/PITTELOUD, Rn. 33.

Die praktische Bedeutung der öffentlichrechtlichen Schutzvorschriften ist jedoch angesichts der heute eher zurückhaltenden Vollzugskontrolle des ArG zu relativieren. Im Lichte der völker- und verfassungsrechtlichen Schutzpflichten eröffnen sich indes den zuständigen Behörden Möglichkeiten (und Pflichten) zu einer Verstärkung des Persönlichkeitsschutzes im öffentlichen Arbeitsrecht. Das bedeutet zum Beispiel eine Konkretisierung der Arbeitgeberpflichten zur Vermeidung arbeitsbedingter psychischer Gesundheitsschäden sowie zum Schutze der persönlichen Integrität. Diese Verwaltungsvorschriften müssen sodann durch geeignete behördliche Massnahmen durchgesetzt werden. Menschen mit HIV/Aids wären bei solchen Massnahmen nicht eine spezifische Zielgruppe. Die Massnahmen müssten vielmehr sämtlichen Personen zukommen, die bezüglich ihrer gesundheitlichen Arbeitsfähigkeit eines besonderen Schutzes bedürfen.

3.6.4 Diskriminierungsschutz im Sozialversicherungsrecht

Spezielle Diskriminierungsschutznormen enthält das Sozialversicherungsrecht auf Gesetzesstufe nicht. Hingegen bindet das verfassungsrechtliche Diskriminierungsverbot sowohl den Gesetzgeber wie die Durchführungsstellen der einzelnen Sozialversicherungen. Jede nicht durch einen sachlichen Grund besonders gerechtfertigte Ungleichbehandlung unter Anknüpfung an das Kriterium HIV/Aids ist folglich dem Gesetzgeber und den Vollzugsinstanzen verwehrt.

Im Zusammenhang mit HIV/Aids-Diskriminierung in der Arbeitswelt sind insbesondere die mit dem Arbeitsverhältnis verknüpften Taggeldversicherung und die berufliche Vorsorge von Interesse. Wie bereits weiter oben (Diskriminierungsschutz beim Vertragsabschluss) dargestellt, ist die Ungleichbehandlung von versicherten Arbeitnehmerinnen mit HIV/Aids im Vergleich zu solchen ohne HIV/Aids Ausdruck davon, dass der Bereich der weitergehenden beruflichen Vorsorge und der Krankentaggeldversicherung nicht obligatorisch und somit einer Risikoselektion zugänglich ist. Die Grenzen der zulässigen Risikoselektion finden sich indes im Gebot der sachlichen Vornahme der Selektion.

Die völker- und verfassungsrechtlichen Wertungen verpflichten zu einer Betrachtung der tatsächlichen Auswirkungen der Risikoselektion in der Taggeldversicherung und der weitergehenden beruflichen Vorsorge. Die Schutzpflichten verlangen vom Staat mit geeigneten Mitteln dafür zu sorgen, dass Personen mit positiver HIV/Aids-Diagnose bei den für die Existenz wichtigen Arbeitnehmerinnenversicherungen nicht ausgegrenzt werden. Es ist zweifelhaft, ob die heutige Gesetzgebung und Praxis diesen Anforderungen zu genügen vermag.

3.6.5 Diskriminierungsschutz im Beschaffungswesen

Mit dem Bundesgesetz über das öffentliche Beschaffungswesen (BoeB)[342] regelt der Bund das Verfahren zur Vergabe von öffentlichen Liefer-, Dienstleistungs- und Bauaufträgen. Dabei will der Bund einerseits die Gleichbehandlung aller Anbieterinnen gewährleisten und andererseits vergibt er den Auftrag nur an Anbieterinnen, die selbst resp. von Dritten (z.B. Zulieferer) die Einhaltung der Arbeitsschutzbestimmungen und Arbeitsbedingungen für die Arbeitnehmer gewährleisten (Art. 8 Abs. 1 lit b BoeB) resp. fordern (Art. 6 Abs. 1 lit. b VoeB[343]).

Damit ein Anbieter für die Auftragsvergabe in Frage kommt, muss die Anbieterin die Persönlichkeit des Arbeitnehmers im Rahmen des Arbeits- und Unfallversicherungsgesetzes sowie der branchenüblichen GAVs und Normalarbeitsverträge oder, wo diese fehlen, nach den tatsächlichen orts- und berufsüblichen Arbeitsbedingungen schützen[344]. Das BoeB bindet den Anbieter darüber hinausgehend nicht an ein umfassendes Diskriminierungsverbot.

Im Weiteren vergibt der Bund nach Art. 8 Abs. 1 lit. c BoeB den Auftrag nur an Anbieterinnen, die den Grundsatz der Gleichbehandlung von Frau und Mann in Bezug auf die Lohngleichheit einhalten[345]. Art. 8 Abs. 2 BoeB gewährt dem Auftraggeber im Sinne von Art. 2 BoeB i.V.m. Art. 2a VoeB das Recht zur Kontrolle der Einhaltung des Grundsatzes. Sie kann die Kompetenz selbst vornehmen oder insbesondere an das eidgenössische, die kantonalen oder kommunalen Gleichstellungsbüro(s) delegieren (Art. 6 Abs. 4 VoeB). Die Anbieterin kann eine Selbstdeklaration unterzeichnen, worin sie die Einhaltung der Arbeitsschutzbestimmungen und Arbeitsbedingungen sowie den Gleichbehandlungsgrundsatz nach Art. 8 Abs. 1 lit. c BoeB bestätigt[346].

Die Delegation der Kontrolle im Bereich des Gleichbehandlungsgrundsatzes an geeignete und/oder spezialisierte Institutionen oder die Einführung einer verpflichtenden Selbstkontrolle zeigt, dass das öffentliche Arbeitsrecht gestaltend wirken kann und Raum für gesetzgeberische Innovationen möglich ist.

Unter Anlehnung an den Grundsatz der Gleichbehandlung von Frau und Mann bezüglich Löhne könnten öffentliche Verträge nur an diejenigen Unternehmen verge-

---

342 Bundesgesetz über das öffentliche Beschaffungswesen vom 16. Dezember 1994, SR 172.056.1.
343 Verordnung vom 11. Dezember 1995 über das öffentliche Beschaffungswesen, SR 172.056.11.
344 Beschaffungskommission des Bundes, Einhaltung der Arbeitsbedingungen, der Arbeitsschutzbestimmungen sowie der Lohngleichheit von Frau und Mann. Erklärung der Anbieterin oder des Anbieters, Quelle: http://www.bbl.admin.ch/bkb_kbob/beschaffungswesen/00254/00497/00828/index.html?lang=de (08.02.06).
345 Der Grundsatz zur Gleichbehandlung von Frau und Mann bezüglich Lohngleichheit ist ebenfalls in den Verfahrensgrundsätzen der Allgemeinen Geschäftsbedingungen (AGB) des Bundes festgeschrieben, Quelle: http://www.bbl.admin.ch/bkb_kbob/infos_fuer_beschaffende/00257/00261/?lang=de (25.06.06).
346 Beschaffungskommission des Bundes, Instrumente zur Durchsetzung von Art. 8 BoeB, Quelle: http://www.bbl.admin.ch/bkb_kbob/beschaffungswesen/00254/00497/00828/index.html?lang=de (08.02.06).

ben werden, die gleichermassen Menschen mit Persönlichkeitsmerkmalen im Sinne von Art. 8 Abs. 2 BV im Betrieb beschäftigen. Insbesondere könnte dies in Bezug auf Menschen mit Behinderungen gelten, da hier gleich wie im Bereich des Gleichbehandlungsgrundsatzes von Frau und Mann hinsichtlich Entlöhnung auf Verfassungsebene ein Auftrag zur Realisierung formuliert ist.

3.6.6 Diskriminierungsschutz im Gleichstellungsgesetz für Menschen mit Behinderung

Das Behindertengleichstellungsgesetz hat zum Zweck, Benachteiligungen zu verhindern, zu verringern oder zu beseitigen, denen Menschen mit Behinderungen ausgesetzt sind (Art. 1 Abs. 1 BehiG). Die Menschen mit Behinderungen sollen soziale Kontakte pflegen, sich aus- und fortbilden und einer Erwerbstätigkeit nachgehen können (Art. 1 Abs. 2 BehiG).

Art. 2 Abs. 1 BehiG definiert «Mensch mit Behinderung» als «eine Person, der es eine voraussichtlich dauernde körperliche, geistige oder psychische Beeinträchtigung erschwert oder verunmöglicht, alltägliche Verrichtungen vorzunehmen, soziale Kontakte zu pflegen, sich fortzubewegen, sich aus- und fortzubilden oder eine Erwerbstätigkeit auszuüben.» Der Behinderungsbegriff im BehiG ist eng gefasst. Die körperliche, geistige oder psychische Beeinträchtigung muss voraussichtlich dauernd beeinträchtigt sein. Krankheits- und unfallbedingte Beeinträchtigungen, die diesen Kriterien nicht entsprechen, fallen nicht unter den Behinderungsbegriff[347]. Die Legaldefinition des Begriffs sieht weiter vor, dass die Beeinträchtigung u.a. die Ursache für die Erschwernis oder Unmöglichkeit darstellen muss, eine Erwerbstätigkeit auszuüben.

Bei der HIV-Infektion handelt es sich um eine nach dem heutigen Stand der Wissenschaft voraussichtlich dauernde körperliche Beeinträchtigung. Je nach Schweregrad der Erkrankung kann die Erwerbsfähigkeit aufgrund der HIV-Infektion eingeschränkt sein. Diesfalls liegt eine Behinderung vor. Wenn nicht die HIV-Infektion als solche, sondern die Stigmatisierung die Erwerbstätigkeit erschwert oder verunmöglicht, liegt ebenfalls eine Behinderung im Sinne des BehiG vor. Es handelt sich diesfalls um eine sozial konstruierte Behinderung, die im verfassungsrechtlichen Begriff der Behinderung (Art. 8 Abs. 2 und 4 BV) miterfasst ist.

Nach Art. 2 Abs. 2 BehiG liegt eine «Benachteiligung» vor, wenn «Behinderte rechtlich oder tatsächlich anders als nicht Behinderte behandelt und dabei ohne sachliche Rechtfertigung schlechter gestellt werden als diese, oder wenn eine unterschiedliche Behandlung fehlt, die zur tatsächlichen Gleichstellung Behinderter und nicht Behinderter notwendig ist.» Hier greift der Gesetzgeber die vom Bundesgericht auf Diskri-

---

347 LANDOLT, S. 411.

minierungsfälle angewandte Formel auf, dass Gleiches nach Massgabe seiner Gleichheit gleich und Ungleiches nach Massgabe seiner Ungleichheit ungleich behandelt werden muss. Eine Benachteiligung beim Zugang zu Bauten usw. liegt nach der Definition in Art. 2 Abs. 3 BehiG vor, wenn der Zugang für Behinderte aus baulichen Gründen nicht oder nur unter erschwerenden Bedingungen möglich ist.

Art. 6 BehiG sieht ein Diskriminierungsverbot für Private vor, die Dienstleistungen öffentlich anbieten. Das Anbieten von Arbeitsangeboten stellt keine Dienstleistung in diesem Sinne dar, insoweit ist die Bestimmung im vorliegenden Kontext nicht relevant. Hingegen liegt bei privaten Stellenvermittlern eine Dienstleistung vor. Folglich dürfen private Stellenvermittler Arbeitsuchende mit einer Behinderung nicht diskriminieren. Die Verordnung zum BehiG definiert in Art. 2, was eine Diskriminierung im Sinne von Art. 6 und 8 Abs. 3 des BehiG darstellt. Eine Diskriminierung liegt vor, wenn Behinderte besonders krass unterschiedlich und benachteiligend behandelt werden und dies mit dem Ziel oder der Folge, sie herabzuwürdigen oder auszugrenzen.

Das BehiG enthält keine Vorschriften für private Arbeitgeber, jedoch Bestimmungen, die den Bund als Arbeitgeber zur Integration von Menschen mit Behinderung verpflichten. Nach Art. 13 BehiG muss der Bund als Arbeitgeber alles daran setzen, Behinderten gleiche Chancen wie Nichtbehinderten anzubieten. Er hat bei allen Arbeitsverhältnissen und auf allen Ebenen, insbesondere jedoch bei der Anstellung, die zur Umsetzung des Gesetzes erforderlichen Massnahmen zu ergreifen. In der Verordnung zum BehiG, der Behindertengleichstellungsverordnung (BehiV)[348], sind im sechsten Abschnitt in den Artikeln 12–15 Bestimmungen vorgesehen, die den Arbeitgeber im Bereich des Bundespersonals in die Pflicht nehmen. Bundesarbeitgeber im Sinne des BehiG sind nach Art. 2 lit. e BehiV der Bundesrat, die Bundesversammlung, die Schweizerische Post, die Schweizerischen Bundesbahnen, das Bundesgericht und der ETH-Rat.

Nach Art. 12 BehiV hat der (Bundes)Arbeitgeber die notwendigen Massnahmen zur Gestaltung behinderungsgerechter Arbeitsplätze zu ergreifen, insbesondere betreffend Arbeitsplatz und Arbeitsraum, Arbeitszeit, berufliche Weiterbildung und Karriereplanung. Art. 13 BehiV verpflichtet den Arbeitgeber zur Ernennung eines Integrationsbeauftragten aus dem Personal. Das Eidg. Personalamt ist die zuständige Stelle zur Koordination der Umsetzung der betrieblichen Gleichstellung von Menschen mit Behinderung in der Bundesverwaltung (Art. 15 BehiV).

Kernstück der Arbeitgeberverpflichtungen bildet Art. 14 BehiV, der eine Begründungspflicht des Arbeitgebers festschreibt, wenn eine behinderte Person den begründeten Verdacht hat, dass sie wegen ihrer Behinderung nicht angestellt wurde. Die Begründung muss schriftlich erfolgen.

---

348 Verordnung über die Beseitigung von Benachteiligungen von Menschen mit Behinderungen vom 19. November 2003, SR 151.31.

Keine weiteren Angaben sind dem BehiG und der BehiV über die Folgen einer diskriminierenden Nichtanstellung zu entnehmen. Die Frage bildete weder Gegenstand der bundesrätlichen Botschaft noch den Verhandlungen im Parlament. Eine Nichtanstellung unter Bezugnahme auf das Kriterium «Behinderung» ohne besondere Rechtfertigung stellt jedoch eine Grundrechtsverletzung (Art. 8 Abs. 2 BV) dar und zieht eine Staatshaftung nach sich. Die Statuierung einer Begründungspflicht dient dazu, die Beweissituation der diskriminierten Person zu verbessern. Eine solche Regelung ist im GlG vorgesehen. Nach Art. 8 Abs. 1 GlG kann vom Arbeitgeber im Falle einer Nichtberücksichtigung der Bewerbung und der Geltendmachung einer geschlechtsbezogenen Diskriminierung eine schriftliche Begründung verlangt werden. Auch hier dient die Begründungspflicht dem Nachweis einer allfälligen geschlechtsbezogenen Diskriminierung. Eine vergleichbare Regelung bei diskriminierenden Kündigungen sieht Art. 335 Abs. 2 in Verbindung mit Art. 336 OR vor[349].

3.7 Diskriminierungsschutz im kollektiven Arbeitsrecht

3.7.1 Einleitung

Das kollektive Arbeitsrecht bildet neben dem Individualarbeitsrecht und dem öffentlichen Arbeitsrecht die dritte Säule des schweizerischen Arbeitsrechts. Instrument des kollektiven Arbeitsrechts bildet der Gesamtarbeitsvertrag (GAV). Der GAV ist ein Vertrag zwischen Verbänden von Arbeitnehmenden einerseits und Verbänden von Arbeitgebern oder einzelnen Arbeitgebern andererseits.

Den Vertragsparteien eines GAV wird nach Art. 357 OR das Recht zum Erlass überbetrieblicher Normen erteilt. Die Bestimmungen des GAV gelten während der Dauer des Vertrages unmittelbar für die Beteiligungen Arbeitgeber und Arbeitnehmer und können nur wegbedungen werden, wenn der Gesamtarbeitsvertrag dies vorsieht (Art. 357 Abs. 1 OR). Nach dem Günstigkeitsprinzip darf im Einzelarbeitsvertrag nur zu Gunsten, nicht aber zu Ungunsten der Arbeitnehmenden abgewichen werden (Art. 357 Abs. 2 OR).

Die normativen Bestimmungen des GAV können Abschluss-, Inhalts-, und Beendigungsnormen enthalten. Jede beliebige Frage kann Gegenstand einer Inhaltsnorm eines GAV werden, soweit dadurch nicht gegen das zwingende Arbeitsrecht verstossen wird. Gleiches gilt für die Beendigungsnormen, namentlich ist ein verstärkter Kündigungsschutz denkbar. Als Abschlussnormen sind Abschlussgebote denkbar, etwa eine Wiedereinstellungsklausel im Rahmen eines Streitabwicklungsabkommens[350].

---

349 Für den Kündigungsschutz siehe Teil 3, 3.5.5.
350 PORTMANN/STÖCKLI, Rn. 206.

Könnte ein GAV auch die Bestimmung enthalten, dass eine Kündigung aufgrund verbotener Unterscheidungskriterien zu einer Wiedereinstellung führen muss? Ohne weiteres ergibt sich diese Rechtslage nicht. Art. 336a OR hält die Sanktionen gegen die missbräuchliche Kündigung abschliessend und gemäss Art. 361 OR für beide Parteien zwingend fest. Soweit man den zwingenden Charakter der Norm auf all ihre Aspekte bezieht, ist eine Erhöhung des «Strafrahmens» oder die Statuierung einer anderen Rechtsfolge als in Art. 336a OR vorgesehen ist, unzulässig.[351] Es sprechen allerdings gute Gründe dafür, den absolut zwingenden Charakter der Norm so auszulegen, dass eine Verbesserung des Arbeitnehmerschutzes vor missbräuchlicher Kündigung in einem GAV zulässig sein soll.

Im folgenden Abschnitt interessieren diejenigen normativen Bestimmungen von Gesamtarbeitsverträgen, die einen Schutz vor Diskriminierung vorsehen. Insbesondere interessiert, ob Schutzbereich und Schutzintensität dieser Normen weiter gehen als im Persönlichkeitsschutz nach Art. 328 OR. Soweit die GAV im öffentlichrechtlichen Personalbereich angesiedelt sind, interessiert das Verhältnis der GAV-Diskriminierungsschutznormen im Verhältnis zum verfassungsrechtlichen Diskriminierungsschutz.

3.7.2 Diskriminierungsschutz im GAV bei Post, Bahn und Swisscom

Die GAV der SBB, der Post und der Swisscom enthalten Bestimmungen zum Persönlichkeits- und Diskriminierungsschutz. Die Formulierungen sind nicht identisch und lassen Rückschlüsse auf Akzentuierungen zu. Vergleichsmassstab für den Schutzbereich und die Schutzintensität bildet für öffentlichrechtliche Unternehmen nicht nur der Persönlichkeitsschutz nach OR, sondern in erster Linie der verfassungsrechtliche Diskriminierungsschutz, der diese Unternehmen unmittelbar bindet. Eine GAV-Bestimmung zum Persönlichkeits- und Diskriminierungsschutz darf zwar weiter, aber nicht weniger weit gehen, als es Art. 8 Abs. 2 der BV gebietet.

GAV SBB

Nach dem GAV SBB hat die Arbeitgeberin Massnahmen zum Schutz der Persönlichkeit der Mitarbeitenden zu treffen inklusive zur Vermeidung von Mobbing (Art. 26 Abs. 1 GAV SBB). Die SBB hat weiter dafür zu sorgen, dass das Personal vor Diskriminierungen, insbesondere wegen der Kultur, der Sprache, des Glaubens oder der Lebensform geschützt ist. In einer Vereinbarung zwischen den Vertragsparteien wird der Persönlichkeitsschutz weiter konkretisiert.

---

[351] STREIFF/VON KAENEL, N 10 zu Art. 336a OR.

Die Vereinbarung beinhaltet sowohl konkretisierende Bestimmungen zum Persönlichkeits- als auch zum Datenschutz. In Art. 1 der Vereinbarung wird der Umfang des Persönlichkeitsschutzes geregelt. Im Gegensatz zum GAV SBB wird die nicht abschliessende Liste der Persönlichkeitsmerkmale um den Schutzbereich des Geschlechts erweitert. Dabei fällt auf, dass der GAV SBB wie die Vereinbarung keinen Diskriminierungsschutz aufgrund einer Behinderung vorsehen. Angesichts der unmittelbaren Grundrechtsbindung öffentlichrechtlicher Institutionen im Verhältnis zu ihrem Personal ist die SBB schon allein aufgrund von Art. 8 Abs. 2 BV gehalten, Mitarbeitende nicht wegen ihrer Behinderung zu diskriminieren. Nach der Rechtsprechung geht das Diskriminierungsverbot des GAV SBB aufgrund der Lebensform nicht weiter als das verfassungsrechtliche Diskriminierungsverbot[352].

Die Vereinbarung anerkennt Mobbing als einen wichtigen Bestandteil des Persönlichkeitsschutzes. Art. 3 der Vereinbarung definiert Mobbing als wiederkehrende und nachhaltige Schikanen und Feindseligkeiten durch Arbeitskollegen und Vorgesetzte, die die betroffene Person auf «subtile Art psychisch in die Enge treiben».

GAV Post

Der GAV Post hält in Art. 140 verschiedene Grundsätze der Nichtdiskriminierung fest. Mitarbeitende dürfen nicht aufgrund persönlicher Merkmale wie Geschlecht, Herkunft, Sprache, Gesundheitszustand «usw.» direkt oder indirekt benachteiligt werden, namentlich nicht unter Berufung auf den Zivilstand, auf die familiäre Situation oder auf eine Schwangerschaft. Das umfassende Diskriminierungsverbot findet Anwendung auf sämtliche Phasen des Arbeitsverhältnisses, d.h., es gilt für Stellenausschreibung, Anstellung, Aufgabenzuteilung, Gestaltung von Arbeitsbedingungen, Entlöhnung, Aus- und Weiterbildung, Beförderung und Entlassung. Die GAV-Parteien verpflichten sich in ihren Bereichen zu einem aktiven Schutz der Persönlichkeit der Mitarbeitenden und zur Verwirklichung der Gleichstellung, was ein Verbot von Diskriminierung und Förderungsmassnahmen im Sinn der Schaffung faktischer Chancengleichheit beinhaltet. Weiter sollen Massnahmen zur Verhinderung von Diskriminierung, sexueller Belästigung und Mobbing getroffen werden.

Das Diskriminierungsschutznormenbündel des GAV Post unterscheidet nicht zwischen den einzelnen Persönlichkeitsmerkmalen. In der nicht abschliessenden Liste ist auch das Kriterium «Gesundheitszustand» aufgeführt, was im Vergleich zu den verfassungsrechtlichen Diskriminierungsverboten einer Erweiterung gleichkommt. Forderungen an die Verwirklichung der Gleichstellung sind nicht bloss auf das Kriterium Geschlecht beschränkt.

---

352 VPB 67 (2003), Rn. 110.

Zur Umsetzung der Gleichstellung sieht der GAV Post u.a. die Einsetzung eines Gleichstellungsbeauftragten und einer paritätischen Kommission Gleichstellung und Persönlichkeitsschutz vor. Streitigkeiten aus dem Arbeitsverhältnis mit der Post werden durch Verfügung entschieden. Es steht der Rechtsweg an die Personalrekurskommission offen.

GAV Swisscom

Der GAV Swisscom hält als Grundsatz fest, dass das Arbeitsverhältnis von Respekt und Toleranz getragen sein soll. Die Mitarbeitenden dürften auf Grund ihres Geschlechts, ihres Alters, ihrer Herkunft, Sprache und Kultur weder direkt noch indirekt benachteiligt werden. Alle Beteiligten hätten dazu ihren Beitrag zu leisten. Nach Art. 2.2 Abs. 2 achtet und schützt die Swisscom die Persönlichkeit der Mitarbeitenden und sorgt unter Beachtung der Ergonomie für einen angemessenen Gesundheitsschutz. Zur Durchsetzung des Rechts auf Persönlichkeitsschutz sieht der GAV vor, dass Mitarbeitende bei Konflikten, u.a. im Zusammenhang mit Persönlichkeitsverletzungen, eine Vertrauensperson beiziehen können.

Auffallend beim GAV Swisscom ist die Beschränkung des Diskriminierungsverbotes auf die Kriterien «Geschlecht», «Alter», «Sprache» und «Kultur». Eine Diskriminierung aus anderen Gründen bleibt auf dem Hintergrund von Art. 8 Abs. 2 BV und der Grundrechtsbindung der Swisscom ebenfalls unzulässig.

3.7.3 Diskriminierungsschutznormen in GAV der Privatwirtschaft

Fehlende Übersicht

Eine systematische Übersicht zu Diskriminierungsschutznormen in GAV der Privatwirtschaft fehlt. Aus dem Jahre 2002 liegt eine Studie zur Verankerung von Gleichstellungsnormen bezüglich Gleichstellung aufgrund des Geschlechts vor. Die Studie zeigt, dass die Gleichstellung in den einzelnen Branchen sehr unterschiedlich verankert ist. Aufschlussreich ist weiter, dass in Gesamtarbeitsverträgen mit starker Frauenbeteiligung an der Erarbeitung deutlich mehr Gleichstellungsfortschritte erzielt worden sind. Verträge aus dem öffentlichrechtlichen Bereich (Post, SBB, Swisscom, SRG) sind eher gleichstellungsfreundlich[353].

Der GAV in der chemischen Industrie

Im GAV für Basler Pharma-, Chemie- und Dienstleistungsunternehmen anerkennen die Sozialpartner in Art. 2 den Grundsatz der Gleichbehandlung. Der Gleichbehand-

---

[353] FANKHAUSER, S. 2.

lungsgrundsatz gilt unabhängig von Geschlecht, politischer Überzeugung, Konfession, Nationalität oder Rasse. Die Persönlichkeitsmerkmale wie Gesundheit, Behinderung oder HIV/Aids sind nicht aufgeführt. Die Liste der Persönlichkeitsmerkmale, aufgrund derer nicht diskriminiert werden darf, ist nach Wortlaut des Vertrages abschliessend. Der Gleichbehandlungsgrundsatz wie auch die Verpflichtung zur faktischen Gleichstellung von Frau und Mann verpflichten die Arbeitgeber in allen Phasen des Arbeitsverhältnisses, also auch in der Phase der Bewerbung bzw. des Selektionsentscheides. Demgegenüber enthält der GAV keine spezifischen Bestimmungen zum Schutz der Persönlichkeit während des Arbeitsverhältnisses und auch nicht bezüglich missbräuchlicher Entlassungen. Die entsprechenden Bestimmungen des OR (Art. 328 und Art. 336 OR) sind indes zwingender Natur und können nicht durch den GAV derogiert werden.

3.7.4 Bedeutung der GAV-Diskriminierungsschutznormen bei HIV/Aids

Die Analyse der GAV SBB, Post, Swisscom und der Pharma zeigt, dass nur der GAV Post Diskriminierungsschutzbestimmungen enthält, die den verfassungsrechtlichen Schutzbereich aus Art. 8 BV erweitern (Kriterium Gesundheitszustand). Eine Anstellungsverweigerung unter Bezugnahme auf das Kriterium HIV/Aids müsste bei der Post qualifiziert gerechtfertigt werden, was nur bei einer eigentlichen gesundheitlichen Nichteignung denkbar ist. Daraus lässt sich ein Anspruch auf Begründung einer Bewerbungsabsage ableiten.

4 Diskriminierungskonstellationen und ihre Rechtsfolgen

4.1 Vorgehen

Im vorigen Kapitel sind Diskriminierungskonstellationen beschrieben und in verschiedene Phasen unterteilt. Die Rechtslage bezüglich HIV/Aids-Diskriminierung im Arbeitsverhältnis wird dort in allgemeiner Form erläutert. An dieser Stelle folgt ausgehend von den typischen Diskriminierungskonstellationen, wie sie in der Tabelle 1 (S. 68) zusammenfassend dargestellt sind, die konkrete Beantwortung der aufgeworfenen Rechtsfragen. Unsere Antworten stützen sich auf die Ergebnisse der ausführlichen Analyse der Rechtslage in der Schweiz[354]. Die Rechtsfragen beantworten wir sowohl nach der Rechtslage im privaten wie im öffentlichrechtlichen Arbeitsverhältnis. In einem ersten Schritt fragen wir nach der Zulässigkeit des diskriminierenden Verhaltens. Anschliessend nehmen wir Stellung zu den Rechtsfolgen (Schadenersatz, Genugtuung). Zusammenfassend folgen zu jeder Diskriminierungsphase Hinweise zur Beweisrechtslage.

Da die Rechtslage im vorangehenden Teil bereits umfassend dargestellt wurde, erfolgen hier die Antworten mit äusserster Kürze und Prägnanz. Wir verzichten weitgehend darauf, die ausführlichen Hinweise auf Lehre und Rechtsprechung zu wiederholen.

4.2 Diskriminierung im Bewerbungsverfahren

4.2.1 Information über den HIV-Status

Ist die Beschaffung der Information über den HIV/Aids-Status der Stellenbewerbenden durch den Arbeitgeber zulässig?

Es ist faktisch unmöglich, den aktuellen HIV/Aids-Status sämtlicher Mitarbeitenden eines Betriebes zu kennen. Die Arbeitsabläufe müssen jedoch in jedem Berufsfeld so ausgestaltet sein, dass bei Einhaltung der nötigen Vorsichtsmassnahmen keine HI-Virus-Übertragung erfolgen kann. Dem Arbeitgeber steht deshalb die Information über den HIV/Aids-Status der Stellenbewerbenden nicht zu.

Die Beschaffung der Information über den HIV/Aids-Status der Arbeitnehmerin durch den Arbeitgeber ist nicht zulässig, unabhängig davon, ob sie durch direktes Befragen im Bewerbungsgespräch, durch einen Fragebogen oder auf andere Weise erfolgt. Eine Ausnahme besteht, wenn der negative HIV/Aids-Status eine Voraussetzung für die

---

[354] Siehe Teil 3, 3.

Erfüllung des Arbeitsvertrages bildet. Das trifft nur dann zu, wenn die Arbeitstätigkeit in einem Land vorgesehen ist, das zur Erteilung der Einreiseerlaubnis den Nachweis eines negativen HIV-Testes erfordert[355].

Die Frage nach dem HIV/Aids-Status muss nicht wahrheitsgemäss beantwortet werden (Notwehrrecht der Lüge), wenn sich der Arbeitgeber unzulässigerweise die Information über den HIV-Status durch eine entsprechende Frage im Bewerbungsprozedere zu beschaffen versucht.

Welche Rechtsfolgen zieht die (allenfalls) unzulässige Informationsbeschaffung des Arbeitgebers nach sich?

Wegen einer falschen Antwort auf die unzulässige Arbeitgeberfrage nach dem HIV/Aids-Status kann der Arbeitgeber, wenn er später von der HIV-Infektion erfährt, nicht die Nichtigkeit des Vertrages wegen Täuschung (Art. 28 OR) geltend machen oder das Arbeitsverhältnis fristlos künden (Art. 336 OR). Im öffentlichrechtlichen Arbeitsverhältnis ist die Rechtslage analog.

Wenn die Arbeitnehmerin die an sich unzulässige Frage nach dem HIV/Aids-Status wahrheitsgemäss beantwortet, stellt dies eine Einwilligung in die Datenbearbeitung dar und die Datenschutzverletzung ist gerechtfertigt.

Lässt die Arbeitgeberin regelmässig Stellenbewerbende einen Fragebogen ausfüllen, der die Persönlichkeit verletzende Fragen enthält, liegt ein Systemfehler vor. Der Eidgenössische Datenschutzbeauftragte muss in dieser Situation die erforderlichen Abklärungen vornehmen und er kann gestützt darauf an den verantwortlichen Arbeitgeber eine Empfehlung zur Änderung oder Unterlassung dieser Form der Datenbearbeitung abgeben.

Beschafft sich die Arbeitgeberin die Information über den HIV/Aids-Status auf anderen Wegen (bspw. über die Versicherung oder durch Referenzauskünfte o.ä.), ist Art. 328b OR i.V.m. Art. 4 Abs. 1 DSG (Gebot der rechtmässigen Beschaffung von Personendaten) verletzt. Ein Rechtfertigungsgrund entfällt.

Die Datenschutzverletzung kann den Auslöser für den negativen Selektionsentscheid bilden[356].

4.2.2 HIV/Aids als Grund zur Nichtanstellung

Stellt die Nichtanstellung wegen einer HIV-Infektion oder wegen einer angenommenen HIV-Infektion ein rechtlich zulässiges Verhalten dar?

---

355 Siehe Fn. 250.
356 Siehe gleiches 4.4.1.

Die HIV-Infektion stellt ein unveränderliches persönlichkeitsbestimmendes Merkmal dar. Sie fällt als sozial konstruierte Behinderung unter den Schutz des Diskriminierungsverbotes aufgrund einer Behinderung nach Art. 8 Abs. 2 BV und stellt verfassungsrechtlich ein eigenständiges Diskriminierungsmerkmal dar.

Im öffentlichen Dienstrecht stellt die Nichtanstellung mit der (einzigen) Begründung des Vorliegens eines positiven HIV/Aids-Status eine Verletzung des verfassungsrechtlichen Diskriminierungsverbotes dar.

Im privatrechtlichen Arbeitsverhältnis ist die Persönlichkeit der Stellenbewerbenden durch die auf Art. 2 ZGB fussende Rechtsfigur der *culpa in contrahendo*, Art. 28 ZGB und durch eine Vorwirkung von Art. 328 und 328b OR geschützt. Wird für den Selektionsentscheid an den HIV/Aids-Status an sich angeknüpft, stellt dies dann eine Persönlichkeitsverletzung dar, wenn keine Rechtfertigungsgründe geltend gemacht werden können. Bis auf den seltenen Ausnahmefall, dass die HIV-Infektion an sich die Erfüllung des Arbeitsvertrages verunmöglicht, sind keine Rechtfertigungsgründe ersichtlich.

Die Nichtanstellung wegen einer HIV-Infektion oder wegen einer angenommenen HIV-Infektion ist weder im öffentlichrechtlichen noch im privatrechtlichen Bereich zulässig.

Was sind die Rechtsfolgen, falls das Verhalten rechtlich unzulässig ist?
Im Falle der ungerechtfertigten Nichtanstellung durch eine staatliche Stelle kommt die Haftung des Staates bei Grundrechtsverletzungen zum Tragen. Schadenersatz und Genugtuung müssen gestützt auf das einschlägige Staatshaftungsrecht geltend gemacht werden.

Ein Recht auf Anstellung kann weder aus der Grundrechtshaftung noch aus anderem Rechtsgrund abgeleitet werden. Insbesondere sieht auch das BehiG kein solches Recht bei diskriminierender Nichtanstellung aufgrund einer Behinderung vor.

In privatrechtlichen Arbeitsverhältnissen bzw. Bewerbungsverhältnissen stützt sich ein allfälliger Schadenersatz- und Genugtuungsanspruch auf Art. 41 OR (wenn Art. 28 ZGB verletzt ist) bzw. Art. 97ff. OR (falls eine Vorwirkung von Art. 328 OR konstruiert wird).

Der kausal auf das widerrechtliche Verhalten (Persönlichkeitsverletzung) der Arbeitgeberin zurückzuführende Schaden der Stellenbewerberin besteht in den nutzlosen Aufwendungen für die Bewerbung. Im Falle einer vertraglichen Haftung wird das Verschulden des Arbeitgebers vermutet, während es bei der ausservertraglichen Haftung vom Geschädigten bewiesen werden muss. Sind die genannten Haftungsvoraussetzungen erfüllt, schuldet der Arbeitgeber Schadenersatz.

Eine Nichtanstellung aufgrund der HIV-Infektion stellt eine Herabwürdigung einer Person und eine schwere Verletzung der psychischen und sozialen Integrität dar und führt zu einem Genugtuungsanspruch.

4.2.3 HIV/Aids bedingte Beeinträchtigung der Arbeitsfähigkeit als Grund für die Nichtanstellung

Stellt die Nichtanstellung wegen einer HIV-Infektion aufgrund befürchteter (Variante: bereits bestehender) künftiger gesundheitlich bedingter Arbeitsunfähigkeit ein rechtlich zulässiges Verhalten dar?

Im öffentlichen Dienstrecht bildet bei der Geltendmachung künftiger gesundheitlicher Einschränkungen die arbeitsmedizinische Eignung für die konkrete Stelle den Prüfmassstab. Bestehen diesbezüglich keine Bedenken für die Stellenbesetzung, ist die Anknüpfung an den HIV/Aids-Status als Selektionskriterium unzulässig. Umgekehrt bedeutet dies, dass die HIV/Aids-bedingte Einschränkung der Arbeitsfähigkeit einen sachlichen Grund darstellt und im Selektionsentscheid des öffentlichrechtlichen Arbeitgebers berücksichtigt werden darf.

Im privatrechtlichen Arbeitsverhältnis verletzt die Bezugnahme auf die HIV-Infektion das Persönlichkeitsrecht der Arbeitnehmerin. Eine bestehende gesundheitliche Einschränkung für die konkret zu besetzende Stelle stellt einen zulässigen Rechtfertigungsgrund dar. Der Berufung auf künftige mögliche Einschränkungen der Arbeitsfähigkeit aufgrund der HIV-Infektion sind enge Schranken gesetzt.

Im Ergebnis ist die Berufung auf eine bestehende gesundheitliche Einschränkung sowohl dem öffentlichrechtlichen wie auch dem privatrechtlichen Arbeitgeber zuzugestehen, hingegen ist die Geltendmachung des Risikos künftiger HIV/Aids-bedingter Einschränkungen in der Regel nicht zulässig.

Welche Rechtsfolgen hat die Nichtanstellung, falls sie unzulässig ist?
In Bezug auf die Rechtsfolgen gilt das unter 4.2.2 vorgehend Gesagte.

4.2.4 Geltendmachung von Kundenanliegen als Grund für die HIV/Aids bedingte Nichtanstellung

Ist die Nichtanstellung mit der Begründung von tatsächlichen oder befürchteten negativen Reaktionen der Kunden rechtlich zulässig?

Für den öffentlichrechtlichen Arbeitgeber ist zu prüfen, ob die Geltendmachung von Kundenreaktionen einen besonders sachlichen Grund darstellt, der die Selektion unter Bezugnahme auf den HIV/Aids-Status rechtfertigen kann. Solche Gründe wären dann gegeben, wenn die Nichtanstellung einer HIV-positiven Mitarbeiterin mit dem Schutz von Grundrechten der Kunden gerechtfertigt werden müssten (z.B. Gesundheitsschutz).

Für den öffentlichrechtlichen Arbeitgeber stellt die tatsächliche oder behauptete negative soziale Reaktion der Kunden auf eine HIV-positive Mitarbeiterin kein schützenswertes Anliegen dar. Insbesondere kann sich der öffentlichrechtliche Arbeitgeber nicht auf die grundrechtlich in Art. 27 BV (Wirtschaftsfreiheit) verankerte Vertragsfreiheit berufen. Die Berufung auf die Grundrechte steht nur Privaten zu.

Im privatrechtlichen Arbeitsverhältnis ist zu prüfen, ob der Arbeitgeber ein überwiegendes privates Interesse darlegen kann, etwa die Sicherung seiner wirtschaftlichen Existenz. Der Arbeitgeber müsste beweisen, dass die Anstellung des HIV-positiven Mitarbeiters trotz zumutbaren Massnahmen des Arbeitgebers zu einem Existenzbedrohenden wirtschaftlichen Verlust führen wird. Gelingt dieser Beweis nicht, liegt eine Persönlichkeitsverletzung vor.

Welches sind die Rechtsfolgen, falls das Verhalten rechtlich unzulässig ist?
In Bezug auf die Rechtsfolgen gilt das unter 4.2.2 vorgehend Gesagte.

4.2.5   Prozessuale Fragen

Nach Art. 8 ZGB hat derjenige den Beweis zu erbringen, der sich aus der behaupteten Tatsache Rechte ableitet.

Bei einer die Persönlichkeit verletzenden Nichtanstellung muss der Arbeitnehmer die Verletzung der Persönlichkeit und deren Widerrechtlichkeit beweisen. Gelingt ihm der Beweis, liegt eine Anstellungsdiskriminierung vor, sofern der Arbeitgeber die Verletzung der Persönlichkeit nicht rechtfertigen kann. Bezüglich Schadenersatzforderung muss der Schaden und der Kausalzusammenhang zwischen der widerrechtlichen Handlung und dem Schaden bewiesen werden.

Verfahren um Anstellungsdiskriminierungen sind «Streitigkeiten aus dem Arbeitsverhältnis» i.S.v. Art. 343 OR. Damit kommt bei einem Streitwert bis zu 30 000 Franken das einfache und rasche Verfahren zur Anwendung: Es entfallen Gerichtskosten, der Sachverhalt muss von Amtes wegen festgestellt und die Beweise frei gewürdigt werden.

In Verfahren der Anstellungsdiskriminierung im öffentlichen Personalrecht besteht für die Arbeitgeber im Anwendungsbereich des Bundesgesetzes über die Gleichstellung von Menschen mit Behinderung (BehiG) auf Verlangen eine Begründungspflicht der Absage aufgrund einer Behinderung (Art. 14 BehiV).

4.3 Diskriminierung beim Vertragsabschluss

4.3.1 Selektion wegen HIV/Aids bei der Kollektivkrankentaggeldversicherung

Stellt die Aufnahme mit Vorbehalt in die KVG-Taggeldversicherung wegen einer HIV-Infektion ein rechtlich zulässiges Verhalten dar?

Die HIV/Aids-Diagnose allein ist nach heutigen medizinischen Erkenntnissen kein geeignetes Kriterium zur Festlegung einer vorbehaltsfähigen Krankheit i.S.v. Art. 69 KVG. Notwendig sind vielmehr präzisere Angaben über den Verlauf der HIV-Infektion bei den einzelnen Versicherten. Im Bereich des Krankenversicherungsgesetzes ist das Untersuchungsprinzip massgebend. Der KVG-Versicherer ist deshalb gehalten, seinen Entscheid aufgrund der relevanten medizinischen Grundlagen zu fällen.

Die Statuierung eines Gesundheitsvorbehaltes nach Art. 69 KVG aufgrund einer positiven HIV/Aids-Diagnose, ohne dass im Weiteren die medizinischen Grundlagen für einen Vorbehalt sprechen, ist nicht zulässig.

Ist die Nichtaufnahme in eine VVG-Taggeldversicherung wegen einer HIV-Infektion rechtlich zulässig?

Die Ausführungen zur KVG-Versicherung können auf die VVG-Versicherung weitgehend übertragen werden. Auch der VVG-Taggeldversicherer ist gestützt Art. 4 VVG und Art. 4 Abs. 2 DSG (Verhältnismässigkeitsprinzip, bindet den privaten Versicherer) verpflichtet, die Vornahme seines Risikoselektionsentscheides anhand objektiver Kriterien vorzunehmen.

Rechtsfolgen bei unzulässiger Nichtaufnahme in die KVG oder VVG-Taggeldversicherung

Bei der Taggeldversicherung nach KVG wird der Vorbehalt in der Form einer Verfügung angebracht. Diese kann auf dem Wege der Verwaltungsrechtspflege angefochten werden. Die Rechtsfolge besteht im Wegfallen des Vorbehaltes.

Bei der VVG-Versicherung muss die Nichtaufnahme in die Versicherung oder die Aufnahme zu schlechteren Bedingungen auf dem zivilrechtlichen Weg angefochten werden. Kann die versicherte Person den Beweis erbringen, dass der Ausschluss oder die ungünstigen Bedingungen auf falschen objektiven medizinischen Grundlagen beruhen, muss der Entscheid des Versicherers korrigiert werden.

4.3.2 Weitergehende berufliche Vorsorge

Stellt die Nichtaufnahme in die berufliche Vorsorge ein rechtlich zulässiges Verhalten dar?

Die Vorsorgeeinrichtung muss einen Gesundheitsvorbehalt mit objektiven Kriterien begründen. Die Vorsorgeeinrichtung ist berechtigt, das Risiko, aufgrund der HIV-Infektion innerhalb der längstens zulässigen Vorbehaltsperiode von fünf Jahren invalid zu werden, durch einen Vorbehalt nicht zu decken.

Die objektive Beurteilung dieses Versicherungsrisikos ist vom Risiko des Taggeldversicherers – dieser versichert die Arbeitsunfähigkeit für eine Leistung von längstens 720 Tagen – zu unterscheiden. Wie bei der Taggeldversicherung bildet aber auch in der Risikoversicherung (Tod und Invalidität) innerhalb der beruflichen Vorsorge der Status HIV-Positiv alleine kein ausreichendes Kriterium, vielmehr ist eine differenziertere medizinische Diagnose notwendig.

Welches sind die Rechtsfolgen bei einer unzulässigen Nichtaufnahme?

Ein nicht auf objektiven medizinischen Grundlagen basierender Vorbehalt ist ungültig. Die Ungültigkeit muss auf dem Klageweg (Art. 73 BVG) durchgesetzt werden.

4.3.3 Arbeitsbedingungen

Ist die Vereinbarung von schlechteren Arbeitsbedingungen wegen HIV/Aids ein rechtlich zulässiges Verhalten?

Die vertragliche Vereinbarung schlechterer Arbeitsbedingungen wegen HIV/Aids ist zulässig, solange der vereinbarte Vertragsinhalt nicht gegen die guten Sitten oder gegen das Recht der Persönlichkeit verstösst (Art. 19 Abs. 2 OR). Eine im Vergleich zu einem anderen Arbeitnehmer schlechtere Entlöhnung für vergleichbare Arbeit aufgrund der HIV/Aids-Diagnose stellt jedoch einen Verstoss gegen den Persönlichkeitsschutz nach Art. 28 ZGB dar. Eine vertragliche Einigung mit dem fraglichen Arbeitnehmer über die HIV/Aids-bedingte Schlechterstellung stellt eine Einwilligung in die Persönlichkeitsverletzung dar, was die Widerrechtlichkeit wieder aufhebt. Die Einwilligung ist nur in den Schranken von Art. 27 Abs. 2 ZGB zulässig. Ob der fragliche Vertragsinhalt gegen das Recht oder die guten Sitten verstösst, kann nur im konkreten Einzelfall festgestellt werden. Ist die Einwilligung ungültig, liegt eine Persönlichkeitsverletzung vor.

Im öffentlichen Dienstrecht verstösst die vertragliche Vereinbarung schlechterer Arbeitsbedingungen für Arbeitnehmende mit HIV/Aids gegen Art. 8 Abs. 2 BV. Bei öffentlichen Arbeitgebern des Bundes verstösst eine Ungleichbehandlung wegen einer Behinderung zudem gegen Art. 13 BehiG.

Was sind die Rechtsfolgen, falls das Verhalten rechtlich unzulässig ist?

Die Persönlichkeitsverletzung im Fall einer nicht durch Einwilligung gerechtfertigten vertraglichen Schlechterstellung eines Arbeitnehmers aufgrund der HIV/Aids-Diagnose kann vor Gericht mit der Beseitigungsklage nach Art. 28a Abs. 1 Ziff. 2 ZGB geklagt werden. Durch die Beseitigungsklage werden die ungleichen vertraglichen Bedingungen beseitigt.

Im Bereich des öffentlichen Dienstrechts erfolgt die Herstellung des rechtmässigen Zustandes durch Anfechtung der Anstellungsverfügung bzw. des Anstellungsvertrages auf dem einschlägigen Verwaltungsrechtsweg.

4.3.4 Beweisfragen

Je nach Verfahren gelten unterschiedliche Regelungen.

Die Gültigkeit eines Vorbehaltes in der Krankentaggeldversicherung nach KVG wird im Rahmen der Verwaltungsgerichtsbarkeit geprüft. Das Gericht stellt dabei unter Mitwirkung der Parteien die für den Entscheid relevanten Tatsachen fest (Art. 61 lit. c ATSG). Der massgebende Untersuchungsgrundsatz schliesst eine Beweislast im Sinne einer Beweisführungslast aus[357]. Gleiches gilt für die Verfahren um die Zulässigkeit eines Vorbehaltes in der weitergehenden beruflichen Vorsorge (Art. 73 Abs. 2 BVG).

Im Streit um einen Risikoausschluss in der privaten Krankentaggeldversicherung nach VVG ist die Beweisrechtslage wie folgt: Die Versichererfrage nach dem HIV-Test wird kraft Art. 4 Abs. 3 VVG als erheblich vermutet. Die Erheblichkeitsvermutung muss mit dem Beweis des Gegenteils umgestossen werden.

Der Beweis, eine Bestimmung des Arbeitsvertrages verstosse wegen HIV/Aids bedingter Ungleichbehandlung gegen die guten Sitten bzw. das Recht der Persönlichkeit, obliegt der Arbeitnehmerin.

4.4 Diskriminierung während der Anstellung

4.4.1 HIV/Aids-Datenschutzverletzungen[358]

Durch den Arbeitgeber und Mitarbeiterinnen

Dürfen bzw. müssen Mitarbeiterinnen oder Vorgesetzte die Information der HIV-Infektion an den Arbeitgeber weitergeben?
Eine Information einer Arbeitnehmerin (oder Vorgesetzten) über die HIV-Infektion eines bestimmten Arbeitnehmers findet keine Stütze in der arbeitsvertraglichen Treuepflicht nach Art. 321a OR. Die Bekanntgabe der HIV-Infektion an den Arbeitgeber

---

357 Eidg. Versicherungsgericht, Entscheid vom 21. August 2006, E. 3.1.
358 Die Rechtslage zu diesem Punkt wurde im öffentlichen Dienstrecht nicht näher geprüft, doch ist im Lichte der Grundrechtsbindung öffentlicher Arbeitgeber und angesichts der vergleichbar strengen Datenschutzgesetzgebung davon auszugehen, dass das Ergebnis identisch ist.

stellt eine Verletzung der Persönlichkeit der betroffenen Person im Sinne von Art. 28ff. ZGB i.V.m. Art. 12ff. DSG dar.

Der Arbeitgeber ist verpflichtet dafür zu sorgen, dass Arbeitnehmende vor widerrechtlicher Persönlichkeitsverletzung seitens anderer Mitarbeitenden oder Vorgesetzten geschützt werden (Art. 328 OR). Insbesondere kann dem Arbeitgeber zugemutet werden, dass er die Vorgesetzten und Mitarbeitenden gebührend schult und sie dabei über die rechtmässige Bearbeitung von Personendaten unterrichtet. Der Arbeitgeber verletzt seine Pflicht zum Persönlichkeitsschutz nach Art. 328 OR, wenn er nicht alle ihm zumutbaren Massnahmen trifft, um Persönlichkeitsverletzung seiner Mitarbeitenden zu verhindern.

Darf der Arbeitgeber die Information über den HIV/Aids-Status einer Mitarbeiterin Dritten bekannt geben?
Die arbeitsvertragliche Pflicht zum Persönlichkeitsschutz (Art. 328 OR) und die Beschränkung der zulässigen Datenbearbeitung (Art. 328b OR) verbietet der Arbeitgeberin, die ihr bekannte Information über den HIV/Aids-Status ihrer Arbeitnehmerin Dritten bekannt zu geben.

Für Arbeitgeber wie für alle Personen, die mit Arbeitnehmerdaten arbeiten, ist Art. 35 DSG beachtlich. Die Information über die HIV-Infektion ist im privaten wie öffentlichen Arbeitsverhältnis durch die berufliche Schweigepflicht nach Art. 35 DSG geschützt. Art. 35 DSG verbietet die vorsätzliche Bekanntgabe von geheimen, besonders schützenswerten Personendaten, die Personen während ihrer Berufsausübung erfahren.

Was sind die Rechtsfolgen, wenn die Bearbeitung der Personendaten rechtlich unzulässig ist?
Verletzt der private Arbeitgeber die Persönlichkeit eines Arbeitnehmenden nach Art. 328 OR resp. Art. 12 i.V.m. 13 DSG, stehen die zivilrechtlichen Klagen nach Art. 28 ZGB zur Verfügung. Zudem entsteht ein Anspruch auf Schadenersatz nach Art. 97ff. OR und je nach Schwere der Verletzung ein Anspruch auf Genugtuung nach Art. 49 OR.

Wer die berufliche Schweigepflicht nach Art. 35 DSG verletzt, wird auf Antrag mit Haft oder Busse bestraft.

Weitergabe der HIV/Aids-Information durch den Vertrauensarzt

Ist die Weitergabe gesundheitsrelevanter Personendaten durch den Vertrauens-Personalarzt an die Arbeitgeberin ein rechtlich zulässiges Verhalten?
Der Vertrauensarzt-Personalarzt ist an die ärztliche Schweigepflicht nach Art. 321 StGB gebunden[359]. Ohne Rechtfertigungsgrund ist es dem Vertrauens-Personalarzt

---

359   Nach bundesgerichtlicher Definition ist Geheimnis alles, was der Patient dem Arzt zwecks Ausführung des Auftrages anvertraut oder was der Arzt in Ausübung seines Berufes wahrnimmt, siehe BGE 101 Ia 11; 75 IV 73ff.

verwehrt, geheime Tatsachen an Dritte zu offenbaren[360]. Rechtfertigungsgründe nach Art. 321 Ziff. 2 StGB sind die Einwilligung des Berechtigten oder die Entbindung des Arztes von der Schweigepflicht durch eine behördliche Bewilligung.

Der Vertrauens-Personalarzt darf dem Arbeitgeber bloss die medizinische Untauglichkeit für die arbeitsvertraglich vereinbarte Tätigkeit attestieren. Er verletzt die ärztliche Schweigepflicht nach Art. 321 StGB, wenn er den Arbeitgeber über die Diagnose HIV/Aids informiert.

Im öffentlichen Arbeitsverhältnis darf der ärztliche Dienst gemäss Art. 28 Abs. 2 BPG nur soweit über Gesundheitsdaten Auskunft erteilen, als für die Beurteilung der Anstellungs-, Versicherungs- oder Arbeitstauglichkeit erforderlich ist oder die Zustimmung der betroffenen Person vorliegt. Wie im privaten Arbeitsverhältnis ist auch hier die Information über den HIV/Aids-Status durch die ärztliche Schweigepflicht i.S.v. Art. 321 StGB geschützt.

Was sind die Rechtsfolgen, falls das Verhalten rechtlich unzulässig ist?
Die Verletzung der ärztlichen Schweigepflicht nach Art. 321 StGB ist ein Antragsdelikt und wird mit Gefängnis oder Busse bestraft.

4.4.2 HIV/Aids-Mobbing

Ist der Arbeitgeber verpflichtet, Massnahmen zur Verhinderung von HIV/Aids-Mobbing zu treffen?
Nach der Bestimmung in Art. 328 OR ist die Arbeitgeberin verpflichtet, für ein taugliches Konfliktmanagement zu sorgen. Mittels Verhaltensanweisung gemäss Art. 321d Abs. 1 OR kann der Arbeitgeber das Mobbing-Verhalten der Mitarbeitenden unterbinden. Die Thematisierung des HIV/Aids-Mobbings im Betrieb und dessen Folgen können sensibilisierend wirken. Eine Ursachenanalyse, entsprechende Vorkehrungen im Betrieb, die Schulung des Personals und eine klare Informationspolitik können Mobbing verhindern. Falls der Arbeitgeber keine Massnahmen zur Verhinderung von Mobbing und zum Schutz der Persönlichkeit der betroffenen Person ergreift und es zu HIV/Aids-Mobbing kommt, verletzt er seine Pflicht zum Persönlichkeitsschutz nach Art. 328 OR.

Was sind die Rechtsfolgen, falls das Verhalten rechtlich unzulässig ist?
Siehe Rechtsfolgen unter 4.4.1. Daneben kann gemäss Art. 82 OR i.V.m. analog Art. 324 OR das Recht, die Arbeitsleistung zu verweigern, geltend gemacht werden.

---

360 TRECHSEL, S. 1018.

4.4.3 Diskriminierende Ausübung des Weisungsrechts des Arbeitgebers

Ist die Zuweisung einer vom konkreten Arbeitsvertrag nicht vorgesehene Tätigkeit wegen HIV/Aids (z.B. Versetzung vom Kundendienst in den Innendienst) rechtlich zulässig?
Von dringenden betrieblichen Bedürfnissen abgesehen, schuldet die Arbeitnehmerin nur die vertraglich übernommenen Arbeiten. Eine mit der HIV-Infektion begründete Versetzung der Arbeitnehmerin vom Kundendienst in den Innendienst verletzt deren Persönlichkeit. Erfolgt die Weisung der Arbeitgeberin aufgrund von Kundenanliegen, kann dies nur dann als Rechtfertigungsgrund gelten, wenn die Arbeitgeberin ohne die Versetzung der fraglichen Arbeitnehmerin in ihrer wirtschaftlichen Existenz bedroht ist. Gelingt dieser Nachweis nicht, ist die Versetzung sachlich nicht gerechtfertigt und damit persönlichkeitsverletzend.

Was sind die Rechtsfolgen, wenn die Weisung rechtlich unzulässig ist?
Eine rechtswidrige Weisung ist nichtig. Damit fällt auch die Befolgungspflicht des Arbeitnehmers dahin. Der Arbeitnehmerin darf aus der Nichtbeachtung der Weisung kein Nachteil erwachsen.

4.4.4 Rücksichtnahme auf die Gesundheit des Arbeitnehmenden

Stellt die fehlende Rücksichtnahme auf den Gesundheitszustand des Arbeitnehmers ein rechtlich unzulässiges Verhalten dar?
Eine für den Arbeitgeber verhältnismässige und ihm zumutbare aber fehlende Rücksichtnahme auf den Gesundheitszustand einer Arbeitnehmerin stellt eine Verletzung der Pflicht zum Gesundheitsschutz nach Art. 328 OR dar. Nach Art. 328 Abs. 2 OR hat der Arbeitgeber zum Schutz von Leben und Gesundheit der Arbeitnehmer die Massnahmen zu treffen, die nach Erfahrung notwendig und nach dem Verhältnis des Betriebes angemessen sind sowie dem Arbeitgeber billigerweise zugemutet werden können.

Eine fehlende zumutbare Rücksichtnahme auf die Gesundheit stellt überdies eine Verletzung der öffentlichrechtlichen Pflichten des Arbeitgebers gemäss Art. 6 ArG dar. Die für die Kontrolle der Bestimmungen zuständigen Behörden haben gegenüber fehlbaren Betrieben mit den Mitteln des Verwaltungszwangs für einen rechtmässigen Zustand zu sorgen.

Was sind die Rechtsfolgen, falls das Verhalten rechtlich unzulässig ist?
In Bezug auf die Rechtsfolgen gilt das unter 4.4.1 vorgehend Gesagte. Bei Verletzungen der öffentlichrechtlichen Pflicht zur Rücksichtnahme auf die Gesundheit der Arbeitnehmenden kommen die im Arbeitsgesetz vorgesehenen Sanktionen zum Tragen (Art. 54 ArG, Art. 342 Abs. 2 OR).

4.4.5 Beweisfragen

Bei allen hier aufgeführten Verfahren handelt es sich um Streitigkeiten aus einem Arbeitsverhältnis und es findet das einfache und rasche Verfahren mit Sachverhaltsfeststellung durch das Gericht nach Art. 343 OR statt (bis zu einem Streitwert von 30 000 Franken).

Der Beweis für Datenschutz- und Persönlichkeitsverletzungen muss von der Arbeitnehmerin erbracht werden. Will sich die Arbeitgeberin für die Versetzung eines Arbeitnehmers auf das Weisungsrecht berufen, obliegt ihr die Beweislast für die Rechtmässigkeit der Weisung.

4.5 Diskriminierung bei Beendigung des Arbeitsverhältnisses

4.5.1 Kündigung wegen HIV/Aids

Stellt die Kündigung wegen HIV/Aids ein rechtlich zulässiges Verhalten dar?

Privatrechtliches Arbeitsverhältnis

Nach Art. 336 Abs. 1 lit. a OR ist eine Kündigung missbräuchlich, wenn sie wegen einer Eigenschaft, die der anderen Partei[361] kraft ihrer Persönlichkeit zusteht, ausgesprochen wird. Ausnahmsweise ist eine Kündigung zulässig, wenn die Eigenschaften in einem Zusammenhang mit dem Arbeitsverhältnis stehen oder die Zusammenarbeit im Betrieb wesentlich beeinträchtigen.

Der HIV/Aids-Status ist eine persönliche Eigenschaft im Sinne von Art. 336 Abs. 1 lit a OR, unabhängig davon, ob ihr ein Krankheitswert zugeschrieben wird[362]. Ein Zusammenhang mit dem Arbeitsverhältnis besteht nur dann, wenn als Folge der HIV/Aids-Infektion die Arbeitsleistung nicht mehr gemäss Arbeitsvertrag erbracht werden kann. Ein HIV/Aids-Übertragungsrisiko am Arbeitsplatz besteht bei Anwendung einschlägiger Vorsichtsmassnahmen und verantwortungsvollem Verhalten der betroffenen Person nicht. Eine Betriebsstörung aufgrund der HIV-Infektion, etwa als Folge unadäquater Reaktionen von Mitarbeitenden oder Kunden, ist nur dann anzunehmen, wenn die Arbeitgeberin alle ihr zumutbaren Abwehrmassnahmen getroffen hat. Eine Kündigung aufgrund des HIV/Aids-Status ist nur unter den aufgeführten einschränkenden Bedingungen nicht missbräuchlich.

---

361 Das Gebot, ein Arbeitsverhältnis nicht aus missbräuchlichen Motiven zu künden, gilt für die Arbeitgeberin *und* die Arbeitnehmerin. Würde also eine Arbeitnehmerin ein Arbeitsverhältnis mit der Begründung auflösen, sie wolle nicht für einen HIV-positiven Arbeitgeber tätig sein, wäre die Missbräuchlichkeit ebenfalls gegeben.
362 BGE 116 V 239; 124 V 118.

Öffentlichrechtliches Arbeitsverhältnis (nach Bundespersonalgesetz)

Die mangelnde Tauglichkeit, die im Arbeitsvertrag vereinbarten Tätigkeiten zu verrichten, gehört zu den zulässigen Kündigungsgründen nach Art. 12 Abs. 6 BPG. Ist das Arbeitsverhältnis aus diesem Grund unzumutbar, so kann der Arbeitgeber fristlos kündigen (Art. 12 Abs. 7 BPG).

Im Falle einer missbräuchlichen Kündigung verweist Art. 6 Abs. 2 BPG auf Art. 336 OR. Eine Kündigung wegen HIV/Aids ist unter den gleichen Voraussetzungen wie im privatrechtlichen Arbeitsverhältnis missbräuchlich.

Was sind die Rechtsfolgen, falls das Verhalten rechtlich unzulässig ist?
Im privatrechtlichen Arbeitsverhältnis bleibt eine rechtsmissbräuchliche Kündigung rechtswirksam. Der betroffenen Person wird lediglich eine Entschädigung ausgerichtet (Art. 336a Abs. 1 OR). Die Entschädigung wird unabhängig von einem allfälligen Schaden ausgesprochen, denn ausschlaggebend ist die Missbräuchlichkeit. Die Höhe der Entschädigung liegt im Ermessen des Richters unter Berücksichtigung aller Umstände. Sie darf die Gesamtsumme von max. sechs Monatslöhne nicht übersteigen (Art. 336a Abs. 2 OR).

Im öffentlichen Dienst ist eine rechtsmissbräuchliche Kündigung anfechtbar. Verletzt der Arbeitgeber den sachlichen Kündigungsschutz nach Art. 14 Abs. 3 lit. a BPG, ist er verpflichtet, der betroffenen Person die bisherige Tätigkeit oder, falls dies nicht möglich ist, eine zumutbare andere Arbeit anzubieten. Kann die betroffene Person aus einem nicht selbstverschuldeten Grund beim bisherigen Arbeitgeber nicht weiterbeschäftigt werden, so hat sie einen Anspruch auf Entschädigung nach Art. 19 Abs. 3 PGB.

4.5.2 Kündigung wegen HIV/Aids bedingter Arbeitsunfähigkeit resp. Abwesenheit

Ist die Kündigung während einer krankheitsbedingten Abwesenheit ein rechtlich zulässiges Verhalten?
Nach Art. 336c Abs. 1 lit. b darf der Arbeitgeber nach Ablauf der Probezeit das Arbeitsverhältnis nicht künden, während die Arbeitnehmerin ohne eigenes Verschulden durch Krankheit oder Unfall ganz oder teilweise an der Arbeitsleistung verhindert ist. Die Dauer des zeitlichen Kündigungsschutzes (Sperrfrist) hängt von der Dauer des Arbeitsverhältnisses ab. Die Sperrfrist beträgt im ersten Dienstjahr 30 Tage, ab zweitem bis zum fünftem Dienstjahr 90 Tage und ab sechstem Dienstjahr 180 Tage.

Nach Ablauf der Sperrfrist ist die Kündigung wegen HIV/Aids-bedingter Arbeitsunfähigkeit dann nicht missbräuchlich i.S.v. Art. 336 OR, wenn die Arbeitgeberin gegenüber dem erkrankten Mitarbeiter die mit Blick auf Art. 328 OR erforderliche

Rücksichtnahme gezeigt hat. Das Kündigungsmotiv liegt zwar teilweise in der persönlichen Eigenschaft des Arbeitnehmers, diese Eigenschaft steht aber in einem Zusammenhang mit dem Arbeitsverhältnis. Die Arbeitsleistung kann krankheitsbedingt nicht mehr gemäss Arbeitsvertrag erbracht werden. Die Kündigung ist nach Art. 336 OR gerechtfertigt.

Im öffentlichen Arbeitsverhältnis verweist Art. 14 Abs. 1 lit. c BPG auf den zeitlichen Kündigungsschutz nach Art. 336c OR.

Was sind die Rechtsfolgen, falls das Verhalten rechtlich unzulässig ist?
Nach Art. 336c Abs. 2 OR sowie Art. 14 Abs. 1 lit. c BPG ist eine während der Sperrfrist ausgesprochene Kündigung nichtig. Der Arbeitgeber muss nach Ablauf der Sperrfrist nochmals kündigen, falls er an der Kündigung festhalten will.

4.5.3 Kündigung wegen befürchteter zukünftiger Nachteile

Ist die Kündigung aufgrund befürchteter zukünftiger Arbeitsunfähigkeit wegen HIV/Aids ein rechtlich zulässiges Verhalten?
Massgebend für die Arbeitsfähigkeit eines Arbeiternehmers ist die momentane medizinische Tauglichkeit. Befürchtungen, dass die betroffene Person zu einem späteren Zeitpunkt HIV/Aids-bedingt arbeitsunfähig werden könnte, rechtfertigt eine Kündigung nicht. Die Kündigung ist deshalb im Sinne von Art. 336 OR missbräuchlich, weil das Kündigungsmotiv in der persönlichen Eigenschaft der betroffenen Arbeitnehmerin liegt, die nicht in einem Zusammenhang mit dem Arbeitsverhältnis steht.

Was sind die Rechtsfolgen, falls das Verhalten rechtlich unzulässig ist?
Zu den Rechtsfolgen siehe vorne 4.5.1, missbräuchliche Kündigung.

4.5.4 HIV/Aids bedingte Konflikte als Kündigungsgrund

Ist eine Kündigung während einer Arbeitsunfähigkeit/Abwesenheit, deren Ursachen auf eine HIV/Aids bedingte Diskriminierung im Betrieb zurückzuführen sind, ein rechtlich unzulässiges Verhalten?
Wie dargestellt, ist die Kündigung aufgrund HIV/Aids bedingter Arbeitsunfähigkeit nach Ablauf der Sperrfrist zulässig. Ist die Arbeitsunfähigkeit jedoch die Folge missachteter Pflicht zum Persönlichkeitsschutz durch die Arbeitgeberin, ist die Kündigung missbräuchlich.

Was sind die Rechtsfolgen, falls das Verhalten rechtlich unzulässig ist?
Siehe dazu die Antworten zu Art. 336 OR vorne 4.4.1.

4.5.5 Prozessuales

Der Beweis der missbräuchlichen Kündigung nach Art. 336 Abs. 1 lit. a OR ist von der gekündigten Person zu erbringen (Art. 8 ZGB). Sie muss nicht nur die Missbräuchlichkeit der Kündigung, sondern auch die Kausalität zwischen dem Missbrauchstatbestand und der Kündigung beweisen, d.h., sie muss beweisen, dass ihr tatsächlich aus dem missbräuchlichen Grund gekündigt worden ist. Es genügt eine hohe Wahrscheinlichkeit[363]. Dem Arbeitgeber obliegt der Beweis der Rechtfertigungsgründe.

Liegen mehrere Gründe für die Kündigung vor, wovon einige missbräuchlich sind, so ist vom Gericht zu entscheiden, welcher Kündigungsgrund wahrscheinlich der überwiegende und ausschlaggebende Grund für die Kündigung ist[364]. Die Arbeitgeberin hat den Gegenbeweis zu erbringen, und zwar, dass die Auflösung des Arbeitsverhältnisses auch ohne die missbräuchlichen Gründe stattgefunden hätte[365]. Ein enger zeitlicher Zusammenhang zwischen Grund und Kündigung ist genügend Indiz für eine missbräuchliche Kündigung[366].

Eine Wiederholung der Kündigung mit einer unterschiedlichen Begründung innerhalb von zwei Tagen ist vergleichbar mit dem Nachschieben von Kündigungsgründen. In diesem Fall kann ähnlich argumentiert werden wie bei einer Kündigung, bei der verschiedene u.a. missbräuchliche Gründe angegeben werden. Die Wahrscheinlichkeit ist gross, dass der HIV/Aids-Status der überwiegende und ausschlaggebende Grund der Kündigung ist.

4.6 Diskriminierung in der nachvertraglichen Phase

4.6.1 Informationen über den HIV/Aids-Status

Ist die Weitergabe von Gesundheitsdaten an einen potenziellen Arbeitgeber ein rechtlich zulässiges Verhalten?
Das Arbeitszeugnis und schriftliche oder mündliche Auskünfte an einen potenziellen Arbeitgeber dürfen nur objektiv arbeitsplatzrelevante Angaben enthalten. Die Wei-

---

363 Rehbinder (Art. 336 OR), S. 93, BGE 125 II 285, JAR 1991, S. 231, JAR 1993, S. 269, JAR 1994, S. 205, JAR 1995, S. 163, JAR 2001, S. 283.
364 BGE 130 III 699.
365 Staehelin/Vischer, N 38 zu Art. 336 OR; Streiff/von Kaenel, N 20 zu Art. 336 OR; BGer, Urteil vom 6. März 2001, Doss. Nr. 4P.205/2000 (Bestätigung des Urteils de la Chambre d'appel des prud'hommes du Canton de Genève vom 29. Juni 2000).
366 JAR 1999, S. 238.

tergabe von Gesundheitsdaten (HIV/Aids) ohne Einwilligung der betroffenen Person verletzt die Persönlichkeit nach Art. 12 i.V.m. Art. 13 DSG. Verletzt ist weiter die Fürsorgepflicht des Arbeitgebers, da diese über das Arbeitsverhältnis hinaus nachwirkt.

Im Bereich des öffentlichen Personalrechts dürfen Angaben über die Gesundheit (besonders schützenswerte Daten) nur weiter gegeben werden, wenn ein formelles Gesetz es ausdrücklich vorsieht (Art. 17 Abs. 2 DSG). Die Weitergabe der Gesundheitsdaten kann ausnahmsweise gerechtfertigt sein, wenn die Angaben für eine in einem formellen Gesetz klar umschriebene Aufgabe unentbehrlich sind, die betroffene Person zur Weitergabe der Daten eingewilligt hat oder aus den Umständen eine Einwilligung vorausgesetzt werden kann oder wenn die betroffene Person die Daten allgemein zugänglich gemacht hat (Art. 17 Abs. 2 i.V.m. Art. 19 Abs. 1 DSG).

Die Weitergabe der HIV/Aids-Information ohne Rechtfertigungsgrund ist rechtlich nicht zulässig und verletzt die Persönlichkeit des betroffenen Arbeitnehmers nach Art. 12 i.V.m. Art. 13 DSG resp. die Fürsorgepflicht des Arbeitgebers nach Art. 328 OR.

Was sind die Rechtsfolgen, falls das Verhalten rechtlich unzulässig ist?
Im Verhältnis unter Privaten kann die betroffene Person gemäss Art. 15 Abs. 1 DSG die Rechtsansprüche nach Art. 28ff. ZGB geltend machen. Sie kann vom Gericht die Widerrechtlichkeit der Persönlichkeitsverletzung feststellen lassen (Art. 28 Abs. 1 Ziff. 3 ZGB) und auf Schadenersatz, Genugtuung und die Herausgabe des entgangenen Gewinns klagen (Art. 28 Abs. 3 ZGB). Gemäss Art. 15 Abs. 1 DSG kann die betroffene Person insbesondere gegenüber dem privaten Arbeitgeber verlangen, dass die Weitergabe an Dritte gesperrt wird.

Kann der betroffene Arbeitnehmer im öffentlichen Dienstverhältnis ein schutzwürdiges Interesse glaubhaft machen, kann er ebenfalls die Sperrung der Bekanntgabe von bestimmten Personendaten verlangen. Gemäss Art. 25 DSG wird die Widerrechtlichkeit der Weitergabe im Verwaltungsverfahren festgestellt. Die Verfügung kann mit Beschwerde bei der Eidgenössischen Datenschutzkommission angefochten werden.

Die betroffene Person kann die Datenschutzverletzung – ob im privaten oder öffentlichen Arbeitsverhältnis – auch durch den Datenschutzbeauftragten abklären lassen (Art. 26ff. DSG). Unter Mitarbeit des privaten Arbeitgebers oder des betreffenden Bundesorgans wird der Sachverhalt näher abgeklärt. Wird eine Datenschutzverletzung festgestellt, empfiehlt der Datenschutzbeauftragte, die widerrechtliche Weitergabe von Personendaten zu unterlassen (Art. 27 DSG). Wird die Empfehlung nicht befolgt oder abgelehnt, so wird im privaten Arbeitsverhältnis die Eidgenössische Datenschutzkommission und im öffentlichen das entsprechende Departement oder die Bundeskanzlei in der Angelegenheit entscheiden.

5 Würdigung des Diskriminierungsschutzes

5.1 Allgemeines

Weder im privatrechtlichen Arbeitsrecht noch im öffentlichrechtlichen Personalrecht existiert ein spezifischer Schutz vor HIV/Aids-Diskriminierung im Arbeitsleben. Die Analyse der Rechtsgrundlagen für das privat- und öffentlichrechtliche Arbeitsverhältnis zeigen jedoch auf, dass sowohl der Status HIV-Positiv wie auch die HIV/Aids bedingte Arbeitsunfähigkeit unter bestehende Schutzkonzepte subsumiert werden können.

Im Bundespersonalrecht wird über den Schutz vor Diskriminierung aufgrund einer Behinderung nach BehiG hinaus kein allgemeiner Diskriminierungsschutz auf Gesetzesstufe gewährleistet. Gleiches gilt für das kantonale Personalrecht. Die verfassungsrechtlichen Diskriminierungsverbote schützen jedoch auch vor HIV/Aids-Diskriminierung. Durch die Grundrechtsbindung des öffentlichrechtlichen Arbeitgebers entfalten die Diskriminierungsverbote nach Art. 8 Abs. 2 BV Wirkung. Die Verpflichtungen aus Art. 8 Abs. 2 BV gelten auch für privatrechtliche Unternehmen, die staatliche Aufgaben übernehmen.

Im Bewerbungsverfahren dienen im privatrechtlichen Arbeitsverhältnis der ausservertragliche privatrechtliche und der arbeitsvertragliche Persönlichkeitsschutz sowie die so genannte *culpa in contrahendo* als Instrumente zum Schutze vor Diskriminierung aufgrund einer HIV-Infektion. Der vorvertragliche Austausch von besonders schützenswerten Personendaten und die dadurch entstehende besondere Beziehungsnähe setzen ein Verhalten nach Treu und Glauben voraus, damit die Persönlichkeit der Stellenbewerbenden gebührend geschützt ist. Art. 2 ZGB, der privatrechtliche Persönlichkeitsschutz nach Art. 28 ZGB sowie die Vorwirkung von Art. 328/328b OR gewähren (beschränkten) Diskriminierungschutz in der Bewerbungsphase.

Die Krankentaggeldversicherung verhindert eine Einkommenslücke infolge langandauernder Arbeitsunfähigkeit. Eine Einschränkung des Versicherungsschutzes aufgrund des bei Versicherungsbeginn bestehenden bereits belastenden Gesundheitsleidens führt zu existenziellen wirtschaftlichen Schwierigkeiten für die Betroffenen. Neuere Forschungsergebnisse über die Behandelbarkeit der HIV-Infektion zeigen auf, dass die heute noch praktizierten, den Verlauf der HIV-Infektion nicht berücksichtigenden Selektionspraktiken der Taggeldversicherer nicht zulässig sind. Eine Ungleichbehandlung unter Anknüpfung an das Kritierium HIV-Positiv muss sich sowohl für die soziale Krankentaggeldversicherung nach KVG wie auch nach der privaten Krankentaggeldversicherung nach VVG auf objektive Kriterien abstützen, d.h., es ist auf den konkreten Verlauf der HIV-Infektion bei den einzelnen Versicherten abzustützen.

Während des Arbeitsverhältnisses schützen die Pflichten des Arbeitgebers zum Persönlichkeits- und Gesundheitsschutz nach Art. 328 Abs. 1 und 2 OR und die öffentlichrechtliche Bestimmung in Art. 6 ArG die HIV-positiven oder an Aids erkrankten Arbeitnehmenden vor HIV/Aids bedingter Diskriminierung. Beachtlich ist insbesondere die arbeitsvertragliche und öffentlichrechtliche Verpflichtung des Arbeitgebers zur Rücksichtnahme auf die Gesundheit gerade auch des erkrankten Arbeitnehmenden.

Der Schutz vor HIV/Aids bedingter diskriminierender Kündigung erfolgt durch die Sanktion missbräuchlicher (aber gültiger) Kündigung nach Art. 336 OR. Im öffentlichen Personalrecht finden sich vergleichbare Schutzbestimmungen bzw. wird auf die obligationenrechtlichen Kündigungsschutzbestimmungen verwiesen. Im öffentlichen Personalrecht ist der Kündigungsschutz jedoch insofern weitergehender, als eine Kündigung aus missbräuchlichen Motiven anfechtbar ist und der Arbeitgeber verpflichtet ist, die missbräuchliche Kündigung zurückzunehmen.

5.2 Lücken im Diskriminierungsschutz

5.2.1 Im Bewerbungsverfahren

Lücken im HIV/Aids-Diskriminierungsschutz finden sich insbesondere im Bewerbungsverfahren. Zwar wurde gezeigt, dass (und wie) die offenen Konzepte des privatrechtlichen Persönlichkeitsschutzes und die im verfassungsrechtlichen Diskriminierungsschutz angelegte Übertragbarkeit auf privatrechtliche Arbeitsverhältnisse dem Gericht erlauben, HIV/Aids-Diskriminierungen im Bewerbungsverfahren zu erfassen. Dennoch ist der Schutz im Bewerbungsverfahren aus folgenden Gründen ungenügend:
– Die Beweislast für die diskriminierende Nichtanstellung trägt die klagende Partei, also die HIV-positive Stellenbewerberinnen. Der Beweis ist sehr schwierig zu erbringen, da in der Regel andere Gründe für die Nichtanstellung vorgeschoben werden können. Auch der in arbeitsvertraglichen Streitigkeiten bis 30 000 Franken geltende Untersuchungsgrundsatz verändert die Beweisrechtslage nicht grundsätzlich.
– Einen positiven Ansatz weist das BehiG bzw. die Konkretisierung in Art. 14 der BehiV mit der Statuierung einer Begründungspflicht für eine Nichtanstellung auf. Der Anwendungsbereich des BehiG ist indes auf Bundesstellen und auf das Kriterium «Behinderung» beschränkt. Zudem sind im BehiG die Rechtsfolgen einer allfälligen aufgrund einer Behinderung diskriminierenden Nichtanstellung nicht geregelt.
– Nicht adäquat sind sowohl im privatrechtlichen wie im öffentlichrechtlichen Arbeitsverhältnis die Rechtsfolgen einer diskriminierenden Nichtanstellung; insbesondere fehlen abschreckende Sanktionen.

5.2.2 Während des Arbeitsverhältnisses

In dieser Phase erweist sich weniger das Fehlen geeigneter Normen zum Schutz vor Diskriminierung als problematisch als vielmehr die lückenhafte Umsetzung und fehlende Wirksamkeit, wie bspw. im Fall eines HIV/Aids-Mobbing gegen einen betroffenen Mitarbeiter in einem Betrieb. Es stellen sich insbesondere die Fragen, ob und wie die zuständigen Verwaltungsstellen die in Art. 6 ArG enthaltene öffentlichrechtliche Pflicht des Arbeitgebers zum Schutz der Integrität der Arbeitnehmenden wirksam kontrollieren können. Die zivilrechtliche Klagemöglichkeit wegen Verletzung des Persönlichkeitsschutzes erweist sich angesichts des Prozessrisikos und des empirischen Risikos des darauf folgenden Arbeitsplatzverlustes als eher illusorisch.

Die Bestimmung in Art. 328b OR resp. der durch das DSG gewährleistete Persönlichkeitsschutz erscheint vordergründig als genügender Schutz vor persönlichkeitsverletzender Datenbearbeitung durch unsorgfältigen betrieblichen Umgang mit der Information über die HIV/Aids-Diagnose. In der Praxis zeigt sich jedoch, dass der Nachweis einer unzulässigen Datenbearbeitung schwierig zu erbringen ist. Die Sensibilität der HIV/Aids-Information erschwert es der betroffenen Person ausserdem, eine Persönlichkeitsverletzung im Rahmen des DSG geltend zu machen, da die ursprünglich geheimen Daten einem noch weiteren Personenkreis bekannt würden.

Nachwievor ungelöst sind die Probleme des Datenaustausches zwischen Arbeitgeber und Versicherung bei der Vornahme der Risikoselektion und der Information des Versicherers über das Ergebnis an den Arbeitgeber.

In hohem Masse problematisch ist die Lücke des fehlenden Versicherungsschutzes für arbeitsunfähige von HIV/Aids betroffene Mitarbeitende als Folge entsprechender Risikoausschlüsse durch die Taggeldversicherer. Soweit solche Ausschlüsse überhaupt nach geltender Rechtslage zulässig sind, ist *de lege ferenda* zu prüfen, ob Risikoausschlüsse aufgrund einer HIV-Infektion oder auch aufgrund anderer chronischen Krankheiten nicht generell unzulässig sein müssten.

5.2.3 Kündigungsschutz

Im Bereich des Kündigungsschutzes lassen sich folgende Lücken feststellen:
- Während der Probezeit besteht kein Schutz vor Kündigung bei krankheitsbedingter Arbeitsunfähigkeit und im ersten Dienstjahr beträgt die Schutzfrist lediglich einen Monat.
- Die Beweislast für eine Kündigung aus missbräuchlichen Motiven trägt die Arbeitnehmerin. Zwar verhilft die gesetzlich verankerte Begründungspflicht einer Kündigung hier ansatzweise zu einer verbesserten Ausgangslage für die Erbringung eines Beweises einer diskriminierenden Kündigung. Gleichzeitig eröffnet die

Begründungspflicht jedoch die Möglichkeit, andere als diskriminierende Kündigungsgründe vorzuschieben. Die Ausgangslage für die (mutmasslich) aus diskriminierenden Motiven gekündigte Partei würde bei einer eigentlichen Beweislastumkehr, wie sie auch das Gleichstellungsgesetz aufgrund des Geschlechts kennt, verbessert[367].

– Die im Gesetz vorgesehenen sanktionierenden Rechtsfolgen einer diskriminierenden Kündigung – Entschädigung bis zu sechs Monatslöhnen - werden in der Rechtspraxis selten in maximaler Höhe ausgesprochen. Die Abschreckungswirkung wird schon durch den auf sechs Monatslöhne eingeschränkten Sanktionsrahmen und erst recht durch den selten ausgeschöpften Spielraum erheblich eingeschränkt[368].

5.2.4 Gesamtbilanz und Ausblick

Die Gesamtbilanz des auf den heutigen Grundlagen bestehenden rechtlichen Schutzes vor HIV/Aids bedingter Diskriminierung im Arbeitsleben fällt durchzogen aus. Positiv ist zu vermerken:
– Die offene Formulierung im Verfassungsrecht («Niemand darf diskriminiert werden…») und die Konzeption des privatrechtlichen Persönlichkeitsschutzes ermöglichen, Arbeitnehmende mit positiver HIV/Aids-Diagnose vor Diskriminierung zu schützen. Orientierung für einen (wünschenwerten) auf rationalen Gründen basierenden Umgang mit HIV-positiven Arbeitnehmenden bildet der Beschwerdeentscheid i.S. der Ablehnung eines HIV-positiven auszubildenden technischen Operationsassistenten[369].
– Die in der Praxis bedeutsame Problematik der Ungleichbehandlung von Arbeitnehmenden mit positiver HIV/Aids-Diagnose im Bereich der nicht obligatorischen Arbeitnehmerversicherungen liesse sich etwas entschärfen, wenn die Versicherer mit den schon heute bestehenden Rechtsgrundlagen zur differenzierten Risikobeurteilung gebracht werden könn(t)en.

Bei den negativen Aspekten fallen folgende Aspekte besonders ins Gewicht:
– die fehlende Wirksamkeit des bestehenden Schutzes (mangelnde Vollzugskontrolle im Arbeitsgesetz);
– das Fehlen abschreckender Sanktionen;

---

367 Einen Reformbedarf des Rechts der missbräuchlichen Kündigung sieht auch REITER, S. 1092, in ihrer Analyse von Art. 336 OR im Lichte der Menschenrechte.
368 REITER, S. 1092 schlägt eine Mindestsanktion von sieben und eine Höchstsanktion von zwölf Monatslöhnen vor.
369 Siehe Fn. 252.

– die prozessualen Hürden, vor allem die ungeeignete Beweislastverteilung;
– die Selektionsmöglichkeiten und -praktiken der Taggeldversicherer und der Institutionen der beruflichen Vorsorge.

Der rechtliche und tatsächliche Diskriminierungsschutz sind schliesslich im Kontext der völkerrechtlichen und für die Schweiz verbindlichen Verträge zum Diskriminierungsschutz zu würdigen. Der Gesetzgeber und alle rechtsanwendenden Institutionen sind in ihrer Arbeit nicht nur dem nationalen Recht, sondern zusätzlich den Diskriminierungsschutzbestimmungen im für die Schweiz massgebenden Arbeitsvölkerrecht verpflichtet. Alle diese Institutionen und die Akteure der Zivilgesellschaft, also auch die Arbeitgeber- und die Arbeitnehmerorganisationen, sind aufgerufen, dem wirksamen Diskriminierungsschutz (auch) für Arbeitnehmende, die mit HIV oder Aids leben, zum Durchbruch zu verhelfen. Die internationalen Dokumente, sowohl die Vertragsbestimmungen wie insbesondere auch die Materialien der Überwachungsorgane, bieten für diese Arbeit wertvolle Anregungen und haben dabei die wertemässige Orientierung zu bilden.

Teil 4

HIV/Aids-Diskriminierungsschutz im Rechtsvergleich

1 Einleitung

1.1 Ziele und Vorgehensweise

Die Ergebnisse der vorangehenden Analyse der schweizerischen Rechtslage wollen wir im Folgenden mit dem Diskriminierungsschutz in Bezug auf HIV/Aids in anderen Staaten kontrastieren. Wir haben uns für die folgenden Staaten entschieden: Grossbritannien, Frankreich, Deutschland und Kanada. Wir begeben uns damit auf das Terrain der Rechtsvergleichung, wobei die Rechtsvergleichung umfassend zu verstehen ist. Insbesondere beschränkt sich der Vergleich nicht «nur» auf den deskriptiven Vergleich von Diskriminierungsschutznormen, die in den Vergleichsstaaten gelten[370]. Wir interessieren uns vielmehr auch für die Ebene der Wirkung dieser Normen. Damit die Unterschiedlichkeit oder auch Identität deutlich wird, sind nicht nur die Rechtsnormen als solche, sondern auch die Rechtsprechung und die Rechtswissenschaft in den Vergleichsstaaten zu berücksichtigen[371].

Zwischen dem in der Rechtsordnung vorhandenen Anspruch auf Schutz vor Diskriminierung und der konkreten Durchsetzung dieser Norm existiert unter Umständen eine erhebliche Diskrepanz[372]. Es ist deshalb unabdingbar, auch prozessuale Fragen (Beweislastverteilung, Prozessrisiko, unentgeltliche Rechtspflege usw.) sowie die mehr soziologisch begründete Frage, welche sozialen Risiken mit Klagen wegen Diskriminierung einhergehen, zu stellen.

Schliesslich interessieren uns auch in den Vergleichsstaaten die empirischen Realitäten der HIV/Aids-Diskriminierung im Arbeitsverhältnis, soweit diese durch Studien belegt sind. Auf die Erhebung eigener Daten müssen wir schon aus Gründen fehlender finanzieller und zeitlicher Kapazitäten verzichten.

Die Studie will die Wirksamkeit rechtlicher Regelungen und Massnahmen gegen Diskriminierung von Menschen mit HIV/Aids im Arbeitsverhältnis untersuchen. Unter rechtlichen Regelungen sind völker- und verfassungsrechtliche und gesetzliche oder durch Richterrecht geschaffene Diskriminierungsschutznormen zu verstehen. Als rechtliche Massnahmen zum Diskriminierungsschutz gelten Massnahmen zur Sozialgestaltung, die strukturelle Diskriminierung[373] durch Sensibilisierungs- und Förderungsmassnahmen bekämpfen sollen. In der Schweiz bilden Solidaritätskampagnen für Menschen mit HIV/Aids Teil der nationalen Aidspolitik. Das Bundesamt für Gesundheit (BAG) unterstützt(e) weitere Sensibilisierungsprogramme[374].

---

370 ZWEIGERT/KÖTZ, S. 27.
371 SACCO, N 8 zu Paragraph 2.
372 Zur Bedeutung dieser «praktischen Seite der Rechtsvergleichung» siehe SANDROCK, S. 2ff.
373 Zum Schutz vor struktureller Diskriminierung, siehe WALDMANN, S. 422–474.
374 Für die Evaluation IG-Benachteiligung siehe Teil 2, 5. , für die Evaluation *www.workpositive.ch* siehe Teil 2, 6.

Unser Erkenntnisinteresse über den Schutz vor Diskriminierung von Menschen mit HIV/Aids im Arbeitsverhältnis schliesst auch diese Ebene mit ein. Wir wollen mit anderen Worten wissen, welche behördlichen Massnahmen zum Schutze vor HIV/Aids-Diskriminierung im Arbeitsverhältnis in den einzelnen Vergleichsstaaten vorgesehen sind und auf welchen rechtlichen Grundlagen diese Massnahmen basieren.

Methodisch bewegen wir uns mit diesem Anspruch im Grenzbereich von Rechtsvergleichung, Rechtssoziologie und Rechtswirksamkeitsforschung[375]. Unser Vorhaben ist ambitioniert; Beschränkungen, Einschränkungen und Unvollständigkeiten sind unvermeidlich. Unser Vorgehen lässt sich in folgende Teilschritte aufteilen:

1. Ausgestaltung des rechtlichen Schutzes vor HIV/Aids bedingter Diskriminierung im Arbeitsverhältnis in den Vergleichsstaaten: Wir fragen dabei nicht: «Wie ist der Diskriminierungsschutz in den Rechtsordnungen Grossbritanniens, Frankreich, Deutschlands und Kanadas im Vergleich zur Schweiz ausgestaltet?» Die Erkenntnisfrage lautet vielmehr: «Mit welchen Instrumenten schützten die Rechtsordnungen der Vergleichsstaaten Menschen mit HIV/Aids vor Diskriminierung im Arbeitsverhältnis?» Wir gehen damit von einem praktischen, abstrakt beschriebenen Problem der Diskriminierung von Menschen mit HIV/Aids in der Arbeitswelt aus[376]. Unser Erkenntnisziel ist dabei umfassend. Sowohl Individualrechtsschutz wie auch gesetzlich vorgesehene und gestützt auf gesetzliche Grundlagen behördlich finanzierte strukturelle Diskriminierungsschutzmassnahmen gehören zum Rechtsvergleich. Das andere Recht ist dabei nicht durch die Brille der eigenen Rechtsordnung zu betrachten[377].

2. Erfahrungen in der Schweiz zeigen, dass kaum HIV/Aids-Diskriminierungsfälle vor Gericht kommen. Nichtsdestotrotz belegen die Beratungserfahrungen der Aidshilfen und empirische Studien, dass Diskriminierung eine Realität ist. Wir wollen wissen, wie die «Diskriminierungsrealität» in den Vergleichsstaaten aussieht. Zu diesem Zweck bearbeiten wir mit dem Mittel der Literaturanalyse die vorhandenen Studien. Ergänzend befragen wir in den Vergleichsstaaten verschiedene Akteure im Bereich HIV/Aids, Aidsorganisationen, staatliche Stellen und Rechtsexpertinnen nach ihren Erfahrungen und Einschätzungen über die Diskriminierungsrealitäten und die Wirksamkeit des rechtlichen Schutzes (in einem umfassenden Sinne verstanden, Individualrechtsschutz und struktureller Diskriminierungsschutz).

---

375 Siehe dazu auch Rusch, Rn. 5. Für die theoretischen Hintergründe unseres methodischen Vorgehens siehe Teil 1, 2.
376 Siehe zur richtigen Fragestellung in der Rechtsvergleichung Rusch, Rn. 15.
377 Zweigert/Kötz, S. 33.

1.2 Erkenntnisziel

Das Erkenntnisziel ist eine Antwort auf die Frage: «Wie schützt das Recht in den Vergleichsstaaten vor HIV/Aids bedingter Diskriminierung im Arbeitsverhältnis?»

Der erste Schritt in diesem Erkenntnisgewinnungsprozess bildet die Suche nach gemeinsamen Normen, mit anderen Worten eine Sichtung der Geltung völkerrechtlicher Diskriminierungsschutznormen in den Vergleichsstaaten[378]. Rechtsvergleichend interessiert, ob die Vergleichsstaaten die einschlägigen völkerrechtlichen Verträge (Internationaler Pakt über wirtschaftliche, soziale und kulturelle Recht, Internationaler Pakt über bürgerliche und politische Rechte, ILO-Konventionen, Europäische Menschenrechtserklärung) ratifiziert haben und wie diese Völkerrechtsnormen im innerstaatlichen Recht Geltung haben.

Für die Staaten Grossbritannien, Frankreich und Deutschland bildet das Gemeinschaftsrecht eine verbindliche gemeinsame Grundlage. Aus diesem Grund werden gleich eingangs des Rechtsvergleichs die wichtigsten Bestimmungen zum Diskriminierungsschutz im Recht der Europäischen Union dargestellt. Insbesondere werden die Anforderungen an die Mitgliedstaaten zur Umsetzung der Rahmenrichtlinie 2000/78/EG[379] (RL 2000/78/EG) erläutert. Rechtsvergleichend kann darauf aufbauend die Umsetzung der Richtlinien in den drei EU-Staaten bearbeitet werden. Für die Schweiz bildet das gemeinschaftsrechtliche Antidiskriminierungsrecht zwar nicht unmittelbar anwendbares Recht; es ist aber dennoch eine wichtige Orientierung sowohl für den Gesetzgeber wie auch für die Gerichte.

Die Suche nach Normen, die dem Schutz vor Diskriminierung von Menschen mit HIV/Aids im Arbeitsverhältnis im innerstaatlichen Recht der Vergleichsstaaten dienen, muss folgende Aspekte mitberücksichtigen:
– Fällt HIV/Aids unter die Diskriminierungsschutznormen im engeren Sinne, d.h. verfassungsrechtliche oder einfachgesetzliche Diskriminierungsschutznormen?
  – Dabei ist u.a. die Frage zu erörtern, ob und inwieweit HIV/Aids unter das sensible Kriterium der Behinderung fällt.
  – Weiter sind die Fragen aufzunehmen, inwieweit direkte (unmittelbare) und indirekte (mittelbare) Diskriminierungen erfasst sind, ob ein symmetrisches oder asymmetrisches Diskriminierungsverständnis vorherrscht und welche Massnahmen die Diskriminierungsschutznormen auf struktureller Ebene vorsehen.
– In welchem Verhältnis steht die Vertragsfreiheit zu den Diskriminierungsverboten im Kontext von Arbeitsverhältnissen?

---

378 Der völkerrechtliche Schutz vor Diskriminierung wird in Teil 3, 2.1. dargestellt.
379 Richtlinie 2000/78/EG des Rates vom 27. November 2000 zur Festlegung eines allgemeinen Rahmens für die Verwirklichung der Gleichbehandlung in Beschäftigung und Beruf, ABl. vom 2.12.2000, L 303/16.

- Zu untersuchen ist, ob in den Vergleichsstaaten zwischen privat- und öffentlichrechtlichen Arbeitsverhältnissen unterschieden wird und welche Folgen sich daraus für den Diskriminierungsschutz ergeben.
- (Wie) Schützt die jeweilige Rechtsordnung durch die Ausgestaltung des Datenschutzrechts vor HIV/Aids-Diskriminierung?
- (Wie) Schützt die jeweilige Rechtsordnung durch den Persönlichkeitsschutz (Delikt und/oder Vertrag) vor HIV/Aids-Diskriminierung?
- (Wie) Schützt die jeweilige Rechtsordnung durch arbeitsrechtliche Gesundheitsvorschriften vor HIV/Aids-Diskriminierung?
  - Die Beantwortung dieser Frage erfordert ein Verständnis für die Konzeption des Arbeitsrechts des jeweiligen Vergleichsstaates.
- Als eigentliche Querschnittsfragen zu den obigen Themata sind zu bearbeiten:
  - Wie werden Diskriminierungen bzw. Persönlichkeitsverletzungen, Datenschutzverletzungen, Verstösse gegen arbeitsrechtliche Gesundheitsvorschriften festgestellt (beweisrechtliche Fragen)?
  - Wie ist der Zugang zum Gericht ausgestaltet? Welche Prozessrisiken tragen Klägerinnen (Prozessbeihilfen, Verband)?
  - Welche Rechtsfolgen haben festgestellte Diskriminierungen (Schadenersatz, Genugtuung)?

1.3 Vertiefte Analyse

Auf der Grundlage der «Länderberichte» (beinhaltend den Rechtsvergleich i.e.S. und die Befragungsergebnisse über die Einschätzungen der Diskriminierungsrechtsschutzlage durch Aidsakteure) geht es in einem zweiten Schritt darum, vertiefte vergleichende Analysen vorzunehmen und im Hinblick auf das eigentliche Erkenntnisziel des Rechtsvergleichs herauszuschälen, welche Elemente des Diskriminierungsschutzes für die Schweiz nutzbar gemacht werden könnten. An dieser Stelle werden wir die vier ausländischen Rechtsordnungen untereinander und mit der Rechtslage in der Schweiz vergleichend darstellen.

2 Schutz vor HIV/Aids-Diskriminierung im Gemeinschaftsrecht

Für die EU-Mitgliedstaaten Grossbritannien, Frankreich und Deutschland stellt das Europäische Gemeinschaftsrecht in seinem sachlichen und persönlichen Anwendungsbereich eine den nationalen Rechtsordnungen übergeordnete Rechtsordnung dar. Als «Vorspann» zum Rechtsvergleich wird im folgenden Unterkapitel der gemeinschaftsrechtliche Standard an HIV/Aids-Diskriminierungsschutz im Arbeitsverhältnis herausgearbeitet. Es wird aufgezeigt, welche Verpflichtungen den EU-Mitgliedsstaaten zur Umsetzung des europäischen Diskriminierungsschutzes erwachsen und unter welchen Voraussetzungen sich Menschen mit HIV/Aids unmittelbar auf gemeinschaftsrechtliche Diskriminierungsverbote stützen können.

2.1 Nichtdiskriminierung als Teil der HIV/Aids-Bekämpfungsstrategie der Europäischen Union

Die Bekämpfung der HIV/Aids-Epidemie bildet ein zentrales Anliegen der gesundheitspolitischen Massnahmen sowohl der Europäischen Union wie der Mitgliedstaaten. In einem aktuellen Grundlagenpapier der Europäischen Kommission[380] werden die negativen Auswirkungen von Stigmatisierung und Diskriminierung auf die HIV/Aids-Prävention beschrieben. In der Arbeitswelt würden Diskriminierungen gegenüber Arbeitnehmenden mit bekannter HIV/Aids-Erkrankung vorkommen. Die Diskriminierung beruhe meist auf Angst, Unkenntnis, Vorurteilen gegenüber der Krankheit und fehlender Information über Prävention und Virusübertragung. Im Juni 2005 legte der Europäische Rat seine Schlussfolgerungen zur Bekämpfung von HIV/Aids dar. Unter anderem hält er fest, die HIV/Aids-Epidemie werde weitgehend durch soziale Faktoren wie ungleiche Behandlung von Männern und Frauen, Armut und soziale Marginalisierung der schwächsten Bevölkerungsgruppen verschlimmert[381].

Die Bekämpfung der HIV/Aids-Epidemie erfordert nach Ansicht von Kommission und Rat u.a. soziale Eingliederung, Beschäftigung, Gesundheit und Sicherheit am Arbeitsplatz. Die Kommission will gemeinsam mit den Mitgliedstaaten daran arbeiten, die soziale Eingliederung und die Arbeitsmarktintegration sicherzustellen und

---

380 Kommission der Europäischen Gemeinschaften, Arbeitspapier «Ein koordinierender und integrierter Ansatz zur HIV/Aids-Bekämpfung in der Europäischen Union und ihren Nachbarländern», Kommission, C-2004, 3414, Quelle: *http://ec.europa.eu/health/ph_threats/com/aids/docs/ev_20040916_rd01_de.pdf* (01.11.06) (zit. Kommissionsbericht HIV/Aids-Bekämpfung)

381 Europäischer Rat, Schlussfolgerungen des Rates für Beschäftigung, Sozialpolitik, Gesundheit und Verbraucherschutz vom 3. Juni 2005 zur Bekämpfung von HIV/Aids (Nicht im Amtsblatt veröffentlicht).

Ausgrenzung sowie Diskriminierung zu bekämpfen. Gegebenenfalls könnten dafür gemeinschaftliche und einzelstaatliche Finanzierungsinstrumente eingesetzt werden. Die Kommission verpflichtet sich weiter, gemeinsam mit den Mitgliedstaaten daran zu arbeiten, die uneingeschränkte Umsetzung der Richtlinie 2000/78/EG sicherzustellen[382].

2.2 Rechtsquellen des Diskriminierungsschutzes

2.2.1 Allgemeines

Die Europäische Union ist der Förderung der Grundrechte, der Nichtdiskriminierung und der Chancengleichheit für alle verpflichtet. Diskriminierungsverbote und Gleichbehandlungsgebote kommen im Gemeinschaftsrechts sowohl im Primär- wie im Sekundärrecht vor, ohne dass die Vorschriften im Einzelnen auch als «Diskriminierungsverbote» bezeichnet sind. Zu erwähnen ist der allgemeine Gleichheitssatz, wie ihn der EuGH als allgemeinen Rechtsgrundsatz mit Gemeinschaftsgrundrechtsqualität entwickelt hat und wie er heute in Art. 20 der Grundrechtscharta der EU Eingang gefunden hat[383].

Die wichtigsten primärrechtlichen Normen mit Gleichheitsgehalt sind der ungeschriebene gemeinschaftsgrundrechtliche allgemeine Gleichheitssatz, Art. 12 EGV (Verbot der Diskriminierung aufgrund der Staatsangehörigkeit), Art. 13 EGV (Kompetenznorm zum Erlass von Normen zum Schutz vor Diskriminierung aus bestimmten «sensiblen» Kriterien) sowie Art. 141 EGV (Entgeltgleichheit).

Die primärrechtlichen Diskriminierungs- bzw. Gleichbehandlungs- oder Gleichstellungsvorschriften werden im Sekundärrecht durch Verordnungen oder Richtlinien konkretisiert bzw. den Mitgliedstaaten zur Konkretisierung aufgetragen.

Gemeinsam ist all diesen Normen, dass gleiche Sachverhalte nicht oder nur mit besonderer Rechtfertigung unter Anknüpfung an die verpönten Diskriminierungskriterien ungleich behandelt werden dürfen.

Die HIV-Infektion als solche ist in keiner der gemeinschaftsrechtlichen Diskriminierungsschutznormen erwähnt. Es wird zu prüfen sein, ob HIV/Aids unter das Kriterium «Behinderung» fällt. Bei der HIV/Aids-Diskriminierung spielen Datenschutzaspekte eine wichtige Rolle. Aus diesem Grunde werden auch die gemeinschaftsrechtlichen Datenschutzrichtlinien hinsichtlich ihrer Bedeutung für den Schutz vor Ausgrenzung einer Prüfung unterzogen.

---

382 Kommissionsbericht HIV/Aids-Bekämpfung (Fn. 381), S. 14.
383 Rengeling/Szczekalla, Rn. 884.

2.2.2 Die Kompetenznorm zum Erlass von Diskriminierungsrichtlinien

Art. 13 EGV lautet:

Unbeschadet der sonstigen Bestimmungen dieses Vertrages kann der Rat im Rahmen der durch den Vertrag auf die Gemeinschaft übertragenen Zuständigkeiten auf Vorschlag der Kommission und nach Anhörung des Europäischen Parlaments einstimmig geeignete Vorkehrungen treffen, um Diskriminierungen aus Gründen des Geschlechts, der Rasse, der ethnischen Herkunft, der Religion oder der Weltanschauung, einer Behinderung oder der sexuellen Ausrichtung zu bekämpfen.

Art. 13 EGV wurde mit dem Ziel der Bekämpfung von Rassismus und Fremdenfeindlichkeit durch den Vertrag von Amsterdam neu in den Vertrag aufgenommen[384]. Die Bestimmung bildet «nur» eine Ermächtigungsnorm an den Rat[385]. Die Formulierung ist eindeutig: Der Rat «kann» i. S. Anti-Diskriminierung tätig werden, muss aber nicht. Weiter verschafft Art. 13 EGV keine subjektiven Rechte; es fehlt an der unmittelbaren Anwendbarkeit[386]. Die Kompetenz des Rates beinhaltet auch den Erlass von Anti-Diskriminierungsbestimmungen mit Horizontalwirkung[387].

Mit dem Erlass der RL 2000/78/EG und RL 2000/43/EG[388] im Anwendungsbereich «Arbeit und Erwerb» hat der Rat entsprechend legiferiert. Die RL 2000/78/EG hat die Diskriminierung aufgrund der Kriterien Alter, sexuelle Orientierung, Religion oder Weltanschauung und Behinderung im Arbeitsverhältnis zum Inhalt, während die RL 2000/43 Diskriminierung aufgrund der Rasse und des ethnisch-kulturellen Hintergrundes in allen Lebensbereichen verbietet.

2.3 Die Richtlinie 2000/78/EG

2.3.1 Ziel

Die Gleichheit aller Menschen vor dem Gesetz und der Schutz vor Diskriminierung werden in Erwägung Nr. 4 zur Richtlinie (RL) 2000/78/EG unter den Gründen für die Schaffung der Richtlinie aufgeführt. Die RL 2000/78/EG geht aber über ein Diskriminierungsverbot hinaus. Angestrebt wird substantielle Gleichheit. In der Erwägung Nr. 9 wird ausdrücklich auf die «Chancengleichheit» in Beschäftigung und Beruf

---

384   Zur Entstehungsgeschichte siehe Bell (Basis), S. 6ff.
385   Lenz, N 11, Streinz, Rn. 17.
386   Dies entspricht der herrschenden Meinung, siehe Epiniey, N 1; Lenz, N 11 und 28; gleicher Ansicht auch Bell, S. 125 und wohl auch Kenner, S. 393. Anderer Ansicht: Cirkel, S. 3332 und Holoubek, N 9.
387   Kenner, S. 394, Zuleeg, N 14.
388   Richtlinie 2000/43/EG des Rates vom 29. Juni 2000 zur Anwendung des Gleichbehandlungsgrundsatzes ohne Unterschied der Rasse oder der ethnischen Herkunft, ABl. vom 29.6.2000, L 180/22.

hingewiesen. Mit der RL 2000/78/EG soll ein allgemeiner Rahmen zur Bekämpfung der Diskriminierung im Hinblick auf den Grundsatz der Gleichbehandlung in den Mitgliedstaaten geschaffen werden (Art. 1).

Die Umsetzungsfrist der RL 2000/78/EG lief am 2. Dezember 2003 aus. Für die Kriterien Alter und Behinderung hatten die Mitgliedstaaten die Möglichkeit, eine Verlängerung der Umsetzung bis Ende 2006 zu beantragen.

2.3.2 HIV/Aids als Diskriminierungskriterium

Diskriminierungsgründe

Die RL 2000/78/EG führt vier Diskriminierungskriterien auf:
- Religion oder Weltanschauung
- Behinderung
- Alter
- Sexuelle Ausrichtung

Im Grünbuch der Kommission Beschäftigung und Soziales «Gleichstellung sowie Bekämpfung von Diskriminierung in einer erweiterten europäischen Union» wird mit Verweis auf Art. 21 der Grundrechtscharta die Erweiterung der Diskriminierungsgründe gefordert[389]. In der noch jungen Rechtsprechung des EuGH zur RL 2000/78/EG[390] findet dieser Erweiterungsanspruch allerdings keinen Zuspruch. In der Rechtssache *Navas* hat sich der Gerichtshof gegen eine Erweiterung der Diskriminierungsgründe auf der Grundlage der RL 2000/78/EG entschieden[391]. In der Entscheidung *Mangold* dagegen hielt der Gerichtshof mit Blick auf die Verfassungstraditionen und die völkerrechtlichen Diskriminierungsverbote fest, das Diskriminierungsverbot aufgrund des Alters sei als ein allgemeiner Grundsatz des Gemeinschaftsrechts anzusehen[392].

Eine Diskriminierung aufgrund positiver HIV/Aids-Diagnose ist somit nicht direkt in der RL 2000/78/EG erfasst. Innerhalb der HIV-Kohorte ist der Anteil homosexueller Männer vergleichsweise hoch. Bei einer Diskriminierung aufgrund von Homosexualität kann die HIV/Aids-Diagnose für sich allein oder kumulativ eine Rolle spielen. Dies zeigt sich etwa in der vereinzelten Praxis von Lebensversicherern, Anträge von Homosexuellen in höhere Risikokategorien einzuteilen[393]. Im Anwendungsbereich der RL 2000/78/EG ist diese Praxis nicht zulässig[394].

---

389 Europäische Kommission, Gleichstellung sowie Bekämpfung von Diskriminierung, Grünbuch, Luxenburg 2004, S. 16ff.
390 Bis 31.7.2006 wurden erst zwei Vorabentscheidungen gefällt.
391 EuGH, Rs. C-13/05, Navas, N 56 und 57, siehe auch die entsprechenden Ausführungen in den Schlussanträgen von Generalanwalt Geelhood, insbesondere N 45, 53–56.
392 EuGH, Rs. C-1244/04, Mangold, N 75.
393 Quelle: *http://www.aktion-einszueins.de/* (31.07.2006)
394 Siehe Teil 4, 2.3.3.

Es wird aufgezeigt, dass die HIV-Infektion als sozial konstruierte Behinderung unter das völkerrechtliche und schweizerische verfassungsrechtliche Diskriminierungsverbot aufgrund einer Behinderung fallen kann[395]. Es fragt sich, ob diese Auslegung auch für den gemeinschaftsrechtlichen Begriff der Behinderung massgeblich ist.

Definition des Begriffs Behinderung

Weder RL 2000/78/EG noch Art. 13 EGV enthalten eine Definition des Begriffs Behinderung. Die Rechtsordnungen der Mitgliedstaaten kennen verschiedene Behinderungsbegriffe, die an das Vorhandensein einer Behinderung unterschiedliche Rechtsfolgen knüpfen. Beispielsweise sind Betriebe verpflichtet, eine bestimmte Quote von Menschen mit Behinderungen zu beschäftigen, was eine klare Definition des Behindertenbegriffs voraussetzt. In vielen Rechtsordnungen ist das Vorhandensein einer Behinderung die Voraussetzung für den Bezug von bestimmten Sozialleistungen. Solche Behinderungsbegriffe stützen sich auf gesundheitliche Beeinträchtigungen mit einer bestimmten Intensität.

Der Behindertenbegriff der RL 2000/78/EG geht unseres Erachtens über solche Definitionen hinaus. Im Diskriminierungskontext hat Behinderung eine andere Bedeutung als bei Sozialleistungen. Schutz vor Diskriminierung aufgrund von Behinderung nimmt auf das Stigma «Behinderung» Bezug während bei Sozialleistungen aufgrund einer Behinderung das Bedürfnis (und dessen Deckung) im Zentrum steht[396].

Im Zusammenhang mit dem gesamten Rahmenprogramm zur Bekämpfung von Diskriminierung ist davon auszugehen, dass auch Personen vor Diskriminierung geschützt werden sollen, die zwar nicht selbst behindert im körperlichen oder geistigen Sinne sind, jedoch von ihrer Umwelt so behandelt werden (sozial konstruierte Behinderung). Eine Definition einer Behinderung im Sinne der RL 2000/78/EG sollte deshalb nicht Kriterien der behinderten Person umfassen, sondern vielmehr darauf abstützen, wann eine Diskriminierung auf einer (tatsächlichen oder sozialkonstruierten) Behinderung basiert[397].

Abgrenzung Behinderung / Krankheit in der Rechtssache *Navas*

Aufgrund der ersten EuGH-Entscheidung[398] zum Behindertenbegriff kann noch nicht klar gesagt werden, ob der Gerichtshof das Konzept der sozial konstruierten Behinderung unterstützt. Deutlich gemacht hat er in der Entscheidung *Navas*, dass die einheitliche Anwendung des Gemeinschaftsrechts eine autonome und einheitliche Aus-

---

395 Siehe Teil 3, 3.6.6.
396 DEGENER (Definition), S. 11.
397 DEGENER, (Defintion), S. 11.
398 Stand November 2006.

legung des Begriffs Behinderung erfordere[399]. Der Gesetzgeber habe mit der Wortwahl «Behinderung» bewusst eine Bezeichnung gewählt, die sich von Krankheit abgrenze. Krankheit und Behinderung liessen sich nicht gleichsetzen[400].

Zur Begriffsdefinition selbst hielt der EuGH fest, der Begriff der Behinderung sei so zu verstehen, dass er eine Einschränkung erfasse, die insbesondere auf physische, geistige oder psychische Beeinträchtigungen zurückzuführen ist und die ein Hindernis für die Teilhabe des Betroffenen am Berufsleben bilde[401]. Physische und geistige Beeinträchtigungen sind nach dieser Definition nicht die einzigen Kriterien, die einer Teilhabe des Betroffenen am Berufsleben entgegenstehen. Durch das Wort «insbesondere» ist der Weg offen, auch nur durch die Umwelt konstruierte Beeinträchtigungen unter den Behindertenbegriff zu subsumieren. Eine Bestätigung findet sich für diese Einschätzung in den Schlussanträgen des Generalanwalts[402]. Er schreibt in Randziffer 58 «... Dabei ist nicht auszuschliessen, dass bestimmte physische oder psychische Einschränkungen in einem bestimmten Kontext den Charakter einer Behinderung haben, in einem anderen aber nicht...» und in Randziffer 61 «... eine grössere Prädisposition für schwere Leiden als Folge eines genetischen Defekts kann für den Betroffenen erhebliche Einschränkungen zur Folgen haben...» und schliesslich in Randziffer 62 «...solange der genetische Defekt nicht festgestellt ist, wird die fragliche Person keiner Diskriminierung ausgesetzt sein. Nach seinem Bekanntwerden kann sich dies sofort ändern, weil Arbeitgeber oder Versicherer das höhere Risiko der Einstellung der Versicherung des Betroffenen nicht tragen wollen ....». Im Ergebnis befürwortet der Generalanwalt damit zwar eine autonome und einheitliche Auslegung des Behindertenbegriffs der RL 2000/78/EG, erachtet es jedoch als wichtig, die Begriffsdefinition offen zu gestalten[403]. Der Gerichtshof hat dieses Argument mit dem Wort «insbesondere» aufgenommen[404].

Personen mit HIV oder Aids fallen dann unter den Behindertenbegriff im Sinne der RL 2000/78/EG, wenn sie als Folge der HIV-Infektion gesundheitlich erheblich an der Teilhabe im Arbeitsleben eingeschränkt sind. Darüber hinaus sind Menschen mit positiver HIV/Aids-Diagnose behindert im Sinne des Art. 1 RL 2000/78/EG, wenn ihnen allein aufgrund ihrer HIV-Infektion eine unterschiedliche Behandlung zukommt.

---

399 EuGH, Rs. C-13/05, Navas, N 42.
400 EuGH, Rs. C-13/05, Navas, N 44.
401 EuGH, Rs. C-13/05, Navas, N 43.
402 EuGH, Rs. C-13/05, Navas, Schlussanträge Generalanwalt.
403 EuGH, Rs. C-13/05, Navas, Schlussanträge Generanwalt, N 68.
404 Pärli (Behinderungsbegriff), S. 387.

2.3.3 Anwendungsbereich

Die Richtlinie gilt für alle **Arbeits- und Beschäftigungsverhältnisse**, ungeachtet ihres öffentlich- oder privatrechtlichen Charakters. Sowohl die selbständige als auch die unselbständige Erwerbstätigkeit ist erfasst.

Die Antidiskriminierungsvorschriften der RL 2000/78/EG gelten für alle Personen, die sich auf dem Staatsgebiet eines Mitgliedsstaates aufhalten. Ob auch juristische Personen vom Diskriminierungsschutz erfasst sind, ist nicht ganz klar. In Erwägungsgrund 16 zur RL 2000/43/EG (Gleichbehandlung ohne Unterschied der Rasse) ist der Schutz juristischer Personen ausdrücklich erwähnt, in den Erwägungsgründen zur RL 2000/78/EG fehlt es an einem solchen Hinweis. In der Literatur wird argumentiert, es gebe keinen Grund dafür, weshalb nicht sowohl juristische als auch natürliche Personen vom Begriff «Person» erfasst werden sollen[405].

Der materielle Geltungsbereich der RL 2000/78/EG betrifft die folgenden vier Aspekte:
– Bedingungen für den Zugang zu unselbständiger und selbständiger Erwerbstätigkeit, einschliesslich Auswahlkriterien und Einstellungsbedingungen[406];
– Zugang zu allen Formen der Berufsausbildung und der beruflichen Weiterbildung und Umschulung[407];
– Beschäftigungs- und Arbeitsbedingungen, einschliesslich der Entlassungsbedingungen und des Arbeitsentgelts[408];
– Die Mitgliedschaft und Mitwirkung in einer Arbeitgeber- oder Arbeitnehmerorganisation oder einem Berufsverband[409].

2.3.4 Diskriminierungsformen

Die RL 2000/78/EG verbietet die **unmittelbare (direkte)** wie die **mittelbare (indirekte) Diskriminierung**, die Anstiftung zur Diskriminierung und die Belästigung. Bezüglich des Kriteriums «Behinderung» kommt ergänzend dazu, dass Arbeitgeber angemessene Vorkehrungen für Menschen mit Behinderung zu treffen haben.

Eine unmittelbare Diskriminierung liegt nach Art. 2 Abs. 2 lit. a der RL 2000/78/EG vor, wenn eine Person wegen eines (oder mehreren) Diskriminierungskriteriums (-kriterien) «in einer vergleichbaren Situation eine weniger günstige Behandlung erfährt, als eine andere Person erfährt, erfahren hat oder erfahren würde». Mit dem Hinweis «erfah-

---

405 COMACK/BELL, S. 44.
406 Art. 3 Ziffer 1 lit. a RL 2000/78/EG.
407 Art. 3 Ziffer 1 lit. b RL 2000/78/EG.
408 Art. 3 Ziffer 1 lit. c RL 2000/78/EG.
409 Art. 3 Ziffer 1 lit. d RL 2000/78/EG.

ren würde» macht der europäische Gesetzgeber deutlich, dass die Berufung auf eine hypothetische Vergleichsperson zulässig ist. Im Gegensatz zur mittelbaren Diskriminierung sind in der RL 2000/78/EG keine Rechtfertigungsgründe einer unmittelbaren Diskriminierung aufgeführt. Zu beachten sind dazu jedoch die Ausnahmetatbestände[410]. Liegen keine Ausnahmetatbestände vor, ist jede direkte (unmittelbare) Anknüpfung an ein verpöntes Diskriminierungsmerkmal eine unzulässige Diskriminierung.

Die mittelbare Diskriminierung ist gegeben, «wenn dem Anschein nach neutrale Vorschriften, Kriterien oder Verfahren Personen mit einer bestimmten Religion oder Weltanschauung, einer bestimmten Behinderung, eines bestimmten Alters oder mit einer bestimmten sexuellen Ausrichtung gegenüber anderen Personen in besonderer Weise benachteiligen». Die RL 2000/78/EG sieht in Art. 2 Abs. 2 lit. b/i/ii Gründe vor, bei deren Vorhandensein die mittelbare Benachteiligung gerechtfertigt ist. Die Vorschriften, Kriterien oder Verfahren müssen durch ein rechtmässiges Ziel sachlich gerechtfertigt sein und die Mittel zur Erreichung des Zieles müssen angemessen und erforderlich sein.

Der Diskriminierungstatbestand der Belästigung wird in Art. 3 der RL 2000/78/EG als unerwünschte Verhaltensweise definiert, die im Zusammenhang mit der Rasse oder der ethnischen Herkunft, der Religion oder Weltanschauung, einer Behinderung, dem Alter oder der sexuellen Ausrichtung stehen und «bezwecken oder bewirken, dass die Würde der betreffenden Person verletzt und ein von Einschüchterungen, Anfeindungen, Erniedrigungen, Entwürdigungen oder Beleidigungen gekennzeichnetes Umfeld geschaffen wird». Die Richtlinie beschränkt das Belästigungsverbot nicht auf Handlungen der Arbeitgeber oder höhergestellter Arbeitnehmerinnen gegenüber ihren Untergebenen. Es ist auch keine Belästigungsabsicht notwendig (siehe den Richtlinientext «… bezwecken oder bewirken…»). Die Richtlinie enthält keine Vorschriften zur Verantwortung des Arbeitgebers von Belästigungen unter Arbeitnehmenden oder von Kunden gegenüber Arbeitnehmenden[411].

Die Anweisung zur Diskriminierung ist nach Art. 2 Abs. 2 Ziff. 4 RL 2000/78/EG der Diskriminierung gleichgestellt. Bei der Umsetzung dieser Bestimmung kommen allgemeine rechtliche Grundsätze der Mittäterschaft zur Anwendung[412].

Nach Art. 5 der RL 2000/78/EG müssen Arbeitgebende angemessene Vorkehrungen treffen, damit der Gleichbehandlungsgrundsatz gegenüber Menschen mit Behinderung gewährleistet werden kann. Die Arbeitgebenden müssen «geeignete und im konkreten Fall erforderliche Massnahmen» ergreifen, damit Menschen mit Behinderung der Zugang zur Beschäftigung, die Ausübung eines Berufes, der berufliche Aufstieg und die Teilnahme an Aus- und Weiterbildungsmassnahmen ermöglicht werden kann.

---

410   Siehe Teil 4, 2.3.5.
411   COMACK/BELL, S. 35.
412   COMACK/BELL, S. 37.

Solche Belastungen sind durch die Arbeitgebenden in dem Rahmen zu tragen, wie sie den Arbeitgeber nicht unverhältnismässig belasten. In der Rechtssache *Navas* hat der EuGH festgehalten, dass eine Entlassung einer behinderten Arbeitnehmerin nur zulässig sei, soweit der Arbeitgeber die notwendigen angemessenen Vorkehrungen getroffen hat und die fragliche Arbeitnehmerin trotzdem nicht in der Lage ist, ihre Aufgabe am Arbeitsplatz zu erfüllen[413].

2.3.5 Ausnahmen vom Diskriminierungsverbot

Die in Art. 4 der RL 2000/78/EG aufgeführten Ausnahmen vom Diskriminierungsverbot sind nicht mit den Rechtfertigungsgründen einer mittelbaren Diskriminierung zu verwechseln. Liegen Ausnahmetatbestände im Sinne von Art. 4 der RL 2000/78/EG vor, so liegt trotz bestehender Ungleichbehandlung unter Anknüpfung an eines (oder mehrere) der verbotenen Unterscheidungsgründe bereits tatbestandsmässig keine Diskriminierung vor.

Die Mitgliedstaaten können vorsehen, dass eine Ungleichbehandlung aufgrund eines Diskriminierungskriteriums keine Diskriminierung darstellt, «wenn das betreffende Merkmal aufgrund der Art einer bestimmten Tätigkeit oder der Bedingung ihrer Ausübung eine wesentliche und entscheidende berufliche Anforderung darstellt, sofern es sich um einen rechtmässigen Zweck und eine angemessene Anforderung handelt». In Erwägungsgrund Nr. 23 zur RL 2000/78/EG wird festgehalten, solche Ausnahmen dürften nur «in sehr begrenzten Bedingungen» erfolgen. In Art. 4 Abs. 2 der RL 2000/78/EG sind noch weitergehende Ausnahmen vom Diskriminierungsverbot bei Ungleichbehandlungen durch religiöse Organisationen aufgeführt. Diese erlaubten Ungleichbehandlungen sind indes auf das Kriterium der Religion oder Weltanschauung beschränkt.

Es wurde dargestellt, dass HIV/Aids im Zusammenhang mit den Diskriminierungsgründen «Sexuelle Ausrichtung» und «Behinderung» relevant ist. Im Lichte des Ziels einer wirksamen Antidiskriminierung, die auf eine möglichst breite Integration in den Arbeitsmarkt abzielt, dürfen nur wenige Gründe als «wesentliche und entscheidende berufliche Anforderungen» akzeptiert werden.

Bei einer Ungleichbehandlung aufgrund einer HIV/Aids bedingten gesundheitlichen Nichteignung für die Arbeitstätigkeit liegt grundsätzlich keine Diskriminierung wegen einer Behinderung vor. Die Arbeitsfähigkeit bildet eine grundlegende und entscheidende berufliche Anforderung. Zu beachten ist hier allerdings zusätzlich Art. 5 der RL 2000/78/EG. Diese Bestimmung verlangt vom Arbeitgeber, dass er die «geeigneten und im konkreten Fall erforderlichen Massnahmen ergreift, um den Men-

---

[413] EuGH, Rs C-13/05, Navas, N 51.

schen mit Behinderung den Zugang zu Beschäftigung, die Ausübung eines Berufes, den beruflichen Aufstieg und die Teilnahme an Aus- und Weiterbildungsmassnahmen zu ermöglichen». Diese Verpflichtungen des Arbeitgebers sind beschränkt durch das Gebot der Verhältnismässigkeit. Im Ergebnis bedeutet dies für einen Arbeitgeber, dass er bspw. die Bewerbung einer an HIV/Aids erkrankten und in ihrer Arbeitsfähigkeit eingeschränkten Person nicht ablehnen darf, wenn mit verhältnismässigen Massnahmen eine Integration in den Betrieb und am konkreten Arbeitsplatz möglich wäre. Gleiches gilt auch während der Beschäftigung und als Schutz vor Entlassung[414].

Die RL 2000/78/EG führt in Art. 7 sogenannte positive und spezifische Massnahmen auf, die keine Diskriminierung aufgrund einer Behinderung darstellen. Unter positiven Massnahmen sind solche zu verstehen, die Benachteiligungen aufgrund von Behinderung bei der Integration in die Arbeitswelt ausgleichen sollen. Art. 7 Abs. 2 der RL 2000/78/EG erlaubt den Mitgliedstaaten, «Bestimmungen zum Schutz der Gesundheit und der Sicherheit am Arbeitsplatz beizubehalten oder zu erlassen ...». Das ist nicht unproblematisch[415]. Studien zeigen, dass arbeitsmedizinische und Sicherheitsvorschriften ein schwerwiegendes Hindernis beim Zugang von behinderten Arbeitskräften zu Beschäftigung bzw. Weiterbeschäftigung darstellen können[416]. Medizinische Einstellungstests bergen ein erhebliches Diskriminierungspotenzial. Die strikte Beachtung von Daten- und Persönlichkeitsschutzbestimmungen ist evident[417].

Kann ein HIV-Test als Bedingung für die Einstellung in einen Beruf mit einem potenziell hohen Übertragungsrisiko als spezifische Massnahme im Sinne des Art. 7 Abs. 2 der RL 2000/78/EG gelten? Unseres Erachtens geht eine solche Überlegung fehl. Auch in Berufen bzw. Tätigkeiten mit einem potenziellen Übertragungsrisiko des Hi-Virus müssen die Arbeitsabläufe so ausgestaltet sein, dass keine HIV/Aids-Übertragung möglich ist.

2.3.6 Rechtsschutz bei Diskriminierung

Es ist vorgesehen, dass alle Personen, die Opfer einer Diskriminierung sind oder die sich aufgrund ihrer persönlichen Merkmale ungerecht behandelt fühlen, einen angemessenen Rechtsschutz und ein durchsetzbares Recht auf Wiedergutmachung geniessen sollen (Art. 9 der RL 2000/78/EG). Es steht den einzelnen Mitgliedstaaten frei, ob dies auf dem Gerichtsweg – also durch Straf- oder Zivilverfahren – oder auf dem Verwaltungsweg, bspw. vor einem Schiedsgericht geschieht. Die Mitgliedstaaten können sich auch für ein Schlichtungsverfahren entscheiden.

414   Bezügliche Entlassung siehe EuGH, Rs C-13/05, Navas, N 51.
415   DE SCHUTTER, S. 42.
416   Siehe «The Extent of use of health and safety requirements as a false excuse for not employing sick of disabled persons, HSE Research Report 167, 2003».
417   Siehe Teil 4, 2.3.6.

Die Mitgliedstaaten haben dafür Sorge zu tragen, dass Personen, die eine Beschwerde wegen eines Verstoßes gegen den Gleichbehandlungsgrundsatz vorbringen, von ihren Arbeitnehmerorganisationen oder einschlägigen Berufsverbänden oder -organisationen unterstützt und vertreten werden können (Art. 10 Abs. 2 der RL 2000/78/EG). Gleichzeitig haben sie sicherzustellen, dass die bei einem Tatbestand der Diskriminierung verhängten Sanktionen «wirksam, verhältnismäßig und abschreckend» sind (Art. 16 der RL 2000/78/EG). Mit anderen Worten: Die Strafen für diskriminierendes Verhalten sollen in einem angemessenen Verhältnis zum angerichteten Schaden stehen und als Abschreckung gegen derartige Verhaltensweisen dienen.

Zur weiteren Stärkung des Schutzes sind die Mitgliedstaaten zur Einführung gesetzlicher Bestimmungen verpflichtet, die im Zivilverfahren (d.h. Verfahren ohne strafrechtliche Anklage) eine Beweislastverteilung zwischen der wegen Diskriminierung klagenden Partei und der beklagten Partei vorsehen (Art. 10 der RL 2000/78/EG). Dies bedeutet, dass beide Parteien für den Nachweis der Verletzung bzw. Nichtverletzung des Gleichbehandlungsgrundsatzes verantwortlich sind. Die klagende Partei muss zunächst glaubhaft machen, dass der Tatbestand der Diskriminierung erfüllt (und ein *prima-facie*-Beweis dafür vorliegt) und die Beschwerde daher begründet ist. Anschließend hat die wegen Diskriminierung beklagte Partei nachzuweisen, dass sie nicht gegen den Gleichbehandlungsgrundsatz verstoßen hat und es einen triftigen Grund für ihr Handeln gibt. Es obliegt also dem Beklagten, das Gericht oder eine andere zuständige Stelle davon zu überzeugen, dass kein diskriminierendes Verhalten vorliegt. Von der Person, die sich in ihren Rechten verletzt fühlt, wird nicht erwartet, dies schlüssig zu beweisen, da sie hierzu wahrscheinlich kaum in der Lage ist.

Ausserdem sind die Mitgliedstaaten verpflichtet, Personen, die eine Beschwerde wegen Diskriminierung einlegen, angemessen vor Viktimisierung oder anderen Repressalien zu schützen, die sie andernfalls von einer Durchsetzung ihres Rechtes auf Gleichbehandlung abhalten würden (Art. 11 der RL 2000/78/EG). Dies gilt auch für Zeugen im Diskriminierungsverfahren, die den gleichen Schutz vor Viktimisierung genießen müssen, damit sie zur Aussage bereit sind. Die Mitgliedstaaten haben daher Maßnahmen zu treffen, damit diejenigen, denen eine Verletzung des Gleichbehandlungsgrundsatzes vorgeworfen wird, gar nicht erst so reagieren. Insbesondere müssen derartige Maßnahmen die Arbeitnehmer vor einer möglichen Entlassung schützen, wenn sie Beschwerde einlegen oder ein gerichtliches Verfahren gegen ihren Arbeitgeber anstrengen oder in Diskriminierungsverfahren als Zeuge aussagen.

2.3.7 Verpflichtungen der Mitgliedstaaten

Nach Art. 16 der RL 2000/78/EG haben die Mitgliedstaaten die erforderlichen Massnahmen zur Sicherheit der Durchsetzung des Gleichbehandlungsgrundsatzes zu ergreifen. Das bedeutet die Aufhebung der den Grundsatz verletztenden Rechts- und Verwaltungsvorschriften. Weiter müssen mit dem Gleichbehandlungsgrundsatz nicht kompatible Bestimmungen in Arbeits- und Tarifverträgen, Betriebsordnungen und Statuten freier Berufe sowie Regelungen der Arbeitgeber- und Arbeitnehmerorganisationen für nichtig erklärt werden können. Die Mitgliedstaaten haben darüber hinaus wirksame, verhältnismässige und abschreckende Sanktionen für Verstösse gegen die einzelstaatlichen Diskriminierungsschutzvorschriften vorzusehen (Art. 16 der RL 2000/78/EG).

Die bisherige Umsetzung der RL 2000/78/EG zeigt die Vielfalt an Möglichkeiten, Diskriminierungsschutzvorschriften ins nationale Recht zu verankern.

Tabelle 13: Umsetzung der RL 2000/78/EG ins nationale Recht
Quelle: Eigene Darstellung HIV/Aids-Diskriminierungsstudie unter Anlehnung an Cormack/Bell, S. 18.

Methode	Staat(en)
Kombination spezifischer Rechtsvorschriften mit einem Beschäftigungsgesetz	Slowenien
Mehrere Antidiskriminierungsgesetze zu einzelnen Diskriminierungsmerkmalen	Vereinigtes Königreich
Kombination von Antidiskriminierungsgesetzen zu mehreren Diskriminierungsmerkmalen und Antidiskriminierungsgesetze zu einem Merkmal	Dänemark, Niederlande, Schweden
Antidiskriminierungsgesetze die i.S.v. Diskriminierungskriterien über die RL 2000/78/EG hinausgehen	Belgien, Finnland, Irland, Niederlande, Österreich, Slowakei, Ungarn
Kombination spezifischer Rechtsvorschriften, arbeits- und strafrechtlicher und verwaltungsrechtlicher Bestimmungen	Frankreich, Litauen, Portugal
Umsetzung durch ein allgemeines Diskriminierungsgesetz	Spanien, Deutschland
Umsetzung nur im Bereich Beschäftigung	Estland, Tschechien, Lettland, Malta, Polten

Die Mitgliedstaaten verwenden bei der Umsetzung der Richtlinie in das nationale Recht oft nicht präzise die gleichen Formulierungen, wie sie in der Richtlinie enthalten sind. Alle nationalen Gerichte unterliegen indes der Pflicht, «das nationale Recht im Lichte des Wortlauts und des Zwecks der Richtlinie auszulegen»[418].

2.3.8 Unmittelbare vertikale und horizontale Wirkung der RL 2000/78/EG

Richtlinien sind hinsichtlich des zu erreichenden Ziels für die Mitgliedstaaten verbindlich. Bei der RL 2000/78/EG bildet die Schaffung eines allgemeinen Rahmens zur Diskriminierungsbekämpfung das Ziel. Die Mitgliedstaaten sind aber in der Wahl der Form und Mittel zur Zielerreichung frei. Die Umsetzung der Richtlinien muss in einer

---

418 EuGH, Rs. 14/83, Von Colson, Slg. 1984, I-1891.

Art und Intensität erfolgen, die ein hohes Mass an Rechtssicherheit und Rechtsklarheit für die Bürgerinnen und Bürger sicherstellt[419]. Leitlinie des EuGH bei der Umsetzung von Richtlinien bilden das Effektivitätsgebot (der sogenannte *effet utile*)[420] und die Rechtsicherheit[421].

Die Richtlinien enthalten regelmässig eine Frist, innert derer die Umsetzung erfolgt sein muss. Bei säumigen Mitgliedstaaten kann die Kommission ein Vertragsverletzungsverfahren nach Art. 226 EGV einleiten. RL 2000/78/EG hätte bis zum 2. Dezember 2003 umgesetzt werden müssen, für die Kriterien «Alter» und «Behinderung» war eine Zusatzfrist bis zum 2. Dezember 2006 möglich.

Bereits vor Ablauf der Umsetzungsfrist müssen die mitgliedstaatlichen Rechtsnormen im Anwendungsbereich der Richtlinie gemeinschaftsrechtskonform, d.h. auch unter Berücksichtigung der Ziele der Richtlinie ausgelegt und angewendet werden[422].

Nicht fristgemäss umgesetzte Richtlinien haben nach ständiger EuGH-Rechtsprechung und herrschender Lehre dann unmittelbare vertikale, d.h. staatsgerichtete Geltung, wenn Vorschriften der Richtlinie «inhaltlich unbedingt» und «hinreichend genau formuliert» sind[423]. Privaten gegenüber (horizontale Wirkung) kann die noch nicht umgesetzte Richtlinie nicht entgegen gehalten werden. Dem säumigen Mitgliedstaat kann aber ein Schadenersatzanspruch gegenüber Privaten erwachsen. Das bedingt zuerst das Vorliegen eines aus der Nichtumsetzung der Richtlinie resultierten Schadens. Die fragliche Richtlinie muss zudem die Verleihung von Rechten an Einzelne zum Ziel haben und der Inhalt dieser Rechte muss auf der Grundlage der Richtlinie ermittelt werden können[424]. Als Rechtsfolge muss der säumige Mitgliedstaat für den aus der nicht umgesetzten Richtlinie entstandenen Schaden aufkommen[425].

Diese Rechtslage hat im Kontext der RL 2000/78/EG für Personen, die eine Diskriminierung im Arbeitsverhältnis wegen HIV/Aids geltend machen wollen, die folgende Auswirkung: Bei nicht fristgemässer Umsetzung können sich Private gegenüber staatlichen Behörden und staatlichen Arbeitgebern unmittelbar auf die RL 2000/78/EG beziehen. Die Bestimmungen der RL 2000/78/EG sind inhaltlich unbedingt und hinreichend genau formuliert. Private Arbeitgeber werden nicht unmittelbar in die Pflicht genommen. Falls jedoch Privaten als Folge einer Diskriminierung eines privaten Arbeitgebers ein Schaden erwächst, kommt die Regel der staatlichen Schadenersatzpflicht bei nicht umgesetzten Richtlinien zur Anwendung.

---

419 HANAU/STEINMEYER/WANK, N 100.
420 Grundlegend EuGH, Rs. 6/94, Costa/ENEL, Slg. 1964, 585ff., 593 N 5. Weitere: EuGH, Rs. 33/76 (Rewe), Slg. 1976, S. 1989ff.; EuGH, Rs. 48/75 (Royer), Slg 1976, S. 497, N 69/43.
421 Dazu ausführlich HERRMANN, S. 209ff.
422 BIEBER/EPINEY/HAAG, S. 207 f., Rn. 69.
423 EuGH, Rs 41/74, Van Duyn/Home Office, Slg 1974, S. 1349. Siehe dazu auch HETMEIER, N 12 zu Art. 249 EGV.
424 Siehe dazu das wegweisende EuGH Urteil, verb. Rs C-6/90, C-9/90 Francovich, Slg 1991, I-5357.
425 BIEBER/EPINEY/HAAG, S. 84ff.

Einen ersten und wichtigen Grundsatzentscheid zur RL 2000/78/EG im Falle einer Diskriminierung aufgrund des Alters hat der EuGH in der Rechtssache *Mangold* gefällt[426]. Den Anträgen des Generalanwalts folgend hält der EuGH fest, der Grundsatz der Gleichbehandlung sei in der RL 2000/78/EG nicht selbst verankert, das Verbot der Diskriminierung ergebe sich vielmehr aus verschiedenen völkerrechtlichen Verträgen und den gemeinsamen Verfassungstraditionen der Mitgliedstaaten und folgert: «Das Verbot der Diskriminierung wegen des Alters ist somit als ein allgemeiner Grundsatz des Gemeinschaftsrechts anzusehen»[427]. Daraus folge, so der EuGH, dass die Umsetzungsfrist der RL 2000/78/EG nicht abgewartet werden müsse, sondern schon vorher müssten geeignete Rechtsbehelfe und andere Umsetzungsmassnahmen erfolgen. Dem nationalen Gericht obliege demzufolge, «...im Rahmen seiner Zuständigkeiten den rechtlichen Schutz, der sich für den Einzelnen aus dem Gemeinschaftsrecht ergibt, zu gewährleisten und die volle Wirksamkeit des Gemeinschaftsrechts zu garantieren, indem es jede möglicherweise entgegenstehende Bestimmung des nationalen Rechts unangewendet lässt».

Das Spektakuläre an der Entscheidung *Mangold* besteht in der erstmaligen ausdrücklichen Nennung des Gleichbehandlungsgrundsatzes als ungeschriebenen Rechtsgrundsatz und damit als Quelle primären Gemeinschaftsrechts und mehr noch, dessen Transformation in das europäische Arbeitsrecht[428]. Noch auszuleuchten gilt es die unmittelbare primärrechtliche Horizontalwirkung. Zumindest die sekundärrechtliche Konkretisierung in der RL 2000/78/EG zielt auf Wirkung in allen Arbeits- und Beschäftigungsverhältnissen ab.

2.3.9 Umsetzungsmassnahmen der EU

Ergänzt werden die Richtlinien zur Gleichbehandlung ohne Unterschied der Rasse und zur Gleichbehandlung im Bereich der Beschäftigung durch ein Aktionsprogramm der Gemeinschaft zur Bekämpfung von Diskriminierungen[429]. Dieses Programm deckt alle in Art. 13 EGV niedergelegten Diskriminierungsgründe ab mit Ausnahme der Diskriminierungen aufgrund des Geschlechts, mit denen sich eigens das Programm der Europäischen Gemeinschaft zur Gleichstellung von Frauen und Männern befasst[430].

Mit einem Aktionsprogramm anerkennt die Gemeinschaft, dass die Verabschiedung von Rechtsvorschriften nur einen Teil der Aktivitäten zur Bekämpfung von Dis-

---

426 EuGH, Rs. C-144/04, Mangold.
427 EuGH, Rs. C-144/04, Mangold, N 75.
428 Siehe auch die Urteilsbesprechung von Pärli (Urteilsbesprechung), S. 888ff.
429 Beschluss des Rates 2000/750/EG vom 27. November 2000 über ein Aktionsprogramm der Gemeinschaft zur Bekämpfung von Diskriminierungen (2001–2006) (ABl. 2.12.2000, L 303/23).
430 Quelle: *http://europa.eu.int/comm/employment_social/equ_opp/fund_de.html* (26.09.06).

kriminierungen darstellen kann. Vielmehr müssen rechtliche Vorschriften durch ein breites Spektrum weiterer Massnahmen unterstützt werden[431].

In der Antidiskriminierungsrahmenstrategie[432] legt die Kommission dar, dass sie einen «integrierten Ansatz» im Sinne eines eigentlichen Anti-Diskriminierungs-*Mainstreamings* fördern will. Das bedeutet, es sind gezielt rechtliche und politische Massnahmen der Gemeinschaft zu ergreifen. Die Kommission erhofft sich durch diesen integrierten Ansatz ein gezielteres Vorgehen gegen Mehrfachdiskriminierungen.

2.3.10 Auswirkungen auf die Schweiz

Die Rechtsentwicklung in der Europäischen Gemeinschaft wird auch die Schweiz beeinflussen. Die Schweiz als Nicht-EU-Mitglied ist nicht unmittelbar an den EGV (Vertrag zur Gründung der Europäischen Gemeinschaft) gebunden. In der juristischen Lehre wird auf die Auswirkungen für die Schweiz hingewiesen. Mit dem Abschluss der bilateralen Verträge der Schweiz mit der Europäischen Union (EU) sind die den europäischen Wanderarbeitnehmer betreffenden Gleichbehandlungs- und Nichtdiskriminierungsnormen der EU zu beachten. Im Bereich der Arbeitnehmerfreizügigkeit sind auch Private an das Diskriminierungsverbot des Freizügigkeitsabkommens unmittelbar gebunden[433].

2.4 Die Datenschutzrichtlinie

2.4.1 Bedeutung für HIV/Aids

Es wurde gezeigt, dass der Datenschutzgesetzgebung eine nicht zu unterschätzende Bedeutung bei der Bekämpfung von HIV/Aids-Diskriminierung im Arbeitsverhältnis zukommt[434]. Ist die HIV/Aids-Diagnose von Arbeitnehmenden gar nicht bekannt, kann logischerweise auch keine Diskriminierung aufgrund von HIV/Aids erfolgen.

2.4.2 Datenschutz im Arbeitsverhältnis

Gemeinschaftsrechtlich bildet die Richtlinie 95/46/EG des Europäischen Parlaments und des Rates vom 24. Oktober 1995 zum Schutz natürlicher Personen bei der Verar-

---

431 Die vielfältigen Aktivitäten werden auf der Antidiskriminierungswebseite *http://www.stop-discrimination.info/* (26.09.06) laufend dokumentiert.
432 KOM (2005) 224.
433 Siehe dazu Pärli (Gleichbehandlungsansprüche).
434 Siehe S. 113, 64, 146, 167, 174.

beitung personenbezogener Daten und zum freien Datenverkehr (RL 95/46/EG) den wichtigsten Erlass[435]. Die Verordnung Nr. 45/2001 des europäischen Parlaments und des Rates vom 18. Dezember 2000 regelt die Datenbearbeitung der Organe der Europäischen Gemeinschaft[436]. In der Evaluation der RL 95/46EG wird hervorgehoben, dass das Entstehen einer wissensbasierten Wirtschaft in Verbindung mit dem technischen Fortschritt und der wachsenden Bedeutung des Humankapitals die Datenerhebung am Arbeitsplatz intensiviert habe. Ein wirksamer Datenschutz am Arbeitsplatz sei unumgänglich[437].

Massgebendes Prinzip der Richtlinie ist der Schutz der Grundrechte und Grundfreiheiten und insbesondere der Schutz der Privatsphäre natürlicher Personen bei der Verarbeitung personenbezogener Daten (Art. 1 Abs. 1 der RL 95/46/EG). Im vorliegenden Zusammenhang besonders relevant ist die Bestimmung in Art. 8 Abs. 1 der RL 95/46/EG. Die Mitgliedstaaten haben die Bearbeitung personenbezogener Daten, aus denen die rassische und ethnische Herkunft, die politische Meinung, religiöse oder philosophische Überzeugung oder die Gewerkschaftszugehörigkeit sowie Daten über die Gesundheit oder das Sexualleben hervorgehen, zu verbieten. Ausnahmen von diesem Verbot sollen u.a. unter der Bedingung zulässig sein, dass die Verarbeitung solcher Daten erforderlich ist, um «den Rechten und Pflichten des für die Verarbeitung Verantwortlichen auf dem Gebiet des Arbeitsrechts Rechnung zu tragen, sofern dies aufgrund von einzelstaatlichem Recht, das angemessene Garantien vorsieht, zulässig ist» (Art. 8 Abs. 2 lit. b der RL 95/46/EG). Die Richtlinie schreibt also vor, dass die mitgliedstaatliche Datenschutzgesetzgebung im Arbeitsbereich eine angemessene Güterabwägung zwischen den Interessen der Arbeitgebenden an Information und den Interessen der Arbeitnehmenden am Schutz der Privatsphäre zu gewährleisten hat[438].

Eine Studie über den Schutz der Privatsphäre im europäischen Arbeitsrecht zeigt, dass keine Sonderregeln für den Umgang mit HIV/Aids-Daten bestehen. Als allgemeine Regel gelte, dass die Bearbeitung von Arbeitnehmerdaten über HIV/Aids den Regeln über die Bearbeitung anderer medizinischen Daten folgen solle. Bekannte Informationen über den HIV/Aids-Status von Arbeitnehmenden dürften nicht zu Diskriminierungen führen[439].

---

435 Richtlinie 95/46/EG des Europäischen Parlaments und des Rates vom 24. Oktober 1995 zum Schutz natürlicher Personen bei der Verarbeitung personenbezogener Daten und zum freien Datenverkehr, ABl. vom 23.11.1995, L 281/31.
436 Verordnung (EG) Nr. 45/2001 des Europäischen Parlaments und des Rates vom 18. Dezember 2000 zum Schutz natürlicher Personen bei der Verarbeitung personenbezogener Daten durch die Organe und Einrichtung der Gemeinschaft und zum freien Datenverkehr, ABl. vom 12.1.2001, L 8/1.
437 Bericht der Kommission über die Durchführung der Datenschutzrichtlinie, KOM 203 (265).
438 HENDRICKS, S. 321.
439 HENDRICKS, S. 336.

3 Schutz vor HIV/Aids-Diskriminierung im Arbeitsverhältnis in Grossbritannien

3.1 Ausgangslage

3.1.1 Epidemiologische Situation in Grossbritannien

In Grossbritannien[440] leben rund 58 Millionen Menschen, davon waren Ende Dezember 2005 rund 65 000 HIV-positiv[441]. 49 Prozent der diagnostizierten Fälle leben in London. 13 267 Menschen mit HIV/Aids sind seit Anfang der 80er Jahre gestorben[442]. 2005 gab es rund 8868 Neuinfektionen[443]. Mehr Männer als Frauen leben mit HIV/Aids (Rate 2:1). 30 Prozent aller Neudiagnosen betreffen Männer, die Sex mit Männern haben. In den letzten Jahren ist ein starker Anstieg von Neuinfektionen zu verzeichnen. Die Zahl hat sich im Vergleich zum Jahr 1998 (damals gab es 2967 Neuansteckungen) mehr als verdoppelt. Die Schlüsselfaktoren des starken Neuanstiegs werden in der erhöhten Übertragung im Bereich Männer, die Sex mit Männern haben (MSM) und in der kontinuierlichen Einwanderung von HIV-infizierten heterosexuellen Männern und Frauen aus Subsahara-Ländern gesehen. Von 2000 bis heute haben sich die HIV-Neuinfektionen bei heterosexuellen Menschen mehr als verdoppelt. Im Bereich intravenösem Drogenkonsum ist die Prävalenz seit Ende der 80er Jahre mit unter einem Prozent sehr gering. Seit Einsetzen der antiretroviralen Kombinationstherapien sind die Aids-Diagnosen und Todesfälle gesunken.

3.1.2 Die Struktur der HIV/Aids-Bekämpfung in Grossbritannien

Schon in den frühen 80er Jahren hat sich die Regierung Grossbritanniens mit dem Thema HIV/Aids beschäftigt[444]. Eine umfassende nationale HIV/Aids-Strategie wurde jedoch erst 2001 lanciert. Das Department of Health hat diese unter dem Namen: *Better prevention, better services, better sexual health - The national strategy for sexual health and HIV*[445] entwickelt. Die Hauptziele dieser Strategie sind unter anderem die Eindämmung von HIV/Aids-Übertragungen und Ansteckungen von sexuell übertragbaren

---

440 Grossbritannien umfasst England, Schottland und Wales, währenddem das Vereinigte Königreich Grossbritannien und Nordirland erfasst.
441 Die epidemiologischen Daten werden in Grossbritannien von der Health Protection Agency erfasst. Unpublished Quarterly Surveillance Tables No. 68, 05/4, Januar 2006.
442 Zahl gemäss WHO Europa, Quelle: *http://data.euro.who.int/CISID/* (22.11.06).
443 Zahl gemäss WHO Europa, Quelle: *http://data.euro.who.int/CISID/* (22.11.06).
444 Zur Geschichte von HIV/Aids in Grossbritannien siehe BERRIDGE.
445 DEPARTMENT OF HEALTH (2001).

Krankheiten (*sexual transmitted infections,* STI) mittels nationalen Informationskampagnen an die Allgemeinbevölkerung, die Reduktion undiagnostizierter HIV/Aids- und STI-Fälle (Routine HIV/Aids- und STI-Tests an den *Genito-Urinary Medicine Clinics,* also Kliniken der sexuellen Gesundheit), die Verbesserung der medizinischen und sozialen Unterstützung von Menschen mit HIV/Aids, sowie die Verringerung von Stigmatisierung rund um HIV/Aids und STIs. Im «*Implementation Action Plan*»[446] wurden die Massnahmen zur Zielerreichung der Strategie näher ausgeführt. Betreffend Diskriminierung und Stigmatisierung wurde Ende 2005 der «*HIV related stigma and discrimination - action plan*» verfasst, welcher 2006 in die Vernehmlassung geschickt wurde[447]. Die Schlüsselmassnahmen dieses Aktionsplans sind[448]:

– Integration der Themen Stigmatisierung und Diskriminierung in bestehende Gesundheitsförderungsverträge für schwule Männer und Afrikanische Communities;
– Verbreitung von Informationen über HIV/Aids und Abbau von Mythen rund um die HIV/Aids-Übertragung;
– Unterstützung von Menschen mit HIV/Aids im Kampf gegen Diskriminierungen und Bestärkung in ihren Rechten;
– Sicherstellung des Miteinbezugs von Menschen mit HIV/Aids in Entscheidungsprozesse auf nationaler und lokaler Ebene;
– Finanzielle Unterstützung von Projekten, welche sich dem Abbau von Stigmatisierung und Diskriminierung rund um HIV/Aids widmen;
– Fortführung der Zusammenarbeit mit anderen Regierungsdepartementen bezüglich Themen, welche auf Menschen mit HIV/Aids einen Einfluss haben;
– Unterstützung von Trainings am Arbeitsplatz, welche der Stigmatisierung und Diskriminierung rund um HIV/Aids entgegenwirken.

Der Aktionsplan richtet sich auch an andere Akteure des HIV/Aids-Bereichs; so sollen Mitarbeitende des Gesundheitswesens, Mitarbeitende von HIV/Aids-Dienstleistungs- und Voluntärorganisationen folgende Massnahmen ergreifen:
– Sensibilisierung auf HIV/Aids Stigmatisierung und Diskriminierung in allen Feldern;
– Aktive Überwachung und Bekämpfung von HIV/Aids-Diskriminierungen;
– Unterstützung von Programmen, welche das Selbstbewusstsein und Selbstvertrauen von Menschen mit HIV/Aids fördern;
– Miteinbezug von Menschen mit HIV/Aids in Entscheidungsprozesse und bei der Durchführung von Massnahmen;

---

446 Department of Health (2002).
447 Department of Health (2005).
448 Department of Health (2005), S. 4.

– Vertrautheit mit den verschiedenen Dokumenten, Reglementen und Empfehlungen, welche sich der Diskriminierung und Stigmatisierung widmen;
– Evaluation von Anti-Stigma- und Diskriminierungsinterventionen und Zusammenarbeit mit lokalen und nationalen Netzwerken zur Verbreitung der Resultate;
– Überprüfung und Aktualisierung von professionellen Reglementen, Verhaltenscodes sowie anderen relevanten Publikationen in Bezug auf HIV/Aids.

Nonprofit Organisationen im Bereich HIV/Aids

1982 wurde die erste HIV/Aids-Organisation Grossbritanniens, der Terry Higgins Trust, gegründet, benannt nach Terry Higgins, einem der ersten britischen HIV/Aids-Patienten, der 1983 starb. Die Organisation wurde später in Terrence Higgins Trust umbenannt. Mit rund 300 Mitarbeitenden und 800 Voluntären ist der Terrence Higgins Trust nicht nur die grösste HIV/Aids Organisation Grossbritanniens, sondern ganz Europas[449].

Der National Aids Trust ist Grossbritanniens führende unabhängige Kampagnenorganisation. Sie wurde 1987 ins Leben gerufen mit der damaligen Zielsetzung, Voluntärorganisationen im HIV/Aids-Bereich zu koordinieren[450].

1993 wurde die UK Coalition of People living with HIV/Aids (UKC) in London gegründet. UKC besteht aus einer Gruppe von Menschen mit HIV und Aids, welche Kampagnen durchführen und Dienstleistungen anbieten von und für Menschen mit HIV/Aids. Das Ziel von UKC ist, die verschiedenen Stimmen und Bedürfnisse von HIV-positiven Menschen hörbar zu machen und damit Änderungen in der Gesellschaft zu bewirken[451].

Daneben gibt es zahlreiche weitere, kleinere HIV/Aids-Organisationen, die in ganz Grossbritannien verteilt sind. Sie werden oftmals ehrenamtlich betrieben.

3.1.3 Daten zur HIV/Aids-Diskriminierung am Arbeitsplatz

Im November 2005 wurde im Auftrag des National Aids Trust eine Befragung zur Haltung der Allgemeinbevölkerung gegenüber HIV/Aids gemacht, deren Ergebnisse im April 2006 vorgelegt wurden[452]. 66 Prozent der 2048 befragten Personen gaben an, dass sie der Meinung sind, HIV-positive Menschen können im gleichen Ausmass arbeiten wie HIV-negative Menschen. Dieser Ansicht widersprachen insbesondere die 15–24jährigen sowie die über 50jährigen. Die Studie hat den Zusammenhang zwi-

---

449   Für nähere Informationen siehe Quelle: *www.tht.org.uk* (12.09.06).
450   Für nähere Informationen siehe Quelle: *www.nat.org.uk* (12.09.06).
451   Für nähere Informationen siehe Quelle: *www.ukcoalition.org* (12.09.06).
452   Public Attitudes Towards HIV, Research Study conducted for National Aids Trust by MORI (Market & Opinion Research International), London 2006.

schen dem Wissensstand über die Übertragungswege des HI-Virus und der positiven Einstellung in Bezug auf HIV/Aids am Arbeitsplatz aufgezeigt. Acht von zehn derjenigen Befragten, welche sehr gute Kenntnisse über HIV/Aids hatten, vertraten die Meinung, dass Menschen mit HIV/Aids genau gleich arbeiten können wie alle anderen. 65 Prozent der Befragten gaben an, es sei widerrechtlich, HIV-positive Menschen am Arbeitsplatz zu diskriminieren. 57 Prozent vertraten die Meinung, dass sie sich wohl fühlen würden, mit einem HIV-positiven Kollegen oder einer HIV-positiven Kollegin zusammenzuarbeiten. Auch hier waren es wiederum vor allem die gut über HIV/Aids Informierten sowie die unter 55jährigen, die diese Meinung vertraten. 14 Prozent der Befragten gaben an, sie seien nicht sicher, ob sie sich wohl fühlen würden, mit einer/einem HIV-positiven Mitarbeitenden zusammenzuarbeiten. Erstaunlich ist die Tatsache, dass die Frage, ob die Belegschaft informiert werden sollte, wenn jemand im Betrieb HIV-positiv ist, rund ein Drittel mit ja beantwortete; etwa die gleiche Zahl, also ein Drittel, antwortete mit nein.

Im Februar 2005 wurden die Resultate einer Studie der Positive Futures Partnership veröffentlicht[453], welche Arbeitgeber und Arbeitnehmer zu HIV/Aids befragte. Mehr als 85 Prozent der befragten Manager denken, dass Menschen mit HIV/Aids immer noch Diskriminierungen am Arbeitsplatz erfahren. 40 Prozent waren der Ansicht, dass Menschen mit HIV/Aids nicht als Führungspersonen zugelassen werden sollten, während 24 % die Ansicht vertraten, Menschen mit HIV/Aids sollten nicht im Gastgewerbe arbeiten.

Eine im Jahr 2002 durchgeführte Umfrage bei 1821 HIV-positiven Menschen in Grossbritannien[454] ergab betreffend Diskriminierungen folgende Resultate: 16 Prozent waren unglücklich mit deren Fähigkeit, mit Diskriminierung umzugehen. 20 Prozent hatten innerhalb der letzten 12 Monate Diskriminierungen erlebt. 11 Prozent haben kontinuierlich Probleme mit Diskriminierungen und waren der Ansicht, dass mehr Hilfestellungen oder Unterstützung erforderlich bzw. nützlich wären. Ein Viertel der Diskriminierungen wurde im Bereich der öffentlichen Dienstleistungen erlebt, besonders seitens des Krankenhauspersonals. Soziale Stigmatisierung und Rückweisung bildeten mit 19 Prozent die zweithäufigste Form von Diskriminierungen (einschliesslich Freundeskreis, Partner, Nachbarn), gefolgt von verbalen Beschimpfungen (17 %) und Diskriminierungen am Arbeitsplatz (15 %). Weitere Diskriminierungen betrafen die Stellensuche (6 %), physische Gewalt (6 %), finanzielle Dienstleistungen (6 %), Reisebeschränkungen (6 %) und Versicherungen (3 %).

---

453 Personnel Today, 9. Februar 2005, Quelle: *www.personneltoday.com/Articles/2005/02/09/27918/people-living-with-hiv-face-workplace-discrimination.html* (20.11.06).
454 WEATHERBURN/ANDERSON/REID/HENDERSON, S. 65ff.

3.2 Allgemeines zum Diskriminierungsschutz in Grossbritannien

3.2.1 Kurzüberblick zum englischen Rechtssystem

Das englische Rechtssystem unterscheidet sich klar von der kontinentaleuropäischen Tradition. So kennt Grossbritannien bis heute keine geschriebene Verfassung. Eine wichtige Rechtsquelle ist das so genannte *Common Law* (Fallrecht, Recht des Richters), welches auf Präjudizien aufbaut. Für die Aufrechterhaltung einer gewissen Stabilität des Rechtssystems sorgt die *Doctrine of Stare Decisis*, nach welcher Untergerichte an die Entscheide höherer Gerichte gebunden sind (siehe unten). Grundsätzlich sind die Gerichte – im Gegensatz z.B. zu den USA - auch an ihre eigenen früheren Entscheide gebunden[455]. Neben das *Common Law* tritt das *Statutory Law* (Gesetzesrecht), welches die vom Parlament erlassenen *Statutes* (Gesetze) umfasst. Daneben existieren als ein drittes Element sogenannte *Constitutional Conventions* (Verfassungskonventionen). Darunter sind Verhaltens- und Verfahrensregeln zu verstehen, an die sich staatliche Institutionen gebunden fühlen. Die Durchsetzung dieser Konventionen kann allerdings nicht eingeklagt werden.

Die Hierarchie der Gerichte im Zivilrecht zeigt sich wie folgt (aufsteigend)[456]:

County Court (for minor claims) → **High Court** (Queen's Bench Division – Family Division – Chancery Division) → **Court of Appeal** (Civil Division) → **House of Lords**

Gemäss der *Doctrine of stare decisis* herrscht dabei folgende Regelung:
- Die Entscheide von höheren Gerichten sind für die unteren Gerichte bindend;
- Das *House of Lords* ist an die eigenen Entscheide nicht gebunden;
- Der *Court of Appeals* ist an die eigenen Entscheide gebunden (Ausnahmen vorbehalten);
- Die Richter des *High Courts* sind nicht strikt an die Entscheide anderer Richter des *High Courts* gebunden;
- Nur Entscheide der innerstaatlichen Gerichte sind grundsätzlich bindend (Ausnahme: Europäischer Gerichtshof), aber die Entscheide höherer Gerichte von anderen (vornehmlich *Common Law*) Ländern können als Entscheidungshilfe herangezogen werden.

Bindend innerhalb eines Entscheids ist die *ratio decidendi* (Begründung des entsprechenden Entscheids), nicht jedoch das *obiter dictum* (Bemerkungen der Richter in deren Reden, welche für das Urteil selbst nicht direkt relevant sind).

---

455   Martin, S. 23ff.
456   Martin, S. 24ff.

Um die ordentlichen Zivilgerichte zu entlasten, wurden im Jahre 1964 die *Industrial Tribunals* gegründet[457], die bestimmte arbeitsrechtliche Streitigkeiten beurteilen konnten. Im Jahre 1998 wurden diese in *Employment Tribunals* umbenannt.[458] Deren Bedeutung ist in den letzten Jahren stark angewachsen, gingen doch in den Jahren 2004/2005 mehr als dreimal so viele Anträge ein als noch in den 90er Jahren[459]. Die *Employment Tribunals* zeichnen sich u.a. durch einen einfachen Zugang und relativ niedrige Gebühren aus. Klagen, welche bei den *Employment Tribunals* eingereicht werden, betreffen bspw. missbräuchliche Kündigung, Verletzung des Mutterschaftsurlaubs, Vertragsbruch, aber auch Diskriminierungsfälle. Die Entscheide der *Employment Tribunals* können ans *Employment Appeal Tribunal* weitergezogen werden, von da aus an den *Court of Appeal* und in letzter Instanz an das *House of Lords*.

3.2.2 Das Gleichheitsprinzip im englischen Recht

Im Unterschied zu den meisten anderen europäischen Staaten kennt Grossbritannien keine geschriebene Verfassung, welche ein Recht auf gleiche Behandlung garantieren würde. Im Laufe der Jahrhunderte wurden gewisse Rechte durch Gerichtsentscheide geschützt. Zwar hat Grossbritannien die wichtigsten internationalen Dokumente, welche Menschenrechte und Nichtdiskriminierung betreffen, unterzeichnet, es jedoch abgelehnt, dafür zu sorgen, dass diese durch das Individuum bzw. direkt durch die einheimischen Gerichte angewandt werden können. Dafür verpflichtet der Human Rights Act 1998 die britischen Behörden und Gerichte, die Europäische Menschenrechtskonvention durchzusetzen, inklusive Art. 14 EMRK (Diskriminierungsverbot). Grossbritannien hat jedoch das Zusatzprotokoll 12, welches ein selbständiges allgemeines Diskriminierungsverbot enthält, weder ratifiziert noch unterzeichnet[460].

3.2.3 Internationale Rahmenbedingungen

Völkerrecht

Grossbritannien hat sich sowohl international als auch national zum Diskriminierungsschutz verpflichtet. Zunächst wird anhand einer Tabelle auf die völkerrechtlichen Verpflichtungen Grossbritanniens eingegangen[461]. Danach wird die Umsetzung der EU Rahmenrichtlinie dargelegt.

---

457 Industrial Training Act 1964.
458 Employment Rights (Dispute Resolution) Act 1998.
459 Annual Report 2004/2005, Employment Tribunal Service, London 2005.
460 Siehe Teil 4, 3.2.2.
461 Zum konkreten Inhalt der völkerrechtlichen Dokumente siehe Teil 3, 2.

Tabelle 14: Völkerrechtlicher Diskriminierungsschutz in Grossbritannien
Quelle: Eigene Darstellung HIV/Aids-Diskriminierungsstudie

Instrument	Ratifiziert	Vorbehalte	Bemerkungen
UN-Pakt für wirtschaftliche, soziale und kulturelle Rechte	Ja		
UN-Pakt für bürgerliche und politische Rechte	Ja		
Abkommen Nr. 111 der Internationalen Arbeitsorganisation (ILO) über die Diskriminierung.	Ja		
Abkommen Nr. 158 der Internationalen Arbeitsorganisation (ILO)	Nein		
Abkommen Nr. 159 der Internationalen Arbeitsorganisation (ILO)	Nein		
Europäische Menschenrechtskonvention (integriert ins brit. Recht durch den Human Rights Act 1998)	Ja		
Zusatzprotokoll Nr. 12 zur EMRK	Nein		
Revidierte Europäische Sozialcharta	Nein		

Umsetzung RL 2000/78/EG

Für die Umsetzung der Bestimmungen der im Jahr 2000 erlassenen Richtlinie über die Diskriminierung wegen einer Behinderung nahm Grossbritannien eine Zusatzfrist von drei Jahren in Anspruch. Es bedurfte für die Umsetzung einer Änderung des Disability Discrimination Act 1995 (Gesetz über die Diskriminierung aus Gründen einer Behinderung) und der Disability Discrimination Act (Pensions) Regulations 2003 (Gesetz über die Diskriminierung aus Gründen einer Behinderung (Altersrente). Die wichtigsten Änderungen betrafen folgende Bereiche:

- Keine Sonderregelung mehr für kleine Unternehmen;
- Keine Sonderregelung mehr für Polizeibeamte und Geschäftspartner;
- Präzisierung der Definitionen von «unmittelbare Diskriminierung» und «Belästigung behinderter Menschen»;
- Ausweitung des Geltungsbereichs auf Aus- und Weiterbildungseinrichtungen sowie Arbeitnehmer;
- Verbot der Diskriminierung bei der betrieblichen Altersversorgung.

Die geänderten Gesetze und zwei Verfahrenskodizes zu den neuen Rechten und Pflichten traten am 1. Oktober 2004 in Kraft. Ende 2006 werden voraussichtlich weitere neue Rechtsvorschriften betreffend Berufsausbildung in Kraft treten. Im Dezember 2006 soll die Umsetzung der Bestimmungen der Richtlinie über die Diskriminierung des Alters abgeschlossen werden.

3.3 Der gesetzliche Diskriminierungsschutz im Bereich Erwerbstätigkeit

3.3.1 Diskriminierungsschutz im britischen Arbeitsrecht

Das britische Arbeitsrecht

Das Arbeitsrecht hat sich in Grossbritannien in den letzten rund vierzig Jahren stark entwickelt, was einerseits auf ein historisch bedingtes, starkes Engagement seitens der Gewerkschaften zurückzuführen ist, andererseits auf die Mitgliedschaft Grossbritanniens in der EU[462]. Die ersten Arbeitsgesetze waren der Contract of Employment Act von 1963 und der Redundancy Payment Act von 1965. Es folgte eine Vielzahl von weiteren Gesetzen und Verordnungen. So ist das britische Arbeitsrecht in seiner heutigen Ausgestaltung eher ein Gebilde von förmlichem *Statutory Law* (Gesetzesrecht) denn von *Common Law*. Die Hauptgesetze im Bereich Arbeit sind der Employment Rights Act 1996 und der Employment Act 2002. Der Employment Rights Act 1996[463] enthält detaillierte Bestimmungen unter anderem zu folgenden Arbeitnehmerrechten[464]:
- Recht auf Lohnfortzahlung bei Fernbleiben von der Arbeit aus medizinischen Gründen;
- Rechte hinsichtlich der Beendigung eines Arbeitsverhältnisses (Kündigungsfrist und Entlassungsgründe, Schutz vor unzulässiger Kündigung, Abfindungszahlungen, Rechte bei Zahlungsunfähigkeit des Arbeitgebers sowie Rechte hinsichtlich unzulässiger Lohnabzüge).

System des Diskriminierungsschutzes

Das britische Arbeitsrecht enthält keine spezifischen Anti-Diskriminierungsregelungen. Diese finden sich – auch in Bezug auf Diskriminierung im Bereich der Erwerbstätigkeit – in eigenen Antidiskriminierungserlassen. So wurde 1975 der Sex Discrimination Act betreffend Diskriminierungen des Geschlechts[465] und 1976 der Race Relations Act betreffend Diskriminierungen der Rasse und Ethnie[466] erlassen. 1995 kam der Disability Discrimination Act (DDA)[467] hinzu. Neben dem individuellen Schutz der Arbeitnehmenden und Arbeitsuchenden sehen die Antidiskriminierungsgesetze eine

---

462   Neal, Kap. I.2ff; Deakin, S. 74f.
463   Employment Rights Act 1996, Quelle: *www.opsi.gov.uk/acts/acts1996/1996018.htm* (12.09.06).
464   Basisinformationsbericht 2004 Vereinigtes Königreich: Ein Bericht des europäischen Beschäftigungsobservatoriums, Esotec, London 2004.
465   Sex Discrimination Act 1975, Gesetzestext: Equal Opportunities Commission, Quelle: *http://www.eoc.org.uk/PDF/sda.pdf* (12.09.06).
466   Race Discrimination Act 1976, Quelle: *http://raceandfaith.communities.gov.uk/raceandfaith/reports_pubs/publications/race_faith/race-relation?view=Html* (12.09.06).
467   Disability Discrimination Act 1995, Quelle: *http://www.opsi.gov.uk/acts/acts1995/1995050.htm* (12.09.06).

Gleichbehandlungskommission vor[468]. Diese Kommissionen nehmen keine Schlichtungs- bzw. Entscheidungsfunktion in Einzelfällen wahr, sondern sind in den Bereichen Beratung, Forschung, Öffentlichkeitsarbeit und Unterstützung von Klägerinnen und Klägern tätig.

3.3.2 Diskriminierungsschutz im Disability Discrimination Act

Ziel und Geltungsbereich

Der Disability Discrimination Act (DDA) von 1995 wurde im Jahre 2005 umfassend revidiert. Der DDA hat zum Ziel, die Gleichstellung von behinderten Menschen zu ermöglichen und zu fördern. Der Geltungsbereich des DDA umfasst alle Phasen der Arbeitsverhältnisse und Arbeitnehmende aller Betriebe einschliesslich Voluntärorganisationen. Nicht unter den DDA fallen jedoch Angehörige der Armee[469].

Behinderungsbegriff im DDA von 1995 und 2001

Disability (Behinderung) wurde im Disability Discrimination Act 1995 (DDA 1995) wie folgt definiert:
Part 1, section 1:
(1) Subject to the provisions of Schedule 1, a person has a disability for the purposes of this Act if he has a physical or mental impairment which has a substantial and long-term adverse effect on his ability to carry out normal day-to-day activities.
(2) In this Act «disabled person» means a person who has a disability.

Behindert war also gemäss dem DDA 1995 eine Person dann, wenn sie eine physische oder psychische Beeinträchtigung hatte, welche eine substantielle und langfristige Auswirkung auf die Fähigkeit hatte, normale alltägliche Tätigkeiten auszuführen.

Diese Definition führte dazu, dass Menschen mit HIV/Aids nur dann als «behindert» galten, wenn sie nicht mehr in der Lage waren, alltägliche Tätigkeiten durchzuführen, was in der Regel erst dann der Fall ist, wenn Symptome von Aids vorliegen. Dies führte dazu, dass Menschen mit HIV/Aids, die diskriminiert wurden, aber nicht in der Verrich-

---

468 Equal Opportunities Commission, Quelle: *http://www.eoc.org.uk/* (12.09.06); Commission for Racial Equality, Quelle: *http://www.cre.gov.uk* (12.09.06); Disability Rights Commission, Quelle: *http://www.drc-gb.org* (12.09.06).
469 Die britische Armee nimmt grundsätzlich keine Personen mit vorbestehenden Krankheiten oder Krankheitsdispositionen auf. Auf der Homepage *www.armyjobs.mod.uk* der britischen Armee ist zu lesen: «There are many medical conditions that are not compatible with Army service. Recruiting staff have access to this information, but generally, you should not have a medical history of any problem that interferes with a physically and mentally demanding occupation or is likely to be made worse by it.» Auf Anfrage hin wurde bestätigt, dass auch HIV ein Hindernis darstellt.

tung der normalen, alltäglichen Aktivitäten beeinträchtigt waren, keinen Schutz unter dem DDA 1995 fanden[470]. 1999 legte die Disability Rights Task Force (DRTF)[471] den Bericht *from exclusion to inclusion* mit 156 Empfehlungen[472] der Regierung (Department for education and skills) vor. Die DRFT plädierte sehr für den Einschluss von HIV/Aids ab dem Zeitpunkt der Diagnose in den Behindertenbegriff:«People with the HIV infection sometimes attract fear and prejudice, which affects their lives from when their HIV status is known about, even if there are no symptoms and though there is no risk of transmission from normal contact. Estimates suggest that there are fewer than 20,000 people with asymptomatic HIV. Their coverage would represent an increase of just 0.2% in the numbers of people protected by the DDA»[473].

Im Jahr 2001 reagierte die Regierung auf diesen Bericht und legte ein eigenes Papier «*Towards Inclusion – civil rights for disabled people: Government response to the Disability Rights Task Force*» vor[474]. Die meisten Vorschläge wurden von der Regierung aufgenommen, so auch der Vorschlag betreffend HIV/Aids: «We will ensure that HIV infection counts as a disability from the time at which it is diagnosed. ... We will make these changes as soon as legislative time allows.»

Im Dezember 2005 trat dann die Gesetzesrevision des DDA in Kraft, welche u.a. Menschen mit HIV/AIDS bereits in der asymptomatischen Phase ab dem Zeitpunkt der Diagnose unter den Schutz des DDA stellt. Das Gleiche gilt für die Diagnosen Multiple Sklerose und Krebs. Der Wortlaut gemäss DDA 2005: «A person who has cancer, HIV infection or multiple sclerosis is to be deemed to have a disability, and hence to be a disabled person»[475].

Schutz vor direkter und indirekter Diskriminierung

Der DDA schützt die behinderte Person gegen direkte Diskriminierungen:
«A person directly discriminates against a disabled person if, on the ground of the disabled person's disability, he treats the disabled person less favourably than he treats or would treat a person not having that particular disability whose relevant circumstances, including his abilities, are the same as, or not materially different from, those of the disabled person»[476].

---

470 CHARTIER, S. 6ff.; siehe auch NATIONAL AIDS TRUST (employment); NATIONAL AIDS TRUST (stigma).
471 Die Disability Rights Task Force (DRTF) wurde 1997 gegründet und war der Vorgänger der Disability Rights Commission, welche 1999 gegründet wurde.
472 DISABILITY RIGHTS TASK FORCE.
473 DISABILITY RIGHTS TASK FORCE, S. 16, Punkt 7.
474 DEPARTMENT FOR EDUCATION AND EMPLOYMENT (Towards Inclusion).
475 DDA (Amendment) Regulations Act 2005, section 6A.
476 DDA 1995 (Amendment) Regulations 2003, 3A.

Der DDA verbietet folglich die schlechtere Behandlung aufgrund der Behinderung, insbesondere aufgrund von Vorurteilen und pauschalen Annahmen. So darf ein Arbeitgeber
- niemandem die Anstellung aufgrund dessen positivem HIV/Aids-Status verweigern[477];
- niemandem aufgrund dessen/deren positiven HIV/Aids-Status die Beförderung oder Weiterbildung verweigern[478];
- niemandem aufgrund dessen/deren HIV/Aids-Status die Anstellung verweigern aus Furcht, dass er/sie ein Gesundheits- und Sicherheitsrisiko sein könnte[479];
- niemandem aufgrund dessen/deren HIV/Aids-Status die Aufnahme in die betriebliche Altersversorgung verweigern aus Furcht, dass er/sie frühzeitig davon Gebrauch machen könnte[480];
- niemanden aufgrund dessen HIV/Aids-Status entlassen, wenn er dies nicht begründen kann[481].

Der DDA enthält keine Definition der indirekten Diskriminierung[482]. Der DDA definiert den Begriff der direkten Behinderung in so umfassender Weise, dass auch die indirekte Diskriminierung als miteingeschlossen betrachtet werden kann[483]. Die Definition der Diskriminierung im DDA enthält mit anderen Worten Elemente der direkten wie der indirekten Diskriminierung. Zudem bietet die Verpflichtung der Arbeitgeber, angemessene Vorkehrungen zu Gunsten behinderter Arbeitnehmerinnen vorzunehmen[484], einen aktiven Schutz vor indirekten Diskriminierungen.

Angemessene Vorkehrungen zu Gunsten behinderter Arbeitnehmerinnen

Des Weiteren verpflichtet der DDA den Arbeitgeber, «angemessene Vorkehrungen» innerhalb seiner Geschäftspraxis oder am Arbeitsplatz vorzunehmen, falls diese einen bedeutenden Nachteil für Menschen mit Behinderungen mit sich bringen. Dies gilt bereits im Bewerbungsverfahren. Die Umsetzung der gemeinschaftsrechtlichen RL 2000/78/EG verlangte die Verankerung dieses Kriteriums. Der DDA hatte diese Verpflichtung des Arbeitgebers bereits 1995 statuiert, jedoch 2005 noch konkretisiert:

---

477 DDA 1995 section 4 (1); DISABILITY RIGHTS COMMISSION (Code of Practice), S. 93ff.
478 DDA 1995 section 4 (2); DISABILITY RIGHTS COMMISSION (Code of Practice), S. 113.
479 DDA 1995 section 4 (1), section 3A (6); DISABILITY RIGHTS COMMISSION (Code of Practice), S. 86 und 96.
480 DDA 1995 section 4 (2), 4A (1); DISABILITY RIGHTS COMMISSION (Code of Practice), S. 155.
481 DISABILITY RIGHTS COMMISSION (Code of Practice), S. 128ff.
482 Disability Rights Commission : Initial Submission to the Discrimination Law Review ; London 2006. *(http://www.drc-gb.org/Docs/INitial_Submission_to_the_DLR.doc)*
483 FORDHAM, S. 38.
484 Siehe dazu hinten.

... a person also discriminates against a disabled person if he fails to comply with a duty to make reasonable adjustments imposed on him in relation to the disabled person[485].

Und Artikel 4A ergänzt:
Where –
(a) a provision, criterion or practice applied by or on behalf of an employer, or
(b) any physical feature of premises occupied by the employer, places the disabled person concerned at a substantial disadvantage in comparison with persons who are not disabled, it is the duty of the employer to take such steps as it is reasonable, in all the circumstances of the case, for him to have to take in order to prevent the provision, criterion or practice, or feature, having that effect[486].

Solche angemessenen Vorkehrungen sind beispielsweise die Gewährung von zusätzlichen Pausen oder Flexibilität in der Präsenzzeit. Wenn eine HIV-positive Arbeitnehmerin z.B. die antiretrovirale Therapie umstellen muss und in der ersten Phase des Therapiewechsels von Übelkeit oder erhöhter Ermüdbarkeit heimgesucht wird, dann könnte die angemessene Vorkehrung darin bestehen, dass der Arbeitgeber den Arbeitnehmerinnen gestattet, während einer gewissen Zeit von zu Hause aus zu arbeiten. Eine andere Anpassung könnte darin bestehen, jemandem einen Kühlschrank zur Verfügung zu stellen, worin er seine Medikamente, die er täglich während der Arbeitszeit einnehmen muss, deponieren kann.

Verbot diskriminierender Belästigung («harassment»)

Der DDA schützt auch vor Belästigungen in Bezug auf eine Behinderung, wie bspw. erniedrigende Kommentare oder Tätigkeiten betreffend die Behinderung einer Person, wie Beleidigungen, welche ein feindliches Umfeld kreieren:

(1) ..., a person subjects a disabled person to harassment where, for a reason which relates to the disabled person's disability, he engages in unwanted conduct which has the purpose or effect of –
(a) violating the disabled person's dignity, or
(b) creating an intimidating, hostile, degrading, humiliating or offensive environment for him.

(2) Conduct shall be regarded as having the effect referred to in paragraph (a) or (b) of subsection (1) only if, having regard to all the circumstances, including in particular the perception of the disabled person, it should reasonably be considered as having that effect[487].

---

485 DDA 1995 (Amendment) Regulations 2003, section 3A.
486 DDA 1995 (Amendment) Regulations 2003, section 4A.
487 DDA 1995 (Amendment) Regulations 2003, section 3B.

Belästigung ist also dann gegeben, wenn eine Person sich an einem Verhalten beteiligt, welches den Zweck oder die Auswirkung hat, die Würde der behinderten Person zu verletzen oder ein einschüchterndes, feindliches, degradierendes, demütigendes oder offensives Umfeld zu schaffen. War die Belästigung nicht beabsichtigt, hat aber die behinderte Person das Verhalten als solche wahrgenommen, wird geprüft, inwiefern das Verhalten objektiv den Umständen entsprechend als solche gewürdigt werden kann.

Verbot der Viktimisierung

Der DDA schützt auch nicht behinderte Personen, welche einen behinderten Kollegen bei einer Klage wegen Diskriminierung unterstützen.

(1) A person («A») discriminates against another person («B») if he treats B less favourably than he treats or would treat other persons whose circumstances are the same as B's; and he does so for a reason mentioned in subsection (2).

(2) The reasons are that B has (i) brought proceedings against A or any other person under this Act; or (ii) given evidence or information in connection with such proceedings brought by any person; or (iii) otherwise done anything under this Act in relation to A or any other person; or (iv) alleged that A or any other person has (whether or not the allegation so states) contravened this Act; or (b) A believes or suspects that B has done or intends to do any of those things[488].

Jede Person, die im Zusammenhang mit dem DDA daran beteiligt ist, eine Klage zu lancieren, Behauptungen aufzustellen oder Zeugenausssagen zu machen, wird vor Viktimisierungen geschützt. Bestätigt bspw. ein Arbeitskollege vor Gericht, dass der Arbeitgeber einer behinderten Mitarbeiterin die Beförderung aufgrund ihres HIV/Aids-Status verweigert hat, so dürfen ihm daraus keine Nachteile erwachsen, d.h., der Arbeitgeber darf ihn dafür nicht bestrafen.

Verschulden/Rechtfertigungsgründe

Direkte Diskriminierungen geschehen oftmals ohne Verschulden. Die englische Rechtsprechung hat mehrmals festgehalten, dass es zur Erfüllung des Tatbestands der direkten Diskriminierung irrelevant ist, ob der/die Diskriminierende das Ergebnis beabsichtigt hat oder nicht. So hat das *House of Lords* bereits 1989 in Bezug auf direkte Diskriminierungen gesagt, dass «the intention or motive of the defendant to discriminate, though it may be relevant so fas as remedies are concerned ... is not a necessary condition of liability; it is perfectly possible to envisage cases where the defendant had

---

488 DDA 1995, section 55.

no such motive, and yet did discriminate»[489]. Ähnlich wurde in *James v. Eastleigh*[490] argumentiert, wo das *House of Lords* auf die objektive Kausalursache abgestellt und die Verschuldensfrage explizit beiseite gelassen hat.

Für direkte Diskriminierungen und das Unterlassen von angemessenen Vorkehrungen gibt es grundsätzlich keine Rechtfertigungsgründe. Eine *disability related discrimination* kann jedoch gerechtfertigt sein, wenn ein Arbeitgeber eine behinderte Person schlechter behandelt aufgrund eines mit ihrer Behinderung zusammenhängenden wesentlichen und substantiellen Grundes[491]. Wenn sich bspw. ein Mann mit starken Rückenschmerzen und der dadurch bedingten Unfähigkeit sich zu bücken um die Stelle als Teppichleger bewirbt, dann darf der Arbeitgeber ihm die Anstellung verweigern, weil er die Kernaufgaben dieser Anstellung, nämlich Teppiche zu legen, nicht bewältigen kann. Dieser Rechtfertigungsgrund gilt jedoch nur, wenn auch durch eine angemessene Anpassung keine Veränderung herbeigebracht werden kann. Wenn z.B. eine Person teilweise erblindet und deshalb keine Memos und Notizen in kleiner Schrift mehr lesen kann, könnte eine angemessene Anpassung darin bestehen, die Memos und Notizen in grösserer Schrift zu übermitteln. Dann könnte sie unter Umständen ihre Aufgabe erfüllen und der Kündigungsgrund – Unfähigkeit, den Job auszuführen – würde wegfallen. Nimmt der Arbeitgeber keine solche Anpassung vor, kann er sich nicht auf die Unfähigkeit als materiellen und substantiellen Kündigungsgrund berufen. Eine Kündigung wäre hier ungerechtfertigt. Dies gilt im Übrigen auch bei verweigerten Anstellungen.

Beweislast

Das europäische Recht fordert eine Beweislasterleichterung. Diese war so im englischen Gesetz nicht verankert. In der Regel war es sehr schwierig, einen direkten Beweis für eine Diskriminierung zu finden. Der Arbeitgeber war häufig auch nicht bereit, sich selbst gegenüber eine Diskriminierung anzuerkennen. Aus diesem Grund sollten Gerichte nicht erwarten dürfen, dass belastende Schriftstücke vorliegen, aus welchen auf diskriminierende Absichten geschlossen werden kann. Die *Employment Tribunals* haben aber dennoch oft an der Beweislast beim Arbeitnehmenden festgehalten. Erst 2005 wurde in *Wong v. Igen, Chamberlin und Emezie v Emokpae, Webster v Brunel University*[492] explizit festgehalten, dass Arbeitgeber, welche der Diskriminierung eines

---

489 R v. Birmingham CC ex p EOC [1989] 1 AC 1156, HL.
490 James v. Eastleigh BC [1990] 2 AC 751, HL: In diesem sehr berühmten Urteil ging es um folgenden Tatbestand: Der Stadtrat hat RentnerInnen kostenlosen Eintritt ins Schwimmbad gewährt, und zwar Männern ab 65 und Frauen ab 60 Jahren. Das House of Lords hat dies als Geschlechterdiskriminierung ausgelegt: «But for his gender, a man of 61 like Mr James would have received the same free swimming facilities as his wife.» Seit diesem Urteil wird regelmässig dieser «but for»-Test, also «wäre-da-nicht-Test» angewandt, also auf die Kausalursache abgestellt.
491 Siehe Disability Rights Commission (Code of Practice), S. 83ff.
492 Wong v Igen Ltd., Chamberlin Solicitors and Emezie v Emokpae, Webster v Brunel University [2005] EWCA Civ. 142.

Arbeitnehmenden beschuldigt werden, detaillierte Beweise vorbringen müssen, dass sie nicht diskriminiert haben, ansonsten sie den Fall verlieren. Dieser Entscheid wurde von den Diskriminierungskommissionen sehr begrüsst, nachdem oftmals die Beweislastregelungen nicht konsistent und korrekt durch die Arbeitsgerichte angewendet wurden. Die Beweislast kehrt also zum Arbeitgeber (so genannter *shift of the burden of proof*), sobald der Arbeitnehmende gewisse Fakten vorbringen kann, welche die Vermutung zulassen, dass er/sie diskriminiert wird. Dies wird nun auch im DDA 1995 (Amendment) Regulations 2003 reg 9 (2) sec. 17A (1C) festgehalten, und ist insoweit EU-konform.

Ungeachtet der Beweislast ist natürlich eine Voraussetzung für die Haftung des Arbeitgebers, dass es Anhaltspunkte gibt, die darüber informieren, dass der Arbeitgeber von der Behinderung der Angestellten wusste oder hätte wissen müssen zum Zeitpunkt, in welchem der diskriminierende Akt vorgenommen wurde[493].

Rechtsschutz und Rechtsfolgen

Bei Verdacht auf eine Diskriminierung ober bei einer Nichtanpassung am Arbeitsplatz kann der/die diskriminierte Person eine Klage beim *Employment Tribunal* einreichen.[494] Die Klage muss innerhalb dreier Monate ab dem Zeitpunkt der Diskriminierung eingereicht werden. Wenn das *Employment Tribunal* die Klage betreffend Diskriminierung aufgrund einer Behinderung als begründet betrachtet, kann es folgende Entscheide fällen:

– *Declaratory Order* (Feststellungsurteil): Ein Urteil, welches die Rechte des Arbeitnehmenden in Bezug auf den DDA festhält;
– Schadenersatz – Der Arbeitgeber muss dem Arbeitnehmenden einen Schadenersatz bezahlen. Dies beinhaltet eine Entschädigung aufgrund verletzter Gefühle, wie eine Entschädigung für den Verlust einer Chance auf dem Arbeitsmarkt, welche in der Regel höher ist als der entgangene Lohn. Es gibt grundsätzlich keine Begrenzung für Schadenersatz;
– *Recommendation of Remedial Action* (Empfehlung zur Wiederherstellung): Eine Empfehlung, dass der Arbeitgeber innert einer festgesetzten Frist die durch die Diskriminierung bedingten Auswirkungen der Diskriminierung mildert oder reduziert.

---

493   Siehe hierzu Naicker v Lanarkshire Primary Care NHS Trust EAT vom 18.5.2005 und DWP v Hall, EAT vom 31.8.2005.
494   DDA 1995, part 2, section 8.

3.3.3 Verpflichtungen des Arbeitgebers

Aus dem DDA ergeben sich für die Arbeitgeberin verschiedene Verpflichtungen. So ist sie verantwortlich für diskriminierende Handlungen der Mitarbeitenden, ausser sie kann beweisen, dass sie vernünftige Schritte zur Verhinderung solcher Handlungen unternommen hat[495]. Zudem sind Arbeitgeber verpflichtet, angemessene Vorkehrungen zu treffen, damit Menschen mit Behinderungen nicht diskriminiert werden[496]. Diese Vorkehrungen werden nicht einzeln aufgezählt, sondern im 2004 erlassenen *Code of Practice on Employment and Occupation*[497], welcher sich aus der Rechtsprechung ergeben hat, näher umschrieben. Darin wird explizit erwähnt, welche Rechte und Pflichten sich aus dem DDA 2005 ergeben. Obwohl diese Codes selbst keine Gesetzeskraft besitzen, stellen sie verbindliche Richtlinien dar, welche von den Gerichten und Behörden berücksichtigt werden müssen.

Ein Arbeitgeber handelt gemäss DDA rechtswidrig, wenn er Behinderte in der Beschäftigung, d.h. bei Einstellung, Beschäftigungsbedingungen, Beförderung, Versetzung, Aus- und Fortbildung, sonstigen Leistungen und Kündigung diskriminiert oder sie in anderer Weise benachteiligt. Wird eine behinderte Person gegenüber nichtbehinderten Personen erheblich benachteiligt (durch Betriebsvorrichtungen, bauliche Merkmale von Gebäuden, etc.), ist der Arbeitgeber verpflichtet, «angemessene» Vorkehrungen vorzunehmen, um dies zu vermeiden.

3.3.4 DDA-Gerichtspraxis zur HIV/Aids-Diskriminierung

Da die Diskriminierung von HIV/Aids bis Ende 2005 grundsätzlich nicht unter den Diskriminierungsschutz des DDA fiel, wenn noch keine Symptome von Aids vorhanden waren, ist die Gerichtspraxis auf diesem Gebiet spärlich.

Ein Lehrer *outet* sich während seines Arbeitsverhältnisses als HIV-positiv, woraufhin ihn die Schule entlässt. Die Schule argumentiert dahingehend, dass die Kündigung nicht wegen der HIV-Infektion, sondern aufgrund eines gestörten Verhältnisses des Lehrers zu einem Grossteil der Angestellten (*«irretrievably broken down»*) ausgesprochen wurde. Der Lehrer wendet sich an das *Employment Tribunal*, welches seine Klage mit der Begründung abweist, dass es sich um eine rechtmässige Kündigung handle, welche in keinem Zusammenhang mit seiner Behinderung stehe[498].

---

495 Section 50 des DDA 1995; DISABILITY RIGHTS COMMISSION (Code of Practice on Employment and Education), S. 28f.
496 Section 6 des DDA 1995.
497 DISABILITY RIGHTS COMMISSION (Code of Practice), S. 57ff.
498 Neary v. Egerton-Rothesay Ltd., EAT 0061/05; siehe auch BBC News vom 16. September 2004.

Bereits unter dem Einfluss des DDA 2005 wird folgender Fall beurteilt: S.D. arbeitet als Betreuer in einem Heim für Jugendliche mit aggressivem Verhalten und Lernschwierigkeiten. Nachdem er seinen Arbeitgeber, *High Quality Lifestyle*, darüber informiert, dass er HIV-positiv ist, hat dieser ihm gekündigt mit der Begründung, dass er ein hohes Risiko darstellt, da er von einem gewalttätigen Jugendlichen gebissen werden könnte, der sich dadurch anstecken könnte. Auf dem Bewerbungsfragebogen gibt S.D. seinen HIV/Aids-Status nicht an, informiert dann aber im Verlauf der Anstellung seinen Arbeitgeber, als er aufgrund der Umstellung der antiretroviralen Therapie einige Zeit krankgeschrieben wird. Das Arbeitsgericht hält fest, dass der Arbeitgeber es einerseits unterlassen hat, angemessene Vorkehrungen vorzunehmen sowie den Persönlichkeitsschutz verletzt hat, indem er andere Institutionen und Organisationen in der Region über den HIV/Aids-Status von S.D. informiert hat[499] und verurteilt den Arbeitgeber zu Schadenersatz- und Genugtuungszahlungen. Auf das Arbeitsverhältnis hat das Urteil keine Auswirkungen mehr, da S.D. in der Zwischenzeit einen neuen Job gefunden hat.

Ein aktueller Fall aus dem Jahr 2006 beschäftigte sich mit folgendem Sachverhalt[500]: Ein langjähriger Angestellter (M.P.) in einem Café eines *Armani*-Geschäfts informiert, nachdem er sehr krank geworden ist, seinen Arbeitgeber über seine HIV-Infektion. Als das Geschäft aufgrund Renovierungsarbeiten geschlossen wird, bietet man M.P. keine alternative Arbeit an. M.P. geht vor das *Industrial Tribunal* und klagt auf Diskriminierung und missbräuchliche Kündigung. Das Arbeitsgericht erkennt auf Diskriminierung aufgrund einer Behinderung und verurteilt den Arbeitgeber zu einer Entschädigungszahlung in der Höhe von £ 18 000.-.

Experten beurteilen die Entschädigungszahlung als sehr tief. Der Kläger trägt aufgrund der Tatsache, dass er seine Arbeit verloren hat und vor Gericht gehen musste, schwere psychische und finanzielle Belastungen davon. Ein Pressesprecher von *Armani* verneint, dass M.P. aufgrund seiner HIV-Infektion entlassen wurde und sagt, dass die Firma – welche sich in der Öffentlichkeit als sehr engagiert im Bereich HIV/Aids erklärt – ihm eine alternative Stelle angeboten hat.

---

499 Positive Nation Nr. 118, Dezember 2005.
500 Workplace Law Magazine [UK] vom 21. September 2006; Personnel Today, Quelle: *http://www.personeltoday.com/Articles/2006/09/22/37342/hiv-positive-armani-employee-receives-18000-compensation-for.html* (21.22.06).

3.4 Weitere Regelungen und Massnahmen zur Bekämpfung von Diskriminierung

3.4.1 Die Disability Rights Commission

Der Disability Rights Commission Act von 1999[501] hat ein Jahr später zur Lancierung der *Disability Rights Commission* geführt. Diese Kommission nimmt im Wesentlichen folgende Funktionen wahr:
– Kampf gegen Diskriminierung von Menschen mit Behinderungen und Förderung deren Gleichstellung;
– Förderung der good practice;
– Beratung der Regierung zum Thema Behinderung.

Zur Wahrnehmung dieser Aufgaben erteilt sie persönliche Beratungen, führt Musterprozesse durch, bietet Mediationen an und organisiert nationale Informationskampagnen.

Die *Disability Rights Commission* vertritt Menschen mit körperlichen und geistigen Behinderungen, sowie Menschen mit chronischen Krankheiten. Gemäss Angaben der Kommission leben rund 8.6 Millionen Menschen in Grossbritannien mit einer Behinderung oder chronischen Erkrankung.

Die Kommission hat ein jährliches Budget von etwa 13 Millionen Pfund und betreibt Zentren in London, Manchester, Wales und Schottland. Rund 180 Angestellte, viele davon Menschen mit Behinderungen oder chronischen Krankheiten, beraten, nehmen Beschwerden auf und leiten rechtliche Schritte ein. Zudem wurde eine telefonische Helpline eingerichtet, bei der jährlich etwa 100 000 Anrufe eingehen. Viele der Anrufenden sind auch Arbeitgeber und nicht-behinderte Mitarbeitende eines Betriebs. Oft kann die Diskriminierung in Gesprächen beseitigt werden, so dass der Rechtsweg nicht beschritten werden muss. Rund einen Fall pro Woche bringt die Kommission vor Gericht.

Es gilt anzumerken, dass die *Disability Rights Commission* (wie auch die *Equal Opportunities Commission* und die *Commission for Racial Equality*) aufgelöst und durch die *Commission for Equality and Human Rights* (operativ tätig ab Oktober 2007) ersetzt wird[502]. Zudem wird ein neues *Disability Committee* geschaffen[503].

---

501 Disability Rights Commission Act 1999, Quelle: *http://www.opsi.gov.uk/acts/acts1999/19990017.htm* (21.11.06).
502 Equality Act 2006, schedule 1, part V, Quelle: *http://www.opsi.gov.uk/acts/acts2006/ukpga_20060003_en.pdf* (20.11.06)
503 Commission for Equality and Human Rights, Quelle: *http//www.cehr.org.uk* (20.11.06)

3.4.2 Nicht juristische Mittel zur Diskriminierungsbekämpfung

Positive about disabled people

Arbeitsämter verleihen Arbeitgebern, welche sich bereit erklärt haben fünf spezifische Verpflichtungen einzugehen, welche die Bedingungen bei Anstellung, Weiterbildung und Karriereentwicklung von behinderten Menschen verbessern sollen, ein spezielles Gütesiegel[504]. Arbeitgeber, welche dieses Symbol (zwei grüne Häkchen auf einer runden Fläche) benutzen, haben sich zu folgenden Handlungen bereit erklärt[505]:

– Alle Stellenbewerberinnen, die die Minimalbedingungen der ausgeschriebenen Stelle erfüllen, zu interviewen und sie nach ihren Fähigkeiten zu beurteilen;
– Sicherzustellen, dass Raum dafür geschaffen wird, jederzeit, jedoch mindestens einmal pro Jahr, mit behinderten Arbeitnehmerinnen zu diskutieren, was zur Weiterentwicklung ihrer Fähigkeiten gemacht werden kann;
– Jede Anstrengung zu unternehmen, dass Menschen – wenn sie behindert werden – angestellt bleiben können;
– Darum bemüht zu sein, dass alle Angestellten sensibilisiert sind in Bezug auf das Thema Behinderung, so dass die Verpflichtungen auch eingehalten werden können;
– Die fünf Verpflichtungen jährlich kritisch zu überprüfen im Hinblick darauf, was erreicht wurde und was verbessert werden kann und die Angestellten und den *Employment Service* über Fortschritte und Pläne zu informieren.

Ensuring Positive Futures

Ensuring Positive Futures ist ein innovatives Beschäftigungsprogramm für Menschen mit HIV/Aids. Es besteht aus einem Zusammenschluss diverser Organisationen, wie beispielsweise HIV/Aids Organisationen, Firmen, Regierungsorganisationen und Gewerkschaften, welcher zum Ziel hat, Menschen mit HIV/Aids bei der Arbeitssuche und am Arbeitsplatz zu unterstützen. Dieses Programm beinhaltet unter anderem die Sensibilisierung von Arbeitgebern auf das Thema HIV/Aids (mittels Workshops, einer Helpline, etc), Unterstützung für Gewerkschaften in der Ausarbeitung von Betriebsvereinbarungen, welche besonders auf die Bedürfnisse und Rechte von Menschen mit

---

504 Britische Regierung, Quelle: *http://www.direct.gov.uk/DisabledPeople/Employment/LookingForWork/LookingForWorkArticles/fs/en?CONTENT_ID=4000314&chk=wMankc* (25.09.06); Qualtech, Quelle: *http://www.qualtech.co.uk/info/positiveFaq.html* (25.09.06); Jobcentre Plus, Quelle: *http://www.jobcentreplus.gov.uk/JCP/Customers/HelpForDisabledPeople/DisabilitySymbol/index.html* (25.09.06).
505 Rund 5000 Arbeitgeber nutzen dieses ihnen verliehene Symbol (✓✓). Zudem gibt es in Grossbritannien rund 400 Firmen, welche Mitglied des «Employers Forum on Disability» sind. Diese Mitglieder setzen sich dafür ein, dass sie die Berufsaussichten von behinderten Personen verbessern wollen, Quelle: *http://www.employers-forum.co.uk/www/index.htm* (25.09.06).

HIV/Aids eingehen und auch praktische Hilfestellungen für Menschen mit HIV/Aids (Bewerbungskurse, etc.)[506].

3.5 Schutz vor HIV/Aids-Diskriminierung bei Bewerbung, Anstellung, Beschäftigung und Entlassung

3.5.1 Schutz vor HIV/Aids-Diskriminierung im Bewerbungsverfahren

Fragerecht und Offenbarungspflicht

Eine Arbeitnehmerin ist grundsätzlich nicht verpflichtet, von sich aus ihren positiven HIV/Aids-Status dem Arbeitgeber gegenüber zu offenbaren. Ein Arbeitgeber darf jedoch den Stellenbewerber fragen, ob er eine Behinderung hat[507]. Dies macht er auch regelmässig auf sogenannten *job application forms* (Bewerbungsformulare). Dort findet sich oftmals auch die Frage nach HIV/Aids. Wenn er/sie die Frage mit «nein» beantwortet und dies zu einem späteren Zeitpunkt bekannt wird, dann würde dies als Vertragsbruch gewertet, was zu einer Kündigung führen kann.

Eine spezielle Regelung gilt für bestimmtes medizinisches Fachpersonal: Hier ist ein Stellenbewerber oder Arbeitnehmer gemäss Richtlinien vom *Department of Health* verpflichtet, von sich aus seinen HIV/Aids-Status gegenüber dem Betriebsarzt zu offenbaren[508]; dies hat zur Folge, dass man nicht (mehr) berechtigt ist, *exposure prone procedures* (invasive Operationen) durchzuführen aufgrund der Gefahr der Übertragung des HI-Virus. Festgehalten sind diese Regelungen in dem vom *Department of Health* herausgegebenen Dokument *HIV infected health care workers – guidance on management and patient notification*[509]:

«The circumstances in which HIV could be transmitted from an infected health care worker to a patient are limited to exposure prone procedures in which injury to the health care worker could result in the worker's blood contaminating the patient's open tissues. This is described as «bleed-back» in this guidance. HIV infected health care workers must not perform any exposure prone procedures. The majority of health care workers do not perform exposure prone procedures.»

---

506   Ensuring Positive Futures, Quelle: *www.e-pf.org.uk* (25.09.06).
507   Dies wird durch den DDA nicht verboten, ebensowenig wie eine medizinische Untersuchung. Siehe dazu Disability Rights Commission (Code of Practice), 7.31, S. 109, sowie Terrence Higgins Trust, Living with HIV, Quelle: *http://www.tht.org.uk/howwecanhelpyou/livingwithhiv/shoulditell/employers/* (25.09.06).
508   Department of Health (2005 II), 4.15, S. 20f.
509   Department of Health (2005 II), 1.7, S. 11; vgl. auch entsprechende Hinweise der UK Coalition, Quelle: *http://www.ukcoalition.org/epf/positivepeople/health.php*.

Allerdings ist der Arbeitgeber in diesen Fällen verpflichtet, den Status der Angestellten geheim zu halten und dafür zu sorgen, dass ihr eine geeignete alternative Arbeit zugewiesen werden kann oder eine Umschulungsmöglichkeit:

> «Employers should assure infected health care workers that their status and rights as employees will be safeguarded so far as practicable. Where necessary, employers should make every effort to arrange suitable alternative work and retraining opportunities, or where appropriate, early retirement for HIV infected workers, in accordance with good general principles of occupational health practice»[510].

Ärztliche Untersuchung

Einige Unternehmen verlangen eine ärztliche Untersuchung beim Vertrauensarzt. Diese Untersuchung kann manchmal auch HIV-Tests beinhalten. Gewerkschaften, HIV/Aids-Organisationen und ACAS (Advisory, Conciliation and Arbitration Service) weisen immer wieder darauf hin, dass ein HIV-Test nicht nötig und nicht aussagekräftig ist[511]. Von der britischen Rechtsetzung und Rechtsprechung her ist nicht klar, inwiefern ein solcher Test rechtlich zulässig ist. Grundsätzlich könnte der Tatbestand der Diskriminierung aufgrund des Disability Discrimination Acts gegeben sein. Explizit erwähnt ist jedoch ein solches Verbot nicht[512]. Nicht zulässig ist, von behinderten Personen eine ärztliche Untersuchung zu verlangen, jedoch nicht von nicht behinderten Personen[513].

Bilanz

Das britische Antidiskriminierungsrecht bietet insbesondere durch den modifizierten Disability Discrimination Act einen relativ guten Schutz vor HIV/Aids-Diskriminierungen, auch im Bewerbungsverfahren. Im Widerspruch dazu steht allerdings, dass der Arbeitgeber im Bewerbungsverfahren grundsätzlich ein Fragerecht betreffend vorhandener Behinderungen hat und der/die Stellenbewerbende grundsätzlich eine Auskunftspflicht über vorbestehende Krankheiten besitzt.

---

510 Department of Health (2005 II), 5.6, S. 23.
511 Unison – The public service union: «Bargaining on Privacy», London 2005, S. 7f., Quelle: *www.unison.org.uk/acrobat/B144.pdf* (29.10.06); ACAS: Advisory Booklet – Health and Employment, Kapitel «Aids», S. 26, London 2006, Quelle: *www.acas.org.uk/media/pdf/9/6/B11_1.pdf* (21.11.06).
512 Siehe hierzu Terrence Higgins Trust: «20 things», S. 8.
513 Disability Rights Commission (Code of Practice), 7.31, S. 109f.

3.5.2 Schutz vor HIV/Aids-Diskriminierung während der Anstellung

Lohnfortzahlung

Arbeitgeber sind verpflichtet, für die Gesundheit und die Sicherheit ihrer Arbeitnehmenden bei der Arbeit zu sorgen. Sie sind gemäss Art. 151 bis 163 des Social Security Contributions and Benefits Act 1992 verpflichtet, allen Arbeitnehmenden, die infolge Krankheit oder Unfall arbeitsunfähig werden, während maximal 28 Wochen so genannten *Statutory Sick Pay* (gesetzliches Krankengeld) von £70.05/Woche (Stand 2006) zu bezahlen[514]. Am Ende der 23. Krankheitswoche ist der Arbeitgeber verpflichtet, den Arbeitnehmer zu informieren, wann die gesetzliche Lohnfortzahlung enden wird. Danach kann der Arbeitnehmer bis zur 52. Woche beim *Jobcentre* oder beim *Social Security Office incapacity benefit* (Arbeitsunfähigkeitsleistungen) beantragen, welcher nach Ablauf der 52. Woche bei permanenter Erwerbsunfähigkeit auf Gesuch hin in *long-term incapacity benefit* (Invalidenrente) umgewandelt wird[515].

Bei der gesetzlichen Lohnfortzahlung gibt es keine Unterscheidung zwischen «gesunden» und «kranken Arbeitnehmern». Grossbritannien hat ein Mischsystem, in dem der Staat einen so genannten Sockelbetrag garantiert, der dann oftmals tarifvertraglich aufgestockt wird. Aufgrund des arbeitsrechtlichen Systems wird die Lohnfortzahlung (mit Ausnahme des Sockelbetrages) ausschliesslich von den Arbeitgebern finanziert.

Privatversicherung

Trotz des DDA können Privatversicherer für gewisse Krankheiten, die zum Zeitpunkt des Versicherungsabschlusses bestehen, Vorbehalte anbringen oder den Vertragsabschluss verweigern. Dies gilt jedoch nur für die Einzelversicherung. Anders sieht es mit Gruppenversicherungen aus. Hier bestimmt Sektion 18 DDA, dass Menschen mit Behinderungen/Krankheiten grundsätzlich nicht schlechter gestellt werden dürfen als Menschen ohne Behinderungen/Krankheiten. Ein Ausschluss oder ein Vorbehalt ist demzufolge unrechtmässig[516]. Die behinderte Person hat nach Sektion 18 DDA ein Klagerecht gegen die Versicherungsgesellschaft oder je nach Sachlage gegen den Arbeitgeber. Nicht verantwortlich ist die Versicherungsgesellschaft für Diskriminierungen durch Arbeitgeber, auf welche sie keinen Einfluss nehmen können.

---

514 SSCB Act 1992, section 152 (2).
515 Disability Alliance, Quelle: *www.disabilityalliance.org* (25.09.06).
516 DISABILITY RIGHTS COMMISSION (Code of Practice), S. 162ff.

Diskriminierungsschutz durch Datenschutz

Mit dem Data Protection Act 1998 wurde die RL 95/46/EG ins britische Recht implementiert[517]. Dieser Act ersetzte den Data Protection Act 1984 vollständig. Er stellte viele neue Rechte und Pflichten auf. Über die Einhaltung der Bestimmungen des Data Protections Act 1998 wacht das *Information Commissioner's Office*[518], dessen Rolle im Data Protection Act 1998 näher umschrieben wird[519].

Der Data Protection Act 1998
- ist anwendbar auf lebende, identifizierbare Personen, wie Stellenbewerberinnen und Arbeitnehmende;
- reguliert die Art und Weise, wie Informationen über diese Personen beschafft und verwendet werden dürfen;
- gibt diesen Personen Rechte, wie bspw. Zugang zur Information und Schadenersatz;
- und ist anwendbar sowohl auf computerisierte als auch auf manuelle Informationen, wie gewisse Daten über Stellenbewerberinnen.

Bei der Bewerbung und Anstellung muss zwischen dem Bedürfnis des Arbeitgebers, gewisse Informationen zu erhalten und dem Bedürfnis des Arbeitnehmers nach Privatsphäre (Persönlichkeitsschutz) eine Verhältnismässigkeit gegeben sein.

Gemäss dem Data Protection Act 1998 gehören Informationen über die physische oder mentale Gesundheit zu den «sensiblen persönlichen Daten». Ein Arbeitgeber ist verpflichtet, zusätzliche Vorsichtsmassnahmen zu ergreifen, wenn er mit sensiblen persönlichen Daten handelt.

Wie ausgeführt wurde, ist ein Arbeitgeber gemäss DDA verpflichtet, so genannte *reasonable adjustments* (angemessene Vorkehrungen) für Arbeitnehmende mit HIV/Aids oder Behinderungen zu treffen. Der Arbeitgeber kann diese Verpflichtung nur erfüllen, wenn er von der Behinderung Kenntnis hat.

3.5.3   Schutz vor HIV/Aids-bedingter Kündigung

Zum Kündigungsschutz allgemein

Das *Common Law* kannte nur rudimentäre Kündigungsvorschriften. So war der kündigende Arbeitgeber oder der kündigende Arbeitnehmer zur Einhaltung einer angemessenen Kündigungsfrist oder stattdessen zu einer Entschädigungsleistung verpflichtet.

Erst 1963 führte der Gesetzgeber mittels des Contracts of Employment Act strikte Kündigungsfristen ein. 1965 trat der Redundancy Payments Act in Kraft, der im Fall

---

517 Data Protection Act 1998, Quelle: *www.opsi.gov.uk/ACTS/acts1998/19980029.htm* (29.10.06)
518 Information Commissioner's Office, Quelle *www.ico.gov.uk* (29.10.06).
519 Data Protection Act 1998, sections 6 und sections 51–54.

einer Kündigung aus wirtschaftlichen Zwängen eine Entschädigungszahlung an die Arbeitnehmerinnen vorsieht.

Durch den Industrial Relations Act wurde schliesslich 1971 ein Kündigungsschutz der Arbeitnehmenden als schwächere der am Arbeitsvertrag beteiligten Partei verankert. Dieser Kündigungsschutz wurde auch in den Employment Rights Act 1996 übernommen. Gemäss diesen Bestimmungen darf der Arbeitgeber dem Arbeitnehmenden nicht ungerechtfertigt kündigen[520].

Für die Kündigung ist keine besondere Form vorgesehen, sie kann folglich ausdrücklich oder konkludent erfolgen. Sie muss jedoch zweifelsfrei als solche erkennbar sein, sowie das Datum der Beendigung des Arbeitsverhältnisses enthalten. In der Regel wird für die Kündigung im Arbeitsvertrag die Schriftform vereinbart. Bei Nichteinhalten der Schriftlichkeit ist die Kündigung nichtig.

Kündigungsschutz bei HIV/Aids

In Grossbritannien ist die Kündigung von Personen aus Gruppen, die durch das Gesetz ausgeprägter geschützt sind, automatisch widerrechtlich, ohne dass es einer weiteren materiellen Prüfung bedarf., z.B. im Fall einer Diskriminierung gegen Behinderte.

Gemäss DDA 1995 Sektion 4 ist es «unlawful for an employer to discriminate against a disabled person whom he employs ... by dismissing him or subjecting him to any other detriment».

3.6 Einschätzungen zur Wirkung des britischen Diskriminierungsschutzes

3.6.1 Modalitäten der Befragung und ergänzende Methoden

Zur Einschätzung des Wirkungsschutzes in Grossbritannien wurden die folgenden Organisationen und Personen mit der Bitte angeschrieben, einen Fragebogen mit offenen Fragen zum Diskriminierungsschutz und dessen Wirkung für Menschen mit HIV/Aids in der Arbeitswelt zu beantworten:

Regierung/Verwaltung:
– Disability Rights Commission
– Department of Health

Nichtregierungsorganisationen:
– Terrence Higgins Trust
– National Aids Trust

---

520 DEAKIN, S. 386ff.; SELWYN, S. 382ff. und 392ff.

Organisationen von Menschen mit HIV/Aids:
- UK Coalition of people living with HIV/Aids (UKC)
- Body Positive North West
- International Community of Women living with HIV/Aids

Menschen mit HIV/Aids:
- T.H., 32, männlich
- M.P., 43, weiblich

Rechtsexpertinnen:
- Catherine Casserley, Senior Legislation Advisor, Disability Rights Commission
- Michael Jefferson, Senior Lecturer, Faculty of Law, University of Sheffield
- Disability Law Service (Rechtsberatungsstelle für Menschen mit Behinderungen, NGO)

Die Durchführung der Befragung gestaltete sich als sehr aufwändig. Die angefragten Personen/Institutionen beklagten den Zeitaufwand, einige sahen sich auch fachlich ausserstande, die Fragen zu beantworten.

Ausgefüllte Fragebogen erhielten wir schliesslich von folgenden Institutionen/Personen in Grossbritannien:
- Disability Rights Commission
- Terrence Higgins Trust
- UK Coalition of People Living with HIV/Aids
- Catherine Casserley
- M.P.

Somit erhielten wir immerhin aus jeder der oben erwähnten Kategorien die Rückmeldung je einer Institution bzw. Person.

3.6.2 Bewertung der vorhandenen Diskriminierungsschutznormen

Die entscheidenden Regelungen in Bezug auf den Diskriminierungsschutz sind der DDA 1995, der DDA 2005 sowie die *New Codes of Practice on Employment and Occupation and for Trade Unions and Qualification Bodies*. Von allen Befragten wird der 2005 erlassene Zusatz im DDA, welcher explizit HIV/Aids vom Zeitpunkt der Diagnose an unter den Schutz der Diskriminierung stellt, als äusserst positiv bewertet. Allerdings hat nach Aussage des Terrence Higgins Trust die Regierung sehr wenig unternommen, um diese Neuregelung bekannt zu machen. Viele Leute, auch HIV-positive Menschen, wissen nicht, dass das Gesetz Ende 2005 in Bezug auf HIV/Aids geändert wurde.

3.6.3 Bewertung der praktischen Anwendung der Diskriminierungsschutznormen

In bezug auf die Jobsuche geben die UK Coalition und der Terrence Higgins Trust an, dass Diskriminierungen oft sehr subtil geschehen und es schwierig sei, gegen diese gesetzlich vorzugehen. Zudem bestünden viele berechtigte, aber auch unberechtigte Ängste sowohl auf Seiten der Arbeitgeber wie Arbeitnehmer. Die meisten HIV-positiven Arbeitnehmer entscheiden sich deshalb, ihren HIV/Aids-Status nicht bekannt zu geben und diejenigen, die ihn bekannt geben, würden oftmals mit Schwierigkeiten und Diskriminierungen bei der Jobsuche konfrontiert, da das Nichtwissen von Personalverantwortlichen und Arbeitskolleginnen in bezug auf HIV/Aids immer noch sehr hoch sei. Die Regelung im DDA (Diskriminierungsschutz bei HIV/Aids ab Zeitpunkt der Diagnose) sei noch relativ neu, es könne noch nicht gesagt werden, inwiefern jetzt Diskriminierungen erfolgreich bekämpft werden könnten.

M.P. berichtet, ihren HIV/Aids-Status im Arbeitsverhältnis per se nie bekannt zu geben, selbst in denjenigen Fällen, in welchen sie ein gutes Vertrauensverhältnis zum Arbeitgeber bzw. zu den Vorgesetzten habe aufbauen können. Angesprochen auf die Neuregelung des DDA und die allenfalls positiven Auswirkungen der Pflicht des Arbeitgebers, angemessene Vorkehrungen zu treffen, gab sie an, dass dies alleine für sie noch kein Grund sei, den Arbeitgeber über ihre HIV-Infektion zu informieren, da diese Information ausser ihrem engsten Umfeld niemanden etwas angehe.

Bedauerlich ist gemäss UK Coalition, dass die privaten Versicherungsgesellschaften bsw. im Lebensversicherungsbereich immer noch Menschen mit HIV/Aids ausschliessen, obwohl sich deren medizinische Situation erheblich verbessert habe.

Einig sind sich alle Befragten darin, dass der gesetzliche Schutz allein nicht ausreiche, um Stigmatisierungen und Diskriminierungen zu beseitigen. Eine erhöhte Einbindung der Arbeitgeberschaft sei dringend notwendig. Einige Firmen hätten sehr gute Betriebsreglemente zur Bekämpfung von (nicht nur HIV/Aids-spezifischen) Diskriminierungen am Arbeitsplatz und vermittelten mittels der Reglemente ihren Arbeitnehmenden auch eine gewisse Haltung und Einstellung, die sich insgesamt sehr positiv auf das Betriebsklima auswirke. Zahlreiche Firmen hätten jedoch das Gefühl, dass sie dieses Thema nicht betreffen würde. Gemäss Aussage der UK Coalition betrachten selbst Firmen, welche sich auf internationaler Ebene für HIV/Aids und gegen die Diskriminierung von HIV-positiven Personen einsetzen, dies in Grossbritannien als kein wichtiges Thema.

Bemängelt wurde von der UK Coalition, vom Terrence Higgins Trust und von M.P., dass die Regierung nichts unternehme für die Sensibilisierung von Arbeitgebern. Seit Jahren habe es keine grössere Kampagne mehr gegeben, und noch nie sei öffentlich darauf hingewiesen worden, dass sich die Lebenssituation und Arbeitsfähigkeit von Menschen mit HIV/Aids mit der Therapie entscheidend verbessert hätten. Die Arbeitgeber würden deshalb immer noch von einem völlig veralteten Bild von HIV/Aids ausgehen. Beanstandet wird auch, dass die Regierung nichts für die Bekanntmachung der Ausweitung des DDA auf HIV/Aids, MS und Krebs unternommen habe.

Als zwei Projekte im Bereich HIV/Aids und Erwerbstätigkeit werden die Lancierung der Website *e-pf.org.uk* (UK Coalition) genannt, welche sich an Arbeitgeber, Gewerkschaften und Arbeitskolleginnen richtet, sowie das Projekt *Ensuring Positive Futures Partnership,* an welchem der Terrence Higgins Trust mitbeteiligt ist und welches die Unterstützung von HIV-positiven Menschen und die Lancierung von Kampagnen gegen Diskriminierungen zum Ziel hat. Die UK Coalition bietet auch Kurse für Arbeitgeber und Gewerkschaften an sowie Wiedereinstiegsprojekte für Menschen mit HIV/Aids, mit der Gelegenheit von Praktika, Job Coaching, etc.

Vom Terrence Higgins Trust wird eine erneute Anpassung des DDA insofern gefordert, als dass auch Menschen, welche nicht HIV-positiv sind (oder von denen man es nicht weiss), von denen aber angenommen wird, sie könnten es sein, vom Act geschützt werden sollten. Dies könnte bspw. den Partner einer HIV-positiven Person beinhalten, Familienmitglieder, Sozialarbeiter, oder einfach Leute, welche zu einer vulnerablen Gruppe gehören, wie bspw. schwule Männer und afrikanische Migrantinnen. Gewissen Leuten genügt die Angst vor HIV/Aids, um zu diskriminieren, und dieser Tatsache müsse begegnet werden.

Was von allen Befragten als besonders erfreulich hervorgehoben wird, ist die Pflicht des Arbeitgebers zu angemessenen Vorkehrungen («*reasonable adjustments*») – auch hier jedoch mit der Bemerkung, dass aufgrund der jungen Regelung noch nicht eingeschätzt werden könne, wie genau sich diese Verpflichtung in der Praxis bewähren werde.

3.7   Würdigung des britischen HIV/Aids-Diskriminierungsschutzes

In Grossbritannien existiert bereits seit 1995 ein spezifisches Gesetz, welches das Ziel verfolgt, die Gleichstellung von behinderten Menschen zu ermöglichen und zu fördern. Seitdem wurde es vollumfänglich revidiert und durch weitere Erlasse ergänzt. Die Antidiskriminierungsvorschriften des DDA ergänzen das englische Arbeitsrecht sinnvoll. Einerseits bieten sie den Angestellten einen wichtigen Schutz, andererseits zwingen sie Arbeitgeber dazu, sich von Willkür zu befreien. Besonders erwähnenswert ist der seit Ende 2005 bestehende explizite Antidiskriminierungsschutz für HIV/Aids, sowie die Verpflichtung der Arbeitgeber, *reasonable adjustments* zu machen. Die in der RL 2000/78/EG erwähnten Bedingungen wurden im britischen Antidiskriminierungsgesetz vollständig aufgenommen. Die meisten Bestimmungen existierten bereits vor dem Erlass der Richtlinie. Das Antidiskriminierungsrecht ist in Grossbritannien weit fortgeschritten.

4 Schutz vor HIV/Aids-Diskriminierung im Arbeitsverhältnis in Frankreich

4.1 Ausgangslage

4.1.1 HIV/Aids-Epidemiologie in Frankreich

In Frankreich leben schätzungsweise rund 150 000 Menschen mit HIV/Aids[521]. Es liegen keine genauen Zahlen vor, da die systematische Erfassung von HIV-Neuinfektionen in Frankreich erst seit 2003 erfolgt. Seit Beginn der HIV/Aids-Epidemie sind knapp 35 000 Personen an den Folgen von HIV/Aids gestorben[522]. Rund ein Viertel der im Jahr 2005 diagnostizierten HIV-Infektionen betreffen Männer, die Sex mit Männern haben. Knapp 40 Prozent der HIV-Neudiagnosen betreffen Frauen (vor zehn Jahren waren dies nur 30 Prozent). Die Prävalenz im Bereich intravenöser Drogenkonsum ist stark rückläufig und mit deutlich unter 1 Prozent im Jahr 2005 sehr gering[523].

4.1.2 Struktur der HIV/Aids-Bekämpfung in Frankreich

Das Nationale Aidsprogramm

Verantwortlich für die HIV/Aids-Politik ist das französische Gesundheitsdepartement. Grundlage der Aids-Bekämpfung bilden regelmässige erneuerte Nationale Aidsprogramme. Im Programm 2005–2008[524] wird festgestellt, dass HIV/Aids in Frankreich in hohem Masse sozial benachteiligte Gruppen, insbesondere auch Einwanderergruppen, betrifft. Es wird darauf hingewiesen, dass die verhältnismässig stark betroffene Gruppe von homosexuellen Männern noch immer Opfer von Diskriminierungen sind[525].

Zu den zentralen Werte des französischen Aidsprogrammes gehören das Prinzip der Nicht-Diskriminierung und der Nicht-Stigmatisierung der von HIV/Aids betroffenen Personen, die Respektierung der sexuellen Freiheit, die Solidarität mit den von HIV/Aids betroffenen Personen sowie die Partizipation der HIV/Aids-Betroffenen bei der HIV/Aids-Bekämpfungspolitik[526].

---

521 Quelle: *http://www.sidaction.org/informer/sidafrance* (21.11.06).
522 Quelle: *http://data.euro.who.int/CISID/* (21.05.06).
523 Institut de veille sanitaire, Quelle: *http://www.invs.sante.fr/recherche/index2.asp?txtQuery=VIH* (21.05.06).
524 Programme national de lutte contre le VIH/SIDA et les IST 2005–2008. Quelle: *www.sante.gouv.fr (21.05.06).*
525 Nationales Aidsprogramm 2005–2008 (Fn. 526), S. 15.
526 Nationales Aidsprogramm 2005–2008 (Fn. 526), S. 20.

Im Programm finden sich auch Äusserungen zum Problem HIV/Aids-Diskriminierung im Arbeitsverhältnis[527]. Namentlich wird darauf hingewiesen, dass die meisten Arbeitsplätze keine Risiken für die HIV/Aids-Übertragung mit sich bringen würden. Die therapeutischen Fortschritte würden sich zudem positiv auf die Arbeitsfähigkeit auswirken. Dennoch hätten viele Menschen mit HIV/Aids Schwierigkeiten beim Zugang in die Arbeitswelt oder bei der Wiedereingliederung zu vergegenwärtigen. Im Programm werden deshalb verschiedene Massnahmen zur Verbesserung der Situation diskutiert. Festgestellt wird, dass keine spezifischen Rechtsnormen zur HIV-Infektion im Arbeitsleben bestehen. Die HIV-Infektion wird rechtlich wie jede andere Krankheit behandelt. Damit profitieren Menschen mit HIV/Aids auch vom Diskriminierungsverbot im Arbeitsverhältnis aufgrund einer Krankheit und/oder einer Behinderung. Auf strategischer Ebene wird vorgeschlagen, die Information über die Rechte von HIV-positiven Arbeitnehmenden beim Zugang zum Arbeitsverhältnis zu verbessern. Verstärkte Sensibilisierung sei auch notwendig über die Rechte zum Schutz des Privatlebens und des Arztgeheimnisses. Als Zielgruppen der Informationen werden die Arbeitgeber, die Arbeitsärztinnen, die Arbeitskollegen und die Personalvertreterinnen genannt.

In periodischen Abständen lanciert das Gesundheitsministerium Kampagnen gegen die Diskriminierung von Menschen mit HIV/Aids. Im Juni 2006 wurden über 2 Millionen Euro für Antidiskriminierungskampagnen investiert[528].

Der Nationale Aids-Rat[529]

Der Nationale Aids-Rat hat die Aufgabe, die Regierung zu allen Aidsproblemen zu beraten und Lösungsvorschläge zu unterbreiten. Der Präsident wird vom Staatspräsidenten gewählt. Die Mission des Aids-Rates umfasst die Anerkennung der individuellen Freiheiten, Förderung der öffentlichen Gesundheit, Schutz der Menschenrechte und Schutz genereller öffentlicher Interessen.

Der Nationale Aids-Rat kann Empfehlungen abgeben. Adressaten sind der Staatspräsident, die Nationalversammlung, der Senat sowie Verwaltungsbehörden, die sich mit HIV/Aids beschäftigen. In den letzten Jahren hat der Nationale Aids-Rat zu zahlreichen Themen Empfehlungen abgegeben. Eine Empfehlung betraf bspw. die Versicherbarkeit von Personen mit positiver HIV/Aids-Diagnose[530]. Weitere Empfehlungen betrafen die Problematik der Strafbarkeit der HIV-Übertragung oder Diskriminierungen gegenüber HIV-positiven Migrantinnen. Keine Empfehlungen erliess der Nationale Aids-Rat bisher zur Thematik HIV/Aids-Diskriminierung im Arbeitsumfeld.

---

527 Nationales Aidsprogramm 2005–2008 (Fn. 526), S. 61ff.
528 Quelle: *http://www.apf_tx_par_20060608_181041_hza01* (21.06.06).
529 Für die Internetseite des Rates siehe Quelle: *http://www.cns.sante.fr.* (21.06.06).
530 Rapport et recommandations du 20 septembre 1999 «Assurance et VIH/sida». Pour une assurabilité élargie des personnes et une confidentialité renforcée des données de santé, Quelle: *http://www.cns.sante.fr/htm/avis/assurances/fr_1_b.htm* (21.06.06).

Nonprofit Organisationen

Die Unals[531] ist eine Dachorganisation von insgesamt 40 Organisationen, die sich im Bereich HIV/Aids als Nonprofit Organisation in der Prävention und/oder in der Beratung und Unterstützung engagieren. Von diesen Organisationen ist insbesondere auf Aides und auf den Service Sida-Info-Service kurz näher einzugehen.

Schon im Jahre 1984 gegründet, ist Aides[532] eine der ältesten Organisationen in Frankreich, sich im Kampf gegen die HIV/Aids-Epidemie engagiert. Für Aides ist die Solidarität mit den mit HIV/Aids lebenden Personen und der Kampf gegen Diskriminierung zentral. Aides hat sich im Kampf gegen Diskriminierung im Versicherungsbereich mit anderen Organisationen zusammengeschlossen, die sich für die Rechte von Menschen mit chronischen Krankheiten engagieren[533].

Die Organisation Sida-Info-Service[534] besteht seit 1989. Die Organisation unterhält einen telefonischen Beratungsdienst zu verschiedenen Themen rund um HIV/Aids, so auch zu rechtlichen Fragen *(sida-infodroit)*. Aides und Sida-Info-Service arbeiten eng zusammen.

4.1.3 Daten zur HIV/Aids-Diskriminierung am Arbeitsplatz

Eine repräsentative Befragung von 1986 Personen bringt an den Tag, dass die Diagnose HIV/Aids geeignet ist, Personen aus dem Arbeitsleben auszuschliessen. Andere Untersuchungen[535] zeigen, dass die HIV-Infektion eine Form sozial konstruierter Behinderung darstellt, die nicht mit anderen Behinderungen verglichen werden kann[536]. Aufschlussreich ist eine Studie über den Standpunkt der Arbeitgebenden zu HIV/Aids am Arbeitsplatz[537]. 100 Prozent der Befragten gaben an, sie würden eine Person nicht anstellen, wenn im Bewerbungsverfahren der HIV/Aids-Status bekannt würde. Eine andere Untersuchung bringt mangelnde oder fehlende Toleranz von Arbeitskolleginnen gegenüber Mitarbeitenden mit HIV/Aids an den Tag[538].

---

531 Union nationale des associations de lutte contre le sida, Quelle: *http://www.unals.org* (21.06.2006).
532 Quelle: *www.aides.org* (21.06.2006).
533 Collectif Interassociatif sur la Santé, CISS, Quelle: *www.leciss.org* (21.06.2006).
534 Quelle: *www.sida-info-service.org* (21.06.2006).
535 Die nachfolgend erwähnten Untersuchungen stammen mehrheitlich von Selbsthilfeorganisationen oder Non-Profitorganisationen zur Unterstützung von Menschen mit HIV/Aids. Die Berichte über diese Studien erfüllen nicht immer sozialwissenschaftliche Kriterien, sie können jedoch unter der Kategorie «Graue Literatur» subsumiert werden und haben als solche durchaus einen bestimmten Aussagewert.
536 «Les tensions actuelles entre VIH et emploi », in: Sciences Sociales et Santé 2001; 19, S. 43–66, «Le monde du travail face au VIH/SID» in, Numéro spécial du Journal du sida et de la démocratie sanitaire, juillet 2001, Arcat Sida diffusion BP90 75961 Paris Cedex 20.
537 Aides, Publications d'une enquete de l'an 2000. Quelle: *www.aides.org* (21.06.06).
538 MOYSOULIVER/LEBLOND, S. 1–2.

Die Organisation Association Sida Info Service führt seit dem Jahre 2002 jährlich eine Befragung bei Personen durch, die mit HIV/Aids leben[539]. Inhalt der Befragung bilden Fragen nach erlebten Diskriminierungen in verschiedenen Lebensbereichen. Die Ergebnisse im Jahre 2005 zeigen, dass sich 40 Prozent aller Befragten ganz allgemein als Folge ihrer HIV-Infektion diskriminiert fühl(t)en. Höher ist der Anteil, wenn spezifisch nach Diskriminierungserlebnissen gefragt wird.

Ein Drittel aller Befragten mache geltend, Diskriminierungen im Arbeitsleben erlebt zu haben. Die Bandbreite erlebter Diskriminierungsformen ist dabei sehr breit, sie reicht von direkter Nachfrage nach dem HIV/Aids-Status im Bewerbungsverfahren über unzulässige Weitergabe der Information über den HIV/Aids-Status durch Arbeitskollegen, Vorgesetzte oder Personalverantwortliche bis zu Schwierigkeiten am Arbeitsplatz als Folge reduzierter Leistungsfähigkeit[540].

Zahlreich sind die Diskriminierungen auch im Bereich Banken und Versicherungen. Fast 40 Prozent der Befragten haben aufgrund ihrer HIV/Aids-Diagnose beim Zugang zu Versicherungen und Bankkrediten Einschränkungen erlebt[541]. Die Befragung bringt Fälle ans Licht, in denen Arbeitsverhältnisse aufgelöst wurden, nachdem die Versicherung der beruflichen Vorsorge die Information über den HIV/Aids-Status der Arbeitnehmerin bekannt gegeben hatte[542].

4.2 Allgemeines zum Diskriminierungsschutz in Frankreich

4.2.1 Das französische Rechtssystem

Gesetze sind die wichtigsten Rechtsquellen im französischen Recht. Die Regierung und das Parlament bilden die gesetzgebende Gewalt. Das französische Parlament setzt sich aus zwei Kammern zusammen, der Nationalversammlung und dem Senat. Bevor der französische Präsident ein Gesetz erlassen kann, muss der Verfassungsrat auf Anfrage von Parlamentsmitgliedern dessen Verfassungsmässigkeit überprüfen. Die eigentliche Umsetzung findet mittels sekundärem Recht in Form von Dekreten statt, die vom *Conseil d'Etat* angenommen werden müssen. Die Judikative ist zweigeteilt: Die Verwaltungsgerichte sind zuständig für Rechtsstreitigkeiten im Verwaltungsverfahren; das höchste Verwaltungsgericht ist der *Conseil d'Etat*. Gerichte sind zuständig für Strafsachen und privatrechtliche Streitigkeiten; das höchste Gericht ist der *Cour de cassation*, welches in verschiedene Kammern aufgeteilt ist: Die zivile Kammer ist für das Privatrecht, die soziale Kammer für das Arbeitsrecht und die Strafkammer für das

---

539 Die Ergebnisse der Befragung(en) können unter *www.sida-info-service.org* eingesehen werden, siehe «Enquete 2005 sur les discriminations à l'encontre des personnes vivant avec le VIH» (21.06.06).
540 Enquete 2005, S. 8 (Fn. 542).
541 Enquete 2005, S. 9 (Fn. 542).
542 Enquete 2005, S. 10 (Fn. 542).

Strafrecht zuständig. Frankreich hat traditionell eine zentralistische Staatsform; die Staatsgewalt wird zunehmend dezentralisiert. Frankreich teilt sich in 22 Regionen, 95 Departemente und ungefähr 36 000 Gemeinden[543].

4.2.2 Das Gleichheitsprinzip im französischen Recht

Das Gleichheitsrecht Frankreichs basiert auf einem Gleichheitsprinzip, das sich an den Prinzipien «Staat», «Nation» und «Bürger/in» orientiert. Verletzungen des Gleichheitsprinzips werden als Angriff auf die menschliche Würde verstanden, was sich in der grossen Bedeutung des Strafrechts als Instrument zur Diskriminierungsbekämpfung ausdrückt[544]. Im Strafrecht soll dem Opfer von Diskriminierung Gerechtigkeit im Namen des Staates widerfahren[545]. Die universale Gleichheitskonzeption ist weiter Ausdruck des französischen Verständnisses von Demokratie, nach dem das Gesetz Ausdruck des *volonté général* ist und für alle gleich gelten soll[546]. Ausnahmen von dieser «gleichen Gleichheit für Alle» sind nach der theoretischen Konzeption unzulässig. Auf diesem Hintergrund erscheinen dem französischen Recht Diskriminierungsverbotskonzeptionen fremd, da diese gerade Ungleichbehandlungen nur aus bestimmten Gründen verbietet[547].

4.2.3 Umsetzung des europarechtlichen Diskriminierungsschutzes im französischen Arbeitsrecht

Dynamik Gemeinschaftsrecht – französisches Arbeitsrecht

Das Gemeinschaftsrecht inspiriert das nationale Recht und andererseits widerspiegelt das Gemeinschaftsrecht die Rechtstraditionen und -kulturen der Mitgliedstaaten. Das Europarecht folgt jedoch einer eigenen Logik, die wesentlich durch das Ziel der vollen Verwirklichung der vier Grundfreiheiten (Personen, Dienstleistungen, Waren und Kapital) geprägt ist. Trotz starker Tendenzen zur Stärkung des Europas der Sozialbürgerinnen, dominiert doch letztendlich das Europa der Wirtschaftsbürger und der Marktlogik, während dem französischen Arbeitsrecht ein starker Sozialschutz innewohnt. Diese Ausgangslage bildet(e) in der Vergangenheit manchmal Anlass zu Friktionen zwischen den beiden Rechtsordnungen, nicht nur, aber auch im Bereich des Diskriminierungsschutzes[548].

---

543 LATRAVERSE (report), S. 1.
544 LATRAVERSE (report), S. 3.
545 LEVY/CHABAS, S. 19.
546 LE FRIANT, S. 52.
547 LATRAVERSE (report), S. 4.
548 BARON/OMARJEE, S. 172.

Im Bereich des Antidiskriminierungsrechts ist der prägende Einfluss Frankreichs auf die Entwicklung des gemeinschaftsrechtlichen Gebots der Entgeltgleichheit für gleiche und gleichwertige Arbeit zwischen Männern und Frauen zu nennen. Frankreich hat Wesentlich darauf gedrängt, dass dieser in Frankreich schon lange währende Grundsatz Bestandteil des Gemeinschaftsrechts wurde[549].

Das Gemeinschaftsrecht hat demgegenüber Rechtsinstitute wie die Integration der indirekten Diskriminierung oder die positive Diskriminierung ins französische Recht stark beeinflusst bzw. erforderlich gemacht. Die indirekte Diskriminierung hat erst spät ins französische Arbeitsrecht Eingang gefunden. Das darf jedoch nicht darüber hinwegtäuschen, dass sich die Problematik der indirekten Diskriminierung im französischen Recht anders darstellt. Der französische Code de travail verbietet jede Diskriminierung, sei es zwischen Teilzeit- und Vollangestellten oder zwischen befristet und unbefristet Beschäftigten. Auf diesem Hintergrund sind die Fälle diskriminierender Anstellungsbedingungen von Frauen, die vorwiegend Teilzeit arbeiten, direkt erfasst und es braucht nicht den «Umweg» über die Figur der indirekten Diskriminierung aufgrund des Geschlechts[550].

4.2.4 Umsetzung der Rahmenrichtlinie 2000/78/EG

Der französische Gesetzgeber musste zur Umsetzung der RL 2000/78/EG in verschiedenen Bereichen Ergänzungen vornehmen. Das Gesetz vom 16. November 2001 zur Bekämpfung der Diskriminierung enthält verschiedene Änderungen im Arbeits- und Strafrecht. Weitere Änderungen wurden in den bisherigen Gesetzen betreffend die Gleichbehandlung von Menschen mit Behinderung vorgenommen (Gesetz vom 11. Februar 2002 über gleiche Rechte und Chancen, Partizipation und Bürgerrechte von Personen mit Behinderungen, und das Gesetz vom 17. Januar 2002 über soziale Modernisierung). Neu geschaffen wurde das Gesetz vom 30. Dezember 2004 über die Schaffung einer Hohen Behörde zur Bekämpfung von Diskriminierung und zur Förderung der Gleichbehandlung, eine offizielle Antidiskriminierungsbehörde. Die Hohe Behörde hat ihre Arbeit im Februar 2005 aufgenommen.

---

549 HANAU/STEINMEYER/WANK, S. 544.
550 LEROY, S. 893.

4.3 Diskriminierungsschutz in Verfassung und Gesetz

4.3.1 Gleichheitsgebot und Diskriminierungsverbot in der Verfassung

Gleichheit ist eines der drei wesensbestimmenden Elemente des französichen Staates (Freiheit, Gleichheit, Brüderlichkeit). Das Prinzip der Nichtdiskriminierung und Gleichheit bildet seit der Erklärung der Menschenrechte von 1789 eine Konstante im französischen Recht[551]. Die Verfassung von 1946 hat in der Präambel dem Wert der Gleichheit noch verstärkt Ausdruck gegeben. Der Anspruch der Frau auf Gleichbehandlung mit dem Mann wurde verankert. Weiter enthält die Präambel das Verbot, eine Person im Arbeitsbereich aufgrund ihrer Herkunft, ihres Glaubens oder ihrer Weltanschauung zu diskriminieren. In der Verfassung von 1958 garantiert Art. 1 die Gleichheit vor dem Gesetz für alle Bürgerinnen und Bürger ohne Unterschied basierend auf Herkunft, Rasse oder Religion.

Kein Verfassungstext schützt vor Diskriminierung aufgrund des Alters, einer Behinderng, der Gesundheit oder der sexuellen Orientierung. Der Verfassungsrat hat entschieden, dass die Liste verbotener Diskriminierungskriterien offen für weitere Entwicklungen sei[552]. Zu ergänzen ist, dass durch den Vorrang des Völkerrechts vor dem französischen Recht die völkerrechtlich verbotenen Diskriminierungskriterien integrale Wirkung entfalten.

4.3.2 Völkerrechtlicher Diskriminierungsschutz des französischen Rechts

Die Geltung des Völkerrechts erfolgt in Frankreich auf der Grundlage des Monismus[553]. Ratifizierte, publizierte und in Kraft gesetzte Völkerrechtsverträge werden Bestandteil des französischen Rechts[554]. Einzelne Völkerrechtsverträge bedingen die Zustimmung des Parlaments oder haben Verfassungsänderungen zur Folge[555].

Die von Frankreich ratifizierten und unterzeichneten internationalen Menschenrechtsverträge entfalten in Frankreich insofern Wirkung, als der französische Staat zur Erfüllung der vertraglichen Verpflichtungen verpflichtet ist. Soweit die Verträge dies vorsehen, haben Private das Recht, sich vor dem innerstaatlichen Gericht unmittelbar auf die Diskriminierungsverbote zu beziehen.

Die folgende Abbildung zeigt den Stand der völkerrechtlichen Verpflichtungen Frankreichs im Überblick:

---

551 Siehe dazu YOUNG, S. 147ff.
552 LATRAVERSE (report), S. 10.
553 YOUNG, S. 13.
554 Art. 55 der franz. Verfassung von 1958, Quelle: *www.legifrance.fr.* (26.06.06).
555 Art. 53 und 54 der Verfassung von 1958, Quelle: *www.legifrance.fr* (26.06.06).

Tabelle 15: Völkerrechtlicher Diskriminierungsschutz in Frankreich
Quelle: Eigene Darstellung HIV/Aids-Diskriminierungsstudie unter Anlehnung an Latraverse, (Report), S. 54.

Instrument	Ratifiziert	Vorbehalte	Bemerkungen
UN-Pakt für wirtschaftliche, soziale und kulturelle Rechte	Ja	Nein	
UN-Pakt für bürgerliche und politische Rechte	Ja	Ja, zu Art. 13	
Fakultativprotokoll zum Internationalen Pakt über bürgerliche und politische Rechte	Ja	Ja, zu Art. 5 Abs. 2 (a)	Deklaration zu Art. 1 und 7
Abkommen Nr. 111 der Internationalen Arbeitsorganisation über die Diskriminierung	Ja	Nein	
Abkommen Nr. 158 der Internationalen Arbeitsorganisation	Nein	Nein	
Abkommen Nr. 159 der Internationalen Arbeitsorganisation	Ja	Nein	
Europäische Menschenrechtskonvention	Ja	Nein	
Zusatzprotokoll Nr. 12 zur EMRK	Nein	Nein	
Europäische Sozialcharta	Ja	Ja	

4.3.3 Diskriminierungsschutz im Code du travail

Geltungsbereich und Struktur des Code du travail

Der Code du travail regelt die Rechtsbeziehungen zwischen Arbeitnehmenden und privaten Arbeitgebenden umfassend. Im Gegensatz etwa zum Arbeitsvertragsrecht im schweizerischen Obligationenrecht hat sich das französische Arbeitsrecht vom französischen Zivilrecht weitgehend emanzipiert[556]. Nach Art. 120-1 Code du travail gelten ausgewählte Bestimmungen des Code du travails auch für öffentlichrechtlich Beschäftige, frei beruflich Tätige sowie Gewerkschaften.

Von grosser Bedeutung sind die Tarifverträge. Nach dem (auch) für das französische Arbeitsrecht massgebenden Günstigkeitsprinzip können die Tarifverträge für Arbeitnehmende günstigere Bestimmungen enthalten. Insbesondere im Bereich der Zulässigkeit von Kündigungsgründen gehen Tarifverträge bezüglich Schutzes über den Code du travail hinaus[557].

Diskriminierungsgründe

Auch Persönlichkeitsschutzrechte und Freiheitsrechte haben eine Diskriminierungsschutzfunktion. Als wichtigen Grundsatz hält Art. 120-2 des Code du travail die Garantie der Persönlichkeitsrechte, individuelle und kollektive Freiheiten der Arbeitnehmenden fest. Niemand darf die Persönlichkeitsrechte und individuellen Freiheiten

---

556 WETZEL, S. 15.
557 AHRENDT, S. 40.

einschränken, sofern dies nicht durch die Natur der zu erledigenden Aufgaben gerechtfertigt und im Hinblick auf das erstrebte Ziel angemessen ist. Anders formuliert: Einschränkungen der Freiheits- und Persönlichkeitsrechte müssen sachlich begründet und verhältnismässig sein.

Über diese Grundsätze des Persönlichkeitsschutzes hinaus enthält der «Code du travail» sehr umfassende Diskriminierungsverbote. Nach Art. 122-45 Code du travail darf der Arbeitgeber aus folgenden Gründen keine Ungleichbehandlung vornehmen:
– Herkunft;
– Sitten;
– genetische Merkmale;
– sexuelle Orientierung;
– Familienstand;
– Alter;
– Zugehörigkeit oder Nichtzugehörigkeit (ob wirklich oder nur angenommen) zu einer Sprachgemeinschaft, einer Nation oder einer Rasse;
– politische Meinungen;
– Tätigkeiten in Gewerkschaften oder Genossenschaften;
– Glaubensüberzeugungen;
– körperliches Erscheinungsbild;
– Familienname;
– Gesundheitszustand;
– Behinderung.

Die Diskriminierungsgründe «Gesundheit» und «Behinderung» sind mit dem «Loi no 90-602 du juillet 1990 relative à la protection des personnes contres les Discriminations en raison de santé ou de leur handicap» eingefügt worden. Das Gesetz wurde hauptsächlich zum Schutze von Menschen mit positiver HIV/Aids-Diagnose eingeführt[558].

Art. 122-45 Abs. 2 Code du travail verbietet jede Diskriminierung aufgrund normaler Ausübung des Streikrechts. Geschützt sind nach Art. 122-45 Abs. 3 Code du travail auch Zeugen, die über unerlaubte Diskriminierungsmachenschaften berichtet haben.

Der Gesetzgeber wollte möglichst alle Diskriminierungsrisiken erfassen[559]. Mit dem Diskriminierungskritierium «Gesundheitszustand» ist die HIV-Infektion als solche unter den verbotenen Diskriminierungsgründen erfasst[560]. Soweit die HIV-Infektion im konkreten Fall Behinderungswert hat, besteht zusätzlich Anspruch auf Schutz vor Diskriminierung aus Gründen einer Behinderung.

---

558 COLONNA, Rn. 23, Rn. 360; AHRENDT, S. 216.
559 LEVY/CHABAS, S. 23.
560 COLONNA, Rn. 21.

Verbot diskriminiender Belästigung

Das Gemeinschaftsrecht verpflichtet die Mitgliedstaaten, auch Belästigung als eine Form der Diskriminierung zu verbieten. Der Code du travail umfasst sowohl ein Verbot der sexuellen Belästigung wie auch der «moralischen» Belästigung (harrassement moral). Art. 122-49 Code du travail verbietet Handlungen des moralischen Mobbings, «die eine Verschlechterung der Arbeitsbedingungen zum Ziel oder zur Auswirkung haben und die geeignet sind, Rechte und persönliche Würde zu beeinträchtigen, die körperliche oder geistige Gesundheit zu mindern oder die berufliche Zukunft in Frage zu stellen»[561].

Das Verbot belästigenden Verhaltens schützt die körperliche und psychische Integrität der Mitarbeitenden. Das Belästigungsverbot bildet Teil des Persönlichkeitsrechts des Arbeitnehmenden[562]. Es trifft sowohl Vorgesetzte wie Mitarbeitende. Nach Art. 122-51 Code du travail ist der Arbeitgeber bzw. der oder die Verantwortliche des Unternehmens überdies verpflichtet, alle notwendigen Massnahmen zur Beendigung von Belästigungen vorzukehren (Il appartient au chef d'entreprise de prendre toutes dispositions nécessaires en vue de prévenir les aggissements visés à l'article L. 122-49).

Jede Form von belästigendem Verhalten von Arbeitskolleginnen und/oder Vorgesetzten gegenüber Menschen mit HIV/Aids steht unter dem Schutz des Belästigungsverbotes. Bei den notwendigen Vorkehrungen zur Vermeidung von Belästigung muss die Arbeitgeberin geeignete Massnahmen zur Vermeidung von HIV/Aids-Mobbing ergreifen. Eine wichtige Rolle kommt hier dem Arbeitsinspektor zu[563]. Er hat das Recht auf Zutritt zu den Unternehmen, kann relevante Dokumente einfordern, Verstösse gegen den Code du travail feststellen und die Protokolle an den Staatsanwalt weiterleiten, der dann über eine allfällige Anklage entscheidet[564]. Diskriminierende Belästigung ist auch strafrechtlich verboten[565].

Sachlicher Anwendungsbereich der Diskriminierungsverbote

Das Diskriminierungsverbot umfasst sowohl die Bewerbungsphase, die Vereinbarung der Vertragsinhalte, die Ausgestaltung des Arbeitsverhältnisses inkl. Beförderung, Vertragsergänzung und die Sanktionierung sowie die Entlassung. Mit vom Diskriminierungsverbot erfasst ist auch der Zugang zu einem Praktikum und zur beruflichen Weiterbildung.

Verboten ist sowohl jede direkte wie auch jede indirekte Diskriminierung. Die Aufnahme der indirekten Diskriminierung in den Gesetzestext erfolgte im Rahmen der

---

561 Übersetzung des Gesetzestexts von Art. 122-49 Code du travail nach Le Friant, S. 53.
562 Cons. Const. No 2001-455 DC, 12 janv. 2002: JO 18 janv. P. 1053, zitiert nach: Teyssié, S. 225.
563 Aufgaben und Kompetenzen des Arbeitsinspektors sind im sechsten Buch des «Code du travail», «Controle de l'application de la léglisation et de la réglementation du travail» in den Art. 611ff. geregelt.
564 Le Friant, S. 55.
565 Siehe dazu Teil 4, 4.3.7.

Umsetzungsmassnahmen der RL 2000/78/EG[566]. Bereits vorher wurde das Verbot der indirekten Diskriminierung durch die Rechtsprechung eingeführt[567], allerdings nur im Bereich der Diskriminierung aufgrund des Geschlechts[568].

Das umfassende Diskriminierungsverbot gilt auch für Kollektivverträge (Art. 132-1) und Betriebsordnungen (Art. 122-35 Code du travail).

Der umfassende Anwendungsbereich des Diskriminierungsverbotes aufgrund des Gesundheitszustandes bedeutet bezüglich HIV/Aids, dass der Arbeitgeber weder einen HIV-Test verlangen kann noch sich nach dem HIV/Aids-Status der Stellenbewerberin oder des Stellenbewerbers erkundigen darf. Nicht zulässig sind auch Fragen, die indirekt auf einen positiven HIV/Aids-Status schliessen lassen könnten, wie etwa die Frage nach Homosexualität, Hämophilie oder Drogensucht[569].

Angemessene Vorkehrungen zu Gunsten behinderter Arbeitnehmerinnen

Die Umsetzung der gemeinschaftsrechtlichen RL 2000/78/EG ins französische Recht verlangt(e) die Verankerung von sogenannten «angemessenen Vorkehrungen» zu Gunsten behinderter Arbeitnehmenden. Der französische Gesetzgeber kommt dieser Verpflichtung mit Art. 323-9-1 Code du travail nach. Die Arbeitgeber werden verpflichtet, für behinderte Arbeitnehmer angemessene Vorkehrungen zu treffen, damit diese ihren Arbeitsplatz ganz oder teilweise erhalten können. In Art. 323-9-2 Code du travail werden nicht abschliessend solche mögliche Massnahmen beschrieben. Art. 323-9-3 Code du travail hält fest, dass die Verweigerung angemessener Massnahmen eine Diskriminierung im Sinne von Art. 122-45-4 darstellt.

Der Gesetzgeber umschreibt die Gruppen von Arbeitnehmenden, welchen angemessene Massnahmen des Arbeitgebers gewährt werden, in Art. 323-9-1 i.V.m. Art. 323-3 Code du travail. Arbeitnehmende mit einem positiven HIV/Aids-Status können unter verschiedene dieser Kategorien fallen, so bspw. unter «Behinderte gemäss Anerkennung der Kommission der Rechte und der Autonomie der Behinderten», «Opfer eines Berufsunfalls oder einer Berufskrankheit» oder «Bezüger/innen einer Invalidenrente gemäss der französischen Sozialversicherung». Im Ergebnis haben diese HIV-positiven oder an Aids erkrankten Arbeitnehmenden dann Anspruch auf angemessene Vorkehrungen zu ihren Gunsten.

Rechtfertigungsgründe

Ungleichbehandlungen aufgrund einer Behinderung oder aufgrund des Gesundheitszustandes sind rechtfertigungsfähig. Nach Art. 122-45-4 Code du travail stellt eine

---

566 LATRAVERSE (report), S. 14.
567 CCass. Soc. 9 April 1996, no. 1727 P, RJS 5/96 no. 550; CCass. Soc. 23 November 1999 no. 4290, RJS 5/00 no. 498.
568 LE FRIANT, S. 54.
569 COLONNA, Rn. 43.

Ungleichbehandlung aufgrund einer vollständigen[570] Arbeitsunfähigkeit, die durch den Arbeitsmediziner festgestellt wurde, keine Diskriminierung aufgrund des Gesundheitszustandes oder einer Behinderung dar. Dieser Rechtfertigungsgrund kann sowohl bei einer Nichtanstellung wie auch bei einer Kündigung geltend gemacht werden.

Wird folglich eine Person mit HIV/Aids nicht angestellt oder wird ihr gekündigt und ist dies mit einer arbeitsmedizinisch festgestellten Arbeitsunfähigkeit begründet, liegt kein Verstoss gegen das Diskriminierungsverbot vor. Keinen Rechtfertigungsgrund bildet das Arbeitgeberinteresse an der Vermeidung künftiger, befürchteter Arbeitseinbussen[571].

Nicht auf den Rechtfertigungsgrund «gesundheitliche Nichteignung aufgrund einer Behinderung» kann sich der kündigende Arbeitgeber dann berufen, wenn er im Anstellungsverfahren versäumt hat, den Arbeitnehmer auf seine Berufseignung durch den Vertrauensarzt abzuklären. Hintergrund des Entscheides vom 21. September 2005 des «Cour de Cassation» bildete der Fall eines Arbeitnehmers, der im Rahmen des Bewerbungsverfahrens nicht auf seine Behinderung hingewiesen hatte. Der Arbeitgeber wollte dem Arbeitnehmer nach erfolgter Anstellung wegen einer durch den Arbeitsmediziner entdeckten Behinderung kündigen. Der Arbeitgeber berief sich vor Gericht vergeblich auf illoyales Verhalten des Arbeitnehmers im Bewerbungsverfahren. Das Gericht befand, der Arbeitgeber habe versäumt, im Bewerbungsverfahren oder auch noch während der Probezeit das ihm zustehende Recht, den Arbeitnehmer arbeitsmedizinisch abzuklären, wahrzunehmen. Aus diesem Grund stellte die Entlassung des fraglichen Arbeitnehmers aufgrund einer Behinderung eine Diskriminierung dar[572].

Beweislast

Die Anforderungen der RL 2000/78/EG hinsichtlich Beweislastverteilung sind in Art. 122-45 erfüllt. Die klagende Partei muss die Diskriminierung lediglich glaubhaft machen («... le salarié concerné ou le canditat ... présente des éléments de fait laissant supposer l'existence d'une discrimination directe ou indirecte»). Gelingt diese Glaubhaftmachung der Diskriminierung, muss die beklagte Arbeitgeberin beweisen, dass die Ungleichbehandlung durch objektive Gründe gerechtfertigt ist, die nichts mit einer Diskriminierung zu tun haben.

Für die Glaubhaftmachung einer Diskriminierung ist die klagende Partei auf den Zugang zu Beweismitteln angewiesen. Im arbeitsrechtlichen Kontext sind die Beweismittel in der Regel im Machtbereich des Arbeitsgebers (Personaldossier, Unterlagen zur Einstellungspolitik usw.). Diese Ausgangslage erfordert, in der Klage vom Gericht die Einforderung weiterer Beweismittel zu verlangen. Die aktive Mitwirkung des Gerichts

---

570 Zu den Rechtsfolgen einer bloss teilweisen Arbeitsunfähigkeit siehe Teil 4, 4.3.4.
571 Dazu kritisch: COLONNA, S. 181f.
572 Cour de cassation du 21 septembre 2005.

bei der Beweiserhebung ist dem französischen Zivilprozessrecht fremd. Sowohl Richterinnen wie Anwälte müssen sich erst noch an die aus dem angelsächsischen Raum und dem Gemeinschaftsrecht stammenden «Beweisfiguren» gewöhnen[573].

Methoden zur Feststellung einer Diskriminierung

Im Juni 2006 wurde ein neues Gesetz über die Chancengleichheit erlassen (Loi pour l'égalité des chances du 31 mars 2006). Art. 24 dieses Gesetzes hält fest, dass in Betrieben mit über 50 Angestellten im Bewerbungsverfahren lediglich anonymisierte Bewerbungen, also ohne Angaben des Geschlechts, Alters oder anderer potenziell diskriminierender Selektionskriterien zulässig sind. Diese Bestimmung wird in Art. 121-6 Code du travail aufgenommen. Die weitere Konkretisierung dieser Bestimmung und das Inkrafttreten sollen auf dem Verordnungsweg erfolgen, was bis jetzt (September 2006) nicht erfolgt ist.

Die Anonymisierung des CV ist im vorliegenden HIV/Aids-Kontext nicht weiter relevant, da die Angabe des HIV/Aids-Status ohnehin nicht zu den üblichen Informationen in einem nicht anonymisierten CV gehört.

Eine weitere Methode zur Feststellung einer Diskriminierung besteht im so geannten «*Testing*», einem Verfahren, das erlaubt, einen Arbeitgeber hinsichtlich seiner Diskriminierungsbereitschaft mittels fiktiver Bewerbung zu «testen». Das Observatoire des discrimination in Paris hat im Jahre 2004 eine wissenschaftliche «*testing*»-Untersuchung durchgeführt. Ein fiktiver Kandidat gab im Bewerbungsschreiben an, behindert zu sein. Seine Bewerbungschancen haben sich dadurch im Vergleich zu denjenigen Kandidaten ohne Behinderung massiv verschlechtert[574].

Rechtsschutz und Rechtsfolgen

Der Code du travail sieht in Art. 122-45 vor, dass jede diskriminierende Anordnung nichtig ist. Das gilt insbesondere für die diskriminierende Kündigung (Art. 122-45-2 Code du travail). Klagen auf Diskriminierung während der Anstellung und im Zusammenhang mit einer Entlassung werden beim Arbeitsgericht eingereicht. Über die Klage der Nichtigkeit hinaus kann auch Schadenersatz und/oder Genugtuung verlangt werden. Klagen auf Schadenersatz und/oder Genugtuung sind ferner möglich wegen Verletzung des Belästigungsverbotes oder Verletzung entsprechender Pflichten des Arbeitgebers (Art. 122-49 Code du travail).

Bei diskriminierenden Kündigungen steht der Arbeitnehmerin ein Wahlrecht zu. Sie kann statt der Aufrechterhaltung des Arbeitsvertrages verlangen, dass der Arbeitsvertrag auf das Ende der ordentlichen Kündigungsperiode aufgelöst wird. Diese Rechts-

---

573 LATRAVERSE (Panorama), S. 9.
574 AMADIEU, S. 7.

lage wird damit begründet, dass es der Arbeitnehmerin nicht zugemutet werden soll, für einen diskriminierenden Arbeitgeber zu arbeiten. Der Arbeitgeber hat die Nichterfüllung des Vertrages durch die Arbeitnehmerin zu verantworten. Der Arbeitgeber muss diesfalls den Lohn bis zur Auflösung des Arbeitsverhältnisses ausrichten, ohne dass die Arbeitnehmerin dafür eine Arbeitsleistung erbringen muss (Art. 122-45-2 Code du travail). Darüber hinaus stehen dem diskriminierten Arbeitnehmer die gesetzliche bzw. tarifvertragliche Kündigungsentschädigung, sowie ein Schadensersatz für eine ungerechtfertigte Kündigung von mindestens sechs Monatsgehältern zu. Eine diskriminierende Kündigung kann die Arbeitgeberin also sehr teuer zu stehen kommen.

Das Arbeitsgericht ist nicht zuständig für vorvertragliche Streitigkeiten. Deshalb müssen Klagen betreffend Anstellungsdiskriminierung beim ordentlichen Zivilgericht eingereicht werden[575].

Im Kontext der Umsetzung der RL 2000/78/EG wurden die Kompetenzen der Arbeitsinspektoren ausgebaut. Diese haben freien Zugang zu allen Geschäftsräumlichkeiten und können Dokumente einfordern (Art. 611-1ff. Code du travail). Die Arbeitsinspektoren können überdies ihren Bericht dem Staatsanwalt übergeben, der dann entscheidet, ob gegen den betreffenden Arbeitgeber Strafklage wegen Verletzung des strafrechtlichen Diskriminierungsverbotes eingereicht werden soll (Art. 40 Code procédure pénal).

Klagerechte für Gewerkschaften und Nichtregierungsorganisationen

Art. 122-45-1 des Code du travail sieht eine aktive Rolle der Gewerkschaften und Nichtregierungsorganisationen bei der Umsetzung und Verwirklichung der Diskriminierungsverbote vor. Auch ohne ausdrückliche Vollmacht der diskriminierten Person(en) können Gewerkschaften oder Nichtregierungsorganisationen Diskriminierungsklagen einreichen. Voraussetzung ist, dass die betroffenen Personen benachrichtigt werden und diese nicht innert einer Frist von zwei Wochen Einspruch gegen die Klage einreichen. Nichtregierungsorganisationen sind zu Klagen berechtigt, wenn sie seit mindestens fünf Jahren im Interesse der diskriminierten Gruppe(n) tätig sind.

Mit diesem Beschwerdeverfahren will der Gesetzgeber der Tatsache Rechnung tragen, dass diskriminierte Personen oft aus Furcht vor Repressionen oder aus anderen Gründen das Gericht nicht anrufen[576].

Auch Organisationen im Aids-Bereich stehen solche Klagerechte zu.

---

575 LATRAVERSE (report), S. 38.
576 LE FRIANT, S. 55.

4.3.4 Schutz kranker Arbeitnehmerinnen im Code du travail

Während des Arbeitsverhältnisses

Das Verbot der diskriminierenden Ungleichbehandlung von Arbeitnehmerinnen aufgrund des Gesundheitszustandes wird ergänzt durch Bestimmungen, die kranken Arbeitnehmer besonderen Schutz gewähren.

Namentlich zu erwähnen ist Art. 122-24-4 Code du travail. Wenn der Arbeitsmediziner eine Arbeitnehmerin oder einen Arbeitnehmer als arbeitsfähig einschätzt, jedoch die bisherige Tätigkeit nicht mehr ausgeübt werden kann, muss der Arbeitgeber einen den noch verbleibenden Fähigkeiten angepassten Arbeitsplatz anbieten können. Es besteht weiter die Möglichkeit, eine «therapeutische» Teilzeitbeschäftigung zu verlangen. In den zeitlichen Limiten der Lohnausfallentschädigungszahlungen der Sozialversicherung kann einer beschäftigen Person das volle Salär trotz reduzierter Arbeitstätigkeit ausgerichtet werden. Auch diese Bestimmungen dienen dem Schutz vor Diskriminierung aufgrund einer Krankheit.

Kündigungsschutz bei Krankheit

Auch das Kündigungsrecht kennt Sonderschutznormen für erkrankte Arbeitnehmerinnen. Der französische Kündigungsschutz zeichnet sich durch strenge Formvorschriften und rigorose materielle Hürden einer Kündigung aus[577]. Die Formvorschriften finden sich Art. 122-14ff. Code du travail. Werden sie nicht eingehalten, ist eine Kündigung, selbst wenn sie in materieller Hinsicht möglich wäre, ungültig. Im Rahmen eines in formeller Hinsicht notwendigen «Anhörungsgesprächs» muss ein Arbeitgeber dem zu kündigenden Arbeitnehmer die Gründe für die geplante Kündigung mitteilen. Erst im Anschluss an dieses Gespräch kann das Kündigungsschreiben unter Angabe der Gründe für die Kündigung erfolgen. In materieller Hinsicht bedarf eine Kündigung eines tatsächlichen und ernsthaften Grundes (cause réelle et sérieuse). Das Erfordernis eines tatsächlichen Grundes bedeutet, dass der vom Arbeitgeber angegebene Grund einer gerichtlichen Überprüfung standhalten muss. Ernsthafte und somit legitime Gründe können sowohl in der Person wie im Verhalten des zu kündigenden Arbeitnehmers liegen. Zulässige personale Gründe sind Eigenschaften oder Identitätsmerkmale, die in der Liste Diskriminierungsverbote gemäss Art. 122-45 Code du travail aufgeführt sind[578].

Auf der Ebene der Verhaltensgründe ist zwischen verschuldeten und unverschuldeten Gründen zu unterscheiden. Verschuldensabhängige Gründe sind schlechte Arbeitsleistung oder für den Arbeitgeber unzumutbares Verhalten. Unabhängig vom

---

577   AHRENDT, S. 40ff.
578   Siehe Teil 4, 4.3.2.

Verschulden des Arbeitnehmers kann auch die krankheitsbedingte Arbeitsunfähigkeit als Kündigungsgrund angebracht werden. Eine Arbeitsunfähigkeit muss gemäss Art. 124–24-4 Code du travail durch den Arbeitsmediziner festgestellt sein. Stellt der Arbeitsmediziner eine vollständige Nichteignung fest, kann das Arbeitsverhältnis aufgelöst werden. Bei nicht vollständiger körperlicher Nichteignung ist der Arbeitgeber gehalten, der Arbeitnehmerin oder dem Arbeitnehmer eine andere Beschäftigung im Unternehmen vorzuschlagen.

Für Arbeitnehmende mit HIV/Aids wirkt sich der Kündigungsschutz wie folgt aus: Eine Kündigung unter Anknüpfung an die Diagnose HIV/Aids verstösst gegen das Diskriminierungsverbot aufgrund des Gesundheitszustandes und/oder aufgrund einer Behinderung und ist nichtig. Die Kündigung wegen HIV/Aids bedingter Arbeitsunfähigkeit ist nur zulässig, wenn die Arbeitsunfähigkeit durch den Arbeitsmediziner festgestellt ist.

4.3.5 Schutz vor Diskriminierung durch Datenschutz

Frankreich hat die Datenschutz-Richtlinie (RL 95/46/EG des Europäischen Parlaments und des Rates vom 24.10.1995 zum Schutz natürlicher Personen bei der Verarbeitung personenbezogener Daten und zum freien Datenverkehr) durch das Loi No. 78-17 du 6 Janvier 1978 relative à l'informatique, aux fichiers et aux libertés (Loi 78-17) ins nationale Recht umgesetzt. Im Loi 78-17 finden sich die zentralen «Spielregeln» der zulässigen Bearbeitung von Arbeitnehmergesundheitsdaten im Arbeitsverhältnis. Art. 8 Loi 78-17 hält fest, dass Personendaten über die Gesundheit nur bearbeitet werden dürfen, wenn dafür ein Rechtsfertigungsgrund vorhanden ist. Arbeitgeberinteressen sind nicht unter den Rechtfertigungsgründen aufgeführt. Der Arbeitgeber hat also keinen Anspruch auf Kenntnis der Gesundheitsdaten der Arbeitnehmenden. Dem Arbeitgeber ist jede Ungleichbehandlung unter Anknüpfung an den Gesundheitszustand sowohl nach Code du travail wie Code pénal verboten. Anspruch auf Kenntnis der Gesundheitsdaten der Arbeitnehmenden hat jedoch der Arbeitsmediziner, der lediglich die Schlussfolgerungen über die Eignung oder Nichteignung des Arbeitnehmenden mitteilen darf[579].

4.3.6 Diskriminierungsschutz im öffentlichen Dienst

Für Beschäftigte im öffentlichen Dienst ist Art. 6^{quinquies} des Gesetzes Nr. 82-634 vom 13. Juli 1983 in der geänderten Fassung vom 16. November 2001 massgebend. Diese Bestimmung enthält ein Diskriminierungsverbot und ein Belästigungsverbot aufgrund

---

579 VIGNEAU, S. 114.

der politischen, philosophischen oder religiösen Anschauung, gewerkschaftlichen Aktivitäten, Geschlecht, Gesundheitszustand, Behinderung, Rasse oder Herkunft.

Für Diskriminierungslagen öffentlichrechtlich Beschäftigter sind die Verwaltungsgerichte zuständig. Die Verfahren werden vom Grundsatz der Untersuchungsmaxime geprägt.

4.3.7 Diskriminierungsschutz im französischen Code pénal

Diskriminierung als Straftatbestand

Die strafrechtlichen Diskriminierungsverbote sind einerseits im Kapitel unter den Delikten gegen die Würde einer Person (Art. 225-1 bis 225-4 Code pénal) und andererseits unter der Rubrik Delikte gegen Einzelne durch missbräuchliche Machtausübung von Beamten (Art. 432-7 Code pénal) verankert.

Nach Art. 225-1 Code pénal liegt eine Diskriminierung vor, wenn eine unterschiedliche Behandlung natürlicher Personen unter Anknüpfung an die Herkunft, das Geschlecht, die familiäre Situation, das Aussehen, die «patronyme», den Gesundheitszustand, eine Behinderung, die genetische Veranlagung, der Sitte, die sexuelle Orientierung, die politische Meinung, gewerkschaftliche Aktivitäten, Ethnie, Nation, Rasse oder eine Religion erfolgt. Die Liste der unter Strafandrohung stehender Diskriminierungsgründe ist abschliessend[580].

Art. 225-2 Code pénal sieht eine Geldstrasse von 45 000 Euro und eine Gefängnisstrafe von bis zu drei Jahren vor, wenn die diskriminierende Behandlung (im Sinne von Art. 225-1 Code pénal) in der Verweigerung einer Anstellung, der Disziplinierung oder Entlassung einer Person besteht. Unter der gleichen Strafandrohung steht die diskriminierende Stellenausschreibung. Weiter mit Strafe bedroht wird die diskriminierende Ablehnung eines Praktikums, das nach den Regeln der Sozialversicherung (Art. 412-8 Code sociale) durchgeführt wird.

Nicht strafbar bleiben Ungleichbehandlungen unter Anknüpfung an den Gesundheitszustand dann, wenn diese dem Schutz des Arbeitnehmers dienen. Zu denken ist hier an gefährliche Tätigkeiten, die ein bestimmtes Mass an Gesundheit verlangen. Weiter nicht anwendbar sind nach Art. 225-3 die Bestimmungen der Art. 225-1 und 225-2 Code pénal dann, wenn die Ungleichbehandlung zwar aufgrund des Gesundheitszustandes oder der Behinderung der Arbeitnehmenden erfolgt, jedoch die Arbeitsunfähigkeit arbeitsmedizinisch im Sinne der Bestimmungen des Code du travail oder einschlägigen Bestimmungen des öffentlichen Personalrechts festgestellt ist. Strafbar ist aber das Verlangen oder Durchführen von genetischen Tests[581].

---

580 COEURET/FORTIS, Rn. 779.
581 AHRENDT, S. 223.

Der Straftatbestand der Diskriminierung liegt vor, wenn der Täter oder die Täterin vorsätzlich handelt (Art. 123-1 Code pénal). Anders als im arbeitsrechtlichen Kontext kommt es also auf die Absicht der diskriminierenden Person an. Diese Beschränkung der Strafbarkeit auf absichtlich verübte Delikte liegt in der Logik des Strafrechts, das die fahrlässige Begehung von Straftaten nur ausnahmsweise unter Strafe steht. Trotz diesen Einschränkungen kommt es immer wieder zu Fällen strafrechtlicher Verurteilungen wegen Verstössen gegen das strafrechtliche Diskriminierungsverbot im Bereich Arbeit. So wurde ein Apotheker aus Roubaix der Rassendiskriminierung überführt und zu einer Gefängnisstrafe von drei Monaten mit Bewährung und einer Geldstrafe von 30 000 FF verurteilt. Er hatte einen marokkanischen Stellenbewerber mit der Begründung abgelehnt, seine Kunden würden die «ausländischen Ursprünge» des Angestellten nicht schätzen[582]. Zu 15 000 FF Geldstrafe wurde ein leitender Angestellter im Parfümsektor verurteilt, der am Telefon behauptete, zwei Schwarze in einem Geschäft wären nicht möglich[583].

Für die Diskriminierungsopfer bieten strafrechtliche Verfahren insoweit einen Vorteil, als die Beschaffung der notwendigen Beweise für die Klärung der relevanten Sachverhalte den Untersuchungsbehörden obliegt, was gegenüber dem Zivilprozess einen Vorteil bietet. Dennoch wird die Wirksamkeit der strafrechtlichen Rechtsbehelfe als Mittel gegen Diskriminierung kritisch betrachtet. Das (aus strafrechtlicher Sicht richtige) Erfordernis der Diskriminierungsabsicht ist der effektiven Strafverfolgung hinderlich[584].

Belästigung als Straftatbestand

Der Code pénal enthält in Art. 222-33-2 Code pénal die gleiche Definition von Belästigung wie der Code du travail. Die Strafe beträgt ein Jahr Gefängnis und 15 000 Euro Busse. Der Belästigungsstraftatbestand wurde im Zusammenhang der Umsetzung der RL 2000/78/EG in den Code du pénal aufgenommen.

Strafrechtliche Verantwortlichkeit

Der Täter kann eine natürliche oder juristische Person sein (Art. 225 Abs. 4 Code pénal). Das Strafmaß wird erhöht, wenn der Täter eine «von öffentlicher Hand oder mit einer öffentlichen Aufgabe betraute Person im Zuge oder anlässlich der Ausübung eines Amtes oder der Erfüllung einer Aufgabe» ist und – ein gesetzlich gewährtes Recht verweigert oder – die geregelte Ausübung einer wirtschaftlichen Tätigkeit behindert wird (Art. 432 Abs. 7 Code pénal). Zu ergänzen ist, dass auch der Vertreter einer juris-

---

582 Nachweis bei Le Friant, S. 54.
583 Nachweis bei Le Friant, S. 54.
584 Le Friant, S. 52.

tischen Person verurteilt werden kann, sofern und soweit ihr die Verantwortlichkeit für das Tun oder Unterlassen der juristischen Person angelastet werden kann[585].

4.3.8 Gesetzgebung zum Diskriminierungsverbot gegenüber Menschen mit Behinderung

Behinderungsbegriff

Am 11. Februar 2005 hat der französische Gesetzgeber nach langen Vorarbeiten das nicht weniger als 101 Artikel umfassende «Gesetz der Rechte und Chancen und Partizipation der Bürgerinnen und Bürger mit einer Behinderung» erlassen[586] (Gleichstellungsgesetz). In Art. 2 des Gesetzes wird Behinderung definiert als Einschränkung in der Aktivität oder Beteiligung am gesellschaftlichen Leben aufgrund einer dauerhaften oder definitiven substantiellen Beschränkung körperlicher, sensiorellen, mentalen, kognitiven oder psychischen Funktionen. Für Arbeitsverhältnisse ist die Definition in Art. 323-10 Code du travail massgebend (langdauerende oder ständiges Ungenügen der physischen oder mentalen Kapazitäten). Nicht Voraussetzung für das Vorhandensein einer Behinderung im Sinne des Gleichstellungsgesetzes ist, dass die Personen Inhaberinnen der so genannten «carte COTOREP» sein müssen, einem amtlichen Ausweis, der die Behinderteneigenschaft bestätigt[587].

Behinderung und Arbeitsplatz

Das zweite Kapitel des Gleichstellungsgesetzes enthält Bestimmungen zum Schutze von Arbeitnehmenden mit Behinderung. Unter dem Titel «Prinzip der Nichtdiskriminierung» sind verschiedene Bestimmungen enthalten, die den Code du travail ergänzen und präzisieren.

Art. 24 Abs. 3 Gleichstellungsgesetz stipuliert ein Verbandsklagerecht für Organisationen, die sich im Bereich «Behinderung» engagieren. Dieser Grundsatz wird in Art. 122-45-5 in den Code du travail aufgenommen. Weiter werden durch Art. 24 Abs. 4 des Gleichstellungsgesetzes verschiedene Verpflichtungen der Arbeitgeber zur Erleichterung des Erhaltes von Arbeitsplätzen für Arbeitnehmende mit einer Behinderung festgehalten. Die Ablehnung der Vornahme angemessener Arbeitgebermassnahmen kann eine Diskriminierung im Sinne des Art. 122-45-4 darstellen. Behinderten Arbeitnehmenden steht beispielsweise die Möglichkeit zu, vom Arbeitgeber individuelle Arbeitszeiten zwecks Erleichterung des Zugangs zur Arbeit und der Ausübung einer Beschäftigung zu verlangen[588].

---

585 Siehe dazu Coeuret/Fortis, S. 135ff.
586 Loi No 2005-102 du 11 février 2005 pour l'égalité des droits et des chances, la participation et la citoyenneté des personnes handicapées.
587 Levy/Chabas, S. 18.
588 Siehe dazu Teil 4, 4.3.3.

Eine Neuerung des Gesetzes betrifft die Einführung einer Verhandlungspflicht der Arbeitgeber über die Integration behinderter Arbeitnehmenden. Die Verhandlungen werden durch die Sozialpartner auf der Basis von durch die Arbeitgebenden auszufüllenden Berichten zur Lage der behinderten Arbeitnehmenden im jeweiligen Betrieb durchgeführt. Die Verhandlungen betreffen insbesondere die Bedingungen des Zugangs zur Arbeit, die betriebliche Aus- und Weiterbildung, die Arbeitsbedingungen sowie die vom Arbeitgeber getroffenen Sensibilisierungsmassnahmen (Art. 25 Abs. 1 und 2 Gleichstellungsgesetz).

Die Art. 26–36 Gleichstellungsgesetz enthalten unter dem Titel «Berufliche Eingliederung und Arbeitgeberverpflichtungen» verschiedene Massnahmen, die zur Integration von behinderten Arbeitnehmenden führen sollen. Unter anderen Massnahmen ist eine Quote von sechs Prozent Arbeitnehmende mit Behinderung vorgesehen. Diese Quote muss von Betrieben mit mehr als 20 Beschäftigen erfüllt werden. Wer diese Quote nicht einhält, muss pro nicht beschäftigten behinderten Arbeitnehmer einen Betrag in der Höhe von 600 Mal den gesetzlichen Mindeststundenlohn in einen Fonds einzahlen. Bei Arbeitgebenden, die während drei Jahren die Quote nicht erfüllen, erhöht sich der Betrag auf 1500 Mal den gesetzlichen Mindeststundenlohn, was fast einem Jahresgehalt entspricht.

Menschen mit HIV/Aids fallen unter das Gleichstellungsgesetz, sofern und soweit sie die Anforderungen des Behindertenbegriffs erfüllen.

4.4 Weitere Regelungen und Massnahmen zur Bekämpfung von Diskriminierung

4.4.1 Die Hohe Behörde zur Bekämpfung der Diskriminierung

Mit dem Gesetz vom 30. Dezember 2004 wurde die «Hohe Behörde zum Kampf gegen die Diskriminierung und für die Gleichheit» (Haute Autorité de lutte contre les discriminations et pour l'égalité, Halde) geschaffen. Es handelt sich um eine unabhängige Verwaltungsbehörde, die eine dreifache Mission zu erfüllen hat.

Erstens ist Halde zuständig für individuelle Beschwerden und muss die Diskriminierungsopfer beraten und unterstützen. Halde kann auch ein Mediationsverfahren zwischen dem diskriminierenden Arbeitgeber und dem diskriminierten Arbeitnehmer durchführen. Weiter steht Halde die Kompetenz zu, an den diskriminierenden Empfehlungen abzugeben (Art. 11 loi Halde). Diese Empfehlungen können in amtlichen Publikationen veröffentlicht werden (Art. 31 loi Halde). Diskriminierung stellt nach französischem Recht einen Straftatbestand dar. Es handelt sich um Offizialdelikte. Da Halde als staatliche Behörde Kenntnis von diesen Offizialdelikten erhält, muss sie den Staatsanwalt (Procurateur de la République) informieren, der über die Einleitung eines Strafverfahrens entscheidet.

Die zweite Mission von Halde betrifft die Promotion der Gleichheit. Diese Aufgabe erfüllt sie durch aktive Information und Kommunikation (Art. 15 Abs. 1 loi Halde).

Die Koordination relevanter Diskriminierungsforschung schliesslich bildet das dritte Standbein von Halde (Art. 4 Abs. 2 loi Halde). Zur Diskussion steht, ob Halde Sanktionsmacht übertragen werden soll.

Halde wendet auch das so genannte «*Testing*» an. «*Testing*» ist eine Methode zur Überprüfung diskriminierenden Verhaltens von Arbeitgebern und/oder Vermietern[589]. Es funktioniert wie folgt: Zwei Arbeitslose schicken eine Bewerbung an ein und dieselbe Firma, sie nennen sich Thierry und Raouf. Thierry wird zu einem Einstellungsgespräch eingeladen. Raouf, Sohn eines tunesischen Vaters und einer elsässischen Mutter, erhält nur eine höfliche Absage. Die beiden Lebensläufe sind ausser der unterschiedlichen Herkunft identisch[590]. Das Verfahren des «*Testing*» ist höchstgerichtlich vom Kassationshof seit der Entscheidung in der Rechtssache «Montpellier» vom 11. Juni 2002 erkannt[591].

Im ersten Jahr ihrer Existenz (2005) hat Halde insgesamt 2000 Beschwerden erhalten. 15 Prozent der Beschwerden betrafen eine geltend gemachte Diskriminierung aufgrund des Gesundheitszustandes oder einer Behinderung. Diese Kriterien bilden neben der Herkunft (40%) die am zweithäufigsten genannten Diskriminierungsgründe. Fast die Hälfte aller Beschwerden (45%) betrafen Diskriminierungen im Arbeitsbereich[592].

4.4.2 Empfehlungen von Halde betreffend HIV/Aids-Diskriminierung

Im ersten Halbjahr der Tätigkeit von Halde (Januar bis Juni 2006) wurde in einem HIV/Aids betreffenden Fall eine Empfehlung erlassen. Es handelt sich um einen HIV-positiven Mann, der sich darüber beschwerte, aufgrund seines Gesundheitszustandes nicht als «*Steward*» angestellt zu werden.[593] Die Ablehnungsentscheidung stützte sich auf einen vertrauensärztlichen Bericht des Conseil Médical de l'Aéronautique (CMAC). Die Ablehnung erfolgte gemäss den Richtlinien für den CMAC. Ein privates Arztzeugnis bestätigte demgegenüber den guten Gesundheitszustand des Mannes. Halde erliess in diesem Fall die Empfehlung, die medizinischen Richtlinien für den CMAC seien so zu ändern, dass keine Diskriminierung von Personen mit positivem HIV/Aids-Status vorkommen könne. Halde hielt weiter fest, dass Anforderungen an den Gesundheitszustand von Stellenbewerbern und damit eine unterschiedliche Behandlung aufgrund des Gesundheitszustandes gestützt auf Art. 122-45-4 Code du travail nur dann keine Diskriminierung darstellen würden, wenn sie als objektiv notwendig und verhältnismässig qualifiziert werden könnten.

589 HALDE, Rapport annuel 2005, S. 12, zu beziehen bei Halde, Quelle: *www.halde.fr* (26.09.06).
590 Das Beispiel wurde aus dem Beitrag von LE FRIANT, S. 55, übernommen.
591 Arret de la Cour de cassation, N° W 01-85.560 F-D N°3294.
592 HALDE, Rapport annuel 2005, S. 18ff.
593 HALDE, Délibérations No 2006-02 du 6 février 2006 (Cas No 6).

Ein weiterer Fall betraf die Verweigerung eines Ausbildungsplatzes als Coiffeur unter Bezugnahme auf die HIV-Infektion[594]. Halde legte dem zuständigen Berufsverband mit einer Empfehlung nahe, seine Mitglieder hinsichtlich der Akzeptanz gegenüber Menschen mit HIV/Aids zu sensibilisieren[595].

4.4.3 Nicht juristische Mittel zur Diskriminierungsbekämpfung

Der Code du travail sieht verschiedene Mitteln der Diskriminierungsbekämpfung ausserhalb der Diskriminierungsklagen an die Gerichte vor. Vorab können auch Kollektivverträge solche Mittel vorsehen. Zu erwähnen sind die Personaldelegierten und die Betriebsräte. Diese können dem Arbeitgeber Diskriminierungsfälle unterbreiten (Art. 422-1-1 Code du travail). Das Comité d'entreprise kann zur Vorbeugung von Belästigung Präventionsmassnahmen beantragen (Art. 236-2 Code du travail). Zu erwähnen sind weiter die Kontrolltätigkeiten der Arbeitsinspektoren und die zentrale Rolle des Arbeitsmediziners, der bei der Feststellung von gesundheitlichen Einschränkungen der Arbeitnehmenden als Erster Folgen von Diskriminierung und Belästigung zu Gesicht bekommt.

4.4.4 Initiative von Chronischkranken

Mit finanzieller Unterstützung der Europäischen Gemeinschaftsinitiative EQUAL[596] haben sich seit 2002 verschiedene Organisationen, die im Interesse von Menschen tätig sind, die mit chronischen Krankheiten leben, zusammengeschlossen. Unter dem Projektnamen «Travailler avec une pathologie chronique évolutive» werden gleiche Rechte und gleiche Chancen für chronischkranke Arbeitnehmende gefordert[597]. Auf Initiative dieser Gruppe hat die Firma Eliance Autoroutes seit dem 1. Februar 2005 als französische Premiere einen sogenannten Gesundheitskorrespondenten bestellt. Seine Aufgabe ist, die Eingliederung ins Unternehmen für Arbeitnehmende, die mit chronischen Erkrankungen leben wie HIV/Aids, Krebs, Mucoviscidose o.ä. zu fördern und die Akzeptanz für bereits im Unternehmen arbeitende Chronischkranke zu stärken. Weiter zu den Aufgaben des Gesundheitskorrespondenten gehören die Vermittlung zwischen dem Arbeitnehmenden, dem Arbeitsmediziner, den Gewerkschaften, dem Arbeitgeber sowie den Arbeitskollegen[598].

---

594 Gespräch mit Marc Morel und weiteren Mitarbeitenden des Ciss vom 9. Juni 2006.
595 Schriftliche Befragung HALDE, Antwort zu Frage 6.
596 Zum Inhalt und zu den Zielen der Gemeinschaftsinitiative siehe Quelle: *http://ec.europa.eu/employment_social/equal/index_de.cfm* (21.06.06).
597 Angaben zum Projekt finden sich auf der Internetseite der Aidsorganisation «Aides», Quelle: *http://www.aides.org/illustration/3/2443.pdf* (21.06.06).
598 Zur Einführung des Gesundheitskorrespondenten siehe *http://www.aides.org/illustration/5/2611.pdf* (21.06.06).

4.5 Diskriminierung und Versicherungsschutz

4.5.1 Ausgangslage

Eine HIV-Infektion kann zu einer vorübergehenden oder auch länger dauernden Arbeitsunfähigkeit oder gar zu einer Invalidität führen.

Die Sicherung des Gehalts bei krankheitsbedingter Arbeitsunfähigkeit erfolgt einerseits durch die gesetzliche Krankenversicherung, die unter dem Titel «Barleistungen» Taggelder bei krankheitsbedingter Arbeitsunfähigkeit ausrichtet. Die Taggeldversicherung bildet Bestandteil der obligatorischen Krankenversicherung. Folglich findet auch keine Risikoselektion statt. Ergänzend zur Taggeldversicherung trifft den Arbeitgeber eine gesetzliche Lohnfortzahlungspflicht. Überdies sehen Kollektivverträge zum Teil weitergehende Lohnfortzahlungen vor.

Die staatliche Krankenversicherung leistet bei krankheitsbedingter Arbeitsunfähigkeit 50 Prozent des versicherten Verdienstes, wobei der Höchstbetrag pro Tag 43 Euro beträgt. Es werden 360 Taggelder in einer Rahmenfrist von drei Jahren ausgerichtet, bei so genannt langdauernden Krankheiten verlängert sich die Taggeldleistungsdauer auf maximal drei Jahre. Dauert die krankheitsbedingte Arbeitsunfähigkeit länger als sechs Monate, erhöht sich das Taggeld bis zu zwei Dritteln des entgangenen Verdienstes[599].

Die Entschädigungen der Sozialversicherungen werden durch die Pflicht zur Entgeltfortzahlung durch die Arbeitgeberin ergänzt. Voraussetzung ist, dass die Arbeitnehmerin im Zeitpunkt der krankheitsbedingten Arbeitsunfähigkeit mindestens drei Jahre Betriebszugehörigkeit aufweist. Die Höhe und Dauer der Entschädigungspflicht des Arbeitgebers steigt mit zunehmender Betriebstreue[600].

---

599   Loi 2004-810 relative à l'assurance-maladie, du 13 août 2004 (JO du 17 aout), articles 24, 27 et 28, Code de la Sécurité sociale, articles L.162-1-15, L.162-4-1 et 4, L.315-1, L.321-1 et 2, L.323-4-1. Für Informationen siehe auch die offizielle Internetseite der staatlichen «Assurance maladie». Quelle: *www.ameli.fr* (26.09.06).

600   Art. 1 Abs. 3 des «Loi de mensualisation du 19 janvier 1978» verweis auf Art. 7 des «accord du 10 décembre 1977», in dem die Dauer und Höhe der durch den Arbeitgeber im Krankheitsfall zu leistenden Lohnzahlungen ersichtlich sind.

Tabelle 16: Lohnausfallentschädigungsregeln im französischen Recht
Quelle: Eigene Darstellung HIV/Aids-Diskriminierungsstudie

Dauer der Betriebszugehörigkeit	Leistungen gesetzliche Krankenversicherung	Gesetzl. Lohnfortzahlung Arbeitgeb.	
		90 Prozent Lohnanspruch	66 2/3tel Prozent Lohnanspruch
Bis 2 Jahre	Dauer:	–	–
3 bis 8 Jahre	– 12 Monate	30 Tage	30 Tage
8 bis 13 Jahre	– 36 Monate bei langdauernden Krankheiten	40 Tage	40 Tage
13 bis 18 Jahre	Höhe:	50 Tage	50 Tage
18 bis 23 Jahre	– Bis 6 Monate: 50% des versicherten Verdienstes, max. 43 Euro/Tag	60 Tage	60 Tage
23 bis 28 Jahre	– Ab 7. Monat: 66% des versicherten Verdienstes, max. 43/Euro/Tag	70 Tage	70 Tage
28 bis 33 Jahre		80 Tage	80 Tage
Ab 33 Jahre		90 Tage	90 Tage

Insbesondere in den ersten zwei Dienstjahren bieten die gesetzlichen Sozialversicherungsansprüche keinen optimalen Schutz vor Lohnausfall bei Krankheit. Die Mehrheit der französischen Arbeitnehmenden profitiert von einem Kollektivvertrag mit verbesserten Lohnfortzahlungsbedingungen. Die Entgeltfortzahlungsdauer für die Beschäftigten im öffentlichen Dienst ist ebenfalls grosszügiger ausgestaltet. Arbeitnehmende, die lediglich Anspruch auf Taggelder der staatlichen Krankenversicherung und die gesetzliche Entgeltfortzahlung für private Arbeitgeber haben, sind auf zusätzlichen Schutz durch Privatversicherungen angewiesen[601].

Die Frage nach einem Schutz durch Privatversicherungen stellt sich auch für Arbeitnehmende, die ihre Erwerbsfähigkeit verlieren und Anspruch auf eine Invalidenrente haben. Die staatlichen Invalidenrenten allein decken den Erwerbsausfall in den wenigsten Fällen. Die Renten betragen maximal 1258 Euro monatlich bei vollständiger Erwerbsunfähigkeit[602]. Das französische Rentenversicherungssystem beruht jedoch auf zwei Säulen. Die erste Säule besteht aus der staatlichen *Sécurité Sociale*, der sämtliche Erwerbstätige und auch die Nichterwerbstätigen angehören. Die staatliche Invalidenvorsorge wird ergänzt durch die ARRCO (*Association des Régimes de Retraite Complémentaires*) und die AGIRC für höhere Angestellte (*Association Générale des Institutions de Retraite des Cadres*). Die Leistungen der beiden Säulen decken in der Regel den Erwerbsausfall nicht ausreichend. Für Arbeitnehmende besteht demzufolge der Bedarf an zusätzlichem Schutz durch eine Privatversicherung.

Nicht vom Invaliditätsschutz in der zweiten Säule können Selbständigerwerbende profitieren. Sie sind demzufolge auf den Schutz durch Lebensversicherungen angewiesen.

---

601 So auch die Angaben im Infomerkblatt «Arbeiten in Frankreich», Quelle: *www.frankreichkontakte.de* (21.06.06).
602 Agence pour le développement et la Coordination Internationale, Protection Sociale en France, Rapport 2005, S. 26, Quelle : www.adecri.org (21.06.06).

4.5.2 Privatversicherung

Vertragsfreiheit als Grundsatz

Die für Arbeitnehmende und Selbständigerwerbenden wichtigen Verdienstausfall-, Invaliden- und Todesfallversicherungen unterstehen allesamt der Gesetzgebung über das Versicherungsrecht (Code des assurances). Die Privatversicherer können vor dem Vertragsabschluss alle ihnen relevant vorkommenden Fragen zum Gesundheitszustand der Versicherungsinteressenten stellen. Gesundheitsfragen der Versicherer sind wahrheitsgemäss zu beantworten. Ansonsten steht den Versicherern gemäss Art. L 113-8 des Code des assurances das Recht zu, den Versicherungsvertrag zu annullieren.

Einschränkungen für die Kollektivversicherung

Für den Bereich der Kollektivversicherung sieht das «Loi no 89-1009 du 31 décembre 1989 renforçant les garanties offertes aux personnes assurées contre certains risques» (Loi no 89-1009) einen Mechanismus vor, der verhindert, dass einzelne Arbeitnehmende aufgrund vorbestehender Gesundheitsprobleme bezüglich Versicherungsschutz schlechter gestellt werden. Das Gesetz bezweckt einen besseren Vorsorgeschutz gegen gewisse (gesundheitliche) Risiken. Nach Art. 1 Loi no 89-1009 sind u.a. die Risiken «krankheitsbedingte Arbeitsunfähigkeit» und «Invalidität» sowie «Todesfall» vom sachlichen Geltungsbereich umfasst.

Art. 2 Loi no 89-1009 sieht vor, dass kein Ausschluss einzelner Arbeitnehmenden aufgrund des Gesundheitszustandes zulässig ist. Der Versicherer muss entweder die ganze Belegschaft versichern oder die Versicherbarkeit generell ablehnen. Der Anwendungsbereich dieser Norm umfasst Vorsorgelösungen aufgrund von Kollektivverträgen oder der Vereinbarung eines einzelnen Arbeitgebers. Entscheidend ist, ob die Versicherung für die einzelnen Arbeitnehmenden obligatorisch ist. Trifft dies zu, entfällt die Möglichkeit einer Risikoselektion. Der Versicherer darf dennoch die einzelnen Arbeitnehmenden beim Eintritt in die Versicherung zu ihrem Gesundheitszustand befragen, da er die Tariffierung berechnen muss. Als weitere für Arbeitnehmende mit HIV/Aids (und andere chronischkranke Arbeitnehmende) vorteilhafte Regel sieht Art. 4 Loi no 89-1009 vor, dass der Versicherer Arbeitnehmenden, die aus einem Kollektivvertrag austreten, eine Weiterversicherung zum gleichen Tarif ohne Probezeit, ohne medizinische Überprüfung des Gesundheitszustandes anbieten muss.

Durch die Lösung im Loi no 89-1009 werden Arbeitnehmende mit positiver HIV/Aids-Diagnose gegenüber den HIV-negativen Arbeitnehmenden im Kollektivversicherungsbereich nicht diskriminiert.

Erleichterter Zugang zur Lebensversicherung

Auf Initiative von Aidsorganisationen wurde im Jahre 1991 die so genannte «Convention Belorgay» geschaffen. Der Geltungsbereich wurde im Jahre 2001 auf weitere chronische Krankheiten ausgedehnt. Zurzeit (erste Hälfte 2006) steht eine weitere Verbesserung der Konvention zur Diskussion[603]. Diese Konvention wurde von Patientenorganisationen, Versicherungen, Banken und staatlichen Behörden unterzeichnet und hat zum Ziel, Personen mit positiver HIV/Aids-Diagnose einen erleichterten Zugang zu existenziell wichtigen Versicherungen zu schaffen. Eine Einigung erzielt wurde bei der Lebensversicherung zur Abdeckung von Kreditrisiken beim Erwerb einer Liegenschaft bis zum Betrag von 200 000 Euro. Die Versicherer verzichten auf eine Selektion aufgrund von HIV/Aids oder einer anderen Krankheit, die in der Konvention aufgeführt ist. Ein Risikoausgleichspool stellt sicher, dass nicht eine an der Konvention beteiligte Versicherung überdurchschnittlich viele Risiken übernehmen muss.

Die Wirkung der *Convention Belorgay* wird seitens der Patientenorganisationen kritisch beurteilt[604]. Auch die Diskriminierungsbehörde Halde hat sich mit der «Convention Belorgay» auseinandergesetzt und festgehalten, es müssten wirksamere Mittel zur besseren Anwendung der *Convention Belorgay* gefunden werden. Zudem müssten weitere auch gesetzliche Regeln zum besseren Schutz der Rechte der Kranken erlassen werden, namentlich um die Invaliditätsrisiken Chronischkranker besser versichern zu können[605].

4.6 Einschätzungen zur Wirkung des französischen Diskriminierungsschutzes

4.6.1 Modalitäten der Befragung und ergänzende Methoden

Ziel der Befragung ist, den empirischen Rechtsvergleich mit Einschätzungen seitens Aids-Akteuren und Rechtsexpertinnen zu vertiefen.

Insgesamt wurden folgende Organisationen und Personen mit der Bitte angeschrieben, einen Fragebogen mit offenen Fragen zum Diskriminierungsschutz und dessen Wirkung für Menschen mit HIV/Aids in der Arbeitswelt zu beantworten:

Regierung / Verwaltung:
- Ministère de la Santé et des Solidarités, Bureau Sida, Paris
- Le Conseil National du Sida, Paris
- Haute Autorité contre la discrimination Halde, Paris

---

603 Interview mit Marc Morel, Leiter Ciss (09.06.06).
604 Convention Belorgey : piteux anniversaire, in : Actio 91, actup Paris, Oktober 2003.
605 HALDE: Délibération No 2005-80 du 28 novembre 2005.

Nichtregierungsorganisationen:
– Aides, unterhält die Rechtsberatung «Sida-Infodroit», Paris
– Association de recherche, de communication et d'action pour l'accès aux traitements (Arcats), Paris
– Union nationale des associations de lutte contre le sida (Unals), Paris

Organisationen von Menschen mit HIV/Aids:
– Actup Paris

Rechtspexpertinnen:
– Martine le Friant, Professorin an der Juristischen Fakultät der Universität Avignon
– Sophie Latraverse, Ländersachverständige «Frankreich» der EU-Kommission Beschäftigung und Soziales, Abteilung Diskriminierungsschutz, Paris
– Marc Morel, ehemaliger Jurist Sida-Infodroit (Aides), heute Jurist beim «collectif interassociatif sur la Santé» (Ciss), Paris

Wie an sich zu erwarten war, gestaltete sich die Durchführung der Befragung als äusserst aufwändig. Trotz mehreren schriftlichen und telefonischen Versuchen gelang es nicht, Actup Paris zum Ausfüllen des Fragebogens zu bewegen. Gleiches gilt für die Rechtsexpertin Sophie Latraverse. Unals war zwar bereit, den Fragebogen auszufüllen, sah sich dann aber fachlich ausserstande, die Fragen zu beantworten. Gleich argumentierte auch der Conseil Nationale du Sida. Ausgefüllte Fragebogen erhielten wir schlussendlich von folgenden Institutionen/Personen:

– Halde (Juristin Abteilung «Santé/Handicap»)
– Aides / Juristin Sida-Infodroit
– Rechtspexerte Marc Morel, Ciss (vorher Sida-Infodroit)

Vertiefte Gespräche wurden vor Ort mit dem Rechtsexperten, langjährigen Mitarbeiter von Sida-Infodroit und heutigem Leiter des Ciss, Marc Morel und drei Fachleuten der Diskriminierungsschutzbehörde Halde geführt (einem Arbeitsinspektor, einer Juristin der Abteilung «Santé/Handicap» und einer Juristin der Abteilung «private Arbeitsverhältnisse»).

Da seitens der offiziellen Aidsbehörden (Ministère du Sante, Buero du Sida und Conseil National du Sida) keine Antworten zu unseren Fragen erhältlich sind, erfolgt die Einschätzung dieser Organisationen zum französischen Diskriminierungsschutzrecht bei HIV/Aids anhand von offiziellen Dokumenten dieser beiden Organisationen (Jahresberichte, Stellungnahmen u.ä.).

Trotz den erwähnten Schwierigkeiten, erlauben die stattgefundenen Gespräche, die ausgewerteten Fragebogen sowie die ausgewerteten übrigen Dokumente die Darstellung eines recht präzisen Bildes über die Einschätzung der Wirkungen des französischen Diskriminierungsschutzrechts bei HIV/Aids-Diskriminierung im Bereich der Arbeitswelt.

4.6.2 Bewertung der vorhandenen Diskriminierungsschutznormen

Die Einschätzung über die bestehenden Diskriminierungsschutznormen ist nicht einheitlich. Es überwiegt jedoch die Ansicht, die bestehenden Diskriminierungsschutznormen im Strafrecht, im Arbeitsrecht und im spezifischen Behindertenrecht würden an sich genügend Schutz vor HIV/Aids-Diskriminierung bieten. Die Juristin mit Spezialgebiet Krankheit/Behinderung (Halde) weist speziell auf die Verstärkung des Diskriminierungsschutzes im Bereich des Beweises (Glaubhaftmachung einer Diskriminierung genügt) und durch die Verpflichtung der Arbeitgebenden zu angemessenen Vorkehrungen zur Integration von Arbeitnehmenden mit einer Behinderung als Folge der der EU-Richtlinie 2000/78 hin. Auch für den Rechtsexperten (Ciss) ist das Normenbündel zum Schutze vor Diskriminierung an sich ausreichend.

Der Arbeitsinspektor (Halde) weist auf ein unterschiedliches Schutzniveau im öffentlichen Personalrecht hin. Nicht alle öffentlichrechtlichen Angestellten unterstehen dem gleichen Personalrecht, die Vielfalt der für die verschiedenen öffentlichen Stellen geltenden Personalrechtsordnungen sei beachtlich.

Nicht ausreichend ist das bestehende Normenbündel zum Diskriminierungsschutz nach Ansicht der Juristin von Aides. Mängel sieht sie insbesondere im Schutz vor Diskriminierung im Bewerbungsverfahren und vor Kündigung. In verfahrensrechtlicher Hinsicht wird auf die Beweisschwierigkeiten hingewiesen. Ungenügend sei auch der Schutz vor Diskriminierung im Zusammenhang mit Arbeitnehmerversicherungen.

Seitens der staatlichen HIV/Aidsbehörden (Ministère du Santé und Conseil National du Sida) liegen wie erwähnt keine ausgefüllten Fragebogen vor. Eine Analyse verschiedener Dokumente dieser Organisationen zeigt jedoch, dass weniger das «Angebot» an Diskriminierungsschutznormen problematisiert wird, als vielmehr deren Anwendung.

Die insgesamt überwiegend positive Einschätzung über die vorhandenen Diskriminierungsschutznormen bezieht sich auf den Schutz vor Diskriminierung von Arbeitnehmenden. Der Conseil National du Sida[606] und der befragte Rechtspexperte (Ciss) sowie Actup Paris[607] weisen auf die Schwierigkeiten Selbständigerwerbender mit positiver HIV/Aids-Diagnose beim Zugang zu Produkten der Privatassekuranz hin. Die Rechtslage in diesem Bereich wird als ungenügend erachtet.

---

606 Conseil National du Sida Rapport, avis et recommandations du 20 septembre 1999, «*Assurance et VIH/sida* «Pour une assurabilité élargie des personnes et une confidentialité renforcée des données de santé. Quelle : *http://www.cns.sante.fr/htm/avis/avis.htm* (06.10.06).
607 «Assurances et VIH», in Action, 27. juin 1999, Quelle : *http://www.actupparis.org/* (06.10.06).

4.6.3 Bewertung der praktischen Anwendung der Diskriminierungsschutznormen

«Il y a un cap entre l'encadrement juridique et la réalité» beschreibt der Rechtsexperte (Ciss) die Situation in Frankreich. Obwohl seit über 15 Jahren Diskriminierung aufgrund des Gesundheitszustandes sowohl im Strafrecht wie im Arbeitsrecht verboten wären, hätte es bis heute kaum Gerichtsfälle gegeben. Erfahrungen von Beratungsstellen und Studien würden aber belegen, dass Arbeitnehmende mit HIV/Aids oder anderen Krankheiten sehr wohl Diskriminierungen ausgesetzt sind. Diesen Umstand bestätigen auch alle drei befragten Mitarbeitenden von Halde. Immerhin 15 Prozent aller Diskriminierungsbeschwerden im 2005 betrafen Diskriminierungen aufgrund der Krankheit oder Behinderung.

Ausnahmslos alle befragten Akteure[608] beklagen die Diskrepanz zwischen dem Anspruch der Rechtsordnung auf diskriminierungsfreie Behandlung im Arbeitsverhältnis und der Umsetzung dieses Anspruchs. Die Gründe für diese Lücke zwischen Anspruch und Wirklichkeit werden auf verschiedenen Gründen verortet.

Für den Rechtsexperten (Ciss) spielt eine gewisse Ignoranz der französischen Gesellschaft gegenüber den subtilen oder indirekten Formen der Diskriminierung eine Rolle. Eine Gesellschaft, die für sich reklamiert, die *«égalité»* erfunden zu haben, tut sich mit dem Vorwurf der Diskriminierung schwer. Diskriminierung sei in erster Linie ein gesellschaftliches Problem, dem offensichtlich mit dem Mittel des Rechts alleine nicht beizukommen sei. Allenfalls könnten positive Diskriminierungen, *affirmatif action* Programme ein Mittel bilden. Sicher brauche es eine unabhängige staatliche Instanz, die dazu beitragen können, das Bewusstsein für die Diskriminierungsproblematik zu schärfen. Aus diesem Grunde unterstütze er die Schaffung der Halde sehr.

Alle Befragten weisen auf Informations- und Wissensmängel zum Antidiskriminierungsrecht hin. Die beiden befragten Halde-Juristinnen stellen fest, dass sowohl bei Diskriminierungstätern wie bei Diskriminierungsopfern die Diskriminierungsschutznormen viel zu wenig bekannt sind. Erschwerend komme bei HIV-positiven potenziellen Beschwerdeführern hinzu, dass diese im Falle eines Prozesses ihre HIV/Aids-Diagnose notwendigerweise zum Thema machen müssten, was sie wegen der Stigmatisierungsgefahr gerade nicht möchten.

Der Rechtsexperte (Ciss) beklagt, die Rechtsanwendenden aller Stufen würden praktisch nur die direkte Diskriminierung kennen, deren Nachweis zudem oft an Beweisschwierigkeiten scheitern würde. An einem Informations- und Wissensdefizit würden selbst spezialisierte Anwälte von Lobby-Organisationen leiden. Die Halde-Juristinnen erwähnen, Diskriminierungsschutzrecht sei für Anwältinnen kein besonders lukratives Betätigungsfeld. Diskriminierungsopfer hätten oft nicht die notwendigen finanziellen

---

608 Die schriftlich wie mündlich Befragten.

Mittel zur Bestreitung eines Prozesses und die finanziellen Entschädigungen des Staates an die «Armenanwältinnen» wären überaus bescheiden.

Als weitere Gründe für die Ineffizienz des bestehenden Diskriminierungsschutzes nennen alle Befragten verfahrensrechtliche Mängel. Die Schwierigkeiten des Beweises hätten sich zwar durch die im Kontext der Umsetzung der RL 2000/78/EG geänderte Beweisrechtslage (eine Diskriminierung muss «nur» glaubhaft gemacht werden) verbessert. Es würde jedoch wohl noch eine geraume Zeit dauern, bis dieses neue prozessuale Element Teil der französischen Rechtswirklichkeit werde.

Besonders wenig wirksam werden übereinstimmend Strafrechtsschutznormen eingeschätzt. Dies habe möglicherweise auch mit der überaus langen Dauer von strafrechtlichen Verfahren zu tun (Halde-Juristinnen). Obwohl die Strafrechtsnormen zum Diskriminierungsschutz praktisch nie angewendet werden, seien diese nichtsdestotrotz wertvoll. Die Verankerung des Diskriminierungsschutzes im Strafrecht habe zumindest (auch) eine symbolische Wirkung. Der Staat zeigt damit, dass es ihm ernst sei mit dem Prinzip der Nichtdiskriminierung.

Die negative Einschätzung über die Wirksamkeit des französischen Antidiskriminierungsrechts ist im Lichte aller Aussagen nicht auf HIV/Aids beschränkt. Vielmehr werden hier Mängel sichtbar, die genau so auf andere Krankheiten wie auch auf Diskriminierungsgründe ausserhalb Krankheit/Behinderung zutreffen.

Gut funktioniert im Urteil des Rechtsexperten (Ciss) die gesetzliche Regelung, wonach im Bereich der Kollektivversichung für Arbeitsunfähigkeit und berufliche Vorsorge versicherte Arbeitnehmerinnen keinen Benachteiligungen aufgrund ihrer Krankheit ausgesetzt werden dürfen (Loi 89-1009). Arbeitnehmende mit HIV/Aids würden durch dieses Gesetz wirksam vor Diskriminierung geschützt. Der Grundsatz der absoluten Gleichbehandlung führe jedoch dazu, dass Versicherer kleineren Betrieben überhaupt keine Versicherung anbieten. Die Gleichbehandlung von HIV/Aids betroffenen Arbeitnehmenden sei dann nur noch so gewährleistet, dass sie wie die nicht HIV/Aids betroffenen Arbeitnehmenden keinen Versicherungsschutz erhielten.

Übereinstimmend positiv wird die Bildung und Etablierung von Halde beurteilt. Diese könne und müsse dazu beitragen, dass Informations- und Wissensdefizit über Diskriminierung und der rechtlichen Bekämpfung von Diskriminierung zu beseitigen. Die sehr prominente Besetzung des Vorstandes und des Präsidiums von Halde (der Präsident Louis Schweitzer ist gleichzeitig Präsident der Verwaltungsräte von Renault und von Astra Zeneca) sei Symbol dafür, das es der Regierung ernst sei, mit der Bekämpfung der Diskriminierung. Andererseits bestehe gerade durch diese Besetzung auch ein Interessenkonflikt.

Die Schwierigkeiten des französischen Diskriminierungsschutzrechts bei HIV/Aids-Diskriminierung in der Arbeitswelt bestehen, wie erwähnt, in der Verwirklichung der bestehenden Normen. Mehr Gesetze zum Diskriminierungsschutz werden nicht gefordert. Die Herausforderung besteht darin, die bestehenden Normen wirksam anzuwenden. Der unabhängigen Diskriminierungsschutzbehörde Halde kommt hier eine wichtige Rolle zu. Es wird denn auch gefordert, die schon heute beachtlichen personellen Ressourcen dieser Institution (66 Angestellte) weiter auszubauen.

4.7 Würdigung des französischen Diskriminierungsschutzes bei HIV/Aids

Die Vielfalt und Dichte der Diskriminierungsschutznormen im französischen Recht zeigt, dass der Gesetzgeber die Frage des Vorrangs des Gleichheitsschutzes oder der Vertragsfreiheit im privatrechtlichen Arbeitsverhältnis mit nicht mehr diskutierbarer Klarheit entschieden hat. Die Vertragsfreiheit des Arbeitgebers ist durch das Verbot eingeschränkt, Anstellungs- und Kündigungsentscheidungen und alle Entscheide während des Arbeitsverhältnisses auf der Basis verbotener Unterscheidungsgründen zu treffen.

Krankheit und Behinderung bilden im privaten und öffentlichen Arbeitsrecht verbotene Diskriminierungsgründe. Die HIV-Infektion fällt je nach Verlauf unter das Kriterium Krankheit und/oder Behinderung und fällt damit als legitimes Unterscheidungskriterium im Arbeitsverhältnis aus. Anders verhält es sich mit der krankheitsbedingten Arbeitsunfähigkeit. Diese darf für den Selektionsentscheid berücksichtigt werden, wobei die Freiheit des Arbeitgebers in zweifacher Hinsicht beschränkt wird. Zum Einen muss die Arbeitsunfähigkeit durch den Arbeitsmediziner bestätigt sein. Das verhindert, dass der Arbeitgeber seine allenfalls durch Vorurteile und/oder Nichtwissen geprägte eigene Einschätzung über die Arbeitsfähigkeit anstelle einer objektiven medizinischen Beurteilung zur Massgabe des Selektionsentscheids macht. Zum Anderen muss der Arbeitgeber so genannte angemessene Vorkehrungen für Behinderte Arbeitnehmende treffen, will er nicht dem Diskriminierungsvorwurf ausgesetzt sein.

Verschiedene weitere Normen flankieren die Diskriminierungsschutzbestimmungen im Strafrecht, Arbeitsrecht und im öffentlichen Personalrecht. Zu nennen sind die umfangreichen Bestimmungen zur Integration behinderter Arbeitnehmenden, die Beweislastregeln, die Verpflichtung zur Einführung des anonymen CV für Betriebe ab 50 Angestellten, die Untersuchungsrechte des Arbeitsinspektors, die absolute Gleichbehandlungspflicht im Bereich Kollektivversicherungen bei Krankkentaggeld und berufliche Vorsorge und das Klagerecht für Nichtregierungsorganisationen.

Die Gesamtheit der unmittelbar und mittelbar dem Diskriminierungsschutznormen dienenden Normen lässt ohne Weiteres die Diagnose zu, dass das französische Recht diesbezüglich sowohl den völkerrechtlichen Diskriminierungsschutzanforderungen wie der RL 2000/78/EG des Gemeinschaftsrecht genügt, ja zum Teil darüber hinausgeht (Weder das Völkerrecht noch das Gemeinschaftsrecht verlangen ein Verbot der Diskriminierung aufgrund einer Krankheit).

In einem auf den ersten Blick eigenartigen Kontrast zum Idealbild des französischen Diskriminierungsschutzrechts stehen die Einschätzungen zur Wirksamkeit der befragten Expertinnen. Bereits die theoretische Auseinandersetzung mit dem französischen Recht zeigte die spärliche Ausbeute an publizierten Entscheiden, was die relative Bedeutungslosigkeit der Normen vermuten liess. Diese vorsichtige Arbeitshypothese hat sich durch die Befragungen erhärtet. Trotz beeindruckender Normen erscheint der Diskriminierungsschutz weitgehend wirkungslos.

Eine solche Beurteilung greift indes zu kurz. Diskriminierung ist ein gesellschaftliches Problem, dass allein durch die Schaffung von Rechtsnormen nicht gelöst werden kann, sondern eine Auseinandersetzung über Toleranz und Vielfalt in der Zivilgesellschaft erfordert. Rechtsnormen spielen in diesem gesellschaftlichen Diskurs eine wichtige Rolle als Orientierungsrahmen. Rechtsnormen sollen darüber hinaus auch tatsächlich angewendet werden. Ansonsten verlieren sie an Glaubwürdigkeit. Bei diesem Prozess von der Norm zu ihrer Verwirklichung kommt der unabhängigen Diskriminierungsinstanz Halde eine wichtige Rolle zu.

5 Schutz vor HIV/Aids-Diskriminierung im Arbeitsverhältnis in Deutschland

5.1 Ausgangslage

5.1.1 Epidemiologische Situation in Deutschland

Seit 1996 steigt die Zahl in Deutschland lebenden HIV/Aids-Infizierten kontinuierlich an. Diese Zunahme ist einerseits mit dem Rückgang der Todesfälle aufgrund der verbesserten Behandlungsmöglichkeiten und andererseits mit einer deutlichen steigenden Zahl von HIV-Neuinfektionen seit ca. dem Jahr 2000 zu erklären. Ende 2005 lebten rund 49 000 Menschen mit HIV/Aids in Deutschland. Die Zahl der Neuinfektionen betrug 2005 knapp 2500.

5.1.2 Die Struktur der HIV/Aids-Bekämpfung

Nationales Aidsprogramm

Die HIV/Aids-Bekämpfungsstrategie der deutschen Bundesregierung richtet sich auf die nationalen und globalen Herausforderungen sowie auf diejenigen in Osteuropa[609]. Die geförderten nationalen Aktivitäten zur HIV/Aids-Bekämpfung umfassen:
- die Erfassung der Neuinfektionen und die Führung des Aids-Fallregisters durch das Robert-Koch-Institut;
- die bisher grösste und bekannteste Gesundheitskampagne Deutschlands «Gib AIDS keine Chance» durch die Bundeszentrale für gesundheitliche Aufklärung (BZgA) zur Vermittlung von Informationen, Förderung des Schutzverhaltens und den Abbau gesellschaftlicher Stigmatisierung. Die Befragung «AIDS im öffentlichen Bewusstsein der Bundesrepublik Deutschland» wird seit 1987 jährlich durchgeführt und gibt Aufschluss über das Wissen, Einstellung und Verhalten. Die kontinuierliche Evaluation ermöglicht, dass mit der Aufklärungskampagne auf die veränderten Bedürfnisse reagiert werden kann;
- Austausch mit dem nationalen Aids-Beirat;
- Ressortforschung zur Epidemiologie und sozialwissenschaftliche Untersuchungen;
- Vernetzung nationaler Forschungs- und Aufklärungsarbeiten im Rahmen des BMBF Kompetenznetzes HIV/Aids;

---

[609] Siehe dazu BUNDESMINISTERIUM FÜR GESUNDHEIT UND SOZIALE SICHERUNG, HIV/AIDS-Bekämpfungsstrategie der Bundesregierung, Juli 2005.

– Institutionelle Förderung der Forschung zu HIV/Aids; Grundlagenforschung durch die Deutsche Forschungsgemeinschaft (DFG).

Die HIV/Aids-Strategie basiert auch auf politischen, kulturellen, gesellschaftlichen, ökonomischen und weiteren Faktoren, welche die Ausbreitung der HIV-Infektion beeinflussen. Zu den Kernelementen der Strategie gehören Solidarität, Antidiskriminierung und Förderung der Integration HIV-positiver Arbeitnehmerinnen in der Arbeitswelt.

Nationaler Aids-Beirat

Der Nationale Aids-Beirat (NAB) ist das unabhängige Beratungsgremium des Bundesministeriums für Gesundheit in Fragen zur Bekämpfung von HIV/Aids und begleitet so die Vielzahl der notwendigen Massnahmen auf den unterschiedlichsten Gebieten (Medizin, Sozialarbeit, Psychologie, Sozial- und Sexualwissenschaften, Arbeitgeber-/Arbeitnehmervertretung). Die Beratungstätigkeit des NAB widerspiegelt sich in den gemeinsam verabschiedeten Voten zu Sachfragen hinsichtlich HIV/Aids[610]. Bisher sind insgesamt 41 Voten ergangen. Nachfolgend die im Zusammenhang mit der vorliegenden Studie wichtigsten Voten:

Tabelle 17: Ausgewählte Voten des Nationalen Aids-Beirates
Quelle: Eigene Darstellung HIV/Aids-Diskriminierungsstudie unter wörtlicher Anlehnung an die Zusammenstellung der Voten des Nationalen Aids-Beirates (NAB), Bundesministerium für Gesundheit (Hrsg.).

Votum	Sachbereich
1	**Berufstätigkeit von HIV/Aids-Infizierten** (05.03.87) Eine Gefährdung anderer durch eine HIV/Aids-infizierte Person in Ausübung ihrer Berufstätigkeit als Ansteckungsquelle sowie eine Gefährdung durch HIV/Aids-bedingte Komplikationen besteht nicht. Eine obligatorische Antikörper-Testung wird deshalb nicht empfohlen. (Der Beirat hat sich in diesem Votum nicht mit der Frage der Prostitution befasst.)
2	**HIV/Aids-Testung medizinischen Personals** (05.03.87) Eine routinemässige HIV/Aids-Testung des medizinischen Personals ist nicht erforderlich. Für Mitarbeiter in besonders exponierten Bereichen wird eine Antikörper-Testung bzw. Einfrierung von Serum vor Aufnahme der Tätigkeit empfohlen. Freiwillige Testangebote und deren Wahrnehmung bleiben unberührt.
16	**Antidiskriminierungsappell anlässlich des 1. Welt-AIDS-Tages** (30.11.88) u.a. nannte er das Arbeitsleben und Bewerbungsverfahren als besonders wichtige Lebensbereiche, in denen es zu offenkundigen oder verdeckten Diskriminierungen Betroffener kommt.

Nonprofit Organisationen

Die Deutsche Aids-Hilfe e.V. (DAH) wurde 1983 in Berlin von schwulen Männern und einer Krankenschwester gegründet und ist seit 1985 der Dachverband von etwa 120 regionalen Mitgliedsorganisationen. Im Mittelpunkt ihrer Arbeit steht die strukturelle

---

610 Voten des Nationalen Aids-Beirates (NAB), Bundesministerium für Gesundheit (Hrsg.).

Prävention und Gesundheitsförderung bei HIV/Aids und anderen sexuell übertragbaren Krankheiten. Mit dem Konzept der «strukturellen Prävention» wird nicht nur die Person mit ihrer Krankheit, sondern auch ihr soziales Umfeld im Handeln der Organisation miterfasst. Der Dachverband betreibt eine *Online*beratung und veranstaltet die Bundesversammlung der Menschen mit HIV/Aids (Bundespositivenversammlung). Er organisiert Gespräche von Betroffenen mit Wissenschaft und Medizin, vertritt die Interessen ihrer Mitglieder in der Politik, Verwaltung, Verbänden und leistet Öffentlichkeitsarbeit[611].

Neben verschiedenen Projekten koordiniert die DAH die Entwicklungspartnerschaft LINK-UP: für Chancengleichheit auf dem Arbeitsmarkt[612]. Das Projekt findet im Rahmen des EU-Programms EQUAL zum Abbau von Diskriminierung auf dem Arbeitsmarkt statt. Das Ziel der Entwicklungspartnerschaft LINK-UP ist es, Unternehmen nachhaltig in das Integrationsgeschehen von Menschen mit HIV/Aids einzubinden und eine entsprechende Arbeitsgestaltung voranzutreiben. Menschen mit HIV/Aids sollen einen leichteren Zugang zum Arbeitsmarkt erhalten und dadurch beschäftigungsfähiger werden.

5.1.3   Daten zur Diskriminierung am Arbeitsplatz

In Deutschland sind kaum Daten zur HIV/Aids-Diskriminierung am Arbeitsplatz vorhanden. Lediglich im Rahmen des seit 1997 laufenden Projekts AIDS & Arbeit der Schwulenberatung in Berlin wurde eine Fragebogenaktion zum Thema «HIV/Aids und Erwerbstätigkeit» durchgeführt[613]. Die Befragung ergab folgende interessante Resultate:

zu Erkrankung, Ausbildung; Erwerbstätigkeit der Befragten:
- Mehr als die Hälfte der Befragten (52,9 %)[614] erfuhr eine gesundheitliche Verbesserung innerhalb der letzten 12 Monaten vor der Befragung, welche auf die Therapien mit Mehrfachkombination von Medikamenten zurückgeführt wird (85 % derer mit Gesundheitsverbesserung; 45,3 % aller Befragten);
- Das Schul- und Berufsausbildungsniveau der Befragten liegt weit über dem vergleichbaren Berliner Durchschnitt;
- Etwa drei Viertel aller Befragten (86 %) halten ein eigenes Einkommen aus Erwerbstätigkeit und 72,6 Prozent die daraus entstehenden sozialen Kontakte für wichtig (sehr bedeutend oder bedeutend);

---

611   Quelle: *http://www.aidshilfe.de* (06.10.06).
612   Quelle: *http://www.aidshilfe.de* (06.10.06).
613   SCHWULENBERATUNG BERLIN, S. 1ff.
614   Es wurden 519 Fragebögen an die Zielgruppe ausgegeben. Davon wurden 223 Fragebögen ausgefüllt retourniert und konnten ausgewertet werden.

zu HIV/Aids am Arbeitsplatz:
- 47,2 Prozent der Erwerbstätigen berichten, dass der Arbeitgeber über den HIV/Aids-Status informiert ist.
- Bei 51,1 Prozent der Erwerbstätigen ist der HIV/Aids-Status den Mitarbeiterinnen bekannt.
- Für die Unterstützung bei der Mitteilung des HIV/Aids-Status an den Arbeitgeber/an die Mitarbeitern wünschten sich die meisten die Unterstützung durch eine HIV/Aids-spezifische Beratungsstelle.
- Bei 88,4 Prozent, die als schwerbehindert eingestuft sind (das sind 48,3 Prozent der erwerbstätigen Befragten) ist die Schwerbehinderung dem Arbeitgeber bekannt; sie führt bei 68,4 Prozent zu Vorteilen: mehr Urlaub, steuerliche Vergünstigungen, mehr Rücksichtnahme, günstigere Arbeitsbedingungen, mehr Toleranz; bloss 10,5 Prozent gaben an, Nachteile durch die Bekanntgabe erfahren zu haben.
- Diejenigen, die den Behindertenstatus dem Arbeitgeber nicht mitgeteilt haben, haben Angst vor Entlassung, mangelnde Rücksichtnahme und befürchten die Frage nach der Ursache der Behinderung.
- Der Wunsch nach Arbeitszeitreduktion und nach mehr Flexibilität am Arbeitsplatz ist deutlich erkennbar.
- Die Mehrheit (54,3 %) denkt nicht an einen Ausstieg aus dem Erwerbsleben.
- Mehr als drei Viertel der nichterwerbstätigen Befragten (80,5 %) möchten wieder in das Erwerbsleben einsteigen; Hindernisse: Fehlen eines geeigneten Stellenangebots (37,9 %), die Arbeitsmarktsituation, Qualifizierungsdefizit.
- Einen hohen Stellenwert bei den Wiedereinstiegsinteressierten (46,2 %) haben keine Verringerung des derzeitigen Einkommens, keine Diskriminierung am Arbeitsplatz durch den Arbeitgeber, und bei einer späteren Wiederbeantragung der Rente soll diese nicht niedriger oder ungünstiger berechnet werden als die derzeit bezogene.
- 66,3 Prozent wünschten Informationen und Aufklärung über Arbeitgeber und Arbeitsumfeld sowie Kontakte zu potenziellen Arbeitgebern.
- Gewünschte Formen des Wiedereinstiegs: Teilzeitarbeit als flexible Arbeitsmöglichkeit (etwa 50 %), unselbständige Erwerbstätigkeit (knapp 50 %); die Stellenvermittlung durch eine Beschäftigungsgesellschaft für HIV-Positive und Aidskranke[615].

---

615 SCHWULENBERATUNG BERLIN, S. 6ff.

5.2 Allgemeines zum Diskriminierungsschutz in Deutschland

5.2.1 Das deutsche Rechtssystem

Das Rechtssystem im allgemein

Deutschland ist ein Bundesstaat und besteht aus 16 Bundesländern. Sowohl der Bund als auch die Länder besitzen eigene Staatsorgane der Exekutive, Legislative und Judikative. Nach Art. 20 Grundgesetz (GG) ist Deutschland ein demokratischer und sozialer Bundesstaat und Rechtsstaat. Die Gesetzgebungskompetenz zwischen Bund und Ländern ist folgendermassen aufgeteilt: Grundsätzlich haben die Länder die Gesetzgebungskompetenz, soweit das Grundgesetz nicht dem Bund die ausschliessliche Gesetzgebungskompetenz zuweist oder eine konkurrierende Gesetzgebung zwischen Bund und Ländern begründet. In Fällen der konkurrierenden Gesetzgebung haben die Länder die Befugnis zur Gesetzgebung, solange und soweit der Bund von seiner Gesetzgebungszuständigkeit nicht Gebrauch gemacht hat. Das Arbeitsrecht gehört zur konkurrierenden Gesetzgebung und wird in weiten Teilen durch Bundesgesetze geregelt (z.B. das Kündigungsschutzgesetz, das Arbeitszeitgesetz, das BGB).

Regelungen zum Diskriminierungsschutz sind traditionell vorwiegend im Kompetenzbereich des Bundes zu finden. Eine besondere Rolle spielen dabei rechtliche Regelungen, die Geschlechterdiskriminierung verhindern sollen. Zunehmend gibt es allerdings auch Gesetze auf der Länderebene, die den Schutz vor Diskriminierung zum Gegenstand haben. Hier sind vor allem die Landesgleichstellungsgesetze für Menschen mit Behinderungen zu erwähnen, aber auch rechtliche Regelungen im Beamtenrecht der Länder[616].

Die Diskriminierungsverbote

Die grundgesetzlichen Diskriminierungsverbote betreffen in erster Linie das Verhältnis des Staates zum Bürger, also das öffentliche Recht, das eines der drei Teilgebiete des deutschen Rechts ist (neben Strafrecht und Zivilrecht). Art. 3 GG lautet:

«Niemand darf wegen seines Geschlechtes, seiner Abstammung, seiner Rasse, seiner Sprache, seiner Heimat und Herkunft, seines Glaubens, seiner religiösen oder politischen Anschauungen benachteiligt oder bevorzugt werden. Niemand darf wegen seiner Behinderung benachteiligt werden.»

---

[616] Der Überblick über das deutsche Rechtssystem orientiert sich am 2004 vorgelegten deutschen Länderbericht Report on Measures To Combat Discrimination, Directives 2000/43/EC and 2000/78/EC, der von der Rechtsexpertin in Diskriminierungsfragen Susanne Baer abgefasst wurde, durch die Föderalismusreform und die Entwicklungen im Bereich des Behindertendiskriminierungsschutzes teilweise aber nicht mehr zutrifft.

Eine direkte Anwendung dieser Regelung auf das Privatrecht ist nicht möglich. Bedeutung im zivilrechtlichen Bereich erlangt die Bestimmung jedoch unter dem Aspekt der mittelbaren Drittwirkung der Grundrechte[617] und der Schutzpflichtenlehre[618].

Allgemeines Persönlichkeitsrecht

Das allgemeine Persönlichkeitsrecht wird aus Art. 2 Abs. 1 GG «jeder hat das Recht auf die freie Entfaltung seiner Persönlichkeit» i.V.m. Art. 1 Abs. 1 GG «[d]ie Würde des Menschen ist unantastbar» abgeleitet. Nach der Rechtsprechung des Bundesverfassungsgerichts (BVerfG) gewährleistet das ungeschriebene Freiheitsrecht den Schutz der Privatsphäre[619], das Recht der Selbstdarstellung (soziale Identität)[620] und den Ehrenschutz[621]. So wird beispielsweise die informationelle Selbstbestimmung, d.h., das Recht selbst über die Preisgabe und Verwendung seiner persönlichen Daten zu bestimmen, vom BVerfG aus dem allgemeinen Persönlichkeitsrecht abgeleitet[622]. Das allgemeine Persönlichkeitsrecht ist nicht nur ein subjektives Abwehrrecht gegenüber dem Staat, sondern fordert den Schutz durch den Staat[623]. Eine Einschränkung durch das allgemeine Persönlichkeitsrecht unterliegt wie alle Grundfreiheiten dem Erfordernis einer hinreichend bestimmten, gesetzlichen Grundlage[624] und dem Verhältnismässigkeitsprinzip[625].

Im Arbeitsrecht wird der allgemeine Persönlichkeitsschutz verstärkt[626].

5.2.2 Internationale Rahmenbedingungen

Deutschland hat sich völkerrechtlich zum Diskriminierungsschutz verpflichtet und ist als EU-Mitgliedstaat an das europäische Gemeinschaftsrecht gebunden. Im folgenden Abschnitt werden die völkerrechtlichen Verpflichtungen Deutschlands festgehalten und die Geltung des Völkerrechts im innerstaatlichen Recht kurz beschrieben. Der wesentliche Inhalt der völkerrechtlichen Dokumente können unter Teil 3, 2. nachgelesen werden. In einem weiteren Abschnitt folgt eine Darstellung des Stands der Umsetzung der EU Rahmenrichtlinie in Deutschland.

---

617 Erstmals erkannte das Bundesverfassungsgericht im berühmten Fall Lüth die mittelbare Drittwirkung von Grundrechten, siehe BVerfG, Urteil des Ersten Senats vom 15.1.1958, BVerfG, 7, 198.
618 BVerfG, 39, 1 (44f.); 88, 203 (261f.). Umfassend zur Schutzpflichtenlehre siehe DIETLEIN.
619 BVerfG, 16.7.1969 E. 27, 1, 6 = NJW 1969, 1707; BVerfG, 2.3.1977 E. 44, 197, 203 = NJW 1977, 2205.
620 BVerfG, 8.2.1983 E. 63, 131, 142 = NJW 1983, 1179.
621 BVerfG, 3.6.1980 E. 54, 208, 217 = NJW 1980, 2070; BVerfG, 15.8.1989 = NJW 1989, 3269.
622 BVerfG, 15.12.1983 E. 65, 1 41f. = NJW 1984, 419; BVerfG, 26.1.1993 E. 88, 87, 98 = NJW 1993, 1517.
623 DIETRICH (Art. 2 GG), N 52ff.
624 BVerfG, 15.12.1983 E. 65, 1 33, 46 = NJW 1984, 419.
625 BVerfG, 15.12.1983 E. 65, 1, 44, 46 = NJW 1984, 419; BVerfG, 26.4.1994 E. 90, 263, 271 = MJW 1994, 2475.
626 Siehe Teil 4, 5.4.

Völkerrecht

Art. 25 GG lautet: «Die allgemeinen Regeln des Völkerrechtes sind Bestandteil des Bundesrechtes. Sie gehen den Gesetzen vor und erzeugen Rechte und Pflichten unmittelbar für die Bewohner des Bundesgebietes.» Der Umkehrschluss aus Art. 25 GG legt nahe, dass die Geltung des Völkerrechts in Deutschland auf der Grundlage des (gemässigten) Dualismus basiert. Danach sind das Völkerrecht und das nationale Recht getrennt voneinander zu betrachten und ein völkerrechtlicher Vertrag muss durch einen innerstaatlichen Transaktionsakt umgesetzt werden, um innerstaatlich Geltung zu erlangen.

Die folgende Tabelle zeigt den Stand der völkerrechtlichen Verpflichtungen Deutschlands im Überblick:

Tabelle 18: Völkerrechtlicher Diskriminierungsschutz in Deutschland
Quelle: Eigene Darstellung HIV/Aids-Diskriminierungsstudie

Instrument	Ratifiziert	Vorbehalte	Bemerkungen
UN-Pakt für wirtschaftliche, soziale und kulturelle Rechte	Ja	Nein	
UN-Pakt für bürgerliche und politische Rechte	Ja	Ja, zu Art. 14 Abs. 3, 14 Abs. 5, 15 Abs. 11; Art. 19, 21, 22 i.V.m. 2 Abs. 1	
Fakultativprotokoll zum Internationalen Pakt über bürgerliche und politische Rechte	Ja	Ja, zu Art. 5 Abs. 2 (a)	
Abkommen Nr. 111 der Internationalen Arbeitsorganisation über die Diskriminierung	Ja		
Abkommen Nr. 158 der Internationalen Organisation	Nein		
Abkommen Nr. 159 der Internationalen Organisation	Ja		
Europäische Menschenrechtskonvention	Ja	Nein	
Zusatzprotokoll Nr. 12 zur EMRK	Nein		Unterzeichnet am 4.11.2000
Europäische Sozialcharta	Ja	Nein	Annahme des Kollektivbeschwerdeverfahrens

Umsetzung EU Rahmenrichtlinie 2000/78/EG

Folgende Bestimmungen im deutschen Recht schützten bereits ohne Umsetzung der EU Gleichbehandlungs-Rahmenrichtlinien[627] vor Diskriminierung:

Auf Verfassungsstufe verbietet Art. 3 Abs. 3 GG jede Benachteiligung oder Bevorzugung aufgrund des Geschlechts, der Abstammung, der Rasse, der Sprache, der Heimat

---

627 Richtlinie 2000/43/EG des Rates vom 29.06.2000 (ABl. vom 19.7.2000, L 180/22); Richtlinie 2000/78/EG des Rates vom 27.11.2000 (ABl. vom 2.12.2000, L 303/16); Richtlinie 2002/73/EG des Europäischen Parlaments und des Rates vom 23.09.02 (ABl. vom 5.10.2002, L 269/15); Richtlinie 2004/113/EG des Rates vom 13.12.04 (ABl. vom 21.12.2004, L 373/37).

und Herkunft, des Glaubens, der religiösen oder politischen Anschauungen. Bei Menschen mit einer Behinderung wird nur die Benachteiligung aufgrund einer Behinderung untersagt, die Bevorzugung bleibt erlaubt.

Das Vertragsrecht greift auf § 242 BGB, den Grundsatz von Treu und Glauben zurück, um Diskriminierungen ggf. zu untersagen. Durch § 138 BGB werden sittenwidrige Verträge für nichtig erklärt. Im Arbeitsrecht ist § 611a BGB von Bedeutung, der eine geschlechtsspezifische Benachteiligung[628] verbietet und eine Entschädigungspflicht des Arbeitgebers vorsieht. Das Kündigungsschutzgesetz (KSchG) schützt vor ungerechtfertigter Entlassung, Teilzeitbeschäftigte und befristet Beschäftigte erhalten einen Diskriminierungsschutz durch § 4 des Teilzeit- und Befristungsgesetzes (TzBfG)[629], und das Betriebsverfassungsgesetz (BetrVG) befasst sich mit dem Kollektivarbeitsrecht. Regelungen zum Diskriminierungsschutz sind auch im Strafrecht, im Prozessrecht, Gesellschaftsrecht und Immigrationsrecht enthalten. Schutz vor Diskriminierung wegen einer Behinderung besteht aufgrund des Behindertengleichstellungsgesetzes auf Bundesebene, mit dem mittlerweile Landesgleichstellungsgesetze in fast allen Bundesländern korrespondieren. Die Behindertenbeauftragte setzt sich für gleiche Lebensbedingungen von Menschen mit oder ohne Behinderung ein[630]. Gegen die Diskriminierung von Schwerbehinderten gelten in § 81 Sozialgesetzbuch IX (SGB) Sonderschutzbestimmungen. Einen umfassenden arbeitsrechtlichen Diskriminierungsschutz mit wirksamen, verhältnismässigen und abschreckenden Sanktionen, wie es die Richtlinien verlangen, gewährleistete das deutsche Arbeitsrecht bisher nicht[631].

Insgesamt genügte der bisherige Diskriminierungsschutz den Anforderungen der 2000er Richtlinien nicht. Nach erheblichen Verzögerungen, einer Verurteilung durch den EuGH[632] wegen Nichtumsetzung der RL 2000/43/EG innerhalb der vorgeschriebenen Frist und drohenden erheblichen Strafzahlungen hat der Bundestag im Juni 2006 das Gesetz zur Umsetzung europäischer Richtlinien zur Verwirklichung des Grundsatzes der Gleichbehandlung verabschiedet. Das Allgemeine Gleichbehandlungsgesetz (AGG) ist am 18. August 2006 in Kraft getreten. Es transformiert u.a. die vorliegend relevante RL 2000/78/EG.

---

628 § 616a BGB lautet: «Der Arbeitgeber darf einen Arbeitnehmer bei einer Vereinbarung oder einer Maßnahme, insbesondere bei der Begründung des Arbeitsverhältnisses, beim beruflichen Aufstieg, bei einer Weisung oder einer Kündigung, nicht wegen seines Geschlechts benachteiligen.»
629 Gesetz über Teilzeitarbeit und befristete Arbeitsverträge vom 21. Dezember 2000, BGBl I 2000, 1966.
630 Für weitere Informationen zur Beauftragten der Bundesregierung für die Belange behinderter Menschen siehe Quelle: http://baer.rewi.hu-berlin.de/wissen/antidiskriminierungsrecht/antidiskriminierungsgesetzgebung/ (03.08.06). http://www.behindertenbeauftragte.de/index.php5?nid=1&Action=home (02.08.06).
631 Quelle: http://www.aus-portal.de/aktuell/gesetze/01/index_8075.htm (03.08.06).
632 EuGH, Rs. C-43/05, Kommission/Bundesrepublik Deutschland, Urteil vom 23. Februar 2006.

5.3 Diskriminierungsschutz im Grundgesetz

5.3.1 Allgemeines Diskriminierungsverbot

Art. 3 Abs. 3 GG lautet «Niemand darf wegen seines Geschlechtes, seiner Abstammung, seiner Rasse, seiner Sprache, seiner Heimat und Herkunft, seines Glaubens, seiner religiösen oder politischen Anschauungen benachteiligt oder bevorzugt werden». Die Formel «benachteiligt oder bevorzugt» definiert das Diskriminierungsverbot als ein Konzept, das unabhängig von den Konsequenzen weder eine positive noch negative Unterscheidung ungerechtfertigt zulässt, verpönt ist somit jegliche Differenzierung, bei der eine Person in ihren wirtschaftlichen, ideellen oder emotionalen Interessen unmittelbar oder mittelbar berührt wird[633].

5.3.2 Benachteiligungsverbot aufgrund einer Behinderung

Die Privilegierungsmöglichkeit ist hingegen für Behinderte gegeben[634]. In Art. 3 Abs. 3 GG heisst es lediglich, dass niemand wegen seiner Behinderung «benachteiligt» werden darf. Das Benachteiligungsverbot in Bezug auf Behinderte bindet unmittelbar die öffentliche Gewalt (Gesetzgebung, vollziehende Gewalt, Rechtsprechung, Verwaltung). Als verfassungsrechtliche Wertentscheidung beeinflusst es bei der Auslegung und Anwendung der Generalklauseln des Bürgerlichen Rechts[635] auch die Privatrechtsordnung und somit die Rechtsbeziehung unter Privaten[636].

Der Begriff der Behinderung sowie der Kreis der Berechtigten werden vom Grundgesetz nicht näher bestimmt. Das Benachteiligungsverbot orientiert sich an der Definition von § 2 Abs. 1 Satz 1 SGB IX, das dem Verständnis der Behinderung der Weltgesundheitsorganisation (WHO) folgt und folgende drei Elemente beinhaltet: Schaden, Funktionsbeeinträchtigung und soziale Beeinträchtigung[637]. Das Bundesverfassungsgericht versteht den Begriff der Behinderung als «Auswirkung einer nicht nur vorübergehenden Funktionsbeeinträchtigung, die auf einem regelwidrigen körperlichen, geistigen oder seelischen Zustand beruht»[638]. Regelwidrig ist ein Zustand, wenn er von

---

633 DIETRICH (Art. 3 GG), N 70.
634 Die Regelung lässt eine privilegierte Behandlung von Menschen mit einer Behinderung zu; der Staat ist dazu jedoch nicht verpflichtet, siehe BVerfG, 8.10.1997 E.96, 288, 302 = NJW 1998, 131.
635 BVerfG, 7, 198 (206f.); 73, 261 (269); 81, 242 (254ff.) («mittelbare Drittwirkung der Grundrechte»). Siehe auch HERDEGEN.
636 HERDEGEN.
637 Das SGB IX definiert Behinderung in Anlehnung an die «Internationalen Klassifikation der Schädigung, Fähigkeitsstörungen und Beeinträchtigung» (ICIDH) zur «Internationalen Klassifikation der Funktionsfähigkeit, Behinderung und Gesundheit» (ICF) der Weltgesundheitsorganisation. Siehe dazu BUNDESAMT FÜR ARBEIT UND SOZIALES (Gleichstellung); auch JÜRGENS, S. 358. Zur ICIDH siehe Teil 3, 2.1.2.
638 BVerfG, NJW 1998, S. 131. Siehe auch RÜFNER, Rn. 870.

dem für das Lebensalter typischen abweicht. Die Auswirkung der Funktionsbeeinträchtigung wird als Grad der Behinderung (GdB) festgestellt; er sagt jedoch nichts über die Erwerbsfähigkeit aus[639]. Schliesslich werden vom Begriff der Behinderung auch diejenigen Personen erfasst, denen eine Behinderung im hier beschriebenen Sinn droht[640].

Gegenüber dem allgemeinen Gleichheitssatz (Art. 3 Abs. 1 GG), der sich zur Rechtfertigung von Ungleichbehandlungen mit einem sachlichen und nachvollziehbaren Grund begnügt[641], verlangt das Bundesverfassungsgericht beim Benachteiligungsverbot eine sehr strenge Rechtfertigungsprüfung[642]. Dies bedeutet, dass eine Ungleichbehandlung von Behinderten nur zulässig ist, wenn sie für die Problemlösung zwingend erforderlich ist, d.h., die Ungleichbehandlung muss auf einen zwingenden Grund zurückzuführen und in der Behinderung selbst angelegt sein[643].

Chronische Krankheiten fallen unter den Begriff der Behinderung, da beim Begriff der Behinderung die zur nachhaltigen Funktionsbeeinträchtigung führende Krankheit auf Dauer entscheidend ist[644].

5.4 Diskriminierungsschutz im deutschen Arbeitsrecht

5.4.1 Vertragsfreiheit als Ausgangslage

Die allgemeine Handlungsfreiheit ist in Art. 2 Abs. 1 GG geregelt und umfasst die Freiheit im wirtschaftlichen Verkehr und die Privatautonomie[645]. Jeder ist frei, sich vertraglich zu binden und über den Abschluss, die inhaltliche Gestaltung und Beendigung zu bestimmen. Die allgemeine Handlungsfreiheit wird jedoch nur in den Schranken von Art. 2 Abs. 1 GG gewährleistet, welcher lautet: «Jeder hat das Recht auf die freie Entfaltung seiner Persönlichkeit, soweit er nicht die Rechte anderer verletzt und nicht gegen die verfassungsmässige Ordnung ... verstösst.» Unter die Rechte anderer sind sämtliche subjektiven Rechte des Privatrechts zu zählen[646]. Die Diskriminierungsverbote setzen der allgemeinen Handlungsfreiheit und der Vertragsfreiheit Grenzen.

---

639 Siehe Teil 4, 5.7.1. Siehe Behinderung, gesetzliche Definition, Quelle: *http://195.185.214.164/bb/p077.htm* (24.04.06). Siehe auch HIV und Arbeitsrecht, Quelle: *http://deutschland.hiv-facts.net/hivrecht/arbeitsrecht/index.htm* (24.04.06).
640 Sozialgesetzbuch (SGB) IX, § 2 Abs. 1. (Schwerbehindertengesetz).
641 BVerfG, 1, 14 (52); 46, 55 (62).
642 BVerfG, NJW 1998, S. 131.
643 HERDEGEN.
644 Siehe HERDEGEN.
645 BVerfG, 16.1.1957 E. 6, 32, 41f.; BVerfG, 23.6.1993 E. 89, 48, 61 = NJW 1993, 2923.
646 DIETRICH (Art. 2 GG), N 25.

5.4.2 Diskriminierungsschutz im Allgemeinen Gleichbehandlungsgesetz

Allgemeines

Das Gesetz zur Umsetzung europäischer Richtlinien zur Verwirklichung des Grundgesetzes der Gleichbehandlung ist in drei Artikel aufgeteilt. Art. 1 umfasst die Bestimmung des Allgemeinen Gleichbehandlungsgesetzes (AGG), Artikel 2 das Gesetz über die Gleichbehandlung der Soldatinnen und Soldaten (SoldGG) und Art. 3 die Änderungen in anderen Gesetzen. Für den vorliegenden Kontext ist das AGG wichtig, das neben einem umfassenden zivilrechtlichen Benachteiligungsverbot im Wesentlichen arbeitsrechtliche Vorschriften (§ 6–19 AGG) enthält.

Ziel des AGG ist es, Benachteiligungen u.a. aus Gründen einer Behinderung oder der sexuellen Identität sowohl im privaten wie im öffentlichrechtlichen Arbeitsverhältnis (§ 24 AGG) zu verhindern oder zu beseitigen (§ 1 AGG). Krankeit oder HIV/Aids wird nicht aufgelistet.

Anwendungsbereich

Das Benachteiligungsverbot gilt u.a. in Bezug auf die Auswahlkriterien und Einstellungsbedingungen im Bewerbungsverfahren, bei den Beschäftigungs- und Arbeitsbedingungen während des Arbeitsverhältnisses, bei der Aus- und Weiterbildung, beim beruflichen Aufstieg sowie bei der Auflösung des Arbeitsverhältnisses (§ 2 AGG).

Nach § 2 Abs. 1 Ziff. 2 AGG gilt die Anwendung des Benachteiligungsverbotes bei Beschäftigungs- und Arbeitsbedingungen einschliesslich Arbeitsentgelt und Entlassungsbedingungen «insbesondere in individual- und kollektivrechtlichen Vereinbarungen und Maßnahmen». **Auffallend ist, dass § 2 Abs. 2 Ziff. 4 AGG das Kündigungsrecht vom Anwendungsbereich des AGG ausschliesst.** Vertraglich vereinbarte Entlassungsbedingungen werden demnach gemäss AGG auf ihre Zulässigkeit geprüft, für die Frage der Rechtmässigkeit einer Kündigung als Ausübung eines Gestaltungsrechts soll nach dieser Rechtslage dagegen allein das bestehende Kündigungsschutzrecht massgebend sein. **Diese Regelung des § 2 Abs. 4 AGG ist nach Ansichten in der Lehre europarechtswidrig**[647]. Sie verstösst gegen Art. 3 Abs. 1c RL 2000/78/EG. In dieser Vorschrift ist nämlich geregelt, dass bei den Entlassungsbedingungen und damit auch bei **Kündigungen keine Benachteiligung und Diskriminierung aufgrund der aufgeführten Diskriminierungskriterien** erfolgen darf. Wie noch zu zeigen sein wird, gewährt das deutsche Kündigungsschutzrecht nicht den gleichen Schutz, wie er in der RL 2000/78/EG vorgegeben ist[648].

---

647 Wüst, S. 45, Thüsing (AGG), Editorial.
648 So auch Düwell, S. 3.

Benachteiligungsverbot

Der Begriff der «Benachteiligung» wird in § 3 AGG definiert, dabei wird zwischen unmittelbarer und mittelbarer Benachteiligung differenziert. Eine unmittelbare Benachteiligung liegt nach § 3 Abs. 1 AGG vor, wenn eine Person wegen einer Behinderung «eine weniger günstige Behandlung erfährt, als eine andere Person in einer vergleichbaren Situation erfährt, erfahren hat oder erfahren würde». Dem Anschein nach neutrale Vorschriften, Kriterien oder Verfahren können nach § 3 Abs. 2 AGG mittelbar diskriminierend sein, wenn sie Personen mit einer Behinderung gegenüber anderen Personen «in besonderer Weise» benachteiligen, es sei denn, diese Vorschriften, Kriterien oder Verfahren sind sachlich gerechtfertigt und verhältnismässig[649].
Eine unterschiedliche Behandlung ist nach § 8 Abs. 1 AGG zulässig, wenn der Grund aus § 1 AGG für die auszuübende Tätigkeit eine wesentliche und entscheidende berufliche Anforderung darstellt.

Belästigung als Benachteiligung

Gemäss § 3 Abs. 3 AGG gilt als Benachteiligung auch die Belästigung, wenn Verhaltensweisen im Sinne von § 1 AGG «bezwecken» oder «bewirken», dass die Würde der betroffenen Person verletzt wird und ein Umfeld geschaffen wird, das von Mobbing-ähnlichen Verhaltensweisen geprägt ist. Ein Verstoss gegen § 1 AGG liegt auch dann vor, wenn eine Person eine Benachteiligung unter der Annahme vornimmt, dass ein Grund nach § 1 vorliegen könnte. Ergreift der Arbeitgeber keine Massnahmen, die geeignet sind, Belästigungen zu unterbinden, ist die betroffene Arbeitnehmerin gemäss § 14 AGG berechtigt, ihre Tätigkeit ohne Verlust des Arbeitsentgelts einzustellen.

Pflichten des Arbeitgebers

Nach § 12 AGG ist der Arbeitgeber verpflichtet, erforderliche Massnahmen zum Schutz vor Benachteiligungen zu treffen. Der Arbeitgeber ist dieser Verpflichtung nachgekommen, wenn er die Arbeitnehmer auf das Gesetz aufmerksam macht, im Rahmen von beruflichen Aus- und Fortbildung auf die Unzulässigkeit von Benachteiligungen im Sinne von § 1 AGG hinweist und dafür sorgt, dass gegen das Gesetz verstossende Verhaltensweisen unterbleiben. Verstossen Arbeitnehmerinnen gegen das Benachteiligungsverbot, so hat der Arbeitgeber die im Einzelfall geeigneten Massnahmen zu treffen, um das diskriminierende Verhalten zu verhindern. Gemäss § 12 Abs. 3 AGG kann dies eine Abmahnung, Umsetzung, Versetzung oder Kündigung sein.

---

649 Zum Benachteiligungsverbot siehe Teil 4, 5.3.2.

Rechte der Arbeitnehmenden

Die im Sinne von § 1 AGG benachteiligte Person hat unter Umständen sogar das Recht, die Leistung ohne Verlust des Arbeitsentgelts zu verweigern (§ 4 AGG). Wird ein Verstoss gegen das Benachteiligungsverbot festgestellt, besteht sowohl bei materiell als auch immateriell entstandenem Schaden ein Anspruch gegenüber dem Arbeitgeber auf «eine angemessene Entschädigung in Geld». Die Höhe der Entschädigung wird auf maximal drei Monatslöhne begrenzt für den Fall, dass es um eine Anstellung geht und diese Anstellung auch aus anderen, nicht diskriminierenden Gründen abgelehnt worden wäre (§ 15 AGG). Der Arbeitgeber schuldet auch Schadenersatz für Benachteiligungen im Sinne von § 1 AGG, die durch Dritte erfolgt sind.

Beweislast, Verbandsklagerecht, Betriebsrat

Der Rechtsschutz in § 22 AGG sieht vor, dass Indizien ausreichen, um eine Benachteiligung aufgrund eines Persönlichkeitsmerkmals im Sinne von § 1 AGG vermuten zu lassen; in diesem Fall muss der Arbeitgeber beweisen, dass er nicht gegen das Benachteiligungsverbot verstossen hat. Betroffene können im Verfahren ohne Anwaltszwang von Antidiskriminierungsverbänden im Sinne von § 23 AGG unterstützt werden; vorbehalten sind die besonderen Klagerechte von Verbänden zugunsten von Menschen mit Behinderung. Schliesslich kann der Betriebsrat gemäss § 17 Abs. 2 AGG bei groben Verstössen des Arbeitgebers gegen das Benachteiligungsverbot unter den Voraussetzungen von § 23 Abs. 3 BetrVG vor Gericht klagen[650]; der Betriebsrat darf dabei keine Rechte eines benachteiligten Arbeitnehmers geltend machen.

Es ist umstritten, ob die Beweislastregelung des AGG europarechtskonform ist. Art. 10 der RL 2000/78/EG verlangt, dass Personen, die sich für benachteiligt oder diskriminiert halten, lediglich «Tatsachen glaubhaft machen» müssen, die das Vorliegen einer Diskriminierung vermuten lassen». § 22 AGG stellt demgegenüber höhere Anforderungen an die Beweisführung[651]. Die Praxis wird zeigen, ob § 22 AGG einer richtlinienkonformen Auslegung zugänglich ist.

Bedeutung für HIV/Aids-Diskriminierung

Von den im AGG aufgeführten Diskriminierungskriterien ist naheliegenderweise vor allem das Kriterium «Behinderung» näher auf die Bedeutung für die HIV/Aids-Diskriminierung zu prüfen.

Nach § 2 Abs. 1 Satz 1 Sozialgesetzbuch IX (SGB IX) und § 3 des Behindertengleichstellungsgesetzes (BGG) liegt eine (schwere) Behinderung vor, wenn die körperliche Funktion, geistige Fähigkeit oder seelische Gesundheit mit hoher Wahrscheinlichkeit

---

650 Zum Betriebsverfassungsgesetz siehe Teil 4, 5.4.3.
651 Wüst, S. 94–96, siehe zu § 22 AGG auch Grobys, S. 898ff.

länger als sechs Monate vor dem für das Lebensalter typischen Zustand abweicht und daher die Teilnahme am Leben in der Gesellschaft beeinträchtigt ist. Das AGG ist nicht auf diese Definition begrenzt[652]. Anders als im SGB IX ist Ziel des AGG nicht die Gewährung besonderer Rechte oder Leistungen für (schwer)behinderte Arbeitnehmer. Vielmehr soll eine Benachteiligung und Belästigung und damit eine Schlechterstellung aufgrund einer Behinderung verhindert werden. Es kann dabei nicht darauf ankommen, ob eine leichte, mittlere oder schwere Behinderung vorliegt[653].

Das AGG führt im Einklang mit RL 2000/78/EG «nur» Behinderung, nicht jedoch Krankheit als Diskriminierungskriterium auf. Nach der EuGH-Entscheidung in der Rechtssache *Navas*[654] ist Krankheit von Behinderung abzugrenzen. Nach deutscher Praxis gelten Menschen mit einer asymptomatischen HIV-Infektion, d.h. Krankheit oder Krankheitsdispositionen ohne oder mit nur leichter körperlicher und psychischer Beeinträchtigung nicht als schwer behindert. Schutz vor Diskriminierung im Sinne eines Nachteilausgleichs kommt unter dem SGB IX nämlich nur Menschen mit einer schweren Behinderung (Grad der Behinderung (GdB) von mehr als 50) und den Schwerbehinderten gleichgestellten behinderten Menschen (ab GdB 30) zugute[655]. Daran wird sich auch durch das AGG nichts ändern.

Hingegen eröffnen sich mit der *Navas*-Entscheidung Perspektiven, den Behinderungsbegriff offen und weit zu verstehen, so dass im Ergebnis auch eine HIV-positive Person, die allein aufgrund ihrer Diagnose ungeachtet ihrer bestehenden Arbeitsfähigkeit eine Benachteiligung im Arbeitsleben erfährt, als Behinderte im Sinne des AGG gelten könnte[656]. Die Definition der Behinderung, wie sie der EuGH in der Entscheidung *Navas* vorgenommen hat, bindet auch den deutschen Richter.

Ein Schritt in die richtige Richtung wurde vom Arbeitsgericht Berlin in einem im September 2006 veröffentlichten Beschluss vom 13. Juli 2005 bereits unternommen. In einem Fall, wo die Klägerin wegen Neurodermitis (GdB 40) trotz ihrer beruflichen Befähigung nicht angestellt wurde, stützt sich das Arbeitsgericht Berlin direkt auf die RL 2000/78/EG, da sie zu jenem Zeitpunkt noch nicht vom deutschen Gesetzgeber umgesetzt war; das Arbeitsgericht Berlin sprach der Klägerin eine Entschädigung von 12 000 EURO zu[657].

---

652 Wysskirchen, S. 10, Worzalla, S. 35.
653 Biester, S. 6.
654 Siehe dazu Teil 4, 2.3.2.
655 Zur Bewertung der HIV-Infektion siehe Tabelle 20: Grad der Behinderung (GdB).
656 Zur Diskussion um den Behindertenbegriff im gemeinschaftsrechtlichen Rahmen siehe Teil 4, 2.3.2.
657 ArbG Berlin, 13.07.2005, 86 Ca24618/04. Die Entscheidung wurde in der Berufung vom LG Berlin vom 9.3.2006 aufgehoben und liegt jetzt in der Revision dem BAG vor.

5.4.3 Diskriminierungsverbote im Betriebsverfassungsgesetz

Inhalt und Geltungsbereich

Das Betriebsverfassungsgesetz (BetrVG) lässt die einzelnen Arbeitnehmerinnen und die betrieblichen Arbeitnehmergewerkschaften im Betrieb mitwirken und mitbestimmen. Die Rechte der Gewerkschaften umfassen das gesamte betriebliche Geschehen und die sozialen, personellen und wirtschaftlichen Angelegenheiten. Bedeutend sind dabei auch die Diskriminierungsverbote. Die entsprechende Norm findet sich in § 75 BetrVG. Es zeigt sich eine etwas andere Akzentsetzung als in Art. 3 GG, insbesondere werden die privatrechtlichen Parteien des Arbeitsverhältnisses hier unmittelbar betroffen.

Dem Betriebsverfassungsgesetz unterstehen die Verhaltensweisen der Betriebsparteien, d.h. des Arbeitgebers und des Betriebsrats. In § 75 Abs. 1 BetrVG heisst es: «Arbeitgeber und Betriebsrat haben darüber zu wachen, dass alle im Betrieb tätigen Personen nach den Grundsätzen von Recht und Billigkeit behandelt werden, insbesondere, dass jede Benachteiligung von Personen aus Gründen ihrer Rasse oder wegen ihrer ethnischen Herkunft, ihrer Abstammung oder sonstigen Herkunft, ihrer Nationalität, ihrer Religion oder Weltanschauung, ihrer Behinderung, ihres Alters, ihrer politischen oder gewerkschaftlichen Betätigung oder Einstellung oder wegen ihres Geschlechts oder ihrer sexuellen Identität unterbleibt»[658]. Abs. 2 des § 75 BetrVG regelt, dass Arbeitgeber und Betriebsrat «die freie Entfaltung der Persönlichkeit der im Betrieb beschäftigten Arbeitnehmer zu schützen und zu fördern» haben.

Behinderung als Persönlichkeitsmerkmal war bis zum Inkrafttreten des AGG nicht ausdrücklich aufgeführt. Es konnte jedoch davon ausgegangen werden, dass in Verbindung mit Art. 3 Abs. 3 GG die Ungleichbehandlung aufgrund einer Behinderung gegen Recht und Billigkeit verstossen würde[659]. Der Rechtsunsicherheit wird nun mit Inkrafttreten des AGG begegnet und die Lücke geschlossen. Krankheit und HIV/Aids sind nach wie vor nicht explizit erwähnt.

Die Diskriminierungsverbote in § 75 BetrVG werden ergänzt um bestimmte Förderpflichten der Betriebsvertretungen. So hat der Betriebsrat nach § 80 I Nr. 2a und 2b BetrVG die Durchsetzung der tatsächlichen Gleichstellung von Frauen und Männern ebenso zu fördern wie die Vereinbarkeit von Familie und Erwerbstätigkeit, nach Nr. 4 hat er die Eingliederung Schwerbehinderter und sonstiger besonders schutzbedürftiger Personen zu fördern, nach Nr. 6 obliegt es ihm, die Beschäftigung älterer Arbeitnehmerinnen und nach Nr. 7 hat er die Integration ausländischer Arbeitnehmer im Betrieb zu fördern sowie Maßnahmen zur Bekämpfung von Rassismus und Fremdenfeindlichkeit zu beantragen. Solche Maßnahmen können nach § 88 Nr. 4 BetrVG Gegenstand von freiwilligen Betriebsvereinbarungen sein.

---

658 Art. 3 Abs. 3 AGG (Art. 3, Änderungen in anderen Gesetzen).
659 SCHIEK, S. 116, die dies daraus ableitet, dass eine Behandlung, die unvereinbar mit dem objektiv-rechtlichen Gehalt der Grundrechte ist, ebenso unvereinbar mit Recht und Billigkeit sein muss.

Bedeutung für HIV/Aids-Diskriminierung

Der gesetzliche Diskriminierungsschutz war im Privatrecht, wie bereits andernorts festgestellt, eher schwach ausgebaut. Mit der Einführung des AGG wurden substantielle Fortschritte erzielt. Wie weit sich dies auf die tatsächliche Verbesserung des Diskriminierungsschutzes auswirkt, wird die Praxis zeigen. Das Engagement von Gewerkschaften und Arbeitgeber für die Umsetzung des Diskriminierungsverbots in den Gesamtarbeitsverträgen und in den Betrieben ist ein entscheidender Faktor für einen wirksamen Diskriminierungsschutz. Im Lichte der HIV/Aids-Diskriminierung ist wichtig, dass das Persönlichkeitsmerkmal «Krankheit» ausdrücklich in die Liste der verpönten Persönlichkeitsmerkmale aufgenommen wird.

5.4.4 Arbeitsrechtlicher Gleichbehandlungsgrundsatz und Persönlichkeitsschutz

Der Gleichbehandlungsgrundsatz

Das Arbeitsverhältnis wird durch Gesetz und vertragliche Regelungen bestimmt sowie durch Weisungen und andere einseitige Anordnungen des Arbeitgebers konkretisiert. Im Entscheidungsbereich des Arbeitgebers ist der Gleichbehandlungsgrundsatz zu beachten. Wenn der Arbeitgeber sämtlichen Beschäftigten nach den von ihm aufgestellten Regeln gleiche Vorteile gewährt, muss er sich daran halten. Das gilt selbstredend auch gegenüber Arbeitnehmenden mit HIV/Aids.

Nach ständiger Rechtsprechung des Bundesarbeitsgerichts verwehrt der arbeitsrechtliche Gleichbehandlungsgrundsatz als ungeschriebenes Recht dem Arbeitgeber, einzelne Arbeitnehmerinnen oder Gruppen von Arbeitnehmern beim Vorliegen vergleichbarer Sachverhalte ohne sachlichen Grund von allgemein begünstigenden Regelungen auszunehmen und schlechter zu stellen[660]. Der arbeitsrechtliche Gleichbehandlungsgrundsatz gebiete dem Arbeitgeber, «seine Arbeitnehmer oder Gruppen seiner Arbeitnehmer, die sich in einer vergleichbaren Lage befinden, gleich zu behandeln»[661]. Im Fall der Beendigung des Arbeitsverhältnisses verneint das BAG die Anwendung des arbeitsrechtlichen Gleichbehandlungsgebots[662] und in Bezug auf die Anstellung wird es nur zögerlich angewandt[663].

---

[660] BAG, 25.1.1984, BAG, 45, 86 = AP Nr. 68 zu § 242 BGB Gleichbehandlung; BAG, 19.4.1995, EzA § 611 BGB Gratifikation, Prämie Nr. 123 (ID: 3K39226).

[661] BAG, 5.3.1980, AP Nr. 44 zu § 242 BGB Gleichbehandlung; BAG, 19.8.1992, AP Nr. 102 zu § 242 BGB Gleichbehandlung, BAG, 20.7.1993, AP Nr. 11 zu § 1 BetrAVG Gleichbehandlung; BAG, 12.11.1994, AP Nr. 112 zu § 242 Gleichbehandlung.

[662] BAG, 21.10.1969, AP GG Art. 9 Arbeitskampf Nr. 41; BAG, 28.4.1982 AP KSchG 1969 § 2 Nr. 3; so auch die herrschende Auffassung der Lehre, siehe ASCHEID (§ 430 KschG), N 153; SCHIEK, S. 128.

[663] Die Lehre lehnt die Anwendung des Gleichbehandlungsgebots bei der Anstellung ab; bei der Wiedereinstellung nach ungerechtfertigter Kündigung oder Beförderung wird sie hingegen anerkannt. Siehe dazu SCHIEK, S. 128ff.

Dogmatisch wird der arbeitsrechtliche Gleichbehandlungsgrundsatz im Zivilrecht verankert. So wird versucht, eine Ungleichbehandlung im Arbeitsverhältnis als Verstoss gegen die Sitten (§ 138 BGB) einzuordnen oder die allgemeine Diskriminierungspflicht aus dem Grundsatz von Treu und Glauben (§ 242 BGB) oder dem Prinzip der Billigkeit (§ 315 BGB) abzuleiten[664]. Zwar wird der arbeitsrechtliche Gleichbehandlungsgrundsatz inhaltlich durch die verfassungsrechtlichen Diskriminierungsverbote geprägt[665], ein Grundrechtsbezug wird jedoch eher selten hergestellt[666].

Das BAG entnimmt dem arbeitsrechtlichen Gleichbehandlungsgebot sowohl ein Gleichbehandlungs- als auch ein Differenzierungsgebot[667]. Ein Arbeitgeber darf «Fälle» nicht «sachfremd oder willkürlich» ungleich behandeln[668]. Das Gleichbehandlungsgebot ist verletzt, «wenn sich ein vernünftiger, sich aus der Natur der Sache ergebender oder sonst wie einleuchtender Grund nicht finden lässt»[669]. Um festzustellen, ob die Ungleichbehandlung sachlich gerechtfertigt ist, wird lediglich überprüft, ob das Mittel zur Erreichung des Zieles geeignet war[670]. Anhand des arbeitsrechtlichen Gleichbehandlungsgebots – angewendet auf die einzelnen Diskriminierungsbereiche in der Arbeitswelt – wird vom Arbeitgeber verlangt (z.T. ist er dazu verpflichtet) im Fall von Ungleichbehandlungen (z.B. Begünstigungen) während des Arbeitsverhältnisses nach einem erkennbaren oder generalisierten Prinzip vorzugehen[671].

Die Verletzung des arbeitsrechtlichen Gleichbehandlungsgebots löst als Rechtsfolge einen Anspruch auf die verweigerte Leistung aus[672]. Um dies abzuwenden, muss der Arbeitgeber die Rechtmässigkeit einer Ungleichbehandlung beweisen oder die sachlichen Gründe angeben können, die eine Ungleichbehandlung rechtfertigen. Der Arbeitgeber trägt eine Darlegungs- und Beweislast[673].

Verhältnis zu den arbeitsrechtlichen Normen des AGG

Die Benachteiligungsverbote des AGG unterscheiden sich im Wesentlichen in zweifacher Hinsicht vom arbeitsrechtlichen Gleichbehandlungsgrundsatz: Die arbeitsrechtlichen AGG-Benachteiligungsverbote betreffen auch die arbeitsvertragliche Ungleichbehandlung, wohingegen sich der arbeitsrechtliche Gleichbehandlungs-

---

664 SCHIEK, S. 119ff.
665 BAG, 15.11.1994, DB 1995, 580; BAG, 3.12.1997, AP Nr. 149 zu Art. 3 GG, Bl. 2.
666 BAG, 15.11.1994, DB 1995, 580; BVerfG, 27.11.1992, AP Nr. 5a zu § 1 BetrAVG Gleichbehandlung.
667 BAG, 8.4.1986, AP Nr. 78 zu § 242 BGB Gleichbehandlung; BAG, 27.7.1988, AP Nr. 83 zu § 242 BGB Gleichbehandlung. Das Bundesverfassungsgericht ist in seiner Rechtsprechung uneinheitlich: BVerfG, 14.4.1959, BVerfG, 9, 237 (244) (ablehnend), BVerfG, 28.1.87, BVerfG, 74, 163 (179) (befürwortend).
668 BAG, 31.3.1982, AP Nr. 64 zu §§ 22, 23 BAT.
669 BAG, 27.7.1988, AP Nr. 83 zu § 242 BGB Gleichbehandlung.
670 BAG, 19.8.1992, AP Nr. 102 zu § 242 BGB Gleichbehandlung; siehe SCHIEK, S. 124ff.
671 BAG, 19.8.1992, AP Nr. 102 zu § 242 BGB Gleichbehandlung; BAG, 25.4. 1959, AP Nr. 15 zu § 242 Gleichbehandlung.
672 BAG, 25.11.1993, AP Nr. 114 zu § 242 BGB Gleichbehandlung.
673 Anstatt vieler siehe BAG, 19.8.1992, AP Nr. 102 zu § 242 BGB Gleichbehandlung.

grundsatz «nur» auf den Entscheidungsbereich des Arbeitgebers auswirkt. Das AGG ist auf bestimmte Benachteiligungskriterien beschränkt, während der arbeitsrechtliche Gleichbehandlungsgrundsatz diesbezüglich keine Einschränkungen kennt.

Persönlichkeitsschutz

Schutz vor Diskriminierung aufgrund der HIV-Diagnose gewährt auch der arbeitsrechtliche Persönlichkeitsschutz. Nach § 75 Abs. 2 BetrVG haben die Arbeitgeberin und der Betriebsrat «die freie Entfaltung der Persönlichkeit der im Betrieb beschäftigten Arbeitnehmer zu schützen und zu fördern.» Inhalte der Schutzpflicht werden nach dem Grundsatz von Treu und Glauben (§ 242 BGB) bestimmt. Der Arbeitgeber hat die Persönlichkeit der Arbeitnehmerin nicht nur zu respektieren, sondern auch zu schützen, d.h., er ist zu positivem Handeln verpflichtet. Bei Missachtung dieser Schutzpflicht kann die Arbeitnehmerin je nach Umständen die Arbeitsleistung verweigern[674]. Das Persönlichkeitsrecht des Arbeitnehmers begrenzt zudem das Weisungsrecht des Arbeitgebers, die Informationsbeschaffung und Verarbeitung (Datenschutz, Offenbarungspflicht, Fragerecht) sowie die Erhebung und Weitergabe von ärztlichen Befunden[675].

Bei drohender Verletzung der Persönlichkeit kann der betroffene Arbeitnehmer auf Unterlassung und bei Nichterfüllung der Schutzpflichten durch den Arbeitgeber auf Erfüllung nach § 611 BGV i.V.m. 242 BGB klagen. Die Rechtsprechung ist verpflichtet, privatrechtliche Regelungen, welche die Persönlichkeit des Arbeitnehmers berühren, im Sinne von Art. 2 Abs. 1 und Art. 1 Abs. 1 GG auszulegen[676]. Bei Interessenskollision ist im Einzelfall auf das Verhältnismässigkeitsprinzip zurückzugreifen[677]. Die Rechtsfolge bei schuldhaftem Verhalten des Arbeitgebers ist ein Schadenersatzanspruch. Ungeachtet der Regelung in § 253 BGB sieht das Bundesarbeitsgericht (BAG) bei schweren Persönlichkeitsverletzungen im Arbeitsverhältnis ein Schmerzensgeld (Genugtuung) vor[678].

---

674 Dies gilt nicht bei geringfügigen Persönlichkeitsverletzungen; die Einzelfallabwägung erfolgt aufgrund des Grundsatzes der Verhältnismässigkeit, siehe BAG, 7.6.1973, AP BGB § 615 Nr. 28.
675 DIETRICH (Art. 2 GG), N 80ff.
676 BVerfG, 15.1.1958 E. 7, 198, 206 – Lüth = NJW 1958, 257; BVerfG, 14.2.1973 E. 34, 269, 280 – Soraya = AP Art. 2 Nr. 21.
677 BAG, 4.4.1990, AP BGB § 611 Persönlichkeitsrecht Nr. 21 mwN.
678 Das BAG wendet hier die Rechtsgrundsätze an, die vom BGH entwickelt wurden. Der BGH vertritt die Auffassung, dass wirksame Sanktionen gegen schwerer Persönlichkeitsverletzungen eine «billige Entschädigung in Geld» notwendig machen, um die Respektierung der Würde des einzelnen Menschen zu sichern, vgl. BGH, 5.12.1995, NJW 1996, 984ff.

5.4.5 Verfahrensrechtliche Aspekte des Diskriminierungsschutzes

Beweislast

Soweit keine ausdrückliche Regelung die Beweislastverteilung regelt, greift die allgemeine Grundregel der Beweislastverteilung. Sie besagt, dass die rechtsbegründenden Tatbestandsmerkmale vom Anspruchsteller und die rechtshindernden vom Anspruchsgegner bewiesen werden müssen[679]. Das Deutsche Recht kennt eine subjektive und objektive Beweislast. Bei der subjektiven Beweislast obliegt es einer zu Beginn des Prozesses bestimmten Partei, konkrete Beweismittel für die behaupteten Tatbestandsmerkmale zu nennen. Bleiben die Tatsachenbehauptungen unklar, so entscheidet der Richter (= objektive Beweislast), zu wessen Nachteil entschieden wird[680].

Seit Inkrafttreten des AGG gilt nun, dass die klagende Partei Indizien zu beweisen hat. Hat die klagende Partei mit Indizien den Beweis der Benachteiligung erbracht, so muss die andere Partei das Gegenteil beweisen, d.h., dass kein Verstoss gegen das Benachteiligungsverbot vorgelegen hat. Wie dargestellt, erfüllen die AGG-Beweisregeln die Erfordernisse der RL 2000/78/EG nicht, wonach die Glaubhaftmachung einer Diskriminierung genügen soll.

Ausdrückliche Regelungen zur Verteilung der Beweislast im Arbeitsrecht findet man auch im Bereich des Kündigungsrechts, und zwar in § 1 Abs. 2 Satz 4 (Beweislastumkehr) und § 1 Abs. 3 Satz 3 KSchG. Im Fall einer geschlechtsbezogenen Benachteiligung trägt nach § 611a Abs. 1 BGB der Arbeitgeber die Beweislast, wenn die Arbeitnehmerin die behaupteten Tatsachen glaubhaft macht, die eine geschlechtsbezogene Benachteiligung vermuten lassen.

Zuständigkeiten im Urteilsverfahren

Gemäss § 2 des Arbeitsgerichtsgesetzes[681] ist das Arbeitsgericht sowohl für Rechtsstreitigkeiten zwischen Arbeitnehmerin und Arbeitgeber aus dem Arbeitsverhältnis als auch «aus Verhandlungen über die Eingehung eines Arbeitsverhältnisses» und dessen Nachwirkungen zuständig. Daraus folgt, dass das Arbeitsgericht im Fall einer Anstellungsdiskriminierung angerufen werden kann; dies gilt sowohl aufgrund des AGG (§ 2) als auch SGB IX, die gesetzliche Regelungen zum Diskriminierungsschutz im Bewerbungsverfahren vorsehen.

---

679 PRÜTTING, S. 109, mit Verweis auf den gestrichenen § 193 des 1. Entwurfes zum BGB von 1888.
680 PRÜTTING, S. 107.
681 Arbeitsgerichtsgesetz (ArbGG) vom 2. Juli 1979 (BGBl I 1953, 1267).

5.5 Schutz vor HIV/Aids-Diskriminierung im Bewerbungsverfahren

5.5.1 Fragerecht und Offenbarungspflicht

Sowohl dem Arbeitgeber als auch dem Arbeitnehmer erwachsen während des Anstellungsverfahrens wechselseitige Schutzpflichten. Sie sind verpflichtet, alle im Zusammenhang mit der Bewerbung erfahrenen Informationen geheim zu halten. Der Arbeitgeber hat das Recht, im persönlichen Gespräch oder mittels Fragebogen nach bestimmten für ihn relevanten Tatsachen zu fragen[682]. Das Fragerecht ist nicht uneingeschränkt. Der Arbeitgeber darf nur Fragen stellen, die im Zusammenhang mit dem Arbeitsverhältnis stehen und wo ein berechtigtes, billigenswertes und schutzwürdiges Interesse an der Beantwortung besteht[683]. Der Schutz der Persönlichkeit und der Individualsphäre des Bewerbers geht dem Interesse des Arbeitgebers vor, sich umfassend über den Bewerber zu informieren[684].

Der Bewerber hat das Recht, wahrheitswidrig auf unzulässige Fragen zu antworten. Das «Recht auf Lüge» gilt ebenfalls, wenn für den Bewerber die Zulässigkeit der Frage, weil sie allgemein oder unklar gestellt wurde, nicht erkennbar ist[685]. Die Frage nach einer Behinderung[686] oder chronischen Krankheit ist zulässig, soweit die bestehende Behinderung/Krankheit im Zusammenhang mit der auszuübenden Arbeit steht resp. die Arbeitsfähigkeit beeinträchtigt[687]. Im Falle einer ärztlichen Untersuchung darf der zuständige Arzt aufgrund der ärztlichen Schweigepflicht über die Eignung für die zu erbringende Arbeitsleistung, nicht aber über die Diagnose informieren.

Die Frage nach einer HIV-Infektion ist unzulässig, da die Krankheit bei alltäglichen Arbeiten nicht ansteckend ist. Auch die künftige Arbeitsfähigkeit als Risikofaktor berechtigt nicht zur Frage[688]. Die Frage nach einer HIV-Infektion für eine Arbeitstätigkeit, bei der Blut und andere Körperflüssigkeiten des Arbeitnehmers in Kontakt mit anderen Mitarbeitern des Betriebs oder auch Dritten kommt, ist umstritten[689]. Gerichtliche Entscheidungen dazu gibt es nicht. Im Abschlussbericht vom 31.05.1990 lehnt die AIDS-Enquetekommission des Deutschen Bundestages die Frage des Arbeitgebers nach einer HIV-Infektion im Zusammenhang mit ärztlichen Tätigkeiten, in

---

682 SENNE, S. 21ff.
683 BAG, 11.11.1993, EzA § 123 BGB Nr. 40.
684 BAG, 5.10.1995, EzA § 123 Nr. 41.
685 BAG, 13.6.2002, AP KSchG 1969 § 1 Nr. 69.
686 Für die Definition der Behinderung, siehe SGB IX.
687 BAG, 07.06.1984, EzA § 123 BGB Nr. 24.
688 Lesben- und Schwulenverband, Rechtliche Probleme von HIV-Infizierten und AIDS-Kranken, Quelle: *http://www.typo3.lsvd.de/573.0.html#3097* (08.08.06).
689 Bejaht wird das Fragerecht von LEPKE, S. 90, (Lepke ist Vorsitzender Richter am Landesarbeitsgericht a.D.) Abgelehnd Votum 2 des Nationalen Aids-Beirates, siehe Teil 4, 5.1.2; siehe Lesben- und Schwulenverband, Rechtliche Probleme von HIV-Infizierten und AIDS-Kranken, Quelle: *http://www.typo3.lsvd.de/573.0.html#3097* (08.08.06).

der Pflege, bei Küchenpersonal oder bei Arbeitnehmerinnen, die mit der Herstellung von Lebensmitteln betraut sind, ab. Sie verweist dabei auf die heutigen Erkenntnisse, dass die HIV-Infektion die Eignung des Bewerbers nicht einschränkt und dass mit der Einhaltung der üblichen und vorgeschriebenen Sicherheits- und Hygieneregeln kein Risiko der Infektionsübertragung besteht[690].

Gemäss deutscher Lehre ist die Frage nach Aids im so genannten Vollstadium der Krankheit zulässig[691] und muss entsprechend richtig beantwortet werden. Bei den Vorstadien von Aids (Lymphadenopathie Syndrom – LAS – und Aids-related-Complex – ARC) ist die Frage nach der Krankheit nur dann wahrheitsgetreu zu beantworten, wenn mit der Krankheit ein Leistungsabfall verbunden ist und die Eignung der Bewerberin für die vorgesehene Tätigkeit in Frage gestellt ist[692].

Die Zulässigkeit von einzelnen Fragen soll nachfolgend in tabellarischer Form dargestellt werden:

Tabelle 19: Zulässigkeit der Frage nach HIV/Aids
Quelle: Fragerecht des Arbeitgebers bei der Anstellung, Berliner Aids-Hilfe e.V.

Gesundheitszustand	Zulässigkeit der Frage
HIV-Infektion	Nein
HIV/Aids-Testergebnis	Nein
Krankheiten	Nur bezüglich konkreter Gesundheitsbeeinträchtigung und konkreter Arbeitsstelle
Aids	Ja
Schwerbehinderteneigenschaften	Ja
Behinderung	Nur, wenn sie die Eignung für die vorgesehene Tätigkeit beeinträchtigt
Einnahme von Medikamenten	Nur, wenn sie die Eignung für die vorgesehene Tätigkeit beeinträchtigt

Diese Handhabung ist im Lichte der therapeutischen Fortschritte in Frage zu stellen. Die Diagnose «Aids» ist nicht notwendigerweise mit einer erhöhten Wahrscheinlichkeit der Arbeitsunfähigkeit verbunden, gut behandelte Patienten mit Aids können durchaus auch auf lange oder längere Sicht voll arbeitsfähig sein.

5.5.2 Ärztliche Untersuchung

Das Persönlichkeitsrecht ist durch die Bearbeitung von Gesundheitsdaten berührt. (Vertrauens)ärztliche Untersuchungen dürfen nur mit Einwilligung der Arbeitneh-

---
690 Abschlussbericht der AIDS-Enquetekommission des Deutschen Bundestages vom 31.05.1990, Bundestags-Drucksache 11/7200, S. 547.
691 SENNE, S. 25ff.
692 Lesben- und Schwulenverband, Rechtliche Probleme von HIV-Infizierten und AIDS-Kranken, Quelle: *http://www.typo3.lsvd.de/573.0.html#3097* (08.08.06).

merin durchgeführt werden. Die Einwilligung ist nur rechtswirksam, wenn sich die Untersuchung auf die Feststellung der Eignung für die vertraglich vereinbarte Arbeitsleistung beschränkt. Der Arbeitnehmer kann die Einwilligung verweigern, wenn seitens des Arbeitgebers kein berechtigtes Interesse besteht[693].

5.5.3 Selektionsentscheid

Durch das AGG ist der privatrechtliche Arbeitgeber in seinem privatautonomen Selektionsentscheid eingeschränkt. Sofern und soweit die HIV-Infektion unter den Diskriminierungsbegriff «Behinderung» im Sinne des AGG fällt, bildet der HIV-Status nur dann ein zulässiges Auswahlkriterium, wenn ein negativer HIV-Status eine «entscheidende berufliche Anforderung» für eine konkrete Tätigkeit bildet. Wie ausgeführt, trifft dies auch auf medizinische Tätigkeiten nicht zu. Anders zu entscheiden ist nur dann, wenn eine Stellenbewerberin aufgrund ihrer HIV-Infektion für die konkret zu besetzende Stelle arbeitsmedizinisch nicht geeignet ist.

5.6 Schutz vor HIV/Aids-bedingter Kündigung

5.6.1 Kündigungsschutzgesetz

Verhältnis zum AGG

Wie bereits erwähnt, sieht das AGG vor, dass für diskriminierende Kündigungen allein das Kündigungsschutzgesetz[694] (KSchG) anwendbar sein soll. Diese Regelung ist allerdings hinsichtlich ihrer Europarechtskonformität umstritten[695].

Sozial gerechtfertigte und ungerechtfertigte Kündigungen

Gemäss KSchG ist eine Kündigung rechtsunwirksam, wenn sie sozial ungerechtfertigt ist. Eine Kündigung ist im Sinne von § 1 (2) KSchG gerechtfertigt, wenn die Gründe der Kündigung in der Person, im Verhalten des Arbeitnehmers oder am Betrieb liegen. Das Gesetz nennt die Gründe nicht, die eine personenbezogene Kündigung rechtfertigen. Ein legitimer Kündigungsgrund liegt jedoch vor, wenn die betroffene Arbeitnehmerin nicht fähig oder geeignet ist, die geschuldete Arbeitsleistung ganz oder teilweise zu erbringen[696] (z.B. wegen Krankheit[697]). Die Arbeitsunfähigkeit muss sich zudem negativ auf den Betrieb auswirken[698].

---

693 Dietrich (Art. 2 GG), N 93. Siehe BVerfG, 24.6.1993 E. 89, 69, 82f. = NJW 1993, 2365.
694 Kündigungsschutzgesetz, BGBl I 1951, 499, 10. August 1951.
695 Siehe vorne Teil 4, 5.4.2.
696 BAG, 20.05.1988, AP Nr. 9 zu § 1 KSchG 1969, Personenbedingte Kündigung.
697 Lang, S. 111ff.
698 BAG, 20.07.1989, AP Nr. 2 zu § 1 KSchG 1969, Sicherheitsbedenken.

Eine Kündigung ist sozial ungerechtfertigt, wenn sie im privaten Arbeitsverhältnis gegen eine Richtlinie über die personelle Auswahl bei Kündigungen nach § 95 des Betriebsverfassungsgesetzes (§ 1 Abs. 2 Ziff. 1 KSchG) und im öffentlichen Bereich gegen Richtlinien über die personelle Auswahl bei Kündigungen (§ 1 Abs. 2 Ziff. 2 KSchG) verstösst. Wie bereits festgestellt, gilt im Rahmen des Betriebsverfassungsgesetzes, dass Arbeitgeber und Betriebsrat alle im Betrieb tätigen Personen nach den Grundsätzen von Recht und Billigkeit behandeln und sie in ihrer freien Entfaltung der Persönlichkeit zu schützen und zu fördern haben. Eine Kündigung unter Anknüpfung an Persönlichkeitsmerkmale kann zudem als sittenwidrig im Sinne von § 138 Abs. 1 BGB mit Kündigungsschutzklage angefochten werden.

Rechtsmittel und Rechtsfolgen

Ist der Arbeitnehmer der Auffassung, dass die Kündigung sozial ungerechtfertigt ist, kann er entweder Einspruch beim Betriebsrat einlegen, der versuchen wird, zwischen Arbeitnehmerin und Arbeitgeber zu vermitteln, oder innerhalb von drei Wochen beim Arbeitsgericht auf Feststellung der Unwirksamkeit der Kündigung klagen. Stellt der Betriebsrat fest, dass die Kündigung ungerechtfertigt ist, wird er versuchen, zwischen dem Arbeitgeber und Arbeitnehmer zu vermitteln. In einem Gerichtsverfahren wird die soziale Rechtfertigung einer Kündigung aufgrund des Prognoseprinzips, des *ultima-ratio*-Prinzips und des Prinzips der Interessenabwägung festgestellt. Nach dem Prognoseprinzip muss zur Zeit der Kündigung in objektiver Weise eine zukünftige Beeinträchtigung des Arbeitsverhältnisses erkennbar sein[699], dem Arbeitgeber darf kein milderes Mittel als die Kündigung zur Verfügung stehen (*ultima-ratio*-Prinzip)[700], und es ist umfassend zwischen den Interessen der Arbeitnehmerin und denjenigen des Arbeitgebers abzuwägen (Interessenabwägung)[701]. Der Arbeitgeber trägt die Beweislast; er hat das Vorliegen der zulässigen Kündigungsgründe anhand konkreter Tatsachen zu beweisen[702].

Als Rechtsfolge einer sozial ungerechtfertigten Kündigung sind die Aufrechterhaltung des Arbeitsverhältnisses oder eine Ausgleichszahlung vorgesehen. Die Frage, ob eine Weiterführung des Arbeitsverhältnisses praktikabel ist, wird bei der Interessensabwägung mitberücksichtigt[703]. Ist dem Arbeitnehmer eine Fortsetzung des Arbeitsverhältnisses nicht zuzumuten, so wird das Gericht das Arbeitsverhältnis auflösen und den Arbeitgeber zur Zahlung einer angemessenen Abfindung verurteilen (§ 9 KSchG). Gemäss § 10 KSchG kann das Gericht eine Abfindung von bis zu zwölf Monatsverdiensten festlegen. In der Praxis läuft es meistens auf einen Vergleich mit Abfindung hinaus;

---

699 BAG, 15.08.1984, AP Nr. 16 zu § 1 KSchG 1969, Krankheit.
700 BAG, 30.05.1978, AP Nr. 70 zu § 626 BGB.
701 BAG, 25.11.1982, EzA § 1 KSchG, Krankheit Nr. 10. Siehe dazu Lang, S. 119ff.
702 BAG, 02.11.1983, EzA § 1 KSchG Krankheit Nr. 13.
703 Lang, S. 245.

eine Weiterbeschäftigung ist eher selten. Das Kündigungsschutzgesetz ist gemäss § 23 KSchG auf Betriebe und Verwaltungen des privaten und öffentlichen Rechts anwendbar; Kleinbetriebe bis zu zehn Angestellten sind vom Anwendungsbereich ausgeschlossen.

Bedeutung des Kündigungsschutzgesetzes bei HIV/Aids

Im Fall von HIV/Aids kommen die in der Literatur und Rechtsprechung entwickelten Grundsätze bei Krankheiten zur Anwendung. Bei einer HIV/Aids-bedingten Entlassung handelt es sich somit wie bei jeder anderen krankheitsbedingten Entlassung um eine personenbezogene Kündigung, insbesondere wenn die Kündigung wegen krankheitsbedingter Fehlzeiten ausgesprochen wird[704]. Soweit eine Arbeitnehmerin mit HIV/Aids die arbeitsvertraglichen Pflichten jedoch erfüllt, darf der Arbeitgeber sie nicht entlassen[705].

Eine Kündigung ausschliesslich aufgrund des Status HIV-Positiv stellt einen Verstoss gegen das Recht der Persönlichkeit dar (§ 75 Abs. 2 BetrVG) und ist sittenwidrig im Sinne von § 138 Abs.1 BGB.

5.6.2 Druckkündigung

Die Androhung betrieblicher Nachteile durch Mitarbeiter oder Dritte (z.B. Kunden), wenn der Arbeitgeber einen HIV/Aids-infizierten Arbeitnehmer nicht entlasse, rechtfertigt eine Kündigung nicht[706]. An die Rechtfertigung einer Druckkündigung sind besonders strenge Anforderungen zu stellen[707]. Der Arbeitgeber hat zu überprüfen, ob das Verlangen der Mitarbeiter oder Dritter objektiv begründet und betrieblich unausweichlich ist[708]. Der von Mitarbeitern oder Dritten ausgeübte Druck wird somit nur als Kündigungsgrund anerkannt, wenn der Arbeitgeber dadurch wirtschaftlich schwer geschädigt wird[709]. Hat der Arbeitgeber die unzumutbare Situation jedoch selbst verursacht, indem er z.B. die Mitarbeiter über die HIV-Infektion informierte, so ist die Druckkündigung rechtlich unwirksam[710].

---

704 LEPKE, S. 89, der in einer HIV/Aids-bedingten Kündigung keine Verletzung des Diskriminierungsverbots nach Art. 3 Abs. 3 GG sieht, und zwar mit der Begründung, dass Krankheit nicht als verpöntes Persönlichkeitsmerkmal im Katalog von Art. 3 Abs. 3 GG aufgelistet ist; vgl. derselbe, S. 93.
705 LEPKE, S. 91.
706 LEPKE, S. 92.
707 BAG, 19.6.1986, DB 1986, 2499.
708 BAG, 18.9.1975, AP Nr. 10 zu § 626 BGB Druckkündigung; BAG, 4.10.1990, NZA 1991, 468.
709 Siehe LEPKE, S. 92.
710 BAG, 26.1.1962, DB 1962, 744 = 1962 Druckkündigung.

5.6.3 Schutz vor HIV/Aids-bedingter Diskriminierung nach Beendigung des Arbeitsverhältnisses

Der potenzielle Arbeitgeber kann auch ohne Einwilligung der Bewerberin Auskunft beim bisherigen Arbeitgeber einholen[711]. Die Auskunftspflicht des bisherigen Arbeitgebers und das Fragerecht des potenziellen Arbeitgebers dürfen nur Informationen über die Leistung und das Verhalten des Arbeitnehmers umfassen[712].

5.7 Schutz für HIV-positive Arbeitnehmende durch Gesetzgebung für Behinderte

5.7.1 Behinderungsbegriff im Sozialgesetzbuch IX

Im Sozialgesetzbuch (SGB) Neuntes Buch (IX) wurden das Recht auf Rehabilitation und Teilhabe behinderter Menschen sowie das Schwerbehindertenrecht[713] zusammengefasst. Der Neuerung vom 1. Juli 2001 im SGB IX liegt die Idee der Teilhabe anstelle der Fürsorge zugrunde[714].

Im Sinne von § 2 Abs. 1 SGB IX sind Menschen behindert, wenn ihre körperliche Funktion, geistige Fähigkeit oder seelische Gesundheit «mit hoher Wahrscheinlichkeit länger als sechs Monate von dem für das Lebensalter typischen Zustand abweichen und daher ihre Teilnahme am Leben in der Gesellschaft beeinträchtigt ist».

Die Auswirkungen (Funktionseinschränkungen) auf die Teilhabe am Leben in der Gesellschaft werden als Grad der Behinderung (GdB) nach Zehnergraden abgestuft festgestellt. Aus medizinischer Sicht erfolgt die Feststellung und Bewertung des Ausmasses der Funktionseinschränkungen anhand der Publikation «Anhaltspunkte für die ärztliche Gutachtertätigkeit» (AHP)[715].

Die Anhaltspunkte (AHP) enthalten auch Kriterien zur Beurteilung einer HIV-Infektion:

---

711 BAG, vom 18.12.1984, EzA § 611 BGB Persönlichkeitsrecht Nr. 2.
712 SENNE, S. 29.
713 Das Gesetz zur Sicherung der Eingliederung Schwerbehinderter in Arbeit, Beruf und Gesellschaft stammt aus dem Jahre 1974, BGBl. I, S. 1005.
714 BUNDESMINISTERIUM FÜR ARBEIT UND SOZIALES (Rehabilitation und Teilhabe).
715 BUNDESMINISTERIUM FÜR ARBEIT UND SOZIALES (Anhaltspunkte), Teil C Begutachtung im sozialen Entschädigungsrecht, Teil B Begutachtungen nach Teil 2 SGB IX (Schwerbehindertenrecht) und Teil C Begutachtungen im sozialen Entschädigungsrecht.

Tabelle 20: Grad der Behinderung (GdB) bei HIV/Aids
Quelle: Bundesministerium für Arbeit und Soziales, Anhaltspunkte für die ärztliche Gutachtertätigkeit

HIV-Infektion	Anhaltspunkte (AHP)
HIV-Infektion ohne klinische Symptomatik	10
HIV-Infektion mit klinischer Symptomatik:	
geringe Leistungsbeeinträchtigung (z.B. bei Lymphadenopathiesyndrom)	30–40
stärkere Leistungsbeeinträchtigung (z.B. bei Aids-related complex)	
schwere Leistungsbeeinträchtigung (Aids-Vollbild)	50–80
	100
Aussergewöhnliche seelische Begleiterscheinungen sind ggf. zusätzlich zu berücksichtigen	

Nach § 2 Abs. 2 SGB IX sind Menschen schwer behindert, wenn ein Grad der Behinderung (GdB) von mehr als 50 vorliegt und wenn sie ihren Wohnsitz, ihren gewöhnlichen Aufenthalt oder ihre Beschäftigung auf einem Arbeitsplatz im Sinne des § 73 rechtmäßig im Geltungsbereich dieses Gesetzbuches haben. Schwerbehinderten Menschen gleichgestellt sind nach § 2 Abs. 3 SGB IX behinderte Menschen mit einem Grad der Behinderung von weniger als 50, aber wenigstens 30, bei denen die übrigen Voraussetzungen des Absatzes 2 vorliegen, wenn sie infolge ihrer Behinderung ohne die Gleichstellung einen geeigneten Arbeitsplatz im Sinne des § 73 nicht erlangen oder nicht behalten können.

Damit ist ersichtlich, dass HIV-infizierte Personen mit über 50 AHP als «schwer behindert» und solche mit AHP zwischen 30 und 50 AHP als «schwerbehinderten Menschen gleichstellt» gelten.

Wie im Abschnitt über das AGG erwähnt, enthält dieses einen eigenständigen Behinderungsbegriff, der gemäss der EuGH-Entscheidung in der Rechtssache *Navas* europarechtskonform ausgelegt werden muss[716]. Daraus lässt sich der Schluss ziehen, dass allen behinderten Personen zumindest Anspruch auf das Schutzniveau nach RL 2000/78/EG haben. Eine landesrechtliche Differenzierung zwischen «Schwerbehinderten» und «Behinderten, die Schwerbehinderten gleichgestellt sind» einerseits und allen übrigen Behinderten ist nur ausserhalb des Schutzrahmens der RL 2000/78/EG zulässig[717].

5.7.2 Arbeitsrechtlicher Schutz für Schwerbehinderte

Benachteiligungsverbot

Teil 2 SGB IX enthält besondere Regeln zur Teilhabe von Menschen mit Behinderung im Arbeitsleben. Zum geschützten Personenkreis gehören nach § 68 Abs. 1 schwer

---

716 Zur Rechtssache Navas siehe Teil 4, 2.3.2.
717 So im Ergebnis auch FUCHS, S. 380.

behinderte und diesen gleichgestellten behinderte Menschen[718]. § 81 Abs. 2 SGB IX enthält ein ausdrückliches Verbot der Benachteiligung von Menschen mit einer schweren Behinderung (und solchen, die schwer behinderten Arbeitnehmenden gleichgestellt sind) in der Arbeitswelt. Für die daraus entstehenden Pflichten wird neu auf die Regelungen des AGG verwiesen. Ein schwer behinderter Arbeitnehmer darf wegen seiner Behinderung insbesondere nicht in Bezug auf den Zugang zur Erwerbstätigkeit inklusiv Auswahlkriterien und Einstellungsbedingungen, die Beschäftigungs- und Arbeitsbedingungen, beim beruflichen Aufstieg oder einer Kündigung benachteiligt werden (§ 2 AGG). Eine Ungleichbehandlung verstösst jedoch nicht gegen das Verbot, wenn der Beruf eine wesentliche und entscheidende Tätigkeit erfordert, die von der betroffenen Person wegen ihrer Behinderung nicht erbracht werden kann. Die beruflichen Anforderungen müssen angemessen sein (§ 8 AGG).

Die Arbeitgeber sind gemäss § 81 SGB IX verpflichtet zu prüfen, ob freie Arbeitsplätze mit schwer behinderten Menschen besetzt werden können. Bei Bewerbungen von schwer behinderten Menschen oder Vermittlungsvorschlägen von Agenturen für Arbeit hat der Arbeitgeber frühzeitig die Schwerbehindertenvertretung zu informieren. Die Arbeitgeber, die schwer behinderte Menschen beschäftigen, können zeitlich befristet einen Eingliederungszuschuss von bis zu 70 % des Lohnes inklusiv Sozialversicherungsbeiträge erhalten[719].

Im Streitfall gelten die Regelungen zur Beweislastverteilung gemäss § 22 AGG[720]. Hat der Arbeitgeber gegen das Benachteiligungsverbot verstossen, so muss der Arbeitgeber für den Schaden aufkommen. Auch für einen Schaden, der nicht Vermögensschaden ist, kann der benachteiligte schwer behinderte Bewerber eine angemessene Entschädigung verlangen (§ 15 AGG). Gemäss § 15 Abs. 6 AGG löst ein Verstoss gegen das Benachteiligungsverbot alleine keinen Anspruch auf Begründung eines Arbeitsverhältnisses oder einen beruflichen Aufstieg aus[721].

Integrationsvereinbarung

Die Arbeitgeber sind gemäss § 83 SGB IX verpflichtet, mit der Schwerbehindertenvertretung und den in § 93 SGB IX genannten betrieblichen Interessenvertretungen eine verbindliche Integrationsvereinbarung auszuhandeln. Man hat sich auf konkrete Massnahmen zur Eingliederung schwer behinderter Menschen in die Betriebe zu einigen.

---

718 § 68 Abs. 2 SGB IX hält fest, dass die Gleichstellung behinderter Menschen mit schwerbehinderten Menschen auf Grund einer Feststellung nach § 69 auf Antrag des behinderten Menschen durch die Bundesagentur für Arbeit erfolgt. Die Gleichstellung wird mit dem Tag des Eingangs des Antrags wirksam und sie kann befristet werden.
719 BUNDESMINISTERIUM FÜR ARBEIT UND SOZIALES (Rehabilitation und Teilhabe).
720 Siehe dazu Teil 4, 5.4.2.
721 Vor Inkrafttreten des AGG war in (ex)§ 81 Abs. 2 Ziff. 2 SGV IX ausdrücklich geregelt, dass kein Anspruch auf Begründung eines Arbeitsverhältnisses gewährleistet wird.

Nach § 83 Abs. 2a SGB IX kann die Besetzung freier Stellen durch schwer behinderte Menschen, eine Beschäftigungsquote, Teilzeitarbeit, die Durchführung der betrieblichen Prävention und Gesundheitsförderung usw. geregelt werden.

Gemäss einer Erhebung des Deutschen Gewerkschaftsbundes vereinbaren grosse Unternehmen und Konzerne sehr detaillierte Regelungen, die über die gesetzlichen Mindestanforderungen hinausgehen[722]. Auch im öffentlichen Bereich werden zunehmend Integrationsvereinbarungen abgeschlossen. Seit 2004 existiert eine neue Rahmenintegrationsvereinbarung für das Bundesministerium für Gesundheit und Soziales[723].

Besonderer Kündigungsschutz

Gemäss § 85 bedarf die Aufhebung des Arbeitsverhältnisses mit einer schwer behinderten Arbeitnehmerin durch den Arbeitgeber der vorherigen Zustimmung des Integrationsamtes. Nach schriftlicher Anfrage des Arbeitgebers beim Integrationsamt holt dieses bei den in § 93 SGB IX genannten betrieblichen Interessenvertretungen eine Stellungnahme ein und hört die schwer behinderte Arbeitnehmerin an. Erteilt das Integrationsamt die Zustimmung, so muss der Arbeitgeber die Kündigung innerhalb eines Monats seit der Zustimmung aussprechen. Die Kündigungsfrist muss mindestens vier Wochen betragen (§ 86 SGB IX). Im Falle einer ausserordentlichen Kündigung muss die Zustimmung innerhalb von zwei Wochen seit Kenntnisnahme der für die Kündigung massgebenden Tatsachen beantragt werden.

Befürchtungen, dass der besondere Kündigungsschutz zu einer Unkündbarkeit von Arbeitsverträgen mit schwer behinderten Menschen führt, haben sich laut Jahresbericht 2003/2004 der Bundesarbeitsgemeinschaft der Integrationsämter und Hauptfürsorgestellen nicht bestätigt und sind somit kein Grund, mit schwer behinderten Menschen ein Arbeitsverhältnis abzulehnen[724].

5.7.3 Verbandsklagerecht

Das SGB IX sieht in § 63 Abs. 1 ein Verbandsklagerecht vor. Anstelle von behinderten Menschen können die ihnen zustehenden Rechte von Verbänden, die nach ihrer Satzung behinderte Menschen auf Bundes- oder Landesebene vertreten, geltend gemacht

---

722 BERICHT DER BUNDESREGIERUNG, S. 103.
723 Unterricht durch die Bundesregierung, Bericht der Bundesregierung über die Lage behinderter Menschen und die Entwicklung ihrer Teilhabe, Deutscher Bundestag, 15. Wahlperiode, Drucksache 15/4575 vom 16.12.2004, Quelle: *http://www.bmas.bund.de/BMAS/Redaktion/Pdf/bericht-der-bundesregierung-ueber-die-lage-behinderter-menschen-und-die-entwicklung-ihrer-teilhabe2004,property=pdf,bereich=bmas,sprache=de,rwb=true.pdf#search=%22Rahmenintegrationsvereinbarung%20Bundesministerium%20f%C3%BCr%20Gesundheit%20und%20Soziales%22* (21.09.06).
724 BERICHT DER BUNDESREGIERUNG, S. 111.

werden. Somit können Aids-Hilfen, die auf Landesebene tätig sind, und die Deutsche Aids-Hilfe e.V. (DAH) anstelle von behinderten HIV-Infizierten oder Aids-Kranken klagen. Aids-Hilfen, deren Wirkungskreis sich auf Teile eines Bundeslandes (z.B. Stadt Berlin) beschränken, haben kein Verbandsklagerecht. Bei behinderten HIV-Infizierten resp. Aids-Kranken handelt es sich um HIV-Infizierte mit klinischer Symptomatik, wenn dadurch ihre Teilhabe am Leben in der Gesellschaft beeinträchtigt ist. Eine Anerkennung als «Schwerbehinderter» ist grundsätzlich nicht erforderlich[725], ausser für den arbeitsrechtlichen Teil des SGB IX, der die Rechte Schwerbehinderter beschreibt und damit auch das Verbandsklagerecht an die Schwerbehinderung koppelt.

5.7.4 Schutz durch das Gesetz zur Gleichstellung behinderter Menschen

Das Kernstück des im Mai 2002 in Kraft getretenen Behindertengleichstellungsgesetzes (BGG) ist die umfassende Barrierefreiheit. Damit wurde das Gebot in § 3 Abs. 3 Satz 2 GG «Niemand darf wegen seiner Behinderung benachteiligt werden» umgesetzt. Das Behindertengleichstellungsgesetz nimmt nicht direkt Einfluss auf das Arbeitsverhältnis in dem hier diskutierten Sinne. Um behinderten Menschen eine selbstbestimmte Lebensführung und eine gleiche Teilnahme an der Arbeitswelt zu ermöglichen, ist die Nutzung barrierefreier Verkehrsmittel, der barrierefreie Zugang zu Gebäuden, die Verständigung mittels Gebärden und der Gebrauch moderner Medien Voraussetzung. Nach § 7 Abs. 2 BGG liegt eine Benachteiligung nämlich dann vor, wenn «behinderte und nicht behinderte Menschen ohne zwingenden Grund unterschiedlich behandelt» und behinderte Menschen dadurch unmittelbar oder mittelbar in der Gesellschaft beeinträchtigt werden.

Mit dem Instrument der Zielvereinbarung in § 5 BGG soll ein grundsätzlicher Wandel in der Einstellung gegenüber Behinderten in Unternehmen oder Unternehmensverbänden stattfinden. Die Zielvereinbarungen werden von anerkannten Verbänden[726] mit Vertretern von Unternehmen ausgehandelt und dienen dort der Herstellung von Barrierefreiheit, wo gesetzliche Regelungen fehlen oder gesetzlich nicht angemessen geregelt werden kann[727].

Verbänden, die nach ähnlichen Kriterien im Sinne von § 13 Abs. 3 BGG vom Bundesministerium für Arbeit und Soziales anerkannt sind, steht die Verbandsklage offen. Sie können mit Einverständnis der betroffenen Person, die Verletzung von im BGG gewährten Rechten geltend machen[728]. Kann ein Mensch mit Behinderung seine Rechte

---

725 Siehe Teil 4, 5.7.1.
726 Die Kriterien zur Erteilung der Anerkennung sind in § 13 Abs. 3 BGG aufgelistet; erteilt wird sie vom Bundesministerium für Gesundheit und Soziale Sicherung.
727 BUNDESAMT FÜR ARBEIT UND SOZIALES (Gleichstellung).
728 BUNDESAMT FÜR ARBEIT UND SOZIALES (Glcichstellung).

selbständig geltend machen, so kann die Verbandsklage nur erhoben werden, wenn der Verband nachweist, dass es sich um einen Fall von allgemeiner Bedeutung handelt.

Schliesslich erhielt der seit 1980 eingesetzte Beauftragte der Bundesregierung für die Belange behinderter Menschen mit dem BGG eine gesetzliche Grundlage. Die Bundesbehörden sind nach § 15 Abs. 3 BGG verpflichtet, ihn in der Erfüllung seiner Aufgaben zu unterstützen, insbesondere die erforderlichen Auskünfte zu erteilen und Akteneinsicht zu gewähren.

Für eine gleichberechtigte Teilnahme in der Arbeitswelt ist die Barrierefreiheit für Menschen mit HIV/Aids ebenfalls von Bedeutung. Je nach Krankheitsverlauf und Gesundheitszustand ist es wichtig, dass der Arbeitsplatz so ausgestaltet ist (z.B. Einrichten eines Ruheraums), dass Menschen mit HIV/Aids trotz Gesundheitsstörungen ihre Arbeit leisten können.

5.8 Diskriminierungsschutz im Zusammenhang mit krankheitsbedingter Arbeits- und Erwerbsunfähigkeit

5.8.1 Entgeltfortzahlung und gesetzliche Krankenversicherung

Für die erste Phase der krankheitsbedingten Arbeitsunfähigkeit schuldet die Arbeitgeberin nach dem Entgeltfortzahlungsgesetz[729] (EFZG) den Lohn bei krankheitsbedingter Arbeitsunfähigkeit bis zu einer Dauer von sechs Wochen. Gemäss § 3 Abs. 3 EFZG entsteht der Anspruch nach vierwöchiger ununterbrochener Dauer des Arbeitsverhältnisses. Wird die wiederkehrende Arbeitsunfähigkeit von derselben Krankheit ausgelöst, so besteht der Anspruch auf Entgeltfortzahlung insgesamt nur für sechs Wochen[730]. Ausnahmsweise verlängert sich die Dauer der Entgeltfortzahlung um weitere sechs Wochen, wenn es sich um eine Fortsetzungserkrankung handelt, bei der es sich zwar um das gleiche Grundleiden handelt, aber zwischen der ersten und zweiten Erkrankung resp. Arbeitsunfähigkeit insgesamt sechs Monate liegen. Fällt der Anspruch auf Entgeltfortzahlung dahin, besteht für den betroffenen Arbeitnehmer die Möglichkeit, Lohnersatzleistungen[731] zu beziehen[732]. Kündigt der Arbeitgeber wegen Arbeitsunfähigkeit, muss er bei fortbestehender Arbeitsunfähigkeit über die Beendigung des Arbeitsverhältnisses hinaus das Arbeitsentgelt bezahlen.

---

729 Gesetz über die Zahlung des Arbeitsentgelts an Feiertagen und im Krankheitsfall, BGBl I 1994, 1014, 1065, 26.5.1994.
730 Gemäss § 3 Abs. 1 EFZG bleibt somit im Fall von Erkrankungen, die nicht auf das gleiche Grundleiden zurückzuführen sind, der Anspruch auf Entgeltfortzahlung auch bei einer Krankheitsdauer von insgesamt mehr als sechs Wochen bestehen.
731 Lohnersatzleistungen sind z. B. Mutterschaftsgeld, Krankengeld, Verletzten- und Übergangsgeld, Arbeitslosengeld, Unterhaltsgeld.
732 SENNE, S. 109.

Nach den sechs Wochen Entgeltfortzahlung nach § 3 EFZG erhält der in der gesetzlichen Krankenversicherung und aufgrund einer Krankheit arbeitsunfähige Versicherte nach § 48 SGB V für maximal 78 Wochen ein Krankengeld in Höhe von 70 % des Bruttoeinkommens oder maximal 90 % des Nettoeinkommens. Die Arbeitsunfähigkeit muss ärztlich attestiert werden. Da es sich hierbei um eine gesetzliche Versicherungsleistung handelt, steht dieser Anspruch grundsätzlich jedem Versicherten unabhängig von der Art der Erkrankung zu. Es müssen lediglich die gesetzlichen Anspruchsvoraussetzungen nach § 44 SGB V erfüllt sein, d.h., wenn die Krankheit sie arbeitsunfähig macht oder die betroffene Person sich auf Kosten der Krankenkasse stationär in einem Krankenhaus, einer Vorsorge- oder Rehabilitationseinrichtung befindet. Nach Ablauf der 78 Wochen wird die betroffene Person «ausgesteuert», d.h., der Versicherte erhält keine Leistungen mehr und ist auf andere Sicherungssysteme wie privater Versicherungsschutz, Erwerbsminderungsrente oder Sozialhilfe verwiesen.

Weder bei der gesetzlichen Entgeltfortzahlung noch bei der gesetzlichen Krankenversicherung stellen sich HIV/Aids-spezifische Fragen. Beide Sicherungssysteme sind obligatorisch ausgestaltet und jeder Ausschluss wegen einer vorbestehenden Krankheit oder einer Krankheitsdisposition ist ausgeschlossen. Es besteht keine HIV/Aids-Ungleichbehandlung.

5.8.2 Erwerbsminderungsrenten

Bei der Erwerbsminderungsrente handelt es sich um eine Rente wegen teilweiser Erwerbsminderung (Erwerbsunfähigkeit) resp. wegen voller Erwerbsminderung. Versicherte erhalten auf Antrag eine entsprechende Rente, wenn sie voll resp. teilweise erwerbsgemindert sind, eine Wartezeit von fünf Jahren zurückgelegt (Versicherungszeit) und in den letzten fünf Jahren vor Eintritt der Erwerbsminderung während drei Jahren Pflichtbeiträge für eine versicherte Beschäftigung oder Tätigkeit geleistet haben (§ 43 Abs. 1 SGB VI).

Ein Versicherter hat einen Rentenanspruch, wenn er wegen Krankheit oder Behinderung auf nicht absehbare Zeit ausser Stande ist, unter den üblichen Bedingungen des allgemeinen Arbeitsmarktes unter drei Stunden (voll erwerbsgemindert) (§ 43 Abs. 2 SGB VI), mindestens drei, aber nicht mehr als sechs Stunden (teilweise erwerbsgemindert) (§ 43 Abs. 1 SGB VI) zu arbeiten. Es besteht kein Rentenanspruch, wenn man sechs und mehr Stunden täglich arbeiten kann. Steht dem Versicherten bei einer Arbeitsfähigkeit zwischen drei und unter sechs Stunden täglich jedoch kein entsprechender Teilzeitarbeitsplatz zur Verfügung, so hat er einen Anspruch auf eine Rente wegen voller Erwerbsminderung[733].

---

733 § 43 Abs. 3 SGB VI; siehe Bayerisches Staatsministerium für Arbeit und Sozialordnung, Familien und Frauen, Erwerbsminderungsrente, Quelle: *http://www.stmas.bayern.de/fibel/sf_e067.htm* (13.06.06).

Die gesetzlichen Regelungen zur Erwerbsminderungsrente differenzieren nicht aufgrund der Ursache der Erwerbsminderung. Es handelt sich um ein gesetzliches Schadensausgleichsystem ohne Ausschluss vorbestehender Risiken. Wie bei der Entgeltfortzahlung und der gesetzlichen Krankenversicherung besteht auch hier keine HIV/Aids-Ungleichbehandlung.

5.8.3 Privater Versicherungsschutz

Je nach individueller Einkommens- und Familiensituation ist zusätzlich zur gesetzlichen Krankenversicherung und Erwerbsminderungsrente ein privater Versicherungsschutz notwendig. Es kann sich dabei um eine Kranken-, Lebens-, Berufsunfähigkeits- und Zusatzversicherung handeln. Diese gleichen im Regelfall das Einkommen bis zur Höhe des Nettoeinkommens aus und leisten auch noch über die Zeiten der gesetzlichen Versicherung, je nach dem bis zum Eintritt einer Berufsunfähigkeit (Invalidität).

Nach deutschem Versicherungsvertragsrecht kann der Versicherer Anträge von Personen mit vorbestehenden Krankheiten oder Krankheitsdispositionen unter Berufung auf die Vertragsfreiheit ablehnen. Anträge von Personen mit HIV/Aids auf eine private Berufsunfähigkeitsversicherung wurden deshalb bis heute regelmässig abgelehnt[734]. Wenn die betroffene Person vor Beginn der HIV-Infektion eine Krankenhaustagegeld- oder Krankentagegeldversicherung abgeschlossen hatte, konnte sie je nach Höhe des Abschlusses ein entsprechendes Krankentagegeld erhalten.

Bei einem Versicherungsantrag und vor Vertragsschluss wird man aus obigen Gründen nach einem HIV-Test oder einer bestehenden HIV-Infektion gefragt. Je nach Versicherung wird die Vorlage eines HIV-Antikörpertests vorgeschrieben[735]. Die Antragstellerin ist zudem verpflichtet, alle Ärzte, bei denen sie in den letzten Jahren in Behandlung war, von ihrer Schweigepflicht zu entbinden. Der Versicherer kann sich dadurch einen Überblick über den Gesundheitszustand des Antragstellers verschaffen. Wird eine HIV-Infektion bei Vertragsabschluss wissentlich verschwiegen und kann dies vom Versicherer nachgewiesen werden, so kann er vom Vertrag zurücktreten und muss keine Leistungen zahlen. Die Rechtsfolgen können jeweils den Versicherungsbedingungen entnommen werden[736].

Etwa 75 Prozent der privaten Lebens- und Krankenversicherungen weigern sich zudem, mit homosexuellen Männern Versicherungsverträge abzuschliessen, weil sie das «Aids-Risiko» fürchten. Die Versicherungen fragen jedoch nicht nach der sexuellen Orientierung, sondern schliessen darauf, wenn der Antragsteller angibt, dass er

---

734 Siehe Wiessner Peter, Erwerbsminderungsrente, ein Reader, kann bei der Deutschen Aidshilfe i.V. (*www.aidshilfe.de*) bezogen werden.
735 Wiessner, siehe Fn. 737.
736 Quelle: *www.aidshilfe.de* (12.06.06)

in eingetragener Lebenspartnerschaft lebt, oder einen Mann als Begünstigten angibt. Abgelehnte Antragsteller werden in eine «Schwarze Liste» aufgenommen mit der Folge, dass sich auch alle anderen Versicherer weigern, mit der betroffenen Person einen Versicherungsvertrag abzuschliessen[737].

Es fragt sich, ob sich die Situation mit dem Inkrafttreten des AGG verändert hat. Gemäss § 19 AGG gilt das Benachteiligungsverbot auch im Zivilrechtsverkehr. Abs. 1 Ziff. 2 verbietet eine Benachteiligung aufgrund einer Behinderung bei der Begründung eines zivilrechtlichen Schuldverhältnisses, u.a., wenn dieses eine privatrechtliche Versicherung zum Gegenstand hat. Die Versicherung kann sich jedoch auf § 19 Abs. 2 AGG stützen und geltend machen, die unterschiedliche Behandlung aufgrund der Behinderung (oder des Alters oder der sexuellen Identität) beruhe auf anerkannten Prinzipien risikoadäquater Kalkulation, insbesondere auf einer versicherungsmathematisch ermittelten Risikobewertung unter Heranziehung statistischer Erhebungen. Mit dieser Stipulierung objektiver Gründe als Voraussetzung für die zulässige Ablehnung von Versicherungsanträgen obliegt es der Versicherung, den Nachweis zu erbringen, dass eine Antragstellerin mit positiver HIV/Aids-Diagnose tatsächlich nicht versicherbar ist. HIV-positive Versicherte mit gutem Verlauf, insbesondere geringer Virusmenge und hoher CD-4 Zellen dürften je nach Versicherungsprodukt als versicherbar gelten.

5.9 Einschätzungen zur Wirkung des deutschen Diskriminierungsschutzes

5.9.1 Modalitäten der Befragung und ergänzende Methoden

Zur Einschätzung der Wirkung des deutschen Diskriminierungsschutzes wurden insgesamt folgende Organisationen und Personen mit der Bitte angeschrieben, einen Fragebogen mit offenen Fragen zum Diskriminierungsschutz und dessen Wirkung für Menschen mit HIV/Aids in der Arbeitswelt zu beantworten:

Regierung / Verwaltung:
– Ministerium für Arbeit, Gesundheit und Soziales des Landes Nordrhein-Westfalen (Dirk Lesser, der auch Fachbeiratsmitglied der Deutschen AIDS-Stiftung ist)
– Bundesministerium für Gesundheit (Frau Miesala-Edel)

Nichtregierungsorganisationen:
– Deutsche Aids-Hilfe e.V.
– Berliner Aids-Hilfe
– Münchner Aids-Hilfe

---

737 Lesben- und Schwulenverband, Rechtliche Probleme von HIV-Infizierten und Aids-Kranken, Quelle: *http://typo3.lsvd.de/573.0.html (12.06.06).*

Organisationen von Menschen mit HIV/Aids:
- Deutsche Aids-Hilfe e.V.
- Akademie Waldschlösschen, Heimvolkshochschule

Rechtsexpertinnen:
- Spiros Simitis, Johann Wolfgang Goethe-Universität, Institut für Arbeits-, Wirtschafts- und Zivilrecht, Frankfurt/Main
- Petra Senne, Fachhochschule Dortmund, Fachbereich Wirtschaft (Arbeitsrecht), Dortmund
- Manfred Bruns, Lesben- und Schwulenverband Deutschland (LSVD)
- Markus Mahlmann, Ländersachverständiger der EU für Deutschland zum Thema Diskriminierung
- Jacob Hösl (Anwalt; die Aids-Hilfe Dresden hat auf Anfrage Herrn Hösl als Rechtsexperten, der seit Jahren juristische Sachverhalte im Kontext zu HIV/Aids analysiert, angegeben.)

Die Durchführung der Befragung zur Einschätzung des Diskriminierungsschutzes in Deutschland gestaltete sich äussert aufwändig. Die angefragten Personen/Organisationen in Deutschland zeigten grundsätzlich grosses Interesse an der rechtsvergleichenden Studie und waren sehr kooperativ, sei es, indem sie sich bereit erklärten, den Fragebogen selbst auszufüllen oder uns aus zeitlichen Gründen oder aufgrund mangelnder Kenntnisse an Personen/Institutionen verwiesen, die zum Thema Auskunft geben konnten.

Von den Nichtregierungsorganisationen wurde sowohl die Dachorganisation Deutscher Aids-Hilfen als auch einzelne ihrer Satelliten angefragt, welche sich schliesslich für das Ausfüllen des Fragebogens zusammenschlossen. Aus zeitlichen Gründen lehnte es Markus Mahlmann, der deutsche EU-Länderbeauftragte zum Thema Diskriminierung ab, zu den Fragen Stellung zu nehmen. Für die Befragung von HIV/Aids direkt Betroffenen richteten wir unsere Anfrage auf Empfehlung der Deutschen Aids-Hilfe an die Akademie Waldschlösschen, die regelmässig Betroffenen-Treffen organisiert. Herr Wolfgang Vorhagen erklärte sich freundlicherweise bereit, den Fragebogen an einem der nächsten Treffen zur Beantwortung aufzulegen. Er wies jedoch darauf hin, dass nur ein geringer Rücklauf zu erwarten sei, da die Bereitschaft/Motivation der Direktbetroffenen aufgrund der Häufung von Fragebögen in den letzten Jahren stark abgenommen hätte.

Ausgefüllte Fragebögen erhielten wir schliesslich von folgenden Institutionen/Personen in Deutschland:
- Deutsche Aids-Hilfe e.V.
- Spiros Simitis, Johann Wolfgang Goethe-Universität, Institut für Arbeits-, Wirtschafts- und Zivilrecht, Frankfurt/Main

– Petra Senne, Fachhochschule Dortmund, Fachbereich Wirtschaft (Arbeitsrecht), Dortmund
– Manfred Bruns, Lesben- und Schwulenverband Deutschland (LSVD)

Trotz anfänglicher Euphorie, dass es gelungen ist, einige Personen/Organisationen zur Beantwortung des Fragebogens zu bewegen, ist das Resultat der Befragung eher ernüchternd. In den folgenden Unterkapiteln wird versucht, ein möglichst präzises Bild über die Einschätzung der Wirkung des deutschen Diskriminierungsschutzrechts bei HIV/Aids-Diskriminierungen im Bereich der Arbeitswelt zu vermitteln.

5.9.2 Bewertung der vorhandenen Diskriminierungsschutznormen

Die entscheidenden Regelungen und relevant in der Bewertung der vorhandenen Diskriminierungsschutzes sind das Grundgesetz (GG), Betriebsverfassungsgesetz (BetrVG), Bürgerliches Gesetzbuch (BGB), Sozialgesetzbuch Neuntes Buch (SGB IX), Gesetz zur Gleichstellung behinderter Menschen (BGG), Kündigungsschutzgesetz (KSchG), Entgeltfortzahlungsgesetz (EFZG), gesetzliche Krankenversicherung (SGB V), Erwerbsminderungsrente (SGB VI) und das Bundesdatenschutzgesetz (BDSG). Zur Zeit der Befragung war das Allgemeine Gleichbehandlungsgesetz (AGG) noch nicht in Kraft. Die Befragten erhofften sich jedoch mit einem Antidiskriminierungsgesetz einen verbesserten Diskriminierungsschutz im Allgemeinen, aber auch für Menschen mit HIV/Aids.

Die folgenden Auswertungen sind im Bewusstsein, dass zur Zeit der Befragung das AGG noch nicht in Kraft war, zur Kenntnis zu nehmen.

5.9.3 Bewertung der praktischen Anwendung der Diskriminierungsschutznormen

Die Einschätzung der Wirksamkeit der Diskriminierungsschutznormen reicht von ausreichend bis nicht zufrieden stellend. Hierzu wird von den Rechtsexperten darauf hingewiesen, dass die bereits oben angesprochene Antidiskriminierungsregelung unbedingt notwendig sei.

Die heutigen Regelungen stellen nicht spezifisch auf HIV/Aids ab, sondern enthalten allgemeine Vorschriften für alle Formen von Erkrankungen. Der Schutz wird sich häufig nicht aus dem Gesetz selbst ergeben, sondern erst durch die Anforderungen, die das Bundesarbeitsgericht in seiner Rechtsprechung aufstelle, so z.B., was die Anforderungen an eine krankheitsbedingte Kündigung angehe. Was ebenfalls als stossend empfunden wird, ist, dass ein Mensch mit HIV/Aids erst in den Genuss des besonderen Kündigungsschutzes nach Schwerbehindertengesetz kommt, wenn ein Schwerbehindertengrad von 50 und mehr erreicht werde oder in sogenannten Härtefällen[738]. Im Fall von HIV/Aids mit seinen unregelmässigen Episoden von Arbeitsunfähigkeit resp. -arbeitsfähigkeit sei diese Regelung äusserst unbefriedigend und Betroffene würden nicht in den Genuss eines rechtlich wirksamen (besonderen) Kündigungsschutzes kommen. Überhaupt befinde sich nach Aussage des Dachverbandes Deutscher Aids-Hilfen das Thema HIV/Aids und Arbeit in Deutschland in den «Kinderschuhen».

Als mögliche Gründe, die betroffene Menschen mit HIV/Aids davon abhalten, den berechtigten Anspruch auf Gleichbehandlung geltend zu machen, werden vor allem Angst vor sozialer Diskriminierung und Stigmatisierung angegeben. Weitere Gründe seien fehlende finanzielle Mittel, fehlende Informationen über die zustehenden Rechte, Sorge vor der psychischen Belastung durch einen Rechtsstreit und die Beweisschwierigkeiten.

Die Betroffenen können ihre Rechte im Klageverfahren vor den Arbeitsgerichten geltend machen. Führen die eingelegten Rechtsmittel nicht zum Erfolg, kann der Europäische Gerichtshof (und/oder der Europäische Gerichtshof für Menschenrechte) angerufen werden. Die Vorgaben der Europäischen Union würden sich geradezu von selbst als Grundlage für die Geltendmachung von Gleichbehandlungsansprüchen anbieten. Ein Verbandsklagerecht gibt es innerstaatlich nicht, aber sei im Entwurf für ein Antidiskriminierungsgesetz sowohl für Antidiskriminierungsverbände, Betriebsräte als auch für Gewerkschaften vorgesehen.

Alles in allem besteht eine grosse Hoffnung in das Antidiskriminierungsgesetz, das einen verbesserten Diskriminierungsschutz gewährleisten soll.

5.10 Würdigung des deutschen Diskriminierungsschutzes bei HIV/Aids

Bereits vor dem Inkrafttreten des Allgemeinen Diskriminierungsschutzgesetzes AGG zeichnete sich das deutsche Recht durch eine Vielfalt von Normen aus, mit denen Diskriminierung von Menschen mit HIV/Aids im Arbeitsverhältnis bekämpft werden konnte. Das verfassungsrechtliche Diskriminierungsverbot, die Bestimmungen des Betriebsverfassungsrechts sowie der arbeitsrechtliche Gleichbehandlungsgrundsatz und der arbeitsrechtliche Persönlichkeitsschutz genügten indes den Anforderungen der RL 2000/78/EG, insbesondere für die Kriterien Rasse und ethnische Herkunft, Religion oder Weltanschauung, Alter und sexuelle Orientierung nicht.

Auch der recht weitgehende Schutz in der Gesetzgebung für Schwerbehinderte (ins SGB IX integriert) vermochte den europarechtlichen Anforderungen nicht zu genügen, da RL 2000/78/EG den Schutz für Behinderte nicht auf Schwerbehinderte

---

738 Damit meinten die Befragten die Behinderten, die im Sinne von § 68 i.V.m. 69 SGB IX schwer Behinderten gleich gestellt sind.

beschränkt. Damit steht auch fest, dass das AGG-Benachteiligungsverbot aufgrund einer Behinderung nicht auf Schwerbehinderte beschränkt sein kann. Für Menschen mit HIV/Aids hat sich durch das AGG deshalb der Diskriminierungsschutz verstärkt, zumindest sofern und soweit bereits die symptomfreie HIV- oder die noch nicht weit fortgeschrittene Infektion als Behinderung im Sinne der RL 2000/78/EG und des AGG gilt.

Der Zugang zu privaten Zusatzversicherungen für Lohnausfall und Invalidität wird ebenfalls vom AGG erfasst. Das AGG sieht jedoch vor, dass eine Ungleichbehandlung aufgrund (u.a.) einer Behinderung durch anerkannte versicherungsmathematische Risikoeinschätzungen gerechtfertigt ist. Im Ergebnis werden nur wenige HIV-positive Antragsstellende Chancen auf einen Versicherungsabschluss haben. Diese Ungleichbehandlung ist jedoch im Lichte der sehr langen Dauer gesetzlicher Krankenversicherungsleistungen bei fortgesetzter krankheitsbedingter Arbeitsunfähigkeit zu betrachten.

6 Schutz vor HIV/Aids-Diskriminierung im Arbeitsverhältnis in Kanada

6.1 Ausgangslage

6.1.1 Epidemiologische Situation in Kanada

Zwischen 1985 und 2005 wurden in Kanada total 60 160 positive HIV/Aids-Fälle gemeldet[739]. Die Anzahl gemeldeter Fälle pro Jahr ist zwar in den letzten Jahren bei ca. 2500 stagniert, jedoch verändert sich die Ausbreitung unter den verschiedenen Risikogruppen ständig. Leicht rückläufig ist der Anteil positiver HIV-Tests bei der Kategorie, die sich durch Injektion von Drogen infiziert haben, während der Anteil positiver Testergebnisse bei Männer mit homosexuellen Kontakten und der Gruppe heterosexueller Personen zugenommen haben. Verfolgt man die Entwicklung mit Blick auf die Kategorie Frauen, so stellt man fest, dass Frauen vor 1996 einen Anteil von 10,5 Prozent der positiven HIV-Tests ausmachten, während es im Jahr 2005 bereits über 30 Prozent der positiven HIV-Tests waren. Die Zahl der diagnostizierten Aidsfälle betrug bis Ende 2005 total 20 315 Fälle[740].

6.1.2 Die Struktur der HIV/Aids-Bekämpfung

Canadian Strategy on HIV/AIDS

Die *National AIDS Strategy*[741] trat in Kanada 1990 in ihre erste Phase (1990–1993). Überwachungssysteme und kommunale Aufbauaktivitäten wurden aufgebaut. Eine zweite Phase wurde aufgrund der wachsenden Komplexität von der HIV/Aids-Problematik auf fünf Jahre (1993–1998) ausgedehnt. Es ging vor allem darum, Partnerschaften mit Bundesbehörden, mit den Regierungen der Provinzen und Territorien, mit Nichtregierungsorganisationen, mit Vertretern des privaten Sektors, professionellen Gruppierungen und sonstigen Interessensvertretern herzustellen.

1998 wurde die *Canadian Strategy on HIV/AIDS (CSHA)* unter Leitung der Health Canada und nach ausgedehnten Beratungen mit Interessenvertretern[742] lanciert. Neben

---

739 Quelle: http://www.phac-aspc.gc.ca/publicat/aids-sida/haic-vsac1205/pdf/haic-vsac1205.pdf (11.04.06).
740 PUBLIC HEALTH AGENCY OF CANADA, S. 1ff. Bei den Angaben zu Aids fehlen die statistischen Daten der Provinz Quebec.
741 Für die National AIDS Strategy siehe Quelle: http://www.phac-aspc.gc.ca/aids-sida/hiv_aids/federal_initiative/monitoring/can_strat.html (11.04.06).
742 Die nationalen Partner: Ministerial Council on HIV/AIDS, National Aboriginal Council on HIV/AIDS, Federal/Privincial/Territorial (FPT) Advisory Committee on AIDS; nationale Interessensvertreter: Canadian AIDS Society, Canadian Aboriginal AIDS Network, International Coalition on AIDS and Development, Canadian Treatment Action Council, Canadian AIDS Treatment Information Exchange, Canadian HIV/AIDS Legal Network, Canadian HIV/AIDS Information Centre.

der Integration und Nachhaltigkeit der bisherigen Massnahmen sind Prävention, Unterstützung von nationalen Interessensvertretern (u.a. NGO), Behandlung und Unterstützung von Menschen mit HIV/Aids, HIV/Aids-Forschung, internationale Zusammenarbeit, Abbau von Stigmatisierung und Diskriminierung, Menschenrechtsschutz, Schutz der kanadischen Ureinwohner (*«Aboriginal community»*), Evaluation und *Monitoring* wichtige Komponente der CSHA[743].

Federal Initiative to Address HIV/Aids in Canada

Die *Federal Initiative to Address HIV/Aids* baut auf den bisherigen Erfahrungen und Erreichtem in der HIV/Aids-Bekämpfung in Kanada auf. Es geht dabei vor allem darum, den kanadischen Aktionsplan 2005–2010 umzusetzen. *Leadingtogether: Canada Takes Action on HIV/Aids (2005–2010)*[744] ist der *«blueprint»* für die kanadische Interessensgemeinschaft in der Bekämpfung von HIV/Aids. Um die bis 2010 gesetzten Ziele, u.a. der Abbau sozialer Ungerechtigkeit, Stigmatisierung und Diskriminierung verwirklichen zu können, wurden zentrale Strategien wie die verstärkte Sensibilisierung hinsichtlich der Auswirkungen von HIV/Aids und der Abbau von sozialen Faktoren/Ungleichheiten, die die HIV/Aids-Epidemie antreiben[745], ausgearbeitet. Geschlechtsspezifische Untersuchungen und Menschenrechte sind zentraler Bestandteil. Die Verwirklichung des Aktionsplans *leadingtogether* beruht auf einer Zusammenarbeit der HIV/Aids Interessensgemeinschaft unter der Führung von Public Health Agency of Canada.

6.1.3 Daten zur HIV/Aids-Diskriminierung am Arbeitsplatz

In Kanada wurden bisher keine wissenschaftlichen Untersuchungen zum Ausmass der HIV/Aids Diskriminierung in der Arbeitswelt durchgeführt. Hingegen wurde im Jahr 2003 eine von der kanadischen Regierung finanzierte Befragung von 2004 Personen abgeschlossen, die die Einstellung der kanadischen Bevölkerung gegenüber Menschen mit HIV/Aids aufzeigt[746].

Die kanadische Bevölkerung ist generell sehr gut über HIV/Aids informiert. Weniger als eine in zehn Personen sieht sich der Gefahr einer Übertragung ausgesetzt. Dahingegen hatten die Befragten eine unterschiedliche Einstellung gegenüber Menschen mit HIV/Aids. 85 Prozent der Befragten konnten sich vorstellen mit Menschen mit HIV/Aids befreundet zu sein. Eine in zehn Personen waren jedoch der Meinung, dass

---

743 Für die Canadian Strategy on HIV/AIDS siehe Quelle: *http://www.hc-sc.gc.ca/ahc-asc/media/nr-cp/2004/2004_29bk2_e.html* (11.04.06).
744 Leading Together: Canada Takes Action on HIV/AIDS (2005–2010), Oktober 2005, Quelle: *http://www.leadingtogether.ca/index.html* (11.04.06).
745 Siehe dazu DE BRUYN.
746 EKOS RESEARCH ASSOCIATES; siehe auch DE BRUYN/GARMAISE, S. 31–32.

Personen, die sich über Geschlechtsverkehr oder Konsum von Drogen mit HIV/Aids infizierten, das erhielten, was sie verdient hätten. Auf die Frage der Befindlichkeit am Arbeitsplatz gaben ein Drittel der Befragten ein Unbehagen an. Die Hälfte der Befragten war der Auffassung, dass ein Mensch mit HIV/Aids nicht in Berufen wie Zahnarzt oder Koch tätig sein sollte. Die Untersuchung schlägt vor, dass die Kombination von Wissen über HIV/Aids und der Kontakt mit Menschen mit HIV/Aids Stigmatisierung entgegen wirken würde.

Verschiedene kleinere Untersuchungen[747] wiesen darauf hin, dass sowohl bei Arbeit, Miete als auch in anderen Lebensbereichen Menschenrechtsverletzungen gegenüber Menschen mit HIV/Aids stattfinden. Eine Untersuchung der Menschenrechtsorganisation AIDS Calgary ergab, dass ein Drittel der in Alberta befragten Personen mit HIV/Aids wegen ihrer Seropositivität von Arbeitgebern und Mitarbeitenden ungerecht behandelt würden durch: Kündigung, Aufforderung zur Kündigung oder deutliche Reduktion des Arbeitspensums und Verletzung der Geheimhaltungspflicht[748].

6.2 Allgemeines zum Diskriminierungsschutz in Kanada

6.2.1 Das kanadische Rechtssystem

Kanada ist ein Bundesstaat, der aus einer Bundesregierung (Zentralgewalt), zehn verschiedenen Provinzen und drei Territorien aufgebaut ist. Die Kompetenzverteilung zwischen Zentralgewalt und den Provinzen/Territorien ist im Constitution Act, 1867 geregelt. Ein Diskriminierungsschutz wird einerseits von der Verfassung und andererseits durch die Antidiskriminierungsgesetze auf Bundesebene und in den Provinzen garantiert.

6.2.2 Grundrechtsgarantien

Verfassungsstufe

Die kanadische Charter of Rights and Freedoms als Bestandteil des Constitution Acts, 1985[749] enthält in Sektion 15 (*«Equality Rights»*) ein allgemeines Diskriminierungsverbot, das die Ungleichbehandlung aufgrund der Rasse, Nationalität, ethnische Herkunft, Hautfarbe, Religion, Geschlecht, Alter oder geistige oder physische Behinderung verbietet.

---

747   LEECH, S. 24; für die Resultate der gesamten Studie siehe *www.aidscalgary.org/programs/humanRightsQuestion.shtml* (01.03.06); OLIVIER, S. 52.
748   AIDS Calgary human rights questionnaire, 2002, Quelle: *www.aidscalgary.org* (01.03.06).
749   The Constitution Act, 1982, Teil I, Verzeichnis B zum Canada Act 1982 (U.K.), 1982.

In *Brown v. British Columbia*[750] wird anerkannt, dass HIV/Aids vom Diskriminierungsmerkmal «Behinderung» erfasst wird. Eine Diskriminierung wegen HIV/Aids kann jedoch nur erfolgreich geltend gemacht werden, wenn eine Verletzung der Menschenwürde nachgewiesen wird[751]. Der Staat seinerseits muss die Verletzung des Diskriminierungsverbots unter Einhaltung des Verhältnismässigkeitsprinzips rechtfertigen[752].

Die Verfassung ist dem übrigen nationalen Recht übergeordnet[753]. Gemäss Sektion 32 findet die kanadische Charter of Rights and Freedoms nur Anwendung im Verhältnis zum Staat[754] und privaten Akteuren, die mit einer öffentlichen Aufgabe betraut sind. Das allgemeine Diskriminierungsverbot im Sinne der kanadischen Charter of Rights and Freedom verpflichtet den Staat als Arbeitgeberin[755]. Die Charter verpflichtet somit keine Personen im Verhältnis unter Privaten[756].

Gesetzlicher Diskriminierungsschutz

Im Gegensatz zum verfassungsrechtlichen allgemeinen Diskriminierungsverbot, das dem Einzelnen lediglich Schutz vor staatlichen Übergriffen garantiert, schützen Antidiskriminierungsgesetze auf Bundesebene und in den Provinzen/Territorien vor Diskriminierungen auch unter Privaten bei Arbeit, Miete, Vertrag und Dienstleistungen[757]. Die Kompetenz der Provinzen/Territorien, Antidiskriminierungsgesetze zu erlassen, ist im Constitution Act, 1867 geregelt. Sektion 92 besagt, dass es ausschliessliche Kompetenz der Provinzen ist, die Bereiche *«property and civil rights»* (13), *«matters of a merely local and private nature in the Province»* (16) und *«local works and undertakings»* (10) zu regeln. Der auf Bundesebene geltende Canadian Human Rights Act wird hingegen auf Regelungsbereiche angewendet, die aufgrund von Sektion 91 des Constitution Acts, 1867 in die ausschliessliche Kompetenz des kanadischen Parlaments fallen[758].

---

750 Brown v. British Columbia (Minister of Health) (1990), 66 DLR (4th) 444 (BCSC); siehe auch Wakeford v. Canada (1998), 166 DLR (4th) 131 (Ont Ct Gen Div).
751 Law v. Canada, [1999] 1 SCR 497; Granovsky v. Canada, [2000] 1 SCR 703; Lavoie v. Canada, [2002] 1 SCR 769.
752 R v. Oakes, [1986] 1 SCR 103; Thomson Newspaper Co v. Canada (Attorney General), [1998] 1 SCR 877.
753 The Constitution Act, 1982, Teil I, Verzeichnis B zum Canada Act 1982 (U.K.), 1982, Sektion 52 (1).
754 U.a. R v. Rahey, [1987] 1 SCR 588.
755 Douglas/Kwantien Faculty Association v. Douglas College, [1989] 3 SCR 570; Lavigne v. OPSEU, [1991] 2 SCR 211.
756 Siehe auch ELLIOTT/GOLD.
757 BIRENBAUM/PORTER.
758 TARNOPOLSKY/PENTNEY/GARDENER, S. 3–51.

6.2.3 Internationale Rahmenbedingungen

Geltung des Völkerrechts in Kanada

Im kanadischen Rechtssystem gilt die strikte Trennung zwischen Völker- und Landesrecht (Dualismus). Das Verhältnis zwischen Völker- und Landesrecht ist einerseits bestimmt durch die «*doctrine of transformation*»[759]. Danach sind völkerrechtliche Verträge im kanadischen Recht nicht direkt anwendbar[760], sondern müssen, um Geltung zu erlangen, vom Parlament oder vom Gesetzgeber der Provinzen ins kanadische Recht umgesetzt werden[761]. Um bei fehlender Umsetzung nicht gegen internationale Vereinbarungen zu verstossen, herrscht andererseits die «*doctrine of adoption*» und «*treaty presumption*»[762]. Die «*doctrine of adoption*» besagt, dass Bestimmungen des Völkerrechts gerichtlich direkt durchsetzbar sind, soweit sie Landesrecht nicht widersprechen. «*Treaty presumption*» verlangt von den gerichtlichen Behörden, dass sie nationale Gesetze völkerrechtskonform auslegen und sich dabei auf internationale Bestimmungen beziehen.

Die folgende Tabelle zeigt überblicksmässig die völkerrechtlichen Verpflichtungen zum Diskriminierungsschutz in Kanada:

Tabelle 21: Völkerrechtlicher Diskriminierungsschutz in Kanada
Quelle: Eigene Darstellung HIV/Aids-Diskriminierungsstudie

Instrumente	Ratifiziert	Vorbehalte	Bemerkungen
UN-Pakt für wirtschaftliche, soziale und kulturelle Rechte	Ja	Nein	
UN-Pakt für bürgerliche und politische Rechte	Ja	Nein	
Fakultativprotokoll zum Internationalen Pakt über bürgerliche und politische Rechte	Ja	Nein	
Abkommen Nr. 111 der Internationalen Arbeitsorganisation über die Diskriminierung	Ja		
Abkommen Nr. 158 der Internationalen Arbeitsorganisation	Nein		
Abkommen Nr. 159 der Internationalen Arbeitsorganisation	Nein		
American Declaration on the Rights and Duties of Man			nicht bindend

---

759 BRUDNER, S. 219ff.
760 Baker v. Canada (Minister of Citizenship & Immigration) (1996), 142 D.L.R. (4th) 554, 207 N.R. 57, 122 F.T.R. 320 (note), [1997] 2 F.C. 127 (Fed. C.A.).
761 Constitution Act, 1867 (U.K.), 30 & 31, Victoria, c. 3, Titel VI, Art. 91ff.; siehe auch GOVERNMENT OF CANADA (Guide), S. 6ff.
762 KINDRED, S. 167ff.; Pushpanathan v. Canada (Minister of Citizenship and Immigration) (1998), 1 S.C.R., 982, E 51.

6.3 Antidiskriminierungsgesetze

Bei den *Human Rights Acts/Codes* handelt es sich um reine Antidiskriminierungsgesetze, die das Diskriminierungsverbot in verschiedenen Lebensbereichen gewährleisten. Der Supreme Court of Canada anerkennt nicht nur die Vorrangstellung der Antidiskriminierungsgesetze[763], sondern spricht ihnen sogar einen «quasi»-Verfassungsrang zu[764].

Unklar ist nach der Rechtsprechung die Rechtslage bei der Kollision eines *Human Rights Acts/Codes* mit einem anderen Gesetz wie bspw. dem Canadien Labour Code. Ob eine konkurrenzierende *(«concurrent»)*, eine überschneidende («overlapping») oder ausschliessliche *(«exclusive»)* Gerichtsbarkeitskompetenz des *Human Rights Acts/Codes* im Verhältnis zur anderen Gesetzgebung vorliegt, ist unbeantwortet[765].

Die Antidiskriminierungsgesetze sehen eine Kommission vor, die geltend gemachte Diskriminierungstatbestände untersucht[766]. Stellt die Kommission fest, dass ein diskriminierendes Verhalten vorliegt und jeglicher Versuch eines Vergleichs scheitert, übergibt sie den Fall zur Entscheidfindung dem Gericht *(«tribunal»)*[767].

Die Diskriminierungsverbote in den Antidiskriminierungsgesetzen erwähnen HIV/Aids nicht ausdrücklich als Persönlichkeitsmerkmal, aufgrund derer eine Ungleichbehandlung verboten ist. Gemäss der von der Human Rights Commission auf Bundesebene sowie z.T. in den Provinzen erlassenen Richtlinien zur HIV/Aids-bedingten Diskriminierung und in der Rechtsprechung wird HIV/Aids jedoch vom Begriff der Behinderung (*«disability»* oder *«handicap»*) erfasst. Neben der Anerkennung von HIV/Aids als Behinderung wird eine Diskriminierung aufgrund angenommener *(«perceived»)* HIV-Infektion unter das Persönlichkeitsmerkmal der sexuellen Orientierung subsumiert, da beispielsweise Homosexualität in Verbindung mit HIV/Aids gebracht wird.

In den folgenden zwei Tabellen werden die Antidiskriminierungsgesetze, Richtlinien zur HIV/Aids Diskriminierung und Urteile auf Bundesebene und in den Provinzen aufgelistet:

---

763 Winnipeg School Division No 1 v. Craton, [1985] 2 SCR 150.
764 Insurance Corporation of British Columbia v. Heerspink [1982] 2 SCR 145; Ontario Human Rights Commission and O'Malley v. Simpson-Sears Ltd [1985] 2 SCR 536.
765 Tranchemontagne v. Ontario (Director, Disability Support Program) [2006], SCJ 14; Canada (House of Commons) v. Vaid [2005] SCJ 28; Quebec (Commission des droits de la personne et des droits de la jeunesse) v. Quebec (Attorney General) [2004] SCJ 34; Quebec (Attorney General) v. Quebec (Human Rights Tribunal) [2004] 2 SCR 223.
766 British Columbia hat die Human Rights Commission im Jahre 2003 abgeschafft, was nun eine Klage direkt an ein Human Rights Tribunal ermöglicht. Northwest Territories und Nunavut: Fair Practice Office anstelle einer Kommission.
767 ELLIOTT/GOLD. Die Gerichte wurden je nach Provinz auch als «Board of Inquiry», «Human Rights Panel» oder «Board of Adjucation» bezeichnet.

Tabelle 22: Diskriminierungsschutz auf Bundesebene
Quelle: Draft Table of Legislation by Jurisdiction and Ground of Discrimination, Canadian Legal Network

Rechtsinstrument	HIV/Aids als Diskriminierungsgrund	
	Richtlinien	Fälle
Canadian Charter of Rights and Freedoms		
Canadian Human Rights Act	Canadian Human Rights Commission Policy on HIV/Aids Menschen mit HIV/Aids Menschen, die zwar nicht HIV-positiv sind, die jedoch wegen ihrer Zugehörigkeit zu einer Risikogruppe diskriminiert werden, weil eine HIV/Aids Infektion angenommen wird («perceived disability») Homosexuelle Drogenabhängige	Brown v. British Columbia [Minister of Health] (1990) 66 DLR (4th) 44 (BC Supreme Court) CPRail v. Canada (HR Commission), [1991] 1 FC 571 (Fed CA) Thwaites v. Canada (Canadian Armed Forces), [1993] CHRD No 9

Tabelle 23: Diskriminierungsschutz in den Provinzen
Quelle: Draft Table of Legislation by Jurisdiction and Ground of Discrimination, Canadian Legal Network

Rechtsinstrument	HIV/Aids als Diskriminierungsgrund	
	Richtlinien	Fälle
Alberta Human Rights, Citizenship and Multiculturalism Act		E (S T) v. Bertelsen, [1998] AJ No 494 (AHRC)
British Columbia Human Rights Code		Biggs v. Hudson [1988] BCCHRD No 22 J v London Life Insurance Co., [1999] BCHRTD No 35
Manitoba Human Rights Code	Fact Sheet: Prohibiting Discrimination Based on HIV/Aids Infection	
New Brunswick Human Rights Code	General Criteria for the Investigation of Complaints of HIV/Aids Discrimination	
Newfoundland & Labrador Human Rights Code		
Nova Scotia Human Rights Act		Morrison v. O'Leary [1992] NSHRBID No 3, para 61
Ontario Human Rights Code	Policy on HIV/Aids related Discrimination	Moffat v. Kinark Child and Family Services, [1998] OHRBID No 19
Prince Edward Island Human Rights Code		
Quebec Charter of Human Rights and Freedoms	La Prévention de la Discrimination Contre les Personnes Atteintes du HIV/SIDA et la Protection de leurs Droits au Cuébec	Hamel v. Malaxos, [1994] FJQ 173 (CQ)(TDPQ)
Saskatchewan Human Rights Code		
Northwest Territories Fair Practices Act		
Nunavut Fair Practices Act		
Yukon Human Rights Act		

In den folgenden Unterkapiteln wird der Diskriminierungsschutz mit besonderem Bezug auf die HIV/Aids-relevanten Aspekte in der Arbeitswelt auf Bundesebene anhand des Canadian Human Rights Acts und in den Provinzen beispielhaft anhand des Ontario Human Rights Acts dargestellt. Der Canadian Human Rights Act und die *Human Rights Codes* in den Provinzen/Territorien finden sowohl im öffentlichen wie privaten Bereich Anwendung. Auf Bundesebene für den öffentlichen Bereich betrifft dies die Departemente der Bundesregierung, die Vollzugsbehörden, die «*Crown corporations*» und die «*Firsts Nations band councils*». Im privaten Bereich auf Bundesebene handelt es sich um Unternehmen, die grenzüberschreitend in den einzelnen Provinzen tätig sind und deshalb vom Bundesrecht erfasst werden: Banken, Fluggesellschaften, TV, Radio, Telefongesellschaften, Bus- und Eisenbahngesellschaften[768]. Entsprechend verhält es sich auf der Ebene der Provinzen, nur dass es sich hier um private Unternehmen handelt, die innerhalb der Provinzen tätig sind.

6.3.1 Diskriminierungsschutz auf Bundesebene: The Canadian Human Rights Act

Ein umfassendes Diskriminierungsverbot garantiert der Canadian Human Rights Act (CHRA)[769]. Er erweitert den Schutz des Einzelnen vor Diskriminierung in den Lebensbereichen Arbeit, Miete, Dienstleistungen sowie auf Angehörige einer Arbeitnehmerorganisation[770]. Der CHRA findet auf Massnahmen Anwendung, die auf Bundesebene im privaten wie öffentlichen Bereich getroffen werden[771].

The Canadian Human Rights Commission

Für Verletzungen der Diskriminierungsverbote nach CHRA sind die Canadian Human Rights Commission gemäss Sektion 26ff. CHRA und das Canadian Human Rights Tribunal gemäss Sektion 48ff. CHRA zuständig. Die Canadian Human Rights Commission hat keine Kompetenzen darüber zu entscheiden, ob eine Verletzung vorliegt. Ihre Aufgabe ist es, vorfrageweise und unter weitgehend freiem Ermessen abzuklären, ob eine eingegangene Klage an das Canadian Human Rights Tribunal gezogen werden soll. Die Kompetenz über eine Verletzung richterlich zu entscheiden liegt alleine beim Canadian Human Rights Tribunal. Das Urteil ist bindend und kann an ein höheres Gericht weiter gezogen werden[772].

---

768 Quelle: *http://www.chrc-ccdp.ca/discrimination/federally_regulated-en.asp* (29.08.06).
769 Canadian Human Rights Act (R.S., 1985, c. H-6).
770 Art. 2 des Canadian Human Rights Acts.
771 ELLIOTT/GOLD.
772 ELLIOTT/GOLD.

Die Canadian Human Rights Commission wird eine Klage ablehnen, wenn den Parteien andere Möglichkeiten zur Klage gegen Diskriminierung offen stehen. Dies gilt insbesondere für Arbeitnehmer, die einer Gewerkschaft angehören. Die Gewerkschaft kann anstelle ihres Mitglieds den Arbeitgeber wegen Verletzung des Diskriminierungsverbots aus Kollektivverträgen vor dem Arbeitsgericht einklagen. Nach kanadischem Recht sind nämlich *Human Rights Codes*, ob auf Bundesebene oder in den Provinzen/ Territorien, automatisch stillschweigender Bestandteil von Kollektivverträgen[773].

HIV/Aids als Diskriminierungsmerkmal

Die Persönlichkeitsmerkmale, die keine Ungleichbehandlung erlauben, werden ausdrücklich in Sektion 3 CHRA wiederholt. Bei der Behinderung kann es sich nach der Definition in Sektion 25 CHRA um eine vorherige oder bestehende geistige oder körperliche Behinderung handeln, wobei Entstellungen und vorherige oder bestehende Alkohol- oder Drogenabhängigkeit ebenfalls darunter fallen.

HIV/Aids ist in Sektion 3 CHRA nicht ausdrücklich als verpöntes Diskriminierungsmerkmal aufgeführt. Das kanadische Human Rights Tribunal schloss 1989 diese Lücke, indem sie in *Fontaine v. Canadian Pacific Ltd* bestimmte, dass die Entlassung eines Kochs ausschliesslich wegen HIV/Aids ein diskriminierendes Verhalten darstelle[774]. Der Entscheid wurde später vom Federal Court of Appeal gutgeheissen[775]. Die Canadian Human Rights Commission bestätigt 1996 ihre Politik, indem sie den Grundsatz ausdrücklich anerkennt, dass

> [e]veryone has the right to equality and to be treated with dignity and without discrimination, regardless of HIV/Aids status[776].

Nach einer Richtlinie zu HIV/Aids bedingter Diskriminierung der Canadian Human Rights Commission ist eine ungerechtfertigte Ungleichbehandlung von Menschen mit HIV/Aids vom Schutzbereich des Diskriminierungsverbots aufgrund der Behinderung gemäss Sektion 3 CHRA erfasst. Geschützt sind auch Menschen, von denen angenommen («*perceived*») wird, dass sie HIV/Aids infiziert sind, weil sie einer Risikogruppe angehören oder in einer Beziehung mit einer HIV-infizierten Person oder Personengruppe leben[777].

---

773   Elliott/Gold.
774   Fontaine v. Canadian Pacific Ltd [1989], 29 CCEL 192; später bestätigt in Thwaites v. Canada (Canadian Armed Forces), [1994] 3 FC 38 (TD).
775   Canadian Pacific Ltd v. Canadian Human Rights Commission. [1990], 1 FC 571 (CA).
776   Canadian Human Rights Commission Policy on HIV/Aids, Quelle: http://www.chrc-ccdp.ca/legislation_policies/aids-en.asp (21.02.06). Bereits 1988 hat die Canadian Human Rights Commission HIV/Aids als verpöntes Diskriminierungsmerkmal anerkannt; die heutige revidierte Erklärung basiert auf den neuesten medizinischen und rechtlichen Erkenntnissen.
777   Canadian Human Rights Commission Policy on HIV/Aids, Quelle: http://www.chrc-ccdp.ca/legislation_policies/aids-en.asp (21.02.06).

Schutzbereich

Ein diskriminierendes Verhalten ist jede direkte oder indirekte Ungleichbehandlung bei Anstellung, Beendigung oder während des Arbeitsverhältnisses (Sektion 7 CHRA) aufgrund der Persönlichkeitsmerkmale im Sinne von Sektion 3 CHRA und jede Art von Anstellungsformular, Stelleninserat oder schriftliche resp. mündliche Befragung, das/die eine Beschränkung, Angabe oder Bevorzugung bezogen auf die verpönten Persönlichkeitsmerkmale statuiert (Sektion 8 CHRA). Vergeltungsmassnahmen in der Form einer Gegenklage gegen die Person, die eine ungerechtfertigte Ungleichbehandlung im Sinne von Sektion 3 geltend macht, werden ebenfalls als Diskriminierung definiert (Sektion 14.1 CHRA).

«Bona fide occupational requirement»

Nach Sektion 15 lit. a CHRA liegt keine Diskriminierung vor, solange ein Ausschluss, Nichtberücksichtigung oder eine sonstige Ungleichbehandlung (auch Bevorzugung) in Bezug auf das Arbeitsverhältnis nach den *«bona fide occupational requirement»* erfolgt. Ein solches ist nach Sektion 15 (2) CHRA nur begründet, wenn Anpassungen an die gesundheitlichen Bedürfnisse der betroffenen Person dem Arbeitgeber nicht zumutbar sind. Dabei muss die ausschliessende Handlung usw. nach Treu und Glauben (*«good faith»*) stattfinden und sich objektiv auf die Erbringung der Arbeitsleistung beziehen[778].

In Bezug auf HIV/Aids akzeptiert die Commission eine *«bona fide occupational requirement»* nur, wenn bewiesen wird, dass die Anforderung, d.h. die Seronegativität unerlässlich für die sichere (*«safe»*), effiziente (*«efficient»*) und verlässliche (*«reliable»*) Durchführung des Arbeitsvertrages ist. Die Commission verlangt, dass der Arbeitgeber den Ausschluss eines Menschen mit HIV/Aids aufgrund von Sicherheits- oder gesundheitlichen Bedenken erst vornehmen darf, wenn er die individuelle Situation nach den neuesten medizinischen und wissenschaftlichen Erkenntnissen überprüft hat. Bereits in der Erklärung von 1988 anerkennt die Commission
- *«health care settings»*;
- Berufe, die die Reise in Ländern bedingt, die Menschen mit HIV/Aids die Einreise verbieten[779];
- Berufe, in denen der Arbeitnehmer bei der Erfüllung seiner Arbeitspflichten die öffentliche Sicherheit verletzt und diese Tätigkeit alleine ausführt[780],

---

778 The Ontario Human Rights Commission v. The Borough of Etobicoke, 1982 (1) SCR 202, welcher auch in der Rechtssprechung des Canadian Human Rights Tribunals vom 01.10.90, Bouchard v. Canadian Armed Forces, Paragraph 7ff.
779 In ihren Ausführungen weist die Commission darauf hin, dass die Nichtbewilligung der Einreise keine negativen Konsequenzen für das Arbeitsverhältnis auslösen darf, oder dies ein Grund zur Klage gegenüber dem Arbeitgeber darstellen könnte.
780 Canadian Human Rights Commission Policy on HIV/Aids, Quelle: *http://www.chrc-ccdp.ca/legislation_policies/aids-en.asp* (21.02.06).

als mögliche Ausschlussgründe im Sinne von Sektion 15 lit. a CHRA. In ihrer Ausführung betont jedoch die Commission, dass «if individuals with the requisite accommodation are able to perform the essential components of the job ... in a safe, efficient and reliable manner they should be permitted to do so.»

Die Human Rights Commission spricht sich gegen eine Negativ-Selektion von Arbeitnehmenden mit HIV/Aids im Bereich «Health Care» aus. Sie stimmt der Auffassung zu, wie sie von der Canadian Medical Association (CMA) in der Richtlinie über HIV/Aids am Arbeitsplatz vertreten wird, dass «[h]ealth care workers with HIV infection should be afforded the opportunity to compete for jobs and continue at their usual occupation as long as they meet acceptable performance standards». Sie weist darauf hin, dass bisher keine Übertragung des HI-Virus von einem «*health care worker*» auf eine Patientin festgestellt wurde. Das Risiko einer Übertragung auf einen Patienten sei sehr klein[781].

Test

Die Commission folgt der Ansicht, dass bei HIV/Aids das Übertragungsrisiko am Arbeitsplatz praktisch null ist. Sie lehnt jedes Testverfahren ab, das der Feststellung von HIV/Aids dient, mit der Begründung, dass die Testresultate zu ungerechtfertigter Ungleichbehandlung von Menschen mit HIV/Aids führen kann. Damit unterstützt sie den von der CMA aufgestellten Grundsatz betreffend Risikoberufen im Gesundheitswesen und HIV/Aids, dass

«[t]he routine testing of health care workers for the HIV antibody is not justified. The CMA supports the application of universal precautions that enhance the protection of health care workers against potential infection from patients and vice versa»[782].

Belästigung

In Sektion 14 verbietet der CHRA Belästigungen aufgrund der verbotenen Persönlichkeitskriterien (1) und die sexuelle Belästigung (2) in allen Bereichen der Erwerbstätigkeit. Der Canada Labour Code[783] schützt Arbeitnehmer dahingegen ausschliesslich vor sexueller Belästigung und der Schutzbereich des Criminal Codes umfasst den Schutz vor körperlicher und sexueller Übergriffe.

---

781 Canadian Medical Association, HIV Infection in the Workplace, CMA Policy (update 2000), siehe *http://www.cma.ca/multimedia/staticContent/HTML/N0/l2/where_we_stand/hiv_in_the_workplace.pdf* (28.08.06).
782 dito.
783 Zu den HIV/Aids-relevanten Vorschriften des Canadian Labour Code siehe Teil 4, 6.4.1.

Im Arbeitgeberhandbuch zur Belästigung am Arbeitsplatz[784] hält die Canadian Human Rights Commission fest, dass die vom Arbeitgeber getroffenen Massnahmen zur Bekämpfung von Belästigungen am Arbeitsplatz bei der Evaluation einer Belästigungsklage berücksichtigt werden. Nach dem Entscheid *Robichaud v. Canada (Treasury Board)*[785] muss der Arbeitgeber beweisen, dass er alles unternommen hat, um die Belästigung zu verhindern oder dessen Auswirkungen zu lindern. Der Arbeitgeber ist einerseits verantwortlich für jegliche Belästigungen, die von Mitarbeiterinnen und Dritten ausgehen, und zwar unabhängig, ob er von den belästigenden Handlungen Kenntnis hatte. Das Strafmass bemisst sich danach, ob die vom Arbeitgeber getroffenen Massnahmen angemessen sind. Anderseits ist dem Arbeitgeber in *Robichaud v. Canada (Treasury Board)* verboten, seine Rolle als Arbeitgeber (z.B. Weisungsrecht) zu missbrauchen, indem er sich aufgrund eines verbotenen Persönlichkeitskriteriums in unnötiger, herabwürdigender oder schikanöser Weise in die Tätigkeiten des betroffenen Arbeitnehmers einmischt. Im Entscheid *Pond v. Canada Post Corporation* wurde die beklagte Organisation zu einem Schadenersatz von Dollar 5 700 verurteilt, weil sie trotz Information der betroffenen Person keine Massnahmen traf, um die (sexuelle) Belästigung einer Mitarbeiterin zu verhindern. Anhand von Postern mit nackten Frauenkörpern und einer Statue machte der Vorgesetzte der Arbeitnehmerin anzügliche Bemerkungen sexueller Natur. Anstatt die Poster zu entfernen, wies die Organisation der Arbeitnehmerin einen anderen Arbeitsraum mit ähnlichen Bildern zu.

Das systematische Vermeiden jeglichen Kontaktes mit einer HIV/Aids-betroffenen Arbeitnehmerin beispielsweise oder andere persönlichkeitsverletzenden Verhaltensweisen, ob durch Mitarbeiter, Dritte oder dem Arbeitgeber selbst, muss vom Arbeitgeber mit angemessenen Massnahmen vermieden oder gestoppt werden. Die Massnahmen dürfen jedoch nicht (nur) bei der HIV/Aids-infizierten Person ansetzen; das Arbeitsumfeld soll so gestaltet werden, dass belästigende Verhaltensweisen keinen fruchtbaren Boden finden.

Positive Massnahmen

Gemäss Sektion 16 Abs. 1 CHRA liegt keine Diskriminierung vor, wenn spezielle Massnahmen, die vom Arbeitgeber getroffen werden, Benachteiligungen aufgrund eines Persönlichkeitsmerkmals vorbeugen, verhindern oder vermindern und damit auch die Möglichkeiten der Betroffenen am Arbeitsplatz verbessern. Die Canadian Human Rights Commission soll Empfehlungen abgeben, wie die in Sektion 16 (1) CHRA

---

784 Canadian Human Rights Commission, Anti-Harassment Policies for the Workplace: An Employer's Guide, Quelle: *http://www.chrc-ccdp.ca/publications/anti_harassment_toc-en.asp* (06.04.06). Siehe auch Treasury Board of Canada, Policy on the Prevention and Resolution of Harassment in the Workplace, Quelle: *http://www.tbs-sct.gc.ca/pubs_pol/hrpubs/hw-hmt/hara_e.asp* (06.04.06).
785 Robichaud v. Canada (Treasury Board) [1987] 2 S.C.R. 84.

aufgestellten Ziele erreicht werden können. Sie soll für den Vollzug der getroffenen Massnahmen besorgt sein. Das Sammeln von Informationen betreffend der verbotenen Diskriminierungsmerkmale ist erlaubt, wenn beabsichtigt ist, diese für den Erlass oder die Umsetzung der Massnahmen zu verwenden.

Beweislast

Das Canadian Human Rights Tribunal übernimmt das in *Meiorin*[786] und *Grismer*[787] entwickelte Konzept der Beweislasterleichterung (*«prima facie case of discrimination»*). Hat der Kläger einmal die behauptete Diskriminierung glaubhaft gemacht, d.h., ist die Behauptung vollständig und genügend gerechtfertigt, so geht die Beweislast auf den Beklagten über. Bleibt die Antwort des Beklagten aus, so wird das Urteil zugunsten des Klägers ausfallen. Um den Beweis der Nichtdiskriminierung zu erbringen, muss die Rechtfertigung des Beklagten folgende Kriterien erfüllen:
- «it adopted the standard for a purpose that is rationally connected to the performance of the job;
- it adopted the standard in good faith, in the belief that it is necessary for the fulfilment of that legitimate work-related purpose; and
- the standard is reasonably necessary to the accomplishment of that legitimate work-related purpose. To show that the standard is reasonably necessary, it must be demonstrated that it is impossible to accommodate an individual employee sharing the characteristics of the claimant without imposing undue hardship on the employer»[788].

Rechtsfolgen

Entscheidet das vom Gericht im Einzelfall eingesetzte Gremium (Sektion 49 CHRA), dass die Klage fundiert ist, kann es den Arbeitgeber anweisen, das diskriminierende Verhalten zu unterlassen und in Absprache mit der Commission Massnahmen zur Verhinderung von Diskriminierungen zu treffen. Mittels Antrag ist vom Arbeitgeber für die zu treffenden behindertengerechten Massnahmen die Zustimmung der Commission einzuholen (Sektion 17 CHRA). Gleichzeitig hat der Arbeitgeber der betroffenen Person die ihm abgesprochenen Rechte, (Arbeits-, Aufstiegs- usw.) Möglichkeiten oder Privilegien nachträglich einzuräumen und für den entstandenen Schaden Ersatz sowie für die seelische Unbill Genugtuung bis zu insgesamt maximal 20 000 Dollar zu leisten. Schliesslich macht sich der Arbeitgeber einer Zuwiderhandlung strafbar, wenn das

---

786   Public Service Employee Relations Commission v. BCGSEU [1999] 3 S.C.R. 3 (»Meiorin«)
787   British Columbia (Superintendent of Motor Vehicles) v. British Columbia (Council of Human Rights) [1999] 3 S.C.R. 868 (»Grismer«)
788   Meiorin, Paragraph 54; siehe auch Urteil des Canadian Human Rights Tribunal vom 28.10.2002, Butler v. Nenquayni Treatment Centre Society, Paragraph 102ff.

Gremium in der Erfüllung seiner Aufgabe durch fehlende Kooperation seitens des Arbeitgebers gehemmt wird. Die Strafe in einem solchen Fall wäre eine Busse von bis zu 50 000 Dollar (Sektion 60 CHRA).

6.3.2 Diskriminierungsschutz in den Provinzen: The Ontario Human Rights Code, 1990

Wie bereits festgestellt, haben die Provinzen ihre eigenen Antidiskriminierungsgesetze. Die umfassenden Diskriminierungsverbote beziehen sich nicht ausdrücklich auf HIV/Aids. Anhand des Ontario Human Rights Codes[789] soll beispielhaft ein Antidiskriminierungsgesetz dargestellt werden, das Menschen mit HIV/Aids vor Diskriminierung in der Arbeitswelt schützt[790].

The Ontario Human Rights Commission

Der Ontario Human Rights Code[791] beruft sich in der Preamble auf die Schutzwürdigkeit der Menschenwürde und Gleichwertigkeit aller Menschen wie sie in der Allgemeinen Menschenrechtserklärung der UNO deklariert sind. So bestätigt die Preamble das in Ontario geltende Prinzip

> «to recognize the dignity and worth of every person and to provide for equal rights and opportunities without discrimination that is contrary to law, and having as its aim the creation of a climate of understanding and mutual respect for the dignity and worth of each person so that each person feels a part of the community and able to contribute fully to the development and well-being of the community and the Province».

Zuständig sind für die Beurteilung von Verletzungen der Diskriminierungsverbote im Sinne des Human Rights Codes die Ontario Human Rights Commission und das unter diesem Code ernannte Ontario Human Rights Tribunal. Der Inhalt ihrer Kompetenzen ist vergleichbar mit denen der entsprechenden Organe unter dem Canadian Human Rights Act. Entsprechend ihrer Funktion erliess die Commission eine Richtlinie, die aufzeigt, wie die Commission den Human Rights Code im Zusammenhang mit HIV/Aids interpretiert.

---

789 Der Diskriminierungsschutz in der kanadischen Provinz Ontario wurde bereits 1991 von TRACHSLER (Gleichbehandlungsgebot) im Rahmen seiner Dissertation zum privatrechtlichen Gleichbehandlungsgebot rechtsvergleichend dargestellt.
790 Dienstleistung, Miete, Vertragsrecht, Mitgliedschaft in einer Gewerkschaft sind weitere Lebensbereiche, welche vom Geltungsbereich des Ontario Human Rights Codes erfasst sind, siehe dazu Ontario Human Rights Commission, Policy on HIV/Aids-related Discrimination, Quelle: *http://www.ohrc.on.ca/english/publications/hiv-aids-policy.shtml* (06.06.06).
791 Human Rights Code, R.S.O. 1990, Chapter H 19.

HIV/Aids als Diskriminierungsmerkmal

Sektion 10 des Human Rights Code listet eine grössere Anzahl Krankheiten auf, die als Behinderung definiert werden. HIV/Aids ist nicht ausdrücklich erwähnt. HIV/Aids und die mit der Infektion zusammenhängenden Krankheiten werden von der Commission jedoch als Behinderung resp. «*handicap*» im Sinne von Sektion 10 lit. e des Codes anerkannt[792]. «*Handicap*» wird demnach als Verletzung *(«injury»)* oder Behinderung *(«disability»)* definiert, die einen Anspruch auf Unterstützungsleistung gemäss Workplace Safety and Insurance Act[793] auslösen.

Sektion 10 (3) des Human Rights Codes *(«past and presumed disabilities»)* verbietet zudem eine Ungleichbehandlung aufgrund einer in der Vergangenheit liegenden Behinderung. Schutz erfährt auch eine Person, die zwar nicht Träger des Virus ist, jedoch eine Ungleichbehandlung erfährt, weil bei ihr eine HIV/Aids-Infektion angenommen wird. Nach der Commission handelt es sich dabei um Menschen, die in einer Beziehung mit einer HIV/Aids-infizierten Person stehen oder einer HIV/Aids Organisation angehören. Der Schutz vor Diskriminierung aufgrund von HIV/Aids soll allen Personen unabhängig von ihrer sexuellen Orientierung zukommen. Die Commission stellt fest, dass «[p]ersons identified by this prohibited ground of discrimination are often believed to be at high risk of contracting AIDS or to be carriers of HIV. The erroneous perception of Aids as a «gay disease» is a form of stereotyping that the Code prohibits»[794].

Schutzbereich

Der Human Rights Code gewährt Schutz vor Diskriminierungen in den Bereichen Dienstleistung, Miete, Vertragsrecht und Arbeit. Das Diskriminierungsverbot findet sowohl im öffentlichen Dienst als auch im privaten Arbeitsverhältnis Anwendung. In Bezug auf das Arbeitsverhältnis verbietet Sektion 5 i.V.m. Sektion 9 jede direkte oder indirekte Diskriminierung aufgrund einer Behinderung oder sexuellen Orientierung.

Eine Ungleichbehandlung aufgrund einer Behinderung verstösst nicht gegen das Diskriminierungsverbot, wenn eine Person unfähig ist *(«incapable»)*, die arbeitsvertraglich vereinbarte Leistung zu erbringen (Sektion 17). Die Leistungsunfähigkeit wird von der Human Rights Commission und vom Tribunal erst anerkannt, wenn der Arbeitgeber belegen kann, dass er alle ihm zumutbaren Massnahmen getroffen hat, um die Arbeitsbedingungen den Bedürfnissen der betroffenen Person anzupas-

---

792 Ontario Human Rights Commission, Policy on HIV/Aids-related Discrimination, Quelle: *http://www.ohrc. on.ca/english/publications/hiv-aids-policy.shtml* (06.06.06)
793 Workplace Safety and Insurance Act, 1997, S.O. 1997, Chapter 16, Schedule A.
794 Ontario Human Rights Commission, Policy on HIV/Aids-related Discrimination, Quelle: *http://www.ohrc. on.ca/english/publications/hiv-aids-policy.shtml* (06.06.06).

sen. Entsprechende Massnahmen können eine Neudefinition der Arbeitspflichten, eine Arbeitszeitanpassung an den Gesundheitszustand usw. beinhalten.

Die Rechtsprechung lehnt insbesondere die Anliegen Dritter (Kunden, Mitarbeiter) als Rechtfertigungsgründe für eine Ungleichbehandlung ab.

Bei Risikoberufen wie z.B. medizinische Berufe sind die sogenannten *«universal precautions»* genügende Massnahmen, um das Risiko der Übertragung auf ein Mass zu reduzieren, so dass keine weiteren Massnahmen zum Schutz von Patienten nötig sind. Die *«universal precaution»* wurden zwar für die zahnmedizinischen Berufsgruppen aufgestellt, sollen jedoch allgemein für Berufe im medizinischen Bereich zur Festlegung von Richtlinien über verantwortungsvolles Verhalten herangezogen werden[795].

«constructive discrimination»

Sektion 11 des Human Rights Codes verbietet die so bezeichnete *«constructive discrimination»* oder auch *«adverse effect discrimination»*. Es muss sich dabei um eine unbeabsichtigte Diskriminierung[796] handeln in dem Sinne, dass Anforderungen, Qualifikation oder andere Determinante zwar formal nicht gegen das Diskriminierungsverbot verstossen, jedoch im Resultat eine Gruppe von Personen, die die verpönten Persönlichkeitsmerkmale aufweisen, ausschliessen, beschränken oder bevorzugen. Die Ungleichbehandlung muss eine Personengruppe betreffen, um unter Sektion 11 subsumiert werden zu können. Sie kann gerechtfertigt sein, wenn die Ungleichbehandlung angemessen und eine weniger einschneidende Massnahme zu kostspielig ist oder eine Gefahr für die Gesundheit und Sicherheit bedeutet[797].

Die indirekte Diskriminierung im Sinne von Sektion 9 des Human Rights Codes ist zu verstehen als diskriminierende Handlung, die durch eine Drittperson anstelle der entscheidungs- resp. weisungsbefugten Person ausgeführt wird[798].

Der Human Rights Code ist mit Bestimmungen zur direkten und indirekten Diskriminierung als auch zur *«constructive discrimination»* bemüht, alle möglichen Formen von verpönten Ungleichbehandlungen aufzufangen. Dies widerspiegelt die Komplexität und Subtilität der HIV/Aids-bedingten Diskriminierung in der Arbeitswelt.

---

795   Royal College of Dental Surgeons of Ontario, Guidelines Respecting Infection Control in the Dental Office, June 1995; siehe auch Ontario Human Rights Commission, Policy on HIV/Aids-Related Discrimination, Quelle: http://www.ohrc.on.ca/english/publications/hiv-aids-policy.shtml (21.02.06).
796   Ontario Human Rights Commission, Guide to the Human Rights Code, Quelle: http://www.ohrc.on.ca/english/publications/hr-code-guide.shtml (06.06.06).
797   Ontario Human Rights Commission, Guide to the Human Rights Code, Quelle: http://www.ohrc.on.ca/english/publications/hr-code-guide.shtml (06.06.06).
798   Ontario Human Rights Commission, Guide to the Human Rights Code, Quelle: http://www.ohrc.on.ca/english/publications/hr-code-guide.shtml (06.06.06).

Medizinische/r Test/Fragen

Für das Durchführen von Tests im Anstellungsverfahren hat die Commission die *Policy on Employment-Related Medical Information,* die sich an Stellenbewerber, Arbeitnehmerinnen und Arbeitgeber wendet, herausgegeben. Gemäss Sektion 23 (2) des Human Rights Codes ist die Durchführung von medizinischen Tests oder das Stellen von Gesundheitsfragen während des Bewerbungsverfahrens verboten. Mit anderen Worten, die Durchführung von medizinischen Tests ist erst erlaubt, wenn die Anstellung bereits (schriftlich) angeboten wurde[799].

In schriftlichen oder mündlichen Befragungen resp. in Befragungen mittels Fragebogen dürfen nur Fragen zur Gesundheit gestellt werden, welche über die Fähigkeit zur Erbringung der erforderlichen Leistungspflicht Aufschluss geben. Fragen, die bestimmt sind, lediglich mögliche Behinderungen bei den Arbeitnehmerinnen in Erfahrung zu bringen, verstossen gegen den Code.

Nach der Commission ist das Durchführen von Test für die meisten Arbeitsstellen erlässlich und nicht gerechtfertigt; sie bezieht sich ebenfalls auf die Richtlinie über HIV/Aids am Arbeitsplatz der CMA[800]. Stellt sich anhand des Tests heraus, dass die erforderliche Arbeitsleistung aus medizinischen Gründen nicht erbracht werden kann, so ist der Arbeitgeber verpflichtet, alle ihm zumutbaren Massnahmen zu treffen, um eine Anstellung zu ermöglichen[801].

Auswahlverfahren

Sektion 23 (4) verbietet dem Arbeitgeber, eine Auswahl unter den Bewerbungen aufgrund eines der verbotenen Persönlichkeitsmerkmale zu treffen. Demnach ist das Diskriminierungsverbot verletzt «where an employment agency discriminates against a person because of a prohibited ground of discrimination in receiving, classifying, disposing of or otherwise acting upon applications ... ».

Arbeitnehmerversicherungsschutz

Nach Sektion 25 (3) ist der Ausschluss von oder eine individuelle Regelung mit Menschen mit einer vorbestehenden Behinderung, die das Versicherungsrisiko substantiell erhöht, sowohl im Rahmen eines individuellen Versicherungsvertrags als auch einer Kollektivversicherung durch den Arbeitgeber kein Verstoss gegen das Diskriminie-

---

799   Ontario Human Rights Commission, Policy on Employment-Related Medical Information, Quelle: *http://www.ohrc.on.ca/english/publications/employment-medical-info-policy.shtml* (09.06.06).
800   Canadian Medical Association, HIV Infection in the Workplace, CMA Policy (update 2000), siehe *http://www.cma.ca/multimedia/staticContent/HTML/N0/l2/where_we_stand/hiv_in_the_workplace.pdf* (28.08.06).
801   Ontario Human Rights Commission, Policy on Employment-Related Medical Information, Quelle: *http://www.ohrc.on.ca/english/publications/employment-medical-info-policy.shtml* (09.06.06).

rungsverbot. Die Ungleichbehandlung muss jedoch angemessen sein und nach Treu und Glauben erfolgen. Bei einem Ausschluss aus dem Arbeitnehmerversicherungsschutz – es handelt sich dabei um einen zweijährigen Ausschluss – ist der Arbeitgeber verpflichtet, dem Arbeitnehmer den Betrag auszubezahlen, den er normalerweise für den Versicherungsschutz seiner Arbeitnehmerinnen entrichten muss (4). Die Höhe des ausbezahlten Betrags steht in keinem Verhältnis zum Betrag, den die vom Ausschluss betroffene Person aufbringen müsste, um sich individuell in eine Versicherung einzukaufen – falls überhaupt eine Versicherung existiert, die ohne zweijährigen Ausschluss die Aufnahme in die Versicherung gewährt[802].

Belästigung

Die Belästigung am Arbeitsplatz (*«harassment in employment»*) durch Arbeitgeber, Vorgesetzte oder Mitarbeiter ist nach Sektion 5 (2) ausdrücklich verboten. Verpönte Persönlichkeitsmerkmale sind u.a. *«handicap»*, aber auch die sexuelle Orientierung[803]. Gemäss der Ontario Human Rights Commission können Bemerkungen oder Handlungen, die nicht willkommen sind oder von denen angenommen werden kann, dass sie nicht willkommen sind, als Belästigung definiert werden; das Verhalten muss mehr als einmal vorkommen (*«pattern of behaviour»*).

Rechtsfolgen

Die Klage wegen eines Verstosses gegen das Diskriminierungsverbot im Sinne von Sektion 5 i.V.m. Sektion 9 des Codes («Employment») muss bei der Human Rights Commission eingereicht werden. Diese entscheidet, ob die erbrachten Beweise eine Prüfung durch das Ontario Human Rights Tribunal rechtfertigen. Stellt das Gericht ein diskriminierendes Verhalten fest, wird der Arbeitgeber angeordnet, Massnahmen in Übereinstimmung mit dem Ontario Human Rights Code zu treffen sowohl in Bezug auf die betroffene Person als auch zur Verhinderung von zukünftigen diskriminierenden Handlungen. Die Rechtsfolgen einer ungerechtfertigten Diskriminierung unter dem Ontario Human Rights Code ist gemäss Sektion 44 eine Busse von nicht mehr als $ 25 000. Die betroffene Person hat zudem einen Anspruch auf Schadenersatz und Genugtuung bis zu 10 000 Dollar bei seelischer Unbill.

---

802 Zur Diskussion des Arbeitnehmerversicherungsschutzes und HIV/Aids siehe Ontario Human Rights Commission, Human Rights Issues in Insurance, Consultation Report, 2001, Quelle: *http://www.ohrc.on.ca/english/consultations/insurance-consultation-report.shtml* (01.09.06); Ontario Human Rights Commission, Human Rights Issues in Insurance, Discussion Paper, 1999, Quelle: *http://www.ohrc.on.ca/english/consultations/insurance-discussion-paper.shtml* (01.09.06).

803 Sektion 5 (2) des Ontario Human Rights Code erwähnt das Persönlichkeitsmerkmal der sexuellen Orientierung nicht ausdrücklich, siehe Ontario Human Rights Commission, Guide to the Human Rights Code, Quelle: *http://www.ohrc.on.ca/english/publications/hr-code-guide.shtml* (06.06.06).

6.4 Arbeitsrecht

Aufgrund der im Constitution Act, 1867 geregelten Kompetenzverteilung gehört das Arbeitsrecht sowohl in den Kompetenzbereich des kanadischen Parlaments (Sektion 91) als auch in den Kompetenzbereich der Provinzen (Sektion 92). Die Gerichtsbarkeit im arbeitsrechtlichen Bereich fällt jedoch hauptsächlich den Provinzen zu, und überlässt den Bundesbehörden dafür einen sehr begrenzten Bereich[804]. So werden 90 Prozent der arbeitenden Bevölkerung Kanadas durch die arbeitsrechtlichen Bestimmungen in den Provinzen geschützt; blosse 10 Prozent fallen in den Schutzbereich des Canadian Labour Codes, der für die Bundesverwaltung und für die auf Bundesebene regulierten Unternehmungen wie Schiffahrt, Fluggesellschaft, Eisenbahn, grenzüberschreitende (Provinzen oder international) Transportunternehmen, Telekommunikation, Radio/ Fernsehen, Banken, Bergwerke, Fischerei[805] massgebend ist.

6.4.1 Canadian Labour Code

Belästigung *(«Harassment»)*

Der Canadian Labour Code definiert und regelt den Tatbestand der sexuellen Belästigung in Sektion 241.1ff., welcher durch die Sektion 14 CHRA mit demjenigen der Belästigung aufgrund der nach Sektion 3 CHRA verpönten Persönlichkeitsmerkmale ergänzt wird[806]. Behinderung und die sexuelle Orientierung gehören demnach zu den Persönlichkeitsmerkmalen, aufgrund derer nicht ungleich behandelt resp. belästigt werden darf.

Krankheit

Sektion 239 (1) CLC verbietet die Auflösung des Arbeitsverhältnisses wegen Krankheit, wenn die Arbeitnehmerin vor der Erkrankung bereits während drei Monaten angestellt ist (lit. a) und die krankheitsbedingte Abwesenheit nicht länger als 12 Wochen beträgt (lit. b). Dem Arbeitnehmer kann somit während den ersten drei Monaten seiner Anstellung wegen Krankheit oder bei länger als 12 Wochen andauernder Krankheit gekündigt werden. Während der Zeit der Erkrankung, die mittels ärztlichem Zeugnis attestiert werden muss (lit. c), ist der Arbeitgeber zur Zahlung des Lohnes und der Sozialleistungen verpflichtet. Ist die Arbeitnehmerin bei der Rückkehr nach der Erkrankung unfähig

---

804 Government of Canada, Human Resources and Social Development, Division of Legislative Power, Quelle: *http://www.hrsdc.gc.ca/asp/gateway.asp?hr=/en/lp/spila/clli/eslc/02Division_of_Legislative_Powers. shtml&hs=lzl* (01.09.06),
805 Government of Canada, Human Resources and Social Development, Quelle: *http://www.hrsdc.gc.ca/en/ home.shtml* (07.06.06).
806 Zur Belästigung nach CHRA siehe Teil 4, 6.3.1.

die arbeitsvertragliche Leistung zu erbringen, darf der Arbeitgeber der Arbeitnehmerin einen anderen Arbeitsplatz zuweisen (Abs. 1.1).

Missbräuchliche Kündigung

Die missbräuchliche Kündigung wird in Sektion 240ff. CLC geregelt. In einem Schreiben kann der gekündigte Arbeitnehmer vom Arbeitgeber eine schriftliche Begründung der Kündigung verlangen (Sektion 241 CLC); die schriftliche Begründung seitens des Arbeitgebers muss innerhalb von 15 Tagen erfolgen. Legitimiert zur Klage wegen missbräuchlicher Kündigung ist nach Sektion 240 CLC eine Person, wenn das Arbeitsverhältnis bereits während 12 Monaten ununterbrochen Bestand hatte (lit. a) und diese nicht einer Tarifvereinbarung unterstellt ist (lit. b). Die Klage wird bei einem Inspektor im Sinne von Art. 249 CLC eingereicht, der versucht zwischen Arbeitnehmerin und Arbeitgeber zu schlichten. Werden sich die Parteien nicht einig, so wird die Klage von einem Schiedsgericht (*«adjudicator»*) unter Berücksichtigung der erbrachten Beweise entschieden (Sektion 242 CLC). Der Richter des Schiedsgerichts hat darüber zu entscheiden, ob eine Kündigung ungerecht (*«unjust»*) ist. Stellt das Schiedsgericht fest, dass die Kündigung ungerecht ist, so wird der Arbeitgeber verpflichtet, eine Entschädigung in der Höhe des vertraglich vereinbarten Lohnes zu leisten, die Arbeitnehmerin wieder einzustellen oder eine diesen gleichwertige Lösung zur Verhinderung der Konsequenzen aus der Kündigung anzubieten (Sektion 242 Abs. 4 CLC). Der Entscheid des Schiedsgerichts ist nicht anfechtbar (Sektion 243 CLC).

In *Active Transport Inc. v. Ladizhinsky Estate* entschied jüngst das Arbeitsschiedsgericht, dass eine Kündigung weger einer Behinderung im arbeitsrechtlichen Sinn ungerecht ist, es sei denn, dass die Beschäftigung der betroffenen Person dem Arbeitgeber nicht zuzumuten ist[807]. Der Richter des Arbeitsschiedsgerichts bezog sich dabei auf Sektion 240 CLC in Verbindung mit den relevanten Bestimmungen des Canadian Human Rights Act, Sektion 7 und 15 Abs. 1 und 2. Eine Kündigung aufgrund einer HIV-Infektion ist deshalb eine ungerechte Kündigung im Sinne von Sektion 240 CLC; der belastete Arbeitgeber kann somit die Pflicht haben, eine Entschädigung auszurichten, die Wiedereinstellung zu veranlassen oder eine dieser gleichwertigen Lösung anzubieten.

6.5 Arbeitnehmerversicherungsschutz

Bei krankheitsbedingter Arbeitsunfähigkeit und bei fehlendem arbeitsvertraglichem Schutz vor Einkommenseinbussen haben Arbeitnehmer, deren Krankheit auf ihre HIV/Aids-Infektion zurückzuführen ist, einen Anspruch auf Unterstützungslei-

---

807 Active Transport Inc. v. Ladizhinsky Estate, [2006] C.L.A.D. No. 258.

stungen gemäss Employment Insurance Act (EIA). Der Versicherungsschutz dauert 15 Wochen. Danach können diejenigen, die eine private Versicherung im Fall von Behinderung abgeschlossen haben, ihren Anspruch auf Unterstützungsleistung bei der privaten Versicherungsgesellschaft geltend machen. Die meisten «*long-term disability benefits*» (LTD) werden jedoch nur unter der Bedingung ausbezahlt, dass gleichzeitig im Rahmen des Canada Pension Plan (CPP) Unterstützungsleistungen beantragt werden[808]. In den folgenden Unterkapitel wird der Arbeitnehmerversicherungsschutz im Rahmen des Employment Insurance Acts, von privaten Versicherungen und des Canadian Pension Plans dargestellt.

6.5.1 Employment Insurance Act

Der Employment Insurance Act (EIA) und die Employment Insurance Regulations (EIR) regeln die Unterstützungsleistungen bei Arbeitslosigkeit und Arbeitsunfähigkeit wegen Krankheit und Unfall. Der EIA gewährleistet das Recht auf Unterstützungsleistungen bei Arbeitsunfähigkeit wegen Krankheit und Unfall nicht ausdrücklich. Der Anspruch auf «*sickness benefits*» lässt sich jedoch aus Sektion 18 EIA ableiten, die vorschreibt, dass der Anspruchssteller nicht zur Leistung berechtigt ist, wenn er nicht beweisen kann, dass er wegen Krankheit oder Unfall während der massgebenden Zeit arbeitsunfähig ist[809]. Um in den Genuss der Unterstützungsleistungen unter dem EIA zu kommen, muss die versicherte Person gemäss Sektion 7 EIA einen Verdienstausfall (*«interruption of earnings»*) oder eine Lohneinbusse von mindestens 40 Prozent und 600 versicherten Arbeitsstunden während der *«qualified period»* nachweisen können (Sektion 8 EIA). Als *«qualified period»* werden die der Arbeitsunfähigkeit vorausgehenden 52 Wochen oder wird die Zeit seit dem letzten Bezug von Unterstützungsleistung unter dem EIA verstanden. Unter gewissen Umständen wird die *«qualified period»* auf maximal 104 Wochen ausgedehnt.

Nach Sektion 40 (1) EIR muss ein ärztliches Attest vorliegen, damit der Anspruch auf Unterstützungsleistung nach EIA geltend gemacht werden kann. Es muss sich dabei um eine Krankheit oder einen Unfall handeln, die/der die Arbeitnehmerin hindert, die reguläre oder eine andere angemessene (*«suitable»*) Arbeit auszuführen (4). Die Krankheit oder der Unfall muss kausal für die Arbeitsunfähigkeit sein *(«cause-and-effect relationship»)*. Die Tatsache, dass jemand HIV-positiv ist oder dass eine Aids-Diagnose vorliegt, löst nicht automatisch einen Anspruch auf Unterstützungsleistung nach EIA aus. Die EI Commission entscheidet über die Anspruchsberechtigung[810]. Die

---

808 CANADIAN HIV/AIDS LEGAL NETWORK (Support for Survival), S. 9.
809 Sektion 18 EIA: «A claimant is not entitled to be paid benefits ... in a benefit period for which the claimant fails to prove that on that day the claimant was ... (b) unable to work because of prescribed illness, injury or quarantine, and that the claimant would otherwise be available for work ...».
810 CANADIAN HIV/AIDS LEGAL NETWORK (Support for Survival), S. 11ff.

Digesten zum Arbeitnehmerversicherungsschutz weisen daraufhin, dass körperliche oder geistige Behinderungen nicht zwingend mit Arbeitsunfähigkeit gleichzusetzen sind: «Certain persons may prove that they are capable of work within the limits of their capacities, either because their handicap is not an obstacle to employment, or because they were able to adjust to it on the basis of the labour market, or because they have the opportunity to work in a protected work environment»[811].

Gemäss Sektion 12 (3) EIA besteht ein Anspruch auf Unterstützungsleistung für 15 Wochen. Die Unterstützungsleistungen betragen 55 Prozent des durchschnittlichen Einkommens bis zu maximal $ 413 pro Woche. Normalerweise besteht kein Anspruch auf Unterstützungsleistung während der Rehabilitationszeit. Im Fall einer arbeitsfähigen HIV-positiven Person werden jedoch Unterstützungsleistungen gewährt, falls sie nicht mehr in das frühere Arbeitsverhältnis zurückkehren kann[812].

Das Schutzniveau des Employment Insurance Acts ist nicht hoch einzustufen. Für Menschen mit HIV/Aids können die erforderlichen Arbeitsstunden in der *«qualified period»* eine erste Hürde bedeuten. Ist die betroffene Person während der *«qualified period»* krankheitsbedingt abwesend, so sind 600 Arbeitsstunden nämlich schwierig zu erfüllen. Eine zweite Hürde sind die formellen Anforderungen, nämlich das ärztliche Attest und der Entscheid der EI Commission über die Anspruchsberechtigung. Das Verfahren ist (zeitlich) nicht nur aufwändig, sondern es besteht ein grosses Risiko, dass der Arbeitgeber von der HIV/Aids-Infektion erfährt. Die von HIV/Aids-betroffene Person wird es vorziehen, den Anspruch auf Unterstützungsleistung nicht geltend zu machen. Schliesslich senkt eine Unterstützungsleistung von monatlich $ 413 resp. 55 Prozent des Einkommens bei voller Arbeitsunfähigkeit die Lebensqualität vieler Betroffener in unzumutbarer Weise, was sich wiederum gesundheitlich, psychisch und sozial negativ auf die betroffene Person auswirken wird.

6.5.2 Private *«disability insurance»*

«Disability insurance» werden sowohl von privaten Versicherungsgesellschaften als auch von Arbeitgebern angeboten. Die Versicherungsverträge können zwischen der Versicherungsgesellschaft und dem einzelnen Arbeitnehmer abgeschlossen werden. Üblicherweise richtet der Arbeitgeber eine Kollektivversicherung für die ganze Belegschaft ein.

Bei einer *«disability insurance»* kann es sich um Kurz- oder Langzeitversicherung (*«long-term disability insurance»*, LTD) handeln. Der Versicherungsschutz bei Kurzzeiterkrankungen resp. -behinderungen wird während vier bis sechs Monaten gewähr-

---

811   Digest of Benefit Entitlement Principles, Chapter 11 Sickness Benefits (11.2.1), Quelle: *http://www.hrsdc.gc.ca/en/ei/digest/11_2_0.shtml#11_2_1* (22.05.06).
812   CANADIAN HIV/AIDS LEGAL NETWORK (Support for Survival), S. 12.

leistet. Danach werden Unterstützungsleistungen im Rahmen der «*LTD insurance*» ausbezahlt, sofern die betroffene Person dazu berechtigt ist. Den Anspruch auf Unterstützungsleistung nach «*LTD insurance*» kann nur geltend machen, wer nachweisen kann, dass eine Behinderung zu 100 Prozent («*total disability*») vorliegt.

Versicherungsgesellschaften ist es rechtlich erlaubt, den Versicherungsantrag aufgrund vorbestehender Krankheit abzulehnen, die wie z.B. HIV/Aids das Versicherungsrisiko erhöhen. Ein Versicherungsantrag in den individuellen Versicherungsschutz wird im Gegensatz zur Kollektivversicherung bei Menschen mit HIV/Aids regelmässig abgelehnt. Regelungen in verschiedenen kanadischen Antidiskriminierungsgesetzen rechtfertigen die Ungleichbehandlung, indem sie Versicherungen vom Diskriminierungsverbot ausdrücklich ausnehmen, wenn der Ausschluss aufgrund einer vorbestehenden Krankheit angemessen und nach Treu und Glauben erfolgt ist. Der Ausschluss einzelner Arbeitnehmerinnen vom Versicherungsschutz wegen vorbestehender Krankheit ist gemäss verschiedener Antidiskriminierungsgesetze auch im Fall einer vom Arbeitgeber eingerichteten Kollektivversicherung kein Verstoss gegen das Diskriminierungsverbot.

Die meisten «*LTD insurance*» nehmen Antragssteller trotz vorbestehender Krankheit in die Kollektivversicherung auf. Die Versicherungsbedingungen sehen jedoch vor, dass den betroffenen Versicherungsnehmerinnen der Versicherungsschutz hinsichtlich einer krankheitsbedingten Arbeitsunfähigkeit während zwölf Monaten verwehrt bleibt, falls sie sich vor Versicherungseintritt diesbezüglich einer ärztlichen Untersuchung oder einer Behandlung unterzogen haben.

Wiederum andere «*LTD insurance*» kennen eine Wartezeit. Der betroffene Versicherungsnehmer kann seinen Anspruch auf Unterstützungsleistung erst geltend machen, nachdem die Behinderung resp. Arbeitsunfähigkeit wegen einer Behinderung während vier bis sechs Monaten vorgelegen hat. Zur Überbrückung der Wartezeit besteht für den betroffenen Versicherungsnehmer jedoch die Möglichkeit, Unterstützungsleistungen vom Arbeitgeber, aus einer privaten Kurzzeitversicherung oder im Rahmen des Employment Insurance Acts zu beantragen.

Die «*all-or-nothing*» Lösung, d.h. die Erfordnis der vollständigen Behinderung für die Berechtigung zur Unterstützungsleistung im Fall von «*LTD insurance*» erscheint insbesondere seit Einführung der antiretroviralen Therapie für Arbeitnehmerinnen mit HIV/Aids, die teilweise arbeitsunfähig sind, sich jedoch nicht als vollständig behindert einstufen, eine hohe psychologische Hürde zu sein, ihren Anspruch auf Unterstützung überhaupt geltend zu machen. Die Ausstandsregelung trotz Aufnahme in die Versicherung trifft insbesondere Menschen mit HIV/Aids, die für routinemässige Untersuchungen den Arzt aufsuchen und/oder sich einer antiretroviralen Therapie unterzogen haben[813].

---

813   CANADIAN HIV/AIDS LEGAL NETWORK (Support for Survival), S. 15ff.

6.5.3 Canada Pension Plan

Der Canada Pension Plan (CPP) gewährt Versicherungsleistungen bei Invalidität, Pensionierung oder Tod. Die Versicherungsleistungen decken nicht den ganzen Einkommensverlust. Sie dienen vielmehr als Ergänzung zu anderen Finanzierungsmöglichkeiten wie Privatversicherung, persönliche Ersparnisse resp. Investitionen oder Sozialhilfe der Provinzen/Territorien. Einen Anspruch auf Leistungen nach CPP hat, wer im Sinne des CPP[814] behindert ist und während einer bestimmten Zeit, Beiträge geleistet hat.

Im CPP ist der Begriff der Behinderung nicht definiert. Um zum Bezug von Unterstützungsleistungen berechtigt zu sein, muss nach Sektion 42 (2) CPP eine ernsthafte («*severe*») und anhaltend («*prolonged*») geistige oder körperliche Behinderung vorliegen. Eine Person ist ernsthaft behindert, wenn sie unfähig ist, regelmässig erwerbstätig zu sein (i); eine Behinderung ist anhaltend, wenn «the disability is likely to be long continued» und «of indefinite duration» oder «is likely to result in death» (ii). In *Villani v. Canada*[815] lehnte es das Gericht ab, dass eine vollständige Behinderung zum Leistungsbezug vorausgesetzt ist. Um feststellen zu können, ob eine Behinderung «*severe*» sei, müsse zudem nicht nur auf die Arbeitsunfähigkeit aufgrund medizinischer Kriterien abgestellt werden, sondern es müssten auch die persönlichen Lebensumstände der betroffenen Person berücksichtigt werden[816].

Gemäss CPP findet regelmässig eine Neubeurteilung der Berechtigung zum Leistungsbezug statt. Die zuständige Behörde kann eine medizinische Untersuchung des Gesundheitszustands des Leistungsbezügers verlangen, aufgrund derer die Unterstützungsleistungen eingestellt werden können. Die Voraussetzung der anhaltenden Behinderung kann dabei von Menschen mit HIV/Aids oft nicht erfüllt werden, da der Krankheitsverlauf nicht zu anhaltender, sondern oft nur zu episodischer Arbeitsunfähigkeit führt. Aus dem gleichen Grund kann es deshalb ebenso schwierig sein, die Voraussetzung der regelmässigen Erwerbstätigkeit zu erfüllen. Diese Tatsachen tragen für Menschen mit HIV/Aids zusätzlich zur psychologischen Hürde, sich wegen der HIV/Aids-Infektion als Menschen mit Behinderung anzuerkennen, wesentlich zur finanziellen Unsicherheit bei[817].

---

814 Canada Pension Plan (R.S., 1985, c. C-8).
815 Villani v. Canada (Attorney General), [2002] 1 FC 130 (FCA).
816 Das Gericht greift den «real world» Ansatz auf, der bereits 1988 in Leduc v. Minister of National Health and Welfare (1988), CEB & PGR 8546 (Pension Appeals Board) diskutiert wurde.
817 CANADIAN HIV/AIDS LEGAL NETWORK (Support for survival), S. 29ff.

6.6 Datenschutz

Dem Datenschutz in Kanada liegt der Gedanke des Schutzes der Menschenwürde und des Respekts gegenüber dem Individuum zugrunde. Da die Bekanntgabe einer Krankheit, insbesondere HIV/Aids, oft nicht auf Verständnis und Mitgefühl stösst, sondern zu Diskriminierung und Intoleranz führt, soll der Einzelne die Möglichkeit haben, selbst darüber zu entscheiden, mit wem und zu welchem Ausmass die betroffene Person persönliche, insbesondere gesundheitliche Informationen mit einer anderen Person teilen möchte[818]. Im Zeitalter, in dem die Technologie eine raschere und umfassendere Übermittlung von Informationen an eine steigende Anzahl von Personen ermöglicht, ist die Kontrolle über Daten zur eigenen Person und somit die Bewahrung der Privatsphäre jedoch immer schwieriger. Im Fall von HIV/Aids kann die Bekanntgabe der Diagnose fatal sein und u.a. zum Arbeitsplatzverlust führen. Dieser existentiellen Gefahr bewusst bei gleichzeitiger Abwesenheit eines effektiven Datenschutzes kann sich die Situation einstellen, dass Menschen immer weniger bereit sind, sich auf HIV/Aids zu testen. Das öffentliche und private Interesse sollte deshalb sein, den Datenschutz insbesondere in Bezug auf gesundheitliche Informationen effektiv zu gestalten[819], um so die Auswirkungen von HIV/Aids auf den Einzelnen, die Familie, das Gemeinwesen sowie den Staat zu minimieren[820].

«*Privacy*» wird von der kanadischen Charter nicht ausdrücklich gewährleistet. Der Supreme Court of Canada hat in *R v. O'Connor* jedoch festgehalten, dass «a fair legal system requires respect at all times for the complainant's personal dignity, and in particular his or her right to privacy, equality, and security» und «[r]espect for individual privacy is an essential component of what it means to be free»[821]. Die Privatsphäre umfasst Informationen, welche dazu neigen, intime Angaben über den Lebensstil oder die persönlichen Vorlieben zu offenbaren[822]. Gemäss *R v. Sharpe*[823] kann sich eine Person mit HIV/Aids bei unberechtigter Bekanntgabe der Information HIV/Aids auf Sektion 7 («*right to life, liberty and security*») und Sektion 8 («*right do be secure against unreasonable search or seizure*») der kanadischen Charter berufen.

Auf Bundesebene schützt der Privacy Act[824] im öffentlichen Bereich und der Personal Information Protection and Electronic Documents Act (PIPEDA)[825] privaten Bereich vor ungerechtfertiger Datenbearbeitung. Der PIPEDA verpflichtet private

---

818 R v. Dyment [1988] 2 SCR 417.
819 CANADIAN HIV/AIDS LEGAL NETWORK (Privacy), S. iff.
820 United Nations General Assembly Special Session on HIV/Aids. Declaration of Commitment on HIV/Aids. Resolution A/Res/S-26/2, 27. Juni 2001, Paragraph 13.
821 R v. O'Connor [1995] 4 SCR 411, Paragraph 26.
822 R v Plant [1993] 3 SCR 281, Paragraph 20.
823 R. v. Sharpe [2991] 1 SCR 45, Paragraph 26.
824 Privacy Act, RS 1985, c. P-21.
825 Personal Information Protection and Electronic Documents Act, SC 2000, c 5 (PIPEDA).

Unternehmen auch in ihren Tätigkeiten in den Provinzen/Territorien, solange anstelle des PIPEDA nicht eine als gleichwertig anerkannte Regelung durch die Provinzen/Territorien erlassen wird. Der Privacy Act und der PIPEDA werden in den nachfolgenden Unterkapiteln zu den wichtigsten Punkten diskutiert.

Auf der Ebene der Provinzen wurden in British Columbia, Manitoba, Saskatchewan und Neufundland allgemeine Datenschutzgesetze (*«Privacy Act»*) erlassen, die ein Klagerecht auf Verletzung des Datenschutzes vorsehen. Die Provinz Quebec, die wie die meisten europäischen Staaten zivilrechtlich organisiert ist, gewährleistet in Art. 35 bis 41 des Code Civil das Recht auf Privatsphäre und hält in Art. 35 fest, dass «[e]very person has a right to the respect of his reputation and privacy. No one may invade the privacy of a person without consent of the person or his heirs unless authorized by law»[826]. Diese allgemeinen Datenschutzvorschriften regeln nicht spezifisch den Schutz von Gesundheitsdaten. Personen, deren Gesundheitsdaten unberechtigterweise bearbeitet werden, können jedoch ihr Recht auf Privatsphäre mit Hilfe dieses Klagerechts gerichtlich einfordern[827]. Das Einfordern des Rechts wird erleichtert, indem die betroffene Person keinen Schaden aus der Datenschutzverletzung nachweisen muss; sie muss jedoch den Beweis des Vorliegens eines Vorsatzes als auch des Unrechtsbewusstseins (*«without colour of right»*) des Angeklagten erbringen[828]. In Manitoba ist schliesslich ein erheblicher (*«substantiel»*) Eingriff in die Privatsphäre erforderlich, was wiederum das Prozessrisiko erhöht[829].

Obwohl der Umgang mit Gesundheitsdaten in den verschiedenen *Privacy Acts* nicht spezifisch geregelt ist, finden Menschen mit HIV/Aids über das Recht auf Privatsphäre Schutz vor ungerechtfertigter Bearbeitung, insbesondere vor unberechtigter Bekanntgabe der HIV/Aids Infektion an Dritte. Ausserdem wird das Prozessrisiko erheblich gemindert, da kein Schaden, d.h. die Persönlichkeitsverletzung, die in den meisten Fällen schwierig zu beweisen ist, nachgewiesen werden muss.

Privacy Act

Sektion 12 (1) des Privacy Acts gewährleistet jeder Person das Recht auf Zugang zu den bearbeiteten Informationen über seine Person. Personendaten umfassen u.a. Gesundheitsdaten sowie Daten über seine Erwerbstätigkeit. Der Privacy Act schreibt den Bundesbehörden vor, dass keine Personendaten bearbeitet werden dürfen, ohne dass sie für die Aktivitäten der Verwaltung unerlässlich sind. Personendaten dürfen zu diesem Zweck nur direkt bei der betroffenen Person in Erfahrung gebracht werden, ausser es liegt ihre Einwilligung vor, die Daten auf anderem Wege zu beschaffen. Eine Ausnahme zum

---

826 Civil Code of Québéc, SQ 1991, c. 64.
827 CANADIAN HIV/AIDS LEGAL NETWORK (Privacy), S. 21.
828 Davis v. McArthur (1969 10 DLR (3d) 250 (BCSC).
829 Manitoba Privacy Act, CCSM 1987, c. P125, Sektion 2 Abs. 1.

Recht auf Zugang zu Informationen über die eigene Person sieht Sektion 28 des Privacy Acts im Fall von medizinischen Informationen über die körperliche oder psychische Gesundheit der anspruchsberechtigten Person vor. Die Bundesbehörden können den Zugang verweigern, wenn festgestellt wird, dass «the examination of the information by the individual would be contrary to the best interests of the individual».

Personal Information Protection and Electronic Documents Act

Der PIPEDA schützt die Arbeitnehmerinnen als auch die Kunden eines privaten Unternehmens vor unrechtmässiger Datenbearbeitung. Gemäss Sektion 5 (3) PIPEDA darf das Unternehmen nur Personendaten für den Zweck bearbeiten, den eine vernünftige Person den Umständen entsprechend als angemessen erachtet; ausserdem muss die Datenbearbeitung fair[830], rechtmässig und nicht diskriminierend sein[831]. Sowohl das Wissen um die Datenbearbeitung als auch das Einverständnis der betroffenen Person sind Voraussetzung, damit die Bearbeitung von Personendaten erlaubt ist.

Aus rechtlichen und medizinischen Gründen wie auch aus Gründen der Sicherheit (*«security reasons»*) kann unter gewissen Umständen von der Einwilligung der betroffenen Person abgesehen werden. Aufgeweicht wird die Verpflichtung zur Einholung der Einwilligung, wenn eingeräumt wird, dass «[s]eeking consent may be impossible or inappropriate when the individual is ... seriously ill ...».

Im Anhang enthält der PIPEDA Richtlinien, die die privaten Unternehmen in der Bearbeitung von Personendaten anleiten. Sie sind verpflichtet, einen Leitfaden und Methoden zur betrieblichen Datenbearbeitung und zum Verfahren des individuellen Zugangs zu Informationen zu entwickeln. Sollen Personendaten an Dritte weitergegeben werden, muss das Unternehmen vertraglich oder mit anderen Mittel dafür besorgt sein, dass der Datenschutz gewährleistet ist. Um das Prinzip der Offenheit (*«openness principle»*) und des freien Zugangs zu Personendaten über die eigene Person nicht zu verletzen, muss das Unternehmen den Zweck der Datenbearbeitung bestimmen und ihn dokumentieren, so dass er auf Anfrage erklärt werden kann.

Für Verletzung des PIPEDA ist der Privacy Commissioner nach Section 11 PIPEDA zuständig. Die Privacy Commission kann aufgrund einer eingereichten Klage oder von sich aus einen Sachverhalt untersuchen. Drittpersonen, die eine ungerechtfertigte Datenbearbeitung feststellen, können sich ebenfalls an die Privacy Commission wenden und sind von Sektion 27 PIPEDA gegen Vergeltungsmassnahmen geschützt.

Der PIPEDA verbietet grundsätzlich die Bekanntgabe von Personendaten ohne Einwilligung der betroffenen Person; wie in anderen Gesetzgebungen findet man aber

---

830 Die Datenbearbeitung soll «fair» sein, d.h., es soll bei der Datenbearbeitung nicht über den eigentlichen Zweck hinweggetäuscht werden.
831 «Organizations shall not collect personal information indiscriminately.» « indiscriminately» bedeutet «ohne Unterschied» oder «wahllos».

auch hier die Situation, dass unter gewissen Umständen das Verbot nicht greift. Um eine ungerechtfertigte Bekanntgabe von Gesundheitsdaten zu vermeiden und die Rechtsicherheit zu wahren, sollten Datenschutzgesetze nur unter sehr spezifischen Umständen von einem strikten Verbot der Bearbeitung von Gesundheitsdaten absehen[832].

6.7 Einschätzungen zur Wirkung des kanadischen Diskriminierungsschutzes

6.7.1 Modalitäten der Befragung und ergänzende Methoden

Zur Einschätzung der Wirkung des kanadischen Diskriminierungsschutzes wurden insgesamt folgende Organisationen und Personen mit der Bitte angeschrieben, einen Fragebogen mit offenen Fragen zum Diskriminierungsschutz und dessen Wirkung für Menschen mit HIV/Aids in der Arbeitswelt zu beantworten:

Regierung / Verwaltung:
– Public Health Agency of Canada

Nichtregierungsorganisationen:
– Canadian HIV/Aids Legal Network
– Canadian Aids Society
– CANFAR Canadian Foundation for AIDS Research
– Canadian Working Group on HIV and Rehabilitation (CWGHR)
– Canadian HIV/AIDS Information Centre

Organisationen von Menschen mit HIV/Aids:
– Canadian HIV/Aids Legal Network

Rechtsexpertinnen:
– Richard Elliott, Canadian HIV/Aids Legal Network
– Ontario Human Rights Tribunal (Patricia Grenier)

Wie bereits andernorts geschehen, gestaltete sich auch in Kanada die Durchführung der Befragung zur Einschätzung des Diskriminierungsschutzes äusserst aufwändig. Trotz mehreren schriftlichen Anfragen gab es keine Rückmeldungen der Nichtregierungsorganisationen wie CANFAR Canadian Foundation for AIDS Research, Canadian Working Group on HIV and Rehabilitation (CWGHR) und Canadian HIV/AIDS Information Centre. Sehr hilfsbereit zeigte sich die zuständige Person des Ontario Human Rights Tribunals (Patricia Grenier), einen Rechtsexperten auf dem Gebiet ausfindig zu

---

832 Siehe auch Canadian HIV/Aids Legal Network (Privacy), S. 31.

machen. Sie leitete die Anfrage zur Bearbeitung an die Nichtregierungsorganisation Canadian HIV/Aids Legal Network, welche dann über diesen Kontakt und auf unsere direkte Anfrage als Rechtsexperte bereitwillig den Fragebogen ausfüllte. Ähnlich leitete die Canadian AIDS Society, ebenfalls eine Nichtregierungsorganisation, den Fragebogen an die HIV & AIDS Legal Clinic (Ontario) zur Beantwortung weiter.

Da die direkte Kontaktaufnahme mit Menschen mit HIV/Aids aus verständlichen Gründen praktisch unmöglich ist, suchte man den Kontakt zu dieser Gruppe über Organisationen, die die Anliegen von Menschen mit HIV/Aids vertreten. Im Fall von Kanada richtete man sich zu diesem Zweck an das Canadian HIV/Aids Legal Network. Die Organisation stellte freundlicherweise den Fragebogen auf ihren «AIDS-Policy-Law listserv», um auf diese Weise die Menschen mit HIV/Aids mit dem Fragebogen zu erreichen. Von dieser Befragungsgruppe sind jedoch im für die Befragung festgelegten Zeitraum keine ausgefüllten Fragebögen eingetroffen.

Im Verlauf der Befragung, aber auch in anderen Zusammenhängen lässt sich positiv feststellen, dass die HIV/Aids Interessensgemeinschaft in Kanada, ob auf Bundesebene oder in den Provinzen organisiert, sehr gut miteinander vernetzt ist und zusammenarbeitet.

Ausgefüllte Fragebögen erhielten wir schliesslich von folgenden Institutionen/Personen in Kanada:
- Canadian Public Health Agency
- Richard Elliott (Rechtsexperte), Canadian HIV/Aids Legal Network
- HIV & AIDS Legal Clinic (Ontario) (Ruth Carey)

Obwohl nur eine geringe Zahl an ausgefüllten Fragebögen schliesslich zurückkam, lagen jedoch aufgrund ihrer ausführlichen Beantwortung durch Personen mit ausgezeichneten Kenntnissen und Erfahrungen im Bereich HIV/Aids und Diskriminierung qualifizierte Aussagen zur Auswertung vor.

6.7.2 Bewertung der vorhandenen Diskriminierungsschutznormen

Den ausgefüllten Fragebögen ist eine einheitlich positive Einschätzung *(«reasonably good»)* der vorhandenen Diskriminierungsschutznormen sowohl seitens der Verwaltung, des Rechtsexperten als auch der teilnehmenden Nichtregierungsorganisation zu entnehmen. Schutz vor Diskriminierung (*«disability»* oder *«handicap»*) wird durch verschiedene Gesetze auf Bundesebene und in den Provinzen/Territorien und gegenüber verschiedenen Akteuren (*«public»* und *«private»*) und in verschiedenen Situation, u.a. Arbeitswelt gewährleistet; als *«quasi-constitutional»* ergänzen sie die Canadian Charter of Rights and Freedoms. Die Rechtsprechung hat den Schutz vor Diskriminierung entscheidend mitgeprägt und auf das Persönlichkeitsmerkmal HIV/Aids ausgedehnt.

6.7.3 Bewertung der praktischen Anwendung der Diskriminierungsschutznormen

Die Wirksamkeit resp. die praktische Anwendung von Diskriminierungsschutznormen wurde seitens der Rechtsexperten als auch der teilnehmenden Nichtregierungsorganisationen negativ bewertet (*limited effectiveness*). Die schwache praktische Anwendbarkeit der Diskriminierungsschutznormen besteht sowohl auf Bundesebene als auch in den Provinzen. Dies kann den Aussagen der HIV & AIDS Legal Clinic entnommen werden, die ihre Aussagen vor allem auf die Situation in der Provinz Ontario bezieht, und des Canadian HIV/Aids Legal Network, das sowohl Angaben über praktische Anwendbarkeit der Diskriminierungsschutznormen auf Bundesebene als auch in den Provinzen macht.

Sowohl der Rechtsexperte als auch die Nichtregierungsorganisation nennen verfahrensrechtliche Mängel als Gründe für die beschränkte Wirksamkeit des bestehenden Diskriminierungsschutzes. Kritisiert wird insbesondere die Funktionsweise der Commission, die als «*gate-keeping function*» beschrieben wird. Es wird bemängelt, dass z.B. in Ontario 300–400 Klagen nach langjährigem Verfahren unter Ausschluss der Öffentlichkeit von der Commission abgelehnt werden und somit nicht an das Gericht («*tribunal*») zugelassen sind. Als besonders negativ wird die Regelung empfunden, dass bei einer Ablehnung durch die Commission die Revision des Entscheids oder eine erneute Klage vor einer anderen Instanz ausgeschlossen ist. Die Befragten erhoffen sich, mit der «Bill 107», die momentan in Ontario diskutiert wird und den Ontario Human Rights Code um eine direkte Klagemöglichkeit beim Gericht erweitert, einen möglichen und positiven Ausweg aus dieser unbefriedigenden Rechtslage. Dieser Weg wurde bisher erst von der Provinz British Columbia eingeschlagen, wo Betroffene ihren Anspruch auf diskriminierungsfreie Behandlung direkt vor dem *Tribunal* geltend machen können. Im Gegensatz zum Verfahren vor der Commission, wo die klagende Person unentgeltlich von der Commission selbst vertreten wird, wird hier auch ein Verbandsklagerecht eingeräumt.

Die beschränkte Wirksamkeit des Diskriminierungsschutzes in Kanada sei auch darauf zurückzuführen, dass für Menschen mit HIV/Aids die Prozesskosten zu hoch sind oder dass sie oft überhaupt keinen Zugang zu Informationen über ihre Rechtslage usw. haben. Insbesondere wird aber auf das sehr langsame, je nach dem Jahre dauernde Verfahren hingewiesen, das gerade für Menschen mit HIV/Aids gesundheitlich zu belastend ist (*«takes a toll of energy»*) und von Rechtsunsicherheit begleitet wird.

In Bezug auf die Arbeitswelt sind weitere Hindernis zu vermerken wie etwa die Angst vor Vergeltungsmassnahmen im Arbeitsumfeld, entweder durch den Arbeitgeber oder durch Mitarbeiter ausgeführt.

NGOs und Verwaltung vertreten unterschiedliche Auffassungen in Bezug auf staatliche Sensibilisierungsbemühungen in der Bekämpfung von Diskriminierung wegen

HIV/Aids in der Arbeitswelt. Die HIV & AIDS Legal Clinic stellt fest, dass die Regierungen auf Bundesebene als auch auf der Ebene der Provinzen die Arbeit von NGOs im Zusammenhang mit HIV/Aids zwar finanziell unterstützen; gleichzeitig gibt sie an zu beobachten, dass in der Arbeitswelt fehlende Kenntnisse und Stigmatisierung von HIV/Aids vorherrschen, so dass es nach wie vor zu Kündigungen wegen HIV/Aids durch Arbeitgeber kommt. Dahingegen vertritt die Canadian Public Health Agency, dass gerade die Bekämpfung von Stigmatisierung und Diskriminierung ein zentrales Element der *Federal Initiative to Address HIV/AIDS in Canada (2005)* ist und auch das kanadische Aktionsprogramm *Leading Together: Canada Takes Action on HIV/Aids (2005–2010)* soziale Gerechtigkeit und den Ansatz, dass jeder in seinem Recht geschützt sein soll, anstrebt.

Mehr Erfolg und zur Sensibilisierung beigetragen hatte nach Angaben der HIV & AIDS Legal Clinic eine Reihe von Richtlinien *(«policies»)*, die die Commission (Ontario) als Hilfe zur Interpretation bestimmter rechtlicher Regelungen aufgestellt hatte. Diese Richtlinien verhelfen den Diskriminierungsschutznormen, sich zu etablieren. So ist heute festzustellen, dass die meisten Arbeitgeber wissen, dass in der Bewerbungsphase keine Gesundheitsfragen gestellt werden dürfen, dass eine medizinische Untersuchung erst, nachdem die Stelle angeboten und akzeptiert wurde, angeordnet werden darf und auch nur unter der Bedingung durchgeführt werden darf, dass diese für den Versicherungsantrag notwendig ist oder um abzuklären, ob spezielle Vorkehrungen im Betrieb zu treffen sind.

6.8 Würdigung des kanadischen Diskriminierungsschutzes bei HIV/Aids

Der Diskriminierungsschutz im Arbeitsverhältnis ist sowohl auf Bundesebene als auch in den Gliedstaaten durch das Diskriminierungsverbot als Bestandteil der (jeweiligen) *Human Rights Acts Codes* gewährleistet. Die Analyse der Bestimmungen und ihrer Anwendung zeigt die Anstrengungen, möglichst alle Formen verpönter Ungleichbehandlung zu erfassen. HIV/Aids ist als Diskriminierungskriterium zwar nicht ausdrücklich genannt, wird von den zuständigen Organen aber als möglicher verpönter Diskriminierungsgrund anerkannt. Als wegweisend haben sich auch einige HIV/Aids-Diskrimierungsgerichtsfälle erwiesen.

7 Diskriminierung und Rechtsschutz im Vergleich

7.1 HIV/Aids-Diskriminierung und Aidspolitik

7.1.1 Epidemiologie

Tabelle 24: Epidemiologische Daten im Vergleich

	Kanada	Deutschland	Grossbritannien	Frankreich	Schweiz
Bevölkerungszahl	32 750 000[1]	82 438 000[2]	60 200 000[3]	62 702 000[4]	7 459 128[5]
Anzahl positive HIV/Aids-Tests von 1985 bis Ende 2005[6]	60 160[7]	26 333 (Achtung: Gesamthafte Erfassung erst seit 1993)	76 850	11 952 (Achtung: Gesamthafte Erfassung erst seit 2003)	28 606
Anzahl HIV-Neuinfektionen im Jahr 2005[8]	2 483	2 451	8 868	3 165	722
Anzahl Meldungen der Aidsfälle von 1983 bis Ende 2005[9]	20 315	24 335	21 898	60 212	8 252
Anzahl neue Aids-Fälle im Jahr 2005[10]	279	1 103	906	710	234
Gemeldete Aids-Todesfälle von 1983 bis Ende 2005[11]	13 293	13 360	13 237	34 407	5 663
Gemeldete Todesfälle 2005[12]	59	145	254	227	101

1 Statistics Canada, Quelle: *http://www40.statcan.ca/l01/cst01/demo02.htm* (25.11.06).
2 Pressemitteilung des statistischen Bundesamtes vom 19. Juli 2006, Quelle: *http://www.destatis.de/presse/deutsch/pm2006/p2920021.htm* (25.11.06).
3 National Statistics Online, Diese Zahl umfasst das ganze Vereinigte Königreich, Quelle: *http://www.statistics.gov.uk/CCI/nugget.asp?ID=6* (25.11.06).
4 Institut National de la Statistique et des Études Économiques (Insee) – La France en fait et chiffres *http://www.insee.fr/fr/ffc/chifcle_liste.asp?theme=2&soustheme=1&souspop=*.
5 Bundesamt für Statistik: Die Bevölkerung der Schweiz 2005, S. 4, Neuchâtel 2006.
6 Die Zahlen stammen für die europäischen Länder vom Centralized information system for infectious diseases der WHO, Quelle: *http://data.euro.who.int/CISID/* (25.11.06). Sie basieren für die Schweiz auf den Daten des Bundesamts für Gesundheit, für Frankreich auf den Daten des Institut de veille sanitaire, für Grossbritannien auf den Daten der Health Protection Agency und für Deutschland auf den Daten des Robert Koch-Instituts. Für Canada entstammen die Daten dem Bericht der Public Health Agency of Canada "HIV and Aids in Canada - Surveillance Report to December 31, 2005», S. 9; Quelle: *http://www.phac-aspc.gc.ca/publicat/aids-sida/haic-vsac1205/pdf/haic-vsac1205.pdf* (25.11.06).
7 Public Health Agency of Canada.
8 Die Zahlen stammen für die europäischen Länder vom Centralized information system for infectious diseases der WHO, Quelle: *http://data.euro.who.int/CISID/* (25.11.06), für Canada dem Bericht der Public Health Agency of Canada "HIV and Aids in Canada - Surveillance Report to December 31, 2005», S. 9, Quelle: *http://www.phac-aspc.gc.ca/publicat/aids-sida/haic-vsac1205/pdf/haic-vsac1205.pdf* (25.11.06).

9	Die Zahlen stammen für die europäischen Länder vom Centralized information system for infectious diseases der WHO, Quelle: *http://data.euro.who.int/CISID/* (25.11.06), für Canada dem Bericht der Public Health Agency of Canada "HIV and Aids in Canada - Surveillance Report to December 31, 2005», S. 34, Quelle: *http://www.phac-aspc.gc.ca/publicat/aids-sida/haic-vsac1205/pdf/haic-vsac1205.pdf* (25.11.06).
10	Die Zahlen stammen für die europäischen Länder vom Centralized information system for infectious diseases der WHO, Quelle: *http://data.euro.who.int/CISID/*, für Canada dem Bericht der Public Health Agency of Canada "HIV and Aids in Canada - Surveillance Report to December 31, 2005», S. 34, Quelle: *http://www.phac-aspc.gc.ca/publicat/aids-sida/haic-vsac1205/pdf/haic-vsac1205.pdf* (25.11.06).
11	Die Zahlen stammen für die europäischen Länder vom Centralized information system for infectious diseases der WHO, Quelle: *http://data.euro.who.int/CISID/* (25.11.06), für Canada dem Bericht der Public Health Agency of Canada "HIV and Aids in Canada - Surveillance Report to December 31, 2005», S. 55, Quelle: *http://www.phac-aspc.gc.ca/publicat/aids-sida/haic-vsac1205/pdf/haic-vsac1205.pdf* (25.11.06).
12	Die Zahlen stammen für die europäischen Länder vom Centralized information system for infectious diseases der WHO, Quelle: *http://data.euro.who.int/CISID/* (25.11.06), für Canada dem Bericht der Public Health Agency of Canada "HIV and Aids in Canada - Surveillance Report to December 31, 2005», S. 55, Quelle: *http://www.phac-aspc.gc.ca/publicat/aids-sida/haic-vsac1205/pdf/haic-vsac1205.pdf* (25.11.06).

Es ist generell schwierig, eine Vergleichsübersicht über die HIV/Aids-Prävalenz der verschiedenen Länder zu gewinnen, da die Daten unterschiedlich erfasst werden. So kennt bspw. Frankreich erst seit 2003 eine nationale systematische Erfassung der HIV/Aids-Daten[833] (Daten über Aids-Fälle wurden hingegen seit den 80er Jahren national erfasst), Deutschland besitzt erst seit 1993 eine differenzierte Erfassung von HIV-Erstdiagnosen[834].

Nach der Einführung und weit verbreiteten Anwendung der hochaktiven antiretroviralen Therapie (HAART) gingen Aids-Inzidenz und -Sterberaten in allen Vergleichsstaaten stark zurück. Die Anzahl der Neuansteckungen ist jedoch in allen Staaten eher wieder am Ansteigen. Grund hierfür dürfte vor allem in der Vulnerabilität bestimmter Gruppen (bspw. Migrantinnen), in der Behandelbarkeit der HIV-Infektion und in einer Abschwächung des staatlichen Engagements liegen.

Beim Blick auf die Tabelle fällt auf, dass die Schweiz im Vergleich zu den anderen Staaten eine relativ hohe HIV/Aids-Inzidenz aufweist, was allenfalls auch damit zusammenhängt, dass sich Menschen in der Schweiz eher testen lassen und ein guter Zugang zu HIV/Aids-Testzentren besteht.

---

[833] HIV/Aids Surveillance in Europe, End-year report 2005, S. 7; Quelle: *http://www.eurohiv.org/reports/report_73/pdf/report_eurohiv_73.pdf* (25.11.06).

[834] HIV/Aids in Deutschland – Eckdaten, hrsg. vom Robert Koch-Institut; Quelle: *http://www.rki.de/cln_006/nn_334076/DE/Content/InfAZ/H/HIVAIDS/Epidemiologie/Daten__und__Berichte/EckdatenDeutschland, templateId=raw,property=publicationFile.pdf/EckdatenDeutschland* (25.11.06).

7.1.2 HIV/Aids-Diskriminierung im Arbeitsverhältnis

Während über die epidemiologische Situation in allen fünf Staaten vergleichbare Daten vorhanden sind, fehlen solche hinsichtlich Diskriminierungen im Arbeitsverhältnis. Wie in den einzelnen Länderberichten beschrieben, wurden nur wenige systematische und kaum periodische HIV/Aids-Diskriminierungsstudien durchgeführt. Die folgenden Aussagen erheben deshalb keinesfalls Anspruch auf empirische Vollständigkeit:

- In allen fünf[835] Staaten erleben Menschen mit HIV/Aids in der Arbeitswelt Diskriminierungen, namentlich im Zusammenhang mit der Auflösung von Arbeitsverhältnissen, aber auch beim Zugang zur Arbeit. Dabei handelt es sich nicht um Einzelfälle, vielmehr variieren die Anteile derjenigen Befragten, die erlebte Diskriminierungen geltend machen zwischen 20 und 40 Prozent. Eindrücklich ist das Ergebnis einer Studie in Frankreich, wonach 100 Prozent der Befragten angaben, sie würden eine HIV-positive Person bei bekannter Diagnose nicht anstellen. Aufschlussreich ist die Deutschland betreffende Studie, wonach der Mehrheit der rechtlich als «schwer behindert» geltenden Arbeitnehmenden mit HIV/Aids am Arbeitsplatz Vorteile gewährt wird.
- Studien in Grossbritannien und Kanada zur Einstellung gegenüber Arbeitnehmenden mit HIV/Aids zeugen trotz grundsätzlich gutem Informationsstand über HIV/Aids von weit verbreiteten Vorurteilen gegenüber Übertragungsrisiken im Gastgewerbe und bei Gesundheitsberufen.
- Auffallend häufig genannt werden Diskriminierungen von Versicherungen in Frankreich und in der Schweiz.

Trotz aller Vorbehalte gegenüber der Repräsentativität der Studienergebnisse und Einschränkungen hinsichtlich Vergleichbarkeit lassen sich auch die vorliegenden Ergebnisse vorsichtig interpretieren:

- Ausgangspunkt für die Frage des rechtlichen Umgangs mit HIV/Aids-Diskriminierung ist in allen Staaten das beachtliche Ausmass tatsächlich erlebter Diskriminierung. Die rechtlichen Antworten fallen, wie die gleich folgende vertiefte rechtsvergleichende Analyse zeigen wird, je nach Staat differenziert aus.
- Die besonders in Frankreich und der Schweiz ausgeprägt geltend gemachten Diskriminierungen von Versicherern haben ihren Ursprung möglicherweise im lückenhaften gesetzlichen Schutz gegen länger dauernden Lohnausfall, sei es über die Sozialversicherung oder durch das Arbeitsrecht.

---

835 Für Daten zur Schweiz siehe Teil 2, 2; für diejenigen zu Grossbritannien siehe Teil 4, 3.1.3, Frankreich Teil 4, 4.1.3, Deutschland Teil 4, 5.1.3 und Kanada Teil 4, 6.1.3.

7.1.3 Strategie gegen HIV/Aids-Diskriminierung

In allen fünf Staaten bildet der Kampf gegen Diskriminierung und Stigmatisierung von Menschen mit HIV/Aids einen Bestandteil der staatlichen Aidspolitik bzw. Aidsbekämpfungsstrategie[836].

Über die Frage, wie Diskriminierung von Menschen mit HIV/Aids in der Arbeitswelt begegnet werden kann, sind in den einzelnen Staaten sowohl vergleichbare wie unterschiedliche Vorgehensweisen ersichtlich.

Alle fünf Staaten erachten NGOs für die Diskriminierungsbekämpfung als wichtige Akteure und sie werden entsprechend finanziell unterstützt. In Grossbritannien wird die HIV/Aids-Diskriminierung mit einem eigenständigen Aktionsplan bekämpft, der insbesondere auch die Unterstützung von Trainings zum Diskriminierungsabbau am Arbeitsplatz vorsieht. Das Nationale Aidsprogramm 2005–2008 in Frankreich sieht vor, Menschen mit HIV/Aids besser über ihre Rechte zum Diskriminierungsschutz in der Arbeitswelt zu informieren und zu sensibilisieren.

7.2 Völker- und europarechtliche (HIV/Aids) Diskriminierungsschutzverpflichtungen

7.2.1 Die völkerrechtlichen Verpflichtungen der Vergleichsstaaten

Die vorgängig im Einzelnen beschriebenen völkerrechtlichen Verpflichtungen der Vergleichsstaaten lassen sich zusammengetragen in einer Tabelle wie folgt darstellen:

Tabelle 25: Völkerrechtliche Verpflichtungen der Vergleichsstaaten
Quelle: Eigene Darstellung HIV/Aids-Diskriminierungsstudie

Völkerrechtliche Instrumente	Kanada	Deutschland	Grossbritannien	Frankreich	Schweiz
IPwskR	ratifiziert	ratifiziert	ratifiziert	ratifiziert	ratifiziert
IPbpR	ratifiziert	ratifiziert	ratifiziert	ratifiziert	ratifiziert
Fakultativprotokoll IPbpR	ratifiziert	ratifiziert		ratifiziert	
ILO 111	ratifiziert	ratifiziert	ratifiziert	ratifiziert	ratifiziert
ILO 158					
ILO 159		ratifiziert		ratifiziert	ratifiziert
EMRK		ratifiziert	ratifiziert	ratifiziert	ratifiziert
Zusatzprotokoll Nr. 12 EMRK					
Europäische Sozialcharta		ratifiziert		ratifiziert	unterzeichnet, nicht ratifiziert

---

836 Für die staatliche Aidspolitik der Schweiz siehe Teil 2, 4.1; für diejenige von Grossbritannien siehe Teil 4, 3.1.2, Frankreich 4.1.2, Deutschland 5.1.2 und Kanada 6.1.2.

Mit den folgenden Ausführungen wird kein Anspruch auf eine umfassende «Umsetzungsanalyse» in den einzelnen Staaten erhoben, vielmehr ist unser Fokus entsprechend unserem Studienziel auf HIV/Aids beschränkt.

In Bezug auf die völkerrechtlichen Verpflichtungen der Vergleichsstaaten sind zwei Ebenen feststellbar: die Instrumente auf internationaler Ebene und diejenigen auf regionaler Ebene. Vergleichbar sind alle fünf Staaten hinsichtlich ihrer Verpflichtungen auf internationaler Ebene. Mit der Ratifizierung der IPwskR und IPbpR haben sie sich allgemein und mit der Ratifizierung der ILO 111 speziell in Bezug auf die Arbeitswelt zur Umsetzung des Diskriminierungsverbotes verpflichtet. Art. 26 IPbpR verlangt nicht nur den Ausschluss einer rechtlichen, sondern auch einer tatsächlichen Diskriminierung in allen vom Staat geregelten und geschützten Bereichen. Kanada, Deutschland und Frankreich räumen das Individualklagerecht gemäss Fakultativprotokoll zum IPbpR ein. Die Schweiz hat zu Art. 26 IPbpR einen Vorbehalt angebracht und hat das Fakultativprotokoll wie Grossbritannien nicht unterzeichnet.

Es kann festgestellt werden, dass alle fünf Staaten in rechtlicher Hinsicht ihren internationalen Verpflichtungen nachkommen. Im monistischen Frankreich entfalten Diskriminierungsverbote aus ratifizierten internationalen Verträgen direkte Wirkung im nationalen Recht. Deutschland hat ein Benachteiligungsverbot aufgrund der Behinderung im Grundgesetz verankert. Grossbritannien kennt zwar keine Verfassung und somit kein verfassungsrechtliches allgemeines Diskriminierungsverbot; die Mitgliedschaft in der EU und im Europarat verpflichtet Grossbritannien jedoch zum Diskriminierungsschutz aufgrund einer Behinderung. Die kanadische Charter of Rights and Freedoms enthält ein allgemeines Diskriminierungsverbot, das eine Ungleichbehandlung aufgrund geistiger und physischer Behinderung verbietet. Auch die Schweiz erfüllt trotz den in dieser Studie bei HIV/Aids und anderen Krankheiten festgestellten Mängeln mit dem verfassungsrechtlichen Diskriminierungsverbot in Art. 8 Abs. 2-4 BV, den Bestimmungen zum Persönlichkeitsschutz im Arbeitsverhältnis sowie dem Schutz vor Kündigung aus missbräuchlichen Motiven grundsätzlich die Verpflichtungen des IPbpR, IPwskR und IAO-Übereinkommen Nr. 111.

Im arbeitsrechtlichen Bereich umfasst der französische Code du travail sowohl einen Persönlichkeitsschutz als auch die verbotenen Diskriminierungsgründe «Behinderung» und «Gesundheitszustand». Deutschland kennt einen ungeschriebenen arbeitsrechtlichen Gleichbehandlungsgrundsatz. Das britische und kanadische Arbeitsrecht enthalten keine Diskriminierungsverbote; Schutz vor Diskriminierung im Erwerbsleben garantieren Antidiskriminierungsgesetze. Der britische Disability Discrimination Act ist das einzige rechtliche Dokument, das die HIV-Infektion explizit als Behinderung definiert und somit als Unterscheidungskriterium verpönt.

Alle fünf Staaten engagieren sich für die tatsächliche Umsetzung der internationalen Verpflichtungen durch ihre nationale HIV/Aids-Bekämpfungsstrategien zur Verringerung von Diskriminierung und Stigmatisierung (auch) am Arbeitsplatz.

Die EMRK verpflichtet die Schweiz, Frankreich, Deutschland und Grossbritannien. Sie statuiert jedoch kein Diskriminierungsverbot für den arbeitsrechtlichen Bereich. Datenschutzregelungen zum Schutz der Privatsphäre (Art. 8 EMRK) kennen alle drei Vergleichstaaten. Keiner der (europäischen) Vergleichsstaaten hat sich zur Einhaltung des Zusatzprotokolls Nr. 12 zur EMRK verpflichtet, das ein selbständiges Diskriminierungsverbot enthält[837]. Dieses könnte den Schutz vor HIV/Aids-Diskriminierung am Arbeitsplatz verstärken, sicher im öffentlichrechtlichen und im Rahmen der staatlichen Schutzpflichten auch im privatrechtlichen Arbeitsverhältnis.

7.2.2 Europarechtliche Verpflichtungen und Umsetzung

Die Umsetzungsverpflichtung der Rahmenrichtlinie 2000/78/EG betrifft lediglich Frankreich, Grossbritannien und Deutschland.

Keine der drei Rechtsordnungen genügt(e) den Anforderungen der RL 2000/78/EG. Der Anpassungsbedarf fiel indes unterschiedlich aus. In Frankreich und Grossbritannien mussten insbesondere Bestimmungen zum besseren Schutz von Arbeitnehmenden mit einer Behinderung erlassen werden. Beide Staaten mussten ihre Behindertengesetzgebung anpassen, etwa um bisher vom Geltungsbereich ausgenommene Betriebe neu ebenfalls der Gesetzgebung zu unterstellen. Frankreich hatte bislang keine in der RL 2000/78/EG geforderte unabhängige Gleichbehandlungsstelle. Mit der Schaffung der unabhängigen Antidiskriminierungsbehörde Halde hat Frankreich diese Lücke geschlossen. Deutschland hatte die RL 2000/78/EG nicht rechtzeitig umgesetzt und wurde dafür vom EuGH verurteilt[838].

7.3 Rechtsschutz bei HIV/Aids-Diskriminierung

7.3.1 Vorbemerkungen

Im zweiten Teil haben wir die in der Schweiz durch Studien und Beratungserfahrungen dokumentierten Diskriminierungserfahrungen von Menschen mit HIV/Aids in fünf Phasen unterteilt[839]:
– Bewerbung
– Vertragsabschluss
– Anstellungsphase

---

837 Deutschland hat das Zusatzprotokoll Nr. 12 am 4.11.2000 unterzeichnet. Die Ratifikation steht noch aus. Für den Stand der Ratifikation siehe: *http://conventions.coe.int/* (full list).
838 EuGH, Rs. C-43/05, Kommission/Bundesrepublik Deutschland, Urteil vom 23. Februar 2006.
839 Siehe dazu Tabelle 1: Die Diskriminierungsphase.

- Beendigung des Arbeitsverhältnisses
- Nachvertragliche Phase

Im dritten Teil haben wir uns ausführlich mit der Rechtslage in der Schweiz bezüglich der genannten Diskriminierungen beschäftigt. Rechtsvergleichend haben wir im vorliegenden vierten Teil mittels Rechtsvergleichung den Rechtsschutz gegen HIV/Aids-Diskriminierungen im Bereich der Erwerbsarbeit in den Rechtsordnungen Frankreichs, Deutschlands, Grossbritanniens und Kanadas bearbeitet. Zu diesem Zweck haben wir vorab eigentliche Länderberichte erstellt, die auch die Einschätzungen wichtiger Schlüsselpersonen über die Wirksamkeit des jeweiligen Diskriminierungsschutzrechts enthalten. Im Folgenden geht es darum, die Antworten der vier untersuchten ausländischen Rechtsordnungen und der schweizerischen Rechtslage zu den idealtypischen Diskriminierungskonstellationen (Bewerbung, Anstellung usw.) darzustellen und zu vergleichen.

7.3.2 Bewerbungsverfahren

Informationen über den HIV/Aids-Status während des Bewerbungsverfahrens

In allen fünf Staaten ist der Arbeitgeber in der Beschaffung von Gesundheitsinformationen der Stellenbewerbenden Einschränkungen unterworfen. Grundsätzlich sind das Fragerecht des Arbeitgebers und die Informationspflicht der Arbeitnehmerin auf gesundheitliche Belange beschränkt, die für die konkrete Tätigkeit relevant sind. Dieser grundsätzliche Anspruch auf Bewahrung der Privatsphäre beruht in allen fünf Staaten auf unterschiedlichen rechtlichen Grundlagen.

In allen fünf Rechtsordnungen gehört die Information über die HIV-Infektion an sich zu den geschützten Informationen, auf die der Arbeitgeber in Berufen ohne berufsbedingtes Übertragungsrisiko keinen Anspruch hat. In der deutschen und schweizerischen Lehre und Praxis besteht nach Lehre und Rechtsprechung bei unzulässigen Fragen ein Notwehrrecht der Lüge.

Differenzierter ist die Rechtslage in medizinischen Berufen. Eine ausdrückliche Regelung dieser Frage auf Gesetzesstufe fehlt in allen fünf Staaten. In Frankreich ist gestützt auf die strenge Datenschutzgesetzgebung und die arbeits- und strafrechtlichen Diskriminierungsverbote jede direkte oder indirekte Nachfrage des Arbeitgebers nach dem HIV-Test oder gar das Verlangen eines HIV-Tests unzulässig. Ausnahmeregelungen für Gesundheitsberufe sind nicht vorgesehen. Auch in Deutschland gehört die Information über die HIV/Aids-Diagnose gestützt auf Empfehlungen der Aids-Behörden in Berufen mit einem Übertragungsrisiko nicht zum Fragerecht der Arbeitgeber. Im schweizerischen Arbeitsrecht ist die Frage nach dem HIV/Aids-Status von Bewerbenden gestützt auf das Verhältnismässigkeitsprinzip der Datenbearbeitung und Art. 328b OR unzulässig. Unseres Erachtens trifft dies entgegen bisheriger Lehrmeinungen auch auf medizinische Berufe zu. Im britischen Recht wird zum Teil eine Offenbarungspflicht für medizinisches Personal postuliert. In Kanada erlaubt die (federal) Canadian Human Rights Commission die Anordnung von HIV-Tests im Bewerbungsverfahren nicht, da das Übertragungsrisiko am Arbeitsplatz praktisch nicht vorhanden sei. In einem gewissen Widerspruch steht aber die Aussage derselben Kommission, dass der Nachweis eines negativen HIV-Tests von Stellenbewerbenden u.a. für Berufe im «*health care setting*» zulässig sei. Damit wird auch gesagt, dass Stellenbewerbende in Gesundheitsberufen nach dem HIV-Testergebnis gefragt werden dürfen. Einen anderen Weg wählt die Provinz Ontario: Gemäss einer Policy der Ontario Human Rights Commission zum Ontario Human Rights Act sind Gesundheitsfragen im Bewerbungsverfahren nur soweit zulässig, wie sie auf die Fähigkeit zur geforderten Arbeitsleitung Bezug nehmen. Gesundheitstests sind erst nach der Anstellung erlaubt. Der Arbeitgeber muss dann mit angemessenen Massnahmen dafür sorgen, dass eine Beschäftigung trotz allfälligen gesundheitlichen Einschränkungen noch möglich ist.

Die Verankerung von besonderen Schutzpflichten der Arbeitgeber zu Gunsten von Arbeitnehmenden mit Behinderung bzw. gesundheitlichen Einschränkungen hat zur Folge, dass im Bewerbungsverfahren auf gesundheitliche Probleme aufmerksam machen muss, wer diesen Sonderschutz beanspruchen will. So ist nach britischem Recht die Frage nach einer Behinderung von Stellenbewerbenden zulässig. Die Begründung besteht darin, dass Arbeitgebende gegenüber behinderten Arbeitnehmenden besondere Verpflichtungen haben. Mit der Gleichsetzung einer HIV-Infektion mit einer Behinderung im DDA wird somit auch die Frage nach dem HIV/Aids-Status zulässig. Eine Nichtanstellung (einzig) aufgrund einer positiven HIV/Aids-Diagnose würde allerdings eine Diskriminierung darstellen. In Deutschland haben Stellenbewerbende, die unter die Gesetzgebung für Schwerbehinderte fallen, eine Pflicht zur wahrheitsgemässen Auskunft, da in diesen Fällen dem Arbeitgeber Verpflichtungen erwachsen.

Verbot diskriminierender Ungleichbehandlung von Bewerbenden mit positiver HIV/Aids-Diagnose

Darf die HIV/Aids-Diagnose als solche Anknüpfungspunkt eines Selektionsentscheides des Arbeitgebers bilden? Die Antworten in den fünf Rechtsordnungen fallen differenziert aus.

Die französischen Gesetze (Code du travail und Code du pénal) schützen Stellenbewerbende mit positiver HIV/Aids-Diagnose umfassend vor diskriminierender Ungleichbehandlung. Frankreich kennt als einzige der vier untersuchten Rechtsordnungen ein Diskriminierungskriterium «Gesundheitszustand». Will der Arbeitgeber einen Selektionsentscheid mit dem Gesundheitszustand der Arbeitnehmerin oder des

Arbeitnehmers begründen, benötigt er dafür eine Bestätigung über die Nichteignung durch den Arbeitsmediziner. Die gesetzlichen Diskriminierungsverbote gehen nach französischem Verständnis der Vertragsfreiheit unbestrittenermassen vor.

Im deutschen Recht bildet der in Art. 2 GG verankerte Persönlichkeitsschutz sowohl für den privatrechtlichen Arbeitgeber Basis seines freien Selektionsentscheides wie für die Stellenbewerbenden Ausgangspunkt für die Geltendmachung von Diskriminierungsschutz. Vor der Einführung des AGG fehlte es über diese verfassungsrechtliche Orientierung und ausserhalb der Schwerstbehindertengesetzgebung und der Geschlechtergleichheit an einer gesetzlichen Regelung zum Diskriminierungsschutz im Bewerbungsverfahren. Die Diskriminierungsverbote des Betriebsverfassungsgesetzes verfehlen im Bewerbungsverfahren ihre Wirkung. Lehre und Praxis sind zudem gegenüber einer Ausdehnung des Gleichbehandlungsgrundsatzes auf die Bewerbungsphase zurückhaltend. Mit dem AGG ist jedoch jede Benachteiligung im Bewerbungsprozess aufgrund einer Behinderung unzulässig. Im Lichte der EuGH-Rechtssache *Navas* muss der Begriff der Behinderung europarechtlich autonom und einheitlich ausgelegt werden[840]. Wie weit die HIV-Infektion als solche unter diesen Behinderungsbegriff fällt, ist offen.

In Grossbritannien wurde 2005 im DDA neu die HIV-Infektion als solche aufgenommen. Eine HIV-Infektion stellt heute, wie auch Krebs oder Multiple Sklerose, eine Behinderung im Sinne des DDA dar. Der DDA umfasst auch das Bewerbungsverfahren und somit den Selektionsentscheid des Arbeitgebers. Sowohl die direkte wie die indirekte Diskriminierung aufgrund von HIV/Aids im Anstellungsverfahren sind unzulässig. Auch das englische Recht sieht indes Rechtfertigungsgründe für behinderungsbedingte Diskriminierungen vor. Lässt sich die Nichtanstellung der HIV-positiven Stellenbewerberinnen mit einer HIV/Aids bedingten Nichteignung begründen, liegt keine Diskriminierung vor.

In Kanada muss wiederum zwischen der Bundesebene und den Gliedstaaten differenziert werden. Auf Bundesebene gewährt die Rechtsprechung in rechtsfortbildender Auslegung des Canadian Human Rights Acts Schutz vor diskriminierender Nichtanstellung HIV-positiver Bewerbenden. Diese Judikatur wurde durch die Canadian Human Rights Commission in der *HIV/Aids-Policy* bestätigt. Auch im Ontario Human Rights Code ist HIV/Aids nicht ausdrücklich als Diskriminierungsmerkmal aufgeführt. Die Ontario Human Rights Commission anerkennt jedoch in ihrer HIV/Aids-Policy HIV/Aids als «handicap»; «handicap» wird als Verletzung oder Behinderung definiert.

Im schweizerischen Recht schützen der privatrechtliche Persönlichkeitsschutz und das verfassungsrechtliche Diskriminierungsverbot vor HIV/Aids-Diskriminierung im Bewerbungsverfahren.

---

[840] EuGH, Rs. C-13/05, Navas, Rz 42.

Zusammenfassend kann festgehalten werden: Der Grundsatz, dass Stellenbewerbende nicht allein aufgrund ihrer HIV/Aids-Diagnose schlechter behandelt werden dürfen, ist in allen fünf untersuchten Rechtsordnungen in der einen oder anderen Form verankert. Nur in Grossbritannien (HIV/Aids als Behinderung) und in Frankreich (Gesundheitszustand als verbotenes Diskriminierungskriterium im Code du travail und Code pénal) nehmen die Bestimmungen unmittelbar auf die HIV-Infektion Bezug.

Verbot diskriminierender Ungleichbehandlung von Bewerbenden mit einer Behinderung

Die HIV-Infektion kann unter die nationale Behindertengesetzgebung fallen. Die Kriterien dazu sind unterschiedlich. In Grossbritannien wird die HIV-Infektion als solche einer Behinderung im Sinne des Disability Discrimination Act gleichgestellt, während in Frankreich, Deutschland und Kanada ein bestimmtes Ausmass an Funktionseinschränkung notwendig ist, um unter die Normen zum Schutze behinderter Arbeitnehmenden zu fallen. Der rechtliche Status «behindert» hat in allen untersuchten Staaten Auswirkungen auf den freien Selektionsentscheid der Arbeitgebenden.

In Frankreich schützen der Code du travail und der Code pénal umfassend vor direkter und indirekter Diskriminierung sowohl aufgrund des Gesundheitszustandes wie auch aufgrund einer Behinderung. Ein Rechtfertigungsgrund besteht in der arbeitsmedizinisch festgestellten Nichteignung für die fragliche Tätigkeit. Der sachliche Geltungsbereich umfasst nach beiden Gesetzen auch das Bewerbungsverfahren. Der Schutz für Stellenbewerbende aufgrund einer Behinderung wurde durch die RL 2000/78/EG nochmals erweitert, indem die Arbeitgeber angemessene Massnahmen zur Integration von Arbeitnehmenden mit einer Behinderung vornehmen müssen. Dieses Gebot gilt auch im Bewerbungsverfahren. Diese Verpflichtungen wurden im Code du travail verankert.

Bei der Rechtslage in Grossbritannien ist die Erweiterung des DDA relevant. Das DDA erfasst die direkte und die indirekte Diskriminierung auch bei der Anstellung. Stellenbewerbende, die mit einer HIV-Infektion leben, haben damit ungeachtet des konkreten Verlaufs ihrer Krankheit grundsätzlich Anspruch auf Gleichbehandlung. Das Krankheitsstadium spielt hingegen bei der Prüfung der Rechtfertigungsgründe eine wichtige Rolle. Auch Grossbritannien hat die RL 2000/78/EG bezüglich der Verankerung der Arbeitgeberverpflichtungen zu angemessenen Massnahmen gegenüber behinderten Arbeitnehmenden und Stellenbewerberinnen umgesetzt. Im Ergebnis wird der Schutz für behinderte Stellensuchende, auch für von HIV/Aids betroffene Bewerberinnen, verstärkt. Dies allerdings zum Preis der Offenlegung der HIV-Infektion. Nur so können die entsprechenden Schutzrechte geltend gemacht werden.

In Deutschland entfaltet die Schwerbehindertengesetzgebung Wirkung im Bewerbungsverfahren. Wer als schwerbehindert im Sinne der einschlägigen Bestimmungen im neunten Sozialgesetzbuch gilt, hat Anspruch auf Gleichbehandlung bei der Anstellung, sofern die in Frage kommende Tätigkeit aus medizinischen Gründen ausgeübt werden kann (Rechtfertigungsgründe). Soweit die HIV-Infektion fortgeschritten ist, fällt sie unter die Schwerbehindertengesetzgebung. Im Übrigen gilt der Schutz vor Diskriminierung durch das AGG bzw. durch die RL 2000/78/EG.

Im kanadischen Antidiskriminierungsrecht ist die direkte wie die indirekte Diskriminierung aufgrund einer Behinderung sowohl auf Bundesebene wie in den Gliedstaaten unzulässig. Im Ontario Human Rights Code bspw. verstösst eine Ungleichbehandlung aufgrund einer Behinderung dann nicht gegen das Diskriminierungsverbot, wenn eine Unfähigkeit zur im Arbeitsverhältnis vorgesehenen Arbeitsleistung vorliegt. Der Arbeitgeber muss dabei den Nachweis erbringen, dass er alle zumutbaren Massnahmen zur Anpassung eines Arbeitsplatzes an die Bedürfnisse des behinderten Arbeitnehmers getroffen hat.

In der Schweiz sieht das Bundesgesetz über die Gleichstellung von Menschen mit Behinderung lediglich für Anstellungen bei Bundesbehörden einen spezifischen Schutz vor Anstellungsdiskriminierung vor. Im Übrigen erfahren aber Menschen mit Behinderungen Schutz durch den privatrechtlichen Persönlichkeits- und den verfassungsrechtlichen Diskriminierungsschutz.

Beim Vergleich der Rechtsordnungen fallen die Privilegierung der HIV-Infektion im britischen Behindertenschutzrecht und die vergleichsweise «unterentwickelte» Rechtslage in der Schweiz und in Deutschland vor dem AGG auf. Das Beispiel Ontario zeigt, dass die in der RL 2000/78/EG vorgesehenen Verpflichtungen der Arbeitgeber zu angemessenen Massnahmen für die Ermöglichung der Integration behinderter Arbeitnehmenden keine originär europäische oder EU-Erfindung darstellt. Vielmehr wird hier ein Weg verfolgt, der dem kanadischen und US-amerikanischen Recht schon länger eigen ist.

Prozessuale Fragen

Zur Durchsetzung der Diskriminierungsverbote zu Gunsten Arbeitnehmender mit gesundheitlichen Problemen oder Behinderungen sind mit Ausnahme der Schweiz in allen untersuchten Staaten Beweislasterleichterungen vorgesehen. Für Frankreich, Grossbritannien und Deutschland verlangt die Umsetzung der RL 2000/78/EG, dass Diskriminierungsopfer eine Diskriminierung lediglich glaubhaft machen müssen und die Arbeitgebenden im Gegenzug beweisen müssen, dass keine Diskriminierung vorliegt. Im vorliegenden HIV/Aids-Kontext ist damit das in der RL 2000/78/EG erfasste Kriterium «Behinderung» erfasst. Da Grossbritannien in seiner Behindertengesetzgebung die HIV-Infektion einer Behinderung gleichsetzt, kann auch eine Person mit symptomfreier HIV-Infektion im Prozess um eine Anstellungsdiskriminierung die Beweislasterleichterung in Anspruch nehmen. Gleiches gilt in Frankreich, wenn auch aus anderem Grund. Hier enthält der Code du travail das Verbot, Arbeitnehmende aufgrund ihrer Gesundheit zu benachteiligen. Beweislasterleichterungen gelten sowohl für das Diskriminierungskriterium «Behinderung» wie «Gesundheit». Deutschland kennt die Beweislasterleichterung im Anwendungsbereich der Schwerbehindertengesetzgebung. Mit dem AGG wird sie jedoch auch für Anstellungsdiskriminierungen aufgrund einer nicht unter die Schwerbehindertengsetzgebung fallenden Behinderung eingeführt. Wie im Kapitel über die Rechtslage in Deutschland ausgeführt wurde, ist streitig, ob die aktuelle AGG-Norm der Beweislasterleichterung den europarechtlichen Anforderungen genügt. In Kanada wurde die Beweislasterleichterung durch die Rechtsprechung eingeführt («*prima facie case of discrimination*»).

Verfahren über Anstellungsdiskriminierungen müssen in Frankreich vor den ordentlichen Zivilgerichten ausgetragen werden. Für vorvertragliche Streitigkeiten sind die Arbeitsgerichte nicht zuständig. Zu erwähnen sind aber die Kompetenzen der Arbeitsinspektoren, denen auch in Fällen von vermuteten Anstellungsdiskriminierungen weitgehende Untersuchungsbefugnisse zukommen. In Grossbritannien können Klagen wegen Diskriminierung, auch wegen Anstellungsdiskriminierungen, beim Employment Tribunal eingereicht werden. Auch in Deutschland können Streitigkeiten aus Bewerbungsverfahren vor den Arbeitsgerichten ausgetragen werden. In Kanada ist die Human Rights Commission für Klagen wegen (Anstellungs)Diskriminierung zuständig. In der Schweiz ist nach der bisherigen (spärlichen) Gerichtspraxis davon auszugehen, dass für Anstellungsdiskriminierungsfälle das in Art. 343 OR vorgesehene arbeitsgerichtliche Verfahren angewendet wird.

Rechtsfolgen

Keine der fünf Rechtsordnungen sieht eine Kontrahierungspflicht bei HIV/Aids bedingter und nicht sachlich begründeter Verweigerung der Anstellung vor.

Frankreich's Code du travail verbietet zwar jede Diskriminierung bei der Stellenbewerbung, sieht jedoch keine speziellen Rechtsfolgen im Falle von Anstellungsdiskriminierungen vor. Diskriminierende Handlungen seitens der Arbeitgebenden sind lediglich «null und nichtig». Ob daraus ein Anstellungsanspruch abgeleitet werden kann, ist fraglich. Ein allfälliger Ersatzanspruch kann wie erwähnt nicht bei den Arbeitsgerichten geltend gemacht werden. Strenge Rechtsfolgen sieht jedoch der Code pénal vor. Anstellungsdiskriminierung wird mit Bussen von 45 000 Euro und bis zu drei Jahren Gefängnis sanktioniert.

In Grossbritannien sieht der DDA als Rechtsfolge von diskriminierenden Nichtanstellungen Schadenersatzzahlungen in nicht beschränkter Höhe vor, die auch Genugtuungsaspekte umfasst. Das Employment Tribunal kann weiter Empfehlungen zur Beseitigung oder Milderung einer Diskriminierung abgeben, dies umfasst auch die Empfehlung zur Anstellung einer zu Unrecht nicht angestellten Person.

In Deutschland sind, wie ausgeführt wurde, Schwerbehinderte aufgrund der Spezialgesetzgebung vor Anstellungsdiskriminierung geschützt. Als Rechtsfolge einer ungerechtfertigten Nichtanstellung Schwerbehinderter ist eine Entschädigung, nicht aber ein Einstellungsanspruch vorgesehen. Für Behinderte ausserhalb des Anwendungsbereichs der Schwerbehindertengesetzgebung sieht das AGG im Falle diskriminierender Nichtanstellungen Entschädigungszahlungen mit Strafcharakter vor.

In Kanada sehen sowohl der Canadian Human Rights Act wie auch der Ontario Human Rights Act Entschädigungszahlen an die Diskriminierungsopfer wie auch zusätzliche Sanktionen gegen die fehlbaren Arbeitgeber vor.

Positive Massnahmen zur Förderung der Anstellung von Menschen mit HIV/Aids

Die RL 2000/78/EG fordert von den Mitgliedstaaten die Einführung von unabhängigen Gleichbehandlungsstellen zur Förderung der Gleichstellung. Frankreich ist dieser Anforderung mit der Schaffung «Haute Autorité independant contre la discrimination» (Halde) nachgekommen. In Grossbritannien nimmt die Disablity Rights Commission eine vergleichbare Aufgabe wahr. In Kanada nehmen sowohl auf Bundesebene wie im Gliedstaat Ontario Human Rights Commissions Aufgaben zur Förderung der Rechte (u.a.) am Arbeitsplatz von Menschen mit Behinderung wahr. In Deutschland fehlt eine unabhängige Gleichstellungsstelle für die Rechte am Arbeitsplatz von Menschen mit Behinderung. Das § 25 AGG beauftragt nun das Bundesministerium für Familie, Senioren, Frauen und Jugend, eine Stelle des Bundes zum Schutz vor Benachteiligungen im Sinne des AGG zu errichten (sog. Antidiskriminierungsstelle des Bundes).

Unsere Befragungen in Frankreich, Grossbritannien, Deutschland und Kanada zeigen die grosse Bedeutung der unabhängigen Gleichbehandlungsstellen, gerade auch für den Bereich der Anstellungsdiskriminierungen. Angesichts der vielen prozessualen Hürden eines formalisierten Gerichtsverfahrens erfüllen diese Institutionen eine wichtige Funktion als niederschwellige Anlaufstellen für Beschwerden.

Ein mögliches Instrument zur Förderung der Anstellung von behinderten Arbeitnehmern besteht in der Verankerung einer Quote. In Frankreich sieht das Behindertengleichstellungsgesetz für Betriebe mit mehr als 20 Angestellten eine Quote von sechs Prozent vor. Wer diese Quote nicht erreicht, ist zu Ersatzzahlungen an einen Fonds verpflichtet. Grossbritannien, Deutschland und Kanada kennen keine starren Quotensysteme.

Zusammenfassung und Übersicht zum Diskriminierungsschutz im Bewerbungsverfahren

In allen fünf Staaten ist die direkte HIV/Aids bedingte Diskriminierung im Bewerbungsverfahren untersagt. Zu diesem Schutz gehört auch die Beweislasterleichterung, Diskriminierungen müssen lediglich glaubhaft gemacht werden. Nur die Schweiz kennt dieses Instrument bei der Anstellungsdiskriminierung nicht. Die indirekte Diskriminierung ist in Frankreich, Grossbritannien und Kanada miterfasst, in Deutschland erst seit Inkrafttreten des AGG. In der Schweiz ist das Schutzniveau generell am Schwächsten.

Bei einer Gesamtbetrachtung der Rechtslage zum Schutz vor Diskriminierung in den fünf Staaten fallen die recht rigiden Regeln in Frankreich auf. Sowohl die Datenschutzgesetzgebung wie auch die Diskriminierungsverbote im Code du travail und Code pénal bieten theoretisch einen ausgezeichneten Schutz gegen HIV/Aids bedingter Diskriminierung im Bewerbungsverfahren. Jede Benachteiligung im Bewerbungsverfahren aufgrund der HIV-Infektion ist rechtlich unzulässig. Nur eine arbeitsmedizinisch festgestellte vollständige Nichteignung für die in Frage kommende Tätigkeit rechtfertigt einen auf HIV/Aids bezogenen Selektionsentscheid. In einem deutlichen Kontrast dazu stehen nun allerdings die Ergebnisse unserer Befragung, die dem französischen Diskriminierungsschutz eine eher bescheidene Wirkung zubilligen bzw. noch ein grosses Umsetzungsdefizit feststellen. Auffallend ist weiter, dass in Grossbritannien, Deutschland und Kanada für Arbeitnehmende in einem potenziell mit Übertragungsrisiken behafteten Tätigkeiten die Wahrheits- und Offenbarungspflichten im Bewerbungsverfahren anders gewichtet werden als bei übrigen Tätigkeiten.

Zwischen der freiwilligen oder durch Wahrheits- und Offenbarungspflichten erzwungenen Information über den HIV/Aids-Status im Bewerbungsverfahren und Diskriminierungsschutz besteht ein innerer Zusammenhang. Je besser Arbeitnehmende mit HIV/Aids im Bewerbungsverfahren vor unberechtigter Benachteiligung geschützt sind, desto eher sind sie bereit bzw. ist ihnen zuzumuten, die HIV/Aids-Diagnose offen zu legen.

7.3.3 Vertragsabschluss

Schutz vor Diskriminierung bei Arbeitnehmerversicherungen

In Frankreich sind die Privatversicherungsgesellschaften vor Vertragsabschluss befugt, Gesundheitsfragen zu stellen und die potenziell zu Versichernden müssen diese Fragen wahrheitsgemäss beantworten. Im Rahmen einer Risikoselektion können Menschen mit HIV/Aids oder anderen vorbestehenden Krankheiten von der Versicherung ausgeschlossen werden. Eine spezielle Regelung sieht das Gesetz jedoch dann vor, wenn ein Kollektiv von Arbeitnehmenden versichert wird[841]. Hier muss der Versicherer entweder die ganze Belegschaft versichern oder die Versicherbarkeit generell ablehnen. Bedingung für das Greifen dieser gesetzlichen Ausnahmeregelung ist, dass die Versicherung für die einzelnen Arbeitnehmenden obligatorisch ist.

---

841   Loi no 89-1009.

Auch in Deutschland besteht zur besseren Absicherung im Krankheitsfall ein Bedarf, dass zusätzlich zur gesetzlichen Krankenversicherung eine private Versicherung (Berufsunfähigkeitsversicherung) abgeschlossen wird. Im Rahmen der Risikoselektion ist der Privatversicherer in Deutschland befugt, vor Versicherungsabschluss Gesundheitsfragen zu stellen und kann bei Vorliegen von vorbestehenden Krankheiten, z.B. eine HIV-Infektion, den Abschluss verweigern, was auch regelmässig getan wird.

In Grossbritannien ist die gesetzliche Lohnfortzahlung tief und muss oft mittels einer Privatversicherung ergänzt werden. Grundsätzlich haben auch die britischen Privatversicherer Privatautonomie, können bspw. Gesundheitsfragen stellen und Menschen mit vorbestehenden Krankheiten vom Versicherungsschutz ausschliessen. Diese Risikoselektion wird jedoch vom Disability Discrimination Act bei Kollektivversicherungen eingeschränkt: Privatversicherer dürfen hier Menschen mit vorbestehenden Krankheiten nicht schlechter stellen als solche ohne vorbestehende Krankheiten. Gibt es folglich in einer Firma eine kollektive Taggeldversicherung, so müssen alle Arbeitnehmenden darin aufgenommen werden. Ein Nichtbeachten dieser Regelung kann der/die betroffene Arbeitnehmerin gegen die Versicherung, in gewissen Fällen aber auch gegen den Arbeitgeber klagen.

In Kanada wird der nur minimale Lohnfortzahlungsschutz durch «disability insurances» aufgebessert. Dabei wird zwischen Kurz- und Langzeitversicherungen unterschieden: Bei Kurzzeiterkrankungen wird der Versicherungsschutz während vier bis sechs Monaten gewährt. Danach werden Leistungen im Rahmen der Langzeitversicherung ausbezahlt, unter der Voraussetzung, dass eine 100%-Behinderung vorliegt. Die Privatversicherer können auch in Kanada den Versicherungsabschluss bei vorbestehenden Krankheiten verweigern. Dies selbst bei kollektiven Versicherungen. Die meisten Langzeitversicherungen nehmen jedoch auch Personen mit vorbestehenden Krankheiten in die Kollektivversicherung auf, allerdings mit einem 12-monatigen Vorbehalt falls sich die Person vor Versicherungseintritt einer ärztlichen Untersuchung oder Behandlung unterzogen hat. Daneben gibt es auch Langzeitversicherungen, welche eine Wartezeit kennen; in der Regel muss hier vor Leistungsbeginn eine 4–6 Monate dauernde Arbeitsunfähigkeit bestanden haben.

In der Schweiz ist die gesetzliche Lohnfortzahlungspflicht bei Krankheit im privatrechtlichen Arbeitsverhältnis besonders bei nicht langjährigen Arbeitsverhältnissen sehr kurz und es besteht regelmässig Bedarf an Versicherungslösungen. Sowohl in der Krankentaggeldversicherung wie in der weitergehenden beruflichen Vorsorge können Versicherer Personen mit vorbestehenden Krankheiten, auch die symptomfreie HIV-Infektion gehört dazu, vom Versicherungsschutz ausschliessen oder einen eingeschränkten Versicherungsschutz anbieten.

Die Lösungen des Risikoselektionsverbotes für Kollektivversicherungen in Grossbritannien und Frankreich führen dazu, dass Arbeitnehmerinnen mit HIV/Aids nicht schlechter behandelt werden als ihre HIV-negativen Arbeitskollegen.

Schutz vor HIV/Aids bedingten schlechteren Arbeitsbedingungen

Die Richtlinie 2000/78/EG verbietet schlechtere Beschäftigungs- und Arbeitsbedingungen einschliesslich Lohn und Entlassungsbedingungen aufgrund einer Behinderung. Aufgrund des EuGH Entscheides *Navas* fallen Arbeitnehmer mit HIV/Aids erst unter den Behindertenbegriff im Sinne der Richtlinie resp. in deren Schutzbereich, wenn sie in ihrer Teilnahme am Berufsleben aus gesundheitlichen Gründen als Folge der HIV-Infektion eingeschränkt sind. Nach unserer Interpretation sind Personen mit HIV/Aids dann im Sinne des Art. 1 des RL 2000/78/EG behindert, wenn sie allein aufgrund ihrer HIV-Infektion unterschiedlich behandelt werden.

Der Code du travail regelt in Frankreich in Art. 122-45 umfassend die Rechtsbeziehungen zwischen Arbeitnehmenden und privaten Arbeitgebenden. Der sachliche Anwendungsbereich der im Code du travail enthaltenen Diskriminierungsverbote umfasst die Vereinbarung der Vertragsinhalte, die Ausgestaltung des Arbeitsverhältnisses und Vertragsergänzungen. Arbeitnehmerinnen mit HIV/Aids sind ebenfalls durch die Diskriminierungsverbote des Code pénal vor diskriminierenden Arbeitsbedingungen geschützt. Ungleiche Arbeitsbedingungen aufgrund des Gesundheitszustands sind jedoch zulässig, wenn sie dem Schutz der Arbeitnehmerinnen dienen. Schliesslich schreibt das im 2005 in Kraft getretene Gleichstellungsgesetz eine Verhandlungspflicht des Arbeitgebers im Fall der Integration von behinderten Arbeitnehmern vor, d.h., der Arbeitgeber muss mit dem Sozialpartner die Arbeitsbedingungen im Fall behinderter Arbeitnehmer aushandeln.

In Grossbritannien hat die Vertragsfreiheit einen sehr hohen Stellenwert. Gemäss DDA handelt ein Arbeitgeber jedoch rechtswidrig, wenn er Arbeitnehmerinnen mit einer Behinderung bezüglich vertraglicher Beschäftigungsbedingungen ungleich behandelt. Insbesondere verbietet das DDA eine schlechtere Behandlung aufgrund von Vorurteilen und pauschalen Annahmen. Dieses Verbot betrifft sowohl vertragliche Beschäftigungsbestimmungen wie Anordnungen des Arbeitgebers gegenüber den einzelnen Arbeitnehmenden.

Im deutschen Arbeitsrecht ist die Vertragsfreiheit bereits im Lichte von Art. 3 Abs. 3 GG (Benachteiligung aufgrund einer Behinderung) eingeschränkt. Auf Gesetzesstufe gilt das Benachteiligungsverbot des AGG sowohl mittelbar wie unmittelbar bei Beschäftigungs- und Arbeitsbedingungen. Benachteiligungen im Sinne des AGG liegen vor, wenn eine Person wegen einer Behinderung eine weniger günstige Behandlung erfährt als eine Person in vergleichbarer Situation. Gleich wie im französischen Recht ist eine Ungleichbehandlung wegen einer Behinderung zulässig, wenn sie aufgrund der wesentlichen und entscheidenden beruflichen Anforderungen vorgenommen wurde. Die Ausgestaltung der Arbeitsbedingungen durch Anordnungen des Arbeitgebers hat in den Schranken des arbeitsrechtlichen Gleichbehandlungsgrundsatzes und des Persönlichkeitsschutzes zu erfolgen.

Gemäss kanadischem Human Rights Act (CHRA) verstösst jede nachteilige Unterscheidung in der Beziehung zu einem Arbeitnehmer das Diskriminierungsverbot aufgrund von Behinderung resp. HIV/Aids, so auch im Zusammenhang mit der Anstellung. Eine differenziertere Regelung sieht der CHRA lediglich in Bezug auf den Grundsatz gleiches Entgelt für gleiche Arbeit im genderspezifischen Kontext vor. Um den Arbeitswert (*«value of work»*) zu bemessen, sei auf die Kriterien «skill, effort and responsibility required in the performance of the work and the conditions under which the work is performed» abzustützen. Daraus abgeleitet ergibt sich, dass ungleiche Arbeitsbedingungen aufgrund HIV/Aids ein Verstoss gegen das Diskriminierungsverbot aus CHRA darstellt.

In der Schweiz ist zwischen privat- und öffentlichrechtlichen Arbeitsverhältnissen zu unterscheiden. Aufgrund der Vertragsfreiheit ist jeder Vertragsinhalt zulässig, solange er nicht u.a. sittenwidrig ist oder gegen das Recht der Persönlichkeit verstösst. Willigt die Arbeitnehmerin einer vertraglichen Vereinbarung schlechterer Arbeitsbedingungen zu, so wird die Widerrechtlichkeit einer HIV/Aids bedingten Schlechterstellung aufgehoben, soweit die Einwilligung nicht ihrerseits gegen den Persönlichkeitsschutz verstösst.

Zusammenfassung und Übersicht zum Diskriminierungsschutz bei Vertragsabschluss

In allen fünf Staaten entsteht als Folge nicht ausreichender gesetzlich garantierter Lohnfortzahlung im Krankheitsfall für Arbeitnehmerinnen ohne gesamtarbeits- oder individualarbeitsvertraglich abgesicherte Volldeckung ein Bedarf an durch Privatversicherer zu versichernde Vorsorge für den Krankheits- und Invaliditätsfall.

In Grossbritannien ist es gemäss DDA einem Versicherer untersagt, Arbeitnehmer mit vorbestehenden Krankheiten schlechter zu stellen als solche ohne. Es besteht also quasi ein Kontrahierungszwang, unter der Voraussetzung allerdings, dass eine Kollektivversicherungslösung besteht. Auch in Frankreich besteht eine Ausnahme der Risikoselektion im Bereich kollektive Versicherungen: Wenn ein Versicherer eine ganze Belegschaft versichert, muss er auch Menschen mit vorbestehenden Krankheiten in die Versicherung aufnehmen. In Kanada werden in der Praxis bei Langzeitversicherung nach Ablauf eines einjährigen Vorbehalts auch Menschen mit vorbestehenden Krankheiten in diese Versicherung aufgenommen. Deutschland und die Schweiz sehen keine spezielle Regelung vor. Hier ist der Versicherer befugt, auch im Bereich der kollektiven Taggeldversicherung Menschen mit vorbestehenden Krankheiten von der Versicherung auszuschliessen, soweit nicht der Gesamt- oder Einzelarbeitsvertrag eine bessere Lösung vorsieht. Im Bereich Einzeltaggeldversicherung besteht in allen fünf Ländern eine Risikoselektion und Menschen mit HIV/Aids ist es nicht möglich, eine solche abzuschliessen.

7.3.4 Während der Anstellung

Schutz vor HIV/Aids-Mobbing und diskriminierenden Weisungen

Das Gemeinschaftsrecht verpflichtet seine Mitgliedstaaten, auch Belästigung als eine Form der Diskriminierung zu verbieten.

Der Code du travail in Frankreich umfasst sowohl das Verbot der sexuellen Belästigung, als auch das Verbot der «moralischen» Belästigung. Jede Form von belästigendem Verhalten von Mitarbeitern oder Vorgesetzten ist verboten und der Arbeitgeber ist verpflichtet, geeignete Massnahmen zur Verhinderung von HIV/Aids-Mobbing zu treffen. Arbeitsinspektorate sind berechtigt, die relevanten Dokumente vom Arbeitgeber herauszuverlangen und über die Verstösse gemachten Protokolle an die Staatsanwaltschaft für eine allfällige Anklage weiterzuleiten. Klagen wegen Verletzung des Belästigungsverbots werden beim Arbeitsgericht eingereicht und es kann auf Schadenersatz und/oder Genugtuung geklagt werden.

In Deutschland ist sowohl die Belästigung als auch die sexuelle Belästigung verboten. Als Belästigung im Sinne des AGG werden all jene unerwünschten Verhaltensweisen definiert, welche mit einem geschützten Diskriminierungsmerkmal im Zusammenhang stehen und bezwecken oder bewirken, dass die Würde der betreffenden Person verletzt wird und eine feindliche Umgebung geschaffen wird. Trifft der Arbeitgeber keine Massnahmen, um die Belästigung zu unterbinden, so darf die betroffene Arbeitnehmerin unter Lohnfortzahlung die Arbeit verweigern. Auch die Anweisung einer Person, jemanden wegen eines Diskriminierungsmerkmals zu benachteiligen, oder sich so zu verhalten, dass ein Arbeitnehmer aufgrund seiner Behinderung benachteiligt wird oder benachteiligt werden könnte, ist eine Diskriminierung im Sinne des AGG. Die Anweisung muss vorsätzlich erfolgen.

In Grossbritannien gewährleistet der DDA ausdrücklich Schutz vor Belästigung. Belästigung ist gemäss Gesetzesdefinition dann gegeben, wenn eine Person sich an einem Verhalten beteiligt, welches den Zweck oder die Auswirkung hat, die Würde der behinderten Person zu verletzen oder ein von Mobbing geprägtes Umfeld zu schaffen. Wird die Belästigung nicht beabsichtigt, aber von der betroffenen Person als solche wahrgenommen, wird geprüft, inwiefern das Verhalten objektiv den Umständen entsprechend als solche gewürdigt werden kann. Im Fall einer Belästigung kann der betroffene Arbeitnehmer beim Employment Tribunal auf Schadenersatz klagen.

Der Canadian Human Rights Act verbietet Belästigung aufgrund der verbotenen Persönlichkeitsmerkmale bei der Arbeit. Der Canadian Labour Code schützt hingegen ausschliesslich vor sexueller Belästigung, der Criminal Code vor körperlichen und sexuellen Übergriffen. Der Arbeitgeber ist selbst dann für Belästigungen durch Mitarbeitende oder Dritte verantwortlich, wenn er keine Kenntnisse von diesen Handlungen hatte. Gemäss *Robichaud v. Canada* muss der Arbeitgeber beweisen, dass er alles unternommen hat, um die Belästigung zu verhindern oder dessen Auswirkungen zu lindern. Das Strafmass bemisst sich danach, ob die vom Arbeitgeber getroffenen Massnahmen angemessen sind.

Die Schweiz kennt kein ausdrückliches Verbot der Belästigung. Der Arbeitgeber ist jedoch aus Art. 328 OR verpflichtet, gegenüber Mobbing-Opfer seine Fürsorgepflicht wahr zu nehmen. Er hat für ein taugliches Konfliktmanagement zu sorgen. Trifft der Arbeitgeber keine zumutbaren Massnahmen, so ist die betroffene Arbeitnehmerin zur Klage (Unterlassungs-, Beseitigung- und Feststellungsklage) vor Gericht berechtigt und hat einen Anspruch sowohl auf Schadenersatz und, bei schwerer Verletzung der Persönlichkeit, auf Genugtuung.

Besonderer Schutz für erkrankte Arbeitnehmerinnen

Die EU-Antidiskriminierungsrichtlinie verlangt von den Mitgliedstaaten die Verankerung von so genannten «angemessenen Vorkehrungen» zu Gunsten behinderter Arbeitnehmerinnen und Arbeitnehmern.

Der Code du travail in Frankreich verpflichtet den Arbeitgeber, für behinderte Arbeitnehmende angemessene Vorkehrungen zu treffen, damit diese ihren Arbeitsplatz ganz oder teilweise erhalten können. Kommt der Arbeitgeber dieser Verpflichtung nicht nach, kann die betroffene Arbeitnehmerin ihren Anspruch beim Arbeitsgericht geltenden machen, wobei sie die Nichtanpassung lediglich glaubhaft machen muss.

Unter dem Titel «positive Massnahmen» bestimmt das deutsche AGG, dass eine unterschiedliche Behandlung zulässig ist, wenn dadurch geeignete und angemessene Massnahmen bestehende Nachteile verhindert oder ausgeglichen werden. Der Arbeitgeber wird unter dem AGG jedoch zu diesen Massnahmen nicht verpflichtet. Hingegen verlangt das Gesetz zur Gleichstellung behinderter Menschen die umfassende Barrierefreiheit, die mittels Zielvereinbarungen anerkannter Vertreter von Unternehmen und mit dem Verbandsklagerecht erreicht werden soll. Schliesslich haben schwer behinderte Arbeitnehmerinnen gemäss SGB IX einen Anspruch auf einen behindertengerechten Arbeitsplatz, Arbeitsassistenz und Teilzeitarbeit. Bewirbt sich eine schwer behinderte Person, ist der Arbeitgeber verpflichtet, die Schwerbehindertenvertretung darüber zu informieren und zu prüfen, ob freie Arbeitsplätze mit der schwer behinderten Arbeitskraft besetzt werden könnten.

Grossbritanniens DDA verpflichtet Arbeitgeber, innerhalb ihrer Geschäftspraxis oder am Arbeitsplatz angemessene Vorkehrungen (z.B. Gewährung von zusätzlichen Pausen, flexiblere Arbeitszeiten oder Kühlschrank zur Lagerung von Medikamenten) vorzunehmen, falls damit ein bedeutender Nachteil für Menschen mit Behinderungen beseitigt werden kann.

Eine ähnliche Regelung wie Deutschland kennt Kanada, wo der CHRA in Section 16 bestimmt, dass eine unterschiedliche Behandlung keine Diskriminierung darstellt, wenn durch geeignete und angemessene Massnahmen bestehende Nachteile verhindert oder ausgeglichen werden können. Eine Pflicht, solche Vorkehrungen zu treffen, fordert dieses Gesetz jedoch nicht.

In der Schweiz ist der Arbeitgeber verpflichtet, Massnahmen zum Schutz der Gesundheit zu treffen. Bei fehlender Rücksichtnahme auf die Gesundheit der Arbeitnehmenden kann die betroffene Person bei der Vollzugsbehörde Anzeige wegen Verletzung des Arbeitsgesetzes machen und auf dem Zivilprozessweg den Anspruch auf Schadenersatz geltend machen.

Schutz vor HIV/Aids diskriminierenden Datenschutzverletzungen

In Frankreich dürfen Gesundheitsdaten nur dann bearbeitet werden, wenn ein Rechtfertigungsgrund vorliegt. Arbeitgeberinteressen sind kein Rechtfertigungsgrund. Im Gegensatz zum Arbeitgeber hat der Betriebsarzt einen Anspruch auf Kenntnis der Gesundheitsdaten der Arbeitnehmerinnen, jedoch nur soweit, als ihm diese Daten erlauben, die Eignung oder Nichteignung des Arbeitnehmenden für die betreffende Stelle zu beurteilen.

Die Bearbeitung von Gesundheitsdaten ist in Deutschland gemäss BDSG grundsätzlich nur dann zulässig, wenn die betroffene Person höchstpersönlich eingewilligt hat. Die Einwilligung muss freiwillig und informiert erfolgen, bedarf der Schriftlichkeit und muss sich ausdrücklich auf die Daten beziehen. Als Rechtsfolge rechtswidriger Datenbearbeitung sieht das Gesetz die Löschung oder Berichtigung sowie allenfalls einen Anspruch auf Schadenersatz vor.

In Grossbritannien ist der Arbeitgeber verpflichtet, zusätzliche Vorsichtsmassnahmen zu ergreifen, wenn er persönliche, sensible Daten bearbeitet. Damit der Arbeitgeber die angemessenen Vorkehrungen am Arbeitsplatz vornehmen kann (siehe oben), müssen ihm Angaben über die Behinderung gemacht werden. Die Weitergabe detaillierter Angaben über die Art der Behinderung ist ihm jedoch untersagt.

Um Personendaten (Gesundheit, Erwerbstätigkeit) in Erfahrung zu bringen, müssen sich die Bundesbehörden in Kanada direkt an die betroffene Person wenden und dürfen sich die Informationen nicht auf anderem Weg beschaffen. Der Zugang zu eigenen Personendaten kann von den Bundesbehörden verweigert werden, wenn befürchtet wird, dass das Bekanntwerden der Daten nicht zum Wohl der betroffenen Person ist. Der PIPEDA schützt Arbeitnehmerinnen und Kunden eines privaten Unternehmens vor unrechtmässiger Datenbearbeitung. Die Bearbeitung von Personendaten setzt die Einwilligung der betroffenen Person voraus. Aus rechtlichen oder medizinischen Gründen sowie aus Gründen der Sicherheit kann von einer Einwilligung abgesehen werden. Die Unternehmen sind ausserdem verpflichtet, einen Leitfaden und Methoden zur betrieblichen Datenbearbeitung zu entwickeln.

In der Schweiz ist die Bekanntgabe von Gesundheitsdaten ohne Einwilligung der betroffenen Person eine Persönlichkeitsverletzung im Sinne des Datenschutzgesetzes resp. Art. 328b OR. Trifft der Arbeitgeber nicht die ihm zumutbaren Massnahmen, um die Arbeitnehmerinnen vor datenschutzrechtlichen Persönlichkeitsverletzungen zu schützen, verletzt er seine Fürsorgepflicht als Arbeitgeber nach Art. 328 OR. Schliesslich ist die Information über HIV/Aids im privaten wie öffentlichen Arbeitsverhältnis durch die berufliche Schweigepflicht geschützt.

7.3.5 Beendigung des Arbeitsverhältnisses

Schutz bei krankheitsbedingter Arbeitsunfähigkeit

Im Rahmen der RL 2000/78/EG hat der EuGH in der Rechtssache *Navas* entschieden, dass für das Gemeinschaftsrecht die Behinderung klar von der Krankheit abzugrenzen ist. Das Persönlichkeitsmerkmal «Krankheit» ist vom allgemeinen Diskriminierungsverbot in der RL 2000/78/EG jedoch nicht erfasst. Bei Krankheit besteht somit keine mit Behinderung vergleichbare Arbeitgeberverpflichtung für angemessene Vorkehrungen. Aufgrund der Schlussanträge des Generalanwalts in *Navas* kann jedoch davon ausgegangen werden, dass das Konzept der sozial konstruierten Behinderung im Fall eines diskriminierenden Verhaltens aufgrund einer HIV-Infektion gilt. Nach Gemeinschaftsrecht darf einer behinderten Arbeitnehmerin erst gekündigt werden, wenn es sich zeigt, dass sie trotz angemessener Vorkehrungen durch den Arbeitgeber, die vertraglich geforderte Arbeitsleistung nicht erbringen kann.

In Frankreich kann eine Kündigung mit der krankheitsbedingten Arbeitsunfähigkeit begründet werden. Bei der krankheitsbedingten Arbeitsunfähigkeit muss es sich um eine vollständige körperliche/psychische Nichteignung handeln, die von einem Arbeitsmediziner festgestellt werden muss. Bei einer nicht vollständigen körperlichen/psychischen Nichteignung ist als mildere Massnahme gegenüber der Kündigung dem betroffenen Arbeitnehmer eine geeignete Arbeit zuzuweisen.

Das britische Recht anerkennt die HIV-Infektion auch in der asymptomatischen Phase ausdrücklich als Behinderung. Wird eine behinderte Person auch in bezug auf die Aufhebung des Arbeitsverhältnisses erheblich benachteiligt, so ist der Arbeitgeber verpflichtet, angemessene Vorkehrungen zu treffen.

Wie im Gemeinschaftsrecht ist in Deutschland der Begriff der Behinderung nicht mit dem der Krankheit gleichzusetzen. Krankheit kann ein Kündigungsgrund sein, wenn die betroffene Arbeitnehmerin die geforderte Arbeit nicht oder nur teilweise erfüllen kann. Die Arbeitsunfähigkeit muss sich jedoch negativ auf den Betrieb auswirken. Hingegen kennt das Schwerbehindertengesetz einen besonderen Kündigungsschutz für schwer behinderte Arbeitnehmer. In diesem Fall kann der Arbeitgeber das Arbeitsverhältnis nur mit der Zustimmung des Integrationsamtes aufheben.

In Kanada ist es dem Arbeitgeber nach Ablauf der ersten drei Monate verboten, das Arbeitsverhältnis wegen Krankheit (nicht länger als 12 Wochen) aufzuheben. Die Krankheit muss mittels Arztzeugnis attestiert werden. Der Arbeitgeber kann einen anderen Arbeitsplatz zuweisen, wenn die geforderte Leistung nicht mehr erbracht werden kann.

In der Schweiz gilt ein zeitliches Kündigungsverbot. Während der sogenannten Sperrfrist ist der Arbeitnehmer vor einer Kündigung wegen einer krankheitsbedingten Abwesenheit geschützt; nach Ablauf der Sperrfrist, die gesetzlich vorgeschrieben ist, ist die Kündigung zulässig.

Kündigung wegen HIV/Aids, ohne dass sich HIV/Aids auf die Arbeitsfähigkeit auswirkt

Gemeinschaftsrechtlich betrifft der Geltungsbereich der RL 2000/78/EG auch die Entlassungsbedingungen. Eine Entlassung aufgrund einer Behinderung verletzt das Diskriminierungsverbot nach RL 2000/78/EG. Ein Arbeitgeber ist verpflichtet, die notwendigen, angemessenen Vorkehrungen zu treffen, um der behinderten Person den Arbeitsplatz zu erhalten. Eine Kündigung kann ausgesprochen werden, wenn die vertraglich geforderten Arbeitsleistungen trotzdem nicht erbracht werden können.

In Frankreich ist eine Kündigung wegen HIV/Aids nichtig. Die Anknüpfung an den Gesundheitszustand oder das Persönlichkeitsmerkmal der Behinderung verstösst gegen das Diskriminierungsverbot. Eine Kündigung bedarf einer tatsächlichen und ernsthaften Begründung; legitime Gründe können sowohl in der Person als auch im Verhalten der Person liegen.

Gemäss «*Code of Practice on Employment and Occupation*» darf in Grossbritannien niemand aufgrund dessen HIV/Aids-Status und ohne weitere Begründung entlassen werden. Eine Kündigung von Personen aufgrund ihrer Gruppenzugehörigkeit ist automatisch widerrechtlich und bedarf keiner materiellen Prüfung.

In Deutschland sind Kündigungen ausdrücklich vom Geltungsbereich des AGG ausgenommen. Das ist im Lichte der RL 2000/78/EG höchst umstritten. Auch ausserhalb des AGG bietet indes das deutsche Recht für Arbeitnehmende mit HIV/Aids vielfältigen Schutz vor Kündigungen. Zu nennen sind die Sonderschutzbestimmungen des neunten Sozialgesetzbuches für Schwerbehinderte und Behinderte, die Schwerbehinderten gleichgestellt sind sowie der Kündigungsschutz nach dem Kündigungsschutzgesetz. Zudem sind Kündigungen unter Anknüpfung an Persönlichkeitsmerkmale, ohne dass dafür qualifizierte Rechtfertigungsgründe geltend gemacht werden können, persönlichkeitsverletzend und sittenwidrig.

In Kanada ist eine Entlassung aufgrund von HIV/Aids als diskriminierendes Verhalten definiert und verstösst gegen den Canadian Human Rights Act (auch gegen den Ontario Human Rights Code). In *Active Transport Inc.v. Ladizhinsky Estate* wird bestimmt, dass eine Kündigung wegen Behinderung eine ungerechte Kündigung im

Sinne von § 240 CLC ist, es sei denn, dass die Weiterbeschäftigung der betroffenen Person dem Arbeitgeber nicht zumutbar ist.

Die Schweiz kennt das Verbot der missbräuchlichen Kündigung (sachliches Kündigungsverbot). Eine Kündigung aufgrund einer HIV-Infektion oder wegen befürchteter HIV/Aids-bedingter Arbeitsunfähigkeit ist missbräuchlich, weil der Kündigungsgrund in beiden Fällen in der persönlichen Eigenschaft der betroffenen Arbeitnehmerin liegt.

Rechtsfolgen

In Frankreich steht der Arbeitnehmerin bei diskriminierender Kündigung ein Wahlrecht zu: Aufrechterhaltung des Arbeitsvertrages oder Auflösung des Arbeitsvertrages nach ordentlicher Kündigungsperiode. Während der Kündigungsperiode hat der Arbeitgeber den vertraglichen Lohn, ohne Gegenleistung der Arbeitnehmerin, zuzüglich Kündigungsentschädigung sowie Schadenersatz von mindestens sechs Monatslöhne ohne Gegenleistung der Arbeitnehmerin zu leisten.

Stellt das Employment Tribunal in Grossbritannien eine Diskriminierung aufgrund einer Behinderung fest, entsteht für den Arbeitnehmer ein Anspruch auf Schadenersatz, der sowohl eine Entschädigung für verletzte Gefühle als auch für den Verlust einer Chance auf dem Arbeitsmarkt umfasst. Die Höhe des Schadenersatzes ist nicht begrenzt.

In Deutschland ist der Arbeitgeber verpflichtet, die von der ungerechtfertigten Kündigung betroffene Arbeitnehmerin weiter zu beschäftigen. Ist die Fortsetzung des Arbeitsverhältnisses für den Arbeitnehmer nicht zumutbar, so kann das Arbeitsverhältnis gerichtlich aufgelöst und eine Abfindung von bis zu zwölf Monaten zugesprochen werden.

In Kanada wird als Rechtsfolge einer diskriminierenden Kündigung im Rahmen des Canadian Human Rights Acts dem Arbeitgeber die Anordnung erteilt, Massnahmen in Absprache mit der Commission zur Verhinderung von diskriminierendem Verhalten zu treffen. Gegenüber der betroffenen Arbeitnehmerin hat der Arbeitgeber die abgesprochenen Rechte wieder einzuräumen und Schadenersatz sowie eine Genugtuung für seelische Unbill zu leisten (max. 20 000 Dollars). Bei fehlender Kooperation seitens des Arbeitgebers ist die Strafe eine Busse bis zu 50 000 Dollar (Ontario: Massnahmen zur Verhinderung von Diskriminierung; Busse bis zu 25 000 Dollar).

In der Schweiz ist eine während der Sperrfrist erfolgte Kündigung nichtig (zeitlicher Kündigungsschutz). In Bezug auf die Rechtsfolgen bei einer missbräuchlichen Kündigung (sachlicher Kündigungsschutz) ist zwischen privatem und öffentlichrechtlichem Arbeitsverhältnis zu unterscheiden. Im privaten Arbeitsverhältnis bleibt die missbräuchliche Kündigung rechtswirksam und löst nur einen Anspruch auf eine Entschädigung aus. Dahingegen muss der öffentliche Arbeitgeber die bisherige oder eine entsprechende, zumutbare Tätigkeit der missbräuchlich gekündigten Person anbieten.

Teil 5

Synthese und Empfehlungen

1   Einleitung

In einer auf Lernfähigkeit und Prävention basierenden Public-Health-Politik zur Bekämpfung von HIV/Aids spielt die Nichtausgrenzung von Menschen mit HIV/Aids eine zentrale Rolle. Stigmatisierung und Ausgrenzung von Menschen mit HIV/Aids im Arbeitsumfeld laufen einer wirksamen HIV/Aids-Bekämpfung entgegen. Weltweit zeigt sich: Eine Politik der Chancengleichheit für Menschen mit HIV/Aids bildet Bestandteil einer erfolgversprechenden HIV/Aids-Strategie[842].

Im ersten Teil unserer Studie zeigen wir anhand von Literaturstudien und Erfahrungen von HIV/Aids-Beratungsstellen auf, dass Arbeitnehmende mit positiver HIV-Diagnose Benachteiligungen beim Zugang zur Arbeitswelt, während des Arbeitsverhältnisses, beim Versicherungsabschluss und bei der Auflösung des Arbeitsverhältnisses ausgesetzt sind. Wir haben die wichtigsten Diskriminierungskonstellationen idealtypisch[843] herausgearbeitet.

Die Diskriminierung von Menschen mit HIV/Aids im Arbeitsumfeld stellt ein komplexes soziales Phänomen dar. Alleine mit der Verankerung von Rechtsnormen kann ihm nicht ausreichend begegnet werden. Wirksamer Diskriminierungsschutz erfordert über Diskriminierungsschutznormen hinaus Informations- und Sensibilisierungsarbeit. Wir evaluierten zwei wichtige solche Projekte aus der Schweiz, das Projekt «IG-Benachteiligung» und *www.workpositive.ch*. Die Ergebnisse umfassen auch Einschätzungen zur HIV/Aids-Diskriminierung und deren Bekämpfung durch Patientenorganisationen und durch Arbeitgeberinnen[844].

In Teil 3 unserer Studie setzen wir uns gründlich mit der Rechtslage in der Schweiz inkl. dem für die Schweiz verbindlichen Völkerrecht auseinander. Wir stellen den heute geltenden Diskriminierungsschutz für Menschen mit HIV/Aids im Arbeitsverhältnis dar. Dabei identifizieren wir verschiedene Lücken im Bewerbungsverfahren, während des Arbeitsverhältnisses, im Kündigungsschutz und insbesondere bei der Rechtsdurchsetzung.

Rechtsvergleichend analysieren wir in Teil 4 die Rechtslage in Frankreich, Deutschland, Grossbritannien und Kanada. Die empirischen Befunde – die geltenden Normen zum Diskriminierungsschutz und ausgewählte Rechtsprechung und Literatur – würdigen wir auf ihre Eignung zum Schutz vor HIV/Aids-Diskriminierung entlang des «Lebenszyklusses» eines Arbeitsverhältnisses (Bewerbung, Vertragsabschluss, Vertragsdauer, Vertragsende). Ergänzend haben wir in allen Vergleichsstaaten wichtige Akteure in der HIV/Aids-Diskriminierungsthematik nach ihrer Einschätzung zur praktischen

---

842   Im nationalen Aidsprogramm 2004–2008 kommt dies in Ziel Nr. 8 zum Ausdruck, siehe Teil 2, 4.
843   Siehe Tabelle 1: Die Diskriminierungsphase.
844   Siehe Teil 2, 4.

Wirksamkeit des je geltenden Diskriminierungsschutzrechts gefragt. Wir haben aus dem durch die Befragungen ergänzten Rechtsvergleich Lösungsansätze zum Diskriminierungsschutz gefunden, die wir in der Synthese auf ihre Übertragbarkeit auf die Schweiz prüfen werden.

Unsere Synthese baut auf den drei vorangehend beschriebenen Erkenntnissen auf. Wir zeigen auf, inwieweit mit Recht die HIV/Aids-Diskriminierung im Lebenszyklus eines Arbeitsverhältnisses wirksam bekämpft werden kann.

Gestützt auf die Synthese formulieren wir anschliessend unsere Empfehlungen an die staatlichen Organe: Gesetzgeber, Verwaltung und Gerichte sowie an die Sozialpartner und die Versicherer. Dabei halten wir jeweils fest, inwiefern die diskutierten rechtlichen Möglichkeiten HIV/Aids spezifisch sind und inwiefern sie für alle Arbeitnehmende mit zumindest hinsichtlich ihres Chronifizierungspotenzials vergleichbaren gesundheitlichen Einschränkungen Gültigkeit haben sollen.

2 Synthese

2.1 Die gemeinschaftsrechtlichen Regeln als Orientierung

Unsere Untersuchung zeigt die zentrale Bedeutung der gemeinschaftsrechtlichen Diskriminierungsschutzregeln, wie sie in der RL 2000/78/EG in einem für die Mitgliedstaaten verpflichtenden Rahmen zum Ausdruck kommen. Die kanadische Rechtslage ist zwar angesichts der föderalistischen Struktur äusserst komplex, unterscheidet sich jedoch bei einer gesamthaften Betrachtung vom gemeinschaftsrechtlichen Regelwerk nur unwesentlich. Das europäische Antidiskriminierungsrecht ist ohnehin stark vom US-amerikanischen[845] und wohl auch kanadischen Vorbild geprägt.

Die RL 2000/78/EG verpflichtet die Mitgliedstaaten zu einem weitreichenden Schutz vor Diskriminierung bei der Bewerbung, Anstellung, Vertragsdauer und Kündigung. Insbesondere werden:
- die Beweisrechtslage verbessert (Glaubhaftmachung einer Diskriminierung genügt),
- die direkte und indirekte Diskriminierung erfasst,
- die Belästigung als Form der Diskriminierung bezeichnet,
- die Arbeitgeber (auch bei Anstellungen) zu «angemessenen Vorkehrungen» für Arbeitnehmerinnen mit Behinderung,
- Organisationen der Behinderten(selbst)hilfe der Klagerechte eingeräumt.

Die RL 2000/78/EG geht vom Grundsatz aus, dass Diskriminierungsschutzgesetze nur dann wirksam sind, wenn die Menschen ihre Rechte kennen und wissen, wie sie diese geltend machen können. Dies zeigt sich in der Verankerung der Verbandsklagerechte. Auch die Pflicht der Mitgliedstaaten zur Etablierung eines sozialen Dialogs zwischen Arbeitgebern und Arbeitnehmern und eines Dialogs mit Nichtregierungsorganisationen ist vom Gedanken getragen, dass die Durchsetzung der Gleichbehandlung eine Aufgabe ist, an der sich alle gesellschaftlichen Gruppen zu beteiligen haben und sich auch beteiligen können.

Die Zusammenarbeit zwischen nationalen Stellen, Gleichstellungsbehörden, Gewerkschaften, Arbeitgeberorganisationen, NGO und Vertretern potenzieller Diskriminierungsopfer ist von wesentlicher Bedeutung für die effektive Durchsetzung der Gleichbehandlungsgesetze. Jeder dieser Akteure verfügt über spezifisches Fachwissen und spielt bei der Information, der Sensibilisierung und der Förderung von Gleichstellung eine entscheidende Rolle.

---

845 Siehe dazu umfassend THÜSING (US-Example), S. 187ff.

Bei einer ersten allgemeinen Würdigung entspricht das schweizerische Recht nicht dem (EU) europäischen Diskriminierungsschutzniveau (siehe dazu im Einzelnen in Teil 3, 5. Im Einzelnen gehen wir auf die Lücken nachfolgend ein.

2.2   HIV/Aids als Diskriminierungskriterium

Die RL 2000/78/EG schützt nur bei ausgewählten und abschliessend aufgelisteten Kriterien, darunter dem für unseren Kontext besonders massgebenden Kriterium «Behinderung». Nicht aufgeführt ist in der Liste der Diskriminierungskriterien das Merkmal «Krankheit». Es zeigt sich hier der Nachteil eines selektiven Diskriminierungsschutzes, der jedoch vom Gemeinschaftsrechtsgeber so gewollt ist. Nichtsdestotrotz eröffnen sich durch eine offene und weite Auslegung des Behindertenbegriffs Chancen, einer HIV/Aids-Diskriminierung im Bewerbungsverfahren als «sozial konstruierte Behinderung» durch die RL 2000/78/EG gemeinschaftsrechtlichen Schutz zu gewähren. Das EuGH-Urteil *Navas* unterscheidet zwar zwischen Krankheit und Behinderung, lässt aber unseres Erachtens eine solche Auslegung zu[846].

Sowohl der arbeits- wie der strafrechtliche Diskriminierungsschutz Frankreichs erwähnen «Krankheit» ausdrücklich als verbotenes Diskriminierungskriterium. Eine Legaldefinition des Begriffs Krankheit fehlt, hingegen steht zweifelsfrei fest, dass die HIV-Infektion als solche bereits eine Krankheit darstellt und somit unter den arbeits- und strafrechtlichen Diskriminierungsschutz fällt. Der englische Gesetzgeber hat entschieden, dass die HIV-Infektion als solche eine Behinderung im Sinne des Disability Discrimination Acts darstellt. In der Schweiz schliesslich kann der HIV/Aids-Status unter den arbeitsprivatrechtlichen Begriff der Persönlichkeit subsumiert werden. Die Anknüpfung an den HIV/Aids-Status für eine sachlich nicht gerechtfertigte ungleiche Behandlung stellt eine Behinderung im Sinne des verfassungsrechtlichen Diskriminierungsverbotes nach Art. 8 Abs. 2 BV dar. In Kanada hat die Human Rights Commission HIV/Aids als *«disability»* im massgebenden *«Policy-Paper on HIV/Aids»* definiert.

Der Schutz für Menschen mit HIV/Aids kann durch eine ausdrückliche Aufführung von «HIV/Aids» als Diskriminierungskriterium oder durch Anknüpfung an Kriterien wie «Krankheit», «Behinderung», «Persönlichkeit» oder durch für Erweiterung offene Diskriminierungskriterienlisten («namentlich», «insbesondere» usw.) erreicht werden. Die Subsumption der HIV-Infektion unter die genannten Begriffe erfolgt auf dem Wege einer notwendigerweise wertenden Auslegung. Mit der ausdrücklichen Nennung von HIV/Aids als Diskriminierungskriterium im Gesetz kann Rechtssicherheit gewonnen werden. Der Wertungsentscheid wird diesfalls an den Gesetzgeber übertragen. Eine Verankerung im Gesetz fördert zudem den Abbau strukturell bedingter Vorurteile.

---

846   Siehe dazu Abgrenzung Behinderung / Krankheit in der Rechtssache *Navas*.

2.3 Diskriminierungsschutz im Bewerbungsverfahren

2.3.1 Bedeutung des Schutzes

In der Evaluation des Projektes «IG-Benachteiligung» bringen die befragten Organisationen ihre Erfahrungen zum Ausdruck, dass Arbeitgeber Personen, die an chronischen Krankheiten oder an Krankheitsdispositionen leiden, aufgrund befürchteter Einschränkungen der künftigen Arbeitsfähigkeit nicht anstellen[847]. Die Antworten einzelner Arbeitgeber zur Einschätzung über die Arbeitsfähigkeit wie auch Mutmassungen zu Übertragungsrisiken[848] weisen auf ein mögliches Informationsdefizit von Arbeitgebenden hin.

Angesichts auch heute noch bestehender Vorurteile gegenüber der Leistungsfähigkeit von Arbeitnehmerinnen mit HIV/Aids und wegen irrationaler Ängste vor einer HIV/Aids-Übertragung im Arbeitsumfeld ist ein wirksamer Diskriminierungsschutz insbesondere im Bewerbungsverfahren wichtig. Die Bewerbungschancen entscheiden über eine Integration in den bzw. die Desintegration aus dem Arbeitsmarkt.

2.3.2 Nützliche Instrumente

Die Notwendigkeit eines wirksamen Diskriminierungsschutzes im Bewerbungsverfahren ist ausgewiesen. Fraglich ist, wie sich der Schutz rechtlich am Besten realisieren lässt. Die Instrumente der RL 2000/78/EG stellen den Massstab eines wirksamen Diskriminierungsschutzes dar. Die Instrumente alleine schaffen die Diskriminierung nicht ab, sie stellen nur - aber immerhin - die rechtlichen Möglichkeiten zur Verfügung. Als besonders innovativ könnte sich das Instrument der «angemessenen Vorkehrungen» entpuppen, das Arbeitgebende zu ihnen zumutbaren Vorkehrungen veranlasst, damit Behinderte eine ihren Fähigkeiten und Einschränkungen angepasste Tätigkeit ausüben können. Arbeitnehmerinnen mit HIV/Aids, die (noch teilweise) erwerbsfähig sind und für die Verwertung der (Rest)Erwerbsfähigkeit auf besondere Rücksichtnahme (bspw. ein Jahresarbeitszeitmodell oder längere Pausen) durch die Arbeitgeberin angewiesen sind, erhalten durch das Rechtsinstrument der «angemessenen Vorkehrungen» wirksame Möglichkeiten der Integration und Schutz vor Diskriminierung.

Zur Durchsetzung des Anspruchs auf diskriminierungsfreie Behandlung im Bewerbungsverfahren müssen die EG-Mitgliedstaaten nach der Vorgabe der RL 2000/78/EG wirksame und abschreckende Sanktionen gegen Verletzungen des Diskriminierungsverbotes vorsehen. Auch strafrechtliche Massnahmen sind möglich, wie sie Frankreich

---

847 Siehe Tabelle 4: Diskriminierung im Bewerbungsverfahren.
848 Siehe dazu vorne, Teil 2, 6.2.2.

schon längere Zeit kennt. Keine der untersuchten Rechtsordnungen sieht einen unmittelbar durchsetzbaren Anstellungszwang oder – aus der Perspektive des diskriminierten Bewerbungsopfers – einen Anspruch auf Anstellung vor. Abschreckende Sanktionen können jedoch eine faktische Anstellungspflicht zur Folge haben.

2.3.3   Umsetzungsmassnahmen notwendig

Bei unseren Befragungen im Rahmen der rechtsvergleichenden Untersuchungen in Frankreich, Deutschland, Grossbritannien und Kanada zeigt sich übereinstimmend das Bild einer Diskrepanz zwischen den vorhandenen rechtlichen Diskriminierungsschutzmöglichkeiten und deren tatsächlichen Inanspruchnahme und Wirksamkeit. Das gilt nicht nur, aber insbesondere für den Schutz im Bewerbungsverfahren.

Besonders deutlich manifestiert sich dies in Frankreich. Einer beeindruckenden Normenfülle und -vielfalt zur Diskriminierungsbekämpfung steht eine lediglich marginale Wirkung im praktischen Leben gegenüber. Damit die Normen ihre beabsichtigte Schutzwirkung im Bewerbungsverfahren entfalten können, braucht es nachhaltige Umsetzungsmassnahmen: Unabhängige Antidiskriminierungsbehörden, finanzielle Unterstützung für NGOs, Prozesshilfen, Sensibilisierung der Sozialpartner, Gerichte, Verwaltung und Öffentlichkeit. Ein ergänzendes Mittel ist der «anonyme Lebenslauf» oder das so genannte «*Testing*», das unabhängigen Organisationen erlaubt, Arbeitgeber mit fiktiven Bewerbungen auf ihre Diskriminierungsbereitschaft zu testen. Während die Bewerbungen fiktiv sind, müssen die allenfalls diskriminierenden Arbeitgeber mit unerwünschter medialer Aufmerksamkeit und, zumindest in Frankreich, mit rechtlichen Konsequenzen rechnen.

Als Kontrast zu den zahlreichen Diskriminierungsschutznormen in Frankreich haben wir am Beispiel der mit Diskriminierungsschutznormen vergleichsweise karg ausgestatteten schweizerischen Rechtsordnung dargelegt, dass bei einer Anstellungsdiskriminierung durch Anknüpfung an bestehende Konzepte des Persönlichkeitsschutzes und des offenen Diskriminierungsschutzkonzepts in der Verfassung Schutz möglich ist. Der Preis dieses Vorgehens besteht in einer relativ grossen Rechtsunsicherheit, zumindest solange, bis sich eine höchstgerichtliche Praxis zum Diskriminierungsschutz (nicht nur bei HIV/Aids) entwickelt und durchgesetzt hat. Richterliche Rechtschöpfung im Bereich des Antidiskriminierungsrechts setzt zudem einen fachlichen Diskurs und entsprechende Weiterbildung der Rechtsanwendenden voraus.

In unseren Empfehlungen legen wir im Einzelnen dar, wie sich in der Schweiz der Schutz vor HIV/Aids bedingter Diskriminierung im Bewerbungsverfahren verbessern lässt.

2.4 Diskriminierungsschutz im Arbeitsverhältnis

2.4.1 Die Versicherungsproblematik

Nach den Aussagen der Befragten im Projekt «IG-Benachteiligung» ist das Problem des eingeschränkten Versicherungsschutzes für Personen mit gesundheitlichen Problemen bei Taggeldversicherung und beruflicher Vorsorge «nachhaltig ungelöst»[849]. Auch in rechtsvergleichender Perspektive zeigt sich eine Verschärfung des Problems, sofern und soweit Lohnausfall bei Krankheit und Invalidenleistungen nicht ausreichend durch den Arbeitgeber oder eine gesetzliche Sozialversicherung (die keine Risikoselektion kennt) garantiert ist[850].

Die Versicherungsproblematik ist komplex: Soweit Versicherer die HIV/Aids-Diagnose undifferenziert als Kriterium des Risikoausschlusses anwenden, verstossen sie bereits nach heute in der Schweiz geltender Rechtslage gegen objektives Recht. Um Diskriminierungen im Rechtssinne handelt es sich bei den Risikoausschlüssen für Menschen mit HIV/Aids allerdings dann nicht, wenn die medizinische Situation nach objektiven versicherungstechnischen Grundsätzen eine Risikoselektion erfordert[851]. Sollen die Versicherer verpflichtet werden, Arbeitnehmende mit positiver HIV/Aids-Diagnose generell gleich zu behandeln, braucht es dafür einen Entscheid des Gesetzgebers. Die Rechtsordnungen Frankreichs und Grossbritanniens zeigen auf, dass spezifische Regelungen für den Bereich von Kollektivversicherungen eine Gleichbehandlung von Arbeitnehmerinnen mit oder ohne HIV/Aids-Diagnose möglich machen, ohne dass deswegen die dem privatrechtlichen Versicherungsgeschäft immanente Vertragsfreiheit übermässig eingeschränkt werden muss[852]. Die entsprechenden Regelungen werden in unseren Empfehlungen auf ihre Übertragbarkeit auf die schweizerische Rechtsordnung bearbeitet.

2.4.2 Schutz vor HIV/Aids-Mobbing, Gesundheits- und Datenschutz

Im Kern geht es bei der Mobbing-, Gesundheits- und Datenschutzproblematik um die Persönlichkeit eines HIV-positiven Menschen und deren Verletzlichkeit. Über die physischen und emotionalen Anforderungen an die Bewältigung einer chronischen Krankheit hinaus erfordert die HIV-Infektion von den betroffenen Personen einen verantwortungsvollen Umgang mit der Sexualität. Und im Arbeitsumfeld kommen reale Stigmatisierungserfahrungen und/oder Ausgrenzungsängste sowie die bekannte Versicherungsproblematik dazu. Die Persönlichkeit des HIV-positiven Arbeitneh-

---

849 Siehe Teil 2, 5.2.3.
850 Siehe Teil 4, 7.3.3.
851 Siehe Teil 3, 4.3.1.
852 Siehe Teil 4, 7.3.3.

mers bzw. der HIV-positiven Arbeitnehmerin erscheint in diesem Lichte besonders verletzungsanfällig.

Nach den Ergebnissen unserer Untersuchungen ist fraglich, ob das Recht diesen Voraussetzungen angemessen Rechnung trägt bzw. überhaupt angemessen Rechnung tragen kann. Besonders augenfällig offenbart sich dies bei den Datenschutznormen. Datenschutzverletzungen kommen relativ häufig vor[853]. Eine gerichtliche Auseinandersetzung wegen unzulässiger Verbreitung der HIV/Aids-Diagnose verlangt von der betroffenen Person die Thematisierung ihrer HIV-Infektion, was zur weiteren Verbreitung beiträgt.

Während die genannte Datenschutzproblematik schwer lösbar ist, finden sich im Recht durchaus adäquate Mittel, gegen Mechanismen der Ausgrenzung am Arbeitsplatz während des Arbeitsverhältnisses wirksam vorzugehen. Wir bezeichnen solche Ausgrenzungsphänome als «HIV/Aids-Mobbing». Im schweizerischen Arbeitsrecht stellt Mobbing eine vom Arbeitgeber zu verantwortende Verletzung der Arbeitnehmerpersönlichkeit und deshalb eine Verletzung der vertraglich übernommenen gesetzlichen Pflicht zum Persönlichkeitsschutz dar. Nach der RL 2000/78/EG stellt auch die Belästigung eine Form der Diskriminierung dar. Falls und soweit HIV/Aids unter dem Begriff «Behinderung» subsumierbar ist, eröffnet sich durch den Belästigungstatbestand für HIV/Aids-Mobbing-Opfer Chancen für Diskriminierungsklagen. Die vorteilhafte Beweislastverteilung (Glaubhaftmachung der Belästigung genügt) sowie die Verbandsklagemöglichkeiten verbessern den rechtlichen Mobbingschutz.

Je nach Krankheitsverlauf kann die Arbeitsfähigkeit bei HIV-positiven Arbeitnehmern phasenweise eingeschränkt sein, wobei nicht notwendigerweise eine vollständige Arbeitsunfähigkeit vorliegt. In diesem Kontext stellen sich Fragen des Anspruchs auf angemessene Rücksichtnahme auf den Gesundheitszustand der betroffenen Personen. Wiederum rückt das im europäischen Kontext neue Rechtsinstitut der «angemessenen Vorkehrungen» ins Zentrum des Interesses. Angemessene Vorkehrungen können auch in einer Anpassung des Arbeitsinhaltes, Arbeitsplatzes oder Arbeitsrythmusses bestehen. Verweigert eine Arbeitgeberin die ihr konkret zumutbaren und verhältnismässigen Massnahmen, stellt dies eine unzulässige Diskriminierung dar.

Zwar kennt das schweizerische Arbeitsrecht keinen Anspruch des behinderten Arbeitnehmers auf «angemessene Vorkehrungen». Die obligationen- und öffentlichrechtlichen (Arbeitsgesetz) Verpflichtungen zur Rücksichtnahme auf die Gesundheit der Arbeitnehmerin führen indes zu einem ähnlichen Ergebnis, Unterschiede zeigen sich bezüglich Beweislastverteilung und Rechtsfolgen. Unsere Analyse der Bestimmungen zeigt, dass weder geeignete Instrumente noch ausreichende Mittel vorhanden sind, den einschlägigen Schutznormen zum Durchbruch zu verhelfen.

---

853 Das trifft ganz generell auf chronischkranke Arbeitnehmende zu, siehe die Ergebnisse der Evaluation IG-Benachteiligung, Tabelle 6: Diskriminierung während der Anstellung.

2.5 Schutz vor diskriminierender Kündigung bei HIV/Aids

Ein funktionierender Kündigungsschutz ist Voraussetzung für die Verhinderung von Ausgrenzung HIV-positiver Arbeitnehmender. Der Schutz vor HIV/Aids bedingter Kündigung muss mit einem adäquaten Schutz vor Diskriminierung im Bewerbungsverfahren harmonisiert werden, da sonst die Gefahr besteht, dass mittels einer möglichst präzisen Selektion HIV-positive Arbeitnehmerinnen gar keine Anstellung finden. Nach unserer Analyse des schweizerischen Kündigungsschutzrechts und derjenigen der Vergleichsrechtsordnungen erweisen sich insbesondere die drei folgenden Merkmale als wichtig:
- Die Kündigung unter Bezugnahme auf die HIV-Infektion als solche ist unzulässig. Als Rechtsfolge muss der betroffenen Person ein Wahlrecht auf Aufrechterhaltung des Vertrages oder Geltendmachung einer Entschädigung offen stehen, Schadenersatz- bzw. Genugtuungsansprüche sollen vorbehalten bleiben.
- Die Kündigung unter Berufung auf die HIV/Aids bedingte Arbeitsunfähigkeit darf nach Ablauf allfälliger Schonfristen nur dann zulässig sein, wenn die Arbeitsunfähigkeit arbeitsmedizinisch bestätigt ist. Geprüft werden muss vorgängig, ob das Arbeitsverhältnis nicht durch dem Arbeitgeber zumutbare, verhältnismässige angemessene Massnahmen (Anpassung des Arbeitsinhaltes, Teilzeitarbeit o.ä.) erhalten werden kann.
- Die Durchsetzung des Kündigungsschutzes wird durch eine Beweislasterleichterung verbessert.

2.6 Wirksamkeit des Diskriminierungsschutzes bei HIV/Aids

Die Mitgliedstaaten mussten die RL 2000/78/EG bis Ende 2003 ins nationale Recht umsetzen, was zwischenzeitlich alle Staaten getan haben. Bis heute fehlen umfassende Studien, wie sich der verstärkte Diskriminierungsschutz auf die Arbeitsmarktzugangschancen potenzieller Diskriminierungsopfer auswirkt, auch spezifische Untersuchungen zur Wirkung und Wirksamkeit des «neuen» Antidiskriminierungsrechts für behinderte Arbeitnehmerinnen fehlen (noch).

In Deutschland setzen die von uns befragten Expertinnen grosse Hoffnungen in das neue Antidiskriminierungsgesetz, das im Zuge der Umsetzung der RL 2000/78/EG im September 2006 in Kraft trat. Die blosse Existenz von Antidiskriminierungsgesetzen schafft die Diskriminierung jedoch nicht ab. «Il y a un cap entre l'encadrement juridique et la réalité», so beurteilt ein Rechtsexperte die Situation in Frankreich, das seit 15 Jahren eine beeindruckende Dichte an Diskriminierungsverbotsnormen kennt. Auch in Kanada wird dem Diskriminierungsschutzrecht eine beschränkte Wirksamkeit («limited effectiveness») zugebilligt.

Die Gründe, die der Wirksamkeit von Diskriminierungsschutznormen entgegenstehen, sind vielfältig. Besonders hervorgehoben wurde in unseren Befragungen der Aspekt der persönlichen und finanziellen Belastungen, die ein Verfahren und insbesondere die lange Dauer mit sich bringen. Einer Wirksamkeit entgegen steht schliesslich auch das Informations- und Wissensdefizit sowohl unter Menschen mit HIV/Aids wie auch bei Beratungsstellen und selbst bei spezialisierten Anwältinnen und Anwälten. Antidiskriminierungsrecht sei zudem zumindest bis heute kein lukratives Betätigungsfeld für die Branche. Der Wirksamkeit von Diskriminierungsnormen steht möglicherweise auch die Unklarheit betreffend Zuständigkeiten der Gerichte entgegen (Welches Gericht ist zuständig? Wer legt aus? Wer definiert? Einheitlichkeit? Rechtssicherheit? – all diese Fragen stellen insbesondere in Kanada ein Problem dar).

Wie kann Diskriminierung wirksam bekämpft werden? Welche Faktoren sind dafür entscheidend? Die RL 2000/78/EG enthält verschiedene Verpflichtungen an die Mitgliedstaaten, die vom Gedanken getragen sind, dass Diskriminierung als soziale Realität nicht einfach durch die Statuierung von Verbotsnormen verschwindet (Verpflichtung der Mitgliedstaaten zu einer aktiven Information über die Antidiskriminierungsrechte, Verbandsklagerechte, Förderung des sozialen Dialogs, Einbezug von Nichtregierungsorganisationen). Nötig sind zudem Begleitmassnahmen. Das gemeinschaftliche Aktionsprogramm 2001–2006 fördert Aktivitäten und Initiativen relevanter gesellschaftlicher Gruppen, ein «Europäisches Jahr der Gleichbehandlung» setzt europaweit ein wegweisendes Werte-Symbol.

Signale von höchster politischer Stelle über die Bedeutung der Nichtdiskriminierung bilden wichtige Elemente in der Umsetzung von Diskriminierungsvorschriften. Das bestätigten auch die von uns befragten Akteure in Frankreich, die es als sehr wichtig erachten, dass Präsidium und Vorstand der «Haute Autorité contre la discrimination (Halde)» sehr prominent besetzt sind.

3 Empfehlungen

3.1 Ausgangslage: Die Lücken in der bestehenden Rechtslage

Nach einer umfassenden Analyse der heute für die Schweiz massgebenden Rechtslage zur HIV/Aids-Diskriminierungsbekämpfung im Arbeitsverhältnis haben wir in Teil 3 unserer Studie verschiedene Lücken festgehalten. Wir listen die wesentlichen Mängel hier nochmals zusammenfassend auf:

1. Die Beweislast für die diskriminierende Nichtanstellung trägt die klagende Partei, also der HIV-positive Stellenbewerber oder die HIV-positive Stellenbewerberin.
2. Die Begründungspflicht für eine Nichtanstellung beim BehiG stellt eine geringe Erleichterung der Beweisproblematik dar. Der Anwendungsbereich des BehiG ist auf Bundesstellen und auf das Kriterium «Behinderung» beschränkt. Zudem sind im BehiG die Rechtsfolgen einer allfälligen aufgrund einer Behinderung diskriminierenden Nichtanstellung nicht geregelt.
3. Als nicht adäquat müssen ganz generell die Rechtsfolgen einer diskriminierenden Nichtanstellung bezeichnet werden. Insbesondere fehlen abschreckende Sanktionen.
4. In hohem Masse problematisch ist die Lücke des fehlenden Versicherungsschutzes für arbeitsunfähige von HIV/Aids betroffene Mitarbeitende als Folge entsprechender Risikoausschlüsse durch die Taggeldversicherer. Soweit solche Ausschlüsse überhaupt nach geltender Rechtslage zulässig sind, ist *de lege ferenda* zu prüfen, ob Risikoausschlüsse aufgrund einer HIV-Infektion oder auch aufgrund anderer chronischen Krankheiten nicht generell unzulässig sein müssten.
5. Die Probleme des Datenaustausches Arbeitgeber-Versicherung im Zusammenhang mit den Arbeitnehmerversicherungen sind noch ungelöst.
6. Die Umsetzung des Schutzes vor Diskriminierung während des Arbeitsverhältnisses (HIV/Aids-Mobbing, Gesundheitsschutz, Datenschutz) ist mangelhaft. Es fehlt insbesondere auch an Instrumenten und Mitteln, damit der einschlägig relevante öffentlichrechtliche Gesundheitsschutz Wirkung entfalten kann.
7. Die Beweislast für eine Kündigung aufgrund missbräuchlicher Motive trägt die Arbeitnehmerin. Zwar verhilft die gesetzlich verankerte Begründungspflicht einer Kündigung hier ansatzweise zu einer verbesserten Ausgangslage für die Erbringung eines Beweises einer diskriminierenden Kündigung. Gleichzeitig eröffnet die Begründungspflicht auch die Möglichkeit, andere als diskriminierende Kündigungsgründe vorzuschieben. Die Ausgangslage für die (mutmasslich) aus diskriminierenden Motiven gekündigten Partei würde bei einer eigentlichen Beweislastumkehr, wie sie auch das Gleichstellungsgesetz kennt, verbessert.

8. Die im Gesetz vorgesehenen sanktionierenden Rechtsfolgen einer diskriminierenden Kündigung – Entschädigung bis zu sechs Monatslöhnen – werden in der Rechtspraxis selten am oberen Limit ausgesprochen. Die Abschreckungswirkung wird schon durch den auf sechs Monatslöhne eingeschränkten Sanktionsrahmen und erst recht durch den selten ausgeschöpften Spielraum erheblich eingeschränkt.

Eine Verbesserung dieser Schwachstellen des Diskriminierungsschutzes liegt nicht nur im Interesse von HIV-positiven Arbeitnehmerinnen, sondern ganz allgemein von Personen mit chronischen Krankheiten oder Krankheitsdispositionen. Einige Lücken lassen sich nur durch entsprechende Gesetzesänderungen schliessen.

3.2 Verfassungs- und völkerrechtrechtliche Verpflichtungen

Wir haben aufgezeigt, dass die für die Schweiz verbindlichen völkerrechtlichen Menschenrechtsverträge auch Verpflichtungen für einen wirksamen Schutz vor HIV/Aids bedingter Diskriminierung im Arbeitsverhältnis beinhalten[854]. Vergleichbare Pflichten lassen sich auch aus dem Verfassungsrecht ableiten[855]. Sollte die Schweiz die UN-Konvention für die Rechte von Menschen mit Behinderung ratifizieren, müsste die geltende Behindertenschutzgesetzgebung im Sinne einer Verstärkung des Diskriminierungsschutzes im Erwerbsleben ergänzt werden.

Bezüglich HIV/Aids-Diskriminierung im Erwerbsleben treffen nach der heutigen Rechtslage den Staat hauptsächlich drei Pflichten[856]:
– Er selbst darf in all seinen Aktivitäten Arbeitnehmerinnen mit HIV/Aids nicht diskriminierend behandeln, also weder diskriminierende gesetzliche Bestimmungen erlassen noch entsprechende Einzelfallentscheide treffen;
– Er muss für einen wirksamen Schutz vor HIV/Aids-Diskriminierung auch im privaten Arbeitsverhältnis sorgen;
– Er muss mit geeigneten Mitteln dafür sorgen, dass die gesellschaftlichen Ursachen für Diskriminierung von Menschen mit HIV/Aids (nicht nur) im Arbeitsverhältnis beseitigt werden, mit anderen Worten, er muss die HIV/Aids-Diskriminierung strukturell bekämpfen.

Angesprochen sind alle staatlichen Ebenen je im Rahmen ihres Kompetenzbereichs. Gerichte und Verwaltungsstellen müssen deshalb das anwendbare einfache Gesetzes-

---

854 Siehe Teil 3, 2.1.10.
855 Siehe Teil 3, 2.2.8.
856 Siehe «Respect, Protect, Fulfil – Working on the legal and human right issues raised by HIV/Aids», 2005–2006 Annual Report von the Canadian HIV/Aids Legal Network.

recht völker- und verfassungskonform auslegen. Alleine durch völker- und verfassungskonforme Auslegung lassen sich die völkerrechtlichen Gebote des Diskriminierungsschutzes jedoch nicht umsetzen. Der Gesetzgeber ist aufgefordert, entsprechende Regelungen zu verabschieden. Darüber hinaus braucht es begleitende Massnahmen, damit einerseits der Zugang zum Recht gesichert werden und andererseits der durch die rechtlichen Änderungen angestrebte Wertewandel eintreten kann. Adressaten dieser Massnahmen sind einerseits die Verwaltung, andererseits aber auch die Akteure der Zivilgesellschaft, Sozialpartner und Versicherungen.

3.3   Reformvorschläge

Nicht Gegenstand unserer Studie bilden Diskriminierungen aufgrund des ethnisch-kulturellen Hintergrundes, des Alters, der sexuellen Orientierung oder andere in Art. 8 Abs. 2 BV genannte Gründe. Ein Bedarf an einer Verstärkung des Diskriminierungsschutzes im Arbeitsbereich wird in der Literatur auch hier geltend gemacht[857]. Bundesrat und Parlament erachten die heutigen Regelungen hingegen als ausreichend[858].

In unserer rechtlichen Analyse haben wir die wichtigsten acht Mängel der heutigen Rechtslage bezüglich HIV/Aids-Diskriminierung im Arbeitsverhältnis idendifiziert. Zur Lösung dieser Problemlagen stellen wir ein Gleichstellungsgesetz für den Arbeitsbereich vor, das Menschen mit Behinderung und/oder gesundheitlichen Einschränkungen vor nicht gerechtfertigten Ungleichbehandlungen schützen und ihre Integration in den Arbeitsmarkt fördern soll.

Wir verstehen unseren Vorschlag als Grundlage für eine Diskussion in Wissenschaft und Politik, über Vor- und Nachteile eines selektiven Diskriminierungsschutzes (gesetzliche Lösungen für einzelne Diskriminierungskriterien) im Vergleich zu einem allgemeinen Diskriminierungsschutzgesetz und über die Entwicklung entsprechender Modelle.

Die identifizierten Mängel der heutigen Rechtslage lassen sich alternativ auch durch Reformen in den bestehenden Gesetzen verbessern. Wir sind uns zudem den realpolitisch eher geringen Chancen eines neuen Gleichstellungsgesetzes zu Gunsten von Arbeitnehmerinnen mit gesundheitlichen Einschränkungen sehr bewusst. Auch aus

---

857   Siehe dazu schon 1992 TRACHSLER (Antidiskriminierungsgesetz), siehe weiter CAPLAZI/NAGUIP; MARTENET, S. 419ff; PÄRLI (Urteilsbesprechung), S. 23ff.
858   Motion (06.3084) des Nationalrats Josef Zisyadis, Bundesgesetz gegen Diskriminierung, 22.03.06 und Erklärung des Bundesrates vom 17.05.06; Motion (04.3791) der Nationalrätin Cécile Bühlmann, Gesetz gegen die rassistische Diskriminierung in der Arbeitswelt, 17.12.2004 und Erklärung des Bundesrates vom 23.05.05; Interpellation (03.3372) der Nationalrätin Cécile Bühlmann, Rassistische Diskriminierung in der Arbeitswelt, 19.06.2003 und Erklärung des Bundesrates vom 10.09.2003; Einfache Anfrage (02.1050) des Nationalrates Paul Rechsteiner, Diskriminierung aufgrund des Alters und Antwort des Bundesrates vom 21.08.2002.

diesen Gründen stellen wir vor, in welchen Erlassen unseres Erachtens welche Änderungen zur Verbesserung des Status Quo notwendig wären.

3.4 Vorschlag für ein Gesetz über die Gleichstellung von Arbeitnehmenden mit Behinderung/gesundheitlichen Einschränkungen

3.4.1 Vorbemerkungen

Bei unserem Gesetzesvorschlag haben wir uns durch die RL 2000/78/EG inspirieren lassen. Gleichzeitig knüpfen wir an die (noch junge) Tradition von Gleichstellungsgesetzen in der Schweiz an und orientieren uns gesetzestechnisch und teilweise inhaltlich an das Gleichstellungsgesetz aufgrund des Geschlechts (GlG) und dasjenige für Menschen mit Behinderung (BehiG).

Bezüglich erfasster Diskriminierungskriterien beschränken wir uns nicht auf die unserer Studie zugrunde liegenden Problemlagen von Menschen mit HIV/Aids. Wie wir bereits an mehreren Stellen erwähnt haben, wirken sich die heutigen Mängel in der Rechtslage auf Menschen, die an chronischen Krankheiten oder auch nur an Krankheitsdispositionen leiden sowie für Menschen mit Behinderung ebenfalls nachteilig aus. Die Benachteiligung im Arbeitsverhältnis aufgrund einer Behinderung ist bekanntlich im BehiG, vom Bundespersonal abgesehen, vollständig ausgeklammert.

Wir haben uns deshalb der Herausforderung gestellt, in unserem Gesetz Regelungen zu formulieren, die allen Arbeitnehmenden mit gesundheitlichen Einschränkungen und/oder Behinderungen Schutz gewähren.

Der vorliegende Gesetzesvorschlag steht im Stadium eines noch zu vertiefenden Vorentwurfes, wichtige Grundsatz- und zahlreiche Detailfragen bedürfen selbstverständlich noch einer vertiefteren Analyse.

3.4.2 Der Vorschlag

Wir formulieren unsere Anregungen für ein Gleichstellungsgesetz im Arbeitsverhältnis von Menschen mit Behinderung und/oder gesundheitlichen Einschränkungen in der Form und Struktur eines Gesetzes. Den einzelnen Artikeln fügen wir jeweils einen erläuternden Kommentar bei.

1. Abschnitt: Zweck

Art. 1: Ziel des Gesetzes
Dieses Gesetz hat zum Zweck, Diskriminierungen zu verringern oder zu beseitigen, denen Menschen aufgrund einer Behinderung oder des Gesundheitszustands im Erwerbsleben ausgesetzt sind, und die tatsächliche Gleichstellung zu fördern.

Kommentar: Mit der Formulierung «Gesundheitszustand» wird erreicht, dass auch Personen vom Schutzbereich des Gesetzes erfasst sind, die aufgrund ihres Gesundheitszustandes diskriminiert werden, ohne dass eine eigentliche Gesundheitseinschränkung vorliegt. Dies trifft bspw. auf symptomfreie HIV-positive Personen zu. Ein eingeschränkter Gesundheitszustand ist mit dem Begriff «Gesundheitszustand» erfasst.

Die eigenständige Nennung von «Behinderung» bezweckt die Klarstellung, dass eine Behinderung auch ohne Gesundheitseinschränkung vorliegen kann.

Auf eine Legaldefinition der Begriffe «Gesundheitszustand» und «Behinderung» verzichten wir. Dies nicht etwa, weil wir vor dieser Aufgabe zurückschrecken, wir wollen den Gerichten bewusst Raum lassen, die Begriffe «Behinderung» und «Gesundheitszustand» im Lichte des Zieles dieses Gesetzes auszulegen: Menschen sollen im Arbeitsbereich aufgrund ihrer Fähigkeiten und nicht aufgrund tatsächlicher oder zugeschriebener Einschränkungen bewertet werden. Und wir halten fest, was selbstverständlich ist oder zumindest so sein sollte: Die Auslegung der Begriffe hat die völker- und verfassungsrechtlichen Wertungen zur Verhinderung von Diskriminierung zu beachten. Die Berücksichtigung rechtsvergleichender Erkenntnisse, nicht nur aber insbesondere aus dem europäischen Gemeinschaftsrecht, bilden ebenfalls Elemente der Konkretisierung des Behinderten- und Gesundheitszustandsbegriffs unseres Gesetzesvorschlages. In unserer Studie haben wir durch unsere umfassende Bearbeitung der HIV/Aids-Thematik eine Grundlage geschaffen, die für eine erweiterte Auseinandersetzung inspirieren soll. Insbesondere ist die weitere internationale Rechtsentwicklung zu beobachten und zu analysieren. Das betrifft auch die Entwicklung der neuen UN-Konvention für die Rechte von Menschen mit Behinderung.

Ein weiterer Vorteil des Fehlens einer Legaldefinition besteht darin, dass die Gerichte so den sozialen Wandel, der regelmässig auch ein Wertewandel mit sich bringt, flexibler berücksichtigen können.

Über das Diskriminierungsverbot hinaus bezweckt das Gesetz die Förderung der tatsächlichen Gleichstellung.

2. Abschnitt: Gleichstellung im Erwerbsleben

Art. 2: Grundsatz
Dieses Gesetz gilt für Arbeitsverhältnisse nach Obligationenrecht sowie für alle öffentlichrechtlichen Arbeitsverhältnisse in Bund, Kantonen und Gemeinden.
Kommentar: Vorbild für diese Bestimmung bildet Art. 2 GlG. Das Gesetz ist auf sämtliche Arbeitsverhältnisse anwendbar. Zu überlegen ist, wie auch bei der selbständigen Erwerbstätigkeit ebenfalls Schutz vor Diskriminierung aufgrund einer Behinderung oder des Gesundheitszustandes gewährt werden könnte. Diese Fragen bildeten jedoch nicht Fokus der vorliegenden Studie.

Art. 3: Diskriminierungsverbot

¹Arbeitnehmerinnen und Arbeitnehmer dürfen aufgrund einer Behinderung oder des Gesundheitszustandes weder direkt noch indirekt diskriminiert werden.

Kommentar: Das Diskriminierungsverbot umfasst die Behinderung sowie den Gesundheitszustand an sich (z.B. die symptomfreie HIV-Infektion), aber auch die gesundheitliche Einschränkung.

Die Terminologie in der RL 2000/78/EG und im deutschen AGG lautet «Benachteiligungsverbot». Im AGG ist die unmittelbare Benachteiligung definiert als «wenn eine Person ... eine weniger günstige Behandlung erfährt, erfahren hat oder erfahren würde, als eine andere Person in einer vergleichbaren Situation erfährt, erfahren hat oder erfahren würde. Eine mittelbare Benachteiligung liegt demgegenüber vor, wenn dem Anschein nach neutrale Vorschriften, Kriterien oder Verfahren Personen wegen eines ... genannten Grundes gegenüber anderen Personen in besonderer Weise benachteiligen können, es sei denn, die betreffenden Vorschriften, Kriterien oder Verfahren sind durch ein rechtmässiges Ziel sachlich gerechtfertigt und die Mittel sind zur Erreichung angemessen und erforderlich.»

Im BehiG finden sich sowohl der Terminus Benachteiligung (mit entsprechender Definition, siehe Art. 2 Abs. 2 BehiG) als auch Diskriminierung (Art. 6 BehiG), während im GlG nur von Diskriminierung die Rede ist. Die sehr restriktive Definition der Diskriminierung in Art. 2 der VO BehiG (nur krass unterschiedliche und benachteiligende Behandlungen mit dem Ziel oder der Folge einer Herabwürdigung oder Ausgrenzung sind erfasst) ist für einen wirksamen Diskriminierungsschutz nicht tauglich.

Für unser Gesetz schlagen wir vor, bei der Terminologie «direkte Diskriminierung» und «indirekte Diskriminierung» zu bleiben. Diese ist im schweizerischen Gleichstellungsrecht besser eingeführt. Für die Auslegung der Begriffe können und sollen sich die Gerichte jedoch an den gemeinschaftsrechtlichen Definitionen der Benachteiligungsverbote orientieren.

²Das Verbot gilt insbesondere für die Anstellung, Aufgabenzuteilung, Gestaltung der Arbeitsbedingungen, Entlöhnung, Aus- und Weiterbildung, Beförderung und Entlassung und für alle mit dem Arbeitsverhältnis in Zusammenhang stehenden Arbeitnehmerversicherungen, insbesondere zur Lohnfortzahlung und in der weitergehenden beruflichen Vorsorge.

Kommentar: Der erste Teil der vorgeschlagenen Bestimmung ist Art. 3 Abs. 2 GlG nachgebildet. Ziel ist, dass die Diskriminierung aufgrund einer Behinderung oder des Gesundheitszustandes entlang des ganzen «Lebenszyklusses» eines Arbeitsverhältnisses, angefangen von der Bewerbungsphase über die Anstellung zur Beschäftigung bis hin zur Entlassung verboten sein soll. Mit dem zweiten Satzteil soll sichergestellt werden, dass Arbeitnehmerinnen aufgrund einer Behinderung oder des Gesundheitszustandes nicht oder nur zu schlechteren Bedingungen in die Versicherung aufgenommen werden. Allenfalls muss durch eine präzisere Formulierung sichergestellt werden, dass die versiche-

rungstechnisch gebotene Risikoselektion eine Diskriminierung darstellt und folglich nicht zulässig ist.

³*Angemessene Massnahmen zur Verwirklichung der tatsächlichen Gleichstellung stellen keine Diskriminierung dar.*
   Kommentar: Auch hier haben wir wortgleich die Formulierung aus Art. 3 Abs. 3 GlG übernommen.

Art. 4: Diskriminierung durch Belästigung
Diskriminierend ist jedes belästigende Verhalten oder ein anderes unerwünschtes Verhalten aufgrund einer Behinderung oder des Gesundheitszustandes, das bezweckt oder bewirkt, dass die Würde der betreffenden Person am Arbeitsplatz beeinträchtigt und ein von Einschüchterungen, Anfeindungen, Erniedrigungen, Entwürdigungen oder Beleidigungen gekennzeichnetes Umfeld geschaffen wird.
   Kommentar: Im HIV/Aids-Kontext haben wir HIV/Aids-Mobbing als Form der Diskriminierung idendifiziert, der Menschen mit HIV/Aids am Arbeitsplatz ausgesetzt sein können. Dieses Mobbing kann vom Arbeitgeber, aber auch von Arbeitnehmerinnen ausgehen. Nach heutiger Rechtslage sind Arbeitnehmende durch den arbeitsvertraglichen Persönlichkeitsschutz (Art. 328 OR) vor Mobbing geschützt. Dieser Schutz könnte dadurch verstärkt werden, wenn Belästigung als Form der Diskriminierung qualifiziert wird. Dies ist in RL 2000/78/EG so vorgesehen und bspw. im AGG in § 3 Abs. 3 umgesetzt. In unserem Vorschlag nimmt das Belästigungsverbot auf eine Behinderung und den Gesundheitszustand Bezug. Damit ist sichergestellt, dass auch eine symptomfreie HIV-positive Arbeitnehmerin Belästigungsschutz geniesst.

Art. 5: Angemessene Vorkehrungen
Um die Anwendung des Diskriminierungsverbotes auf Menschen mit Behinderung oder gesundheitlichen Einschränkungen zu gewährleisten, hat der Arbeitgeber die geeigneten und im konkreten Fall erforderlichen Massnahmen zu ergreifen, um Menschen mit gesundheitlichen Einschränkungen den Zugang zu Beschäftigung, die Ausübung eines Berufes, den beruflichen Aufstieg und die Teilnahme an Aus- und Weiterbildungsmassnahmen zu ermöglichen, es sei denn, diese Massnahmen würden den Arbeitgeber unverhältnismässig belasten.
   Kommentar: Die Verpflichtung zu angemessenen Vorkehrungen für behinderte Arbeitnehmer stellt einen eigentlichen Paradigmawechsel dar. Es kommt zum Ausdruck, dass sich auch der Arbeitsplatz der behinderten Arbeitnehmerin anzupassen hat und nicht nur der behinderte Arbeitnehmer dem Arbeitsplatz. Wir schlagen vor, dieses der RL 2000/78/EG zu Grunde liegende Credo auch in der Schweiz zu verankern. Geschützte Gruppen sind Arbeitnehmerinnen mit Behinderung oder gesundheitlichen Einschränkungen. Selbstverständlich sind dem Arbeitgeber nur verhältnismässige Massnahmen zuzumuten.

Art. 6: Berufliche Anforderungen
Keine Diskriminierung stellt die unterschiedliche Behandlung wegen einer Behinderung oder des Gesundheitszustandes dar, wenn trotz angemessener Massnahmen des Arbeitgebers die für den Beruf entscheidenden Tätigkeiten nicht erbracht werden können.

Kommentar: Kein Arbeitgeber soll durch das Diskriminierungsverbot verpflichtet werden, Arbeitnehmende anzustellen oder nicht entlassen zu können, die wegen einer Behinderung oder aus gesundheitlichen Gründen überhaupt nicht in der Lage sind, ihre Arbeitsleistung zu erbringen. Eine Möglichkeit zur Berücksichtigung dieses legitimen Interesses wäre, die behinderungsbedingte oder gesundheitliche Nichteignung als Rechtfertigungsgrund für eine Ungleichbehandlung anzuerkennen. Wir schlagen unter Anlehnung an die Regelung in RL 2000/78/EG vor, bereits auf der Tatbestandsebene festzulegen, dass eine unterschiedliche Behandlung wegen einer Behinderung oder aus gesundheitlichen Gründen dann keine Diskriminierung darstellt, wenn trotz angemessener Massnahmen des Arbeitgebers eine Ausübung der «für den Beruf entscheidenden Tätigkeit» nicht möglich ist.

3. Abschnitt: Diskriminierungsschutz und Verfahrensvorschriften

Art. 7: Rechtsansprüche
[1]Wer von einer Diskriminierung im Sinne des Artikels 3 betroffen ist, kann dem Gericht oder bei der Verwaltungsbehörde beantragen:
a. eine drohende Diskriminierung zu verbieten oder zu unterlassen;
b. eine bestehende Diskriminierung zu beseitigen;
c. eine Diskriminierung festzustellen, wenn diese sich weiterhin störend auswirkt;
d. die Zahlung des geschuldeten Lohnes anzuordnen.

[2]Besteht die Diskriminierung in der Ablehnung einer Anstellung, so hat die betroffene Person Anspruch auf eine Entschädigung. Diese ist unter Würdigung aller Umstände festzusetzen und wird auf der Grundlage des voraussichtlichen oder tatsächlichen Lohnes errechnet. Die Entschädigung beträgt mindestens sechs Monatslöhne und darf den Betrag nicht übersteigen, der zwölf Monatslöhnen entspricht.

[3]Besteht die Diskriminierung in der Kündigung, kann die betroffene Person wahlweise die Aufrechterhaltung des Arbeitsverhältnisses oder eine Entschädigung geltend machen. Die Entschädigung beträgt mindestens sechs Monatslöhne und darf den Betrag nicht übersteigen, der zwölf Monatslöhnen entspricht.

[4]Vorbehalten bleiben Ansprüche auf Schadenersatz und Genugtuung sowie weitergehende vertragliche Ansprüche.

Kommentar: Die Rechtsansprüche bei einer Anstellungsdiskriminierung orientieren sich an den im GlG vorgesehenen Bestimmungen, wobei der Entschädigungsrahmen höher ausgestaltet ist. Eine Kontrahierungspflicht ist nicht vorgesehen. Durch die Festlegung einer Mindestentschädigungsgrenze von sechs Monatslöhnen sollen Arbeitgeber vor diskriminierendem Verhalten abgeschreckt werden. Eine Obergrenze von zwölf Monatslöhnen wahrt die Verhältnismässigkeit und gibt dem Gericht Spielraum für die Festlegung einer den Umständen des Einzelfalles angepassten Entschädigung.

Eine diskriminierende Lohnungleichheit muss ausgeglichen werden (Abs. 1 lit. d). Eine Diskriminierung (und auch die Belästigung als Form der Diskriminierung) stellt eine Verletzung der arbeitsvertraglichen Pflicht des Arbeitgebers zum Persönlichkeitsschutz dar. Beim Vorliegen eines Schadens muss der Arbeitgeber Ersatz leisten. Eine Diskriminierung ist in der Regel eine schwere Persönlichkeitsverletzung und rechtfertigt einen Genugtuungsanspruch.

Bezüglich der Rechtsfolgen einer diskriminierenden Kündigung schlagen wir vor, dass den betroffenen Personen ein Wahlrecht auf Aufrechterhaltung des Arbeitsverhältnisses oder ein Anspruch auf eine Entschädigung in der gleichen Höhe wie bei einer Anstellungsdiskriminierung eingeräumt wird. Eine solche Lösung kennen auch das deutsche Kündigungsschutzgesetz und der französische Code de travail. Näher geprüft werden muss, ob die von uns vorgeschlagene Regelung nur für obligationenrechtliche Arbeitsverhältnisse oder auch für den Bereich des öffentlichen Dienstrechts gelten soll, da in letztem eine missbräuchliche Kündigung i.d.R. nichtig ist.

Art. 8: Beweislasterleichterung
Eine Diskriminierung wird vermutet, wenn diese von der betroffenen Person glaubhaft gemacht wird. Es obliegt in diesem Fall dem Beklagten zu beweisen, dass keine Verletzung des Gleichstellungsgrundsatzes vorgelegen hat.

Kommentar: Die Beweislasterleichterung bildet den wesentlichsten Aspekt jeder Antidiskriminierungsgesetzgebung. Es wird deshalb vorgeschlagen, die Beweislasterleichterung im Gegensatz zur Regelung im GlG bei der Anstellungsdiskriminierung anzuwenden.

Art. 9: Klagen und Beschwerden von Organisationen
[1]Organisationen, die nach ihren Statuten die Gleichstellung von Menschen mit gesundheitlichen Einschränkungen fördern oder die Interessen der Arbeitnehmerinnen und Arbeitnehmer wahren und seit mindestens zwei Jahren bestehen, können im eigenen Namen feststellen lassen, dass eine Diskriminierung vorliegt. Sie müssen der betroffenen Arbeitgeberin oder dem betroffenen Arbeitgeber Gelegenheit zur Stellungnahme geben, bevor sie eine Schlichtungsstelle anrufen oder eine Klage einreichen.

[2]Im Übrigen gelten die Bestimmungen für die Klagen und Beschwerden von Einzelpersonen sinngemäss.

Kommentar: Art. 7 GlG sieht einschränkend vor, dass das Verbandsklagerecht nur ausgeübt werden kann, wenn der Ausgang des Verfahrens sich voraussichtlich auf eine grössere Zahl von Arbeitsverhältnissen auswirken wird. Unseres Erachtens ist jedoch einer Lösung den Vorzug zu geben, die keine solche Einschränkung kennt. Auch die europäische RL 2000/78/EG sieht keine solche Beschränkung des Verbandsklagerechts vor. Wie wir in unserer Studie aufzeigen, bildet die Arbeit von unabhängigen Organisationen einen wichtigen Aspekt in der Verwirklichung des Diskriminierungsschutzes.

Art. 10: Verbot der Viktimisierung
Der Arbeitgeber darf Beschäftigte nicht wegen der Inanspruchnahme ihrer Rechtsansprüche oder der Weigerung, eine gegen diese Rechte verstossende Anweisung auszuführen, benachteiligen. Dasselbe gilt für Personen, die den Beschäftigten hierbei unterstützen oder als Zeuginnen und Zeugen aussagen.
Kommentar: Diese Bestimmung ist Art. 11 RL 2000/78/EG nachgebildet.

4. Abschnitt: Verfahrensvorschriften für obligationenrechtliche Verhältnisse

Kommentar: Im vierten Abschnitt des Gesetzes sind nach dem Vorbild des GlG Bestimmungen aufzunehmen, die das Verfahren bei diskriminierender Anstellung und dasjenige bei diskriminierender Kündigung regeln. Soll bei einer diskriminierenden Kündigung ein Wahlrecht auf Aufrechterhaltung oder Entschädigung vorgesehen sein, bedarf dies vertiefter Untersuchung, wie ein solches Wahlrecht verfahrensmässig verwirklicht werden kann. Insbesondere ist die Eignung der Verfahrensbestimmung bei missbräuchlicher Kündigung (Art. 336b OR) auf die vorliegende Konstellation zu prüfen.

Zu prüfen ist weiter, ob die in Art. 11 und 12 GlG vorgesehene Bestimmungen zu einem Schlichtungsverfahren und zur Zivilrechtspflege im vorliegenden Gesetz übernommen werden können.

5. Abschnitt: Rechtsschutz bei öffentlichrechtlichen Arbeitsverhältnissen

Kommentar: Hier ist zu prüfen, wieweit in unserem Gesetz auf die im GlG vorgesehene Bestimmung (Art.13 GlG) zurückgegriffen werden kann bzw. wo Anpassungsbedarf besteht.

6. Abschnitt: Finanzhilfen

Art. 17: Förderungsprogramme
¹Der Bund kann öffentlichen oder privaten Institutionen, die Programme zur Förderung der Gleichstellung von Menschen mit gesundheitlichen Einschränkungen im Erwerbsleben durchführen, Finanzhilfen gewähren. Er kann selbst Programme durchführen.

²Die Programme können dazu dienen:
a. die inner- oder ausserbetriebliche Aus- und Weiterbildung zu fördern;
b. die Vertretung von Menschen mit Behinderung oder gesundheitlichen Einschränkungen in den verschiedenen Berufen, Funktionen und Führungsebenen zu verbessern;
c. Arbeitsorganisationen und Infrastrukturen am Arbeitsplatz zu fördern, welche die Gleichstellung begünstigen.

³In erster Linie werden Programme mit neuartigem und beispielhaftem Inhalt unterstützt.

Art. 18: Beratungsstellen
Der Bund kann privaten Institutionen Finanzhilfen gewähren für:
a. die Beratung und die Information von Menschen mit Behinderung oder gesundheitlichen Einschränkungen im Erwerbsleben;
b. die Förderung der Wiedereingliederung von Menschen mit gesundheitlichen Einschränkungen ins Erwerbsleben sowie die Förderung des Erhalts der Erwerbstätigkeit.
Kommentar: Für diese beiden Bestimmungen stand das GlG (Art. 14 und Art. 15 GlG) Pate. Eine ähnliche Bestimmung enthält auch das BehiG in Art. 16, dessen Inhalte müssten selbstverständlich mit den Bestimmungen im vorliegenden Gesetz koordiniert werden.

7. Abschnitt: Antidiskriminierungsstelle

Art. 19: Eidgenössisches Büro für Gleichstellung von Menschen mit Behinderungen
¹Das Eidgenössische Büro für die Gleichstellung von Menschen mit Behinderungen setzt sich für die Beseitigung jeglicher Form direkter oder indirekter Diskriminierung im Sinne dieses Gesetzes gegenüber Menschen aufgrund einer Behinderung oder des Gesundheitszustands ein. Dazu erteilt ihm der Bundesrat ein Sondermandat.

Zu diesem Zweck nimmt es insbesondere folgende Aufgaben wahr:
a. es informiert die Öffentlichkeit;
b. es berät Behörden und Private;
c. es unterstützt Personen bei der Durchsetzung ihrer Rechte zum Schutz vor Benachteiligungen. Hierbei kann es insbesondere über Ansprüche und Möglichkeiten des rechtlichen Vorgehens im Rahmen gesetzlicher Regelungen zum Schutz vor Benachteiligungen informieren, Beratung durch Stellen vermitteln sowie eine gütliche Beilegung zwischen den Beteiligten anstreben;
d. es führt Untersuchungen durch im Bereich der Gleichstellung und Integration von Menschen mit gesundheitlichen Einschränkungen und empfiehlt Behörden und Privaten geeignete Massnahmen;

e. es koordiniert die Tätigkeiten der auf diesem Gebiet tätigen öffentlichen und privaten Einrichtungen;
f. es wirkt an der Ausarbeitung von Erlassen des Bundes mit, soweit diese für die Gleichstellung von Bedeutung sind;
g. es prüft Gesuche um Finanzhilfen nach den Artikeln 17 und 18 und überwacht die Durchführung der Förderungsprogramme.

Kommentar: RL 2000/78/EG sieht die Schaffung unabhängiger Antidiskriminierungsstellen vor, die Diskriminierungsopfer zu informieren und zu beraten haben. Die vorgeschlagenen Aufgaben könnten durch das Eidgenössische Büro für die Gleichstellung von Menschen mit Behinderung übernommen werden, das hierzu nach heutigem BehiG kein Mandat hat.

8. Abschnitt: Schlussbestimmungen

Hier sind Übergangsbestimmungen und das Inkrafttreten des Gesetzes festzuhalten.

3.4.3 Integration der Vorschläge ins BehiG

Ohne dies näher «gesetzestechnisch» geprüft zu haben, ist festzuhalten, dass sich die Inhalte des von uns vorgeschlagenen neuen Gleichstellungsgesetzes auch ins bestehende BehiG integrieren lassen würden. Eine derartige Erweiterung des BehiG müsste im Lichte unserer Ergebnisse die folgenden Aspekte beinhalten:
– Geltungsbereich für alle privat- und öffentlichrechtlichen Arbeitsverhältnisse;
– Verbot der direkten und indirekten Diskriminierung entlang sämtlicher Phasen eines Arbeitsverhältnisses (Bewerbung, Anstellung, Vertragsdauer, Kündigung);
– Diskriminierungskriterien Behinderung und Gesundheitszustand;
– Beweislasterleichterungen;
– wirksame Sanktionen.

Die Vor- und Nachteile beider Varianten – Integration ins BehiG oder eigenständiges neues Gesetz – bedürfen noch vertiefter Abklärungen.

3.4.4 Schutz für Selbständigerwerbende

Nicht die (nötige) Beachtung schenken konnten wir in unserer Studie den Ungleichbehandlungen, denen HIV-positive oder an Aids erkrankte Selbständigerwerbende ausgesetzt sind. Namentlich der erschwerte Zugang zur privaten Invaliden- und Todesfallvorsorge stellt generell für selbständigerwerbende Menschen mit Behinderung oder gesundheitlichen Einschränkungen eine reale Schwierigkeit dar, die im Zuge einer Gleichstellungs- und Antidiskriminierungspolitik gelöst werden muss.

3.5 Problemorientierte Verbesserungen der geltenden Rechtslage

3.5.1 Verstärkung des arbeitsvertragsrechtlichen Persönlichkeitsschutzes

Anstellungsdiskriminierung

Im Bewerbungsverfahren muss für die Geltendmachung einer Anstellungsdiskriminierung auf den allgemeinen Persönlichkeitsschutz, die Figur der *culpa in contrahendo* oder auf die Vorwirkung des arbeitsvertraglichen Persönlichkeitsschutzes zurückgegriffen werden.

Der Rechtsschutz vor Diskriminierung im Bewerbungsverfahren kann mittels einer Verankerung im Obligationenrecht verbessert werden. Abschnitt VII der obligationenrechtlichen Bestimmungen zum Arbeitsvertragsrecht lautet «Schutz der Persönlichkeit des Arbeitnehmers», anschliessend folgt «1. im Allgemeinen» (Art. 328 OR), «2. bei Hausgemeinschaft (Art. 328a OR)» und «3. bei der Bearbeitung von Personendaten» (Art. 328b OR). Hier besteht die Möglichkeit, einen Unterabschnitt 4. im Bewerbungsverfahren und einen neuen Artikel 328c OR zu verankern, der wie folgt lautet:

Obligationenrecht

VII) Schutz der Persönlichkeit
4. Im Bewerbungsverfahren
Art. 328c OR
   [1]Der Arbeitgeber hat im Bewerbungsverfahren die Persönlichkeit der Arbeitnehmerin oder des Arbeitnehmers zu achten und zu schützen. Namentlich darf er Bewerbende nicht ohne sachliche Rechtfertigungsgründe aufgrund einer Behinderung oder des Gesundheitszustandes ablehnen.
   [2]Auf Verlangen der Arbeitnehmerin oder des Arbeitnehmers hat der Arbeitgeber seinen Anstellungsentscheid zu begründen.

Beweislasterleichterung und Rechtsfolgen

Die Beweislasterleichterung im Falle einer Persönlichkeitsverletzung könnten in Art. 343 OR unter prozessualen Vorschriften an die Kantone aufgeführt werden. Wir schlagen jedoch vor, diese unter der Abschnittsüberschrift VII «Schutz der Persönlichkeit» zu verankern und an gleicher Stelle auch die Rechtsfolgen einer Persönlichkeitsverletzung. Sowohl die Beweislasterleichterung als auch Rechtsfolgen sollen für alle Persönlichkeitsverletzungen gelten, ob sie nun im Rahmen der Anstellung oder während des Arbeitsverhältnisses erfolgen.

Obligationenrecht

VII) Schutz der Persönlichkeit
5. Beweislast
Art. 328d
Eine Persönlichkeitsverletzung wird vermutet, wenn diese von der betroffenen Person glaubhaft gemacht wird.

6. Rechtsfolgen
Art. 328e
[1] Bei Persönlichkeitsverletzung besteht Anspruch auf eine Entschädigung, die vom Richter unter Würdigung aller Umstände einschliesslich abschreckender Wirkung festzusetzen ist. Die Entschädigung beträgt mindestens sechs Monatslöhne und darf den Betrag von zwölf Monatslöhnen nicht überschreiten.
[2] Besteht die Persönlichkeitsverletzung in der Ablehnung einer Anstellung, so wird die Entschädigung auf der Grundlage des voraussichtlichen Lohnes errechnet.
[3] Schadenersatzansprüche aus einem anderen Rechtstitel sind vorbehalten.

Im öffentlichen Dienstrecht

Eine Übertragung der obligationenrechtlichen Bestimmungen fällt angesichts der Heterogenität der Rechtsquellen schwer. Im Anwendungsbereich des Bundespersonalrechts müsste geprüft werden, wie die vorgeschlagenen Bestimmungen durch die Verweisnorm in Art. 6 Abs. 2 BPG Anwendung finden.

3.5.2 Lösung von Ungleichheiten bei den Arbeitnehmerversicherungen

Verbot der Ungleichbehandlung in Kollektivversicherungen

In Frankreich und Grossbritannien ist die Ungleichbehandlung einzelner Arbeitnehmenden im Bereich der Arbeitnehmerkollektivversicherung nicht erlaubt. Wir regen an, die französische resp. britische Lösung (sie sind im Rechtsvergleich ausführlich dargestellt) auf ihre Übertragbarkeit ins schweizerische Recht eingehend zu prüfen, insbesondere auch, was die Auswirkungen auf versicherungstechnische Belange betrifft. Im Sinne eines Arbeitsvorschlages regen wir an, die Übertragung ins schweizerische Recht wie folgt vorzunehmen:

Krankenversicherungsgesetz KVG

3. Titel: Freiwillige Taggeldversicherung
Art. 69 KVG Versicherungsvorbehalt
    ⁵Bei Kollektivversicherungen innerhalb eines Betriebes dürfen bei den versicherten Arbeitnehmerinnen oder Arbeitnehmer keine Vorbehalte angebracht werden.

Damit auch VVG-Versicherungen von dieser Regelung erfasst werden, braucht es die folgende Ergänzung des VVG:

Art. 100 VVG Verhältnis zum Obligationenrecht
    ³(neu) Für Kollektivkrankentaggeldversicherungen im Zusammenhang mit einem Arbeitsverhältnis ist Art. 69 Abs. 5 KVG anwendbar.

Für den Bereich der weitergehenden beruflichen Vorsorge ist in Art. 331c OR festzuhalten, dass keine Gesundheitsvorbehalte zulässig sind.

Vorbildliche Lösung im Bereich von genetischen Untersuchungen

Am 1.1.2007 ist das Bundesgesetz über genetische Untersuchungen beim Menschen (GUMG) in Kraft getreten[859]. Das GUMG sieht in Art. 26 ein absolutes Untersuchungsverbot für Versicherungseinrichtungen vor. Diese dürfen weder präsymptomatische noch pränatale genetische Untersuchungen als Mittel der Risikoselektion verwenden. Über das Untersuchungsverbot hinaus dürfen nach Art. 27 GUMG bei den uns hier interessierenden Arbeitnehmerversicherungen (Krankentaggeld und weitergehende berufliche Vorsorge) keine Nachforschungen seitens der Versicherer erfolgen. Das bedeutet, weder die Offenlegung von Ergebnissen aus früheren präsymptomatischen oder pränatalen genetischen Untersuchungen oder Untersuchungen zur Familienplanung dürfen verlangt noch solche Ergebnisse (wenn sie unaufgefordert zugestellt werden) verwertet werden.

Eine Übertragung dieser Bestimmungen auf erworbene Krankheiten und Krankheitsdispositionen erfordert angesichts der komplexen Rechtsquellenlage im Bereich der Arbeitnehmerversicherungen Anpassungen in mehreren Gesetzen, namentlich im Krankenversicherungsgesetz (KVG), im Versicherungsvertragsgesetz (VVG), im Bundesgesetz über die berufliche Vorsorge (BVG) und schliesslich auch im Obligationenrecht[860].

Der Arbeitsvertrag bildet das massgebende Grundverhältnis für die Krankentaggeldversicherung im Arbeitsverhältnis. Es genügt deshalb eine Ergänzung innerhalb der Bestimmungen zur Lohnfortzahlung nach Art. 324a OR. Erforderlich ist ein neuer Absatz:

---

859 Zum GUMG siehe Pärli (Bestimmungen).
860 Die Vorschläge wurden bei Pärli (Datenaustausch), S. 244ff. vorgestellt.

Art. 324a OR
⁵*(neu) Verpflichtet sich der Arbeitgeber aufgrund des Arbeitsvertrages oder eines Gesamtarbeitsvertrages, die Arbeitnehmerin oder den Arbeitnehmer gegen die wirtschaftlichen Folgen der krankheitsbedingten Arbeitsunfähigkeit zu versichern, so hat der Arbeitgeber dafür zu sorgen, dass der Versicherer weder eine medizinische Beitrittsuntersuchung noch die Offenlegung von Gesundheitsdaten verlangt.*

Damit sind sowohl VVG- wie KVG-Taggeldversicherungen erfasst.

Im Bereich der beruflichen Vorsorge sind die folgenden Änderungen notwendig:

Art. 331c OR (Änderung)
Vorsorgeeinrichtungen dürfen für die Risiken Tod und Invalidität keine Gesundheitsvorbehalte machen.

Art. 12 FZG (Freizügigkeitsgesetz)
³*(neu) Beim Eintritt in die Vorsorgeeinrichtung dürfen keine gesundheitlichen Vorbehalte angebracht werden*

Art. 14 FZG (bisherige Koordinationsregel zu Gesundheitsvorbehalten bei Stellenwechseln) soll gestrichen werden. Auch Art. 3 der Freizügigkeitsverordnung (FZV) verliert seine Bedeutung.

3.5.3 Gesundheitsdatenaustausch Arbeitgeber – Versicherung

Wichtig ist die Vorbemerkung, dass sich die Problematik des Austausches von Gesundheitsdaten zwischen Arbeitgeber und Versicherung bei der Begründung des Arbeitsverhältnisses gar nicht stellt, wenn die Risikoselektion aufgrund vorbestehender gesundheitlicher Einschränkungen ausgeschlossen ist. Soweit dieses Postulat aber nicht oder noch nicht verwirklicht ist, sind für eine Vermeidung des Datenaustausches umfangreiche rechtliche Änderungen notwendig. Ziel der geänderten Bestimmungen ist, den am Datenaustausch beteiligten Parteien rechtsverbindlich vorzuschreiben, wie unzulässiger Datenaustausch verhindert werden kann.

Für die Taggeldversicherung nach KVG ist das KVG wie folgt zu ergänzen:

Art. 69a KVG (neu) Beitritt in die Arbeitnehmertaggeldversicherung
¹*Beim Beitritt in eine Kollektivtaggeldversicherung im Zusammenhang mit einem Arbeitsverhältnis müssen die Versicherer die zur Abklärung eines Gesundheitsvorbehaltes notwendigen Gesundheitsangaben direkt bei der Arbeitnehmerin oder beim Arbeitnehmer beschaffen.*

²*Die Information über den Gesundheitsvorbehalt ist nur der Arbeitnehmerin oder dem Arbeitnehmer mitzuteilen. Die Versicherer haben dafür zu sorgen, dass keine Gesundheitsdaten der Arbeitnehmerin oder des Arbeitnehmers zum Arbeitgeber gelangen.*

Art. 68 KVG
²ᵃ*(neu) Die Betriebskrankenkassen müssen dem Departement den Nachweis erbringen, dass sie beim Beitrittsverfahren die Vorschriften des Artikels 69a KVG einhalten.*

Damit die im KVG verankerten Organisationsvorschriften auch für die VVG-Taggeldversicherungen Geltung haben, braucht es die folgende Ergänzung des VVG:

Art. 100 VVG Verhältnis zum Obligationenrecht
³*(neu) Für Kollektivtaggeldversicherungen im Zusammenhang mit einem Arbeitsverhältnis gilt überdies Art. 69a KVG.*

Für den Bereich der weitergehenden beruflichen Vorsorge werden folgende Organisationsvorschriften notwendig:

Art 50 BVG Reglementarische Bestimmungen
¹ᵃ*(neu) Wird für den Beitritt in die weitergehende berufliche Vorsorge zur Abklärung eines Gesundheitsvorbehaltes eine Gesundheitsprüfung vorgenommen, hat die Vorsorgeeinrichtung das Verfahren wie folgt zu regeln:*
a) *Die Vorsorgeeinrichtung hat dafür zu sorgen, dass die notwendigen Gesundheitsangaben direkt bei der Arbeitnehmerin oder beim Arbeitnehmer beschafft werden.*
b) *Die Information über den Gesundheitsvorbehalt ist nur der Arbeitnehmerin oder dem Arbeitnehmer mitzuteilen.*
c) *Die Vorsorgeeinrichtung hat dafür zu sorgen, dass keine Gesundheitsdaten der Arbeitnehmerin oder des Arbeitnehmers zum Arbeitgeber gelangen.*

Damit diese Vorschrift auch im Bereich der weitergehenden beruflichen Vorsorge Geltung hat, ist Art. 49 BVG wie folgt zu ergänzen:

Art. 49 BVG Selbständigkeitsbereich
²*Gewährt eine Vorsorgeeinrichtung mehr als die Mindestleistungen, so gelten für die weitergehende Vorsorge nur ..., Art. 50 Abs. 1a und 1b (neu) sowie die Strafbestimmungen (Art. 75–79).*

3.5.4 Verbesserungen des Persönlichkeit- und Gesundheitsschutzes während des Arbeitsverhältnisses

Die Durchsetzung der gesetzlichen Bestimmungen zum Schutze der Gesundheit und der Persönlichkeit der Arbeitnehmenden wird durch eine Beweislastumkehr und wirksame Sanktionen verbessert.

Obligationenrecht

VII) Schutz der Persönlichkeit
5. Beweislast
Art. 328d
Eine Persönlichkeitsverletzung wird vermutet, wenn diese von der betroffenen Person glaubhaft gemacht wird.

6. Rechtsfolgen
Art. 328e
¹Bei Persönlichkeitsverletzung besteht Anspruch auf eine Entschädigung, die vom Richter unter Würdigung aller Umstände einschliesslich abschreckender Wirkung festzusetzen ist. Die Entschädigung beträgt mindestens sechs Monatslöhne und darf den Betrag von zwölf Monatslöhnen nicht überschreiten.

3.5.5 Verbesserungen Kündigungsschutz

Die Verbesserungen im Kündigungsschutz betreffen einerseits die Beweislastverteilung und andererseits die Verstärkung der Sanktionen. Für das Obligationenrecht werden folgende Änderungen vorgeschlagen:

Obligationenrecht

III. Kündigungsschutz
1. Missbräuchliche Kündigung
b. Sanktion
Art. 336a
⁴(neu) Liegt eine missbräuchliche Kündigung nach Art. 336 Abs. 1 lit. a OR vor, wird die Entschädigung vom Richter unter Würdigung aller Umstände einschliesslich abschreckender Wirkung festgesetzt. Die Entschädigung beträgt mindestens sechs Monatslöhne und darf den Betrag von zwölf Monatslöhnen nicht überschreiten. Schadenersatzansprüche aus anderen Rechtstiteln sind vorbehalten.

Die diskriminierende Kündigung wegen einer Behinderung oder des Gesundheitszustandes fällt unter den Missbrauchstatbestand von Art. 336 Abs. 1 lit. a OR. Es wird vorgeschlagen, den Sanktionsrahmen für eine Kündigung aus diesen Gründen zu verschärfen.

c. Verfahren
Art. 336 b
¹*(neu) Eine Kündigung erfolgt aus missbräuchlichen Gründen, wenn diese von der gekündigten Arbeitnehmerin oder vom gekündigten Arbeitnehmer glaubhaft gemacht werden.*

Aus den bisherigen Absätzen 1 (Einsprache) und 2 (Frist für die Einreichung einer Beschwerde) werden neu die Absätze 2 und 3.

3.6   Empfehlungen an die Verwaltung

3.6.1   Bundesamt für Gesundheit und Eidg. Kommission für Aidsfragen

Auf der Homepage des Bundesamtes für Gesundheit (BAG) wird «Solidarität» als eines der drei sogenannten Kerngeschäftsfelder der HIV/Aids-Arbeit in der Schweiz dargestellt[861]. Die Förderung der Solidarität mit von HIV/Aids betroffenen und ihnen nahe stehenden Personen und deren Gleichstellung mit nicht-infizierten Menschen schliesse die Verhinderung von Diskriminierung und Stigmatisierung und den Abbau von Ungleichheiten bei der Arbeit und den Sozialversicherungen ein. Diese wird durch die Förderung der internationalen Solidarität bezüglich HIV/Aids ergänzt. Die Förderung der Solidarität bezüglich HIV/Aids sei ein Aspekt der Förderung der Menschenrechte und müsse in diesem Kontext vernetzt und verankert werden. Das BAG wird in seiner Arbeit durch die Eidgenössische Kommission für Aidsfragen (EKAF) unterstützt. Auftrag der EKAF ist u.a. die Förderung der Gleichstellung von Menschen mit HIV/Aids.

In unserer Studie zeigen wir auf, wie Diskriminierung und Ungleichbehandlung im Arbeitsbereich mit der geltenden Rechtslage bekämpft werden und wo gesetzliche Änderungen notwendig sind. Das BAG nimmt für sich die Führungsrolle in der Bekämpfung von HIV/Aids in Anspruch und bereitet gemäss Selbstdarstellung «Themen für die politische Entscheidfindung auf nationaler Ebene vor». Diesem Selbstverständnis zur Folge kann (und soll) das BAG die Ergebnisse unserer Studie in den politischen Prozess einbringen.

Empfehlung an das BAG und die EKAF:
Die in unserer Studie vorgeschlagenen Gesetzesänderungen sind durch entsprechende Stellungnahmen und Vorstösse in den Gesetzgebungsprozess einzubringen. Dabei ist zu

---

861   Quelle: *http://www.bag.admin.ch/hiv_aids/00824/02901/index.html?lang=de* (20.11.06).

beachten, dass die meisten der den Reformvorschlägen zugrunde liegenden Probleme auf Menschen mit Behinderung oder gesundheitlichen Einschränkungen generell zutreffen, es geht m.a.W. nicht um eine «Lex HIV/Aids».

BAG und EKAF wird weiter empfohlen, die Umsetzung der nachfolgenden Empfehlungen an übrige Verwaltungsstellen massgeblich zu initiieren und zu begleiten.

3.6.2 Empfehlung zum besseren Schutz der persönlichen Integrität der Arbeitnehmenden

Die Ausgrenzung von Mitarbeitenden mit HIV/Aids berührt den Vollzug der Gesundheits- und Persönlichkeitsschutzbestimmungen des Arbeitsgesetzes. Der Vollzug der Vorschriften obliegt den kantonalen Arbeitsinspektoraten. Auf Bundesebene hat das Staatssekretariat für Wirtschaft *seco* zu den Zusammenhängen zwischen Mobbing und Gesundheitszustand und zu möglichen Massnahmen gegen Mobbing wertvolle Grundlagen erarbeitet[862]. Noch fehlen soweit ersichtlich allerdings Erfahrungen mit praxistauglichen Instrumenten, wie eine effiziente behördliche Vollzugskontrolle des vom Gesetz geforderten Schutzes der persönlichen Integrität erfolgen könnte[863].

Empfehlungen: Dem seco bzw. den für den Vollzug des Arbeitnehmerschutzes in den Kantonen zuständigen Eidg. Arbeitsinspektoraten und den involvierten kantonalen Stellen sowie den einschlägigen Fachorganisationen (Interkantonaler Verband für Arbeitnehmerschutz IVA[864], Eidgenössische Koordinationskommission für Arbeitssicherheit EKAS[865]) wird empfohlen, dem Integritätsschutz von Arbeitnehmenden mit HIV/Aids und ganz generell dem Integritätsschutz von gesundheitlich belasteten oder behinderten Arbeitnehmenden besondere Beachtung zu schenken. Das kann in der Form eines Leitfadens erfolgen, der die wichtigsten Verhaltenspflichten des Arbeitgebers zum Schutz der persönlichen Integrität der Arbeitnehmerin konkretisiert.

3.6.3 Entwickeln eines Labels «Positive Arbeitgeber»

Im Kapitel über die rechtliche Situation in Grossbritannien[866] haben wir das *Label «Positive about disabled people»*[867] vorgestellt, das Arbeitgebern von den Arbeitsämtern verliehen wird, die folgende fünf Kriterien im Umgang mit behinderten Arbeitnehmern erfüllen (in Stichworten):

---

862 STAATSSEKRETARIAT FÜR WIRTSCHAFT seco, S. 22.
863 Siehe jedoch im Mobbingbericht des seco (Fn. 876) das Beispiel des Kantons Waadt, S. 24.
864 Siehe Quelle: *www.iva-ch.ch* (20.11.06).
865 Siehe Quelle: *www.ekas.ch* (20.11.06).
866 Siehe Teil 4, 3.
867 Siehe Quelle: *www.qualtech.co.uk/info/positiveFaq.html* (20.11.06).

– Diskriminierungsfreie Stellenausschreibung und -besetzung;
– Regelmässiger Dialog mit behinderten Arbeitnehmerinnen;
– Verhinderung der Entlassung behinderter Arbeitnehmer;
– Sensibilisierung des Personals für Behindertenanliegen;
– Evaluation der Kriterien und Berichterstattung.

Als Ergänzung zum Programm «Erhaltung der Erwerbsfähigkeit von Menschen mit HIV/Aids» mit dem Teilprojekt der Internetplattform *www.workpositive.ch* könnte ein Label wie das hier vorgestellte einen wertvollen Beitrag zur Sensibilisierung der Arbeitgebenden im Umgang mit behinderten und gesundheitlich belasteten Arbeitnehmerinnen leisten. Das *Label* würde Arbeitgeber auszeichnen, die positiv zu behinderten und gesundheitlich belasteten Arbeitnehmenden stehen. Das *Label* könnte durch eine Zusammenarbeit verschiedener Bundesstellen, namentlich dem Eidg. Büro für die Gleichstellung von Menschen mit Behinderung, dem Bundesamt für Gesundheit, dem *seco*, aber auch dem Bundesamt für Sozialversicherung und allenfalls dem Datenschutzbeauftragten entwickelt werden. Es versteht sich von selbst, dass auch die Sozialpartner und vor allem Patientenorganisationen beigezogen werden müssten.

Empfehlung: Es ist eine interdepartementale Arbeitsgruppe zur Prüfung der Entwicklung eines Labels «Positive Arbeitgeber» einzusetzen.

3.6.4 Unterstützung privater Initiativen

Die Evaluation des Projektes «IG-Benachteiligung» zeigt die Notwendigkeit einer nachhaltigen finanziellen Unterstützung von Projekten zur Verbesserung der Chancengleichheit von Arbeitnehmenden mit gesundheitlichen Belastungen auf dem Arbeitsmarkt. Im Kapitel über den Rechtsvergleich mit Frankreich haben wir verschiedentlich auf das von der Europäischen Gemeinschaftsinitiative «*Equal*»[868] finanziell unterstützte Projekt «*Travailler avec une pathologie chronique évolutive*»[869] hingewiesen. Als Nicht-EU-Mitglied ist schweizerischen Organisationen der Zugang zu finanziellen Mitteln der *Equal*-Initiative verwehrt. Das gilt auch für das Europäische Jahr der Gleichbehandlung, in dessen Rahmen im Jahre 2007 vielfältige Initiativen auch zur Bekämpfung von Diskriminierung aufgrund einer Behinderung oder chronischen Krankheit unterstützt werden[870]. Umso mehr drängt sich eine finanzielle Unterstützung durch die schweizerischen Behörden auf.

---

868 Zum Inhalt und zu den Zielen der Gemeinschaftsinitiative siehe Quelle: *http://ec.europa.eu/employment_social/equal/index_de.cfm* (21.06.06).
869 Siehe Quelle: *http://www.pathologies-et-travail.org* (21.06.06).
870 Siehe Quelle: *http://ec.europa.eu/employment_social/equality2007/index_de.htm* (21.06.06).

Empfehlung: Es ist bundesamtsübergreifend und interdepartemental zu prüfen, wie Organisationen unterstützt werden können, die sich für die Chancengleichheit von Arbeitnehmenden mit Behinderung oder gesundheitlichen Einschränkungen einsetzen.

3.7 Empfehlungen an die Sozialpartner

Den Sozialpartnern wird ganz allgemein empfohlen, in ihren Reihen die Sensibilität über das Diskriminierungspotenzial von HIV/Aids und anderen Krankheiten oder Behinderungen mit geeignetem Wissens- und Informationstransfer zu erhöhen. Die Sozialpartner nehmen mittels Gesamtarbeitsverträge (GAV) erheblichen Einfluss auf die Ausgestaltung der Arbeitsverhältnisse. Die von uns untersuchten GAV enthalten Antidiskriminierungsklauseln, jedoch fehlen soweit ersichtlich Umsetzungsmassnahmen. Wie Antidiskriminierungsgesetze benötigen auch GAV-Bestimmungen zur Antidiskriminierung Bestimmungen über Sanktionen und insbesondere begleitende, bewusstseinsbildende Massnahmen. Im Lichte unserer Studienergebnisse bedürfen GAV Schutzbestimmungen zugunsten behinderter und gesundheitlich belasteter Arbeitnehmerinnen. Eine Regelung im GAV ist auch der richtige Ort, um Gleichbehandlung behinderter bzw. gesundheitlich (vor)belasteter Arbeitnehmer bei den Arbeitnehmerversicherungen (Krankentaggeld und weitergehende berufliche Vorsorge) zu verankern.

Empfehlungen: Die Sozialpartner sorgen dafür, dass GAV den Schutz vor Diskriminierung u.a. aufgrund einer Behinderung bzw. des Gesundheitszustandes und Begleitmassnahmen zur Umsetzung des Diskriminierungsschutzes vorsehen. Weiter sollen GAV Regelungen enthalten, die bestimmen, dass in der Krankentaggeldversicherung und in der weitergehenden beruflichen Vorsorge keine Unterscheidungen aufgrund einer Behinderung oder des Gesundheitszustandes getroffen werden dürfen.

3.8 Empfehlungen an Patientenorganisationen und Versicherer

Im Kapitel Rechtsvergleich Frankreich[871] haben wir die *Convention Belorgay* vorgestellt[872]. Das Modell erlaubt die Versicherung von HIV-positiven Personen und anderen chronisch kranken Personen in der Lebensversicherung und in der freiwilligen Invaliditätsversicherung. Im Weiteren haben wir festgestellt, dass in Frankreich und Grossbritannien in Arbeitnehmerkollektivversicherungen keine Ungleichbehandlung der versicherten Arbeitnehmenden erlaubt ist. Eine vergleichbare Lösung lässt sich

---

871 Siehe Teil 4, 4.
872 Siehe Teil 4, 4.5.2, siehe auch Pärli (Dogmen), S. 419.

durch eine gesetzliche Änderung, durch die Verankerung in Gesamtarbeitsverträgen oder allenfalls auch durch eine der *Convention Belorgay* nachgebildeten Vereinbarung treffen.

Empfehlung: Patientenorganisationen und Versicherern wird empfohlen, die «Convention Belorgay» und ihre Übertragbarkeit auf schweizerische Verhältnisse für die Lebensversicherung und vor allem für die Krankentaggeldversicherung sowie die weitergehende berufliche Vorsorge zu prüfen.

4 Schlusswort

«The more discrimination is checked by law, the less respectable it becomes»
(John Means, 1969, S. 399)

Man mag uns angesichts realpolitischen Gegebenheiten Verwegenheit vorwerfen, wenn wir für die schweizerische Rechtsordnung ein neues Gleichstellungsgesetz vorschlagen. Auch wir wissen zudem und haben es an anderer Stelle bereits festgehalten: Diskriminierung stellt ein komplexes soziales Phänomen dar, dem alleine mit Gesetzen nicht begegnet werden kann.

Aufgrund unserer umfassenden Auseinandersetzung mit HIV/Aids-Diskriminierung am Arbeitsplatz und den rechtlichen Antworten darauf in der Schweiz, in Frankreich, Deutschland, Grossbritannien und Kanada kommen wir indes auch zum Schluss, dass gesetzliche Regelungen zum Schutz vor Diskriminierung für Menschen mit Behinderung oder gesundheitlichen Einschränkungen sehr wohl notwendig sind und dies aus folgenden Gründen:

– Diskriminierungsschutzgesetze haben (auch) eine hohe symbolische Bedeutung. Es wird zum Ausdruck gebracht, dass ein bestimmtes Verhalten gesellschaftlich nicht (mehr) akzeptiert ist.
– Bei der symbolischen Bedeutung darf es aber nicht bleiben. Damit die Symbolkraft der Diskriminierungsgesetze tatsächlich positive Auswirkungen in Richtung Verhinderung oder zumindest Abbau von Diskriminierung zeigt, müssen die Gesetze tatsächlich und wirksam angewendet werden. Adäquate Sanktionen und prozessuale Fragen verdienen deshalb besondere Aufmerksamkeit.
– Je intensiver und insbesondere gehaltvoller die politisch-rechtlichen Auseinandersetzungen im Gesetzgebungsprozess sind, desto eher besteht Gewähr, dass die Grundwerte eines Diskriminierungsschutzgesetzes nach dem Inkrafttreten des Gesetzes sowohl von den rechtsanwendenden Behörden wie auch in der Gesellschaft anerkannt sind.

Wir schlagen bewusst nicht bloss die Variante eines «neuen Gleichstellungsgesetzes» vor, sondern haben Vorschläge entwickelt, wie namentlich der arbeitsrechtliche Persönlichkeitsschutz verbessert werden müsste. Dieses Vorgehen hätte zudem den Vorteil, dass auch Diskriminierungen aus anderen Gründen als Behinderung oder gesundheitliche Einschränkung erfasst würden. So oder so: Wir sind zuversichtlich, mit unserer Arbeit einen Beitrag zur Lancierung der notwendigen Debatte über das «Wie» Diskriminierung zu bekämpfen ist, leisten zu können.

Hauptthema: Soziale Arbeit

Adrienne Marti / Kurt Pärli / Peter Mösch Payot / Johannes Schleicher / Marianne Schwander (Hrsg.)

Recht für die Soziale Arbeit

Grundlagen und ausgewählte Aspekte

2007. 412 Seiten, gebunden
CHF 88.– / 58.50
ISBN 978-3-258-07153-4

Dies ist das erste Buch auf dem Schweizer Markt, welches sich spezifisch an die Studierenden oder Professionellen der Sozialen Arbeit wendet und das ganze relevante Rechtswissen kompakt und in Bezug zur konkreten Praxis darstellt.

Das Recht ist für Fachleute der Sozialen Arbeit Grundlage und Instrument, Ressource und Schranke zugleich. Das vorliegende Grundlagenwerk führt in dieses Wissen ein. Einerseits soll damit das Verständnis für wichtige rechtliche Institutionen und Verfahren geweckt werden.

Andererseits werden die für die Praxis relevanten Rechtsgebiete wie Ehe- und Familienrecht, Vormundschaftsrecht, Kindesrecht, Strafrecht und Sozialversicherungsrecht mit den für die Soziale Arbeit besonders bedeutsamen Schwerpunkten vorgestellt und kommentiert.

Die Autor/innen sind allesamt an schweizerischen Fachhochschulen als Rechtsdozierende tätig. Das Buch eignet sich daher vor allem als Unterrichtsgrundlage und für das unterrichtsbegleitende Selbststudium, aber auch als Nachschlagewerk für die Praxis.

Haupt **Haupt Verlag** Bern • Stuttgart • Wien
verlag@haupt.ch • www.haupt.ch

Hauptthema: Soziale Arbeit

Thomas Eichenberger / Mario M. Marti

Recht für Ärzte

Einführung in die Grundlagen. Gesundheitsrecht für Ärzte und Juristen

2004. 261 Seiten, zahlreiche Tabellen und Grafiken, gebunden
CHF 78.– / EUR 52.–
ISBN 978-3-258-06709-4

Eine kompakte Einführung in alle relevanten Aspekte des Rechts für Ärztinnen und Ärzte, Juristinnen und Juristen.

Das Buch ist in zwei grosse Abschnitte gegliedert: Der erste Teil bringt eine knappe, konzise Einführung in die wesentlichen Aspekte der schweizerischen Rechtsordnung. Der zweite Teil geht schwerpunktmässig auf Fragen aus dem Gesundheitsrecht ein, etwa auf das Rechtsverhältnis zwischen Arzt und Patient, das Sozialversicherungs-, insbesondere Krankenversicherungsrecht und das Heilmittelrecht. Abgerundet und illustriert wird das Ganze durch einen eingehend dargelegten Musterfall.

Es richtet sich an Ärztinnen und Ärzte sowie an Angehörige anderer medizinischer Berufe, aber auch an Juristinnen und Juristen, die sich einen Überblick über das Gesundheitsrecht verschaffen wollen.

Haupt Haupt Verlag Bern • Stuttgart • Wien
verlag@haupt.ch • www.haupt.ch